Literaturlexikon 20. Jahrhundert

Herausgegeben von
Helmut Olles

2 Goytisolo, Juan
Nebel, Gerhard

rororo
Rowohlt

Redaktion: Dr. Helmut Olles
unter Mitarbeit von Renate Boldt, Günter Dammann, Rolf-Dieter Haering,
Dr. Jochen Schöberl, Dr. Gilbert Strasmann †
Umschlagentwurf Werner Rebhuhn

Veröffentlicht im Rowohlt Taschenbuch Verlag GmbH,
Reinbek bei Hamburg, November 1971

Satz: Alfred Utesch, Hamburg
Gesamtherstellung: Clausen & Bosse, Leck/Schleswig
ISBN 3 499 16162 1

Goytisolo, Juan, * 5. 1. 1931 Barcelona.
G. studierte in Madrid und Barcelona. Seine ersten Romane zeigten Anklänge an C. McCullers und T. Capote, aber auch an den nordamerikanischen Realismus: *Juegos de manos,* die illusionslose Analyse einer Gruppe spanischer Studenten; *Duelo en el paraíso,* aus der letzten Phase des Spanischen Bürgerkriegs: ein Kind wird von einer Bande von Flüchtlingskindern getötet. 1956 verlegte G. seinen Arbeitsplatz nach Paris, blieb jedoch in ständiger Verbindung mit Spanien. Der sozialkritische Aspekt trat mit *Fiestas, La resaca* und *Campos de Níjar* deutlich in den Vordergrund. Mit sparsamen, kraftvollen Strichen werden die Armut der andalusischen Provinz Almería oder das Los der andalusischen Immigranten in Barcelona dargestellt. *La isla* und *Fin de fiesta* geben ein kompromißloses Bild der «kosmopolitischen» Bourgeosie im gegenwärtigen Spanien. Der Roman *Señas de identidad* kam in Mexiko heraus: Hier verläßt G. die beengenden Grenzen des objektiven Realismus, der den spanischen Roman der Nachkriegszeit prägte; in der Form vielschichtig und offen, ist der Roman ein Versuch, die spanische Gegenwart aus ihrer Vergangenheit zu erklären, zugleich aber in Frage zu stellen. Den Stoff bilden dabei vor allem Schicksale spanischer Emigranten.

W.: Juegos de manos, 1954 (dt. Die Falschspieler); Duelo en el paraíso, 55 (dt. Trauer im Paradies); Fiestas, 57 (dt. Das Fest der anderen); El circo, 57; La resaca, 58 (dt. Strandgut); Campos de Níjar, 60; La isla, 61 (dt. Sommer in Torremolinos); Fin de fiesta, 62; Señas de identidad, 66; Furgoń de cola (Essays), 67. – Ferner dt.: Spanische Gewissenserforschung; Spanien und die Spanier. G. D.

Goytisolo, Luis, * 1935 Barcelona.
G., Bruder von J. G., besuchte in Barcelona die Univ.; 1955 erschienen seine ersten Erzählungen in literarischen Zeitschriften. 1958 erhielt er den Preis «Biblioteca Breve» für den Roman *Las afueras,* der durch das Nebeneinander einer relativen strukturellen Freiheit und eines fotografischen Objektivismus die Gleichförmigkeit des spanischen Romans der 50er Jahre sprengte. Mit *Las mismas palabras,* einer Chronik der katalanischen Bourgeoisie, kehrte er zu konventionellerer Erzählweise zurück.

W.: Las afueras, 1958 (dt. Auf Wegen ohne Ziel); Las mismas palabras, 62; Ojos, circulos, buhos, 70. G. D.

Gracq, Julien (eig. Louis Poirier), * 27. 7. 1910 Saint-Florent-le-Vieil (Maine-et-Loire).
Der an einem Pariser Gymnasium Geschichte und Geographie unterrichtende und sehr zurückgezogen lebende G. versuchte sich als Lyriker, Dramatiker, Übersetzer (Kleist «Penthesilea») und Essayist, jedoch wurde er hauptsächlich durch seine Romane bekannt, die im Zeichen des Surrealismus stehen. Der 1938 veröffentlichte Erstlingsroman *Au château d'Argol* ist von der gleichen mysteriösen, phantastischen und seltsam faszinierenden Atmosphäre beherrscht wie *Le rivage des Syrtes* (wofür ihm der von ihm selbst zurückgewiesene Prix Goncourt zuerkannt wurde). Im letztgenannten Werk warten die Menschen in einem erfundenen südlichen Stadtstaat auf den Ausbruch eines Krieges; das Motiv kehrt variiert wieder in *Un balcon en forêt* (in den Ardennen 1940 spielend). Diese Romane, die weniger auf erzählerischen als rein poetischen Strukturen basieren, strahlen ein Traumerlebnisse evozierendes Fluidum aus. In seiner Romankunst vermochte G., wie auch in seinen Prosagedichten und dem den Gralsmythos aufgreifenden Drama, Reminiszenzen aus der französischen und deutschen Romantik, des Symbolismus sowie des Surrealismus in einer klaren und suggestiven Prosa zu vereinigen.

W.: Romane: Au château d'Argol, 1938 (dt. Auf Schloß Argol); Un beau ténébreux, 45; Le rivage des Syrtes, 51 (dt. Das Ufer der Syrten); Un balcon en forêt, 58 (dt. Ein Balkon im Wald). – *Erz.:* La presqu'île, 70. – *Lyrik:* Liberté grande, 47; Prose pour l'étrangère, 53. – *Drama:* Le roi pêcheur, 48. – *Essays:* A. Breton, 47; La Littérature à l'estomac, 50 (Pamphlet); Lettrines, 67. – Ferner dt.: Entdeckungen (Essays).
Lit.: B. Boie: Hauptmotive im Werke J. G.s, 1966; J. L. Leutrat: G., 67. H. W. W.

Gradnik, Alojz, * 3. 8. 1882 Medana, † 14. 7. 1967 Ljubljana.
G.s Mutter war italienischer Herkunft,

sein Vater Slowene. Er studierte in Wien und wurde Richter (zuletzt in Ljubljana tätig). — Die Polarität von eruptiver Triebhaftigkeit und zurückhaltender Scheu charakterisiert seine frühen Dichtungen. Mit einer Körperlichkeit, die in der slowenischen Dichtung völlig neu ist, verbindet seine persönliche Lyrik Eros und Tod. Die sozialen und patriotischen Gedichte beklagen das harte Los der Bauern seiner Grenzheimat. Später neigte G. mehr zu formgewandter Gedankenlyrik. Der von Hofmannsthal und Schopenhauer beeinflußte G. übersetzte italienische, deutsche, englische und spanische Lyrik.

W.: Lyrik: Padajoče zvezde, 1916; Pot bolesti, 22; De profundis, 26; Svetle samote, 32; Večni studenci, 38; Zlate lestve, 40; Bog in umetnik, 43; Pesmi o Maji, 44; Pojoča kri, 44; Primorski soneti, 52; Narobe svet in druge pesme za omladino, 53; Harfa v vetru, 54; Pesmi, 62; Eros-Tanatos, 62.
DW

Graetz, Wolfgang, * 7. 1. 1926 Berlin.
G. wuchs vorwiegend in Internaten auf, stand 1941 und 1943 (wegen Spionageverdachts) vor Gericht; aus amerikanischer Gefangenschaft entlassen, lebte er vom Schwarzhandel, bis er 1947 in München in eine Erziehungsanstalt eingewiesen wurde. Die folgenden 18 Jahre verbrachte er wegen verschiedener Diebstahls- und Betrugsdelikte meist im Gefängnis. G. lebt heute als freier Schriftsteller in Berlin.
In seinen ersten, deutlich von persönlichen Erlebnissen geprägten Hörspielen (*Urlaub aus Burstadt, Der große Bruder, Schattenspiele* u. a.) schildert G. in knappen, realistischen Dialogen die psychologische Situation des Strafgefangenen und seine Beziehungen zur bürgerlichen Umwelt. In den folgenden Jahren wandte er sich allgemeineren sozialen Problemen zu wie etwa den Arbeitsverhältnissen in einer Textilfabrik (*Hölle auf Sparflamme*), schließlich rechtspolitischen Fragen, den Zielen der «jungen Linken» und dem Fall Defregger. In seinem bisher einzigen Theaterstück *Die Verschwörer* führt G. das Scheitern der Männer des 20. Juli 1944 auf deren fehlenden Willen zum radikalen politischen Umsturz zurück. Das Stück löste 1965 einen Skandal aus, als mehrere Theaterintendanten sich weigerten, es aufzuführen.

W.: Hörspiele: Der große Bruder, 1961; Fantasie um Mitternacht, 62; Das Gesellschaftsspiel, 65; Hölle auf Sparflamme, 67. – *Dramen:* Die Verschwörer, 65; Die Welt unten, Ein Bericht, 66. – Ferner: Erzählungen, 62.
E. H.

Graf, Oskar Maria, * 22. 7. 1894 Berg (Starnberger See), † 28. 6. 1967 New York.
G., Sohn eines Bäckers und einer Bauerntochter, lernte das väterliche Handwerk, bildete sich durch Lektüre und floh 1911 aus dem verhaßten Elternhaus nach München. Dort, in Oberitalien und Berlin lebte er in Bohèmekreisen und übte viele Berufe aus. 1915 entzog er sich dem Kriegsdienst, kam in ein Irrenhaus und wurde 1917 entlassen. Er beteiligte sich an der Novemberrevolution und der bayerischen Räterepublik, wurde mehrmals verhaftet, war Dramaturg der Münchener Arbeiterbühne und danach freier Schriftsteller. 1933 emigrierte er über Wien, von wo er gegen die Empfehlung seiner Werke durch die Nazis mit «Verbrennt mich!» protestierte, Moskau (1934), die Tschechoslowakei nach den USA.
Eigene Erlebnisse und autodidaktische Studien brachten G. dem Sozialismus nahe. Seine oft autobiographischen Bücher zeichnen sich durch Anschaulichkeit, realistische Sprachgestaltung und sozialkritische Tendenz aus. Er begann mit einem Gedichtzyklus *Die Revolutionäre.* Unter den autobiographischen Werken sind *Wir sind Gefangene,* eine «schonungslose Chronik» dreier Lebensjahrzehnte, und *Das Leben meiner Mutter,* das repräsentative Lebensbild einer einfachen Frau, bedeutend. — Entlarvende Sozialkritik, derbe Erotik und drastischer Humor kennzeichnen seine Dorf- und Kleinstadtromane, etwa den satirischen *Anton Sittinger* und *Unruhe um einen Friedfertigen,* in denen er die Entwicklung des Faschismus im deutschen Kleinbürgertum nachzeichnete. Auch die volkstümlich-humorvollen, oft mit Dialekt durchsetzten Erzählungen und Schwänke (*Bayrisches Dekameron, Kalendergeschichten, Mitmenschen)* zeigen

G. als realistischen Erzähler. Seine pessimistische Zukunftsvision *Die Eroberung der Welt* vertritt pazifistisch-sozialistische Ideen.

W.: Romane u. Erz.: Bayrisches Lesebücherl, 1924; Die Chronik von Flechting, 25; Die Heimsuchung, 25; Finsternis, 26; Bayrisches Dekameron, 27, 40 u. 59; Kalendergeschichten, 29 (erweit. 58); Bolwieser, 31; Einer gegen Alle, 32; Der harte Handel, 34; Der Abgrund, 36; Anton Sittinger, 37; Der Quasterl, 45 (Erz.); Unruhe um einen Friedfertigen, 47; Mitmenschen, 47; Die Eroberung der Welt, 48 (2. Fassg., 49, als: Die Erben des Untergangs, 59); Menschen aus meiner Jugend auf dem Dorfe, 53; Die Flucht ins Mittelmäßige, 59; Der große Bauernspiegel, 62; Die Ehe des Herrn Bolwieser, 64. – *Autobiographisches:* Frühzeit, 21 (als: Dorfbanditen, 31); Wir sind Gefangene, 27; Wunderbare Menschen, 31; Notizbuch des Provinzschriftstellers O. M. Graf, 32; Das Leben meiner Mutter, 46 (zuerst engl., 40); Größtenteils schimpflich, 62; Gelächter von außen. Aus meinem Leben 1918–33, 66. – *Essay:* An manchen Tagen, 61. – *Lyrik:* Die Revolutionäre, 18; Der ewige Kalender, 54; Altmodische Gedichte eines Dutzendmenschen, 62. – *Drama:* Kleinstadtballade, 50. H. H.

Granville Barker, Harley, * 25. 11. 1877 London, † 31. 8. 1946 Paris.
G. B. stand seit seinem 13. Lebensjahr im Theaterleben, war Regisseur der «Stage Society» und leitete ab 1904 einige Jahre das Court Theatre in London, in dem er auch selbst auftrat; er inszenierte Shakespeare im Stil der Elisabethanischen Zeit. Seine Dramen, die den Einfluß Ibsens verraten, zeigen die Gesellschaft als unpersönliche Macht. *The Voysey Inheritance,* sein bedeutendstes Werk, ist die Tragödie eines Mannes, der von seinem Vater ein einträgliches, aber betrügerisches Geschäft geerbt hat und nun vor der Wahl steht, es weiterzuführen oder sich selbst zu vernichten.

W.: Dramen: The Marrying of Anne Leete, 1899; The Voysey Inheritance, 1905; Waste, 07; The Madras House, 10; Souls on Fifth, 16; The Secret Life, 23. – *Essays:* A National Theatre, 07; On Dramatic Method, 30; Prefaces to Shakespeare, 4 Bde, 23–47.
Lit.: M. M. Morgan: The Drama of Political Man, 1961. DW

Grass, Günter, * 16. 10. 1927 Danzig. G.' Vater war Kolonialwarenhändler; seine Mutter war polnischer Herkunft. 1945 Soldat, bis 1946 in Gefangenschaft, arbeitete G. danach u. a. in einem Kalibergwerk und in Düsseldorf als Steinmetz, begann 1949 ein Studium an der Düsseldorfer Kunstakademie, kam 1953 nach Berlin, ging 1956 nach Paris und lebt seit 1960 wieder in Berlin. G. zeichnete, schrieb Gedichte und Theaterstücke. Die Gedichte *Die Vorzüge der Windhühner,* Verse von raffinierter Simplizität, brachten zwar schon für G. typische Motive — Sexuelles, teils deutlich, teils verschlüsselt; das Motiv des Essens, auch politische Motive, die in späteren Gedichten deutlicher werden —, doch erst im Anschluß an eine Vorlesung aus dem Manuskript des Romans *Die Blechtrommel* bei der «Gruppe 47» 1958 wurde G. rasch bekannt. Bei diesem Roman setzte sich der ungewöhnliche Erfolg in Deutschland auch im Ausland fort. 1965 ging G. auf Wahlkampftournee für die SPD; auch später griff er mit zahlreichen Stellungnahmen und Reden ins politische Leben der BRD ein.
Die Blechtrommel spielt großenteils in Danzig, vor allem in den Jahren 1933 bis 45; die politische Entwicklung in dieser Zeit steht im Hintergrund. Hauptfigur ist Oskar Matzerath, ein hämisches Zwergwesen, das mit drei Jahren zu wachsen aufgehört hat: die Welt wird mit seinen Augen gesehen, mit scharfem und lüsternem Blick: eine bürgerliche Welt, die sich als ebenso grotesk wie schmierig enthüllt. Oskar wird später im Westen Modell an einer Kunstakademie, Jazzmusiker, endlich in eine Heil- und Pflegeanstalt gesperrt. — In die Groteske bezieht G. den Bereich des Körperlichen mit ein, das häufig mit Ekelhaftem gleichgesetzt wird. Blasphemien bezeugen eine Art Haßliebe zum Katholizismus. Die durchgehaltene Perspektive und G.' außergewöhnliche Kunst sinnlich-gegenständlichen Beschreibens ließen die *Blechtrommel* als singulär innerhalb der deutschen Nachkriegsliteratur erscheinen.
Aus dem Danziger Bereich stammt auch die Novelle *Katz und Maus,* eine Geschichte aus den Kriegsjahren, zwischen Danziger Jungen spielend; die trockene Sachlichkeit des Erzählstils weiß G. auch für Gefühl transparent zu halten. Hauptfigur ist Mahlke, charakterisiert durch einen ungeheuren Adamsapfel, eine kör-

perliche Deformation, die er — vergeblich — zu kompensieren versucht. Das dritte, wieder breitangelegte Prosawerk von G. wurde von der Kritik kühler aufgenommen: der Roman *Hundejahre.* Wieder gelingt die Vergegenwärtigung Danzigs und der Weichselgegend, wieder ist es G. weniger um geschlossene Romanform zu tun als um das Erzählen von «Geschichten», hier aus sehr verschiedenen Perspektiven. Ausgangsmotiv ist die Jugendfreundschaft zwischen Walter Matern und dem Halbjuden Eddi Amsel. Im zweiten Teil steht das Mädchen Tulla (eine Figur aus *Katz und Maus*) im Mittelpunkt; Amsel wird von Matern und anderen SA-Leuten zusammengeschlagen und erscheint später als neuer Mensch — als Brauxel, als «Goldmäulchen» — wieder; dieser Teil endet mit einer Parodie auf den «Endkampf» 1945. Im dritten Teil zieht Matern als «Rächer» durch Westdeutschland und macht Frauen und Töchter ehemaliger Nazis geschlechtskrank. — Das zentrale Bild des Buches ist das der Vogelscheuchen, die Amsel konstruiert, erst in Handarbeit, zuletzt überdimensional in einem Bergwerk: sie sind Spottbilder des Menschlichen. Charakteristika der *Hundejahre* sind der Umschlag des Realen ins Surreale, ein Topos des «Wiederauferstehens», bewußt marionettenhafte Zeichnung der Figuren und Sprachvirtuosität, die sich an beliebigen Objekten, besonders an Details, entzündet. Die Satire auf das Nachkriegs-Deutschland (Ort besonders Düsseldorf und Köln) gerät breit und trägt z. T. schwankhafte Züge; die Angriffe auf Heidegger wirken übersteigert.

Auf noch stärkere Zweifel der Kritik stieß G. mit dem Roman *Örtlich betäubt,* in dem er sich mit der rebellierenden Jugend auseinandersetzt. Der Roman spielt in Berlin Anfang 1967, Hauptfigur ist der Studienrat Eberhard Starusch, dessen Lebensgeschichte — z. T. Phantasieprodukt — in Gespräche mit seinem Zahnarzt während einer Kieferbehandlung eingeblendet wird: ein Liberaler (für «Evolution»), wenngleich mit Gewalt liebäugelnd; ebenso typisiert wie sein «übersensibler» Schüler Scherbaum, der auf dem Kurfürstendamm seinen Hund verbrennen will (als Demonstration gegen die amerikanische Kriegführung in Vietnam), und die anderen Figuren (der Zahnarzt = der Technokrat). Zahlreiche Überblendungen und Einschiebungen hemmen den Erzählfluß.

Im Verhältnis zu seinen Romanen fanden G.s Stücke weniger Anklang: weder die zum Absurden tendierenden frühen Stücke — u. a. *Onkel, Onkel:* ein Mörder mit System, schließlich von Kindern getötet; *Die bösen Köche:* fünf Köche, dem geheimen Rezept eines «Grafen» nachjagend — noch *Die Plebejer proben den Aufstand* und *Davor.* Im ersteren geht es um das Verhältnis von Kunst und Politik, demonstriert an der — kritisch gesehenen — Haltung Brechts («der Chef» genannt) am 17. 6. 53: er probt weiter für «Coriolan», distanziert sich angesichts der eindringenden aufständischen Arbeiter, die ein Manifest von ihm wollen, vom direkten politischen Eingriff, will den Aufstand künstlerisch auswerten. *Davor* ist die stark vereinfachte, vor dem Roman erschienene dramatische Fassung von *Örtlich betäubt.*

W.: Lyrik: Die Vorzüge der Windhühner, 1956; Gleisdreieck, 60; Ausgefragt, 67; Ges. Gedichte, 71. – *Dramen:* Noch zehn Minuten bis Buffalo, 54; Hochwasser, 57; Onkel, Onkel, 58; Die bösen Köche, 61; Die Plebejer proben den Aufstand, 66; Davor, 69; Theaterspiele, 70. – *Romane:* Die Blechtrommel, 59; Hundejahre, 63; Örtlich betäubt, 69. – *Erz.:* Katz und Maus, 61. – *Sonstige Prosa:* Über das Selbstverständliche. Reden, Aufsätze, offene Briefe, Kommentare, 68; G. G. – Pavel Kohout, Briefe über die Grenze, 68; Über meinen Lehrer Döblin und andere Vorträge, 68; Aus d. Tagebuch einer Schnecke (in Vorb.).

Lit.: K. A. Horst, in: Merkur, 1963; Texte und Zeichen 1, 1963; M. Reich-Ranicki: Deutsche Literatur in West und Ost, 63; K. L. Tank: G. G., 65; H. E. Holthusen: Plädoyer für den Einzelnen, 67; P. K. Kurz: Über moderne Literatur, 67; Von Buch zu Buch – G. G. in der Kritik, 68; W. J. Schwarz: Der Erzähler G. G., 69. H. O.

Grau, Shirley Ann, * 8. 7. 1930 New Orleans.

S. A. G. wuchs in Alabama auf, studierte am Newcomb College und schreibt für führende Zeitschriften («The New Yorker», «The Atlantic Monthly» u. a.). Ihre Erzählungen und Romane zeichnen ein eindringliches Bild des amerikanischen Südens und seiner Menschen. *The House on Coliseum Street* erzählt von den schmerzlichen Erfahrungen eines scheuen, kontaktarmen Mädchens aus New Orleans in einer Welt, in der es nicht genug Liebe gibt. Ein großer Erfolg wurde *The Keepers of the House,* die Geschichte einer Südstaatenfamilie von der Pionierzeit bis zur Gegenwart; im Mittelpunkt steht die langjährige Verbindung des Patriziers William Howland mit einer Mulattin.

W.: Romane u. Erz.: The Black Prince and Other Stories, 1955 (dt. Der schwarze Prinz); The Hard Blue Sky, 59 (dt. Harter blauer Himmel); The House on Coliseum Street, 61 (dt. Ein Mädchen aus New Orleans); The Keepers of the House, 64 (dt. Die Hüter des Hauses); The Condor Passes, 71. RLL

Grau Delgado, Jacinto, * 1877 Barcelona, † 14. 8. 1958 Buenos Aires.
G. D., jahrzehntelang eine führende Erscheinung des Madrider Theaterlebens, war väterlicherseits katalanischer Herkunft. Er lebte seit dem Bürgerkrieg im Exil in Buenos Aires.
Thema seiner bühnenwirksamen Stücke, die die Wirklichkeit poetisch verklären, ist meist die Liebe in ihren vielen Formen. So gestaltete er in *Don Juan de Carillena* den Don Juan-Stoff auf neue Weise, ebenso in *El burlador que no se burla,* in dem die sinnliche Liebe triumphiert und die Frauen, die der Held mit seiner Liebe beglückt hat, um den Toten trauern.

W.: Dramen: El tercer demonio, 1908; Don Juan de Carillena, 13; El conde Alarcos, 17; El hijo pródigo, 18; El señor de Pigmalion, 30; El burlador que no se burla, 30; Los tres locos mundo, 30; La Señora guapa, 43. – *Roman:* Trasuntos, 1899. – *Essays:* Unamuno y la España de su tiempo, 1943; Don Juan en el tiempo y en el espacio, 53.
Lit.: W. Giuliano: The Life and Works of J. G., Ann Arbor, 1950. DW

Graves, Robert (gen. R. von Ranke-G.), * 26. 7. 1895 London.
G., ein Urenkel des deutschen Historikers L. v. Ranke, studierte in Oxford Philosophie und Geschichte. Während des Ersten Weltkrieges diente er als aktiver Offizier in Frankreich, war dann 1926 Prof. für englische Literatur in Kairo, lebte später als freier Schriftsteller in England und Mallorca und war von 1961–66 Prof. in Oxford.
G.' autobiographischer Bericht *Good bye to All That,* eines der besten Kriegsbücher Englands, machte ihn berühmt. Seine beiden bekanntesten Romane *I Claudius* (die fiktiven Memoiren des Tiberius Claudius bis zu seiner Ausrufung als Kaiser) und *Claudius the God* (in dem C. seine Regentschaft und seine Ehen mit Messalina und Agripinilla schildert), sind bis in Einzelheiten historisch genau und stehen so an der Schwelle zwischen historischem Roman und künstlerisch gestalteter Geschichtsdarstellung. *Antigua, Penny, Puce* ist der Roman einer Familienfehde um den Besitz einer Briefmarke, *King Jesus* der Versuch einer zugleich romanhaften und historisch getreuen Darstellung Christi und seiner Zeit. Als Lyriker sieht G. in Skelton (um 1500) seinen Lehrmeister. G. schrieb Essays zur Literatur und Darstellungen keltischer (*The White Goddess*) und griechischer Mythologie. Seine Lyrik, subtil in der Behandlung von Themen wie Liebe, Jugend, aber auch abstrakt argumentierend, findet zunehmend Anerkennung.

W.: Romane: I Claudius, 34; Claudius the God, 34 (beide dt.: Ich, Claudius, Kaiser und Gott); Antigua, Penny, Puce, 36 (dt. Rostbraungezähnt); Count Belisarius, 38 (dt. Belisar, der Ruhmreiche); Sergeant Lamb of the Ninth, 40 (dt. Von Bunkers' Hill nach Saratoga); Proceed Sergeant Lamb, 41; The Story of Mary Powell, Wife to Mr. Milton, 43; The Golden Fleece, 44 (dt. Das goldene Vlies); King Jesus, 46 (dt. König Jesus); The Isle of Unwisdom, 49 (dt. Die Insel d. Torheit); Seven Days in New Crete, 49; Homer's Daughter, 55 (dt. Nausikaa u. ihre Freier); Hercules My Shipmate, 57. – *Lyrik:* Welshman's Hose, 25; Collected Poems, 38; No More Ghosts (Selected Poems), 40; Poems 1938–45, 45; New Poems, 62; Man Does, Woman Is, 64; Poems 65–68, 69. – *Essays:* Lawrence and the Arabs, 27; The Real David Copperfield, 33; T. E. Lawrence to His Biographers, 39; The White Goddess, 48; The Common Asphodel, 49; The Nazarene Gospel Restored, 53; The Greek Myths, 2 Bde, 55 (dt. Griechische Mythologie); Five Pens in Hand, 58; Steps, 58 (enth. auch Gespräche, Reden u. Gedichte); Mammon and the Black Goddess, 64. – *Autobiographisches:* Goodbye to All That, 29 (dt. Strich darunter); But It Still Goes on, 30.
Lit.: J. M. Cohen: R. G., 1960; D. Day:

Swifter than Reason, 63; E. Stürzl, in: Salzburger Universitätsreden, 66; G. Stade: R. G., New York, 67. RLL

Green, Henry (eig. H. Vincent Yorke), * 29. 10. 1904 Forthampton Court (Gloucestershire).

G. studierte in Eton und Oxford und leitete nach Lehrjahren in Birmingham ein Werk für Fabrikeinrichtungen, das sich seit Generationen im Besitz der Familie befindet.

Charakteristisch für die Romane G.s, in denen der Dialog die bestimmende Rolle spielt, sind das feine Gefühl des Autors für Nuancen des Sprachrhythmus und die Verwendung des stimmungsmalenden Symbols, etwa das der Vögel in *Living,* einem unter Fabrikarbeitern spielenden Roman. G.s bisher bedeutendstes Werk, *Loving,* spielt während des Zweiten Weltkrieges auf einem Schloß und erzählt mit distanziertem Witz von den Dienstboten; Hauptmotiv ist die Liebe des Butlers Raunce zu einem Stubenmädchen. Eingeschlossene wie die Bewohner des Schlosses sind auch die altjüngferlichen Leiterinnen eines Mädchenpensionats in *Concluding,* das zum Exempel für bürokratische Herrschaft wird. *Doting* ist, mit sozialkritischem Unterton, der Roman einer zerbrechenden Ehe.

W.: Romane: Blindness, 1926; Living, 29; Party Going, 39; Caught, 43; Loving, 45 (dt. Lieben); Concluding, 48 (dt. Dämmerung); Nothing, 50; Doting, 52 (dt. Schwärmerei). – *Autobiographisch:* Pack my Bag, 40.
Lit.: E. Stokes: The Novels of H. G., 1959; A. K. Weatherhead: A Reading of H. G., 61; T. Southern, in: Les lettres nouvelles 13, 65; R. S. Ryf: H. G., New York 67. DW

Green, Julien, * 6. 9. 1900 Paris.

G. entstammt einer puritanischen Familie. 1916 trat er zum Katholizismus über. Er nahm am Ersten Weltkrieg teil, studierte dann 1919—22 an der Univ. of Virginia Sprachen und Literatur. Seine Abkehr vom strengen Katholizismus führte ihn auf der Suche nach dem «mittleren Weg» zur Beschäftigung mit dem Buddhismus. Ab 1935 verstärkte sich seine Bindung wieder, er erlebte 1939 eine zweite Konversion. Beim Ausbruch des Zweiten Weltkriegs war er in den USA, bis 1945 blieb er in Baltimore als Lehrer, Übersetzer und Rundfunkkommentator.

G.s Romane und Erzählungen, scheinbar dem Vorbild des unengagierten, realistisch-psychologischen Romans verpflichtet, sind Darstellungen des sich selbst in der unerlösten Welt quälenden Glaubens. Distanzierte, unpathetische Sprache, präzise Darstellung innerer wie äußerer Vorgänge und geradlinige Erzählung enthüllen die Tragödie des Menschen, der den radikalen Gegensatz austrägt zwischen Körper und Seele, zwischen Triebverfallenheit und Sehnsucht nach Reinheit, Verstrickung in dieser Welt und Hoffnung auf metaphysische Wirklichkeit. In den Konflikten und Verbrechen, die G.s Gestalten auslösen, sind sie weniger Täter als getriebene, verzweifelte Opfer ihrer selbst und ihrer Umwelt. G.s Werke zeigen nur selten eine positive, moralische Gegenkraft; die Erlösungshoffnung richtet sich allein auf die göttliche Gnade. – *Mont-Cinère,* G.s erster Roman, schildert den zwanghaften Ausbruch des Hasses in einem trostlosen, puritanischen Milieu. Die drückende Atmosphäre einer kleinbürgerlichen Familie, die sinnleere Existenz und der unkontrollierte Ausbruch der Leidenschaft treiben in *Adrienne Mesurat* das junge Mädchen Adrienne zu Verbrechen und in den Wahnsinn. In dem Roman *Léviathan* verstärkt sich das Leitthema G.s: In der unerlösten Welt schlagen Sinnlichkeit und Verzweiflung der Menschen an seiner Existenz in Zerstörung und Perversion um. Die Erzählung *L'autre sommeil* trägt am stärksten autobiographische Züge. Die Hauptfigur Denis flüchtet aus Unfähigkeit zur Selbsterkenntnis, Schwäche und Einsamkeit in eine Welt traumhafter Erinnerung, die die Realität zu ersetzen beginnt. *Le visionnaire* führt das Thema des Ausbrechens aus der Welt in die Scheinwelt fort, in der pervertierte Sinnlichkeit und Todesgewißheit zur Selbstzerstörung treiben. In dem Roman *Minuit,* 1934 begonnen, aber erst nach *Le visionnaire* vollendet, konkretisiert sich die Gegenwelt in einer esoterischen, entrückten Lebensgemeinschaft unter der Führung eines Priester-Sehers. Die Tragödie der Hauptpersonen entsteht aus dem Anspruch der Sinnlichkeit, den die Gegenwelt nicht einlösen kann. *Varouna* (1938 begonnen) und *Si j'étais vous* greifen das Thema der Seelenwanderung und der Metamorphose auf als Sinnbild des Wunsches nach Unsterblichkeit, die jedoch nur durch die Erlösung des Menschen erreicht wird. In *Moïra* verdichtet G. den Kampf zwischen sinnlicher Natur und Unschuld zum pathologischen Fall: Der Theologiestudent Joseph Gray tötet die zur Sinnlichkeit verführende Moïra. Die Unterdrückung der Sinnlichkeit vernichtet letztlich die Unschuld, das Zeichen göttlicher Gnade. *Le malfaiteur* (1936—38, 1955 wiederaufgenommen) schildert den unerwiderten Anspruch auf Liebe als Grund des Leidens. *Chaque homme dans sa nuit* verschärft das Thema der Suche nach Liebe durch die Monstrosität der Gestalten. In der verfinsterten Welt führt gerade der Gedanke an Gott zur Sünde, aber selbst der offensichtliche Triumph des Bösen vernichtet nicht die Hoffnung auf Vergebung. Die drei Theaterstücke G.s *Sud*, *L'ennemi* und *L'ombre* behandeln in undramatischen Situationen das Problem der Sühne als Lösungsmöglichkeit einer Schuld und die Sünde als Instrument göttlicher Gnade (*L'ennemi*). — Im *Journal* schildert G. seinen Weg vom Erlebnis der tragischen Spannung zwischen zeitlicher Wirklichkeit und göttlicher Wirklichkeit zur Annahme seiner Bestimmung, die ihn zum Glauben führt. Daneben stehen kühle, eindringliche Berichte von Reisen und Begegnungen.

W.: Romane: Mont-Cinère, 1926 (dt. Mont-Cinère); Adrienne Mesurat, 27 (dt. Adrienne Mesurat); Léviathan, 29 (dt. Leviathan); Épaves, 32 (dt. Treibgut); Le visionnaire, 34 (dt. Der Geisterseher); Minuit, 36 (dt. Mitternacht); Varouna, 40; Si j'étais vous, 47 (dt. Wenn ich du wäre); Moïra, 50 (dt. ebs.); Le malfaiteur, 56 (dt. In den Augen der Gesellschaft); Chaque homme dans sa nuit, 60 (dt. Jeder Mensch in seiner Nacht); L'autre, 71. – *Erz.:* Le voyageur sur la terre, 27 (dt. Pilger auf Erden); Les clefs de la mort, 28; Christine, 28 (dt. ebs.); L'autre sommeil, 31 (dt. Der andere Schlaf). – *Essays:* Pamphlet contre les catholiques de France, 24, 63; Un Puritain homme de lettres, 28. – *Tagebücher:* Journal I–VIII, 38–67 (dt. Tagebücher). – *Autobiographie:* Partir avant le jour, 63 (dt. Aufbruch vor Tag); Mille chemins ouverts, 64 (dt. Tausend offene Wege); Terre lointaine, 66 (dt. Fernes Land). – *Drama:* Sud, 53 (dt. Der Mann, der aus der Fremde kommt; Süden); L'ennemi, 54 (dt. Der Feind); L'ombre, 56. – Œuvres complètes, 10 Bde, 54–65.

Lit.: P. Brodin: J. G., 1956; J. Carrel: J. G., 67; B. T. Fitch (Hg.): J. G., 66; M. Gorkine: J. G., 56; P. C. Hoy: The Portrayal of Man's Condition in the Novels of J. G., 58; J. L. Prévost: L'âme engagée, 60; G. N. Rousseau: Sur le chemin de J. G., 65; J. Sémolué: J. G. ou l'obsession du mal, 64; S. Stokes: J. G. and the Thorn of Puritanism, 55. W. M.

Greene, Graham, * 2. 10. 1904 Berkhampstead (Hertfordshire).

G., der Sohn eines Schulleiters und Großneffe Stevensons, studierte in Oxford, war 1926—30 Redakteur bei der «Times», 1935—49 Filmkritiker und 1940 bis 41 literarischer Redakteur des «Spectator». 1941 bis 1944 machte er im Außenamt Dienst und war 1942—1943 auf Sondermission in Westafrika. 1957 wurde er Direktor des Verlages Bodley Head. G.s entscheidendes Erlebnis war der Übertritt zur katholischen Kirche 1934. 1938 unternahm er im Auftrag einer katholischen Organisation eine Reise durch Mexiko (darüber *The Lawless Roads*).

G.s Werke zeigen den Einfluß der katholischen Erzähler Frankreichs: Bernanos, Mauriac, J. Green; die Art der Darstellung erinnert z. T. auch an Hemingway. G. teilt seine Werke in «entertainments» und die eigentlichen «novels» ein. In den ersteren verwendet er vor allem Motive des Kriminalromans; hierhin gehören *Stamboul Train*, im Orientexpreß spielend, *It's a Battlefield*, *A Gun for Sale* (der Roman des sich aus der Gesellschaft ausgestoßen fühlenden Raven, eines Attentäters, der um seinen Lohn betrogen wird) und *The Ministry of Fear* (Spionage in London während des Krieges). Die psychologische Vertiefung, die G. schon in solchen Romanen erreicht, wird noch augenfälliger in *Brighton Rock*: Hauptfigur ist der 17jährige Pinkie, der, vom Milieu seiner Kindheit geprägt, als Bandenführer zum Mörder wird; der jungen Rose, die ihn liebt — während er von ihr loskommen will —, spricht ein Priester nach Pinkies Tod von der «furchtbaren Seltsamkeit der Gnade Gottes» (die hier aber zuerst der betrogenen Rose gelten könnte). Die religiöse Thematik G.s wurde vollends deutlich in *The Power and the Glory:* Nähe von Sünder und Heiligem, Schuldbewußtsein, Gnade; dazu treten hier wie in anderen Werken als zentrale Motive: der Mensch auf der Flucht (vor äußeren Mächten und vor sich selbst) und in der Angst. In diesem während einer Kirchenverfolgung spielenden Mexiko-Roman G.s geht der «Schnaps-Priester» nach langer Flucht vor seinem Gegner, dem antiklerikalen und atheistischen Leutnant, wissend in den Tod; der Leutnant läßt ihn erschießen, ist selbst aber unsicher geworden. Armseligkeit und Sündhaftigkeit des Priesters ändern nichts an der Würde seines Amtes. Als konstruiert wurde häufig der Fall des Polizeioffiziers Scobie in *The Heart of the Matter* empfunden: gläubiger Katholik, liebt er seine Frau Louise und die viel jüngere Helen (Mitleid ist sein eigentlicher Antrieb); er sieht den einzigen Ausweg im Selbstmord. In *The End of the Affair* zieht Sara sich von Bendrix zurück, weil sie, Katholikin und verheiratet, ein Gelübde getan hat, als Bendrix verschüttet war; nach ihrem Tod geschehen Wunderheilungen. — In den späteren Werken G.s drängt sich die religiöse Thematik viel weniger auf. The *Quiet American* zeigt einen jungen Amerikaner, Pyle, in Saigon; er richtet Unheil bei seinem Versuch an, den Freiheitskämpfern zu helfen, und wird getötet. *A Burnt-Out Case*, ein «ausgebrannter Fall» ist Querry, der englische Kirchenarchitekt, der vor sich und selbst seinen Erfolgen nach Westafrika (auf eine Leprastation) flieht. Komödianten in übertragenem Sinne sind die Engländer — und andere Figuren —, die in *The Comedians* nach Haiti kommen und das Terror-Regime Duvaliers erleben; G. kombiniert in diesem Roman Ernst und Ironie. Letztere waltet vor in *Our Man in Havanna*, den erotischen Erzählungen *May We Borrow Your Husband?* und dem Roman *Travels with My Aunt*, der grotesken Geschichte von Tante Augusta, einer lebenslustigen Schmugglerin, und ihrem Neffen Henry, den sie anlernt. — Mehrere Werke G.s wurden verfilmt; die Nähe seiner Schreibweise zum Filmstil bezeugen auch G.s Drehbücher für *The Third Man* und *The Fallen Idol*. G. schrieb auch mehrere Dramen, so *The Living Room* (die Heldin ist ein Mädchen, das an einem Leben ohne Sinn zerbricht) und die Gesellschaftssatire *The Complaisant Lover*.

W.: Lyrik: Babbling April, 1925. – *Romane:* The Man Within, 29 (dt. Zwiespalt der Seele); The Name of Action, 30; Rumour at Nightfall, 31; Stamboul Train, 32 (dt. Orientexpreß); It's a Battlefield, 33 (dt. Schlachtfeld des Lebens); England Made Me, 35 (dt. Ein Sohn Englands); A Gun for Sale, 36 (dt. Das Attentat); Brighton Rock, 38 (dt. Am Abgrund des Lebens); The Confidential Agent, 39 (dt. Jagd im Nebel); The Power and the Glory, 40 (auch dramatisiert; dt. Die Kraft und die Herrlichkeit); The Ministry of Fear, 43 (dt. Zentrum des Schreckens); The Heart of the Matter, 48 (dt. Das Herz aller Dinge); The End of the Affair, 51 (dt. Der Ausgangspunkt, auch als: Das Ende einer Affäre); The Quiet American, 55 (dt. Der stille Amerikaner); Our Man in Havanna, 58 (dt. Unser Mann in H.); A Burnt-Out Case, 61 (dt. Ein ausgebrannter Fall); The Comedians, 66 (dt. Die Stunde der Komödianten); Travels with My Aunt, 69 (dt. Die Reisen mit meiner Tante). – *Erz.:* The Basement Room, 35 (dt. Der Kellerraum, später, auch als Drehbuch, unter dem Titel: The Fallen Idol, dt. Kleines Herz in Not); Nineteen Stories, 47 (daraus dt.: Spiel im Dunkel); The Third Man, 50 (auch Drehbuch; dt. Der dritte Mann); Twenty-one Stories, 54; Loser Take All, 55 (dt. Heirate nie in Monte Carlo); A Sense of Reality, 63 (dt. Unter dem Garten) May We Borrow Your Husband and Other Comedies of the Sexual Life, 67 (dt. Leihen Sie uns Ihren Mann?). – *Reisebücher:* Journey Without Maps, 36 (dt. Der Weg nach Afrika); The Lawless Roads, 39 (dt. Gesetzlose Straßen); In Search of a Character, 61 (dt. Afrikan. Tagebuch). – *Essays:* British Dramatists, 42; Why do I Write?, 48 (dt. Briefwechsel); The Lost Childhood, 51 (dt. Die verlorene Kindheit). – *Dramen:* The Living Room, 53 (dt. Der letzte Raum); The Potting Shed, 57 (dt. Das Geheimnis); The Complaisant Lover, 59 (dt. Der verbindliche Liebhaber); Carving a Statue, 64. – *Kinderbücher:* The Little Train, 47 (dt. Die kleine Lok); The Little Fire Engine, 50 (dt. Die kleine Feuerspritze); The Little Horse Bus, 52 (dt. Der kleine Pferdebus); The Little Steamroller, 53. – *Autobiographisch:* A Thought of Life, für 71 angekündigt.

Lit.: J. Madaule: G. G., 1950; F. Wyndham: G. G., 55; R. Matthews: Conversations with G. G.; 56 (dt. Mein Freund G. G.); I. Atkins: G. G., 57; F. L. Kunkel: The Labyrinthine Ways of G. G., N. Y., 59; K. Schmidthüs, in: Lob der Schöpfung u. Ärgernis der Zeit, 59; K. Allott: The Art of G. G.,

63; G. G. Some Critical Considerations, ed. R. O. Evans, Lexington, 63; D. Pryce-Jones: G. G., 63; Ph. Stratford: Faith and Fiction. Creative Process in G. and Mauriac, Notre Dame (Ind.), 64; A. A. de Vitis: G. G., N. Y., 64; D. Lodge: G. G., ebda. 66; A. Maurois: Points of View, 68. RLL

Gregor-Dellin, Martin, * 3. 6. 1926 Naumburg a. d. Saale.

G.-D. war 1951–58 Verlagslektor in Halle a. d. Saale. Seit 1958 in der BRD, lebt er heute – nach Tätigkeiten als Rundfunkredakteur und Verlagslektor – als freier Schriftsteller in Gröbenzell/ Obb. – Grundthema der Romane und parabelhaften Kurzprosa ist der Versuch der Selbstbehauptung in einer mehr und mehr entfremdeten Welt. Das «Innewerden der eigenen Existenz» (*Jakob Haferglanz*) stellt sich dar in *Der Kandelaber* gegenüber der totalitären Staatsbürokratie, in *Einer* als Absage an ein unkonzentriertes Leben. Ausgehend vom psychologischen Realismus kommen in den letzten Prosawerken neue Ausdrucksformen zur Geltung. Reale Vorgänge werden aufgebrochen, öffnen sich dem Unheimlichen, auch dem Skurrilen. G.-D. ist auch als Literaturkritiker, als Hörspielautor und Herausgeber hervorgetreten.

W.: Romane: Jakob Haferglanz, 1956; Der Nullpunkt, 59; Der Kandelaber, 62; Einer, 65. – *Erz.:* Cathérine, 54; Der Mann mit der Stoppuhr, 57; Möglichkeiten einer Fahrt, 64. – *Studie:* Wagner und kein Ende, 58. E. Ho.

Gregory, Lady Isabella Augusta, * 5. 3. 1852 Roxborough (Galway), † 22. 5. 1932 Coole Park (Galway).

Lady G. widmete sich nach dem Tod ihres Mannes (1892) der irischen Theaterbewegung («keltische Renaissance»), deren Mitglieder sie auf ihrem Gut in Coole Park um sich versammelte. Mit dem ihr durch das gemeinsame Interesse an der irischen Geschichte und Sagenwelt verbundenen W. B. Yeats gründete sie 1899 das Abbey Theatre in Dublin, an dem sie zeitweise auch als Direktorin und Regisseurin wirkte. Für dieses Theater schrieb sie zahlreiche Volksstücke der verschiedensten dramatischen Gattungen; ihre besondere Stärke war der Einakter, vor allem die groteske Komödie, in der das Wesen ihres Volkes als eine Ausdrucksform menschlicher Komödie erscheint. Lady G.s Neugestaltungen irischer Sagen, wie *Cuchulain of Muirthenne,* dienten Yeats, Synge u. a. als Quelle für eigene dichterische Arbeit.

W.: Dramen: Spreading the News, 1904; Seven Short Plays, 09 (daraus dt. Das Armenhaus); The Image, 10; Irish Folk History Plays, 12; New Comedies, 13; The Golden Apple, 16; The Dragon, 20; Three Wonder Plays, 22; The Story Brought by Brigit, 24; Three Last Plays, 28; Coole, 31. – *Erz.:* Cuchulain of Muirthenne, 02; Gods and Fighting Men, 04; The Kiltartan History Book, 09; The Kiltartan Wonder Book, 10. – *Sonstige Prosa:* Our Irish Theatre, 14 (autobiograph.); Visions and Beliefs in the West of Ireland, 20. – *Lyrik:* The Kiltartan Poetry Book, 19. – *Übersetzung:* The Kiltartan Molière, 10. – Journals, 1916–30, 46.

Lit.: H. v. Klenze: Lady G.s Leben u. Werk, 1940 (Nachdruck N. Y. 68); E. Coxhead: Lady G., N. Y. [2]66; A. Dedio: Das dramatische Werk von Lady G., 67. DW

Grey, Zane, * 31. 1. 1873 Zanesville (Ohio), † 23. 10. 1939 Altadena (Kalifornien).

G., der Sohn eines Bauern und Predigers, war zuerst Zahnarzt. Er wurde einer der Hauptvertreter der Wildwestgeschichte: Vor dem Hintergrund der Prärien und der Rocky Mountains schildert G. dramatisch und handlungsreich, aber ohne psychologische Nuancierung, Kämpfe zwischen Schurken und stark idealisierten Helden, die sich außer durch Mut und Körperstärke vor allem durch Ritterlichkeit den Frauen gegenüber auszeichnen. Seine Romane hatten einen ungeheuren Erfolg; zu den besten zählt *The Thundering Herd,* der die erbarmungslose und sinnlose Vernichtung der Büffelherden des Westens schildert.

W.: Betty Zane, 1904 (dt. ebs.); Riders of the Purple Sage, 12 (dt. Das Gesetz der Mormonen); The Man of the Forest, 13; Desert Gold, 13 (dt. Wüstengold); The Border Legion, 16 (dt. Die Grenzlegion); The U. P. Trail, 18 (dt. Der einsame Weg); The Heritage of the Desert, 18; The Mysterious Rider, 21 (dt. Der geheimnisvolle Reiter); To the Last Man, 22 (dt. Bis zum letzten Mann); The Thundering Herd, 25 (dt. Die donnernde Herde); Tappan's Burro, 26; Wild Horse Mesa, 28 (dt. Vollblut). DW

Grieg, Johan Nordahl Bruun, * 1. 11. 1902 Bergen, † 2. 12. 1943 Berlin.

G., ein entfernter Verwandter des Komponisten Edvard G., kam aus einer großbürgerlichen Familie. Er führte ein abenteuerliches Leben, war u. a. Matrose, wanderte durch Frankreich und Deutschland, betätigte sich nach einem Studienjahr in Oxford als Theaterkritiker, lebte 1933–35 in Moskau, ging 1937 als Kriegsberichterstatter nach Spanien. Nach der deutschen Invasion floh er nach England und wurde Offizier; er fiel bei einem Luftangriff auf Berlin. – Seine Werke, emphatisch wirkend, zeigen seine Unrast und sein soziales Empfinden, so die frühen Gedichte und der Roman *Skibet gaar videre* (Und das Schiff geht weiter), ein kritisches Bild des Lebens auf den Schiffen. In den Dramen stehen soziale Probleme im Mittelpunkt; sein Hauptwerk, *Nederlaget* (Die Niederlage), ist eine Darstellung der Pariser Kommune, diskutiert wird hier vor allem das Problem der Gewaltanwendung.

W.: Lyrik: Rundt Kap det Gode Haab, 1922; Stene i strømmen, 25; Norge i vaare hjerter, 29. – *Dramen:* En ung manns kjaerlighet, 27; Barrabas, 27; Atlanterhavet, 32; Vaar aere og vaar magt, 35 (dt. Unsere Ehre und unsere Macht); Men imorgen, 36; Nederlaget, 37 (dt. Die Niederlage). – *Romane:* Skibet gaar videre, 24 (dt. Und das Schiff geht weiter); Men ung maa verden ennu vaere, 38. – *Essays:* De unge døde, 32 (über Keats, Shelley, Byron u. a.). – Samlede verker, 7 Bde, 47; Samlede dikt, 48.
Lit.: J. Borgen: N. G., 1945; J. Mjöberg: N. G., 47; F. J. Haslund: N. G., 62. RLL

Grimm, Hans, * 22. 3. 1875 Wiesbaden, † 27. 9. 1959 Lippoldsberg b. Kassel.
G. wurde als Sohn des Universitätsprofessors Julius G. geboren. 1901 kam er als Kaufmann nach East London (Kapland). 1911–15 studierte er in München und am Kolonialinstitut in Hamburg. 1918 siedelte er dann auf seinen Besitz Klosterhaus in Lippoldsberg über, 1933 wurde er Präsidialrat der Reichsschrifttumskammer.
G.s frühe Erzählungen, die in herbem Stil und geschlossener Form afrikanische Lebensschicksale und Existenzkämpfe entwerfen, gelten als seine beste literarische Leistung. Eine imperialistisch-kolonialistische Tendenz zeigt sich schon hier. 1920–26 schrieb G. sein Hauptwerk *Volk ohne Raum,* das außerordentlichen Erfolg hatte (780. Tsd. 1963) und der NS-Propaganda ein Schlagwort lieferte. In weitschweifiger Erzählweise wird der Lebensweg des deutschen Kleinbauernsohns und Auswanderers Cornelius Friebott dargestellt; Friebott neigt zunächst dem Sozialismus zu, glaubt sich dann aber durch die englischen Repressionen in Afrika auf eine nationalistische Position verwiesen. Als antisozialdemokratischer Wanderredner wird er 1923 in Sachsen erschlagen. – Nach dem Ende des NS-Reiches suchte G. für seine unveränderte Position erneut um Verständnis zu werben. In *Die Erzbischofschrift* (an den Erzbischof von Canterbury gerichtet) unternahm er den fragwürdigen Versuch, die deutsche Führung von der Schuld am Zweiten Weltkrieg zu entlasten.

W.: Romane u. Erz.: Südafrikanische Novellen, 1913; Der Gang durch den Sand, 16; Die Olewagen-Saga, 18; Der Ölsucher von Duala, 18; Volk ohne Raum, 26; Das deutsche Südwester-Buch, 29; Die Geschichte vom alten Blute und von der ungeheuren Verlassenheit 31. – *Essays:* Der Schriftsteller und die Zeit, 31; Die Erzbischofschrift, 50. – *Autobiographische Prosa:* Rückblick, 50; Leben in Erwartung, 52; Warum, woher, aber wohin?, 54; Suchen und Hoffen, 60.
RLL

Grochowiak, Stanisław, * 24. 1. 1934 Leszno Wielkopolskie.
G., der Polonistik studierte, ist Redakteur an der Warschauer Wochenschrift «Kultura». Er wurde nach spektakulären Anfangserfolgen vorschnell von Gegnern und Anhängern als «Turpist» etikettiert (Wortprägung aus einer Polemik von Przyboś), der seine antiästhetische Poesie der Abfälle, Prothesen und unappetitlichen Krankheitssymptome als Selbstzweck auffasse. Doch zeigte sich bald die rationalistische und humanistische Funktion dieser Motive: das Defekte erscheint einerseits als die sonst totgeschwiegene Unter- und Innenseite der schönfärberisch präsentierten Weltordnungen (so in Paraphrasen biblischer, antiker und heutiger Mythen), andererseits als Zeichen des Menschlichen, Lebendigen in einer Welt perfekter Klischees (besonders in parabelartigen Dramen menschlicher Extremsituationen). G. bevorzugt klassische, auf Wiederholbarkeit beruhende Vers-

formen. Scheinbar naturalistischer in den Mitteln ist die Komödie *Chłopcy* [Die Burschen], die das Entstehen von Sozialstrukturen und ethischen Konflikten an den Insassen eines Altersheims demonstriert.

W.: Plebania z magnoliami, 1956; Ballada rycerska, 56; Lamentnice, 58; Menuet z pogrzebaczem, 58; Rozbieranie do snu, 59; Szachy, 60; Agresty, 63; Trismus, 63; Król IV., 64; Chłopcy, 64; Wybór wierszy, 65; Kanon, 65; Rzeczy na głosy (gesammelte Dramen), 66; Karabiny, 66. – Dt.: Meine schwarze Frau, in: Moderne poln. Erzähler. DW

Grögerová, Bohumila, * 7. 8. 1921 Prag.
B. G. studierte in Prag Philosophie, wo sie heute als Dokumentaristin, Schriftstellerin und Übersetzerin lebt. – Zusammen mit J. Hiršal machte B. G. die Wiener Gruppe und die Stuttgarter Schule in der ČSSR bekannt. Ihr gemeinsames Buch *JOB–BOJ*, das jahrelang nicht erscheinen konnte, gehört zu den wichtigsten Beiträgen zur internationalen Richtung der «konkreten Poesie». B. G. übersetzte P. Weiss, Arno Schmidt, F. Mayröcker, Ionesco, Saint-John Perse, Césaire. 1954–57 verfaßte sie Tagebuchzyklen in Form literarischer Montagen. Sie schrieb ein absurdes Drama, mehrere Kinderbücher, übersetzte mit Hiršal Benses «Theorie der Texte» und stellte mit ihm Anthologien experimenteller und von Nonsens-Poesie zusammen.

W.: Drama: Abstraktion Peloponesos, 1960. – *Texte:* Zajícův, 60; Zivilisationsschemata, 70 (dt. erschienen). – Mit Hiršal: Experimentelle Texte: JOB–BOJ, 68. – Ferner zahlreiche Beiträge in Zeitschriften und Rundfunk. T. R.

Grün, Max von der, * 25. 5. 1926 Bayreuth.
G. besuchte die Mittel- und Handelsschule und absolvierte anschließend eine kaufmännische Lehre. Nach Kriegsteilnahme und Gefangenschaft war er Maurer, Angestellter, seit 1951 im Ruhrgebiet Kohlenschlepper und -hauer, nach einem Unfall Grubenlokführer. Seit 1963 ist G. freier Schriftsteller. — G., der seit 1953 Gedichte, Essays und literaturkritische Beiträge verfaßte, wurde bekannt durch seine Romane *Männer in zweifacher Nacht* und *Irrlicht und Feuer*, die realistisch das Grubenmilieu und die soziale Problematik der Kumpels angesichts der zahlreichen Zechenstillegungen schildern. In *Irrlicht und Feuer* entwirft er am Werdegang eines Bergarbeiters, dem der Weg aus der Grube über verschiedene berufliche Zwischenstationen bis zur Arbeit «im weißen Kittel» gelingt, in kritischer Schärfe ein Bild von Korruption und Ausbeutung in der bundesdeutschen Konsumgesellschaft.

W.: Romane und Erz.: Männer in zweifacher Nacht, 1962; Irrlicht und Feuer, 63; Fahrtunterbrechung, 66; Zwei Briefe an Pospischiel, 68. – *Dramen, Funk- und Fernsehspiele:* Smog, 66; Skizzen aus dem deutschen Alltag, 66; Ostende, 68; Feierabend, 68; Schichtwechsel, 68; Notstand, 69. – *Lyrik:* Wir tragen ein Licht durch die Nacht, 64. – Ferner: Zahlreiche Beiträge in Zeitschriften und Anthologien. RLL

Gryparis, Ioannis, * 17. 7. 1870 Artemon (Siphnos), † 11. 3. 1942 Kallithea (Athen).
G. verbachte seine Jugend in Konstantinopel, wohin er nach beendetem Studium in Athen als Lehrer zurückkehrte. Seit 1896 lebte er in Athen (1911–14 Reisen nach Frankreich, Italien und Deutschland), wo er von 1930–35 Direktor des Nationaltheaters war.
Sein schmales dichterisches Werk läßt sich in drei Perioden unterteilen. In seinen Jugendgedichten steht er noch ganz im Banne der Parnassiens: Schilderungen der Außenwelt in formbetonter, gesuchter Sprache, die aber schon den Übergang zum Symbolismus zeigt, der in den Sammlungen *Terrakotes* und *Intermedia* bestimmend wird. Der beherrschte, musikalisch-plastische, durch Elemente der Volksdichtung bereicherte Stil dieser formvollendeten Sonette gehört zum Kunstvollsten in der neugriechischen Lyrik. In den Jahren 1900–10 erscheinen die Elegien der dritten, neoklassizistischen Periode, deren Motiv Trauer und Resignation vor der Allmacht des Schicksals und des Todes ist. Danach hat G. keine Gedichte mehr geschrieben; seine Übersetzungen klassischer Tragödien sowie Goethes «Faust II (3. Akt)» sind von hoher literarischer Qualität.

W.: Gedichte: Dilina, 1892; Skaraväi, 95; Terrakotes, 1918; Intermedia, 19; Skaraväi ke Terrakotes, 19; Apanta, 52. S. L.

Guardini, Romano, * 17. 2. 1885 Verona, † 1. 10. 1967 München.

G., Sohn italienischer Eltern, wuchs in Mainz auf, studierte in Tübingen, Berlin, Freiburg und München zunächst Chemie und Nationalökonomie, dann Theologie, wurde 1910 zum Priester geweiht, war anschließend in der Seelsorge tätig, gründete die Jugendbewegung «Quickborn», habilitierte sich 1922, war 1923—39 Prof. in Breslau, las zugleich auch an der Univ. Berlin. 1945 wurde er nach Tübingen, 1948 nach München berufen. — G. versuchte, von einer aus der Offenbarung gewonnenen Christlichkeit ausgehend, in seinem umfangreichen Werk die menschliche Existenz zu deuten. Wirkung auf eine breitere Öffentlichkeit erzielte er durch seine interpretierenden Schriften zu Sprache und Dichtung; hierin ging er mit einer klaren und schlichten Sprache die Frage nach dem Wesen religiöser Existenz an. Vor allem in der Studie *Hölderlin* gelang G. eine Neuumschreibung der Grundform seherischer Dichtung. Nach 1945 entstanden mehrere Schriften, in denen er politischen Sinn und leidenschaftliches Beteiligtsein an den Fragen der Zeit bewies.

W.: Geist der Liturgie, 1918; Briefe über Selbstbildung, 21; Sinn der Kirche, 22; Der Gegensatz. Philosophie des Konkret-Lebendigen, 25; Das Gute, das Gewissen und die Sammlung, 29; Das Gebet des Herrn, 32; Der Mensch und der Glaube. Versuche über die religiöse Existenz in Dostojewskis Romanen, 32; Christliches Bewußtsein. Versuch über Pascal, 34; Die Bekehrung des hl. Aurelius Augustinus, 35; Das Bild von Jesus Christus im Neuen Testament, 36; Der Herr. Betrachtungen über die Persönlichkeit und das Leben Jesu Christi, 37; Der Engel in Dantes Göttlicher Komödie, 37; Hölderlin, 39; Welt und Person, 39; Der Tod des Sokrates, 43; Die Macht, 51; R. M. Rilkes Deutung des Daseins, 53; Religion und Offenbarung, 58; Die Sorge um den Menschen, 2 Bde, 62–66; Unterscheidung des Christlichen, Gesammelte Studien, 63; Stationen und Rückblick, 65.
Lit.: H. Kuhn: R. G., 1961; Interpretation der Welt, Festschr., hg. v. H. Kuhn, 65.
R.-D. H.

Guareschi, Giovanni, * 1. 5. 1908 Fontanelle di Rocca Bianca/Parma, † 22. 7. 1968 Cervia.

Der Dekorationsmaler G. begann 1929 für den «Corriere Emiliano» von Parma zu schreiben, war 1936—43 Chefredakteur der humoristischen Wochenzeitung «Bertoldo». 1943 geriet G. in deutsche Gefangenschaft, 1954—56 war er im Gefängnis wegen einiger Veröffentlichungen im von ihm geleiteten «Candido». Die Popularität G.s geht weit über die Grenzen Italiens hinaus durch seine Romane um «Don Camillo» (in Verfilmungen von dem französischen Komiker Fernandel dargestellt). Sowohl als Romanautor wie in seiner journalistischen Tätigkeit griff G. satirisch die Sitten einer korrupten Politik, den Utilitarismus und die verschiedenen Konformismen rechts und links an. In *Don Camillo* versuchte er vor allem die Naivität der politisch oder religiös Engagierten aufzuzeigen, indem er das Menschliche des italienischen Bauern jenseits von Politik oder religiösen Verpflichtungen hervorhebt.

W.: Erz.: La scoperta di Milano, 1941; Favole di Natale, 45; Lo zibaldino, 48; Corrierino delle famiglie, 54 (dt. Bleib in deinem D-Zug). – *Romane:* Il destino si chiama Clotilde, 42 (dt. Das Schicksal heißt Clothilde); Il marito in collegio, 44 (dt. Carlotta und die Liebe); Don Camillo, 48 (dt. D. C. und Peppone); Don Camillo e il suo gregge, 53 (dt. D. C. und seine Herde); Il compagno Don Camillo, 63; Don Camillo in Russia, 63. – Dt. Erz. ausw.: Enthüllungen eines Familienvaters.
M. S.-R.

Guđmundsson, Kristmann, * 23. 10. 1902 Thverfell (Borgarfjörđir/Island).

G. wuchs in ärmlichen Verhältnisssen ohne Elternhaus auf. Nachdem er sich in den verschiedensten Berufen versucht hatte, ging er nach Norwegen. Als sein erstes, wie die folgenden Werke norwegisch geschriebenes Buch 1926 erschien, hatte es großen Erfolg. Seit 1939 lebt G. wieder auf Island und schreibt in seiner Muttersprache. — G. ist ein Meister der Naturschilderung und der Psychologie, besonders der Jugend und der Liebe. So kehrt das Thema der jungen unerfüllten Liebe in mehreren Romanen wieder, wie in *Den blaa kyst* (Die blaue Küste) oder in *Hvitte netter* (Helle Nächte). Die späteren Werke G.s sind Familienromane, angeregt durch die altisländischen Sagas, so auch *Jordens barn* (Kinder der Erde), einer seiner bekanntesten, aber schwächeren Romane, der die

Geschichte der isländischen Bäuerin Valborg erzählt. *Gudinnen og oksen* [Die Göttin und der Ochse] spielt in minoischer Zeit auf Kreta und ist voller Anspielungen auf die moderne Weltpolitik.

W.: Romane: Brudekjolen, 1926 (dt. Das Brautkleid); Armann og Vildis, 28; Livets morgen, 29 (dt. Morgen des Lebens); Sigmar, 30; Den blaa kyst, 31 (dt. Die blaue Küste); Det hellige fjell, 32 (dt. Das neue Land); Den første vaar, 33 (dt. Vorfrühling); Hvitte netter, 34 (dt. Helle Nächte); Jordens barn, 35 (dt. Kinder der Erde); Gudinnen og oksen, 37; Nattröllid glottir, 43; Félagi kona, 47; Kvöld i Reykjavik, 48; Thokan rauda, 50–52. – *Erz.:* Islandsk kjaerlighet, 26; Lampen, 36 (dt. Die Lampe); Saga um skald, 48; Harmleikurinn á Austurbae, 55. – *Autobiographie:* Ísold hin svarta, 59. – Ritsafu, 8 Bde, 52–54 (Ges. Werke).
Lit.: S. Einarsson: K. G., 1946. DW

Guéhenno, Jean, * 25. 3. 1890 Fougères (Ille-et-Vilaine).
G. war Arbeiter; als Autodidakt bereitete er sich auf das Abitur vor und erhielt die Zulassung zur École Normale Supérieure. Nach Abschluß der Studien war er Gymnasiallehrer und Publizist; später wurde er Generalinspekteur für öffentliche Erziehung. In der Widerstandsbewegung spielte er eine bedeutende Rolle. – G., der vornehmlich literatur- und kulturkritische Essays, u. a. über Michelet und Rousseau, veröffentlicht und sich auch durch autobiographische Schriften einen Namen gemacht hat, nimmt eine humanistische Position ein, für die er sich auf Sokrates und Montaigne beruft.

W.: Essays: L'évangile éternel, 1929; Caliban parle, 28; Conversion à l'humain, 31; Jean-Jacques en marge des «Confessions», 48; Jean-Jacques, roman et vérité, 50; Jean-Jacques, grandeur et misère d'un esprit, 52; Ce que je crois, 64. – *Autobiographisch:* Journal d'un homme de quarante ans, 34 (dt. Ein Mann von 40 Jahren); Journal des années noires, 46; Changer la vie, 61. RLL

Gütersloh, Albert Paris (eig. Albert Konrad Kiehtreiber), * 5. 2. 1887 Wien.
G., ursprünglich für den geistlichen Beruf bestimmt, besuchte das Benediktinergymnasium in Melk und das Franziskanergymnasium in Bozen, war kurze Zeit Novize des Deutschen Ritterordens, wurde Schüler von Klimt und ging 1907 als Schauspieler und Bühnenbildner nach Berlin zu Reinhardt. 1918/19 gab er mit Franz Blei «Die Rettung, Blätter zur Erkenntnis der Zeit» heraus. 1919–21 war er Regisseur in München. Er lebte dann eine Zeitlang als Maler in Südfrankreich und lehrte 1929–38 an der Kunstgewerbeschule in Wien. Nach dem «Anschluß» Österreichs erhielt er als «entarteter Künstler» Berufsverbot. 1945 wurde er Prof. an der Wiener Akademie der Bildenden Künste.
Der Roman *Die tanzende Törin* erschien 1910: ein expressionistisches Werk (etwa in der Sprache, auch in der Wendung gegen die bürgerliche Familie), aber zugleich Kritik an schwüler Jugendstil-Erotik, am undeutlichen «Suchen» der Jugend jener Zeit, wie der «Tänzerin» Ruth, die an ihrer Jungfräulichkeit leidet, und einiger junger Maler und Dichter. In den 20er Jahren kam G. zu Werken von noch stärkerer persönlicher Eigenart, abseits aller literarischen Schulen, wie dem märchenhaft-symbolisierenden Werk über einen schönen Jüngling, der drei Jahrhunderte lang lebt: *Innozenz oder Sinn und Fluch der Unschuld.* G. bekennt sich hier zur geistig-sinnlichen Doppelnatur des Menschen; entsprechend stellt der Essay *Die Rede über Blei oder der Schriftsteller in der Katholizität* als eigentliche Lüge die des «Widerspruchs zur Konstitution der Kreatürlichkeit» heraus. *Innozenz* zeigt bereits eine für G. typische Kompositionsweise: Wechsel von groß gesehenen Szenen und reflektiven Partien; ähnlich stehen sich auch in der Sprache sinnlichbildhafte Fügungen und Abstraktionen gegenüber. Dramatisch verkürzt ist *Der Lügner unter Bürgern:* Auftritt des lügenhaften Thomas in einer Pariser Krämerfamilie; impotent gegenüber der Tochter Rosette, flieht er. Die Legende *Kain und Abel,* eine Umwandlung der Paradiesgeschichte, G.s geschlossenstes Werk, bestätigt, wie entscheidend für ihn Theologie ist. Hier wie im Gesamtwerk G.s wird die Spannung zwischen Gott und göttlicher Ordnung einerseits und dem Menschen als kreatürlichem (besonders: erotischem) Wesen andererseits demonstriert.
Nach längerer Pause erschien als größe-

res Prosawerk zuerst *Eine sagenhafte Figur,* ein wieder stark mit Reflexionen durchsetzter Roman um die Probleme von Treue und Wandlung; Askese soll begründet, der Macht des Erotischen jedoch nichts abgesprochen werden; mit dem Ich-Erzähler ist wohl Franz Blei gemeint. In dem umfangreichen Werk *Sonne und Mond* – nach G. eine «Universalchronik», eine «Katholische Chronik» – wird weitgehend auf Handlung verzichtet zugunsten großer barocker «Tableaus», in denen Vorgänge wie erstarrt wirken. Der Bauer Adelseher (= «Sonne») verwaltet das Schloß für den Grafen Lunarin (= «Mond»), einen Frauenhelden, der im Roman nur kurz auftritt; hinter ihrer Bewertung stehen politischer Konservatismus und das Ideal einer hierarchischen Weltordnung. Die Welt erscheint als vielfältig aufgesplittert, aber als im Grunde statisch und geschichtlos. Das Kompositionsprinzip ist das einer assoziativen Anekdotik, eines ständigen Abschweifens. Ironie und Aphorismus sind ebenfalls kennzeichnend. Sprachlich neigt G. hier zur Satzverschachtelung; man hat seinen vielgestaltigen Sprachstil barock und manieristisch genannt, aber auch ans Rokoko, an Jean Paul und Kleist erinnert. – *Die Fabel von der Freundschaft* behandelt die Freundschaft von Faust und Mephisto im Sinne einer Einheit von Gut und Böse.

W.: Romane: Die tanzende Törin, 1910 (Neufassg. 13); Innozenz oder Sinn und Fluch der Unschuld, 22; Der Lügner unter Bürgern, 22; Eine sagenhafte Figur, 46; Sonne und Mond. Ein historischer Roman aus der Gegenwart, 62; Die Fabel von der Freundschaft, 69. – *Erz.:* Kain und Abel. Eine Legende, 24; Die Bekehrung, 45; Die Fabeln vom Eros, 47; Laßt uns den Menschen machen, 62. – *Essays:* Egon Schiele. Versuch einer Vorrede, 11; Die Vision vom Alten und vom Neuen, 21; Die Rede über Blei oder Der Schriftsteller in der Katholizität, 22; Die Bekenntnisse eines modernen Malers (Meine große und kleine Geschichte. Eine Lebensbeschreibung quasi un' allegoria), 26; Der Maler Alexander Gartenberg, 28; Zur Situation der modernen Kunst. Eingel u. ausgew. v. H. v. Doderer, 63. – *Lyrik:* Musik zu einem Lebenslauf, 57. – *Sonstiges:* Der innere Erdteil, aus den Wörterbüchern, 66; Miniaturen zur Schöpfung, mit Zeichnungen, 70.

Lit.: R. Stangeler (= H. v. Doderer), in: Plan II, 1947/48; H. v. Doderer: Der Fall G. Ein Schicksal und seine Deutung, ²60;; A. P. G. Autor u. Werk, 62; F. Trommler: Roman u. Wirklichkeit, 66. H. O.

Guggenheim, Kurt, * 14. 1. 1896 Zürich. G., der einer Kaufmannsfamilie entstammt, wurde selbst Importeur, arbeitete 1919–25 in Frankreich, England und Holland, wechselte 1930 aber in die Berufe des Redakteurs und Kunsthändlers über und wurde 1935 freier Schriftsteller. Er wohnt bei Zürich. – G. stellt sich bewußt in die schweizerische Tradition von Keller, Meyer und Gotthelf. In schlichter Prosa befassen seine Romane sich mit Versuchen von Flucht und Ausbruch aus der bürgerlichen Welt, lassen das neue Leben aber meist in Resignation enden (*Die heimliche Reise*). Zentrum von G.s Werk sind seine romanhaften Autobiographien sowie der Roman *Alles in Allem,* eine breite Darstellung Zürichs im 20. Jh.

W.: Romane: Entfesselung, 1935; Riedland, 38; Die heimliche Reise, 45; Wir waren unser vier, 49; Alles in Allem, 4 Bde, 52–55; Der Friede des Herzens, 56; Der goldene Würfel, 67; Minute des Lebens, 69. – *Autobiographische Romane:* Sandkorn für Sandkorn. Die Begegnung mit Jean Henri Fabre, 59; Die frühen Jahre, 62; Salz des Meeres – Salz der Tränen, 64. – *Tagebücher:* Die Wahrheit unter dem Fließblatt, 60. – Ferner Dramen und Essays. RLL

Guillén, Jorge, * 18. 1. 1893 Valladolid. G. studierte in Spanien, Deutschland und der Schweiz, war 1917-23 Lektor für Spanisch an der Sorbonne, dann bis 1938 Prof. in Sevilla, 1940–57 am Wellesley College (USA). – Bis 1950 veröffentlichte G. viermal ein Buch unter dem Titel *Cántico,*-das bei jeder Reedition erweitert wurde. Den beiden letzten Ausgaben fügte er den Untertitel «Fe de vida» hinzu. Wie die meisten seiner Generation beruft sich G. auf Góngora, wobei er wie die anderen ebenfalls J. R. Jiménez sehr viel verdankt. Abstrakt, zuweilen hermetisch, unterscheidet sich G. in spezifisch spanischer Weise von den ausländischen Meistern, die er bevorzugt: Mallarmé und Valéry. Er steht Valéry am nächsten und gleicht ihm in seiner Art, die Objekte durch partielle oder absolute Eigenschaften zu evozieren. In seiner lyrischen Theorie identifiziert G. die poésie pure mit der Einfachheit. Diese «Einfachheit» ist aber nicht gleich Naivität und stellt sich nicht in Gegensatz zum Komplexen, sondern zum Gemischten. Die reine Lyrik ist einfach in dem Sinne, daß sie sich nicht mit Außerlyrischem vermischt; die Existenz der Objekte ist in ihr nur in Anspielung vorhanden, nicht wie in der Prosa. Ebenso spricht G. der Lyrik jede praktische, ethische, politische oder soziale Finalität ab, wenn er persönlich auch eine Linkspolitik vertritt. Wie für Valéry bleibt für ihn die reine Lyrik frei von jeder Sentimentalität, auch in den Gedichten über seine kastilische Heimat.

W.: Lyrik: Cántico, 1928, 36, 45, 50 (dt. Ausw.: Lobgesang); Ardor, 31; Variaciones sobre temas de Jean Cassou, 51; Huerto de Melibea, 54; Clamor, 57–63; Homenaje, 67; Aire nuestro (ges. Gedichte), 69. – *Essays:* La poética de Bécquer, 43; Lenguaje y poesía, 62. – Dt. ferner: Berufung zum Sein.
Lit.: F. A. Pleak: The Poetry of J. G., 1942; P. Darmangeat: J. G. ou le Cantique émerveillé, 58; Books Abroad, XLII, 68; Luminous Reality, hg. I. Ivask/J. Marechal, 69.
H. S.

Guillén, Nicolás, * 10. 7. 1902 Camagüey (Kuba).
Der afro-amerikanische Dichter G. ist Journalist, Autodidakt, nahm am Spanischen Bürgerkrieg auf seiten der Republikaner teil; unter der Diktatur Batistas in Kuba ging er in die USA ins Exil, kehrte aber nach Kuba zurück und blieb dort als Mitglied des Zentralkomitees der Kommunistischen Partei. – Die Lyrik G.s ist in der Form inspiriert von spanischen «romances» und «letrillas» und von der Negerfolklore; sie wendet sich heftig gegen den Kapitalismus der Weißen in den USA und in der ganzen Welt.

W. Lyrik: Motivos del son, 1930; Sóngoro-Cosongo, 31; West Indies Ltd., 34; España, 37; Cantos para soldados y sones para turistas, 37; El son entero, (Sammlung aller früheren Gedichte) 47; Elegias antillanas, 55; La paloma de vuelo popular, 59; Poesías, 62; Buenas días, Fidel. – Dt. Ausw.: Bitter schmeckt das Zuckerrohr.
Lit.: C. Couffon: N. G., Paris 1964. H. S.

Guilloux, Louis, * 15 1. 1899 Saint-Brieuc (Bretagne).
G., von Jugend an überzeugter Sozialist, stammt aus einer Arbeiterfamilie. Er wurde Journalist und begleitete 1936 André Gide nach Rußland. – Die Romane G.', dessen Vorbilder Gorki und R. Rolland sind, sind Produkte des Neonaturalismus der 30er Jahre. Sein erstes Buch *La maison du peuple,* in dem er eigene Erinnerungen und Erfahrungen verarbeitete, erzählt die Geschichte eines Volksbildungsheims. *Le sang noir* spielt während des Ersten Weltkrieges und entwirft ein Bild vom Leben in einer Kleinstadt der Provinz. Soziale Anklage spricht aus der umfangreichen, von tiefem Pessimismus getragenen Chronik *Le jeu de patience.* Hier zeigt sich wieder seine Vorliebe für die Darstellung skurriler oder heuchlerischer Typen.

W.: Romane: La maison du peuple, 1927; Dossier confidentiel, 30; Compagnons, 30 (dt. Gefährten); Hyménée, 32; Angélina, 34; Le sang noir, 35; Histoires de brigands, 36; Le pain des rêves, 42; Le jeu de patience, 49; Absent de Paris, 52; Parpagnocco ou La conjuration, 54; Les batailles perdues, 60. – *Drama:* Cripure, 62. DW

Guimarães Rosa → Rosa, João

Güiraldes, Ricardo, * 13. 2. 1886 Buenos Aires, † 8. 10. 1927 Paris.
G., der einer wohlhabenden Familie vom Lande entstammte, bereiste in der Jugend den Orient und Europa. 1927 gründete er mit Jorge Luis Borges die Literaturzeitschrift «Proa». Während seines Aufenthalts in Paris stand G. den avantgardistischen Schriftstellern seiner Zeit nahe. Sein Werk ist ebensosehr durch Einflüsse aus seiner Heimat als auch durch seine europäischen Erfahrungen geprägt. G. wurde durch seinen bedeutendsten, z. T. autobiographischen Roman *Don Segundo Sombra* der klassische Schilderer der argentinischen Pampas und des Gaucho, dessen Leben er als Sinnbild einfachen Lebens schlechthin verherrlichte.

W.: Lyrik: El cencerro de cristal, 1915; Poemas solitarios, 28; Seis relatos, 29. – *Romane:* Raucho, 17; Rosaura, 22; Xaimaca, 23 (über eine Reise an der Westküste Südamerikas); Don Segundo Sombra, 26 (dt. Das Buch vom Gaucho Sombra). – Obras completas, 62.
Lit.: J. Terán de Collantes: Las novelas de R. G., Sevilla 1959; G. Previtali: R. G. and Don Segundo Sombra, New York 63. DW

Guitry, Sacha, * 21. 2. 1885 St. Petersburg, † 24. 7. 1957 Paris.
G., Sohn des Charakterdarstellers und Regisseurs der Comédie Française, Lucien G., blieb auch als Dramatiker Schauspieler, der die Hauptrollen seiner ernsten Stücke für seinen Vater schrieb und, wie Molière, seine eigenen Komödien spielte und mit Extempores versah. Seine mehr als 100 Stücke sind Verkörperung des «esprit parisien», geschrieben, um durch ihren glänzenden Dialog und ihre Situationskomik zu unterhalten. Die dramatischen Biographien lassen in einer Reihe von locker um eine Hauptperson gruppierten Szenen die Atmosphäre ihrer Zeit spürbar werden.

W.: Komödien: Nono, 1905; Le veilleur de nuit, 11; La prise de Berg-op-Zoom, 12; Jean III ou l'irrésistible vocation du fils Mondoucet, 12; Mon père avait raison, 20 (dt. Mein Vater hat recht gehabt); L'illusioniste, 21; L'amour masqué, 23; On ne joue pas pour s'amuser, 25; Désiré, 27; Mariette, 28; Château en Espagne, 33; La jalousie, 34; N'écoutez pas, Mesdames, 42 (dt. Nicht zuhören, meine Damen); Elle et toi, 47 (dt. Du und die anderen Frauen); Une folie, 53. – *Dramat. Biogr.:* Jean de la Fontaine, 16; Debureau, 18; Pasteur, 19; Mozart, 25; Frans Hals, 31 – *Prosa:* Mémoires d'un tricheur, 35 (Roman; dt. Tagebuch eines Schwindlers); Si j'ai bonne mémoire, 35 (dt. Wenn ich mich recht erinnere); Quatre ans d'occupation, 47; Toutes réflexions faites 47. – *Filme:* Le roman d'un tricheur, 36 (dt. Der Roman eines Schwindlers); Les perles de la couronne, 37; Remontons les Champs-Elysées, 39 (dt. Die Straße der Liebe); Le comédien, 47; Le diable boiteux, 48; Napoléon, 54. – Œuvres, 12 Bde, 50; S. G. Théâtre, 59 ff.
Lit.: R. Benjamin: S. G., roi du théâtre, 1933; A. Madis: Sacha, 50; F. Choisel: S. G. intime, 57; Geneviève de Séréville: S. G., mon mari, 59; Lana Guitry: Et Sacha vous est conté, 60; H. Lauwick: S. G. et les femmes, 65. DW

Gullberg, Hjalmar, * 30. 5. 1898 Malmö, † 19. 7. 1961 Stockholm.
G., der als Pflegesohn in einer Arbeiterfamilie aufwuchs, studierte Literaturgeschichte in Lund. 1936–1950 war er Leiter der Theaterabteilung des schwedischen Rundfunks und lebte danach als freier Schriftsteller. – G. debütierte 1927 mit Gedichten, in denen bereits ein zentrales Thema, das Gefühl des Fremdseins in dieser Welt, anklingt. Gültigen Ausdruck modernen Lebensgefühls fand er in *Kärlek i tjugonde seklet* [Liebe im zwanzigsten Jahrhundert], einer Sammlung von Liebesgedichten. Seine poetische Diktion zeigt eine sehr eigene überraschende Mischung von Erhabenem und Alltäglich-Nüchternem. G. schrieb auch ironisch-humorvolle Gedichte morgensternscher Prägung und religiöse Lyrik.

W.: Gedichte: I en främmande stad, 1927; Sonat, 29; Andliga övningar, 32; Kärlek i tjugonde seklet, 33; Ensamstående bildad herre, 35; Att övervinna världen, 37; Fem kornbröd och två fiskar, 42; Dödsmask och lustgård, 52; Terziner i okonstens tid, 58; Ögon, läppar, 59. – Dt. Ausw.: Gedichte.
Lit.: C. Fehrman; H. G., 1958; O. Holmberg; H. G. En vänbok, 66. H. K.

Gumiljov, Nikolai Stepanowitsch (Gumilev, Nikolaj Stepanovič), * 15. 4. 1886 Kronstadt, † 24. 8. 1921 Petrograd.
G., Sohn eines Schiffsarztes, studierte in Petersburg und an der Sorbonne Geschichte und Literatur und reiste 1907 nach Ägypten. Nach seiner Heimkehr entfaltete er mit W. Iwanow und seinem früheren Lehrer Annenski eine rege Tätigkeit (Zeitschrift «Apollo»). 1909/10 bereiste er Abessinien, 1910 heiratete er die Dichterin Anna Achmatowa. 1913 nahm er an einer Expedition ins Somaliland teil und ging 1914 freiwillig an die Front. 1917 wurde er von der provisorischen Regierung nach Paris geschickt, kehrte 1918 in die Heimat zurück, arbeitete im Verlagswesen und lehrte an Volksbildungsinstituten. 1921 ging er nach Sevastopol. Wenig später deckte man eine Verschwörung auf; er wurde der Teilnahme für schuldig befunden und hingerichtet.
G. ist neben Blok der bedeutendste Dichter des russischen Symbolismus. Doch trennte er sich bald von dieser Schule und ging neue Wege. Vom Reiz des Abenteuerlichen und Exotischen gefesselt, trat er als Theoretiker des «Akmeimus» für präzisen Ausdruck, Realismus und Anschaulichkeit ein. G. verarbeitete nicht nur russische Volksdichtungen, sondern übernahm auch Züge französischer und sogar exotischer (abessinischer) Volkspoesie. In seinen späteren Werken kehrte er zur Mystik und Musikalität seiner Jugenddichtungen zurück. Wertvoll sind auch seine Über-

setzungen von Coleridge und von Gautiers «Emaux et camées».

W.: Versdichtungen: Put' konkvistadorov, 1905; Romantičeskie cvety, 03–07; Žemčuga 10; Čužoe nebo, 12; Kolčan, 16; Koster, 18; Sater, 21; Ognennyj stolp, 21. – *Erz.:* Ten' ot pla'my, 22. – *Essays:* Pis'ma o russ. poezii, 23 (darin auch seine akmeistische Programmschrift: Nasledie simvolizma i akmeizma). – Werke, hg. G. Struve, 4 Bde, 62–68.
Lit.: G. Struve, in: Neizdannyi G., 1952; M. Maline: N. G., poète et critique acméiste, Bruxelles, 64. DW

Gumppenberg, Hanns Freiherr von, * 4. 12. 1866 Landshut, † 29. 3. 1928 München.
G. studierte in München und war dort längere Zeit Redakteur, dann freier Schriftsteller. Er machte sich einen Namen vor allem als Parodist Ibsens, des Naturalismus und Symbolismus (*Die elf Scharfrichter, Überdramen,* unter dem Pseudonym Jodok erschienen). In seinem *Teutschen Dichterroß* brachte er burleske Lyrikkontrafakturen von Eichendorff, Lenau und Heine bis Holz, Rilke und George, auch launige Prosa unter dem Decknamen Prof. Tiefbohrer. Ohne Erfolg blieben seine Weltanschauungsdramen, in mystizistischen und okkultistischen Neigungen wurzelnd, und die historischen Tragödien, von denen er eine Erhebung über die herrschende naturalistische Bühnenkunst erwartete.

W.: Parodistisches u. Satirisches: Das Teutsche Dichterroß, in allen Gangarten zugeritten, 1901; Die elf Scharfrichter, 01 (mit Willy Rath); Überdramen, 02. – *Dramen:* Thorwald, 1888; Die Verdammten, 1901; König Konrad I., 04; König Heinrich I., 04. – *Romane:* Der fünfte Prophet, 05. – *Lyrik:* Aus meinem lyrischen Tagebuch, 06; Schauen u. Sinnen, 12. – *Essays:* Kritik des wirklich Seienden, 1892; Grundlagen der wissenschaftl. Philosophie, 1903; Philosophie u. Okkultismus, 21. – *Nachdichtung:* Bellman-Brevier, 09. – *Autobiographisches:* Schaurige Schicksale, fälschende Fama u. leere Lorbeeren, Dokumentarisches über meine Bühnenlaufbahn, 14.
Lit.: K.-W. v. Wintzingerode-Knorr: H. v. G.s künstlerisches Werk, 1958. DW

Gundolf, Friedrich (eig. F. Gundelfinger), * 20. 6. 1880 Darmstadt, † 12. 7. 1931 Heidelberg.
G. studierte in München, Heidelberg und Berlin Germanistik und war seit 1899 Mitarbeiter der von George herausgegebenen «Blätter für die Kunst». 1911 habilitierte er sich für neuere deutsche Literaturgeschichte in Heidelberg, 1920 wurde er dort Ordinarius.
Von George und Bergson beeinflußt, wollte G. den Positivismus und Materialismus in der Literaturwissenschaft überwinden zugunsten einer phänomenologisch bestimmten geistesgeschichtlichen Sicht; Literaturgeschichte sollte die Darstellung lebendiger Wirkungen und Gegenwirkungen sein. Dieser Absicht kommen am nächsten *Shakespeare und der deutsche Geist* und *Goethe.* Goethe ist für G. der gestalterische Deutsche schlechthin, bei dem die Einheit von Leben und Schaffen, von «Urerlebnis» und «Bildungserlebnis» zu finden sei. G.s Methode führte stellenweise zu Verzeichnungen, wie z. B. bei Kleist und Stifter.

W.: Caesar in der deutschen Literatur, 1904; Shakespeare und der deutsche Geist, 11; Hölderlins Archipelagus, 11; Goethe, 16; Stefan George, 20; Dichter und Helden, 21; Heinrich v. Kleist, 23; Martin Opitz, 23; Caesar, Geschichte eines Ruhms, 24; Hutten, Klopstock, Arndt, 24; A. Gryphius, 27; Paracelsus, 27; Shakespeare, sein Wesen u. Werk, 28; Lessing, 28; A. Stifter, 30; Romantiker, 2 Bde, 30–31; Gedichte, 30; A. v. Droste-Hülshoff, 31; F. Wedekind, hg. v. E. Gundolf, 54; Dem lebendigen Geist, 62. – *Briefe:* Briefwechsel mit Herbert Steiner u. Ernst Robert Curtius, hg. v. L. Helbing u. C. V. Bock, 62 f.; Stefan George und F. G. Briefwechsel, hg. v. R. Boehringer mit G. P. Landmann, 62; G.s Briefe. N. F., hg. v. L. Helbing u. C. V. Bock, 65. – *Übersetzungen:* Shakespeare in deutscher Sprache, 10 Bde, 08–14.
Lit.: O. Heuschele: F. G., Werk u. Wirken, 1947; G. P. Landmann: St. George u. sein Kreis, 60; V. A. Schmitz: G., 65; C. Neutjens: F. G. Ein bibliograph. Apparat, 69. DW

Gunn, Neill Miller, * 8. 11. 1891 Dunbeath (Schottland).
G., Sohn eines Fischers, verbrachte seine Jugend in einem Dorf an der schottischen Ostküste und war später Zoll- und Steuerbeamter. – G.s Romane und Erzählungen sind vorwiegend Schilderungen aus der Welt der schottischen Küste und des Hochlandes. Sie zeichnen reali-

stische Bilder aus dem Leben der einfachen Menschen seiner gälischen Heimat, das in seiner archaischen Ursprünglichkeit bei G. zuweilen Symbolcharakter für alles menschliche Dasein gewinnt.

W.: Romane: Morning Tide, 1931 (dt. Frühflut); Butcher's Broom, 34; (dt. Das verlorene Leben); Highland River, 37; The Silver Darlings, 41; The Green Isle of the Great Deep, 44 (dt. Felsen der Herrschaft); The White Hour, 50; The Well at the World's End, 51 (dt. Der Quell am Ende der Welt); The Bloodhunt, 52; The Other Landscape, 54. – *Autobiogr.:* The Atom of Delight, 56.
RLL

Gunnarsson, Gunnar, * 18.5.1889 Vathjófstadur (Ostisland).
G., der einer Familie von Geistlichen und Bauern entstammt, ging 1907 nach Dänemark. Er besuchte zuerst die Volkshochschule von Askov und lebte dann in Aarhus und Kopenhagen. 1939 verließ G. seinen dänischen Landsitz «Fredsholm» und kehrte in seine Heimat zurück. — G., der neben Laxness bedeutendste Autor Islands, empfindet den skandinavischen Norden als eine Einheit. In seinen Romanen, die er größtenteils in dänischer, zuletzt auch in isländischer Sprache schrieb, zeigen sich Einflüsse der Sagas, aber auch Strindbergs. Bekannt wurde G. durch den vierbändigen Roman *Borgslaegtens historie* (Die Leute auf Borg), eine breitangelegte Familiensaga, die die Vergangenheit romantisch verklärt. Persönliche Probleme wie Zweifel am Christentum und Glaubensfragen sprechen aus *Livets strand* (Strand des Lebens): der Pfarrer Sturla scheitert an der Erkenntnis, daß sein idealistischer gütiger Gott nicht existiert, sondern Gott die Menschen leiden läßt. In *Edbrodre* (Eidbrüder), Geschichte von den ersten Siedlern im 9. Jh., den Wikingern Ingólfr und Leifr, und in *Jón Arason* (über den letzten katholischen Bischof Islands) schildert G. wichtige historische Entwicklungsstufen seiner Heimat. *Kirken paa bjerget,* ein autobiographischer Romanzyklus, erzählt die Geschichte des Bauernsohns Uggi Greipsson, der wie G. nach Dänemark kommt und Dichter wird.

W.: Romane: Borgslaegtens historie, 4 Bde, 1912–14 (dt. Die Leute auf Borg); Livets strand, 15 (dt. Strand des Lebens); Varg i veum, 16 (dt. Der Geächtete); Edbrodre, 18 (dt. Eidbrüder); Salige er de enfoldige, 20 (dt. Sieben Tage Finsternis); Svartfugl 29 (dt. Schwarze Schwingen); Jón Arason, 30 (dt. ebs.); Vikivaki, 32 (dt. ebs.); Jord, 33 (dt. Im Zeichen Jörds); Hvide Krist, 34 (dt. Der weiße Krist); Graamand, 36 (dt. Der graue Mann); Brandur paa Bjarg, 40 (dt. B. auf Bjarg); Heidaharmur, 40; Sálumessa, 52 (dt. zus. mit Brandur . . .: Die Eindalsaga). – *Autobiogr. Romane:* Kirken paa bjerget, 5 Bde, 23–28 (dt. Schiffe am Himmel, Nacht und Traum, Der unerfahrene Reisende). – *Erz.:* Smaa historier, 16; Drengen, 17 (dt. Der Knabe); Smaa historier ny samling, 18; Ringen, 21; Den glade gaard og andre historier, 23; De blindes hus, 33 (dt. Das Haus der Blinden); Advent, 37 (dt. Advent im Hochgebirge); Trylle og andet Smaakram, 39; Brimhenda, 54. – *Islandbuch:* Sagaoen, 35 (dt. Inseln im großen Meer – Island, die Sagainsel). – *Dramen:* Smaa skuespil, 17; Dyret med glorien, 22; Raevpelsene, 30. – *Tagebücher:* Arbók 45, 45; Arbók 46–47, 48. – *Ferner dt.:* Die goldene Gegenwart (2 Erz.); Der brennende Stein u. a. isländische Novellen; Ich zog als Bauernknecht durchs Land; Einsamer Reiter u. a. Novellen; Die dunklen Berge; Der Königssohn; Kinder, Schelme u. Käuze (ausgew. Erz.).
Lit.: St. Arvidon: G. G., 1960; Studia slavia G. sexagenario dedicata, Göteborg, 60.
RLL

Gurk, Paul (Pseud.: Franz Grau), * 26. 4. 1880 Frankfurt/O., † 12. 8. 1953 Berlin.
G. wuchs in Berlin auf, besuchte dort bis 1900 ein Lehrerseminar, wurde Magistratsgehilfe, gab 1924 seine Stelle als Obersekretär auf und ließ sich 1934 pensionieren. – G., der erst ab 1921, als er den Kleist-Preis erhielt, von Verlegern gefördert wurde, fand mit seinem umfangreichen Werk wenig Resonanz. In seinen ironisch-sarkastischen, mit surrealistischen Elementen durchsetzten Theaterstücken wie in seinen Romanen dokumentiert sich ein gottsuchender und weltflüchtiger Zeitkritiker. Eine bedeutende Leistung vollbrachte G. auf dem Gebiet der Großstadtepik. Viele seiner Werke sind ungedruckt.

W.: Dramen: Thomas Münzer, 1921; Bruder Franziskus, 23; Magister Tinius, 46. – *Romane:* Meister Eckehart, 25; Palang, 30; Berlin, 34; Tresoreinbruch, 35; Tuzub 37; 35; Wendezeiten, 3 Romane, 40–41; Iskander, 44; Der Kaiser von Amerika, 49; Laubenkolonie Schwanensee, 49; Ein ganz gewöhnlicher Mensch, 57.
RLL

Gustafsson, Lars, * 17. 5. 1936 Västerås (Schweden).
G. studierte in Uppsala Philosophie. Er ist Kritiker und Redakteur der Zeitschrift «Bonniers Litterära Magasin». G. debütierte 1957 mit dem kleinen Roman *Vägvila* [Rast am Wege], in dem er bereits sein zentrales Thema, den Freiheitsgedanken, behandelt. In dem stark beachteten Roman *Poeten Brumbergs sista dagar och död* [Des Dichters Brumberg letzte Tage und Tod] diskutiert G. seinen Begriff von Wahrheit und Freiheit in der Relativität. Die folgenden Romane widmen sich dem Verhältnis des Menschen zur äußeren Welt, den Dingen und den Fragen nach seiner Bewußtheit und Identität. Zeit, Identität und Mystik kehren als Themen in G.s vielschichtigen und oft phantastischen Erzählungen wieder. Raffinierte Form und neue künstlerische Mittel dieser Werke sind für G.s Generation wegweisend. G.s Gedichte zeichnen sich durch einen entspannten Ton und durchsichtigen, einfachen Stil aus und bieten inhaltlich häufig Variationen der Motive seiner Prosa.

W.: Romane: Vägvila, 1957; Poeten Brumbergs sista dagar och död, 59; Bröderna, 60; Följeslagarna, 64; Den egentliga berättelsen om Herr Arenander, 66 (dt. Der eigentliche Bericht über Herrn Arenander). – *Erz.:* Förberedelser till flykt och andra berättelser, 67. – *Gedichte:* Ballongfararna, 62; En förmiddag i Sverige, 63; En resa till jordens medelpunkt och andra dikter, 66; Bröderna Wright uppsöker Kitty Hawk, 68; Kärleksförklaring till en serafisk dam, 70. – *Drama:* Den nattliga hyllningen, Urauff. dt. 70 (dt. Die nächtliche Huldigung). – *Essays:* Utopier, 69 (dt. Utopien). – Dt. Ausw.bde: Thorn; Bildnis eines Amerikaners (Erz.); Die Maschinen (Gedichte). H. K.

Gwerder, Alexander Xaver, * 11. 3. 1923 Thalwil bei Zürich, † 14. 9. 1952 Arles.
Nach dem Besuch der Schule arbeitete G. als Offset-Kopist in Zürich. Er beging Selbstmord. – G., der mit K. Krolow befreundet war, folgte bewußt dem Vorbild Vincent van Goghs, dessen Existenz er als ausweglos wie seine eigene begriff. Das Leiden an der zeitgenössischen Umwelt prägt seine melancholische Lyrik, die formal von G. Benn beeinflußt ist.

W.: Lyrik: Blauer Eisenhut, 1951; Dämmerklee. Nachgelassene Gedichte, 55; Land über Dächer. Nachgelassene Gedichte, 59. – *Prosa:* Möglich, daß es gewittern wird. Nachgelassene Prosa, 57. RLL

Gyllensten, Lars, * 12. 11. 1928 Stockholm.
G. studierte Medizin, promovierte 1953 und ist als Arzt und Dozent am Karolinischen Institut in Stockholm tätig. Der literarische Durchbruch gelang G. mit *Barnabok* [Kinderbuch], dessen Thema Liebesunfähigkeit ist und das durch souveräne Beherrschung verschiedenartiger Stilmittel sowie intellektuelle Schärfe auffiel. In kurzen Abständen folgten weitere Romane (u. a. *Senilia*), denen die für G. typische Mischung von leidenschaftlichem Engagement, kühler Beobachtung und analytischer Schärfe eigen ist und die die illusionslose Möglichkeit, sich dem Leben zu stellen, behandeln. In *Juvenilia* mit seinem tragisch-ironisch-burlesken Ton demonstriert G. an drei Figuren Rollen und Haltungen, die jedoch als Manifestationen einer einzigen Person deutbar sind. Auch *Lotus i Hades* [Lotus im Hades] ist in neuer Konstellation und Stilart im Grunde, wie alle seine Romane, ein intellektuelles Räsonnement. Künstlerische Verve und geistige Kühnheit bekunden auch zahlreiche Maßstäbe setzende Artikel.

W.: Romane: Barnabok, 1952; Senilia (dt. ebs.); Senatorn, 58; Sokrates död, 60; Juvenilia, 65; Diarium spirituale, 68. – *Erz.:* Moderna myter, 49; Det blå skeppet, 50; Desperados, 62 (dt. ebs.); Kains memoarer, 63 (dt. Kains Memoiren); Lotus i Hades, 66; Palatset i parken, 70. – Ferner zahlreiche Zeitschriftenartikel. H. K.

Haas, Willy, * 7. 7. 1891 Prag.
H. entstammt dem Prager Kreis um Werfel und Kafka, dessen «Briefe an Milena» er herausgab, wurde 1914 Lektor des Kurt Woff Verlages und gründete 1925 zusammen mit Ernst Rowohlt die Zeitschrift «Die literarische Welt». 1933 flüchtete er nach Prag, 1939 nach Indien. Seit seiner Rückkehr aus der Emigration lebt er in Hamburg. – H. schrieb zahlreiche Filmdrehbücher, erwarb sich in den 20er Jahren einen Ruf als Entdekker und Anreger und trat als außerordentlich vielseitiger Kritiker hervor. Er schrieb u. a. über Rembrandt, Wagner, Brecht und Hugo von Hofmannsthal.

W.: Essayistisches: Das Spiel mit dem Feuer, 1923; Gestalten der Zeit, 30; Fragmente eines Lebens, 60; Die Belle Époque, 67; Das alte Berlin, 67. – *Autobiographie:* Die literarische Welt, 57. M. GD.

Haavikko, Paavo Juhani, * 25. 1. 1931 Helsinki.

H. ist seit Anfang 1967 literarischer Leiter des Verlages Otava. Er hat sowohl die Sprache wie die Struktur der finnischen Lyrik durch seine Gedichte erneuert. Historische oder mythische Stoffe erscheinen in ihnen mit Gegenwartsproblemen verbunden. H.s Schauspiele können als erste Beispiele des absurden Dramas auf der finnischen Bühne gelten. Seine genauen, sachlich berichtenden Erzählungen erinnern an Antti Hyry.

W.: Lyrik: Synnyinmaa, 1955; Lehdet lehtiä, 58; Talvipalatsi, 59; Puut, kaikki heidän vihreytensä, 66. – *Dramen:* Münchhausen, 58; Nuket, 60. – *Prosa:* Yksityisiä asioita, 60; Toinen taivas ja maa, 61; Vuodet, 62 (dt. Jahre); Lasi Claudius Civiliksen salaliittolaisten pöydällä, 64. – Dt. Auswahl: Poesie, dt.-finnisch, ein Teil aus «Münchhausen», in: Kursbuch 3, 65. DW

Habe, Hans (eig. János Békessy), * 12. 2. 1911 Budapest.

H., Sohn eines Zeitungsverlegers, studierte Jura und Germanistik in Wien. Seit 1929 Journalist, war er 1935–38 Völkerbund-Korrespondent für das «Prager Tagblatt» in Genf. H., der sich bei der Konferenz von Evian für die Juden einsetzte, emigrierte nach Frankreich und Amerika und wurde Abwehroffizier in der amerikanischen Armee. Nach 1945 war er am Wiederaufbau der deutschen Presse beteiligt und arbeitete zeitweise als Drehbuchautor in Hollywood. Er lebt in Ascona. – H., der zum internationalen Erfolgsautor avancierte, schreibt Unterhaltungsromane um Zeitprobleme, Essays und Berichte aus konservativem Geist.

W.: Romane: Drei über die Grenze, 1936; Zu spät, 39; Weg ins Dunkel, 49; Off Limits, 55; Im Namen des Teufels, 56; Die rote Sichel, 59; Ilona, 60; Die Tarnowska, 62; Die Mission, 65; Christoph und sein Vater, 66; Das Netz, 69. – *Berichte:* A Thousand Shall Fall, 41 (dt. Ob Tausend fallen); Wohin wir gehören, 46; Der Tod in Texas, 64; Meine Herren Geschworenen, 64; Im Jahre Null, 66; Wie einst David, 71. – *Autobiographie:* Ich stelle mich, 54. RLL

Hacks, Peter, * 21. 3. 1928 Breslau.

H. studierte in München Theaterwissenschaft, Germanistik, Soziologie und Philosophie. Nach seiner Promotion (1951) schrieb er eine Reihe von Hörspielen für Kinder. 1955 ging er nach Ostberlin und wurde Mitglied des Ensembles von Bert Brecht. Von Brecht lernte H. die Satire und das «Anders-Deuten» geschichtlicher Ereignisse im Sinne des Marxismus. In dem Stück *Eröffnung des indischen Zeitalters* kämpft Kolumbus, angeekelt vom spanischen Feudalismus, für den wissenschaftlichen Fortschritt, sieht sich aber schließlich notwendig in Gewinnstreben und brutale Herrschaftspolitik gegenüber den Indios verstrickt. *Die Schlacht bei Lobositz* (nach der «Lebensgeschichte» Ulrich Bräkers) gibt ein satirisches Bild der preußischen Armee unter Friedrich dem Großen. *Der Müller von Sanssouci* stellt die Anekdote von dem Müller, der Friedrich II. gegenüber auf seinem Recht besteht, als vom König inszeniert dar. Die «Tragiposse» *Das Volksbuch vom Herzog Ernst* macht die Fragwürdigkeit des Heldentums anschaulich. In dem Schauspiel *Die Sorgen und die Macht,* einem Versuch, «unsere industrielle Wirklichkeit widerzuspiegeln», wird Max, Arbeiter in einer Brikettfabrik, durch seine Liebe zu der Arbeiterin Hede zur Einsicht in die Notwendigkeit der Solidarität geführt. Die deftige Komödie *Moritz Tassow* schildert das Scheitern einer 1945 von dem Schweinehirten M. T. «zu stürmisch», nämlich ohne genügende Vorbereitung der Menschen, eingerichteten landwirtschaftlichen Kommune. In der von Shakespeares Königsdramen ausgehenden Komödie *Margarete in Aix* versucht die verbannte Witwe Heinrichs VI. von England, von Aix aus den Thron zurückzugewinnen.

W.: Dramen: Eröffnung des indischen Zeitalters, 1954; Das Volksbuch vom Herzog Ernst, 56; Die Schlacht bei Lobositz, 56; Geschichte eines alten Wittibers im Jahre 1637, 56; Der Müller von Sanssouci, 58; Die unadlige Gräfin, 58; Die Uhr geht nach, 58; Die Kindsmörderin (nach H. L. Wagner), 58; Die Sorgen und die Macht, 1. Fassg. 58, publ. 65; Falsche Bärte und Nasen, 61; Der Frieden (nach Aristophanes), 62; Die schöne Helena, 64; Polly, 65; Moritz Tassow, 65; Kasimir der Kinderdieb, Farce, uraufgef. 67; Margarete in Aix, 69; Omphale, 70. – *Essays:*

Einige Gemeinplätze über das Stückeschreiben, 56; Das realistische Theaterstück, 57; Literatur im Zeitalter der Wissenschaft, 60; Versuch über das Theaterstück von morgen, 60; Über Lieder zu Stücken, 62. – Theaterstücke, 57; Stücke nach Stücken, I, 63, II, 65; 5 Stücke, 65. RLL

Hadwiger, Victor, * 6. 12. 1878 Prag, † 4. 10. 1911 Berlin.
H., Sohn eines Offiziers, verbrachte seine Kindheit in Przemysl und Kaschau; er studierte Philosophie und Literaturgeschichte in Prag, überwarf sich mit dem Vater und ging nach Berlin, wo er bis zu seinem Tod in ständiger Armut lebte. – H.s bedeutendstes Werk ist die Novelle *Il Pantegan*, in der er, wie später Jean Genet, die ästhetische Seite des Mordes und die brutale Schönheit des Grauenvollen schildert.

W.: Roman: Abraham Abt, 1912. – *Erz.:* Blanche, 10; Des tragischen Affen Jogo Liebe und Hochzeit, 10; Der Empfangstag, 11; Il Pantegan, 20. – *Lyrik:* Gedichte, 1900; Wenn unter uns ein Wanderer ist, 12. – *Sonstiges:* Der Tod und der Goldfisch. Szenische Satire, 13.
Lit.: F. J. Schneider: V. H., 1921. M. S.

Haecker, Hans-Joachim, * 25. 3. 1910 Königsberg.
H. studierte 1929–34 Philosophie, Germanistik und Anglistik in Königsberg, Berlin und München, war Gymnasiallehrer und nahm am Zweiten Weltkrieg teil. Nach der Entlassung aus englischer Kriegsgefangenschaft trat er 1948 in den höheren Schuldienst Niedersachsens ein. – In seinen schwer zugänglichen, abstrakt-surrealistischen Stücken, die aus einem Dualismus von realer und irrealer Weltebene leben, sucht er nicht nur Probleme innerhalb der Wirklichkeit durchzuspielen, sondern dieser Wirklichkeit selbst in Frage zu stellen.

W.: Dramen: Hiob, 1937; Segler gegen Westen, 41; Der Tod des Odysseus, 48; David vor Saul, 51; Nicht im Hause – nicht auf der Straße, 53; Piavara, 55; Dreht euch nicht um, 61; Der Briefträger kommt, 62; Löschung eines Registers, 63. – *Lyrik:* Gesetzt den Fall, 67; Insonderheit, 68. RLL

Haecker, Theodor, * 4. 6. 1879 Eberbach (Württemberg), † 9. 4. 1945 Usterbach bei Augsburg.
H., zunächst Redakteur, dann freier Schriftsteller in München, wurde, von J. Newman beeinflußt, 1921 katholisch. Er arbeitete als Kulturkritiker an den Zeitschriften «Der Brenner» und «Hochland». Von besonderem Einfluß auf ihn waren Kierkegaard und Newman, formal aber auch die lateinische Klassik. H. glaubte, daß der Mensch nur «von oben», von der Offenbarung her, erklärt werden könne, nie «von unten», sei es aus Mythus und Dichtung, aus Wissenschaft und Philosophie. Von hier aus ist seine satirische Polemik gegen O. Spengler, gegen pantheistische Philosophie wie gegen Konstruktionen neuer Mythen zu verstehen, ebenso seine Auseinandersetzung mit Max Scheler und der Lebensphilosophie. Das geistige Organ der Wahrheit war ihm die Sprache, die mehr bedeutet als ein Werkzeug des Gefühls, weil sie vom wahren Sein aussagt. Die Muttersprache wird zur «Brücke von Sein zu Sein». H. schuf Übersetzungen Kierkegaards, Thompsons, Hilaire Bellocs und Vergils. Sein Hauptwerk ist *Vergil, Vater des Abendlandes.*

W.: Kierkegaard und die Philosophie der Innerlichkeit, 1913; Satire und Polemik, 22; Francis Thompson und die Sprachkunst, 24; Christentum und Kultur, 27; Wahrheit und Leben, 30; Vergil, Vater des Abendlandes, 31; Über den Begriff der Wahrheit bei Kierkegaard, 32; Was ist der Mensch?, 33; Der Christ und die Geschichte, 35; Schönheit, 36; Tag- und Nachtbücher, 47; Der Buckel Kierkegaards, 46; Essays, 57; Werke, 5 Bde, 58 bis 67.
Lit.: W. Benjamin: Schriften II, 1955; E. Blessing: T. H., 59. DW

Härtling, Peter, * 13. 11. 1933 Chemnitz.
H. lebte ab 1942 in Olmütz, entkam in den Kriegswirren nach Niederösterreich und zog 1945 nach Nürtingen. 1956–62 war er Redakteur der «Deutschen Zeitung» in Köln, gab danach bis 1970 die Zeitschrift «Der Monat» heraus und ist Verlagsleiter des S. Fischer Verlags in Frankfurt/M. – H. begann lyrisch verspielt und enthüllte Widergeist und Widersinn in imitierten Kinderreimen und Abzählversen. Mit dem Problem der Zeit beschäftigt sich H.s Roman *Niembsch oder Der Stillstand,* eine Lenau-Paraphrase. Die Überführung der vorgelieferten biographischen Details in den Zustand einer neuen fiktiven Existenz

zeigt den Autor auf dem Höhepunkt seiner sprachlichen und intellektuellen Möglichkeiten. Diesem Buch folgt, in Roman wie in Essays, eine neue Hinwendung zu den Eindrücken und Zwängen der eigenen Kindheit und Jugend. Einer der Antriebe von H.s Schaffen wird hier sichtbar.

W.: Romane: Im Schein des Kometen, 1959; Niembsch oder Der Stillstand, 64; Janek, 66. – *Lyrik:* Yamins Stationen, 55; Unter den Brunnen, 58; Spielgeist – Spiegelgeist, 62; Bruchstücke, 65. – *Erz.:* Ein Abend, eine Nacht, ein Morgen, 71. – *Sonstiges:* Vergessene Bücher, Hinweise und Beispiele, 66; Gilles. Ein Kostümstück aus der Revolution, 70. M. GD.

Hagelstange, Rudolf, * 14. 1. 1912 Nordhausen am Harz.

H. studierte deutsche Philologie in Berlin und wurde Feuilletonredakteur. Er war im Zweiten Weltkrieg Soldat in Frankreich und Italien. 1945 geriet er in Kriegsgefangenschaft und zog nach seiner Entlassung nach Hemer in Westfalen, dann nach Unteruhldingen am Bodensee.

H. erreichte nach 1945 mit seiner konventionell gehaltenen, teils zeitkritischen (z. B. *Venezianisches Credo,* Sonette), zum Wortspiel und zum schönen Klang neigenden Lyrik eine relativ breite Wirkung. Die *Ballade vom verschütteten Leben,* angeregt von einer Falschmeldung, schildert das Schicksal von sechs Soldaten, die gegen Kriegsende in einem Bunker verschüttet werden und von denen nur zwei jahrelanges Eingeschlossensein überleben. *Spielball der Götter* ist eine fingierte Autobiographie des trojanischen Prinzen Paris. Der Roman *Altherrensommer* gibt einen wortreichen Bericht von der Reise eines älteren Schriftstellers und eines jüngeren Reporters nach Asien. H. ist besonders auch mit Reiseberichten hervorgetreten.

W.: Lyrik: Es spannt sich der Bogen, 1943; Venezianisches Credo, 45; Strom der Zeit, 48; Meersburger Elegie, 50; Ballade vom verschütteten Leben, 52; Zwischen Stern und Staub, 53; Lied der Jahre, Ges. Gedichte, 1931–61, 62, erw. 64; Corazon, Gedichte aus Spanien, 63; Die schwindende Spur, 67. – *Erz. u. Feuilletons:* Balthasar, 51; Die Nacht, 55; Wo bleibst du, Trost?, 58; Viel Vergnügen, 60; Zeit für ein Lächeln, heitere Prosa, 66; Alleingang. Sechs Schicksale, 70. – *Romane:* Spielball der Götter, 59; Altherrensommer, 69. – *Reisebücher:* How do you like America?, 57; Das Lied der Muschel, 58; Römisches Olympia, 61; Die Puppen in der Puppe. Eine Rußlandreise, 63. – *Essays:* Es steht in unserer Macht, 53; Venedig, autobiographische Betrachtungen, 58; Offen gesagt, 58; Literatur als Provokation, Reden, 59; Huldigung, 60. RLL

Halbe, Max, * 4. 10. 1865 Güttland b. Danzig, † 30. 11. 1944 Burg b. Neuötting (Oberbayern).

H., Gutsbesitzersohn, studierte Jura, dann Germanistik und Geschichte in Jena, Heidelberg, München und Berlin. Nach der Promotion 1888 freier Schriftsteller, lebte er bis 1894 in Berlin, 1894/1895 in Kreuzlingen am Bodensee und seit 1895 ständig in München. 1924 erwarb er den Landsitz Burg, wo er bis zu seinem Tode ansässig war.

H. zählt mit der Frühphase seines Schaffens (*Freie Liebe, Eisgang, Frau Meseck*) zum Naturalismus. *Jugend* und *Der Strom* wurden die größten Erfolge des Dramatikers H. Wirkungen erzielte er, wo er Menschen und Schicksale vor dem Hintergrund seiner westpreußischen Heimat darstellte, bei sicherer und genauerer Erfassung von Milieu und lokaler Atmosphäre, die, gemäß der naturalistischen Theorie, in ihrer das Leben des Individuums bestimmenden Macht gezeigt werden. Schon in *Jugend* aber deutete sich, bei aller kopistischen Treue im einzelnen, ein lyrisch-stimmungshaftes Moment an, das in der Folge mehr und mehr an Bedeutung, auch im umfangreichen erzählerischen Werk H.s, gewann und den einstigen Naturalisten zu einer symbolisierenden, historisierenden und sentimentalisierenden Neuromantik führte. Im Alter bot H. mit *Scholle und Schicksal* und *Jahrhundertwende* ein autobiographisches Werk von beträchtlichem literarhistorischen Aufschlußwert.

W.: Dramen: Freie Liebe, 1890; Eisgang, 92; Jugend, 93; Mutter Erde, 97; Der Strom, 1904; Schloß Zeitvorbei, 17; Heinrich von Plauen, 33; Kaiser Friedrich II., 40. – *Novelle:* Frau Meseck, 1897. – *Romane:* Die Tat des Dietrich Stobäus, 1911; Generalkonsul Stenzel und sein gefährliches Ich, 31. – *Autobiographisches:* Scholle und Schicksal, 33; Jahrhundertwende, 35. – Sämtliche Werke, 14 Bde, 45–50.

Lit.: H. Kindermann: M. H. und der deutsche Osten, 1941; F. Zillmann: M. H., Wesen und Werk, 59; S. P. Hoefert: The Works of M. H., Toronto 63; M. H. zum 100. Geburtstag, hg. v. d. Stadtbibliothek München, 65. H. P.

Hall, Margaret Radclyffe, * 1886 (?) Bournemouth, † 7. 10. 1943 London.
H., die in London und vorübergehend in Deutschland studierte, trat zunächst mit Lyrik hervor. Neben ihrem Roman *Adam's Breed* erregte vor allem das in England verbotene Buch *The Well of Loneliness* dank des hier behandelten Motivs der lesbischen Liebe besondere Aufmerksamkeit.

W.: Romane u. Erz.: The Forge, 1924; The Unlit Lamp, 24; Adam's Breed, 26; The Well of Loneliness, 28 (dt. Quell der Einsamkeit); The Master of the House, 32; Miss Ogilvy Finds Herself, 34; The Sixth Beatitude, 36. – *Lyrik:* Twixt Earth and Stars, 06; A Sheaf of Verses, 08; Poems of the Past and Present, 10; Songs of Three Counties, 13; The Forgotten Islands, 15. RLL

Hall, Willis, * 6. 4. 1929 Leeds.
H. verfaßte, zum Teil in Zusammenarbeit mit dem Romancier Keith Waterhouse, eine Reihe von Bühnenwerken sowie eine große Anzahl von Fernseh- und Filmskripten. Sein erstes Drama, *The Long and the Short and the Tall*, ist sprachlich und stilistisch von Osbornes «Look Back in Anger» beeinflußt und schildert die Konflikte einer Dschungelpatrouille auf verlorenem Posten, die durch unnötige Anwendung von Gewalt schließlich ihr eigenes gewaltsames Ende verursacht.

W.: The Long and the Short and the Tall, 1959 (dt. Das Ende vom Lied); A Glimpse of the Sea (Trilogie), 59; Billy Liar (mit K. Waterhouse), 60 (dt. Lügner Billy).
Lit.: J. R. Taylor: Zorniges Theater, 1965. W.-D. W.

Hallström, Per, * 29. 9. 1866 Stockholm, † 18. 2. 1960 ebd.
H. war Ingenieur und arbeitete in der schwedischen Telegraphendirektion. Seit 1897 widmete er sich ausschließlich der Literatur und wurde 1931 ständiger Sekretär der Schwedischen Akademie und Vorsitzender des Nobelpreisausschusses. Mit den Autoren der 90er Jahre verband H. der Zug zur Romantik, die für ihn eine Flucht aus der Wirklichkeit in ferne Zeiten (besonders die Antike) darstellte. Künstlerisch am gelungensten sind seine um die Jahrhundertwende entstandenen Novellen. Der Tod, um den häufig seine Gedanken kreisten, erscheint bei H. als eng mit dem Leben verknüpft; die Todesnähe kann den Menschen über sich selbst emporheben. — H. schuf in den Jahren 1922—31 eine neue Übersetzung Shakespeares.

W.: Novellen: Vilsna fåglar, 1894 (dt. Verirrte Vögel); Purpur, 95 (darin: Falken); Briljantsmycket, 96; Reseboken, 98 (dt. Florent. Abendtraum); Thanatos, 1900 (dt. Ein geheimes Idyll); De fyra elementerna, 06 (dt. Die vier Elemente); Nya noveller, 12 (dt. Die rote Rose). – *Romane:* Hårda tider, 1891 (dt. Harte Zeiten); En gammal historia, 95 (dt. Eine alte Geschichte); Varen, 98 (dt. Frühling); Döda fallet, 1902 (dt. Der tote Fall); Gustaf Sparfverts roman, 03 (dt. G. Sp.s Roman); En skälmroman, 06 (dt. Ein Schelmenroman). – *Essays:* Folkfienden, 15 (dt. Der Volksfeind); Konst och liv, 19. – *Dramen:* Greven av Antwerpen, 1899; En venetiansk komedi, 1901; Alkestis, 08; Ahasverus, 08; Erotikon, 08; Karl den elfte, 16; Gustaf den tredje, 18. – Werke, 12 Bde, 22 f.
Lit.: H. Gullberg: P. H., in: Ord och bild, 1946. DW

Hammett, Dashiell, * 27. 5. 1894 St. Mary's County (Maryland), † 10. 1. 1961 New York.
H. war u. a. acht Jahre Angestellter der Detektiv-Agentur Pinkerton. Eine Tuberkulose zwang ihn, diesen Beruf aufzugeben. Im Anschluß an kürzere Detektiverzählungen entstanden dann 1929 bis 1934 die fünf Romane, die seinen Ruf als Schöpfer des modernen Kriminalromans begründeten. H. arbeitete später für den Film, mußte während der Kommunistenverfolgung unter McCarthy ins Gefängnis und starb in wirtschaftlichen Schwierigkeiten.
In H.s Werk, dessen Thematik und dessen slang-durchsetzte, knappe, unterkühlte Sprache von Schriftstellern wie Gide und Faulkner bewundert wurden, ist der Kriminalroman zur Form der sozialkritisch-realistischen Großstadtliteratur weiterentwickelt. Vorbildlich dafür schildert *The Glass Key* das skrupellose Treiben undurchsichtiger Geldgeber und gedungener Mörder, denen es um die Beeinflussung einer Wahl geht.

W.: Red Harvest, 1929 (dt. Bluternte); The Dain Curse, 29 (dt. Der Fluch des Hauses D.); The Maltese Falcon, 30 (dt. Der Malteser Falke); The Glass Key, 31 (dt. Der gläserne Schlüssel); The Thin Man, 34 (dt. Der dünne Mann). RLL

Hamsun, Knut (eig. Knud Pedersen), *4. 8. 1859 Lom/Gudbrandsdal, † 19. 2. 1952 Nørholm.

H. erlebte eine harte Jugend in Nordland. Die Eindrücke, die er damals gewann, tauchen in seinen späteren Romanen immer wieder auf; sowohl Landschaft als auch Milieu – H. mußte sich als Jugendlicher mühsam als Verkäufer, Schuhmacherlehrling, Lehrer, Straßenarbeiter durchschlagen – haben sein literarisches Schaffen gezeichnet. Zweimal reiste er in den Jahren 1882–88 nach Amerika, wo er als Straßenbahnschaffner und Erntebearbeiter seinen Lebensunterhalt verdiente. Die ganz auf Erwerb materieller Güter ausgerichtete amerikanische Gesellschaft ließ H. zu jenem aristokratisch-individualistischen Schriftsteller werden, der nie müde wurde, die «Segnungen» der modernen Zivilisation anzuprangern. Zeugnis dafür sind vor allem seine Polemik gegen den American way of life und die in seinem Werk leitmotivisch auftauchenden Hymnen auf das «einfache Leben».

Den ersten großen literarischen Erfolg errang H. mit dem Roman *Sult* (Hunger), an dem er 1888–90 arbeitete. Das ungeheure Aufsehen, das er erregte, resultierte aus der Darstellungsart und der völligen Hinwendung zur Schilderung der psychischen Aktionen und Reaktionen eines Menschen. Hinzu kam die spürbare Authentizität des Dargestellten. Zwar nicht unbeeinflußt von literarischen Vorbildern, hat H. doch bereits hier ein Werk geschaffen, das nahezu alle Traditionen negierte. Dostojewski und Strindberg, deren Einfluß man zu bemerken glaubt, lernte H. erst später kennen. – Sein nächster Roman *Mysterier* (Mysterien), in dem fast alle späteren Motive konzentriert sind, muß wohl als bedeutendste Schöpfung H.s betrachtet werden, wenn auch kompositorische Zerrissenheit und Exkurslängen über die eigentliche Bedeutung hinwegtäuschen können. Die Hauptfigur der Mysterien zeigt wie alle H.schen «Helden» autobiographische Züge und steht trotz allem im Widerspruch zu H.s fester Lebensanschauung. Das Scheitern Johann Nielsen Nagels an der Liebe zu einer launischen, doch einfachen und traditionsverhafteten Frau scheint zu zeigen, wie halbherzig H. seine Absage an die neue Zeit zu verfechten gedachte; Nagel geriet ihm zu einer Figur, deren Impetus zur neuen Menschensicht an der Barriere alter Vorurteile und Gewohnheiten zerbricht. Sprachlich und gehaltlich sind den *Mysterien* die Romane *Pan* (1894) und *Viktoria* (1898) verwandt, deren reine Liebesthematik allerdings schon eher dazu angetan war, H.s Rückzug aus Sozialkritik und Fortschrittsbewältigung anzubahnen.

Nach den wenig gelungenen Romanen *Redaktør Lynge* und *Ny Jord* (Neue Erde) entstand die Dramentrilogie *Ved Rigeds Port* (An des Reiches Pforten), *Livets Spil* (Spiel des Lebens) und *Aftenrøde* (Abendröte). Die Trilogie wie auch das nach einer Rußlandreise entstandene Versdrama *Munken Vendt* und das Schauspiel *Dronning Tamara* (Königin Tamara) sind im Gegensatz zu *Livet i vold* (Vom Teufel geholt) heute weitgehend in Vergessenheit geraten. Die folgenden Romane *Sværmere* (Schwärmer), *Under Høststjærnen* (Unter Herbststernen) und *En Vandrer spiller med Sordin* (Gedämpftes Saitenspiel) lassen H.s epische Begabung deutlich werden. Er nimmt darin nicht nur von der Aussage her, sondern auch stilistisch Abschied von dem romantisch-stürmischen Jugendwerk. Die Beschwerden des Alterns und eine Resignation der enteilenden Zeit gegenüber werden zum Thema, das nicht ohne Humor und zuweilen bissige Glossen H.s Werk von nun an beherrscht. In *Benoni* und *Rosa*, den beiden Romanen, die zur selben Zeit entstanden, weist schon der realistische, deskriptive Erzählstil auf eine neue Phase in H.s Schaffen hin.

Die Romane *Den sidste Glaede* (Die letzte Freude), *Børn av Tiden* (Kinder ihrer Zeit) und *Segelfoss By* (Die Stadt Segelfoß) entstanden in einer Zeit, in der H. sich als Landwirt zu betätigen begann. Gerade der letzte Roman, in dem der Großgrundbesitzer Willatz Holmsen von einem Neureichen gestürzt wird, spiegelt H.s ganze Liebe für die alte patriarchalische Lebensform wider. Zur

Hymne wurde H.s Aufruf, sich an die Erde, die Natur zu halten, im Roman *Markens Grøden* (Segen der Erde). Hauptfigur ist Isak Sellanraa, der auf eigene Faust in die Wildnis zieht und dort Land urbar macht. Gegen alle Widerstände der Natur und der Bürokratie behauptet sich Isak; doch auch sein Werk hat keinen Bestand, denn bereits seine Kinder können mit Naturideologie nichts mehr anfangen. Diese resignative Haltung steigert sich noch in H.s nächsten beiden Romanen *Konerne ved Vandposten* (Die Weiber am Brunnen) und *Sidste Kapitel* (Das letzte Kapitel). Die folgenden Landstreicher-Romane dagegen, *Landstrykere* (Landstreicher), *August* (August Weltumsegler) und *Men Livet lever* (Nach Jahr und Tag), schlagen wieder einen leichteren Ton an. Die Schilderungen des Vagabundenlebens und Abenteuertums geraten H. zu stellenweise heiterer Rückschau auf seine eigene Jugend. Ähnliches gilt von seinem letzten Roman *Ringen sluttet* (Der Ring schließt sich). H.s Eintreten für die Nazis im Zweiten Weltkrieg brachte ihm einen Prozeß wegen Landesverrats ein. Seine juristisch gesehen dilettantische Verteidigungsschrift *Paa gjengfodde Stier* (Auf überwachsenen Pfaden) ist ein erschütterndes Dokument der Realitätsferne und des Nichtbegreifens.

Trotz mancher, meist auf den Inhalt seiner Werke und auf seine Lebensausschauung bezogener Kritik gilt H. auch noch heute als der größte Romancier Norwegens. Das, was er an Neuem sowohl sprachlich als auch kompositorisch in die moderne Literatur einbrachte, hat ihm diesen Ruf und den Nobelpreis (1920) zu Recht eingetragen.

W.: Romane u. Erz.: Den Gaadefulde: en Kjaerligheidshistorie, 1877; Bjørger, 78; Sult, 90 (dt. Hunger); Mysterier, 92 (dt. Mysterien); Redaktør Lynge, 93 (dt. Redakteur L.); Ny Jord, 93 (dt. Neue Erde); Pan, 94 (dt. ebs.); Siesta, 97 (dt. Die Königin von Saba); Viktoria, 98 (dt. ebs.); Kratskog, 1903 (dt. Winterwälder); Sværmere, 04 (dt. Schwärmer); Stridende Liv, 05 (dt. Kämpfende Kräfte); Wanderer-Trilogie: Under Høstjærnen, 06 (dt. Unter Herbststernen), En Vandrer spiller med Sordin, 09 (dt. Gedämpftes Saitenspiel), Den sidste Glaede, 09 (dt. Die letzte Freude); Benoni, 09 (dt. ebs.); Rosa, 10 (dt. ebs.); Børn av Tiden, 13 (dt. Kinder ihrer Zeit); Segelfoss By, 15 (dt. Stadt Segelfoß); Markens Grøde, 17 (dt. Segen der Erde); Konerne ved Vandposten, 20 (dt. Die Weiber am Brunnen); Sidste Kapitel, 23 (dt. Das letzte Kapitel); Landstreicher-Trilogie: Landstrykere, 27 (dt. Landstreicher), August, 30 (dt. August Weltumsegler), Men Livet lever, 33 (dt. Nach Jahr und Tag); Ringen sluttet, 36 (dt. Der Ring schließt sich); Nabobyen, 39 (dt. Die Nachbarstadt). – *Dramen:* Kareno-Trilogie: Ved Rigets Port, 1895 (dt. An des Reiches Pforten), Livets Spil, 96 (dt. Spiel des Lebens), Aftenrøde, 1904 (dt. Abendröte); Munken Vendt, 02 (dt. ebs.); Dronning Tamara, 03 (dt. Königin Tamara); Livet i vold, 10 (dt. Vom Teufel geholt). – *Lyrik:* Et gjensyn, 1877; De vilde Kor, 1904 (dt. Der wilde Chor); Dikte, 21. – *Autobiographisches:* I Æ ventyrland, 03 (dt. Im Märchenland); Paa gjengrodde Stier, 49 (dt. Auf überwachsenen Pfaden). – *Sonstiges:* Fra det moderne Amerikas Aandsliv, 1889. – Samlede berättelser, 12 Bde, 1918; Samlede verker, 14 Bde, 28; Samlede romaner, 12 Bde, 32. – Dt. ferner: Ges. Werke, 17 Bde, 1917–36; Sämtl. Romane und Erz., 5 Bde, 58, und 10 Bde, 70 f; Psychologie und Dichtung (Aufsätze); Die Novellen.

Lit.: T. Braatøy: Livets cirkel, 1929, ²54; W. A. Berendsohn: K. H., 29; E. Skavlan: K. H., ²34; P. Fechter: K. H., 52; T. Hamsun: Mein Vater, 53; P. de Mendelssohn: Der Geist in der Despotie, 53; M. Hamsun: Der Regenbogen, 54; F. Volberg: K. H., Ein Beitrag zur geistig-seelischen Struktur seiner schöpferischen Persönlichkeit, 55; T. Hamsun: K. H. – Lebensbericht in Bildern, 56; F. Thiess: Das Menschenbild bei K. H., 57; M. Beheim-Schwarzbach: K. H., 58; M. Hamsun: H., eine Bildbiographie, 59; M. Hamsun: Die letzten Jahre mit K. H., 61; O. Øyslebø: H. gjennom Stilen, 64; St. S. Nilson: K. H. u. die Politik, 64. F. B.

Handel-Mazzetti, Enrica von, * 10. 1. 1871 Wien, † 8. 4. 1955 Linz.

E. H.-M. war 1886/87 bei den «Englischen Fräulein» in St. Pölten, studierte später in Wien und lebte von 1911 an in Linz/Donau. Sie schrieb zahlreiche historische Romane, die meist im Zeitalter des Barock und der Gegenreformation spielen und das Aufeinanderprallen von Katholizismus und Protestantismus schildern; u. a. *Meinrad Helmpergers denkwürdiges Jahr, Jesse und Maria, Die arme Margaret* und *Frau Maria.* Die handlungsreichen Romane waren zu ihrer Zeit sehr beliebt. In ihrer Nachfolge schrieben später Paula Grogger, Maria Veronika Rubatscher,

Juliane von Stockhausen, Fanny Wibmer-Pedit und Dolores Viesèr.

W.: Dramen: Nicht umsonst, 1892; Pegasus im Joch, 95. – *Romane:* Meinrad Helmpergers denkwürdiges Jahr, 1900; Jesse u. Maria, 06; Die arme Margaret, 10; Stephana Schwertner, Trilogie, 12–14; Brüderlein und Schwesterlein, 13; Ritas Briefe, 5 Bde, 15–21; Der deutsche Held, 20 (als: Karl von Aspern, 48); Das Rosenwunder, Karl Sand-Trilogie, 24–26; Johann Christian Günther, 28; Frau Maria, Trilogie, 29–31: Das Spiel von den zehn Jungfrauen, Das Reformationfest, Die Quedlinburger Hochzeit; Die Waxenbergerin, 34; Graf Reichard, 2 Bde., 38–39. – *Lyrik:* Acht geistliche Lieder, 09. – Ein groß Ding ist die Liebe, hg. v. K. Vancsa (Ausw. mit Bibliogr.), 59.
Lit.: K. Vancsa: In memoriam E. v. H.-M., 1955; ders. in: NDB 7, 66. RLL

Handke, Peter, * 6. 12. 1942 Griffen (Kärnten).
H. war Internatsschüler eines Gymnasiums für Priesterzöglinge und studierte 1961–65 Jura in Graz. Als Mitglied des Grazer «Forum Stadtpark» veröffentlichte er erste Texte in dessen Zeitschrift «manuskripte» und in «konkret». Seit seinen ersten literarischen Erfolgen lebt H. als freier Schriftsteller, seit 1970 in Paris.
In *Die Hornissen* zeigt H., wie aus Überlagerung von Gelesenem und eigener Wahrnehmung ein Roman entsteht, der sich, ohne durchgehende Handlung, dem Medium des Films verwandt, aus verschiedenen Einstellungen zusammensetzt. Die Akribie der Detailschilderungen und Vorgangsbeschreibungen dient nicht der Anschaulichkeit, sondern der Entlarvung von Verhaltens- und Sprachformen. Einflüsse Kafkas und des hypotaktischen Stils Kleists läßt die Prosasammlung *Begrüßung des Aufsichtsrats* erkennen. Bekannt wurde H. durch den umstrittenen Erfolg seines ersten Stücks *Publikumsbeschimpfung*: in abgehackten, unter dem Einfluß des Beat rhythmisierten Sätzen werden systematisch Klischeevorstellungen und Sprachgewohnheiten aufgedeckt. H. zerstört in diesem Stück, das in einer ausgiebigen Beschimpfung des Zuschauers gipfelt, bewußt jede Theatererwartung und macht das Publikum in provozierender Weise auf seine Konsumhaltung aufmerksam. Sein zweiter Roman *Der Hausierer* ist eine Mordgeschichte, in der die Technik des Kriminalromans, den Leser in ein Netz von bedeutungsvollen Anspielungen zu verstricken, reflektiert und durchsichtig gemacht wird. Manipulierbarkeit und Unterdrückung des Individuums durch die Sprache führt H. in dem Stück *Kaspar* vor. Nicht als historische Figur, sondern als Modellfall greift er hier die Gestalt Kaspar Hausers auf, um den Vorgang der Spracherlernung darzustellen. Durch namenlose Einsager wird Kaspar zum Sprechen, zur Adaption von vorgegebenen Satzstrukturen, damit zur sozialen Anpassung gezwungen. Wie sehr vorgeprägte grammatikalische Muster und Satzstrukturen den Sprachgebrauch bestimmen, macht H. auch in *Die Innenwelt der Außenwelt der Innenwelt* deutlich. Texte sozialkritischen Gehalts stehen neben Fundstücken aus verschiedenen Publikationsmedien und Pop-Collagen, die durch den Zusammenhang überraschende Bedeutung gewinnen. In dem Prosastück *Die Angst des Tormanns beim Elfmeter* zeigt H. an der Gestalt des Monteurs Josef Blochs, eines ehemaligen Fußballtorwarts, der nach einem Mord in ein abgelegenes Grenzdorf flüchtet, wie unter dem Einfluß von Schuldgefühl und Angst die Umweltwahrnehmung gestört wird.

W.: Romane: Die Hornissen, 1966; Der Hausierer, 67; Die Angst des Tormanns beim Elfmeter, 70. – *Texte, Gedichte:* Begrüßung des Aufsichtsrats, 67; Die Innenwelt der Außenwelt der Innenwelt, 69. – *Stücke:* Publikumsbeschimpfung, 66; Weissagung, 67; Hilferufe, 67; Selbstbezichtigung, 67; Kaspar, 68; Das Mündel will Vormund sein, 69; Quodlibet, 70; Der Ritt über den Bodensee, 71; Wind und Meer, 71 (Hörspiel). – Prosa, Gedichte, Theaterstücke, Hörspiele, Aufsätze, 69.
Lit.: H. Müller, in: Text u. Kritik 24, 1969; H. Heißenbüttel, in: Universitas, Febr. 70; Über P. H. 72. H.-P. R.

Han Suyin (eig. Elizabeth Comber), * 12. 9. 1917 Honan (China).
H., chinesisch-belgischer Abstammung, wuchs in China auf, studierte Medizin in Peking, Brüssel und London, praktizierte als Ärztin und lebt heute vorwiegend in Hongkong. — H. schreibt ausschließlich in englischer Sprache. Besonders bekannt geworden ist ihr Roman *A Many-*

Splendoured Thing. Das zentrale Thema ist bei H. der Konflikt zwischen der europäischen und chinesischen Welt, dessen Schilderung jeweils den Hintergrund für die erzählte Liebesgeschichte abgibt. Die meisten ihrer Romane sind autobiographisch gefärbt.

W.: Romane: A Many-Splendoured Thing, 1952 (dt. Alle Herrlichkeit auf Erden); And the Rain My Drink, 56 (dt. Der Wind ist mein Kleid); The Mountain Is Young, 58 (dt. Wo die Berge jung sind); Cast But One Shadow, 62 (dt. Wirf einen Schatten nur); Winterlove, 62 (dt. Eine Winterliebe); The Four Faces, 63 (dt. Die vier Gesichter); The Crippled Tree, 65 (dt. Die eiserne Straße); A Mortal Flower, 66 (dt. Die Blume Erinnerung). – *Autobiographisches:* Destination Chung-King, 42 (dt. Manches Jahr bin ich gewandert). – *Sonstiges:* China in the Year 2001, 68 (dt. Das China Mao-Tse-tungs). RLL

Harasymowicz, Jerzy, * 24. 7. 1933 Puławy.
H. lebt in Krakau und gilt als legitimer Nachfolger Gałczyńskis. Dies bezieht sich auf die Montage- oder Collage-Technik, die aus verschiedenen volkstümlichen oder pseudovolkstümlichen Motiven und Sprachklischees eine Welt der Alltags-Erotik schafft. In H.' meist in raffiniert-primitiver Litaneitechnik verfaßten Gedichten läßt sich die Bildwelt als Traumland mißverstehen, doch plötzlich werden Entsetzlichkeiten maschineller Todesproduktion wie selbstverständlich mitdargestellt. Die Gefahr der Gewöhnung an das Unmenschliche wird auf diese Weise deutlich gemacht.

W.: Cuda, 1956; Powrót do kraju łagodności, 57; Wieza melancholii, 58; Przeję cie kopii, 58; Genealogia instrumentów, 59; Mit o świętym Jerzym, 60; Ma się pod jesień, 62; Podsumowanie jesieni, 64; Pastorałki, 66; Budowanie lasu, 66. – Wybór wierszy, 1957. – Dt. Auswahl in: Polnische Poesie des 20. Jhs.; Lektion der Stille. Neue polnische Lyrik. DW

Hardt, Ernst (eig. E. Stöckhardt), * 9. 5. 1876 Graudenz, † 3. 1. 1947 Ichenhausen bei Augsburg.
H. war Kritiker der «Dresdner Zeitung» und lebte dann als freier Schriftsteller in Berlin und Weimar (dort 1919–24 Generalintendant des Deutschen Nationaltheaters). Von 1926 an leitete er den Westdeutschen Rundfunk in Köln; 1933 wurde er seines Amtes enthoben und zeitweilig in Haft genommen.
Der junge H. stand Hofmannsthal und dem George-Kreis nahe und schulte sich an westeuropäischer Literatur, namentlich am französischen Symbolismus. Seine barocke Bilder- und Wortfülle entsprach wenig den bretonischen und altdeutschen Stoffen seiner Dramen (Tristan-Drama *Tantris der Narr, Gudrun*). Später trat H. mehr als Erzähler hervor und wandte sich moderneren Stoffen und Problemen zu (*Don Hjalmar*). H. war auch Übersetzer (Voltaire, Balzac, Zola, Flaubert, Claudel u. a.).

W.: Dramen: Tote Zeit, 1898; Ninon von Lenclos, 1905; Tantris der Narr, 07; Gudrun, 11; Schirin und Gertraude, 13; König Salomo, 15. – *Lyrik:* Aus den Tagen des Knaben, 04. – *Erz.:* Priester des Todes, 1898; An den Toren des Lebens, 1904; Gesammelte Erzählungen, 09; Der Ritt nach Kap Spartell, 46; Don Hjalmar, 46. DW

Harig, Ludwig, * 18. 7. 1927 Sulzbach (Saar).
H. lebt als Volksschullehrer in Dudweiler im Saarland. — In seinen literarischen Werken überträgt er die Techniken der «konkreten Poesie», vor allem die Permutation, auf die größere Form. Mit seinen Hörspielen — besonders dem *fußballspiel* und dem *blumenstück*, in dem durch die Montage von Tagebucheintragungen des Auschwitz-Kommandanten Höss und kinderversartigen Texten subtile Ideologiekritik betrieben wird — wies er dieser Gattung unter Ausnutzung der Möglichkeiten der Stereo-Technik und des Sprachspiels neue Wege. In dem mit Max Bense montierten *Monolog der Terry Jo* wurde erstmals der Computer zur Herstellung eines Hörspiels eingesetzt. H. übersetzt aus dem Französischen, vor allem Queneau, der wie er «Pataphysiker» ist.

W.: Texte: haiku hiroshima, 1961; das fußballspiel, 62 (in: Ein Tag in der Stadt); zustand und veränderungen, 63; reise nach bordeaux, 65; im men see, 69; zufällig änderbar, 69; herr juppiter, 70; Sprechstunden für die deutsch-französische Verständigung, 71. – *Hörspiele* (soweit gedruckt vorliegend): das geräusch, 65; das fußballspiel, 67; ein blumenstück, 69 T. R.

Haringer, Jan Jakob (eig. Johann Franz H.), * 16. 3. 1898 Dresden, † 3. 4. 1948 Zürich.

H. führte ein unstetes, durch ständigen Konflikt mit der bürgerlichen Ordnung gekennzeichnetes Leben. Er schrieb für Zeitungen und Zeitschriften, emigrierte nach der Machtergreifung Hitlers zunächst nach Österreich, dann 1938 in die Schweiz, wo er später in völliger Verarmung und Vereinsamung starb. – Durch Döblin gefördert, wurde H. vor allem als Lyriker bekannt. Seine frühen Gedichte sind vorwiegend vom Pathos und der intensiven Bildlichkeit des Expressionismus geprägt, später überwiegen jedoch Sentimentalität und Selbstbespiegelung.

W.: Lyrik: Hain des Vergessens, 1919; Die Kammer, 21; Heimweh, 28; Abschied, 30; Das Fenster, 46; Der Orgelspieler, 55; Lieder eines Lumpen, 62. – *Prosa:* Abendbergwerk, 20; Das Räubermädchen, 25; Weihnacht im Armenhaus, 25; Der Reisende oder die Träne, 32. – Dichtungen 1, 25; Vermischte Schriften, 35.
Lit.: P. Heinzelmann: J. H. in memoriam, 1955. RLL

Harris, Frank (eig. James Thomas H.), * 14. 2. 1856 Galway/Irland, † 26. 8. 1931 Nizza.

Nach abenteuerlichen Jugendjahren in Amerika als Cowboy und Student der Altphilologie und Jura, wurde H. Chefredakteur der «Evening News», deren Auflage er innerhalb von drei Jahren durch sensationelle Berichte aus Londoner Gerichtsverhandlungen verzehnfachte, später Herausgeber der «Saturday Review». Seine zuerst wegen der vielen Erotika verbotene Mammutautobiographie, *My Life and Loves,* ist trotz Unzuverlässigkeiten ein faszinierendes Dokument, da H. intimer Freund vieler Berühmtheiten gewesen war. Ähnliches gilt für seine Biographien.

W.: Erz.: Elder Conklin, 1894; Montes the Matador, 1900. – *Biographien, Essays:* The Man Shakespeare, 09 (dt. Der Mensch Shakespeare); Contemporary Portraits, 15 bis 30; O. Wilde, 26 (dt. ebs.) B. Shaw, 31. – *Autobiographie:* My Life and Loves, 4 Bde, 25–29 (dt. Mein Leben und Lieben).
Lit.: A. I. Tobin u. E. Gertz: F. H., 1931; H. Kingsmill: F. H., ²49; V. Brome: F. H., 59. R. H.

Hartlaub, Felix, * 17. 6. 1913 Bremen, † April 1945.

H., Sohn des Kunsthistorikers Gustav H., Bruder von Geno H., studierte Geschichte und war von 1942 an als Obergefreiter im «Führerhauptquartier», Abteilung Kriegstagebuch. Bei den Kämpfen um Berlin 1945 ist er verschollen. – H. schrieb schon früh Erzählungen und Prosastücke und zeichnete; sein wichtigstes Werk sind jedoch die Tagebücher aus den Jahren 1939 bis 1945, knappe, z. T. stichwortartige Aufzeichnungen, die, objektivierend und distanziert, den «totalen Krieg» aus der «windstillen toten Mitte des Taifuns» zeigen.

W.: Von unten gesehen (Ausw.) 1950; Im Sperrkreis (Tagebücher), 55; Gesamtwerk, 55 (darin Erz.: Die Reise des Tobias; Parthenope; Dramenentwürfe); F. H. in seinen Briefen, 58, ²66. RLL

Hartlaub, Geno(veva), * 7. 6. 1915 Mannheim.

G. H., Schwester von Felix H., dessen Gesamtwerk sie herausgab, durfte aus politischen Gründen nicht studieren, wurde Auslandskorrespondentin und kam, zur Wehrmacht dienstverpflichtet, 1945 in Kriegsgefangenschaft. Seit 1956 ist sie Redakteurin des «Deutschen Allgemeinen Sonntagsblatts», sie lebt in Hamburg. – Ihre Romane und Erzählungen setzen sich vorwiegend mit dem Verhalten des Einzelnen in Grenzsituationen und mit der Gestalt des Ausgestoßenen auseinander. Spätere Arbeiten, so *Der Mond hat Durst,* die Geschichte einer Geschwisterliebe, und der Roman *Nicht jeder ist Odysseus,* dessen zentrale Gestalt ein in Rußland Vermißter ist, behandeln das Thema des sich selbst und seiner Umwelt entfremdeten Menschen.

W.: Romane: Noch im Traum, 1944; Anselm der Lehrling, 46; Die Tauben von San Marco, 53; Der große Wagen, 54; Windstille vor Concador, 58; Gefangene der Nacht, 61; Die Schafe der Königin, 64; Nicht jeder ist Odysseus, 67. – *Erz.:* Die Entführung, 42; Die Kindesräuberin, 47; Der Mond hat Durst, 63; Rot heißt auch Schön, 69. – *Sonstiges:* Unterwegs nach Samarkand. Eine Reise durch die Sowjetunion, 65. RLL

Hartley, Leslie Poles, * 30. 12. 1895 Peterborough (Northampton).

H. studierte in Oxford Geschichte und

wurde Kritiker. Der Durchbruch als Romancier gelang ihm mit *The Shrimp and the Anemone,* einer virtuos gestalteten Charakterstudie zweier Kinder. Diesen Roman erweiterte er mit den Büchern *The Sixth Heaven* und *Eustace and Hilda* zur Trilogie, die ein Zeitgemälde des frühen 20. Jhs. darstellt. *The Go-Between,* eine Liebesgeschichte, die wiederum den psychologischen Scharfblick und die formale Sicherheit H.s zeigt, erinnert an H. James.

W.: Romane u. Erz.: Night Fears, 1924; Simonetta Perkins, 25; The Killing Bottle, 32; The Shrimp and the Anemone, 44 (dt. Das Goldregenhaus); The Sixth Heaven, 46 (dt. Der sechste Himmel); Eustace and Hilda, 47 (dt. Eustace und Hilda); The Boat, 50 (dt. Das Boot); The Travelling Grave, 51; My Fellow Devils, 51; The Go-Between, 53 (dt. Der Zoll des Glücks); The White Wand, 54; A Perfect Woman, 55; The Hireling, 57 (dt. Botschaft für Lady Franklin); Facial Justice, 60; The Betrayal, 66. RLL

Hartog, Jan de, *22. 4. 1914 Amsterdam.
H., Sohn eines Predigers, entlief mit 10 Jahren dem Elternhaus, wurde Matrose, dann Heizer, arbeitete später als Schauspieler und Schriftsteller. Er lebt in den USA. — H. schrieb sowohl Kriminalromane (unter dem Pseudonym F. E. Eckmar) als auch zahlreiche Bücher aus dem Bereich der Schiffahrt, so *Hollands Glorie,* Romanepos der Schleppschiffahrt, und die sogenannte «Geleitzugskantate» (Trilogie): *Stella, Mary, Thalassa.*

W.: Erzählende Prosa: Fort 99, 1931 (dramatisiert 36); Het Huis met de Handen, 34; Caesar, 36; Oompje Owadi, 38; Hollands Glorie, 40 (dt. ebs, auch: Jan Wandelaar); Gods Geuzen, 3 Teile, 47–49 (dt. Gottes Trabanten); «Geleitzugskantate»: Stella, 50 (dt. ebs., auch: Der Schlüssel), Mary, 51 (dt. ebs.), Thalassa, 52 (dt. ebs.); The Lost Sea, 51 (dt. Das verschwundene Meer); The Little Ark, 53 (dt. Die kleine Arche); A Sailor's Life, 56; The Spiral Road, 57; The Hospital, 59 (dt. Das H. in Texas); The Captain, 66 (dt. Kapitän Harinx); The Children, 69. – *Drama:* Schipper naast God, 42 (dt. Schiffer nächst Gott); Het hemelbed, 52 (dt. Das Himmelbett). DW

Hartung, Hugo, * 17. 9. 1902 Netzschkau.
H. studierte Theaterwissenschaft, Kunst- und Literaturgeschichte in Leipzig, Wien und München, war in München Dramaturg, Schauspieler, Journalist und Rundfunkredakteur, später Dramaturg in Oldenburg und Breslau. Seit Kriegsende lebt er als freier Schriftsteller in Berlin. — H. ist Verfasser von humorvollen wie ernsten Erzählungen und gehobenen Unterhaltungsromanen, in denen er oft kritisch bis satirisch Zeitprobleme gestaltet.

W.: Prosa: Der Deserteur oder Die große belmontische Musik, 1948; Ewigkeit, 48 (Neufassg.: Stern unter Sternen, 58); Der Himmel war unten, 51; Das Feigenblatt der schönen Denise, 52; Aber Anne hieß Marie, 52; Gewiegt von Regen und Wind, 54; Ich denke oft an Piroschka, 54; Schlesien, 56; Wir Wunderkinder, 57; Ein Prosit der Unsterblichkeit, 60; König Bogumil König, 61; Timpe gegen alle, 62; Die stillen Abenteuer, 63 (autobiogr.); Ihr Mann ist tot und läßt sie grüßen, 65; Kindheit ist kein Kinderspiel (autobiogr.), 68; Deutschland, deine Schlesier, 70. Ferner Hörspiele. RLL

Hašek, Jaroslav, * 30. 4. 1883 Prag, † 3. 1. 1923 Lipnice.
H., Sohn eines Lehrers, wurde wegen politischer Umtriebe vom Gymnasium verwiesen, war dann Lehrling in einer Drogerie, 1899–1903 Student an der Prager Handelsakademie. H. zeigte Neigung zum Anarchismus, lebte als Bohemien und Vagabund und war bekannt für seine einfallsreichen Späße und provokativen Mystifikationen; 1911 gründete er die «Partei des gemäßigten Fortschritts im Rahmen des Gesetzes», für die er kandidierte und deren Geschichte er schrieb. Als österreichischer Soldat lief H. während des Ersten Weltkriegs zur Tschechoslowakischen Legion in Rußland über und schloß sich dann der Roten Armee an. 1920 nach Prag zurückgekehrt, verfiel er bald wieder in seine alten Lebensgewohnheiten und starb an den Folgen des Alkoholismus.
H. veröffentlichte zahlreiche, humoristisch-satirische Erzählungen, in deren einer zum erstenmal die groteske Figur des Schwejk, eines tschechischen Soldaten in der österreichischen Armee, auftauchte, welche H. später, nach seiner Rückkehr aus Rußland, wiederaufgriff und — typologisch modifiziert — zur Hauptfigur seines burslek-satirischen Romans *Osudy dobrého vojáka Švejka za světové války* machte: Josef Schwejk, ein De-

klassierter aus der Prager Vorstadt, von Beruf Hundehändler, laut amtlicher Bescheinigung schwachsinnig, gerät zu Beginn des Ersten Weltkriegs in die österreichische Militärmaschinerie, kämpft mit unbesiegbarer und entwaffnender Einfalt gegen Bürokratie und staatliche Willkür und durchsteht unberührt die verwickeltsten Situationen. Es wird jedoch nie ganz eindeutig klar, ob es sich um einen Tölpel oder einen genialen Mystifikator handelt. Schwejk, der im derben Vorstadtjargon spricht, bekundet stets überschwenglich seine Loyalität, führt jeden Befehl buchstabengetreu aus, übt Gehorsam ad absurdum und enthüllt dadurch die Lächerlichkeit des Staatsapparates und Fragwürdigkeit unbestrittener Autoritäten. In seinem ausgeprägten Individualismus beinahe ein Anarchist, wurde Schwejk zum Symbol des individuellen Widerstandes gegen jede Art von Unterdrückung. Die tschechische akademische Literaturkritik ignorierte das Werk lange Zeit, da es den traditionellen ästhetischen Maßstäben nicht entsprechen wollte, und erkannte erst spät, daß H. die Weltliteratur um einen neuen Heldentyp bereichert hatte. Der Roman wurde in viele Sprachen übersetzt und mehrfach für Theater, Oper und Film bearbeitet. Die Schlußteile «Osudy dobrého vojáka Švejka v ruském zajetí» (Die Abenteuer des braven Soldaten Schwejk in russischer Gefangenschaft) von Karel Vaněk (1887–1933) erreichen nicht das Niveau des Originals.

W.: Roman: Osudy dobrého vojáka Švejka za světové váky, 4 Bde, 1921–23 (dt. Die Abenteuer des braven Soldaten Schwejk). – *Erz.:* Dobrý voják Švejk a jiné podivné historky, 12; Trampoty pana Tenkráta, 12; Můj obchod se psy a jiné humoresky, 15; Dobrý voják Švejk v zajetí, 17; Pepíček Nový a jiné povídky, 21; Tři muži se žralokem a jiné poučné historky, 21; Dobrý voják Švejk před válkou a jiné podivné historky, 22. – *Lyrik:* Májove výkřiky, 03. – Ferner dt.: Schule des Humors; Der lila Blitz; Der brave Soldat Schwejk holt Meßwein; Eine peinliche Staatsaffäre; Schwejks Lehrjahre; Meine Beichte; Kinder und Tiere; Partei des maßvollen Fortschritts; Schwejkiaden (alles Auswahlen von Erz.).
Lit.: R. Pytlík/M. Laiske: Bibliografie Jaroslava Haška, Prag 1960; E. Frynta: H., 65; G. Janouch: J. H., 66. G. S.

Hasenclever, Walter, * 8. 7. 1890 Aachen, † 21. 6. 1940 Les Milles bei Aix-en-Provence.
H. studierte Philosophie und Literaturgeschichte in Oxford, Lausanne und Leipzig, wurde während des Ersten Weltkriegs schwer verwundet, lebte 1924–30 in Paris, dann in Berlin. Nach 1933 wurde er ausgebürgert; er lebte dann in Frankreich und England und war zuletzt in einem französischen Internierungslager; bei der Annäherung deutscher Truppen tötete er sich.
H. zählt zu den Wortführern des expressionistischen Dramas. Seine Gestalten sind Typen, Vertreter einer Idee; so in dem bekanntesten Bühnenwerk *Der Sohn,* wo dieser zum Exponenten der geknechteten jungen Generation wird, während der Vater für die tyrannische Elternschaft steht. *Antigone* ist ein expressionistisch-ekstatischer Aufruf zur Weltversöhnung, während in *Die Menschen* der Gedanke ausgeführt wird, daß nicht der Täter, sondern der durch die Tat Betroffene der eigentlich Schuldige ist, ähnlich wie in Werfels Erzählung «Nicht der Mörder, der Ermordete ist schuldig!» Der Stil ist hier verknappt, das Wort wird zum Schrei. Ende der 20er Jahre begann H., bis heute vielgespielte Komödien zu schreiben.

W.: Dramen: Der Sohn, 1914; Der Retter, 15; Antigone, 17; Die Menschen, 18; Die Entscheidung, 19; Jenseits, 20; Gobseck, 22; Mord, 26; Ein besserer Herr, 26; Ehen werden im Himmel geschlossen, 28; Napoleon greift ein, 30; Christoph Kolumbus, 32 (mit Tucholsky); Münchhausen, 47. – *Lyrik:* Der Jüngling, 13; Tod und Auferstehung, 16; Gedichte an Frauen, 22. – *Roman:* Irrtum und Leidenschaft, 69. – Gedichte, Dramen, Prosa, hg. v. K. Pinthus, 63.
Lit.: M. Raggam-Lindquist: W. H., 1971. DW

Hauptmann, Carl, * 11. 5. 1858 Obersalzbrunn, † 4. 2. 1921 Schreiberhau.
C. H., der ältere Bruder von Gerhart H., studierte in Jena Biologie und Philosophie und promovierte dort mit einer Arbeit über Keimblättertheorie; er wollte sich in Zürich habilitieren, gab diesen Plan aber auf. Seit 1889 lebte er in Berlin, seit 1909 in Schreiberhau.
C. H. ist eine Gestalt des Übergangs, bei dem sich alle zeitgenössischen Stil-

richtungen wiederfinden. Wies seine Erzählung *Sonnenwanderer* stark impressionistische Züge auf, so stehen seine ersten, in schlesischem Dialekt geschriebenen Dramen (*Marianne*; *Ephraims Breite*) und sein Roman *Mathilde,* der das Leben einer schlesischen Fabrikarbeiterin schildert, dem Naturalismus nahe. Neuromantisch, aber auch expressionistisch wirkt die durch das Leben des Malers Otto Mueller, eines Cousins von C. H., inspirierte Malerbiographie *Einhart der Lächler.* Naturalistische Darstellung, zugleich aber auch symbolisch-legendäre Elemente finden sich in den Dramen *Die Bergschmiede* und *Die armseligen Besenbinder,* während *Krieg. Ein Tedeum* mit seinen sieben «Visionen» von den bevorstehenden Greueln stark expressionistische Züge trägt. C. H.s wissenschaftlich-künstlerisches Programm enthält die Veröffentlichung *Aus meinem Tagebuch,* die auch ein Zeugnis seiner intensiven Beschäftigung mit Meister Eckehart und den schlesischen Mystikern ist.

W.: Dramen: Marianne, 1894; Waldleute, 96; Ephraims Breite, 1900 (als: E.s Tochter, 20); Die Bergschmiede, 02; Des Königs Harfe, 03; Die Austreibung, 05; Moses, 06; Panspiele, 09; Die lange Jule, 13; Die armseligen Besenbinder, 13; Krieg. Ein Tedeum, 14; Aus dem großen Krieg, 15; Die Rebhühner, 16; Die goldenen Straßen, 18 (Tobias Buntschuh, 16; Gaukler, Tod und Juwelier, 17; Musik); Der abtrünnige Zar, 19. – *Romane u. Erz.:* Sonnenwanderer, 1897; Aus Hütten am Hange, 1902; Mathilde, 02; Miniaturen, 05; Einhart der Lächler, 07; Ismael Friedmann, 12; Nächte, 12; Schicksale, 13; Rübezahlbuch, 15; Tantaliden, Roman-Fragment, 27. – *Sonstige Prosa:* Aus meinem Tagebuch, 00; Leben mit Freunden, Briefe. Ausgew. v. W. E. Peuckert, 28.
Lit.: H. Razinger: C. H., 1928; W. Goldstein: C. H., 31; C. H. Ein schlesischer Dichter. Zur 100. Wiederkehr seines Geburtstages, zusammengestellt v. Th. Duglor, 58; A. Stroka: C. H., 65. RLL

Hauptmann, Gerhart, * 15. 11. 1862 Ober-Salzbrunn (Schlesien), † 6. 6. 1946 Agnetendorf (Schlesien).
H., Sohn eines Hotelbesitzers und jüngerer Bruder von Carl H., besuchte die Realschule in Breslau (bis Quarta). Nach einem Jahr als Landwirtschaftseleve studierte er von 1880–85 an den Kunstakademien von Breslau und Dresden sowie Geschichte, Naturwissenschaften und Philosophie in Jena und Berlin. 1883/84 unternahm er eine längere Mittelmeerreise mit anschließendem Rom-Aufenthalt. Er heiratete 1885 Marie Thienemann und lebte bis 1901 als freier Schriftsteller vorwiegend in Erkner bei Berlin, später in Charlottenburg, in Schreiberhau (Schlesien) und Hiddensee (Ostsee). Ab 1901 war sein Hauptwohnsitz ‹Haus Wiesenstein› in Agnetendorf, wo er 1904 in zweiter Ehe Margarete Marschalk heiratete. 1907 besuchte H. Griechenland, 1894 und 1932 Amerika. Von den Nationalsozialisten geduldet, lebte er von 1933 bis zu seinem Tod zurückgezogen in Agnetendorf. Er wurde in Kloster/Hiddensee beigesetzt. – 1912 hatte er den Nobelpreis erhalten.
H., der erst mit 22 Jahren seine Hoffnung auf eine Bildhauer-Karriere aufgab und sich ganz der Literatur zuwandte, ist der bedeutendste Dramatiker des deutschen Naturalismus. Sein Schaffen, das neben rund 40 Dramen auch ein umfangreiches Prosawerk sowie Versepen und Gedichte umfaßt, läßt sich jedoch nicht auf eine bestimmte Stilrichtung festlegen. Es entstand weniger aus einem bewußten künstlerischen Ausdruckswillen als aus einem tiefen Gefühl für die Spannungen und Probleme seiner Zeit, das auch die jeweilige Form seiner Stoffe prägte. Hauptantriebskraft ist dabei ein starkes Mitleiden mit den sozial Unterdrückten sowie dem in seiner Triebhaftigkeit und den Bedingungen der Umwelt befangenen Menschen, der sich vergeblich aus seiner Abhängigkeit zu befreien versucht. Dazu kommen als weitere Themen das Problem des Künstlertums und, vor allem im Spätwerk, die religiöse Frage nach der Bestimmung des Menschen und seine Sehnsucht nach Erlösung aus einer als zwiespältig und brüchig empfundenen Welt. Als seine bedeutendste künstlerische Leistung sind jedoch zweifellos die naturalistischen Dramen anzusehen, mit denen er der Bühne eine Fülle lebendiger Gestalten vor allem aus den unteren sozialen Schichten schenkte.
Nach dem klassizistisch-epigonalen Mittelmeer-Epos *Promethidenlos* war die Begegnung mit dem Theoretiker des

deutschen Naturalismus Arno Holz für den jungen H. von entscheidender Bedeutung. Dieser bestärkte ihn, auf dem mit der Novelle *Bahnwärter Thiel* bereits eingeschlagenen Weg der exakten Menschenbeobachtung und der sozialkritischen Zustandsschilderung fortzufahren. Mit seinem ersten Schauspiel *Vor Sonnenaufgang* wurde H. dann über Nacht in ganz Deutschland bekannt. Das Stück schildert detailgetreu das Milieu einer während der Gründerzeit reich gewordenen, aber moralisch und auch körperlich verkommenen Familie schlesischer Bergwerksbesitzer. Die Gegenpartei, der Sozial-Idealist Loth bleibt dagegen, wie so viele idealistisch gesehene Gestalten H.s, ganz in den Vorurteilen der damaligen bürgerlichen Gesellschaft befangen. Nach zwei Familiendramen im Stil Ibsens (*Das Friedensfest, Einsame Menschen*) folgte das soziale Drama *Die Weber*, das H.s Weltruhm begründete. Zum erstenmal tritt hier an die Stelle des einzelnen Helden eine ganze Klasse: die von Hungerlöhnen vegetierenden schlesischen Heimarbeiter, durch eine Reihe treffend charakterisierter Gestalten wie den alten Hilse, die Familie Baumert und den Reservisten Jäger repräsentiert. Die Geschichte von der plötzlich aufflammenden und ebenso schnell in Blut erstickten Revolte der schlesischen Weber, die sich mehr gegen die kleinlichen Schikanen des Expedienten Pfeifer als gegen den Fabrikanten Dreißiger richtet, entstand nicht aus dem Willen zu politischer Agitation, sondern aus dem Gefühl sozialen Mitleids, das zur Zeit der Entstehung des Stücks dennoch durchaus revolutionär wirkte.

Mit *College Crampton* versuchte sich H. erstmals als Lustspielautor. Die Gestalt des im Suff verkommenden Akademie-Professors, eine Paraderolle vieler deutscher Charakterkomiker, verblaßt jedoch hinter der der Mutter Wolffen aus dem *Biberpelz*. Die resolute Waschfrau, die skrupellos-listig für ihre Familie sorgt und dabei auch vor Betrug und Diebstahl nicht zurückschreckt, zählt zu den unsterblichen deutschen Lustspielfiguren. Eine ähnlich abgerundete Komödie ist H. später nie mehr gelungen: weder mit der Fortsetzung der Wolffen-Geschichte in *Der rote Hahn*, noch mit der von Shakespeare inspirierten Komödie *Schluck und Jau* oder den ganz auf persönlichen Erlebnissen beruhenden *Jungfern vom Bischofsberg*. Gleichzeitig wird jedoch die Reihe der naturalistischen Dramen mit *Fuhrmann Henschel* und *Rose Bernd* erfolgreich fortgesetzt. In beiden Fällen ist es eine ungehemmte sexuelle Triebhaftigkeit, die den tragischen Konflikt auslöst: im ersten die der ehemaligen Magd Hanne, im zweiten die der Männer, die der attraktiven Rose nachstellen. In *Michael Kramer* und *Gabriel Schillings Flucht* steht dagegen wieder – wie bereits in *College Crampton* – das Problem des Künstlertums im Vordergrund, das sich hier in dem Gegensatz zwischen strenger bürgerlicher Ordnung und haltloser Bohème manifestiert. Das letzte Werk in naturalistischem Stil ist die Tragikomödie *Die Ratten*, die die düstere, Verbrechen zeugende Atmosphäre eines Berliner Mietshauses beschwört, in dem die alternde Frau John einen verzweifelt-rücksichtslosen Kampf um ihren jüngeren Mann führt.

H., der seit *Vor Sonnenaufgang* als Wortführer des Naturalismus in Deutschland galt, verblüffte bereits 1893 mit der Traumdichtung *Hanneles Himmelfahrt*, mit der er erstmals vom künstlerischen Programm Arno Holz' abrückte. In den Visionen des sterbenden Hannele wird vielmehr die Erinnerung an die schlesische Mystik wachgerufen. Einer naiv-sentimentalen Naturmystik huldigte er auch in dem Künstlerdrama *Die versunkene Glocke*, dem zu seinen Lebzeiten meistgespielten Stück des Autors, ebenso wie in der symbolträchtigen Märchendichtung *Und Pippa tanzt*, mit der er eine Synthese des von Goethe her bekannten Gegensatzes zwischen nördlichem und südländischem Geist zu erreichen suchte. Wenig erfolgreich waren dagegen das historische Drama *Florian Geyer*, ein breitangelegtes Genrebild aus der Zeit der Bauernkriege, die Neufassung einer Versnovelle Hartmann von Aues *Der arme Heinrich* oder neuromantische Werke wie *Winterballade, Ulrich von Lichtenstein*. Ebensowenig konnten sich auch die Versdramen *Der weiße Heiland* und *Indipohdi* behaupten, in denen die Erlösungssehnsucht des von neuer Religiosität erfüllten Autors zum

Ausdruck kommt. Insgesamt drängte nach 1910 der Epiker H. den Dramatiker mehr und mehr zurück. In dem Roman *Der Narr in Christo Emanuel Quint* – der Geschichte eines schlesischen Tischlersohnes, der in religiöser Verzückung das Leben Christi nachzuleben versucht und schließlich, von seinen Gegnern verfolgt, einsam im Gebirge umkommt – sind bereits alle Grundmotive von H.s Schaffen vereinigt: das Mitleiden mit den sozial Unterdrückten und die Kritik an der bürgerlichen Gesellschaft, die Hoffnung auf ein Wiedererwachen christlicher Nächstenliebe und die Sehnsucht nach Erlösung. Ganz von diesseitiger sinnlicher Leidenschaft erfüllt ist dagegen die in einer farbglühenden südlichen Landschaft spielende Erzählung *Der Ketzer von Soana*, in der ein Priester sich durch die Liebe zu einem Mädchen zum wirklichen Menschen wandelt. Der Roman *Die Insel der großen Mutter* handelt dann wieder von der Hoffnung auf eine neue Welt der Menschlichkeit; das Versepos *Till Eulenspiegel* ist eine Abrechnung mit der Geschichte und der Gegenwart Deutschlands, in der Mythisches und Politisches zu einer verworrenen Handlung verknüpft sind. In den 30er Jahren folgte, etwa gleichzeitig mit *Vor Sonnenuntergang*, einem Drama von der Tragödie des Alterns, eine Reihe autobiographischer Bücher, in denen H. Auskunft über seine Jugend (*Im Wirbel der Berufung*, *Das Abenteuer meiner Jugend*) und, teils sehr indiskret, über persönliche Eheerfahrungen (*Buch der Leidenschaft*) gibt.

Die *Atriden*-Tetralogie, unter dem Eindruck des Zweiten Weltkrieges entstanden, ist von dem klassischen Griechenlandbild Goethes weit entfernt. H. malte hier das düstere Gemälde einer durch Mord und blutige Greuel zum Untergang bestimmten Welt, versuchte jedoch zugleich, den dunklen Leidenschaften des Atriden-Geschlechts eine modernpsychologische Deutung zu geben. Der Widerspruch, der sich darin offenbart und der auch in der Sprache erkennbar wird, bewirkte, daß sich dieses Werk auf der Bühne niemals durchsetzen konnte.

W.: Dramen: Vor Sonnenaufgang, 1889; Das Friedensfest, 90; Einsame Menschen, 91; De Waber, 92 (Dialektausgabe); Die Weber, 92; College Crampton, 92; Der Biberpelz, 93; Hanneles Himmelfahrt, 94; Florian Geyer, 96; Die versunkene Glocke, 97; Fuhrmann Henschel, 98; Helios, 99 (Fragment); Schluck und Jau, 1900; Michael Kramer, 00; Der rote Hahn, 01; Der arme Heinrich, 02; Rose Bernd, 03; Elga, 05; Und Pippa tanzt, 06; Hirtenlied, 06 (Fragment); Die Jungfern vom Bischofsberg, 07; Kaiser Karls Geisel, 08; Griselda, 09; Die Ratten, 11; Gabriel Schillings Flucht, 12; Festspiel in deutschen Reimen, 13; Der Bogen des Odysseus, 14; Winterballade, 17; Der weiße Heiland, 20; Indipohdi, 21; Peter Brauer, 21; Veland, 25; Dorothea Angermann, 26; Shakespeares tragische Geschichte von Hamlet, Prinzen von Dänemark, 30; Spuk (Die schwarze Maske, Hexenritt), 30; Vor Sonnenuntergang, 32; Die goldene Harfe, 33; Hamlet in Wittenberg, 35; Das Hirtenlied, 35 (Fragment; hg. v. F. A. Voigt); Die Tochter der Kathedrale, 39; Ulrich von Lichtenstein, 39; Atriden-Tetralogie: Iphigenie in Delphi, 41, Iphigenie in Aulis, 43, Agamemnons Tod, Elektra, 48; Magnus Garbe, 42; Der Dom, 42 (Fragment); Die Finsternisse, 47 (über die Judenverfolgung); Galahad oder die Gaukelfuhre, 49 (Fragment); Herbert Engelmann, 52 (bearb. von C. Zuckmayer). – *Epen:* Promethidenlos, 1885; Anna, 1921; Die blaue Blume, 27; Des großen Kampffliegers, Landfahrers, Gauklers und Magiers Till Eulenspiegel Abenteuer, Streiche, Gaukeleien, Gesichte und Träume, 28; Mary, 39; Der große Traum, 42. – *Lyrik:* Das bunte Buch, 1888; Sonette, 1921; Neue Gedichte, 46; Schlafende Feuer, 59. – *Romane u. Erz.:* Der Apostel, 1892; Bahnwärter Thiel, 92; Der Narr in Christo Emanuel Quint, 1910; Atlantis, 12; Der Ketzer von Soana, 18; Phantom, 23; Die Insel der großen Mutter, 24; Fasching, 25; Wanda (Der Dämon), 28; Buch der Leidenschaft, 29 (autobiograph.); Die Spitzhacke, Ein phantastisches Erlebnis, 30; Die Hochzeit auf Buchenhorst, 31; Das Meerwunder, 34; Im Wirbel der Berufung, 36 (autobiogr.); Der Schuß im Park, 42; Der Neue Christophorus, 43, neu hg. 65 (Romanfragm.); Mignon, 47; Winckelmann. Das Verhängnis, 54 (vollendet u. hg. v. F. Thiess). – *Sonstige Prosa:* Griechischer Frühling, 08 (Tagebuch); Ausblicke, 23 (Aufzeichnungen, Gedichte, Fragmente); Drei deutsche Reden, 29; Um Volk und Geist, 32 (Ansprache); Das Abenteuer meiner Jugend, 37 (Autobiogr.); Ährenlese, 39 (kleinere Dichtungen); Die Kunst des Dramas, 63. – Gesamm. Werke, 12 Bde, 22; Krit. Gesamtausgabe I, 17 Bde, 42; Sämtliche Werke in 10 Bden (Centenarausg.), hg. v. H. E. Hass, 62–69; Gespräche, hg. v. J. Schapiro, 32; Die großen Dramen, 65; Die großen Beichten, 66; Die großen Erzählungen, 67.

Lit.: H. v. Hülsen: Freundschaft mit einem

Genius, 1947; C. F. W. Behl: Wege zu G. H., 48; G. H.-Jahrb., hg. v. F. A. Voigt, 48 ff.; J. Gregor: G. H. Das Werk u. unsere Zeit, 51; T. Mann: G. H., 52; F. A. Voigt: G. H. der Schlesier, 53; G. Pohl: Bin ich noch in meinem Haus? Die letzten Tage G. H.s, 53; C. F. W. Behl u. F. A. Voigt: Chronik von G. H.s Leben und Schaffen, 57; G. Fischer: Erzählformen in den Werken G. H.s, 57; K. S. Guthke: Das Leid im Werke G. H.s, 58; K. L. Tank: G. H. in Selbstzeugnissen und Bilddokumenten, 59; P. Fechter: G. H., 61; K. S. Guthke: G. H. Weltbild im Werk, 61; F. W. Heuser: G. H., 61; G. H. Leben u. Werk. Katalog der Gedächtnisausstellung Marbach, hg. v. B. Zeller, 62; R. Michaelis: Der schwarze Zeus, 62; E. Ebermayer: G. H. Eine Bildbiographie, 62; H. D. Tschörtner: G. H. Ein bibliograph. Beitrag zu seinem 100. Geburtstag, 62; J. Améry: G. H., der ewige Deutsche, 63; N. E. Alexander: Studien zum Stilwandel im dramatischen Werk G. H.s, 64; H.-E. Hass: Die Centenar-Ausg. d. sämtl. Werke G. H.s. Ein editorischer Vorbericht, 64; F. A. Voigt: G. H. und die Antike, 65; B. v. Wiese: Dt. Dichter der Moderne, 65; G. Kersten: G. H. und L. N. Tolstoj, 66; W. Reichart: Bibliographie d. gedr. u. ungedr. Dissertationen über G. H. u. sein Werk, in: Philobiblon XI, 67; H. Mayer: G. H., 67; H. Satter: Weder Engel noch Teufel. Ida Orloff, 67; C. Zuckmayer: Genius der Deutschen, 68; K. Hildebrandt: G. H. u. d. Geschichte, 68; G. H. und Ida Orloff. Dokumentation einer dichterischen Leidenschaft, 69; E. Hilscher: G. H., 70; H. Daiber: G. H., 71. E. H.

Hauser, Heinrich, * 27. 8. 1901 Berlin, † 25. 3. 1955 Dießen a. Ammersee.

H., Sohn eines Arztes, wurde im Ersten Weltkrieg Kadett und fuhr anschließend als Leichtmatrose zur See, bevor er sich seinen Lebensunterhalt als Arbeiter, Erfinder, Automechaniker, Fotograf, Pilot, Redakteur und Journalist verdiente. Im Dritten Reich emigrierte er freiwillig in die USA, wurde schließlich Farmer und kehrte später nach Europa zurück. — H., dessen Werke z. T. den Einfluß von Joyce, O'Flaherty und Conrad zeigen, griff in seinen Erzählungen und Berichten mit Vorliebe Themen aus dem Seemannsmilieu auf, wie in seinen Romanen *Brackwasser* und *Notre Dame von den Wogen*. Neben der Romantik des Meeres ist die moderne Technik und Industrie ein bestimmender Faktor in seinen Büchern.

W.: Das Zwanzigste Jahr, 1925; Brackwasser, 28; Donner überm Meer, 29; Männer an Bord, 35; Notre Dame von den Wogen, 37; Die Flucht des Ingenieurs, 37; Nitschewo Armada, 49; Gigant Hirn, 58. – *Berichte u. Essays:* Friede mit Maschinen, 28; Schwarzes Revier, 30; Die letzten Segelschiffe, 30; Feldwege nach Chicago, 31; Am laufenden Band, 36; Australien. Der menschenscheue Kontinent, 38; Battle Against Time, 39; Meine Farm am Mississippi, 50; Unser Schicksal. Die deutsche Industrie, 52. RLL

Haushofer, Albrecht, * 7. 1. 1903 München, † 23. 4. 1945 Berlin-Moabit.

H., der Sohn des Geopolitikers Karl H., studierte in München Geschichte und Geographie. Er habilitierte sich 1933 und leitete dann das geopolitische Seminar der Berliner Hochschule für Politik. Daneben war er Berater des «Führer-Stellvertreters» Rudolf Heß und Mitarbeiter des Auswärtigen Amtes. Seit 1940 unterhielt er Beziehungen zur Widerstandsbewegung, wurde verhaftet, aus dem Amt entlassen und erhielt Redeverbot. Wegen der Teilnahme an der Verschwörung vom 20. 7. 1944 wurde H. abermals verhaftet und kurz vor Kriegsende von der SS ermordet.

Seit 1920 veröffentlichte H. in Privatdrucken lyrische Arbeiten, die in Form und Sprachgestaltung die Klassik zum Vorbild haben. Die 79 *Moabiter Sonette*, Klage und Anklage, Reflexionen über Untergang, Todesnähe und Schuld, entstanden in der letzten Haft H.s. Seine Römerdramen üben in verschlüsselter Form an den politischen Verhältnissen im Dritten Reich Kritik.

W.: Lyrik: Richtfeuer, 1932; Gastgeschenk, 38; Moabiter Sonette, 46. – *Dramen:* Abend im Herbst, 27; Und so wird in Pandurien regiert, 32; Scipio, 34; Sulla, 38; Augustus, 39; Die Makedonen, 41 (ungedruckt); Chinesische Legende, ein Spiel, 49. – *Essay:* Allgemeine politische Geographie und Geopolitik, 51. DW

Hausmann, Manfred, * 10. 9. 1898 Kassel.

H., Sohn eines Fabrikanten, studierte nach seiner Teilnahme am Ersten Weltkrieg Philologie, Kunstgeschichte und Philosophie und arbeitete dann als Kaufmann in Bremen, wo er 1924 Feuilletonredakteur der «Weserzeitung» wurde. Seit 1927 arbeitet er als freier Schriftsteller. – H. bevorzugt in seinem Frühwerk Themen mit jugendlicher Abenteuerromantik, in deren Darstellung sich autobiographische Züge abzeichnen. In den Büchern *Lampioon küßt Mädchen und kleine Birken* und *Salut gen Himmel,* die von den Erlebnissen eines Landstreichers handeln, versetzt H. den Typus des romantischen Vaganten in das 20. Jh. Sein bekanntester Roman, *Abel mit der Mundharmonika,* schildert die Sehnsucht des träumerischen Abel, der sich auf einer abenteuerlichen Schonerfahrt zum erstenmal in ein Mädchen verliebt. — Von der Philosophie Kierkegaards und der Theologie Karl Barths beeinflußt, vollzog H. eine Hinwendung zum Christentum, die für sein weiteres Werk bestimmend wurde. Er war Gegner der Nationalsozialisten.

W.: Erz. u. Romane: Die Frühlingsfeier, 1924; Die Verirrten, 27; Lampioon küßt Mädchen und kleine Birken, 28; Salut gen Himmel, 29; Abel mit der Mundharmonika, 32; Quartier bei Magelone, 41; Martin, 49; Isabel, 53; Liebende leben von der Vergebung, 53; Was dir nicht angehört, 56; Andreas, 57; Kleiner Stern im dunklen Strom, 63; Unvernunft zu Dritt, 68. – *Lyrik:* Jahre des Lebens, 38; Alte Musik, 41; Füreinander, 46; Die Gedichte, 49; Irrsal der Liebe, 60. – *Dramen:* Marienkind, 27; Lilofee, 29; Das Worpsweder Hirtenspiel, 46; Der dunkle Reigen, 51; Hafenbar, 54; Der Fischbecker Wandteppich, 55; Die Zauberin von Buxtehude, 59. – Ges. Schriften in Einzelausg., 6 Bde, 1949–55; Überwindung, Ausw., 52; Und wie Musik in der Nacht. Prosa, Dramen, Gedichte, 65. – Ferner: Essays, Reden u. Nachdichtungen.
Lit.: S. Hajek: M. H., 1953; F. E. Korn: Das Motiv der Jugendbewegung im Werk v. M. H., Diss. München 58; K. Schauder: M. H., 63; ders. (Hg.): M. H.-Festschrift (m. Bibliogr.), 68. RLL

Havel, Václav, * 5. 10. 1936 Prag.
Nach einer Lehre und gleichzeitigem Besuch eines Abendgymnasiums für Arbeiter studierte H. an der T. H. Prag Ökonomie des Automobiltransports, arbeitete später als Kulissenschieber im Theater ABC, dann im Theater am Geländer als Beleuchter, Lektor, Sekretär und zuletzt als Dramaturg (er studierte auch Dramaturgie und promovierte 1966). Nach Arbeiten mit I. Vyskočil und M. Macourek schrieb er *Zahradní slavnost* (Das Gartenfest), das ihn schlagartig im Ausland berühmt machte: ein Drama um die «Mechanisierung des Menschen» (Grossmann) in einer verwalteten Welt, die beherrscht ist vom Leerlauf bürokratischer Apparate («Amt für Eröffnung» — «Amt für Auflösung»); in ihr weiß sich der Karrieremacher Hugo Pludek durchzusetzen. Von ähnlicher Art ist die Satire in *Vyrozumění* (Die Benachrichtigung): das Individuum — hier der «Direktor des Amts», Josef Gross — verfängt sich in der Sprach- und Denkreglementierung (Einführung der Kunstsprache «Ptydepe»). Das folgende Stück hat zugleich einen «privateren» Aspekt (ein Mann zwischen drei Frauen). In diesen Dramen entwickelte H. eine spezifisch tschechische Form des absurden Dramas mit Versatzstücken aus vulgärmarxistischer Phraseologie und mit einer Orientierung auf die Sprachexperimente der konkreten Poesie und die Informationsästhetik Max Benses. Er schrieb selbst typographische Poesie, ein Hör- und ein Fernsehspiel, kunsttheoretische und politische Essays. H. gehörte zu den aktivsten Intellektuellen des Prager Frühlings. 1968 erhielt er den Österreichischen Staatspreis für europäische Literatur.

W.: Dramen: Zahradní slavnost, 1963 (dt. Das Gartenfest); Vyrozumění, 65 (dt. Die Benachrichtigung); Ztížená možnost soustředěni, 68 (dt. Erschwerte Möglichkeit der Konzentration). – *Typographische Poesie:* Antikody, 63 (dt. Antikoden). – Sammelband: Protokoly, 66 (dt. Dramen, Essays und Antikoden). T. R.

Hawkes, John, * 17. 8. 1925 Stamford (Connecticut).
H. studierte in Harvard, wo er anschließend drei Jahre als Lehrer für «Creative Writing» tätig war. Er dozierte an verschiedenen amerikanischen Univ.en, trat als Leiter von Schriftstellertagungen hervor und lehrt jetzt an der Brown Univ. in Providence. — H., dessen erster Roman *The Cannibal* noch dem Surrealismus verpflichtet ist, fand bald einen eigenen Erzählstil, der ihn als Meister formaler und sprachlicher Mittel ausweist. Sein bisher bedeutendster Roman, *Second Skin,* schildert mit knapper, jedoch detailbetonter bildhafter Prosa und einer Neigung zu grotesker Komik den Kampf eines Mannes gegen die Hoffnungslosigkeit menschlicher Existenz.

W.: Romane u. Erz.: The Cannibal, 1949; Charivari, 49; The Beetle Leg, 51; The Goose on the Grave & The Owl. Two Short Novels, 54; The Lime Twig, 61 (dt. Die Leimrute); Second Skin, 64 (dt. Die zweite Haut); Lunar Landscapes, 69. – *Dramen:* The Innocent Party. 4 Short Plays, 67. RLL

Háy, Gyula (Julius), * 5. 5. 1900 Abony (Ungarn).

H.s Lebenslauf steht weitgehend im Zeichen der Auseinandersetzung mit dem Kommunismus. Schon kurz nach dem Abitur übernahm er ein Amt in der Räterepublik und mußte nach deren Sturz emigrieren. Er ging nach Deutschland, wo ihm der Durchbruch 1932 mit zwei Dramen gelang. 1933 floh er nach Österreich, beteiligte sich am Schutzbund-Aufstand und wurde verhaftet. 1935–45 lebte er in der Sowjetunion, 1945–65 in Ungarn. Als einer der geistigen Vorbereiter des Aufstandes 1956 saß er 1957–60 im Gefängnis. H. lebt heute in Brissago. — Das wichtigste Grundmotiv seiner von ihm jeweils deutsch und ungarisch verfaßten Stücke ist die korrumpierende Wirkung der Macht. So ist z. B. das 1932 in Breslau uraufgeführte, über das Konzil von Konstanz geschriebene Drama *Gott, Kaiser und Bauer* eine Parodie der zynisch-heuchlerischen Praktiken des Kampfes um die Macht. *Das Pferd* ist eine satirische Darstellung der politischen Manipulierbarkeit des Menschen. *Haben* klagt hingegen die Verlogenheit der dörflichen Sitten an, die selbst mörderische Habsucht bemänteln. H.s Dramen kennen wenig Zwischentöne, ihre Handlung und ihre Figuren werden jeweils unmittelbar in den Dienst eines, freilich durchaus ehrbaren, Anliegens gestellt.

W.: Dramen: Az új paradicsom 1932 (dt. Das neue Paradies); Isten, császár, paraszt, 32 (dt. Gott, Kaiser und Bauer); Tiszazug, 45 (dt. Haben); Pulykapásztor, 54 (dt. Der Putenhirt); Varró Gáspár igazsága, 55 (dt. Gáspár Varrós Recht); A ló, 64 (dt. Das Pferd); Attila éjszakái, 64 (dt. Attilas Nächte); A barbár, 65 (dt. Der Barbar); Mohács, 65; A föinkvizitor, 68 (dt. Der Inquisitor). – Hörspiel: Appassionata, 67. – *Autobiogr.:* Geboren 1900, 71. G. He.

Hayes, Joseph Arnold, * 2. 8. 1918 Indianapolis.

H., der an der Indiana Univ. in Blomington studierte, lernte dort Marrijane Johnston kennen, die er 1938 heiratete und mit der er gemeinsam mehrere Stücke und Romane verfaßte. Besonders erfolgreich war der Spannungsroman *The Desperate Hours* (auch dramatisiert und verfilmt): Gangster im Haus einer bürgerlichen Familie, deren Mitglieder ihnen als Geisel dienen sollen.

W.: Romane: The Desperate Hours, 1954 (dt. An einem Tag wie jeder andere); Bon Voyage, 56 (mit Marrijane H.; dt. Bon Voyage); The Hours After Midnight, 58 (dt. Die Stunden nach Mitternacht); The Third Day, 64 (dt. Der dritte Tag); The Deep End, 67; The Outrageous Fortunes of B. C. Chadwick III, 71. – *Dramen:* The Desperate Hours, 56; The Midnight Sun, 59; Calculated Risk, 63. RLL

Hecht, Ben, * 28. 2. 1893 New York, † 18. 4. 1964 ebd.

H., Sohn russischer Emigranten, begann als Journalist und Herausgeber in Chicago, war 1934 Mitbegründer einer Film- und Theaterproduktion in New York, arbeitete später vorwiegend für Film und Fernsehen. H.s Erzählungen, Romane und Dramen zeigen starke satirisch-polemische Tendenz.

W.: Romane u. Erz.: 1001 Afternoons in Chicago, 1923; 1001 Afternoons in New York, 41; Collected Stories, 45; The Sensualists, 59 (dt. Die Leidenschaftlichen); In the Midst of Death, 64. – *Autobiogr.:* Child of the Century, 54. – Ferner Dramen, z. T. mit C. MacArthur. RLL

Heckmann, Herbert, * 25. 9. 1930, Frankfurt/M.

H. studierte in Frankfurt/M. Literatur und Philosophie, war wissenschaftlicher Assistent in Münster und Heidelberg und Gastdozent in den USA. Seit 1963 ist er Mitherausgeber der «Neuen Rundschau». – H.s Erzählungssammlung *Das Portrait* enthält 20 Prosastücke, die parabelhaft und gleichzeitig surrealistisch-ironisch Skizzen von Zeitgenossen und Außenseitern entwerfen. Der Stil phantasievoller Volten und menschlichem Humors bestimmt auch *Benjamin und seine Väter*, einen «Entwicklungsroman» über die Kindheit eines unehelichen Jungen, der seinen Vater sucht und ihn 1941 zufällig als Clown findet.

W.: Erz.: Das Portrait, 1958; Schwarze Geschichten, 64. – *Roman:* Benjamin und seine

Väter, 61; Das große Knock-out in sieben Runden, (in Vorb.). – *Abhandlung:* Elemente des barocken Trauerspiels, 59. – Ferner Kinderbücher. RLL

Hedberg, Olle, * 31. 5. 1899 Norrköping (Schweden).

H. debütierte mit dem Roman *Rymmare och fasttagare* [Räuber und Gendarm] und hat seither fast jährlich einen Roman vorgelegt. Seit seinem Debütroman ist er dem bürgerlichen Milieu treu geblieben, aber auch seinem Thema, der Konfrontation des Menschen mit seinesgleichen, später gesellten sich religiöse Motive hinzu. Charakteristisch für H. ist die psychologisch nuancierte Menschenschilderung in einem beißenden oder auch ironischen Ton. Seine Haltung ist zugleich die des intellektuellen Betrachters und des Moralisten.

W.: Romane: Rymmare och fasttagare, 1930; Får jag be om räkningen, 32 (dt. Darf ich um die Rechnung bitten); Jag är en prins av blodet, 36; Karsten Kirsewetter, 45; Josefine eller säg det med blommor, 40; Bo Stensson Svenningsson, 47; Dan före dan, 48; Mera vild än tam, 49; Då bleknar bruden, 51; Foto von Blomberg, 53; Dockan dansar, klockan slår, 55;Vad en ung flicka bör veta, 69. H. K.

Heidegger, Martin, * 26. 9. 1889 in Meßkirch (Oberschwaben).

Über H.s Biographie ist bisher wenig bekannt. Sohn eines Küfers und Küsters, hat H. selbst Erinnerungen an seine Jugendzeit niedergeschrieben und zeitlebens eine dankbare Verbundenheit mit seiner oberschwäbischen Heimat bekundet. Er studierte Philosophie, Theologie und Mathematik in Freiburg, habilitierte sich dort bei E. Husserl, wurde 1923 Prof. in Marburg, 1928 in Freiburg. Seit 1922 verbrachte er seine Ferien in einer Hütte in Todtnauberg, was ihm den Ruf des «Alemannen» einbrachte und manchen Interpreten dazu verführte, H.s «Bodenständigkeit» als unzeitgemäße Naturverbundenheit und als Neoromantizismus abzutun (vgl. Marcels satirische Komödie «Die Wacht am Sein»; G. Grass, «Hundejahre»; R. Minder, «H. und Hebel oder die Sprache von Meßkirch», in «Dichter in der Gesellschaft», 1966). Unter «Bodenständigkeit» versteht H. jedoch ein Denken, das aus der «Gelassenheit», die die Dinge «läßt», was sie sind, erwächst. Unterstellungen, daß H. über das Bekenntnis zur «deutschen Studentenschaft», die «jene Führer» suche, «durch die sie ihre eigene Bestimmung zur gegründeten, wissenden Wahrheit erheben und in die Klarheit des deutendwirkenden Wortes und Werkes stellen will» (Rektorratsrede 1933 — 1934 Rücktritt vom Rektorat) hinaus sich im Sinne des Nationalsozialismus verhalten habe, können inzwischen als widerlegt gelten.

H., von Kierkegaards Existenzanalysen beeindruckt, von Diltheys Gedanken der Geschichtlichkeit der Metaphysik beeinflußt, von Husserls Phänomenologie des Bewußtseins und seiner Überwindung des Psychologismus ausgehend, hat der «Philosophie» zu einem neuen Aggregatzustand verholfen. Anders als Hegel und Marx, deren jeder auf seine Weise einer dialektischen Gesetzlichkeit der Geschichte Ausdruck gibt, vollzieht H. den «Schritt zurück»: Ein Zurücktreten vor und von der bisherigen Geschichte der Metaphysik, zugleich Rückgang auf ein vorsokratisches Seinsverständnis, das vor der entscheidenden Weichenstellung des «Abend-Landes» in der platonischen Philosophie andere Möglichkeiten bereitgehalten hat. Entscheidend ist, daß H. die Abhängigkeit geschichtlicher Gesetzmäßigkeiten und systemimmanenter Zwänge vom jeweiligen «Seinsverständnis» zur Erfahrung bringen möchte. Dadurch trachtet er freizukommen sowohl von Hegels Philosophie des absoluten Geistes als auch von ihrer Umkehrung in der ökonomischen Dialektik bei Marx. Der Gedankengang H.s, der zu dieser Vertiefung des «Problems» der Philosophie als solcher geführt hat, hat eine Fülle von Einzelerkenntnissen zutage gebracht, die auf fast alle Bereiche der Wissenschaften, gerade auch der Literaturwissenschaften, Einfluß genommen haben. H. nimmt seinen «Weg» von einer «existenzialen Analytik des Daseins», einer Freilegung der Endlichkeit des Menschen als der inneren Möglichkeit des Seinsverständnisses (*Kant und das Problem der Metaphysik*). In der Endlichkeit, die als «Vorlaufen zum Tod», als «Sein zum Ende», als «Sein zum Tod» erfahren wird, gründet die «Seinsfrage».

Menschliches Dasein muß sein Sein erst «entwerfen» (hier schloß vornehmlich Sartre an), wobei es die Möglichkeit hat, zur Selbstverwirklichung vorzustoßen oder aber in der Selbstentfremdung sich zu verlieren. Menschliches Dasein ist aber zugleich durch Seinsverständnis ausgezeichnet (hier setzte die Diskussion mit Jaspers ein) und vermag die bisherigen Seinsaussagen, etwa daß das Sein ewig, unveränderlich ist, oder daß es Vernunft, Geist ist, auf dem Hintergrund eines ursprünglicheren Seinsverständnisses als im Horizont der «Zeitlichkeit» befindliche Fixierungen zu erkennen (*Sein und Zeit*). Zwar ängstigt sich das Dasein in der «Grundbefindlichkeit der Angst» vor dem «Nichts». Aber gerade auf diese Weise wird das Freisein für die Freiheit des Sich-selbst-Wählens offenbar.

Erst durch den «Schritt zurück», den vornehmlich H.s mittlere Schriften vollziehen, wird die Aufarbeitung und «Destruktion» der eindimensionalen Geschichte der Metaphysik möglich (*Holzwege*). Zugleich wird von einem, von der «Kehre» des Denkens vorbereiteten, ursprünglicheren Seinsverständnis aus die weltgeschichtliche «Seinvergessenheit» offenbar. — Im ganzen spielen H.s sprachphilosophische Überlegungen (*Unterwegs zur Sprache*) wie auch seine Interpretationsversuche von Dichtungen Hölderlins, Rilkes, Trakls, Georges u. a. eine entscheidende Rolle.

Seit 1962 arbeitet H. an seiner Leitfrage nach «Sein und Zeit» unter dem die Akzente versetzenden Titel «Zeit und Sein». Von der Gleichsetzung von Philosophie und Metaphysik ausgehend artikuliert H. *Das Ende der Philosophie und die Aufgabe des Denkens*. H. will dem nachfragen, was «Es gibt Sein» heißt. Man hat dem späten H. «Mystizismus» nachgesagt, übersieht dabei aber, daß er den modernen «Subjektivismus» hintergreifen möchte, durch den Dinge und Menschen als verfügbare Objekte der Bewältigung — und sei es dialektisch — gesetzt werden.

W.: Die Kategorien- und Bedeutungslehre des Duns Scotus, 1916; Sein und Zeit, 27; Vom Wesen des Grundes, 29; Kant und das Problem der Metaphysik, 29; Was ist Metaphysik?, 29; Vom Wesen der Wahrheit? 43; Der Feldweg, 49; Holzwege, 50; Erläuterungen zu Hölderlins Dichtung, 51; Einführung in die Metaphysik, 53; Was heißt Denken?, 54; Vorträge und Aufsätze, 54; Zur Seinsfrage, 56; Der Satz vom Grund, 57; Identität und Differenz, 57; Hebel – der Hausfreund, 57; Gelassenheit, 59; Unterwegs zur Sprache, 59; Der Ursprung des Kunstwerks, 60; Nietzsche, 62; Die Frage nach dem Ding, 62; Die Technik und die Kehre, 62; Wegmarken, 67; Das Ende der Philosophie und die Aufgabe des Denkens, 69; Phänomenologie und Theologie, 70.

Lit.: Anteile. M. H. zum 60. Geburtstag, 1950; E. Buddeberg: H. und die Dichtung, 53; B. Allemann: Hölderlin und H., 54; W. Muschg: Die Zerstörung der deutschen Literatur, ³58; H. Ott: Denken und Sein. Der Weg M. H.s und der Weg der Theologie, 59; W. Marx: H. u. die Tradition, 61; E. Schöfer: Die Sprache H.s, 62; O. Pöggeler: Der Denkweg M. H.s, 63; J. Sadzik: Ésthétique de H., 63; A. Schwan: Politische Philosophie im Denken H.s, 65; R. Minder: Dichter in der Gesellschaft, 66; F. Fédier u. a., in: Critique, Nov. 66, Febr. u. Juli 67 (dazu B. Allemann, in: Merkur Okt. 67); E. Tugendhat: Der Wahrheitsbegriff bei Husserl und H., 67; O. Laffoucrière: Le destin de la pensée et ‹La Mort de Dieu› selon H., 68; H., Hg. von O. Pöggeler, 69; H. M. Sass: H. – Bibliographie, ²68; R. Wisser: M. H. im Gespräch, 70; R. Wisser, in: Die Welt der Bücher, Ostern 1970; J. Habermas: Philosophisch-poetische Profile, 71. R. W.

Heidenstam, Verner von, * 6. 7. 1859 Olshammar bei Örebro, † 20. 5. 1940 Övralid (Östergötland).

H. mußte wegen eines Lungenleidens schon frühzeitig den Schulbesuch abbrechen und verbrachte dann zehn Jahre in Italien, der Schweiz und im Orient. Erst 1887, als sein Vater starb, kehrte er endgültig nach Schweden zurück. H. wurde 1909 in die schwedische Akademie gewählt und 1916 mit dem Nobelpreis ausgezeichnet.

H.s Bedeutung für die schwedische Literatur liegt in seinem Bruch mit der nüchternen, sozialreformatorischen Prosa der 80er Jahre; er stellte dem Naturalismus eine neue Romantik gegenüber, die bei allem Realismus das Subjektive, Persönliche und Schöne betonte. Erste Beispiele der neuen literarischen Richtung waren Gedichte und der Roman *Endymion*, die tragische Liebesgeschichte zwischen einer Amerikanerin und einem Araber. Stark autobiographisch ist *Hans Alienus*, dessen Hauptgestalt, der «Fremde», auf einer Wanderung durch Räume und Zeiten die Schönheit sucht. Themen aus der schwedischen Geschichte behandeln *Folkungaträdet* (Der Stamm der Folkunger) und der Novellenzyklus *Karolinerna* (um König Karl XII.); H.s Ziel war es, mit solchen Werken der Nationaldichter Schwedens zu werden.

W.: Lyrik: Vallfart och vandringsår, 1888; Dikter, 95; Ett folk, 99; Nya dikter, 1915. – *Romane:* Endymion, 1889 (dt. ebs.); Hans Alienus, 92 (dt. ebs.); Heliga Birgittas pilgrimsfärd, 1901 (dt. Die Pilgerfahrt der heiligen B.); Folkungaträdet (dt. Der Stamm der Folkunger); Folke Filbyter, 05 (dt. ebs.); Bjälboarfvet, 07 (dt. Die Erben von Bjälbo). – *Novellen u. histor. Schilderungen:* Karolinerna, 2 Bde, 1897–98 (dt. Karl der Zwölfte und seine Krieger); Sankt Göran och draken, 1900 (dt. St. Georg u. der Drache); Skogen susar, 04 (dt. Der Wald rauscht); Svenskarna och deras hövdingar, 08–10 (dt. Die Schweden u. ihre Häuptlinge). – *Essays:* Renässans, 1889; Klassicitet och germanism, 98 (dt. Klassizität u. Germanismus); Proletärfilosofiens upplösning, 1911 (gegen Strindberg). – *Satire:* Pepitas bröllop, 1890 (zus. mit Levertin, gegen den Naturalismus). – *Autobiographisches:* När kastanjerna blommade, 1941 (dt. Als die Kastanien blühten). – Samlade verk, 23 Bde, 43–45.
Lit.: F. Böök: V. v. H., 2 Bde, 1945/46; S. Björck: V. v. H., 47; K.-E. Lundevall: Från åttital till nittital. Om åttitalslitteraturen och H.s debut och program, 63. RLL

Heinrich, Willi, * 9. 8. 1920 Heidelberg. H., Sohn eines Kaufmanns, war mehrere Jahre kaufmännischer Angestellter in der Lebensmittelbranche, kam 1939 zum Arbeitsdienst und war seit 1940 Infanterist. Nach dem Krieg arbeitete er wiederum als Angestellter. H., der 1950 in seiner Freizeit zu schreiben begann, erzielte bereits mit seinem ersten Buch, dem Kriegsroman *Das geduldige Fleisch,* durchschlagenden Erfolg im In- und Ausland und ist seither freier Schriftsteller. – H.s erste Romane sind Zeitromane zur Situation Deutschlands in den Kriegs- und Nachkriegsjahren, wobei Krise und wiederbeginnende Prosperität kritisch reflektiert werden. Später ging er in zunehmendem Maße zu Unterhaltungsromanen um Frauenpsyche und Sexualität über, deren positives Echo beim Publikum er weniger der trivialen Thematik als seinem Erzähltalent verdankt.

W.: Romane: Das geduldige Fleisch, 1955; Der goldene Tisch, 56; Die Gezeichneten, 58; Alte Häuser sterben nicht, 60; Rape of Honour, 61; Gottes zweite Garnitur, 62; Ferien im Jenseits, 64; Maiglöckchen oder ähnlich, 65; Mittlere Reife, 66; Geometrie einer Ehe, 67; Schmetterlinge weinen nicht, 69; Jahre wie Tau, 71. RLL

Heise, Hans-Jürgen, * 6. 7. 1930 Bublitz. H. war 1949/50 Mitarbeiter des Ostberliner «Sonntag»; nach Übersiedlung in die BRD wurde er Archivlektor in Kiel. — H. schreibt Notizen und Gedankensplitter reihende, pointierte Lyrik, die in einem «kritischen Intensivismus» Vorstellungs- und Erlebnisklischees auflockern will. Er ist auch Übersetzer und Literaturkritiker.

W.: Lyrik: Vorboten einer neuen Steppe, 1961; Wegloser Traum, 64; Beschlagener Rückspiegel, 65; Worte aus der Zentrifuge, 66 (Nachwort v. K. Krolow); Ein bewohnbares Haus, 68; Küstenwind, 69; Uhrenvergleich, 71. – *Sonstiges:* Drehtür. Parabeln, 72. RLL

Heißenbüttel, Helmut, * 21. 6. 1921 Rüstingen b. Wilhelmshaven.
Nach einer schweren Verletzung im Zweiten Weltkrieg studierte H. in Dresden, Leipzig und Hamburg Architektur, Germanistik und Kunstgeschichte; er war 1955–57 Lektor und Werbeleiter in einem Verlag; seit 1959 ist er Redakteur des «Radio-Essay» beim Süddeutschen Rundfunk Stuttgart; außerdem arbeitet er als Mitherausgeber für die «Luchterhand-Drucke».
Ausgehend von der These, daß es Literatur «mit nichts anderem als mit Sprache zu tun hat», ließ H. rasch seine ersten Gedichte *Kombinationen* und ihre vergleichsweise gängige Syntax hinter sich, weil er sah, «daß das alte Grundmodell der Sprache von Subjekt-Objekt-Prädikat ‹nicht mehr standhält›». Spätestens seit den *Topographien* (1956) ging es ihm darum, «sozusagen ins Innere der Sprache einzudringen, sie aufzubrechen und in ihren verborgenen Zusammenhängen zu befragen». Die dabei entstandenen Texte (z. B. «atemlos überqueren die Vögel der Weltgeschichte das ungedeckte Gelände / Irreparables Schocks schamlose Haut Verluste ...») stellen mit der tradierten Verständigungssprache auch die Gegenstände der Verständi-

gung: die sogenannte Realität in Frage; in beiden herrscht ein wesentlicher «Unbestimmbarkeitsfaktor». Dabei hat H.s Sprache als Kontrast «zur überkommenen Syntax» durchaus futurische Tendenzen; sie versteht sich «als Versuch, ein erstesmal einzudringen und Fuß zu fassen in einer Welt, die sich noch der Sprache zu entziehen scheint». Die sechs *Textbücher*, die H. zwischen 1960 und 1967 veröffentlichte, demonstrieren dieses Experiment in stets neu auskalkulierten Spielformen, die auch ausführlich mit Zitaten arbeiten oder abstrakte «Bildgedichte» entstehen lassen. Perfektioniert ist die Methode, Sprache als Realitätserkundung geschehen zu lassen, in den streng gebauten «Abhandlungen über den menschlichen Verstand» des *Textbuch 6*. Daß bei H.s Vorgehen die Grenze zwischen «Lyrik» und «Prosa» hinfällig wird, liegt nahe. Und aus der eingeübten Konzentration auf die Prägnanz der «kleinen» Form erklärt es sich wohl auch, daß die erste umfangreiche Arbeit H.s, *D'Alemberts Ende*, von 1970 (sie nennt sich «Projekt Nr. 1», nicht Roman), bei allem (auch parodistischem) Stilwitz unbefriedigend bleibt: ein sprach- und kritikbesessenes Pandämonium ohne Dämonen.
Wichtiger vielleicht noch als seine «poetischen» sind H.s theoretischen und literaturkritischen Arbeiten, vor allem zusammengefaßt in dem Sammelband *Über Literatur*. Hier wird, zumal in der Frankfurter Poetik-Vorlesung von 1963, deutlich, daß das Bestreben der «konkreten» Literatur dahin geht, mit neuen Mitteln die romantische Utopie einer im ganzen poetischen Welt zu verwirklichen: «Es besteht die Möglichkeit (und das ist zwar eine Hypothese, aber keine leere Spekulation), daß das, was noch immer Literatur genannt werden muß, allgemein wird.» Die von den Zwängen der herkömmlichen Grammatik (und Logik) befreite Sprache könnte ein Instrument sein, Freiheit überhaupt einzuüben, und zwar jenseits des «subjektiven Bezugspunkts».

W.: Kombinationen, 1954; Topographien, 56; Textbuch 1–6, 60, 61, 62, 64, 65, 67; gesammelt in: Das Textbuch, 70. – D'Alemberts Ende, 70. – Über Literatur, 66. – Ferner u. a. Herausgeber-Nachworte, Rezensionen, Rundfunkarbeiten (Hörspiel: Zwei oder drei Porträts, 71).
Lit.: S. Vietta: Sprache und Sprachreflexion in der modernen Lyrik, 70. W. H.

Hellaakoski, Aaro, * 22. 6. 1893 Oulu, † 23. 11. 1952 Helsinki.
H. war Gymnasiallehrer und Dozent. In seinen ersten Gedichten richtete H. beißenden Spott gegen das Spießbürgertum. Die expressionistische finnische Malerei nach 1910 (Sallinen) hat, wie die Bildkunst überhaupt, Spuren in H.s Versen hinterlassen. Allmählich wandte sich H. den großen europäischen Strömungen zu und gebrauchte in der Sammlung *Jääpeili* [Eisspiegel] Stilmittel, die seine Berührung mit französischen Modernen, vor allem mit Apollinaire, verraten. Nach fünfzehnjähriger Pause begann ein neuer Abschnitt seines Schaffens mit eindringlichen Bekenntnisgedichten persönlichen Stils und spröder Naturlyrik. Manche der späten meditativen Gedichte sind den Elegien Rilkes oder Eliots «Quartets» vergleichbar. Eine posthume Sammlung enthält demutvolle, abgeklärte Todeslyrik.

W.: Lyrik: Runoja, 1916; Mekaksi, 20; Elegiasta oodiin, 21; Jääpeili, 28; Uusi runo, 43; Huojuvat keulat, 46; Hiljaisuus, 49; Sarjoja, 52; Huomenna seestyvää, 53. – *Essays:* T. K. Sallinen, 21; Kuuntelua, 50; Niinkuin minä näin, 59. – *Aphorismen:* Lumipalloja, 55. – Dt. einige Gedichte in: Der Ruf des Menschen.
Lit.: U. Kupiainen: A. H., 1953. DW

Hellens, Franz (eig. Frédéric van Ermengem), * 8. 9. 1881 Brüssel.
H. war Bibliothekar im belgischen Parlament. — Der Erzähler H. ist in den Grenzbezirken zwischen Wachsein und Traum und in einer Welt des Phantastischen und Irrealen zu Hause. Manche seiner Werke wie *Mélusine* erinnern an Poe, andere nehmen Erlebnisbereiche des Surrealismus vorweg. Auch Einflüsse Freuds, etwa in dem Negerroman *Bass-Bassina-Boulou* sind spürbar. Leichter zugänglich sind einige realistische Romane wie *La femme partagée* sowie die aus Kindheitserinnerungen gespeisten Werke, z. B. *Le naïf*.

W.: Lyrik: Poésie de la veille et du lendemain, 1932; Miroirs conjugués, 50; Fabulaire, 64; Poèmes de la source et de l'embou-

dure, 64. – *Romane u. Erz.:* En ville morte, 06; Mélusine, 20, neu 52; Bass-Bassina-Boulou, 22 (dt. ebs.); Réalités fantastiques, 23; Le naïf, 26; La femme partagée, 29; Frédéric, 35; Naître et mourir, 48 (dt. Werden und Vergehen); L'homme de soixante ans, 54; Entre toutes les femmes, 60; Le jeune homme Annibal, 61; La vie seconde, 63. – *Künstlermonographien:* Gerard Terborch, 11; James Ensor, 21. – *Sonstige Prosa:* Définitions, 53; Fantômes vivants, 55; Style et caractère, 56; Valeurs sûres. Cahiers d'un rêveur, 60; Les yeux du rêve. Moralités fantastiques, 64.
Lit.: Hommage à F. H., 1963. DW

Heller, Joseph, * 1923 Brooklyn.
Nach Studium in New York und Oxford lehrte H. zwei Jahre lang am Pennsylvania State College und wechselte dann ins Werbefach über. Der Umstand, daß er am Zweiten Weltkrieg als Bomberpilot teilnahm und von Korsika aus 60 Einsätze flog, wurde bestimmend für die Thematik seines literarischen Werks. 1961 erschien der Roman *Catch-22,* die Geschichte des Bomberpiloten Yossarian, der inmitten der Sinnlosigkeit des Kriegsgeschehens verzweifelt und vergeblich nach etwas sucht, für das es sich zu sterben lohnt. Diese Suche läßt die grausige Lächerlichkeit des Krieges ansichtig werden, die Yossarian veranlaßt, das Überleben zum höchsten Wert zu erheben, der allein sein Agieren und Reagieren bestimmt. Auch in H.s Theaterstück *We Bombed in New Haven,* das seit seiner Uraufführung zahlreiche Kontroversen ausgelöst hat, geht es um die entmenschlichende Wirkung des Krieges, der als ein abstruses Theater erscheint, in dem der Soldat eine tödliche Statistenrolle zu übernehmen hat.

W.: Roman: Catch-22, 1961 (dt. ebs., auch: Der IKS-Haken. – *Drama:* We Bombed in New Haven, 67 (dt. Wir bombardieren Regensburg). M. W. R.

Hellman, Lillian, * 20. 6. 1905 New Orleans.
L. H. verbrachte ihre Jugend in New York, wo sie die Univ. besuchte und anschließend als Dramenlektorin tätig war. Sie schrieb Dramen mit gesellschaftskritischem Akzent und einer ausgeprägten Tendenz zu psychologischer Analyse. Ihr bekanntestes Stück, *The Little Foxes,* zeigt den menschlichen Verfall einer reichen Südstaatenfamilie, deren korrupter Ausbeutungsdrang zum Faktor der Selbstzerstörung wird.

W.: Dramen: The Children's Hour, 1934; The Little Foxes, 39 (dt. Die kleinen Füchse); Watch on the Rhine, 41; Another Part of the Forest, 46; Autumn Garden, 50; Toys in the Attic, 60 (dt. Zerbrochenes Spielzeug). – *Autobiographie:* An Unfinished Woman, 70 (dt. Eine unfertige Frau). RLL

Helwig, Werner, * 14. 1. 1905 Berlin.
H. gehörte der Jugendbewegung an und studierte, nach einer landwirtschaftlichen Lehre, Ethnologie in Hamburg und Frankfurt/M. Als freier Schriftsteller bereiste er die nordeuropäischen Länder, ab 1933 hielt er sich lange Jahre in Griechenland, dann in Italien auf. Er lebt in Genf. – Unter dem Einfluß der Jugendbewegung suchte H. eine romantische Freiheit an den geographischen Rändern Europas. Seit 1933 erhält die Flucht eine politische Färbung; Vagantentum mischt sich mit Emigration. Das Ineinander von Zivilisationsmüdigkeit und zeitgeschichtlicher Warnung geht in H.s bekanntesten Roman *Raubfischer in Hellas* ein, der, indem er von einem vagierenden Deutschen unter griechischen Dynamitfischern und Schmugglern erzählt, den heraufkommenden politischen Kampf symbolisiert. Die Fortsetzung *Reise ohne Heimkehr,* die zur Zeit des Spanischen Bürgerkrieges spielt, führt den Versuch abenteuerlich-freien Lebens in Resignation über. – H. schrieb ferner Reiseberichte, überlieferte und bearbeitete Volkssagen und veröffentlichte Nachdichtungen fernöstlicher Lyrik.

W.: Romane und Erz.: Die Ätna-Ballade, 1934; Die Hellas-Trilogie: Raubfischer in Hellas, 39 (endgültige Fassung 60); Im Dikkicht des Pelion, 41; Reise ohne Heimkehr, 53; Gegenwind. Hellas-Roman, 45; Café Gomorra, 48; Isländisches Kajütenbuch, 50; Der Widergänger, 52; Das Steppenverhör, 57; Der smaragdgrüne Drache, 60; Erzählungen der Windrose, 61; Das Paradies der Hölle, 65. – *Autobiographie:* Auf der Knabenfährte, 51. RLL

Hemingway, Ernest, * 21. 7. 1899 Oak Park (Illinois), † 2. 7. 1961 Ketchum (Idaho).
In seiner Jugend begleitete H. seinen Vater, einen Arzt, häufig auf Jagd und Fischfang. Nach Abschluß der High

School wurde er, mit der Absicht, einmal Schriftsteller zu werden, Reporter beim «Kansas City Star», ging jedoch schon im folgenden Jahr, 1918, als Ambulanzfahrer an die italienische Kriegsfront, wo er bald schwer verletzt wurde. Nach Kriegsende wurde er Zeitungskorrespondent. Er heiratete und lebte während der 20er Jahre meist in Paris (darüber: *A Moveable Feast*), wo Gertrude Stein und Ezra Pound seine literarischen Versuche förderten. Mit *The Sun Also Rises* und *A Farewell to Arms* wurde er berühmt. H. reiste viel und war ein passionierter Jäger und «aficionado» des Stierkampfs; davon berichten *Death in the Afternoon* und *The Green Hills of Africa*, die in charakteristischen Verbindungen auch Gedanken zu seiner literarischen Arbeit enthalten. Im Spanischen Bürgerkrieg unterstützte H. die Republikaner, im Zweiten Weltkrieg war er Korrespondent und gelegentlicher Mitkämpfer. 1939 wurde Kuba für zwei Jahrzehnte sein Wohnsitz, seine letzten Jahre verbrachte er mit seiner vierten Frau in den USA. H. wurde jetzt mit Ehrungen überhäuft, er erhielt den Pulitzerpreis und 1954 den Nobelpreis. Er war seit längerem körperlich und seelisch geschwächt, als er seinem Leben selbst ein Ende setzte.

Zu H.s ersten Veröffentlichungen gehört *in our time*, eine Sammlung von Prosaskizzen, die als Zwischentexte im Kurzgeschichtenband *In Our Time* nochmals erschienen. Diese Momentaufnahmen, eine Spiegelung der voraufgegangenen Jahres seines Lebens, berichten unmittelbar von Kriegsgeschehen, Hinrichtungen, Stierkämpfen; von Begegnungen also mit Gewalt und Tod und vom Verhalten derjenigen, die sie erfahren oder als Zeugen beobachten. Klare Sätze ohne jegliche Ausschmückung geben eine Folge von Handlungen wieder, wobei der Augenblick für die Beteiligten eine besondere Intensität hat. In den wenigen Zeilen der einzelnen Kapitel von *in our time* ist das Wesentliche von H.s Werk angedeutet. *In Our Time* und die folgenden Sammlungen führen die Themen der Gewalt und des Todes weiter aus, geben ihnen aber auch einen zeitlichen und psychologischen Hintergrund, besonders durch die wiederholte Verwendung der Gestalt des Nick Adams, dessen Erlebnisse teilweise diejenigen H.s reflektieren. Einige, wie etwa «Indian Camp» oder «The Killers», stellen den Schock der ersten Konfrontierung mit Gewalttätigkeit und Tod dar. Diesen Schock zu überwinden, damit fertig zu werden, daß der Mensch hilflos inmitten lauernder Zerstörung lebt: das ist es, was H.s Protagonisten zu lernen haben. Sie werden durch Krisen geführt, die in ihrer Anlage dem Kriegserlebnis entsprechen. Die Liebe zwischen Mann und Frau, die eine Hilfe sein könnte, erscheint als nicht ausreichend; sie ist nur eine Erfahrung, die als Teil des Lebens dem Gesetz der Vergänglichkeit untersteht. Der Einzelne muß sich seine Werte selbst erarbeiten, darf vor allem keiner Selbsttäuschung verfallen.

In *The Sun Also Rises*, dessen Titel auf regelmäßige Rückkehr zum Ausgangspunkt anspielt, lernen die Personen die ihnen gewährten Erfüllungen Tag für Tag als solche zu genießen, ohne sie einer weiteren Zielsetzung unterzuordnen. Sie können dabei wenigstens im engen Bereich ihres Tuns (beim Essen und Trinken, beim Fischfang und Stierkampf) Kennerschaft und einen Lebensstil entwickeln, der formale Ordnung in die Diskontinuität des Daseins bringt. In Anerkennung dieser Spielregeln leben die sich liebenden Hauptgestalten, Jake Barnes und Brett Ashley, schlecht und recht, obgleich Jake wegen einer Kriegsverletzung impotent ist und Brett verschiedene Liebhaber hat. Einer von diesen, Robert Cohn, sucht (allerdings vergeblich) Brett und seinen anderen Gefährten Verpflichtungen aufzuerlegen, die auch er nur übernommen hat. Im Gegensatz dazu bricht Brett mit dem in sie verliebten Stierkämpfer Romero, damit er nicht ihre Haltung annehme und so seine Kunst und seinen Lebensstil verrate. Die Hauptfiguren von *A Farewell to Arms* sind der amerikanische Leutnant Frederic Henry und die englische Krankenschwester Catherine Barkley. Henry nimmt an den Kämpfen an der italienisch-österreichischen Front teil, die H. selbst erlebt hatte, wird schwer verletzt und lernt im Lazarett Catherine kennen. Nach seiner Rückkehr an die Front gerät er ins Chaos des italienischen Rückzugs von Caporetto. Er hat seine Verletzung als eine zu erwartende Folge seines Handelns hingenommen, fühlt sich jetzt aber gerechtfertigt, wenn er desertiert, denn es ist das Versagen anderer und das Walten einer anonymen Macht, was ihn gefährdet. Mit der schwangeren Catherine flüchtet er in die Schweiz, doch er ist machtlos gegen die deterministische Verfügung, die den Tod seiner Geliebten fordert, während die Welt ihren Lauf gleichgültig fortsetzt. Anders als in H.s vorangegangenen Werken ist der soziale Hintergrund für das Handeln des Helden von *To Have and Have Not* relevant. Im Depressionsjahrzehnt bringt Harry Morgan seine Familie mit illegal verdientem Geld durch. Seine Schmuggleroprtätigkeit bringt ihm schließlich den Tod. Seine letzten Worte betonen die Notwendigkeit der Gemeinschaft; was Solidarität betrifft, fällt der im Buchtitel anklingende Vergleich zwischen Reichen und Armen zugunsten der letzteren aus. Morgans persönliche Wertordnung ist aber eigentlich entscheidender als soziale Imperative. Deutlicher noch zeigt sich diese Relativität im Handeln Robert Jordans, des amerikanischen Helden von *For Whom the Bell Tolls*, der im Spanischen Bürgerkrieg mit einer republikanischen Partisanengruppe kämpft. Er hat den Auftrag, eine Brücke zu sprengen; obwohl er ihn für nutzlos erachtet, führt er den Auftrag dennoch aus, deshalb vor allem, weil seine Pflichterfüllung in einem weiteren Sinn der Sache dient, an die er glaubt. Er ist also zuerst sich selber treu und deshalb bereit, alle Folgen auf sich zu nehmen; so blickt er mit Fassung dem Tod entgegen. Anders als in *A Farewell to Arms* ist hier die Liebe des Helden (zu der Spanierin Maria) ein wenig organischer Teil der sich lösenden Lebenskrise. Weniger Erfolg hatte H. mit *Across the River and into the Trees*, der Geschichte von Oberst Cantwell. Vom Tode bereits gezeichnet, verlebt er mit der jungen Contessa Renata drei Tage in Venedig und auf der Entenjagd, ehe er in seinem Wagen einem Herzanfall erliegt. In erster Linie aber hält Richard Cantwell Rückschau auf sein Leben und die Grenzen seiner Treue zu sich selbst. Mit besonderer Deutlichkeit tritt hier in der Figur von Cantwells Fahrer Jackson ein Motiv H.s auf: der Mitmensch, der ahnungslos oder gleichgültig neben dem sich im Leiden innerlich behauptenden Helden steht. So haben seine Nachbarn für den alten Santiago in *The Old Man and the Sea* wohl Verständnis, doch ist er allein auf sich angewiesen, als er nach Wochen vergeblichen Fischens einen großen Marlin in hartem Kampf zur Strecke bringt. Seine im legitimen Kampf mit einem ebenbürtigen Gegner verbrauchten Kräfte fehlen ihm, als er sich auf der Rückfahrt in den heimatlichen Hafen gegen Haifische wehren muß, die seine Beute anfallen. Das Skelett des Marlins, das Santiago nach Hause bringt, ist dennoch für die, die es deuten können, ein Zeugnis für seine Ausdauer und für die Hingabe des Menschen an das, was ihm das Leben gibt und von ihm zurückfordert. Neben christlicher Symbolik enthält *The Old Man and the Sea* Züge des Gleichnisses für das Leben des Künstlers (und im besonderen des Schriftstellers H.) sowie Hinweise auf die Verletzbarkeit der künstlerischen Integrität, wie sie auch die Kurzgeschichte *Snows of Kilimanjaro* bietet.

W.: Kurzgeschichten: Three Stories and Ten Poems, 1923; in our time, 24; In Our Time, 25 (dt. In unserer Zeit); Men Without Women, 27 (dt. Männer, später: Männer ohne Frauen); Winner Take Nothing, 33 (dt. Der Sieger geht leer aus); The Fifth Column [Theaterstück] and the First Forty-Nine Stories, 38 (darin: The Snows of Kilimanjaro; dt. getrennte Ausgaben: Die fünfte Kolonne; 49 Stories). – *Romane:* The Torrents of Spring, 26 (dt. Die Sturmfluten des Frühlings); The Sun Also Rises, 26 (dt. Fiesta); A Farewell to Arms, 29 (dt. In einem andern Land); To Have and Have Not, 37 (dt. Haben und Nichthaben); For Whom the Bell Tolls, 40 (dt. Wem die Stunde schlägt); Across the River and into the Trees, 50 (dt. Über den Fluß und in die Wälder); The Old Man and the Sea, 52 (dt. Der alte Mann und das Meer); Islands in the Stream, 70 (aus dem Nachlaß; dt. Inseln im Strom). – *Sonstiges:* Death in the Afternoon, 32 (dt. Tod am Nachmittag); The Green Hills of Africa, 35 (dt. Die grünen Hügel Afrikas); The Spanish Earth, 38; Men at War, 42; A Moveable Feast, 64 (dt. Paris – ein Fest fürs Leben); By-line: E. H.: Selected Articles and Dispatches of Four Decades, 67 (dt. 49 Depeschen). – Ferner dt.: Sämtliche Erzählungen.

Lit.: R. P. Warren, in: Horizon IV, 1947; C. Baker: H., the Writer as Artist, 52 (dt. E. H. Der Schriftsteller und sein Werk); P. Young: E. H., 52; C. Fenton: The Apprenticeship of E. H., 54; H. Blumenberg, in: Hochland, 55–56; H. Stresau: E. H., 58, ²68; R. Haas, in: Die neueren Sprachen 8, 59; G. A. Astre: E. H. in Selbstzeugnissen und Bilddokumenten, 61; C. Baker (Hg.): H. and His Critics, 61; R. B. Weeks (Hg.); H.: A Collection of Critical Essays, 62; Leicester Hemingway: My Brother E. H., 62; L. Ross: H. Ein Portrait, 63; H. Heissenbüttel, in: Deutsche Rundschau, 63; R. Asselineau (Hg.): The Literary Reputation of H. in Europe, 65; P. Young: E. H., A Reconsideration, 66; A. E. Hotchner: Papa H., 66; A. Hanneman: E. H.: A Comprehensive Bibliography, 67; L. Gurko: E. H. and the Pursuit of Heroism, 68; R. B. Hovey: H.: The Inward Terrain, 68; R. O. Stephens: H.s Nonfiction 68; C. Baker: E. H.: A Life Story, 69. H. Pe.

Henry, O. (eig. William Sidney Porter), * 11. 9. 1862 Greensboro (Nordkarolina), † 5. 6. 1910 New York.

H. arbeitete zuerst in einem Drugstore und ging 1882 nach Texas, wo er verschiedene Berufe hatte. 1896 wurde er der Veruntreuung von Bankgeldern angeklagt und flüchtete nach Honduras. Als seine Frau starb, kehrte er zurück und mußte drei Jahre ins Gefängnis. Nach seiner Freilassung ging er 1902 nach New York und lebte dort bis zu seinem Tode.

H.s «short stories» beruhen auf der Beobachtung einfacher Durchschnittsmenschen und zeigen deutlich den Einfluß von Bret Harte. Das New Yorker Milieu bildet für viele seiner Geschichten den Hintergrund, die Sammlung *The Four Million* (gemeint ist die Einwohnerzahl der Stadt zu Anfang dieses Jahrhunderts) weist bereits im Titel darauf hin. *Cabbages and Kings* hat als gemeinsamen Schauplatz die Stadt Coralia in einer fiktiven südamerikanischen Republik; wie immer ist jedoch für H. die Milieuschilderung nur sekundär. Charakteristisch für ihn ist die Technik, die Erzählung auf eine überraschende Pointe oder die große Schlußszene hin aufzubauen. H. wurde richtungweisend für die moderne amerikanische Kurzgeschichte und gilt heute als einer ihrer Klassiker.

W.: Cabbages and Kings, 1904 (dt. Narren des Glücks, auch als: Kohlköpfe und Könige); The Four Million, 06; Heart of the West, 07; The Gentle Grafter, 08; The Voice of the City, 08; Options, 09; Roads of Destiny, 09 (dt. Straßen des Schicksals); Whirligis, 10; Strictly Business, 10; Sixes and Sevens, 11; Rolling Stones, 13 (dt. Rollende Steine setzen kein Moos an); Waifs and Strays, 17; Postscripts, 23. – The Complete Works, 2 Bde, 53. – Dt. Auswahlen: New Yorker Leben; Hinter d. grünen Tür; Das Lösegeld des roten Häuptlings; Die Gabe der Weisen; Frühling à la carte; Geschichten von Geld und Liebe; Glück, Geld und Gauner.

Lit.: Bibliographie: O. H. Papers, 1924; D. Kramer: The Heart of O. H., 54; G. Langford: Alias O. H. A Biography of W. S. Porter, 57; E. Current-García: O. H., 65; E. H. Long: O, H., 66. DW

Herbert, Zbigniew, * 29. 10. 1924 Lemberg.

H. studierte Jura und Philosophie, war Beamter und unternahm mehrere Reisen durch Europa. Seit 1968 lebte er in Berlin, seit 1970 ist er Prof. für moderne europäische Literatur am California State College in Los Angeles.

H. schreibt Gedankenlyrik, die viele poetische und kulturelle Einflüsse Westeuropas verarbeitet. Er baut seine Lyrik aus rational sofort prüfbaren, doch originellen Metaphern und Parabeln und erweist sich dabei als ein Meister des Unterspielens, der Ironie und des sparsamen, trockenen Pathos. Aufsehen erregte sein Bericht von einer «Kunstreise» durch Italien und Frankreich *Barbarzyńca w ogrodzie* (Ein Barbar in einem Garten). Nicht durch wissenschaftliche Analyse, sondern durch die Intuition des für das Wirken historischer Kräfte höchst empfindlichen Schriftstellers versuchte er hier, vergangene soziale und psychologische Menschheitssituationen nachzugestalten. H. schrieb außerdem Dramen.

W.: Struna światła, 1956; Jaskinia filozofów, 56; Hermes, pies i gwiazda, 57; Studium przedmiotu, 61; Barbarzyńca w ogrodzie, 63 (dt. Ein Barbar in einem Garten); Dramaty, 67. – Ferner dt.: Das andere Zimmer; Die Höhle der Philosophen (beides Dramen); Gedichte; Inschrift. Gedichte aus 10 Jahren. DW

Herburger, Günter, * 6. 4. 1932 Isny (Allgäu).

H. studierte in München und Paris Literatur und Theaterwissenschaft, bevor er in mehreren Ländern in verschiedenen Berufen arbeitete. In die Bundesrepublik zurückgekehrt, wurde er Fernsehredakteur und Schriftsteller. – H., der 1962 seine erste Erzählung in einer Sammlung von D. Wellershoff veröffentlichte, ist von dessen «Kölner Realismus» beeinflußt und schreibt eine von moderner Wirklichkeit gesättigte, durch Recherchen abgesicherte Prosa. In seinem bisherigen Hauptwerk, dem Roman *Die Messe*, sucht ein junger Fabrikant durch die Normalität des Alltags hindurch in besessenen Träumen ein Verhältnis zur nur vom Hörensagen bekannten sadistischen Welt der Konzentrationslager zu gewinnen. Leitmotiv ist die Kritik an der Konsumgesellschaft. – Genaue und rasche Notierung von Wirklichkeitsfragmenten kennzeichnet auch H.s Lyrik.

W.: Lyrik: Ventile, 1966; Training, 70. – *Erz.:* Eine gleichmäßige Landschaft, 64. – *Romane:* Die Messe, 69; Jesus in Osaka, 70. – Ferner Hörspiele, Fernseh- und Filmdrehbücher, Kinderbücher. RLL

Hergesheimer, Joseph, * 15. 2. 1880 Philadelphia, † 25. 4. 1954 Sea Isle City (New Jersey).

H. war deutsch-schottischer Herkunft. Nach einem Kunststudium und Aufenthalt in Italien wurde er freier Schriftsteller. Zu seinen besten Werken gehören *The Three Black Pennies,* das den allmählichen Verfall einer Familie schildert (das Gegenstück dazu bildet *The Limestone Tree,* eine Familienchronik vor dem Hintergrund von hundert Jahren amerikanischer Geschichte von 1790 bis 1890), und der Künstlerroman *Linda Condon.* Besonderen Erfolg hatte H. mit dem Roman *The Party Dress,* in dem das Abendkleid wie ein Symbol die in Verzicht und Tod endende Liebe einer verheirateten Frau begleitet. H.s letzte Romane sind bloße Unterhaltungsliteratur.

W.: Romane: The Lady Anthony, 1914; Mountain Blood, 15 (dt. Bergblut); The Three Black Pennies, 17 (dt. Die drei schwarzen Pennies); Java Head, 19 (dt. Kap J.); Linda Condon, 19; The Bright Shawl, 22 (dt. Der bunte Schal); Cytherea, 22 (dt. Aphrodite); Tampico, 26 (dt. ebs.); The Party Dress, 30 (dt. Das Pariser Abendkleid); The Limestone Tree, 31 (dt. Der Steinbaum); The Foolscap Rose, 34. – *Kurzgeschichten:* The Happy End, 19; Tol'able David, 23; Merry Dale, 24; Love in the United States, 32; Tropical Winter, 33. – *Autobiographisch:* The Presbyterian Child, 23; From an Old House, 25.
Lit.: R. E. Martin: The Fiction of J. H., 1965. DW

Herhaus, Ernst, * 6. 2. 1932 Ründeroth bei Köln.

Nach längeren Aufenthalten in Paris, Wien und Zürich arbeitete H. in verschiedenen deutschen Verlagen. Seit 1965 lebt er in Frankfurt, wie seine homburgische Heimat häufig Schauplatz seiner Werke. – In seinem Roman *Die homburgische Hochzeit* wird die Geschichte des Hochzeiters Erich Hals erzählt, der mit seinem unbändigen Gelächter die eben erst Angetraute in die Flucht jagt und sich durch eine Welt im «Frankfurtstil» bis ins Irrenhaus Rödelheim lacht, aus dem er als unheilbar gesund entlassen wird. Um die desolate Situation der bürgerlichen Gesellschaft, die mit diesem Gelächter entlarvt wird, geht es auch in H.' zweitem Buch *Roman eines Bürgers* über den Lebenslauf des Clemens Blumenschein, der sich zum Bürger entwickeln will und auf der Suche nach seiner Identität langsam zerfällt. Vor dem Hintergrund eines spätbürgerlichen Pandämoniums, in dem sich Bilder des Grotesken, des Obszönen und der Gewalttätigkeit und Szenen des sexuellen und kannibalistischen Exzesses zu einer Untergangsvision akkumulieren, wird in dem Roman *Die Eiszeit* das Leben und Sterben des Agitators Clodomir vorgeführt. Die Gedanken H.' zu einer antiautoritären Erziehung finden ihren Niederschlag in seinem *Kinderbuch für kommende Revolutionäre.*

W.: Die homburgische Hochzeit, 1967; Roman eines Bürgers, 68; Die Eiszeit, 70; Kinderbuch für kommende Revolutionäre, 70; Notizen während der Abschaffung des Denkens, 70. M. W. R.

Hermans, Willem Frederik, * 1. 9. 1921 Amsterdam.

H., seit 1958 Dozent für physikalische Geographie in Groningen, kam über Lyrik zur Prosa. Er gehört seit seinem schockierenden Kriegsroman *De tranen der acacia's* zu den wichtigsten Schriftstellern seiner Generation. Seine stilistisch brillanten Romane, Novellen und Essays sind Variationen eines Themas: aggressive Entlarvung menschlicher Illusionen, politischer und religiöser Überzeugungen, sittlicher und sozialer Normen, sie demonstrieren menschliches Scheitern und die Absurdität des Daseins.

W.: Gedichte: Kussen door een rag van woorden, 1944; Horo coeli, 46; Hypnodrome, 48; Overgebleven gedichten, 68. – *Romane:* Conserve, 47; De tranen der acacia's, 49 (dt. Die Tränen der Akazien); Ik heb altijd gelijk, 51; De god denkbaar, 56; De donkere kamer van Damocles, 58; Nooit meer slapen, 66. – *Erz.:* Moedwil en misverstand, 48; Het behouden huis, 52; Paranoia, 53; Landingspoging op Newfoundland, 57; Drie melodrama's, 62; Een wonderkind of een total loss, 67. – *Essays:* Femonologie van de pin-up girl, 50; Mandarijnen op zwavelzuur, 64; Het sadistisch universum, 64; De laatste resten tropisch nederland, 69; Van Wittgenstein tot Weinreb, Het sadistisch universum II, 70. A. Hü.

Hermant, Abel, * 3. 2. 1862 Paris, † 29. 9. 1950 Chantilly.

H. studierte an der École Normale Supérieure. 1927—45 war er Mitglied der Académie Française und wurde dann als Kollaborateur ausgeschlossen. Sein Werk umfaßt neben satirischen und gesellschaftskritischen Romanen auch Novellen, sprachkritische Betrachtungen, Essays und viele Sittenkomödien. Er begann als Schüler der französischen Naturalisten, fand aber bald seine eigene, an der Klassik geschulte Art. Erfolg hatte besonders *Le Cavalier Miserey*, worin H. eigene schlechte Erfahrungen aus seiner Militärzeit verwertete.

W.: Romane: Monsieur Rabosson, 1884; Le Cavalier Miserey, 87; Mémoires pour servir à l'histoire de la société, 20 Bde., 1895–1937 (einige auch dt.); Les grands bourgeois, 06; Trilogie: D'une guerre à l'autre, 3 Bde, 19 bis 21; Le cycle de Lord Chelsea, 4 Bde, 23; Le sceptre, 27. – *Autobiographisch:* Souvenirs de la vie frivole, 33; Souvenirs de la vie mondaine, 35. – *Sonstige Prosa:* Lettres à Xavier sur l'art d'écrire, 25; Remarques de M. Lancelot pour la défense de la langue française, 29; Les samedis de M. Lancelot, 31; Ainsi parla M. Lancelot, 32; Une vie, trois guerres, 43; Le treizième cahier, 49. DW

Hermlin, Stephan (eig. Rudolf Leder), * 13. 4. 1915 Chemnitz.

H. trat 1931 dem Kommunistischen Jugendverband bei und war von 1933 an illegal tätig; 1936 nahm er am Spanischen Bürgerkrieg teil, lebte dann in der Schweiz, 1945/47 in Frankfurt/M. und seitdem in Ostberlin. – Einflüsse «spätbürgerlicher» (Rilke, Benn, Heym, Expressionisten), aber auch kommunistischer (Aragon, Éluard) Lyriker auf Wortwahl, Stil und Metaphorik in H.s politischer Dichtung, deren Thematik von den Erfahrungen in Widerstand und Emigration geprägt ist, sind unverkennbar. Auch spätere Auftragsdichtung in der DDR zeugt vom Stilwillen H.s, der sich auch als Erzähler, Essayist und Nachdichter Anerkennung erwarb.

W.: Lyrik: Zwölf Balladen von den großen Städten, 1945; Die Straßen der Furcht, 47; Zweiundzwanzig Balladen, 47; Stalin, 49; Der Flug der Taube, 52; Dichtungen (Auswahl 1940/53) 56; Nachdichtungen, 57; Gedichte und Prosa, 65; Städte, 66. – *Prosa:* Zwei Erzählungen, 47; Die Zeit der Gemeinsamkeit, 49; Die Zeit der Einsamkeit, 50; Die erste Reihe, 51; Die Kommandeuse, 54; Ferne Nähe, 54; Erzählungen, 65. J. B. B.

Hernández, Miguel, * 30. 10. 1910 Orijuela/Murcia, † 28. 3. 1942 im Gefängnis von Alicante.

Der Bauernsohn H. bildete sich selbst, während er als Hirte arbeitete. 1932 veröffentlichte er in der Provinz die ersten Gedichte und gab mit Ramó Sigé die Zeitschrift «El gallo Crisis» heraus. 1934 ließ er sich in Madrid nieder und wurde von Pablo Neruda beeinflußt. H., der barocke und Renaissanceformen von Garcilaso bis Góngora wiederaufleben läßt, steht der Tradition und der Mystik näher als der Sozialkritik und dem Modernismus mancher Autoren aus seiner Generation.

W.: Lyrik: Perito en lunas, 1933; El rayo que no cesa, 36; Viento del pueblo, 37; El hombre acecha, 39; El silbo vulnerado, 49. – Auch Dramen. – Obras completas, 59.
Lit.: J. Cano Ballesta: La poesía de M. H., 1962; J. L. Guereña: M. H., Paris 64. H. S.

Herrmann-Neiße, Max (eig. Max Herrmann), * 23. 5. 1886 Neiße (Schlesien), † 8. 4. 1941 London.

H. war nach dem Studium der Literatur- und Kunstwissenschaft Journalist, später freier Schriftsteller. 1933 emigrierte er in die Schweiz und nach England. — H.s

Lyrik zählt zum Expressionismus, faßt die Anrufe zur Menschenverbrüderung aber unter konkrete soziale Thematik. Später wird sie konservativer, reichert sich mit Tönen der Klage und Schwermut an, die ihren Grund in H.s Emigrantenschicksal haben.

W.: Lyrik: Das Buch Franziskus, 1911; Sie und die Stadt, 14; Empörung, Andacht, Ewigkeit, 17; Die Preisgabe, 19; Im Stern des Schmerzes, 24; Einsame Stimme, 27; Um uns die Fremde, 36; Letzte Gedichte, 41; Erinnerung und Exil, 46. – *Romane und Erz.:* Cajetan Schaltermann, 20; Die Begegnung, 25. – *Dramen:* Joseph der Sieger, 19; Die Laube der Seligen, 19; Der letzte Mensch, 22. – M. H.–N. (Ausw.), 61.
Lit.: R. Lorenz: M. H.-N., 1966. RLL

Hersey, John Richard, * 17. 6. 1914 Tientsin (China).
H., Sohn eines Missionars, kehrte 1925 mit der Familie in die USA zurück. Er studierte an der Yale Univ. und in Cambridge, war zeitweilig Sekretär von S. Lewis, dann Journalist; im Krieg schrieb er als Frontberichterstatter für «Time» und «Life». – H. schreibt Tatsachenberichte in Form erzählerischer Prosa über Krieg, Gewalt und ihre Opfer. In *Hiroshima* schilderte er als erster Schriftsteller die Erlebnisse von sechs Überlebenden der Atombombenexplosion; *The Wall* berichtet – an Hand von aufgefundenen Tagebüchern eines jüdischen Historikers – über den Aufstand im Warschauer Getto.

W.: Into the Valley, 1943; A Bell for Adano, 44 (dt. Eine Glocke für A.); Hiroshima, 46 (dt. ebs.); The Wall, 50 (dt. Die Mauer, auch: Der Wall); The Marmot Drive, 53 (dt. Die Treibjagd); The War Lover, 59 (dt. Verdammt sind wir alle); White Lotus, 65; Too Far to Walk, 66; The Algiers Motel Incident, 69 (dt. Zwischenfall im Motel); Under the Eyes of the Storm, 71. U. B.

Herzmanovsky-Orlando, Fritz Ritter von, * 30. 4. 1877 Wien, † 27. 5. 1954 Schloß Rametz b. Meran.
H. entstammte einer alten Staatsbeamtenfamilie. Den Beruf des Architekten gab er wegen eines Lungenleidens auf und lebte als freier Schriftsteller und Zeichner. Zu Lebzeiten veröffentlichte H. lediglich den Roman *Der Gaulschreck im Rosennetz,* der bald unter dem Titel *Der letzte Hofzwerg* verramscht wurde. Alle anderen Werke H.s erschienen posthum in Friedrich Torbergs Bearbeitung, die wegen ihrer Kürzungen und willkürlichen Eingriffe umstritten ist. Seine Stoffe findet H. fast durchwegs im k.u.k. Österreich, das er in ironischer Distanz schildert. Die parodistische Anwendung des altösterreichischen Kanzleistils macht zu einem großen Teil die Komik seiner Prosa aus. *Der Gaulschreck im Rosennetz* ist die Geschichte des k.u.k. Hofsekretärs Jaromir Edler von Eynhuf, der seinem Monarchen zum fünfundzwanzigsten Regierungsjubiläum ein Samttableau überreichen möchte, auf dem eine aus Milchzähnen zusammengesetzte 25 prangen soll. Durch eine grotesk-tragische Liebesverstrickung an der Verwirklichung seines Vorhabens gehindert, begeht der Hofsekretär schließlich Selbstmord. H.s zweiter Roman *Maskenspiel der Genien* berichtet, wieder aufgefächert in zahllose, skurrile Episoden, von dem im alten Österreich gelegenen Phantasiestaat «Tarockanien», der abwechselnd von einem der vier Könige des Kartenspiels regiert wird. Von ähnlicher Art sind H.s Theaterstücke (u. a. *Kaiser Joseph und die Bahnwärterstochter; Exzellenzen ausstopfen – ein Unfug; Sellawie, oder Hamlet der Osterhase*).

W.: Der Gaulschreck im Rosennetz, 1928; Gesammelte Werke, 4 Bde, hg. von F. Torberg, 57–63, 2 Bde, 71; Zeichnungen, 65.
Lit.: B. Bronnen: F. v. H.-O., Original und Bearbeitung, 1962. M. S.

Herzog, Rudolf, * 1. 12. 1869 Barmen, † 3. 2. 1943 Rheinbreitbach/Rh.
H. war zuerst Farbentechniker im Rheinland, studierte dann 1891–93 Philosophie in Berlin und wurde Journalist. Seit 1908 lebte er in Rheinbreitbach. – H. war ein für die Jahre nach 1900 charakteristischer Volksschriftsteller; er verherrlichte die großbürgerlich-nationalen Vorstellungen der wilhelminischen Gesellschaft und blieb auch später reaktionärer Ideologe.

W.: Romane: Nur eine Schauspielerin, 1897; Der Graf von Gleichen, 1901; Die vom Niederrhein, 03; Die Wiskottens, 05; Der Abenteurer, 07; Hanseaten, 09; Die Burgkinder, 11; Die Stoltenkamps und ihre Frauen, 17; Das Fähnlein der Versprengten. – *Lyrik:* Vagantenblut, 1892. – Ges. Werke, 18 Bde, 1924 ff. RLL

Hesse, Hermann, * 2. 7. 1877 Calw, † 9. 8. 1962 Montagnola.

H.s Ahnenreihe reicht vom Baltischen und Hanseatischen bis zum Schwäbisch-Französisch-Schweizerischen. Die Eltern waren strenge Pietisten, die zeitweise als Missionare in Indien arbeiteten. H. entfloh als Fünfzehnjähriger aus dem evangelisch-theologischen Seminar im Kloster Maulbronn und wurde nach etlichen fehlgeschlagenen Berufsversuchen Buchhändler in Tübingen und Basel. 1904–12 lebte er als freier Schriftsteller in Gaienhofen am Bodensee. 1905 begründete er mit Ludwig Thoma die antiwilhelminische Zeitschrift «März». Sein berühmter antichauvinistischer Artikel «O Freunde, nicht diese Töne» brachte ihm 1914 den Haß der offiziellen Presse. 1914–19 war er in der «Deutschen Gefangenenfürsorge Bern» tätig. 1919 übersiedelte H. von Bern nach Montagnola (Tessin) und erwarb 1923 die Schweizer Staatsbürgerschaft. Im Dritten Reich wurde er wegen seiner Literaturkritiken in «Bonniers Litterära Magasin» bezichtigt, die deutsche Dichtung an das Judentum verraten zu haben. – H. erfuhr zeit seines Lebens zahlreiche Ehrungen (1946 Frankfurter Goethe-Preis und Nobelpreis) und war u. a. mit Hugo Ball, André Gide, Thomas Mann und Romain Rolland befreundet. 1899 erschienen die *Romantischen Lieder* und die Skizzen *Eine Stunde hinter Mitternacht*, über die sich Rilke lobend aussprach. Erster großer Erfolg war der *Peter Camenzind*, ein Entwicklungsroman in der Nachfolge Kellers. In *Unterm Rad* rechnet H. mit der Schulwelt ab. Der Musikerroman *Gertrud* formuliert ähnlich wie T. Manns «Tonio Kröger» die spätbürgerliche Genievorstellung, der zufolge Krankheit und Verzicht wesentliche Anlässe künstlerischer Produktivität sind. Der Eheroman *Roßhalde* und die Landstreicheridylle *Knulp* bilden den Abschluß der lyrisch-impressionistischen ersten Schaffensperiode. – Im *Demian*, der 1919 unter dem Pseudonym «Emil Sinclair» erschien, spiegelt sich in der Beschwörung mythischer Bilder H.s Beschäftigung mit der Psychoanalyse. In den *Klingsor*-Erzählungen wird der «Weg nach Innen» weiter verfolgt. Der in den Süden entflohene kleinbürgerliche Beamte Friedrich Klein (Verwandtschaft mit Manns «Tod in Venedig») erfährt im Sichfallenlassen seine Wiedergeburt. In *Siddhartha* gelingt durch die Betonung des Mitleidens der Schritt über die bloße Ichversicherung hinaus. – Mit dem Roman *Der Steppenwolf* (1927) beginnt die dritte Schaffensperiode, die sich auch durch die Neuartigkeit in formaler Hinsicht auszeichnet. H. hat die Schachtelform mit dem Bauprinzip einer Fuge verglichen; Thomas Mann fand, daß der «Steppenwolf» an experimenteller Gewagtheit Joyces «Ulysses» und Gides «Faux-Monnayeurs» nicht nachstehe. Der an sich und seiner Umwelt leidende Harry Haller gelangt im magischen Theater in einer Art Höllenfahrt zum Einverständnis, das im Hinweis auf die Welt der «Unsterblichen» kulminiert. In *Narziß und Goldmund* wird die Dualismusproblematik personifiziert. In *Morgenlandfahrt* tritt das Morgenland symbolisch für das alle Zeiten und Grenzen übergreifende Reich des Geistes, das dann im *Glasperlenspiel*, einem Theologie, Musik und Mathematik verbindenden Ritual, beschworen wird. Die Fragwürdigkeit dieser unfruchtbar gewordenen Selbstbespiegelung tradierten Geistesgutes macht der Entwicklungsgang des Magisters Ludi Joseph Knecht deutlich, der sein Amt niederlegt, um sich der Erziehung seines Lieblingsschülers zu widmen. H. hat sich offen zum Traditionalismus seiner Sprache bekannt. Von der Masse der Gedichte klingt heute das meiste abgelebt. Seine Wirkung (hierher gehört auch seine Tätigkeit als Rezensent und unermüdlicher Briefschreiber) ist jedoch kaum zu überschätzen. Während es nach seinem Tode eine Zeitlang schien, als würde er mit Carossa, Bergengruen und Wiechert allmählich der Vergessenheit anheimfallen, erlebt er derzeit eine Renaissance in England und Amerika, wo ihn die Hippiejugend, die im *Steppenwolf* Motive ihres Lebensgefühls vorgebildet zu finden glaubt, zu ihrem Idol erkor.

W.: Romane und Erz.: Eine Stunde hinter Mitternacht, 1899; Hinterlassene Gedichte und Schriften von Hermann Lauscher, 1901; Peter Camenzind, 04; Unterm Rad, 06; Diesseits, 07; Nachbarn, 08; Gertrud, 10; Umwege, 12; Aus Indien, 13; Roßhalde, 14; Knulp, 15; Demian, 19; Märchen, 19; Wan-

derung, 20; Klingsors letzter Sommer, 20; Siddhartha, 22; Bilderbuch, 26; Die Nürnberger Reise, 27; Der Steppenwolf, 27; Narziß und Goldmund, 30; Weg nach Innen, 31; Die Morgenlandfahrt, 32; Stunden im Garten, 36; Der lahme Knabe, 37; Gedenkblätter, 37; Das Glasperlenspiel, 43; Berthold, 45; Traumfährte, 45; Gerbersau, 49; Beschwörungen, 55. – *Gedichte:* Romantische Lieder, 1899; Gedichte, 1902; Unterwegs, 11; Musik des Einsamen, 15; Gedichte des Malers, 20; Ausgewählte Gedichte, 21; Krisis, 28; Trost der Nacht, 29; Jahreszeiten, 31; Vom Baum des Lebens, 34; Neue Gedichte, 37; Zehn Gedichte, 39; Die Gedichte, 42. – *Essays:* Boccaccio, 04; Franz von Assisi, 04; Faust und Zarathustra, 09; Zarathustras Wiederkehr, 19; Blick ins Chaos, 20; Sinclairs Notizbuch, 23; Betrachtungen, 28; Eine Bibliothek der Weltliteratur, 29; Kleine Betrachtungen, 41; Dank an Goethe, 46; Der Europäer, 46; Krieg und Frieden, 46; Musikalische Notizen, 48; Briefe, 65; H. H. und T. Mann, Briefwechsel, 68; Briefwechsel mit P. Suhrkamp, 69. – Kindheit und Jugend vor 1900, hg. N. Hesse, 66. – Ges. Werke in Einzelausgaben, 22 Bde, 56–67; Ges. Schriften, 7 Bde, 57; Werkausgabe, 12 Bde, 70.
Lit.: H. Ball: H. H., 1927, ^{4}67; G. Hafner: H. H., 47, ^{2}54; R. Pannwitz: H. H.s west-östliche Dichtung, 57; F. Baumer: H. H., 59; H. Waibler: H. H. Bibliographie, 62; B. Zeller: H. H., 63; O. Bareiss: H. H. Bibliographie, 62–64; T. Ziolkowsky: The Novels of H. H., Princeton 65; M. Boulby: H. H., Ithaca/N. J. 67; T. Ziolkowsky, in: The American-German Review 35, 69; H. J. Lüthi: H. H., 70. S. H.

Hey, Richard, * 15. 5. 1926 Bonn.
H. wuchs in Greifswald und Frankfurt a. M. auf, wo er nach dem Krieg Musik, Theaterwissenschaft und Philosophie studierte. Nebenbei arbeitete er als Regieassistent beim Film, später als Musikkritiker und Journalist. — In seinen ersten Hörspielen behandelte er in realistischem Stil soziale und zeitkritische Themen — so das Schicksal der Ostflüchtlinge in *Olga 17* — vorwiegend unter psychologischen Aspekten. Später verwendete er meist angeblich authentisches Material wie Interviews, Protokolle und heimliche Tonbandaufnahmen, mit denen etwa der politische Opportunismus einer Industriellenfamilie während des Dritten Reiches «aufgedeckt» wird (*Nachtprogramm*). In seinen Theaterstücken dagegen wird die Realität zu märchenhaft-poetischen Allegorien stilisiert, die den Einzelnen als Opfer politischer Zwänge (*Rival*) und die Unmöglichkeit eines humanistischen Individualismus in einer vom Profitdenken bestimmten Welt (*Weh dem, der nicht lügt*) zeigen. In jüngster Zeit trat H. auch mit experimentellen Hörspielen (*Rosie; Szenen um Elsbeth*) hervor, in denen nicht mehr der Autor den Gang der Handlung bestimmt, sondern die Hörer dies tun sollen.

W.: Dramen: Revolutionäre, 1953; Thymian und Drachentod, 56; Rival oder der Fisch mit dem goldenen Dolch, 57; Weh dem, der nicht lügt, 62; Lysiane, 63; Ein permanenter Dämmerschoppen, 69. – *Hörspiele:* Der sanfte Herr Möns, 53; Kein Lorbeer für Augusto, 54; Sergei Henning Janters wunderbare Meerfahrt, 55; Olga 17, 56; Nachtprogramm, 64; Hochzeitsreport, 65; Ergänzungsbericht, 66; Kevin Hewster Zomala, 67; Rosie, 69; Szenen um Elsbeth, 69. E. H.

Heym, Georg, * 30. 10. 1887 Hirschberg (Schlesien), † 16. 1. 1912 Berlin.
H., Sohn eines preußischen Staats- und Militäranwalts, kam mit 13 Jahren nach Berlin; er studierte von 1907 an in Würzburg, Jena und Berlin Jura. Noch vor dem Studienabschluß (1911) stieß er im April 1910 zum «Neuen Club», einer Gruppe junger Autoren. Neben seiner Tätigkeit in diesem Kreis absolvierte er mit wenig Neigung den Referendardienst, ließ sich im Herbst 1911 beurlauben und begann am Orientalischen Seminar in Berlin ein Sprachstudium, das ihm die Diplomatenlaufbahn eröffnen sollte. Bei dem Versuch, einen Freund zu retten, ertrank er beim Eislauf auf der Havel.
Gedichte aus den letzten beiden Lebensjahren begründeten den Ruhm des expressionistischen Dichters. Der radikale Bruch mit der Tradition, der die Entwicklung des Expressionismus entscheidend prägte, vollzog sich vor allem in Stil und Thematik. Mondgedichte, Darstellungen von Leichenhäusern und Totenlandschaften zeigen einen spezifisch antitraditionellen Grundzug; Irre und Kranke beherrschen die nächtliche Szenerie, die nur von wenigen lichteren Liebes- und Landschaftsgedichten aufgehellt wird. Die Großstadt — zentrales Motiv Heyms — offenbart sich als Brutstätte dämonischer Mächte, die das Leben der Bewohner überschatten und das Werk

einer rauschhaften Vernichtung betreiben. Hinter den Visionen der Bedrohung und einer endzeitlichen Welt steht das Leiden an einer Zeit, die der Entfaltung der ursprünglichen Lebenskräfte entgegensteht. Der «brachliegende Enthusiasmus», über den H. in seinen Tagebüchern klagt, prägt sich in den Gedichten aus in einer explosiven Spannung zwischen tödlicher Ruhe und heftiger Bewegung, zwischen Stagnation und vitalem Aufbruch. Zentrales Ausdrucksmittel dieser Polarität ist die Metapher; neben den Formen der Dämonisierung erhalten die komplementär aufeinander bezogenen Bildbereiche der Erstarrung und Dynamisierung die Aufgabe, das zeitkritisch-vitalistische Weltbild des Dichters zu spiegeln. Ähnliche Tendenzen zeigen auch die Erzählungen und Dramenfragmente: die hier präsentierte Galerie von Wahnsinnigen, Kranken und Hungernden steht in scharfem Kontrast zur hohlen Sekurität der Vorweltkriegszeit; Bedrohung und Triebbesessenheit sprengen die Schranken einer stagnierenden Welt, die in grotesker Verzerrung allein im Grenzbereich menschlicher Existenz noch Erfüllung des Lebens bieten kann.

W.: Gedichte: Der ewige Tag, 1911; Umbra vitae, 12. – *Erz.:* Der Dieb, 13. – Gesamtausgabe: Dichtungen und Schriften, hg. v. K. L. Schneider, 6 Bde, 60–68 (Band VI: Dokumente zu Leben und Werk).
Lit.: H. Greulich: G. H., 1931; K. L. Schneider: Der bildhafte Ausdruck i. d. Dichtungen G. Heyms, G. Trakls u. E. Stadlers, 54; K. Mautz: Mythologie und Gesellschaft i. Expressionismus, 61; K. L. Schneider: Zerbrochene Formen, 69; G. Martens: Expressionismus und Vitalismus, 71. G. M.

Heym, Stefan (eig. Hellmuth Fliegel), * 10. 4 .1913 Chemnitz.
H. emigrierte 1933 in die Tschechoslowakei, war später Student in Chicago, wurde 1943 eingezogen und nahm als amerikanischer Offizier, zuständig für psychologische Kriegführung, an der Invasion in der Normandie teil. Die ersten Besatzungsjahre verbrachte er in München, wurde dann wegen prokommunistischer Einstellung in die USA versetzt und aus der Army entlassen, worauf er Offizierspatent und Kriegsauszeichnungen zurückgab und 1952 nach Ostberlin übersiedelte. – In seinen Romanen, die amerikanisch geschrieben und von H. übersetzt wurden, versucht H., die Hintergründe imperialistischer Politik aufzudecken. So verarbeitete er in *The Crusaders* seine Erfahrungen mit der amerikanischen Kriegspolitik 1944/45. Da sein Roman über den 17. Juni 1953 «Der Tag X» ungedruckt blieb, wandte sich H. historischen Stoffen zu wie dem badischen Aufstand von 1848/49 in *The Lenz Papers* oder den Anfängen der Arbeiterbewegung in seinem Lassalle-Roman. Anspielungen auf DDR-Verhältnisse, vom Autor bestritten, finden sich allenthalben besonders deutlich in seinem letzten Buch, das die Zensur unerwünschter Schriften im England von 1702 behandelt (in der DDR nicht erschienen).

W.: Romane: Hostages, 1942 (Der Fall Glasenapp, 58); The Crusaders, 48 (Kreuzfahrer von heute, Leipzig 50, Bitterer Lorbeer, München 66); The Lenz Papers, 63 (Die Papiere des Andreas Lenz, Leipzig 63, Lenz oder die Freiheit, München 65); Uncertain Friend, 68 (Lassalle, 69); Die Schmähschrift oder Königin gegen Defoe, 70. – *Erz.:* Schatten und Licht, 60. J. B. B.

Heynicke, Kurt, * 20. 9. 1891 Liegnitz.
H., Sohn eines Arbeiters, war Soldat im Ersten Weltkrieg, dann Büroangestellter, Dramaturg und Spielleiter in Düsseldorf, Mitarbeiter der Ufa und lebt seit 1943 als freier Schriftsteller.
H., der an Herwarth Waldens Wochenschrift «Der Sturm» mitarbeitete, begann mit expressionistischer Lyrik. Zu seinen lyrischen Hauptwerken gehört neben *Das namenlose Angesicht* (Kleistpreis) die Sammlung *Das Leben sagt Ja* mit Stimmungs- und Landschaftsgedichten. Nach lyrisch getönten Spielen stellte er in *Kampf um Preußen* historisches Geschehen aus den Befreiungskriegen auf die Bühne, verfaßte Freilicht- und Feierspiele, schließlich Hörspiele. H. schrieb außerdem eine Reihe heiterer Unterhaltungsromane.

W.: Lyrik: Rings fallen Sterne, 1917; Gottes Geigen, 18; Das namenlose Angesicht, 19; Die hohe Ebene, 21; Das Leben sagt Ja, 37. *Romane u. Erz.:* Eros inmitten, 25; Sturm im Blut, 25; Fortunata zieht in die Welt, 29; Herz, wo liegst du im Quartier?, 38; Der Baum, der in den Himmel wächst, 40; Rosen blühen auch im Herbst, 42; Es ist schon nicht mehr wahr, 48; Der Hellseher, 51. – *Dramen*

u. Hörspiele: Der Kreis, 20; Das Meer, 25; Kampf um Preußen, 26; Frau im Haus, 36; Die Partei der Anständigen, 53 (u. d. T.: Von Aristoteles bis Hipperich, 54); Die Nichte aus Amerika, 55; Das Lächeln der Apostel, 57; Ein heißes Eisen, 60; Die Republik der tausend Seelen, '61.
Lit.: K. H. (mit Bibliographie), 1966. RLL

Heyward, Du Bose, * 31. 8. 1885 Charleston (Südkarolina), † 16. 6. 1940 Tyron (Nordkarolina).
H. stammte aus einer verarmten aristokratischen Familie des Südens. Bevor er von seiner schriftstellerischen Arbeit leben konnte, war er Zeitungsverkäufer, Dockarbeiter in Charleston und Versicherungsagent. 1923 heiratete H. die Dramatikerin Dorothy Hartzell Kuhns, die seinen erfolgreichen ersten Roman *Porgy,* eine farbige unsentimentale Darstellung des Lebens im Negerviertel von Charleston, und *Mamba's Daughters* gemeinsam mit ihm dramatisierte. Sie schrieb auch das Libretto zur Opernfassung «Porgy and Bess», die George Gershwin vertonte. H. ist vor allem realistischer Darsteller der Farbigen in den Städten der Südstaaten.

W.: Lyrik: Carolina Chansons, 1922 (zus. m. H. Allen); Skylines and Horizons, 24; Jasbo Brown, 31. – *Romane:* Porgy, 25 (dt. Porgy und Bess); Angel, 26; Mamba's Daughters, 29; Peter Ashley, 32; Lost Morning, 36; Star Spangled Virgin, 39. – *Kurzgeschichten:* The Half Pint Flask, 29. – *Dramen:* Porgy, 27; Brass Ancle, 31; Mamba's Daughters, 39. – *Historisch:* Fort Sumter, 38 (zus. mit H. R. Sass).
Lit.: F. Durham: D. B. H. The Man who Wrote Porgy, 1954. DW

Hidayat, Sadiq, * 17. 2. 1903 Teheran, † 9. 4. 1951 Paris.
H. besuchte die französische Schule in Teheran und ging dann nach Belgien und Frankreich. Nach zwei Selbstmordversuchen kehrte er 1930 zurück, verzichtete auf Familienbeziehungen und nahm untergeordnete Stellen in der Verwaltung an. Er bereiste Indien, studierte Mittelpersisch (Pehlewi), übersetzte, auch aus dem Deutschen (Werke von Schnitzler und Kafka). 1950 ging er nach Paris, wo er Selbstmord verübte.
H. war umstritten, von den jüngeren, fortschrittlichen Schriftstellern wurde er verehrt, von konservativen Kreisen scharf abgelehnt. Sein Werk, von Kafka und anderen europäischen Autoren beeinflußt, ist von tiefem Pessimismus erfüllt. Mit seinem Roman *Būf-e kūr* (Die blinde Eule) über einen an der Wirklichkeit leidenden und scheiternden Künstler, der sich auf der Suche nach Schönheit und Reinheit verzehrt, übte H. nachhaltigen Einfluß auf die junge Generation aus.

W.: Romane u. Erz.: Zendé be-gūr, 1930; Saye-i-Mo-ghul, 31; Se qatré chūn, 32; Alawiyyê Chānom, 33; Sāyé-roushan, 33; Vagh Vagh Sahab, 33; Būf-e kūr, 36 (dt. Die blinde Eule); Sag-e welgard, 42; Vilingari, 44; Ab-i-zindayi, 44; Háddjī Āqā, 45; Farda, 46; Tup-i-Murvan, 47. – *Dramen:* Parwin dochtar-e Sāsānī, 30; Māziyār, 33. – *Legende:* Afsāne-ye aferinesh, 46 (dt. Die Legende von der Schöpfung). – *Reisebericht:* Esfahān nesfe-e djehān, 32. – *Essay:* Neirangestān, 33. – Ferner dt.: Die Prophetentochter, Erzählung. DW

Higgins, Aidan, * 1927 Celbridge/Irland.
In H.' Erzählungen und Kurzgeschichten ist zentrales Thema der Weg Einzelner zur Selbstzerstörung. Sein Roman *Langrishe, Go Down* (aus einer Kurzgeschichte hervorgegangen), der ihn im Urteil der Kritik an die Seite von Joyce und Beckett stellt, ist die elegische und desillusionierende Geschichte der Liebe eines «späten» Mädchens, Imogen Langrishe, aus verarmter Gutsbesitzerfamilie zu einem verwahrlosten Studenten deutscher Herkunft. Die erzählerische Meisterschaft H.' wird sowohl in der sensiblen Darstellung erotischer Phänomene als auch in der präzis registrierenden Gestaltung landschaftlicher Details evident.

W.: Erz.: Felo de se, 1960 (dt. Gegenströmung). – *Roman:* Langrishe, Go Down, 66 (dt. Ein später Sommer). RLL

Highsmith, Patricia, * 19. 1. 1921 Fort Worth (Texas).
P. H. schrieb zuerst Kinderbücher und Kurzgeschichten. Ihr erster Kriminalroman *Strangers On a Train* wurde, wie die meisten folgenden, verfilmt (Hitchcock). In ihren Büchern tritt die Aktion zurück hinter dem Bild der psychologischen, gelegentlich psychopathologischen Situation eines moralisch wertfreien Helden, aus der sich das Geschehen zwangsläufig entwickelt.

W.: Romane: Strangers On a Train, 1950 (dt. Alibi für zwei); The Talented Mr. Ripley, 55 (dt. Nur die Sonne war Zeuge); The Blunderer, 56, (dt. Der Stümper); Deep Water, 57 (dt. Stille Wasser sind tief); A Game for the Living, 58 (dt. Tod im Dreieck); This Sweet Sickness, 60 (dt. Der süße Wahn); The Cry of the Owl, 62 (dt. Das Mädchen hinterm Fenster); The Two Faces of January, 64 (dt. Unfall auf Kreta); The Glass Cell, 64 (dt. Das unsichtbare Gitter); The Story-Teller, 65 (dt. Mord mit zwei Durchschlägen); Those Who Walk Away, 67 (dt. Venedig kann sehr kalt sein); The Tremor of Forgery, 69 (dt. Das Zittern des Fälschers). – *Essay:* Plotting and Writing Suspence Fiction, 66. R. K. F.

Hignett, Sean, * 1934 Birkenhead.
H. verbrachte den größten Teil seiner Jugend in Birkenhead, einer Hafenstadt in der Nähe Liverpools. Nach einem Studium der Psychologie und Philosophie in Oxford war er Lehrer an Gymnasien, bevor er als Dozent an ein College nach Edinburgh ging. — H., der an dem Musical «Jack the Spades» mitarbeitete, das beim Commonwealth-Festival in Liverpool zur Aufführung kam, wurde bekannt durch seinen ersten Roman *A Picture to Hang on the Wall.* Er erzählt in ungeschminkter, z. T. brutaler Diktion aus dem Gammler- und Cliquenleben des ehemaligen Kunststudenten Keegan, der manche Züge seines Autors trägt. Die Szenerie für diesen provozierenden, von konservativer Kritik der Obszönität bezichtigten Roman um Außenseiter der Gesellschaft ist der Bezirk 8, die verkommene Altstadt Liverpools.

W.: A Picture to Hang on the Wall, 1966 (dt. Liverpool 8). RLL

Hildesheimer, Wolfgang, * 9. 12. 1916 Hamburg.
H. besuchte das Gymnasium in Mannheim, die Frensham Heights School in England und lernte nach der Emigration der Eltern 1933–36 in Palästina Möbeltischlerei und Innenarchitektur. Nach Teilnahme an einem Bühnenbildnerkurs in Salzburg studierte er 1937–39 Malerei und Grafik in London und ging 1940 für 5 Jahre als englischer Informationsoffizier erneut nach Palästina. Nach seiner Tätigkeit als Simultandolmetscher beim Nürnberger Prozeß lebte H. zunächst als Maler in Ambach/Starnberger See, entschied sich jedoch 1950 endgültig für die Literatur und übersiedelte in die Schweiz (Poschiavo/Graubünden).
Nach eigenem Zeugnis sind Strindberg und Joyce H.s wichtigste Vorbilder; in seinen theoretischen Äußerungen wird der Einfluß Becketts und Ionescos, auch Pirandellos erkennbar. Grunderlebnis H.s ist die «Wirklichkeit des Absurden», damit umgekehrt auch die Absurdität und Fremdheit alles Wirklichen: «Realität» löst sich zum skurrilen Spiel mit Fiktionen auf, «Wahrheit» ist, wenn überhaupt, nur noch im imaginären Raum surrealer Grotesken zu demonstrieren. Sein artistisches Raffinement, seine Fähigkeit zur geistvoll pointierenden Ironie verbinden sich mit existentiellem Ernst in der monologischen Dichtung *Tynset,* dem bisherigen Höhepunkt seines Schaffens.

W.: Prosa: Lieblose Legenden, 1952 (Neufassg. 61); Paradies der falschen Vögel, 53; Vergebliche Aufzeichnungen, 63; Tynset, 65. – *Dramen:* Das Ende einer Welt, 53 (Oper mit Henze); Der Drachenthron, 55 (Neufassg. als: Die Eroberung der Prinzessin Turandot, 61); Das Opfer Helena, 55 (auch Hörspiel); Spiele, in denen es dunkel wird, 58 (darin: Pastorale oder die Zeit für Kakao, Landschaft mit Figuren, Die Uhren); Die Verspätung, 61; Nachtstück, 63; Mary Stuart, 71. – *Hörspiele:* Prinzessin Turandot, 54; Das Atelierfest, 55; Herrn Walsers Raben, 60. – *Sonstiges:* Wer war Mozart? Becketts «Spiel». Über das absurde Theater, 66; Interpretationen. J. Joyce, G. Büchner, 69; Zeiten in Cornwall, 71 (autob.).
Lit.: H. Domin, in: Neue Deutsche Hefte 12, 1965; W. Jens, in: Jahrbuch der dt. Akademie für Sprache und Dichtung, 68; Über W. H., 71. H. P.

Hillard, Gustav (eigentlich G. Steinbömer), * 24. 2. 1881 Rotterdam.
H., mit dem Kronprinzen erzogen und befreundet, fand dadurch in die höfische Welt; als Offizier kam er in den Generalstab. Studium nach 1918 und Tätigkeit bei M. Reinhardt (Berlin) waren Vorstufen zur freien geistigen Existenz. — H.s Erzählwerk gestaltet die Welt vor 1914; dic thematisch reiche stilstrenge Essayistik ist auf Wahrung des Kulturerbes bedacht, die Memoiren haben durch die Porträts großer Zeitgenossen auch dokumentarische Bedeutung.

W.: Essays: Abtrünnige Bildung, 1929; Staat und Drama, 32; Politische Kulturlehre, 33; Wert der Dauer, 61; Recht auf Vergangenheit, 66. – *Romane:* Spiel mit der Wirklichkeit, 36; Der Brand im Dornenstrauch, 48; Kaisers Geburtstag, 59. – *Erz.:* Anruf des Lebens, 63. – *Memoiren:* Herren und Narren der Welt, 54.
Lit.: K. Matthias, in: Lübeckische Blätter, 126. Jg. 1966; G. H., 70. K. M.

Hille, Peter, * 11. 9. 1854 Erwitzen (Westfalen), † 7. 5. 1904 Groß-Lichterfelde (Berlin).
H. fand schon während der Schulzeit in Münster Anschluß an Heinrich Hart. Er war Gerichtsschreiber in Höxter, studierte in Leipzig, betätigte sich journalistisch in Bremen und bereiste als schreibender Vagant England, Holland und Italien, ein literarischer «Taugenichts» seiner unromantischen Generation. Schließlich zog er nach Berlin, wo er seine Freundschaft mit den Brüdern Hart erneuerte. H. war der Fragmentist des Impressionismus, der sinnliche und seelische Eindrücke des Augenblicks in eigenwilliger Weise festzuhalten verstand: skizzenhaft flüchtig, aus der bloßen Beobachtung sich ins Lyrisch-Hymnische erhebend, wobei er schon expressionistische Bestrebungen vorwegnahm. Julius Hart rühmte ihm eine stille gläubige Kinderseele nach, doch zu seiner Naivität traten auch bewußte Reflexion, Witz und Geistesschärfe, die ihn zum Meister des Aphorismus machten.

W.: Romane: Die Sozialisten, 1887; Semiramis, 1902; Kleopatra, 05; Die Hassenburg, 05. – *Drama:* Des Platonikers Sohn, 1896. – *Lyrik:* Blätter vom fünfzigjährigen Baum, 1905; Aus dem Heiligtum der Schönheit, hg. v. F. Droop, 09. – Ausgew. Werke, hg. v. J. Hart, 4 Bde., 05; Das P. H.-Buch, hg. v. E. Lasker-Schüler, 06; Ausgew. Dichtungen, v. A. Vogedes, bearb. v. H. D. Schwarze, 61.
Lit.: H. Hart: P. H., 1905; A. Vogedes: P. H. (mit unveröffentlichten Arbeiten aus dem Nachlaß), 47; A. Seehof, in: Neue dtsch. Literatur IV, 56; E. Naused: P. H. Eine Einführung in sein Werk u. Auswahl, 57.
DW

Hiller, Kurt, * 17. 8. 1885 Berlin.
H. ist ein politischer Schriftsteller. Er betrachtet sein Leben als *Leben gegen die Zeit* (Titel seiner Autobiographie). In steter Opposition zu den Herrschenden war sein Ziel, zur «Besserung des Loses der Menschheit» beizutragen. Nach einem Studium der Jura und Philosophie — 1907 promovierte H. zum Dr. jur. — kämpfte er durch das Mittel des Wortes auf den Gebieten der Kunsttheorie, Staatsphilosophie, Ethik und Politik für einen neuen antikapitalistischen Sozialismus eigener Prägung. Seine Ausdrucksformen sind Manifeste, Pamphlete, Reden, Aufrufe, offene Briefe, polemische Essays und Schmähschriften. Die Literatur ist H. nicht Endzweck, denn «Kunst ist wenig, wenn sie nichts ist als Kunst». Mit seinen Thesen zur tendenzerfüllten, in das Leben aktiv eingreifenden Literatur begründete er den für die Epoche um 1918 entscheidenden «Aktivismus» (*Ortsbestimmung des Aktivismus,* Zeitschrift «Die Aktion»). H.s staatsphilosophische Gedanken sind beeinflußt von Platon und Nietzsche: eine aristokratische Herrschaft des Geistes, die «Logokratie» wird propagiert (vgl. «Das Ziel», Jahrbücher für geistige Politik, 1916—1924, 5 Bücher). Auf Grund humanitärer Überzeugungen vertrat H. anfangs einen rigorosen, ab 1924 einen gemäßigten Pazifismus (Vorstand der Deutschen Friedensgesellschaft, Vorsitz der Gruppe Revolutionärer Pazifisten, Rede *Linkspazifismus,* 1920). Zu Beginn des Nationalsozialismus wurde H. wegen seines Antifaschismus, seines Judentums und Sozialismus verhaftet, gefoltert und ein Jahr im Zuchthaus gefangengesetzt. 1934—55 im Exil, lebt er seit seiner Rückkehr in Hamburg.

W.: Die Weisheit der Langenweile, 1913; Geist werde Herr, 20; Der Aufbruch zum Paradies, 22 (erweit. 52); Verwirklichung des Geistes im Staat, 25; Profile, 38 (erweit. als: Köpfe und Tröpfe, 50); Hirn- und Haßgedichte, 57; Archangelos, 65; Ratioaktiv, Reden 1914–64, 1966; Leben gegen die Zeit, 69 (Erinnerungen, geplant ein zweiter Band: Eros).
Lit.: H. H. W. Müller: K. H., 1969; K. Fritzsche: in: Frankfurter Hefte 1, 70.
M. M.-G.

Himes, Chester, * 1909 Jefferson-City (Missouri).
H. geriet schon auf dem College mit dem Gesetz in Konflikt und wurde später wegen bewaffneten Raubüberfalls zu 20 Jahren Haft verurteilt. Nach 8 Jahren begnadigt, begann er zu schreiben. Seine

Kriminalromane, die nun nach und nach verfilmt werden, sind Vehikel scharfer, aber immer fairer Kritik an der amerikanischen Gesellschaft, die sich unfähig zeigt, ihr Rasseproblem zu lösen. Humor und bittere Anklage mischen sich auf frappierende Weise in diesen Büchern, die, zu Anfang skurrile Harlem-Märchen, die Kritik schließlich zu Vergleichen mit R. Wright und J. Baldwin veranlaßt haben.

W.: If He Hollers, Let Him Go, 1945; Lonely Crusade, 47; Case the First Stone, 52; The Third Generation, 54; The Primitive, 56; The Crazy Kill, 59 (dt. Die Geldmacher von Harlem); The Five Cornered Square, 59 (dt. Fenstersturz in Harlem); The Real Cool Killers, 59 (dt. Heiße Nacht für kühle Killer); All Shut Up, 60 (dt. Rauhnacht in Harlem); The Big Gold Dream, 60 (dt. Der Traum vom großen Geld); Cotton Comes to Harlem, 65 (dt. Schwarzes Geld für weiße Gauner); The Heat's on, 66 (dt. Heroin für Harlem); Run Man Run, 66 (dt. Lauf, Nigger, lauf!); Blind Man With a Pistol, 69 (dt. Blind, mit einer Pistole). R. K. F.

Hippius, Sinaida Nikolajewna (Gippius, Zinaida Nikolaevna), * 20. 11. 1869 Beley (Gouv. Tula), † 9. 9. 1945 Paris.

S. H. stammte aus einer alten deutschen Adelsfamilie. Schon früh schrieb sie Verse. 1889 heiratete sie D. Mereschkowski. Ihr Haus in Petersburg wurde ein Mittelpunkt des geistigen Lebens, vor allem verkehrten hier die Mitglieder der Religiös-philosophischen Gesellschaft, an deren Zeitschrift «Novyj Put» H. 1902 bis 1904 mitarbeitete. 1905 sympathisierte das Ehepaar mit der Revolution. Später wandelte sich ihre Einstellung; nach der Oktoberrevolution emigrierten beide und wurden zu leidenschaftlichen Gegnern des neuen Regimes.

S. H. war vor allem symbolische Lyrikerin; ihre Gedichte sind von scharfem Intellekt geprägt und erinnern in der Wahl ihrer Motive an Balmont und Brjussow. Meisterlich in ihrer Musikalität sind die Verse, in denen sie flüchtige Gefühlsmomente einfängt. Ihre romantische Schwermut verstärkte sich in der Emigration. Weniger bedeutend ist ihre von Dostojewski beeinflußte Prosa. S. H.' unter dem Pseudonym Anton Krajnij erschienene Kritiken und die Erinnerungen aus dem Jahrzehnt 1890 bis 1900 sind subjektiv gefärbt, enthalten jedoch auch wertvolles kulturgeschichtliches Material.

W.: Lyrik: Sobranie stichov, 1904, 10, 18; Stichi, 22; Sijanija, 38. – *Drama:* Zelenoe kol'co, 16. – *Romane u. Novellen:* Zlosčastnaja, 1892; Novye Ljudi, 96; Zerkala, 98; Tret'ja kniga rasskazov, 1902; Černoe po Belome, 11; Cortova kukla, 11 (dt. Des Teufels Puppe); Lunnye murav'i, 12; Roman-Carevič, 13; Nebesnye slova, 21. – *Essays u. sonstige Prosa:* Literaturnyj dnevnik, 08; Živye lica, 25 (Erinnerungen); Sinjaja kniga, Tagebuch 1914–18, 29. DW

Hirche, Peter, * 24. 6. 1923 Görlitz.

Nach dem Abitur in Görlitz war H. von 1941–45 Soldat. Nach dem Krieg schlug er sich als Bauhilfsarbeiter, Kabarettist und Nachtwächter durch. Seit 1949 lebt er als freier Schriftsteller in Berlin. — H., der 1953 mit *Die seltsamste Liebesgeschichte der Welt* — einem Dialog über Einsamkeit und Liebe zwischen einer jungen Frau der besseren Gesellschaft und einem ihr persönlich unbekannten Arbeiter — bekannt wurde, gilt auf Grund seiner Beherrschung der spezifisch funkischen Mittel als einer der bedeutendsten deutschen Hörspielautoren. In meist nach musikalischen Prinzipien gebauten Dialogen, Monologen und Collagen zeichnet er mit ungewöhnlicher sprachlicher Sensibilität Bewußtseinsbilder von Durchschnittsmenschen, in deren Schicksalen sich die sozialen und politischen Probleme der Gegenwart spielen — z. B. in *Heimkehr* die Geschichte einer alten, aus ihrer Heimat vertriebenen Frau, die einsam in einem Krankenhaus stirbt.

W.: Hörspiele: Die seltsamste Liebesgeschichte der Welt, 1953; Lob der Verschwendung, 54; Heimkehr, 55; Nähe des Todes, 58; Miserere, 65; Gemischte Gefühle, 66; Die Krankheit und die Arznei, 67; Eine Quizfrage, 68. – *Dramen:* Triumph in tausend Jahren, 55; Die Söhne des Herrn Proteus, 60. – *Fernsehspiel:* Eine gescheiterte Existenz, 65. E. H.

Hiršal, Josef, * 24. 7. 1920 Chomutičky (Nord-Böhmen).

H. studierte in Prag Philosophie, war Redakteur einer Zeitschrift für Literatur und bildende Kunst und lebt heute als freier Schriftsteller und Übersetzer in Prag. – H. arbeitete gemeinsam mit Bohumila Grögerová (siehe dort). Er übersetzte u. a. Werke von Enzensberger, Heissenbüttel, Mon, Jandl, Artmann, Rühm ins Tschechische.

W.: Gedichtbände: Vědro stříbra, 1940; Noclehy s klekánicí, 42; Studené nebe, 44; Matky, 46; Úzké cesty, 48; Soukromá galerie, 64. – Mit Grögerová: Experimentelle Texte: JOB–BOJ, 68. – Ferner zahlreiche Beiträge in Zeitschriften und Rundfunk.
T. R.

Hłasko, Marek, * 14. 1. 1934 Warschau, † 14. 6. 1969 Wiesbaden.
H. war in der Jugend u. a. Hilfsarbeiter, Straßenhändler, Kraftfahrer, publizierte ab 1954 mit sensationellem Erfolg in Zeitschriften; 1956 erhielt er für sein Buchdebüt den «Großen Preis der Verleger». Die Erzählung *Ósmy dzień tygodnia* (Der achte Tag der Woche) wurde 1958 verfilmt. Nach offiziellen Angriffen kehrte H. 1958 von einem Aufenthalt in der Bundesrepublik nicht mehr zurück, ging später nach Israel, dann in mehrere westeuropäische Länder und nach Amerika. Er lebte zuletzt in der Schweiz. H., der mit der deutschen Schauspielerin Sonja Ziemann verheiratet war, starb an Schlafmittelvergiftung.
Authentisches Lebensgefühl und der Drang nach Liebe und Selbstverwirklichung rebellieren in H.s Erzählungen gegen alle Konventionen, gegen Staatsideologie, Gesetze und resigniertes Durchschnittsleben. Er greift das scheinrebellische Halbstarkenmilieu ebenso an wie eine Literatur, die all dies ignoriert. Manche der späteren Romane und Erzählungen H.s, besonders *Wszyscy byli odwróceni* (Alle hatten sich abgewandt): um den Untergang eines alternden israelischen Schlägers, nähern sich einem Pathos harter Männlichkeit, mythologisieren die tragische Einsamkeit des Außenseiters und seine bitteren Siege. In *Piękni dwudziestoletni* [Der schöne Zwanzigjährige] dagegen schilderte H. natürlich und gelöst in bissig pointierten Milieuskizzen die eigene Laufbahn.

W.: Pierwszy krok w chmurach, 1956; Ósmy dzień tygodnia, 56; Cmentarze, 58 (alle drei dt.: Der achte Tag der Woche u. a. Erz.); Następny do raju, 58 (dt. Der Nächste ins Paradies); Opowiadania, 63; Peitsche deines Zorns, 63 (aus dem poln. Manuskript übersetzt, poln. nicht erschienen); Wszyscy byli odwróceni, 64 (dt. Alle hatten sich abgewandt); Brudne czyny, 64; Piękni dwudziestoletni, 66; Folge ihm durchs Tal, 70 (Pójdź za nim przez dolinę; aus dem poln. Manuskript übersetzt). – Ferner dt.: Am Tage seines Todes. Die zweite Ermordung des Hundes (Erz.).
DW

Hochhuth, Rolf, * 1. 4. 1931 Eschwege.
H. absolvierte eine Buchhändlerlehre, war 1955–63 Lektor im Bertelsmann-Verlag und lebt seit 1963 als freier Schriftsteller in Riehen bei Basel.
1963 wurde H. mit seinem ersten Stück *Der Stellvertreter* weltbekannt. Das auf umfangreichem Dokumenten-Studium beruhende Drama, das äußerlich dem Lebensweg des jungen Jesuiten-Paters Ricardo von Berlin über Rom bis zu seinem selbstgewählten Abtransport in ein deutsches KZ folgt, untersucht die Haltung des Vatikans und insbesondere die des ehemaligen Nuntius in Berlin und späteren Papst Pius XII. zu der nationalsozialistischen Ausrottungspolitik gegenüber den Juden. Der Stellvertreter Christi erscheint darin als ein gefühlskalter Intellektueller, der aus Sorge um den Fortbestand der katholischen Kirche eine Politik vorsichtigen Taktierens betrieb, statt eine eindeutige Stellungnahme für die verfolgten Juden abzugeben, und damit mitschuldig am Tod unzähliger Menschen wurde. Das Stück löste in der Bundesrepublik langanhaltende Diskussionen aus, deren Fronten quer durch die konfessionellen Lager verliefen und die mit jeder neuen Aufführung des Stückes in der ganzen Welt neu aufflammten.
Auf jahrelangem Quellenstudium, von dem das Vorwort und die umfangreichen Einleitungen zu den einzelnen Akten zeugen, beruht auch H.s zweites Stück *Soldaten, Nekrolog auf Genf,* das kaum minder lebhafte Auseinandersetzungen hervorrief. Im Mittelpunkt der eigentlichen Handlung steht Churchill. Das Stück, das ein umfassendes Charakterbild des britischen Premiers bietet, leidet vor allem darunter, daß diesem in der Gestalt des Bischof Bell kein gleichwertiger Gegner gegenübersteht. Daran mag es auch liegen, daß die hier aufgeworfene Frage nach dem Verhältnis von Macht und Moral in der öffentlichen Diskussion durch einen Nebenaspekt verdrängt wurde: durch die Behauptung

H.s, Churchill habe den seinen Plänen unbequem gewordenen Führer der polnischen Exilregierung in London, Sikorski, 1944 durch ein Attentat beseitigen lassen.

Das dritte Stück H.s, *Guerillas*, das erstmals eine frei erfundene Handlung hat, schildert den am Ende scheiternden Versuch eines amerikanischen Senators namens Nicolson, den in den USA herrschenden 200 Millionärs-Familien durch einen Staatsstreich die Macht zu entreißen, um die in der Verfassung vorgeschriebene demokratische Staatsform auch in der Praxis zu verwirklichen.

W.: Dramen: Der Stellvertreter, 1963; Soldaten, Nekrolog auf Genf, 67; Guerillas, 70. – *Erz.:* Berliner Antigone, 65 (in: Tuchfühlung, hg. v. P. Jokostra). – *Essays:* Krieg und Klassenkrieg, 71; Komödie, Erz., Essays, 71.

Lit.: Summa iniuria oder Durfte der Papst schweigen, hg. v. F. J. Raddatz, 1963; W. Adolph: Verfälschte Geschichte. Antwort an R. H., 63; Der Streit um H.s Stellvertreter, 63; S. Melchinger: R. H., 67. E. H.

Hochwälder, Fritz, * 28. 5. 1911 Wien. H. ist der Sohn eines Handwerkers und selbst gelernter Tapeziermeister. Seine Eltern wurden als Juden deportiert und ermordet; H. flüchtete nach Zürich. Dort schloß er Freundschaft mit Georg Kaiser. Nach Kriegsende blieb H. in Zürich.

H.s erstes Bühnenwerk, *Jehr*, behandelt das Motiv des Inzests. Bekannt machte ihn das bühnenwirksame Schauspiel *Das heilige Experiment*, in dem er das Scheitern des Jesuitenstaates in Paraguay schildert. Die Handlung ist auf einen schicksalhaften Tag, den 16. Juli 1767, konzentriert: Das Reich der Liebe und der Gerechtigkeit, das die Jesuiten unter den Indios aufbauen wollten, wird der spanischen Staatsräson geopfert. *Der öffentliche Ankläger* weist äußerlich in die Zeit der Französischen Revolution zurück; ahnungslos führt ein Staatsanwalt, der gefürchtete Fouquier-Tinville, einen teuflichen Geheimprozeß gegen sich selbst. Den Stoff der Ballade «Die Füße im Feuer» von C. F. Meyer hat H. in dem Drama *Donadieu* verwandt: Verzicht eines hugenottischen Edelmanns auf persönliche Rache um der Glaubensgenossen willen. Das Thema des seelenlosen Menschen behandeln das moderne Mysterienspiel *Donnerstag* und das Schauspiel *1003*, eine Neugestaltung des Don-Juan-Stoffes. Mit Problemen der Nachkriegszeit beschäftigen sich die Stücke *Der Himbeerpflücker* und *Der Befehl*. Im Unterschied zum «offenen» Theater des modernen Bühnenspiels liegt bei H. die «geschlossene» Form des aristotelischen Theaters mit mathematisch durchdachter Handlungsstruktur vor.

W.: Dramen: Jehr, 1932; Liebe in Florenz (nach Cervantes), 36; Esther, 40 (Neufassung 60); Das heilige Experiment, 43 (gedr. 47); Hôtel du Commerce (nach Maupassant), 45 (Neufassung 54); Der Flüchtling (nach Georg Kaiser), 45 (Neufassung 55); Meier Helmbrecht, 46; Die verschleierte Frau, 46; Der öffentliche Ankläger, 48 (gedr. 54); Der Unschuldige, 49 (Uraufführung 58); Virginia, 51; Vier Paragraphen, Hörspiel, 51; Donadieu, 53; Die Herberge, 56; Die Tabakstraße (Schauspielübersetzung nach Kirkland), 57; Donnerstag, 59; 1003, 63; Der Himbeerpflücker, 64; Der Befehl, 65. – *Essay:* Über mein Theater, 59. DW

Hoddis, Jakob van (anagrammatisches Pseud. für Hans Davidsohn), * 16.5. 1887 Berlin, † 30. 4. 1942 bei Koblenz. Nach dem Studium der Architektur in München ging H. nach Jena und später nach Berlin, um dort klassische Philologie und Philosophie zu studieren. An der Berliner Univ. lernte er Kurt Hiller kennen. Mit ihm, Georg Heym und Erwin Loewenson gründete er 1909 den «Neuen Club» und das «Neopathetische Cabaret». 1912 zeigten sich bei H. die ersten Anzeichen von Schizophrenie. Eine vorübergehende Besserung ermöglichte ihm Aufenthalte in Paris und München. 1914 mußte er sich einer Heilbehandlung unterziehen, 1915 kam er in Privatpflege, seit 1933 lebte er in der Heilanstalt Sayn bei Koblenz. Von dort wurde er als Jude 1942 deportiert, diesen Transport hat niemand überlebt. H. und der Kreis des «Neuen Clubs» werden zum Frühexpressionismus gezählt. Der Einflußreichste aus dieser Gruppe war H. Sein dichterisches Werk entstand zwischen 1907 und 1914 und enthält Lyrik und Prosa. Die größte Wirkung hatte das Gedicht *Weltende*, in dem der Untergang der bürgerlichen Welt als Beginn der letzten Katastrophe geschildert wird; Vision, Groteske, Ironie, Sarkasmus und Schwermut verbinden sich. Auch die expressionistischen Motive Großstadt und Varieté erscheinen in seiner Lyrik. H. versuchte die Intensität des sprachlichen Ausdrucks durch die Verwendung von umgangssprachlichen Wendungen und durch Fremdwörter zu steigern.

W.: Weltende, 1911, als Gedichtband 1918. – Weltende. Ges. Dichtungen, hg. v. P. Pörtner, 58.
Lit.: H. Schneider: J. v. H., 1967; U. Reiter: J. v. H., 70. DW

Hoel, Sigurd, * 14. 12. 1890 Nord-Odal, † 14. 10. 1960 Oslo.
H. studierte Naturwissenschaften in Oslo, war Lehrer, später einige Jahre Sekretär der Akademie der Wissenschaften in Oslo und Literaturkritiker.
H., dessen Werk deutlich den Einfluß der Psychoanalyse Freuds zeigt, schöpfte seine Stoffe sowohl aus den Erinnerungen an seine Kindheit wie aus dem Großstadtmilieu der Hauptstadt. Seine Helden sind zumeist entwurzelte Menschen, die das Glück suchen, aber scheitern. Die vielfach tragikomischen und satirischen Prosawerke (z. B. die Ehegeschichten *En dag i oktober*) geißeln jede Form der Heuchelei, ihre Grundhaltung ist pessimistisch.

W.: Romane: Syvstjernen, 1924; Syndere i sommersol, 28 (dt. Sünder am Meer); Ingenting, 29; En dag i oktober, 31 (dt. Ein Tag im Oktober); Veien til verdens ende, 34 (dt. Der Weg bis ans Ende der Welt); Fjorten dager før frostnettene, 35; Sesam, sesam, 38; Møte ved milepelen, 47; Sternemøte med glemte ar, 54; Ved foten av Babelstårn, 56; Trollringen, 58. – *Erz.:* Veien vi gaar, 22; Prinsessen paa glassberget, 39. Auch Essays. – Samled romaner og fortellinger, 8 Bde, 1950.
Lit.: Festschrift till S. H. pa 60 arsdagen, 1950; A. Haaland: Hamsun og H., 57; E. Kjølv: Skyld og skjebne. Studier i fire romaner av S. H., 60. DW

Höllerer, Walter, * 19. 12. 1922 Sulzbach-Rosenberg (Oberpfalz).
Nach Kriegsdienst und Gefangenschaft studierte H. zuerst Theologie, dann Philosophie, Germanistik, Romanistik und Geschichte in Erlangen, Göttingen und Heidelberg. 1956 habilitierte er sich in Frankfurt und wurde dort Privatdozent für deutsche Literatur; 1959 wurde er Prof. Berufung an der TU Berlin. H. war von 1954 bis 1967 Mitherausgeber der Zeitschrift für Dichtung «Akzente», gibt seit 1961 die Zeitschrift «Sprache im technischen Zeitalter» heraus und wirkt besonders als literarischer Organisator. — Sein erster Gedichtband, *Der andere Gast*, ist beeinflußt von Gottfried Benn, Günter Eich und Georg Britting. H. verwendet darin sowohl klassische Versmaße als auch freie Rhythmen. In den späteren Gedichten und in theoretisch-essayistischen Auseinandersetzungen (*Gedichte. Wie entsteht ein Gedicht, Theorie der modernen Lyrik*) wendet sich H. dem experimentellen Gedicht zu. Anregungen gewinnt er aus der modernen amerikanischen und europäischen Lyrik und aus den neodadaistischen Gedichten Hans Arps und seiner Nachfolger. H. gab zahlreiche Anthologien und Auswahlbände heraus und veröffentlichte in Zeitschriften neben Essays auch erzählende Prosa. Er schrieb das Drehbuch zu einem Film über Berlin.

W.: Lyrik: Der andere Gast, 1952; Außerhalb der Saison, 67; Systeme, 69. – *Essays:* Zwischen Klassik und Moderne. Lachen und Weinen in der Dichtung einer Übergangszeit, 58; Gedichte. Wie ensteht ein Gedicht (Gedichte und Essays), 64; Modernes Theater auf kleinen Bühnen, 65. – Herausgabe: Transit. Lyrikbuch der Jahrhundertmitte, 56; Theorie der modernen Lyrik. Dokumente zur Poetik I, 65; Ein Gedicht und sein Autor, 67. DW

Hoff, Kay (eig. Adolf Max H.), * 15. 8. 1924 Neustadt (Holstein).
H. studierte nach 1945 Geisteswissenschaften und promovierte 1949 in Kiel, und wurde dann Bibliothekar, danach freier Journalist und Schriftsteller. Seit 1970 ist er Leiter des deutschen Kulturzentrums in Tel Aviv. – H.s Lyrik bevorzugt die knappe, spröde Diktion; in notiz- und skizzenartigen Kurzzeilen sucht sie Wirklichkeit und moderne Bewußtseinslage zu umreißen. Ähnliche Absichten verfolgen auch seine Romane, die ein präzises Bild bundesrepublikanischer Provinz zeichnen (*Bödelstedt*) oder eine triviale Dreiecksaffäre durch eingeschaltete Werbesprüche in ihrer Trivialität deutlich machen (*Drei*).

W.: Lyrik: In Babel zuhaus, 1958; Zeitzeichen, 62; Skeptische Psalmen, 65; Netzwerk,

69. – *Romane:* Bödelstedt oder Würstchen bürgerlich, 66; Ein ehrlicher Mensch, 67; Drei. Anatomie einer Liebesgeschichte, 70. – Ferner Erz. u. Hörspiele. RLL

Hofmannsthal, Hugo von, * 1. 2. 1874 Wien, † 15. 7. 1929 Rodaun.

H. war der Sohn eines Bankiers, er hatte österreichische, jüdische und lombardische Vorfahren. Nach Abschluß des Gymnasiums studierte er zunächst Rechtswissenschaften, dann Romanistik und promovierte 1898 mit einer Arbeit über die Sprache bei den Dichtern der Plejade. Eine Habilitation (mit einer Arbeit über Victor Hugo) scheiterte, und seit 1901, dem Jahr seiner Heirat, lebte H. als freier Schriftsteller bis zu seinem Tod in Rodaun bei Wien. Im Ersten Weltkrieg war er als Reserveoffizier in Istrien, dann im Kriegsarchiv und Pressehauptquartier; nach Kriegsende begründete er zusammen mit Max Reinhardt die Salzburger Festspiele. Reisen führten ihn häufig nach Altaussee im Salzkammergut, nach Italien (vor allem Venedig), Deutschland, der Schweiz, Frankreich, England, Griechenland, Nordafrika. Das an äußeren «Ereignissen» arme Leben H.s war geprägt vom Abenteuer zahlreicher Freundschaften: mit Schnitzler, Beer-Hofmann, Bahr, Andrian, Harry Graf Keßler, R. A. Schröder, Borchardt, Kassner, O. Brahm, E. von Bodenhausen, Walther Brecht, C. J. Burckhardt, Wildgans, Carossa. Problematisch und mit einem Bruch endend, verlief H.s Beziehung zu George, dessen herrischer Natur sich der Jüngere entzog. Fruchtbar, wenn auch aus künstlerischen Gründen spannungsreich gestaltete sich die 1906 einsetzende Zusammenarbeit mit Richard Strauss, der H.s Libretti von *Elektra* bis *Arabella* vertonte – nicht immer so «leicht» und der Operette angenähert, wie der Autor es sich vorstellte.

Wien. – Die Schmiegsamkeit, Verbindlichkeit des Sprechens zeichnete bereits die (teilweise unter dem Pseudonym «Loris» veröffentlichten) Prosa- und Versarbeiten des jungen H. zwischen 1892 und 1900 aus, zumal auch die «lyrischen Dramen» von *Gestern* (1891) und dem *Tod des Tizian* an, in denen weniger die «spannende» Auseinandersetzung gestaltet ist als eine musikalische Konstellation von Gestalten und Situationen: in Verwandlungen und Übergängen. Das Wachsen und Reifen im Miteinander nannte H. «allomatisch», exemplarisch führt das *Der weiße Fächer* vor, in dem zwei Liebende gemeinsam die Treue zum Vergangenen mit der Verwandlung zu neuem Leben versöhnen. Der oft erhobene Vorwurf, der junge H. sei ein «Ästhet» gewesen, erweist sich bei genauerem Zusehen als haltlos. Zwar sind die Verse der Gedichte von bezaubernder Schönheit, zwar ist die Prosa der frühen Erzählungen und Essays von betörender Weichheit, zwar entzündet sich die Phantasie des Fin-de-siècle-Poeten an bereits Vorgedichtetem: doch das ändert nichts an der Präzision, dem Ernst der Texte. Vor allem die essayistische Prosa macht deutlich, daß sich im Spiegel des Wiener Literaten europäische Kultur bricht; schon dem Gymnasiasten war Entlegenes und Entferntes präsent: Element der eigenen Existenz.

Der Dichter und die Geschichte. – Das Bestreben, als Autor «gegenwärtig» und Stimme der eigenen Zeit zu sein, verband sich für H. stets mit der Nötigung, vielfältige geschichtliche Perspektiven wahrzunehmen. «Ganz vergessener Völker Müdigkeiten / Kann ich nicht abtun von meinen Lidern, / Noch weghalten von der erschrockenen Seele / Stummes Niederfallen ferner Sterne», heißt es in einem Gedicht der ersten Schaffensperiode. In dem Vortrag *Der Dichter und diese Zeit* von 1907 sagte er, der Dichter sei «Zuseher» und der «lautlose Bruder aller Dinge»; in ihm verknüpften sich «die Elemente der Zeit», nur in ihm sei «Gegenwart»; zugleich lebten die «Toten ... in ihm», er vermöge «nichts in der Welt und zwischen den Welten als non avenu zu betrachten». Ein Bild aus dem *Buch der Freunde* von 1922 präzisiert das Verhältnis von Geschichte und Gegenwart für den Dichter weiter: es müsse einen Stern geben, «von dem aus das vor einem Jahr Vergangene Gegenwart ist, auf einem das vor einem Jahrhundert Vergangene ... und so fort, alles in einer lückenlosen Kette»; so stehe vor dem «Auge der Ewigkeit» (aber auch des Dichters) «alles nebeneinander». Aus dieser Gegenwart des Vergangenen leitet sich die Verantwortung für die Zukunft her, wie sie H. im Begriff der «konservativen Revolution» faßte und als Verwaltung eines Erbes begriff.

Treue und Verwandlung. – Dieses Verhältnis zur Vergangenheit ist eines der «Treue», die jedoch für H. auch «Erstarren und Tod» bedeutete: unbedingtes Festhalten führe zur Vernichtung der Existenz. Daher verquickte H. das Thema der Treue von Anfang an stets mit dem der «Verwandlung», die ihm als «Leben des Lebens» galt, wie er anläßlich der *Ariadne auf Naxos* schrieb. Wienerisch, österreichisch gewendet ist dieses Paradox von Treue und Verwandlung im *Rosenkavalier* (1911): «Leicht muß man sein, / mit leichtem Herz und leichten Händen / halten und nehmen, halten und lassen ... / Die nicht so sind, die straft das Leben, und Gott erbarmt sich ihrer nicht» (so die Marschallin Fürstin Werdenberg, die auf den jungen Octavian verzichtet). In der kurz vorher entstandenen Komödie *Cristinas Heimreise* wird die Ehe gerade von Florindo, der Casanova-Gestalt des Verführers, gelobt; Cristina vermag sich von ihm zu lösen, wird den Kapitän Tomaso heiraten.

Sprache und Verstummen. – Einer der entscheidenden «Übergänge» war für H. der vom Sprechen ins Verstummen, aus dem Schweigen ins Wort. Thematisch wurde das Problem im «Chandos-Brief» von 1902 (*Ein Brief*, in Buchform zuerst erschienen in: *Das Märchen der 672. Nacht*), der den Zusammenhang von Realitätszerfall und Sprachverlust so darstellt, daß in dem Vorgang zugleich ein Identitätsverlust erkennbar wird: damit ist ein Hauptthema der ganzen Literatur des 20. Jhs. angeschlagen, und zwar so, daß der Sprachzerfall auch eine Störung des «Socialen» darstellt, einen Untergang des «Geselligen». Komödienhaft durchgespielt wird das Problem des Sprachverlusts in *Der Schwierige* (1920): Hans Karl Bühl erklärt alles Ausgesprochene, alles Sprechen für «indezent» und kann doch nur im Sprechen zu sich und zum Du – zu der ihm ebenbürtigen Helene Altenwyl kommen. Dieses Sprechen als nicht entfremdendes Element des «Geselligen» setzte H. der «Dialektik» des «zweckvollen Gesprächs», der «ausgeklügelten Rede» entgegen, die «das Ich aus der Existenz» dränge. Kommunikative Sprache ist der Geste, der Gebärde benachbart, mehr Ausdruck als Aussage, und sie hebt Einsamkeit auf.

Österreich. – Mit dem «Chandos-Brief» macht sich ein Wandel bemerkbar: Gedichte (als pure Ich-Darstellungen) entstehen kaum mehr, der Ton der Essays wird männlicher, herber, ohne doch den Schmelz preiszugeben; das Drama nähert sich der großen, dialogischen Form, am entschiedensten in *Elektra*; der Dichter verzichtet häufig auf seine Singularität: die Texte für Strauss (*Elektra, Der Rosenkavalier, Ariadne auf Naxos, Die Frau ohne Schatten*; später noch *Die ägyptische Helena*, *Arabella*) galten ihm keineswegs als Nebenarbeiten; der *Jedermann* sollte nicht intimes Kammertheater, sondern «Spiel vor der Menge» sein. Goethe wurde zur poetisch-geistigen Bezugsgestalt. Österreichisches in seiner spezifischen Geschichtlichkeit trat im Essay und im Roman *Andreas* – Reise des jungen Herrn Andreas von Ferschengelder 1778 nach Venedig – in den Vordergrund. Der Untergang des Habsburger Reichs wurde zur Krisis: H. ließ den Roman unvollendet liegen (Notizen H.s deuten jedoch die Weiterführung, vor allem im Sinn einer Entfaltung der Identitätsproblematik, an). Befreiung brachte die Komödie (nach verlorenen Kriegen müsse man Komödien schreiben, notierte H. nach Novalis); *Der Schwierige*, nach dem Ersten Weltkrieg spielend, erweckte das vergangene gesellige Österreich noch einmal zum Leben, und dieser Akt der Treue bedeutete für H. die Möglichkeit, sich vom Österreicher in den Europäer zu verwandeln.

Europa. – Ausdruck fand dieses Europäertum in Salzburg, dessen Festspiele eine Einheit von Alpenländischem und Abendländischem herzustellen suchten. Mit der Anknüpfung an Calderón (*Das Salzburger große Welttheater*, 1922) stellte sich H. in die europäisch-weltweite habsburgische Tradition. *Der Turm* (ebenfalls von einer Calderón-Bearbeitung [«La vida es sueño»] ausgegangen), Tragödie des Prinzen Sigismund, Drama um Gewalt und Gewaltlosigkeit, vertieft die neue Position noch (freilich mit dichterisch nicht voll geglücktem Resultat). Um Europäer sein zu können, mußte H. jedoch auch noch das Phänomen der «Nation» aufarbeiten. Er identifizierte sie weithin mit der Sprache, dem Logos, fand ihr Pneuma im Schrifttum als dem «geistigen Raum der Nation». Die «konversative Revolution», auf die H.s kulturpolitische Erwägungen abzielten, erforderte «Kritik» an der eigenen Kultur: in der deutschen Sprache nahm er einen Mangel an geselligen Elementen, einen Zug zur Eigenbrötelei wahr, die deutsche Geistigkeit (stets abgesehen von Goethe) galt ihm weithin als gefährlich introvertiert, «weltlos». Gerade diese Gefahren zu durchbrechen, war ein Ziel jener europäisch-abendländisch orientierten «konservativen Revolution», des Versuchs, im Interesse von Zukunft Treue und Verwandlung miteinander zu versöhnen.

W.: Dramen: Gestern, 1891; Theater in Versen, 91 (enthält: Die Frau im Fenster, Die Hochzeit der Sobeide, Der Abenteurer und die Sängerin); Der Kaiser und die Hexe, 1900; Der Tor und der Tod, 00; Der Tod des Tizian, 01; Das kleine Welttheater, 03; Elektra, 04; Das gerettete Venedig, 05 (nach Th. Otway); Ödipus und die Sphinx, 06; Der weiße Fächer, 07; Kleine Dramen, 07; Cristinas Heimreise, 10; Jedermann, 11; Der Rosenkavalier, 11; Ariadne auf Naxos, 12, bearb. 16; Alkestis, 11; Der Bürger als Edelmann, 18 (nach Molière); Die Frau ohne Schatten, 19; Dame Kobold, 20 (nach Calderón); Der Schwierige, 21; Das Salzburger große Welttheater, 22; Florindo, 23 (Frühfassg. von Cristinas Heimreise); Der Turm, 23–25, gekürzt 25, neue Fassung 27; Die ägyptische Helena, 28; Arabella, 33; Das Bergwerk zu Falun, 33 (Teile ersch. ab 1900); Danae, 52; Der Unbestechliche, 56 (in: Lustspiele IV). – Ferner Entwürfe und Bearbeitungen. – *Lyrik:* Ausgewählte Gedichte, 03; Die gesammelten Gedichte, 07; Die Gedichte und Kleinen Dramen, 11; Gedichte, 23; Nachlese der Gedichte, 34; – *Erzählende Prosa:* Das Märchen der 672. Nacht u. a. Erz. (Reitergeschichte, Erlebnis des Marschalls von Bassompierre, Ein Brief [Brief des Lord Chandos]), 05; Die Frau ohne Schatten, 19; Andreas oder die Vereinigten, 32 (Romanfragment). – *Sonstige Prosa:* Unterhaltungen über literarische Gegenstände, 04; Die prosaischen Schriften, 3 Bde, 07–17 (in Bd. 1: Der Dichter und diese Zeit); Reden und Aufsätze, 21; Buch der Freunde, 22; Augenblicke in Griechenland, 24; Wert und Ehre deutscher Sprache, 27; Loris. Die Prosa des jungen H. v. H., 30; Ad me ipsum, 31; Die Berührung der Sphären, 31; Das Theater des Neuen, 48; Festspiele in Salzburg, 52 (Aufsätze). – *Hg.:* Deutsche Erzähler, 12; Deutsches Lesebuch, 22–23. – *Briefe:* Briefwechsel mit R. Strauss, hg. v. F. Strauss, 26; Briefwechsel zwischen George und H., 38; H. v. H. und E. v. Bodenhausen: Briefe der Freundschaft (1897–1919), 53; H. v. H. und R. Borchardt: Briefwechsel, 54; H. v. H. und C. J. Burckhardt: Briefwechsel, 56; R. Strauss und H. v. H.: Briefwechsel, Gesamtausg., [3]64; H. v. H. und A. Schnitzler: Briefwechsel, 64; Briefwechsel mit H. v. Nostitz, 65; Briefwechsel mit E. Karg v. Bebenburg, 66; Briefe an Marie Herzfeld, 67; H. v. H. – Willy Haas. Ein Briefwechsel, 68; Briefwechsel mit L. von Andrian, 68. – Gesammelte Werke, 6 Bde, 24, 3 Bde, 34; Ges. Werke in Einzelausg., hg. v. H. Steiner, 15 Bde, 45–59 (Gedichte und lyr. Dramen, Dramen I–IV, Lustspiele I–IV, Prosa I–IV, Erzählungen, Aufzeichnungen).

Lit.: W. Brecht, in: Jahrbuch des Freien dt. Hochstifts, 1930; F. Koch, ebd. 30; M. Kommerell: H. v. H., 30; J. C. Burckhardt: Erinnerungen an H., 43; W. Jens: H. und die Griechen, 55; W. H. Rey, in: Euphorion 48, 1954; ders., in: Dt. Vierteljahrschrift 30, 1956; H. Olles, in: Wort und Wahrheit 12, 1957; E. Hederer: H. v. H., 60; R. Alewyn: Über H. v. H., [3]63; H. v. H. Der Dichter im Spiegel der Freunde, hg. H. A. Fiechtner, 63; H. Broch: H. und seine Zeit, 64; M. Hamburger: H. v. H., 64; G. Wunberg: Der frühe H., 65; H. Weber: H. v. H. Bibliographie des Schrifttums 1892–1963, 66; W. Volke: H. v. H., 67; G. Pickerodt: H.s Dramen, 68; R. Goldschmit: H. v. H., 68; H. v. H., hg. v. S. Bauer, 68; E. Rösch: Komödien H.s, [2]68; K. Esselbronn: H. und der antike Mythos, 69; R. Tarot: H. v. H., 70; J. Haupt: Konstellationen H. v. H.s, 70; E. Kobel: H. v. H., 70; N. Altenhofer: H. v. H.-Bibliographie (in Vorbereitung).

W. H.

Hohoff, Curt, * 18. 3. 1913 Emden (Ostfriesland).

H. studierte Medizin, dann deutsche und englische Philologie, Geschichte und Philosophie. Seit 1963 lebt er als freier Schriftsteller in München. — Er veröffentlichte anfangs Gedichte in Zeitungen, dann Erz. von eher behutsamer Darstellungsweise. Bekannt wurde er nach dem Krieg mit Tagebuchaufzeichnungen seiner Erlebnisse in russischer Kriegsgefangenschaft, *Woina, Woina,* in denen religiöse Elemente deutlich sind. H. schrieb neben weiteren Romanen und Erzählungen, so der teilweise utopischen

Verbotenen Stadt, literarhistorische und kritische Arbeiten.

W.: Romane: Feuermohn im Weizen, 1953; Paulus in Babylon, 56; Die Märzhasen, 66. – *Erz.:* Der Hopfentreter, 41; Hochwasser, 48; Die verbotene Stadt, 58; Gefährlicher Übergang, 64. – *Tagebuch:* Woina, Woina, 51. – *Essays:* Adalbert Stifter, 49; Geist und Ursprung – Zur modernen Literatur, 54; Heinrich von Kleist in Selbstzeugnissen und Bilddokumenten, 58; Neubearbeitung von A. Soergel: Dichtung und Dichter der Zeit, 2 Bde, 61 u. 63; Schnittpunkte, 63; Was ist christliche Literatur, 66. DW

Hollaender, Felix, * 1. 11. 1867 Leobschütz (Oberschlesien), † 29. 5. 1931 Berlin.
H. studierte Germanistik und Philosophie, war Dramaturg des Deutschen Theaters in Berlin und Intendant in Frankfurt/M. 1920 wurde er Nachfolger von Max Reinhardt am Großen Schauspielhaus Berlin, dann Redakteur und Schauspielkritiker. – H. schrieb vor allem Romane und Novellen, in denen er mit naturalistischer Eindringlichkeit soziale Themen, besonders aus dem Berliner Leben, behandelte.

W.: Romane: Jesus und Judas, 1891; Sturmwind im Westen, 96; Erlösung, 99; Der Weg des Thomas Truck, 1902; Traum und Tag, 05; Unser Haus, 11; Der Eid des Stephan Huller, 12; Die Briefe des Fräulein Brandt, 18; Der Tänzer, 20; Der Demütige und die Sängerin, 25; Das Erwachen des Donald Westhof, 27; Das Schiff der Abenteuer, 29; Ein Mensch geht seinen Weg, 31. – *Erz.:* Der Pflegesohn, 06; Die Witwe, 08. – Ges. Werke, 6 Bde, 26. RLL

Holthusen, Hans Egon, * 15. 4. 1913 Rendsburg.
H. studierte an den Univ.en Tübingen, Berlin u. München deutsche Philologie, Geschichte und Philosophie. 1937 promovierte er mit einer Arbeit über Rilke. Seit 1945 lebt H. in München, 1961—64 war er Programmdirektor des Goethe-Hauses in New York. H. ist seit dem 1. 7. 1968 Präsident der Bayerischen Akademie der Schönen Künste. Er unternahm zahlreiche Vortragsreisen. — Der Lyriker H. ist dem späten Rilke und den englischen Dichtern T. S. Eliot und W. H. Auden verpflichtet. Sein Essayband über moderne Literatur, *Der unbehauste Mensch,* wurde ein großer Erfolg, der Titel zum Schlagwort. Hier und in späteren literaturkritischen Werken geht H. von «Begegnung» und «Verstehen» aus. Der Roman *Das Schiff* wurde vielfach als ästhetizistisch und mondän kritisiert.

W.: Lyrik: Klage um den Bruder, 1947; Hier in der Zeit, 49; Labyrinthische Jahre, 52. – *Roman:* Das Schiff. Aufzeichnungen eines Passagiers, 56. – *Essays:* Rilkes Sonette an Orpheus, 37; Die Welt ohne Transzendenz. Eine Studie zu Th. Manns «Dr. Faustus», 49; Der späte Rilke, 49; Der unbehauste Mensch. Motive u. Probleme der modernen Literatur, 51 (erw. 55); Ja und Nein, 54; Das Schöne und das Wahre, 58 (hierin u. a. über Kommerell); R. M. Rilke in Selbstzeugnissen u. Bilddokumenten, 58; Kritisches Verstehen, 61 (u. a. über Brecht); Avantgardismus u. die Zukunft der modernen Kunst, 64; Plädoyer für den Einzelnen, 67; Mörike, 71. – *Sonstiges:* Indiana Campus. Ein amerikanisches Tagebuch, 69. RLL

Holz, Arno, * 26. 4. 1863 Rastenburg (Ostpr.), † 26. 10. 1929 Berlin.
H., Sohn eines Apothekers, kam 1875 nach Berlin, wurde Redakteur, dann freier Schriftsteller. 1888/89 war ihm der damals gleichstrebende J. Schlaf Freund und Gefährte. Als Mitglied des Naturalistenvereins «Durch!» und erster Schriftleiter der «Freien Bühne» (der späteren «Neuen Rundschau») nahm H. vorübergehend bestimmenden Einfluß auf den Weg der modernsten deutschen Dichtung; doch nach dem Bruch mit Schlaf, G. Hauptmann und anderen ehemaligen Mitstreitern vereinsamte er als Mensch wie als Künstler mehr und mehr. H. war – in seinen theoretischen Schriften und großenteils gemeinsam mit J. Schlaf verfaßten Musterwerken (*Papa Hamlet, Die Familie Selicke, Neue Gleise*) – der Begründer eines konsequenten Naturalismus in Deutschland, dessen selbstformulierten Prinzipien er auch treublieb, als sich die literarische Szenerie veränderte. Unter dem Einfluß Zolas, ja ihn an Radikalität überbietend, forderte H., bestärkt durch seine Beschäftigung mit den Naturwissenschaften, eine Kunst, die ausschließlich Wiedergabe der Natur – abzüglich der durch die unvermeidbaren «Mängel» der Mittel verursachten Minderungen – sein sollte («Kunst = Natur minus x»). Wichtige Konsequenzen dieses rigorosen Pro-

gramms waren die vorbehaltlose, unzensierte Reproduktion der faktisch gesprochenen Umgangssprache unter Einschluß selbst vorsprachlicher affektiver Lautgebärden und – im Stofflichen – die ungeschönte Darstellung des Alltags- und Durchschnittsmenschen in seinem Milieu, in seiner Determination durch Erbmasse und Triebleben. Um die – «Natur» genannte – Realität auch in ihren temporalen Abläufen möglichst umfassend abbilden zu können, entwickelte H. gemeinsam mit Schlaf für die Erzählung den sogenannten «Sekundenstil» (*Papa Hamlet*), ein freilich nicht auf das Optische beschränktes quasi-kinematographisches Verfahren, dem im dramatischen Bereich äußerst detaillierte, den Dialog mitunter an Umfang übertreffende Regieanweisungen sowie unbedingte zeitliche Kongruenz von fingierter und real vorgeführter Bühnen-Handlung entsprechen. – Auch die Lyrik suchte H., nach eigenen formal noch konventionellen Anfängen (*Das Buch der Zeit*), zu revolutionieren, indem er an die Stelle aller überlieferten Metren, aber auch der herkömmlichen freien Rhythmen, nur aus der sprachlichen Eigenbewegung resultierende prosanahe «Vers»folgen setzte. Die symmetrische Gruppierung solcher Folgen um eine imaginäre Mittelachse sollte im Druckbild «natürlichen» Sprechrhythmus veranschaulichen. Der *Phantasus*, in dem H. sein neues lyrisches Prinzip in jahrzehntelangem Ringen zu bewähren trachtete, wurde sein Hauptwerk; es bezeugt die Ingeniosität und Virtuosität des Sprachkünstlers H., dessen stoffbezogener Naturalismus sich hier überraschend als Außenseite eines artistischen Enzyklopädismus erweist, wie er ähnlich für Erscheinungen des dichterischen Barock oder Manierismus charakteristisch war. (Engere Beziehungen zur Lyrik des Barock hat H. selbst früh durch seine neuschöpferischen Imitationen *Dafnis* erkennen lassen.) Erst in jüngerer Zeit wurde die bahnbrechende literarische Leistung H.' unter so erweitertem Blickwinkel angemessen neubewertet und gewürdigt.

W.: Lyrik: Das Buch der Zeit, 1886 (erweit. 1905, 24); Der geschundene Pegasus, 92 (mit J. Schlaf); Phantasus, 2 Bde 98 f. (erweit. 1913, 16, 25; 3 Bde 61 f.); Die Blechschmiede, 1902 (erweit. 17, 21, 24); Lieder auf einer Laute, 03 (erweit. als: Dafnis, 04, vollst. 22). – *Dramen:* Die Familie Selicke, 1890 (mit J. Schlaf; unter Ps. B. P. Holmsen); Neue Gleise, 92 (mit J. Schlaf); Socialaristokraten, 96; Traumulus, 1904 (mit O. Jerschke); Sonnenfinsternis, 08; Ignorabimus, 13. – *Erz.:* Papa Hamlet, 1889 (mit J. Schlaf; unter Ps. B. P. Holmsen). – *Theoretische Schriften:* Die Kunst, ihr Wesen und ihre Gesetze, 2 Bde, 91 f.; Revolution der Lyrik, 99. – *Autobiographisches:* Kindheitsparadies, 1924. – Das Werk, 12 Bde, 26; Werke, hg. v. Anita H. u. W. Emrich, 7 Bde, 61–64; Briefe, hg. v. Anita H. u. M. Wagner, 49.

Lit.: A. H. u. sein Werk, hg. v. F. Avenarius, M. Liebermann u. M. v. Schillings, 1923; A. Döblin: A. H., 51; H. Motekat: A. H., 53; F. Martini: Das Wagnis der Sprache, [4]63; G. Schulz: A. H., 70; B. Sauer: H.-Bibliographie (in Vorb.). H. P.

Horia, Vintila, * 18. 12. 1915 Segarcea (Rumänien).

H. studierte Jura in Bukarest, bekam 1940/41 ein Humboldt-Stipendium für germanistische Studien in Wien. Er lebte einige Jahre in Italien und Argentinien, ist seit 1954 in Madrid und Prof. an der «Escuela Oficial de Periodismo». 1960 erhielt er den Goncourt-Preis für seinen Roman *Dieu est né en exil,* aber auf Grund einer rumänischen Intervention wurde H. zum Verzicht gezwungen.

Als feiner Psychologe und Kenner der alten wie zeitgenössischen Geschichte schreibt H. in präzisem Stil Romane und Essays in französischer und spanischer Sprache. Seine Grundthemen sind das Schicksal der westlichen Zivilisation, das Leben im Exil, Eros und Tod. In dem Roman *Une femme pour l'apocalypse,* in dem Szenen der Leidenschaft und der Grausamkeit aus den dunkelsten Zeiten Spaniens heraufbeschworen werden, nähert sich J. dem «roman nouveau».

W.: Romane: Acolo şi stelele ard, 1942 (dt. Dort brennen sogar die Sterne); Dieu est né en exil, 60; (dt. Gott ist im Exil geboren); Le chevalier de la résignation, 61; (dt. Der Ritter der Resignation); Les impossibles, 62; La Septième lettre, 64; Une femme pour l'Apocalypse, 68. – *Essays:* Presencia del mito, 56; La rebeldía de los escritores soviéticos, 60. H. S.

Horváth, Ödön von, * 9. 12. 1901 Susak b. Fiume (= Rijeka), † 1. 6. 1938 Paris.

H., Sohn eines Diplomaten aus ungarischem Kleinadel, wuchs in Belgrad, Budapest, München, Preßburg und Wien auf und studierte Philosophie und Germanistik in München. Seit 1923 lebte er abwechselnd in Murnau, Berlin, Wien und Henndorf bei Salzburg. 1938 emigrierte er in die Schweiz. Bei einem Aufenthalt in Paris wurde er von einem herabstürzenden Ast erschlagen.

Das Werk H.s, der nach kurzem, durch die Herrschaft des Nationalsozialismus jäh unterbrochenem Aufstieg 30 Jahre lang nahezu völlig vergessen schien, hat seit etwa 1960 eine an Intensität ständig zunehmende Renaissance erfahren. Im Vordergrund stehen dabei die 17 Bühnenarbeiten, die H. im Laufe eines einzigen Jahrzehnts (1928–38) schrieb. Sein Bemühen galt der Erneuerung des Volksstückes, nach allerdings gründlicher – «formaler» und «ethischer» – Destruktion dessen, was bisher unter diesem Begriff geläufig war. Immer wieder gestellte Aufgabe eines Volksstückes bleibt jedoch auch in H.s Perspektive, «Probleme auf eine möglichst volkstümliche Art» zu «behandeln», die «Fragen des Volkes, seine einfachen Sorgen» durch die Augen eben dieses Volkes zu sehen. H.s Volksstück dient dabei, ähnlich wie dasjenige Brechts, pädagogisch-aufklärerischen Zwecken: der Zuschauer soll nicht so sehr nur «miterleben», sondern das Geschehen auf der Bühne kritisch betrachten. H., der den «ewigen Kampf zwischen Bewußtsein und Unterbewußtsein» sein «dramatisches Grundmotiv» nannte, erstrebte die «Demaskierung des Bewußtseins», des falschen, inadäquaten. – Der gesellschaftlichen Realität seiner Zeit entsprechend führte H. hellsichtig scharf gesehene Figuren des – offenen oder heimlichen – Kleinbürgertums vor, das er auch, spürbar von Wedekind und Sternheim beeinflußt, in seinen dämonischen Aspekten erfaßte. An die Stelle der ungebrochenen Dialektsprache des alten Volksstückes tritt die durch den «Bildungsjargon» ins Phrasen- und Floskelhafte derangierte mundartlich gefärbte Alltagssprache des «kleinen Mannes» neuerer Zeit. Das Erbe des Naturalismus wird erkennbar im Vorrang der Schilderung des Zuständlichen, des Milieus, das H. sicher und prägnant zu zeichnen weiß. Anders aber als im Naturalismus wird die Darstellung auf die entscheidenden Markierungspunkte des dramatischen Vorgangs beschränkt. Weiterhin unterscheidet H.s Realismus vom Naturalismus älteren Stils das distanzierend ironische Moment, das allem Ernst immer schon beigegeben ist; es entsteht eine dem Grotesken verwandte makabre Komik, die das Tragische impliziert. Tragikomödie in diesem Sinne ist H.s wohl bekanntestes Bühnenwerk *Geschichten aus dem Wiener Wald*, das mit und hinter dem Wien der Operetten- und Heurigenseligkeit menschliches Elend offenbart; am Ende steht, wie häufig bei H., ein Schein-Happy-End, eine «Lösung», die in Wahrheit das Unheil erst recht besiegelt. In gleicherweise ironischer Brechung von Ernst und Komik demonstriert das Stück von der «Liebe», die «nimmer aufhört», *Kasimir und Karoline*, die verhängnisvolle Macht der Konventionen und Vorurteile, die hier – im Verein mit der wirtschaftlichen Not – eine echte Partnerbeziehung zerstört. Im Schauspiel *Der jüngste Tag* wandte sich H., wie auch in den Romanen *Jugend ohne Gott* (ein Lehrer, der zu seiner vom Nationalsozialismus infizierten Klasse in Gegensatz geraten ist, wird in einen Mord verwickelt), und *Ein Kind unserer Zeit* (ein Kriegsinvalide, von den «Führern» enttäuscht, resigniert und setzt sich tödlichem Frost aus) der Frage nach den positiven Entscheidungsmöglichkeiten zu und erkennt, ähnlich den deutschen Expressionisten, in der «Kälte» der menschenverachtenden Indifferenz die allesverursachende Schuld.

W.: Dramen: Revolte auf Côte 3018, 1927 (umgearbeitet als: Die Bergbahn, 29); Sladek, der schwarze Reichswehrmann, 29; Italienische Nacht, 31; Geschichten aus dem Wiener Wald, 31; Kasimir und Karoline, 32; Hin und her, 34; Glaube, Liebe, Hoffnung, 36; Figaro läßt sich scheiden, 37; Der jüngste Tag, 37; Die Unbekannte aus der Seine, 49; Don Juan kommt aus dem Krieg, 52. – *Romane:* Der ewige Spießer, 30; Jugend ohne Gott, 38; Ein Kind unserer Zeit, 38 (die beiden letzten zus. als: Zeitalter der Fische, 53). – Stücke, hg. v. T. Krischke, 61; Ges. Werke, 4 Bde, hg. v. W. Huder, T. Krischke u. D. Hildebrandt, 70 f. – Von Spießern, Kleinbürgern und Angestellten (Erz.ausw.), 71.

Lit.: J. Strelka: Brecht, H., Dürrenmatt, 1962; G. Reuther: Ö. v. H., 62; K. Kahl:

Ö. v. H., 69; Materialien zu Ö. v. H., hg. v. T. Krischke, 70. H. P.

Housman, Alfred Edward, * 26. 3. 1859 Fockbury (Worcestershire), † 30. 4. 1936 Cambridge.
H., der Bruder des Dramatikers und Essayisten Laurence Housman, studierte am St. John's College in Oxford. 1882 ging er für 10 Jahre als Beamter ans Patentamt in London, 1892 erhielt er eine Professur für Latein am University College in London, von 1911 an lehrte er am Trinity College in Cambridge. – H. war außergewöhnlich selbstkritisch und veröffentlichte selbst nur wenige Lyrikbände von hoher Sprachdisziplin und Klarheit. Der Anspruch, den H. an die Poesie stellte, fand eine theoretische Begründung in *The Name and Nature of Poetry.* Außerdem trat H. mit Übersetzungen lateinischer und griechischer Klassiker hervor und besorgte u. a. 1903 bis 1932 eine kritische Manitius-Edition.

W.: Lyrik: A Shropshire Lad, 1896; Last Poems, 1922; More Poems, 36; Manuscript Poems, Hg. T. B. Haber, 55. Complete Poems, 60. – *Essays:* The Name and Nature of Poetry, 33; Selected Prose, 61.
Lit.: O. Skutsch: A. E. H., 1961. RLL

Housman, Laurence, * 18. 6. 1865 Bromsgrove (Worcestershire), † 20. 2. 1959 Glastonbury.
H., der aus einer künstlerisch begabten Familie stammte (er war der Bruder Alfred Edward Housmans), studierte Malerei und war Illustrator, bevor er zu schreiben begann. In seiner Lyrik, die auch den Einfluß Blakes zeigt, kam H. von den Präraffaeliten her. Als Dramatiker begann er mit Legendendramen, den größten Erfolg hatte er aber mit seinen Chronicleplays um Königin Viktoria. Die Prosa ist bei aller Realistik der Einzelzüge märchenhaft und phantastisch. Satirische Züge hat der Roman *Trimblerigg* über einen heuchlerischen Politiker, in den H. manches von Lloyd George hineinlegte.

W.: Lyrik: Green Arras, 1896; Collected Poems, 1937. – *Dramen:* The Death of Orpheus, 21; Little Plays of St. Francis, 22 (Legenden, dt. Kleine Franziskusspiele); The Death of Socrates, 25. – *Chronicleplays:* Angels and Ministers, 21; Dethronements, 22; Echo de Paris, 23; Victoria Regina, 34 (dt. ebs.); Gracious Majesty, 41; Palestine Plays, 42. – *Romane:* An English Woman's Love Letters, 00; John of Jingalo, 12; Trimblerigg, 24; The Duke of Flamborough, 28. – *Märchenerzählungen:* A Farm in Fairyland, 1894; Ironical Tales, 1926. – *Autobiographie:* The Unexpected Years, 37.
Lit.: J. Scott-Kilvert: H., London 1955. DW

Hrabal, Bohumil, * 28. 3. 1914 Brünn.
H. studierte Jura in Prag, war u. a. Notariatsbeamter, Versicherungsagent, Bahnbeamter, arbeitete in einem Stahlwerk und am Theater. Manche seiner Texte entstanden bereits in den 40er und 50er Jahren, konnten aber erst nach dem XX. Parteitag der KPdSU erscheinen. Seit 1963 widmet sich H. in Prag ausschließlich der literarischen und der Film-Arbeit. H. ist der wohl populärste und erfolgreichste zeitgenössische tschechische Schriftsteller. Er benutzt für seine Erzählungen oft einen Slang, den er in Straßenbahnen und Kneipen studiert und den zu übersetzen so schwierig ist, daß H. trotz zahlreicher Übersetzungen im Ausland nicht so bekannt ist wie seine jüngeren Kollegen (Kohout, Havel, Vyskočil u. a.). Den ersten großen Erfolg hatte er mit den Erzählungen, die unter dem Titel *Pábitelé* (1964; dt. Die Bafler) zusammengefaßt sind und in denen H. eine Art «folkloristischen Surrealismus» kreierte. In *Taneční hodiny pro starší a pokročilé* (1964; dt. Tanzstunden für Erwachsene und Fortgeschrittene) läßt er einen Verwandten von Švejk und Qualtingers Herrn Karl, in einem einzigen Satz aus seinem Leben erzählen. In *Ostře sledované vlaky* (1965; dt. Reise nach Sondervorschrift), das als Film internationale Anerkennung fand, mengt er in kunstvoller Weise Komisches und Tragisches. In H.s Erzählungen mischen sich Erotik, Naturalismus, Folklore und Phantastik.

Weitere W.: Perlička na dně, 1963; Inzerát na dům, ve kterém už nechci bydlet, 65; Morytáty a legendy, 68. – Ferner zahlreiche Erzählungen und Essays in Zeitschriften. T. R.

Hsü Chï Mo, * 1896 Haining (Tschekiang), † 19. 10. 1931 bei Tientsin.
Hs., der aus einer vermögenden Familie stammte, studierte in Peking, dann in Amerika und England, wo er K. Mansfield und E. M. Forster kennenlernte.

Heimgekehrt, wurde er Prof. an der Peita-Univ. in Peking. Bei einer Chinareise des indischen Dichters Tagore wurde Hs. dessen Begleiter und kam mit ihm auch nach Europa. Diese Bekanntschaft übte auf sein Schaffen großen Einfluß aus. Er verunglückte tödlich auf einem Flug von Nanking nach Peking.
Hs. hatte sich frühzeitig der «Neuen Kulturbewegung» unter Dr. Hu Shi, die die bisher verachtete Umgangssprache in die Literatur einführte, angeschlossen und schrieb fortan in dieser «modernen Nationalsprache» (kuo-yü). Seine Versuche, die dichterischen Formen der englischen Literatur vom elisabethanischen Sonett bis zur Stanze Byrons in die chinesische Lyrik einzuführen, gelangen nicht. Seine langen Gedichte sind eher eine Art rhythmischer Prosa. Ebenso erfolglos blieben seine Bemühungen, durch seine philosophischen Gedichte den Stil Tagores einzubürgern. Die Tradition der alten chinesischen Poesie offenbart sich am stärksten in seinen kleinen lyrischen Gedichten, die zu seinen besten Leistungen gehören. Seine Essays, Erzählungen und Dramen schließen sich an abendländische Vorbilder an. Hs. gilt auch als formgewandter Übersetzer aus dem Englischen, Französischen und Deutschen.

W.: Lyrik: Fei-leng-ts'ui ti i yeh, 1927; Chih-mo ti shih, 28; Meng-hu chi, 31. – *Roman:* Ch'iu, 31. DW

Huch, Friedrich, * 19. 6. 1873 Braunschweig, † 12. 5. 1913 München.
H., ein Vetter Rudolf und Ricarda Huchs, und mütterlicherseits ein Enkel Friedrich Gerstäckers, studierte in München, Berlin und Paris Philologie und Philosophie und war während mehrerer Jahre Erzieher in Hamburg und bei Lodz in Polen. Seit 1903 lebte er als freier Schriftsteller in München.
Das Werk H.s dokumentiert seine Neigung zur Zeitsatire und Ironie, mit der er besonders den deutschen Spießer treffen wollte, wie in den Romanen *Peter Michel,* der tragikomischen Geschichte eines Gymnasiallehrers, und *Pitt und Fox* mit den humorvollen Schilderungen der Liebeswege eines Brüderpaars. Es läßt aber auch seine Sehnsucht nach Traum und Stille und nach dem erahnten frühen Tod erkennen in Romanen, die mit den Mitteln eines verfeinerten Impressionismus die menschliche Seele, namentlich die des Kindes und heranreifender junger Menschen analysieren. In diese Reihe gehören vor allem *Mao* und *Enzio.* Die Romane H.s sind von einer an Goethe und Stifter erinnernden Gegenständlichkeit, wirken aber auch musikalisch; sie neigen zur Welt des Traumes und des Unbewußten.

W.: Romane u. Erz.: Peter Michel, 1901; Geschwister, 03; Träume, 04; Wandlungen, 05; Mao, 07; Pitt und Fox, 09; Enzio, 11; Erzählungen, 14. – *Groteske Komödien:* Tristan und Isolde, Lohengrin, Der fliegende Holländer, 11. – Gesammelte Werke, 4 Bde., eingel. v. Thomas Mann, 25.
Lit.: Th. Mann: Rede bei F. H.s Bestattung, in: Altes und Neues, 1953; Th. Moulton: F. H., 59. DW

Huch, Ricarda, * 18. 7. 1864 Braunschweig, † 17. 11. 1947 Schönberg bei Frankfurt/M.
R. H. entstammte einer Patrizierfamilie und erwarb als eine der ersten Frauen 1891 in Zürich den Doktorgrad, wirkte als Bibliothekarin und Lehrerin in Zürich, später in Bremen und Wien. Sie lebte dann mit ihrem ersten Gatten, dem italienischen Zahnarzt Ermanno Ceconi, in Triest und München. Wie diese wurde auch ihre zweite Ehe mit ihrem Vetter und Schwager Richard Huch geschieden. Sie lebte zuletzt in Jena.
R. H. wurde mit ihren Romanen und Erzählungen zur führenden Vertreterin der Neuromantik in Deutschland. Ihr erster, teilweise autobiographischer Roman, *Erinnerungen von Ludolf Ursleu dem Jüngeren,* ist die Darstellung der Katastrophe, die in einer Zeit des Umbruchs über eine bürgerliche Familie hereinbricht. *Aus der Triumphgasse* veranschaulicht eher elegisch als anklagend am Beispiel der vitalen Farfalla und ihrer sieben Kinder das elende Leben im Armenviertel von Triest. Zwischen diesen beiden Romanen entstand ihr literatur- und kulturgeschichtliches Werk *Die Romantik.* In *Vita somnium breve* geht der norddeutsche Patrizier Michael Unger, seines Daseins als Kaufmann überdrüssig, ins Ausland, schließt sich einem Kreis von Professoren, Studenten, Künstlern und

russischen Sozialisten an, verliebt sich, kehrt aber schließlich in seine Heimat und zu seinen Pflichten zurück. Die Erzählung *Lebenslauf des heiligen Wonnebald Pück* ist eine Satire auf den Klerus: ein nichtsnutziger, aber durchtriebener Kaufmannssohn bringt es durch seine Heuchelei bis zum Bischof und wird nach seinem Tode heiliggesprochen. *Der letzte Sommer,* eine Erzählung in Briefen, wirft die Frage auf, ob der politisch Handelnde das, was er empfindet, zugunsten dessen, was er für seine Pflicht hält, unterdrükken darf. *Das Leben des Grafen Federigo Confalonieri* ist die historisch getreue, farbige Biographie eines Verschwörers gegen die österreichische Fremdherrschaft, der in Kerkerhaft und Verbannung zu einem Symbol der nationalen Hoffnungen Italiens wird. Das monumentale episch-historische Werk *Der große Krieg in Deutschland* schildert in zahlreichen einzelnen Szenen und Bildern den Untergang des Heiligen Römischen Reiches Deutscher Nation im Dreißigjährigen Krieg. Der vielgelesene Roman *Der Fall Deruga* behandelt das Problem der Euthanasie: der Arzt Deruga, der Züge von R. H.s erstem Mann trägt, hat, wie sich im Verlauf der spannungsreichen Handlung herausstellt, seiner krebskranken Frau Gift eingeflößt, eine Tat, über die er nicht Reue, sondern Genugtuung empfindet. Nach dem Ersten Weltkrieg wandte sich R. H. immer mehr religiös-weltanschaulichen Problemen zu.

W.: Romane u. Erz.: Erinnerungen von Ludolf Ursleu dem Jüngeren, 1893; Erzählungen, 3 Bde., 97; Aus der Triumphgasse, 1902; Vita somnium breve, 03 (als: Michael Unger, 13); Von den Königen und der Krone, 04; Seifenblasen. Drei scherzhafte Erzählungen, 05 (darin: Lebenslauf des heiligen Wonnebald Pück, 13); Die Geschichten von Garibaldi (unvollendet): Die Verteidigung Roms, 06, Der Kampf um Rom, 07; Das Leben des Grafen Federigo Confalonieri, 08; Der letzte Sommer, 10; Der Fall Deruga, 17; Der wiederkehrende Christus, 26; Weiße Nächte, 43; Der falsche Großvater, 47; Ges. Erzählungen, 62. – *Historische u. geistesgeschichtliche Werke:* Blütezeit der Romantik, 1899; Ausbreitung u. Verfall d. Romantik, 1902 (zus. als: Die Romantik, 08, 51); Gottfried Keller, 04; Das Risorgimento, 08 (als: Menschen u. Schicksale aus d. Resorgimento, 18); Der große Krieg in Deutschland, 3 Bde, 12–14 (als: Der Dreißigjährige Krieg, 2 Bde, 29); Wallenstein, 15; Luthers Glaube, 16; Der Sinn der Hl. Schrift, 19; Entpersönlichung, 21; Michael Bakunin u. die Anarchie, 23; Freiherr vom Stein, 25; Im Alten Reich, 2 Bde, 27–29 (3 Bde, Untertitel: Lebensbilder dtsch. Städte, 33/34); Alte u. neue Götter (1848), 30 (als: 1848 – Die Revolution des 19. Jhs. in Deutschland, 44); Deutsche Tradition, 31; Deutsche Geschichte, 3 Bde, 34–49; Quellen des Lebens, 35; Urphänomene, 46. – *Autobiographisches:* Frühling in der Schweiz, Jugenderinnerungen, 38; Mein Tagebuch, 46. – *Lyrik:* Gedichte, 1891, 94; Neue Gedichte, 1907; Ges. Gedichte, 29; Herbstfeuer, 44. – *Briefe:* Briefe an die Freunde, ausgew. v. M. Baum, 55; J. V. Widmann: Briefwechsel mit Henriette Feuerbach u. R. H., hg. v. Ch. v. Dach, 65. – *Sonstiges:* Der lautlose Widerstand. Bericht über die Widerstandsbewegung des deutschen Volkes 1933–45, hg. v. G. Weisenborn, 53. – Ges. Schriften, 64; Ges. Werke, 10 Bde. u. 1 Registerbd., hg. v. W. Emrich, 66 ff.

Lit.: R. H. Persönlichkeit u. Werk in Darstellungen ihrer Freunde, 1935 (mit Bibliogr.); G. Bäumer: R. H., 49; M. Baum: Leuchtende Spur. Das Leben R. H.s, 50; E. Hoppe: R. H., ²51; H. Baumgarten: R. H., 64; B. Weber: R. H., Bibliographie, 64; G. H. Hertling: R. H., 66; G. Grote: Die Erzählkunst R. H.s, 67 (Nachdruck). RLL

Huch, Rudolf, * 28. 2. 1862 Porto Allegre (Brasilien), † 13. 1. 1943 Bad Harzburg.

H., Bruder der Ricarda und Vetter Friedrich Huchs, studierte in Heidelberg und Göttingen, wurde Rechtsanwalt und Notar. Er begann als Kritiker: In seiner Schrift *Mehr Goethe* geißelte er den Naturalismus und seine Größen, focht gegen Ibsen und den Kult mit Nietzsche. Als Erzähler verfolgte H., der sein Vorbild in Raabe sah, den Entwicklungsgang deutschen Bürgertums vom Spießer zum europäischen Bourgeois; mit Ironie und beißendem Witz beschwört H. eine Fülle bürgerlicher Kleinstädter und entwirft Tragikomödien des Künstlers, des Genies, des Don Juan und des Abenteurers.

W.: Essays: Mehr Goethe, 1899; Eine Krisis, 1904; Zwiegespräche, 34; Die Tragödie Bismarck, 38; W. Shakespeare, 41. – *Romane u. Erz.:* Aus dem Tagebuche eines Höhlenmolches, 1895; Hans der Träumer, 1902; Komödianten des Lebens, 06; Die beiden Ritterhelm, 08; Die Familie Hellmann, 09; Wilhelm Brinkmeyers Abenteuer, 11; Junker Ottos Romfahrt, 17; Das Lied der Parzen, 18; Altmännersommer, 25; Spiel am Ufer,

27; Humoristische Erzählungen, 36. – *Autobiographisches:* Mein Weg, 37.
Lit.: Ch. Janssen: R. H., 1943. DW

Huchel, Peter, * 3. 4. 1903 Lichterfelde bei Berlin.
H., Sohn eines preußischen Ministerialbeamten, wuchs auf dem Hof seines Großvaters in Alt-Langerwisch/Mark auf, studierte später Literaturwissenschaft und Philosophie in Berlin, Freiburg und Wien und lernte auf Reisen Frankreich, den Balkan und die Türkei kennen. Erste Gedichte erschienen um 1925, nach 1933 veröffentlichte H., der 1940 eingezogen wurde, nur unpolitische Funkdichtungen. Nach der Rückkehr aus russischer Kriegsgefangenschaft im Herbst 1945 war H. am Ostberliner Rundfunk tätig, bis er 1949 Chefredakteur der Literaturzeitschrift «Sinn und Form» wurde. Der von der SED nach 1961 erhobene Vorwurf, die Zeitschrift bewege sich in einem «imaginären ästhetischen Raum» und «orientiere sich nicht eindeutig auf den Sieg der Arbeiterklasse» erzwang den Rücktritt H.s im Dezember 1962. H. verließ 1971 die DDR und lebt jetzt in Italien.
Bereits die frühen Gedichte des Oskar Loerke und Wilhelm Lehmann nahestehenden Naturlyrikers und Landschaftsdichters H., die seiner märkischen Kindheit gewidmet sind, zeigen einen unverwechselbar eigenen Ton. Sein ziemlich schmales Werk, gesammelt 1948/49, und seine in den 50er Jahren überwiegend positive Einstellung zur DDR (Zyklus über die Bodenreform «Das Gesetz», 1950; Nationalpreis, 51; Potsdamer Fontanepreis, 55) ließen seinen Namen als Lyriker in Westdeutschland wieder in Vergessenheit geraten. Erst die nach 1961 veröffentlichten Gedichte, die trotz aller Naturmetaphern politisch verstanden sein wollen («Winterpsalm», «Der Garten des Theophrast», «Traum im Tellereisen»), lösten eine H.-Renaissance aus, deren Höhepunkt die Verleihung des Westberliner Fontanepreises 1963 war.

W.: Lyrik: Der Knabenteich, 1932; Gedichte, Ostberlin 48, Karlsruhe 49; Chausseen Chausseen, 63; Die Sternenreuse. Gedichte 1925–1947, 67.
Lit.: O. F. Best (Hg.): Hommage für Peter Huchel, 68; I. Seidler, in Neue Deutsche Hefte, 5, 68. J. B. B.

Huelsenbeck, Karl Richard, * 23. 4. 1892 Frankenau (Hessen).
H. studierte Medizin, Germanistik, Kunstgeschichte und Philosophie, promovierte zum Dr. med. und bildete sich als Psychoanalytiker aus. 1935 emigrierte er in die USA, wo er heute in New York eine psychiatrische Praxis hat. – H. gründete 1916 mit T. Tzara u. a. im Zürcher Cabaret Voltaire die dadaistische Bewegung und suchte sie dann essayistisch zu rechtfertigen: als Protest des Individuums gegen totalitäre Repression. Die epische Prosa reicht von der «surrealistischen» Ehegeschichte *Die Verwandlungen* zum handlungsreich-farbigen Roman *Der Traum vom großen Glück.*

W.: Lyrik: Phantastische Gebete, 1916; Schalaben, Schalomai, Schalamezomai, 16; Die New Yorker Kantaten, 52. – *Essays:* En avant Dada, 20; Dada siegt, 20; Mit Witz, Licht und Grütze, 57. – *Romane u. Erz.:* Azteken oder Die Knallbude, 18; Die Verwandlungen, 18; Doctor Billig am Ende, 21; Der Traum vom großen Glück, 33. – Dokumentation (Hg.): Dada, 64. – Ferner Reiseberichte und Aufsätze. RLL

Hughes, James Langston, * 1. 2. 1902 Joplin (Missouri), † 22. 5. 1967 New York.
H. entstammte einer schon früh befreiten Negerfamilie; sein Vater war Rechtsanwalt. Er studierte in Columbia, reiste viel, war Gelegenheitsarbeiter. Vachel Lindsay erkannte seine Begabung und förderte ihn. 1934 ging er als Korrespondent nach Spanien. Er war auch Leiter eines Harlemer Theaters. — H. schrieb im Harlemer Idiom, wobei er Stimmung und Rhythmus des Blues verarbeitete. Seine Prosa befaßt sich mit den Rassenproblemen in den USA, die er am Beispiel des Alltagslebens der Neger darstellte, so in dem Roman *Not Without Laughter* über eine Negerfamilie im Mittelwesten, einer noch unkritischen Milieuschilderung. Den Einfluß des Blues-Stil verrät besonders deutlich die Sammlung *Laughing To Keep From Crying,* deren Geschichten typische Erfahrungen der amerikanischen Neger schildern. Zu H.' populärsten Werken gehört der Roman *Simple Speaks His Mind* um die Gestalt des Jesse Simple, dessen satirischer Witz gleichermaßen auf das Verhalten der Neger und der weißen Amerikaner zielt.

W.: Lyrik: The Weary Blues, 1926; Fine Clothes to a Jew, 27; Dear Lovely Death, 31; The Negro Mother, 31; The Dream Keeper, 32; A New Song, 38; Shakespeare in Harlem, 42; Selected Poems, 59; Ask Your Mama, 61. – *Romane u. Erz.:* Not Without Laughter, 30; The Ways of White Folks, 34; Simple Speaks His Mind, 50 (dt. Simpel spricht sich aus); Laughing To Keep From Crying, 52 (dt. Auswahl: Lachen um nicht zu weinen); Tambourines To Glory, 58 (dt. Trommeln zur Seligkeit). – *Sonstige Prosa:* First Book of Jazz, 55 (dt. Das Buch vom Jazz); The First Book of Africa, 60. – *Autobiographie:* The Big Sea, 40 (dt. Ich werfe meine Netze aus). – *Dramen:* Mulatto, 36; Troubled Island, 36. – Ferner dt.: Gedichte, engl. u. dt.; Weißgepuderte Gesichter (Kurzgeschichten).
Lit.: D. C. Dickinson: A Bio-Bibliographie of L. H., 1920–60, 1967; J. Jahn: Geschichte der neoafrikanischen Lit., 66; J. A. Emanuel: L. H., N. Y. 67. RLL

Hughes, Richard Arthur Warren, * 19. 4. 1900 Weybridge.
Während H. noch in Oxford studierte, veröffentlichte er schon seine ersten Gedichte, *Gipsy Night*. Sein erstes Drama, *The Sisters' Tragedy* wurde im selben Jahr in London aufgeführt und von Shaw als «der beste Einakter, der je geschrieben worden ist», begrüßt. Bereits 1923 schrieb H. ein Drama, das nicht nur für die Bühne, sondern auch für den Rundfunk bestimmt war: *Danger*; ein Bergwerk war Ort der Handlung. — Obwohl in England geboren, ist H. durch Herkunft und Neigung Waliser, ein Mitbegründer der bekannten walisischen Schauspielgruppe «The Portmadoc Players» und ehemaliger Vizepräsident des Welsh National Theatre. Heute lebt der vielgereiste H. völlig zurückgezogen an der walisischen Westküste.
H.' Liebe für die See und das Abenteuer (als angehender Sechzigjähriger überquerte H. das Ägäische Meer allein in einem kleinen Segelboot) spiegelt sich in seinem ersten Roman, *A High Wind in Jamaica* wider. Diese Geschichte einer Gruppe von Kindern, die von Piraten verschleppt wurden, brachte H. wegen seiner subtilen und realistischen Darstellung der Kinderwelt breite Anerkennung als psychologischer Realist ersten Ranges. Sein Roman *In Hazard* gehört heute zu den Klassikern der «sea story»-Gattung, ist aber als Allegorie auf den Untergang des britischen Imperiums zu verstehen. Erst dreiundzwanzig Jahre später veröffentlichte H. 1961 *The Fox in the Attic*, den ersten Band eines projektierten dreibändigen zeitgeschichtlichen Romans, «The Human Predicament». Der Hauptschauplatz ist Deutschland zwischen den beiden Weltkriegen; «fox» (Fuchs) meint Hitler, «attic» (Bodenraum) jene Kammer auf einem Bauernhof in Uffing am Staffelsee in Bayern, in die Hitler sich nach dem November-Putsch von 1923 zurückzog.

W.: Lyrik: Gipsy Night, 1922. – *Dramen:* Danger, 24; The Sisters' Tragedy and Other Plays, 24; Plays, 28. – *Erz. u. Romane:* A Moment of Time, 26; A High Wind in Jamaica (auch: The Innocent Voyage), 29 (dt. Sturmwind auf Jamaika); In Hazard, 38 (dt. Hurrikan im Karibischen Meer); The Fox in the Attic, 61 (dt. Der Fuchs unterm Dach). – *Essays:* Rhetoric, 67.
Lit.: J. Emanuel: L. H., 1967; D. C. Dickinson: L. H., 67. R. H.

Huidobro, Vicente, * 10. 1. 1893 Santiago de Chile, † 2. 2. 1948 ebd.
H. studierte in einem Jesuitenkolleg und veröffentlichte mit 17 Jahren seinen ersten Gedichtband. 1917 lernte er in Paris Apollinaire kennen und gab zusammen mit ihm die Zeitschrift «Nord-Sud» heraus. 1921 gab er in Madrid die Zeitschrift «Ultra» heraus, in der er seine lyrische Theorie entwickelte, den sogenannten «creacionismo». Lyrik war für ihn eine von der äußeren, realen Welt unabhängige Wirklichkeit. Zurück in Chile, gab er die Zeitschrift «Acción» heraus und kandidierte als Präsident für die Republik. Vor den Wahlen wurde er jedoch bei einem Attentat verwundet. Im Spanischen Bürgerkrieg und im Zweiten Weltkrieg war er Pressekorrespondent. – H. schrieb ebensogut Französisch wie Spanisch, zunächst traditionell, dann modernistisch. Er kämpfte für Frieden, Humanität und für alle nationalen und sozialen Anliegen der südamerikanischen Länder.

W.: Lyrik: Ecos del alma, 1911; Adán, 16; El espejo en el agua, 16; Horizon carré, 17; Hallali, poème de guerre, 17; Tout à coup, 18; Poemas árticos, 18; Mio Cid Campeador, 29; Ver y palpar, 41. – Poesía y Prosas, 57.
Lit.: D. Bary: H., 63.

H. S.

Huizinga, Johan, * 7. 12. 1872 Groningen, † 1. 2. 1945 De Steeg bei Arnhem. H. war 1897—1905 Prof. für Geschichte in Groningen, 1915—45 in Leiden. Während der deutschen Besetzung wurde er verfolgt. — H. ist in seiner wissenschaftlichen Haltung und in seinem gesamteuropäischen Kulturbewußtsein ein Nachfahre des Erasmus von Rotterdam, dem er eine Monographie widmete. In seinem kulturhistorischen Hauptwerk *Herfsttijd der middeleeuwen* gibt H., ausgehend von den geistigen Erscheinungsformen des Spätmittelalters in den Niederlanden und in Frankreich, eine Morphologie des Kulturablaufes. Als Kulturkritiker bemühte er sich um eine Diagnose der Kultur des 20. Jhs. Sehr bekannt wurde auch sein Buch *Homo ludens* über das spielerische Element in der Kultur.

W.: Herfsttijd der middeleeuwen, 19 (dt. Herbst d. Mittelalters); Erasmus, 24 (dt. ebs.; auch als: Europ. Humanismus: E.); Holländische Kultur im 17. Jh., 33 (dt. verfaßt); Cultuurhistorische verkenningen, 30 (dt. Wege d. Kulturgeschichte); In de schaduwen van morgen, 35 (dt. Im Schatten von morgen); Homo ludens, 38 (dt. ebs.); Geschonden wereld, 45 (dt. Wenn die Waffen schweigen); Mijn weg tot de historie, 47 (dt. Mein Weg zur Geschichte). – Ferner dt.: (Ges. Aufsätze) Im Banne der Geschichte; Parerga, hg. v. W. Kaegi; Geschichte u. Kultur, hg. v. K. Köster. – Verzamelde werken, 9 Bde., 48–53.
Lit.: P. Polman: H. als cultuurhistoricus, 1946; C. T. van Valkenberg: J. H., 46; K. Köster: J. H., 47, mit Bibliogr.; P. Geyl: H. als anklager van zijn tijd, 61; L. Huizinga: Herinneringen aan mijn vader, 63. DW

Hulme, Thomas Ernest, * 16. 9. 1883 Endon (North Staffordshire), † 28. 9. 1917 Nieupoort, Belgien.
1904 wegen eines Studentenulks vom St. John's College in Cambridge verwiesen, führte H. seine Studien in London fort und ging 1907 als Englischlehrer nach Brüssel. 1908 gründete er in London den Poets' Club, aus dem die Schule der Imagisten hervorging, die einen entscheidenden Einfluß auf die Diktion einer ganzen Generation angloamerikanischer Lyriker ausübte. Die wenigen kurzen Gedichte H.s, die als Anhang von Ezra Pounds «Ripostes» erschienen, sind beispielhaft für die von den Imagisten angestrebte Verwendung umgangssprachlicher und wissenschaftlich-technischer Sprachelemente, verbunden mit höchster Verknappung des Ausdrucks und Präzision des dichterischen Bildes. Obwohl seine literarische Bedeutung, die ihm insbesondere als Theoretiker zukommt, außer Zweifel steht, galt sein Hauptinteresse der Entwicklung einer an Henri Bergson und Georges Sorel einerseits sowie an Irving Babbit und Paul Elmer More anderseits orientierten Philosophie des Dogmas von der Begrenztheit der Möglichkeiten des Menschen und der Absolutheit ethischer Werte. Dieser Lehre entsprachen auch die militaristischen Thesen, die er während des Ersten Weltkriegs in verschiedenen Aufsätzen verfocht, ehe er als Freiwilliger an der belgischen Front selber ein Opfer dieses Krieges wurde.

W.: Lyrik: Complete Poetical Works in: The New Age, 10, 1912. – *Essays:* Speculations, 24; Notes on Language and Style, 29 (dt. Bemerkungen über Sprache und Stil); Further Speculations, 55.
Lit.: M. Roberts: T. E. H., 1938; H. Viebrock, in: Akzente 4, 1957; A. R. Jones: The Life and Opinions of T. E. H., 60. M. W. R.

Husserl, Edmund, * 8. 4. 1859 Prossnitz (Mähren). † 27. 4. 1938 Freiburg i. B.
H., bedeutendster Schüler Franz Brentanos, wurde 1887 Privatdozent in Halle, 1906 o. ö. Prof. in Göttingen, 1916 in Freiburg i. B., 1928 emeritiert.
H., der Schöpfer der «reinen Phänomenologie und phänomenologischen Philosophie», erstrebte eine radikale Neugründung der Philosophie als «strenge Wissenschaft». Da sowohl die natürliche Einstellung des Menschen, als auch die engagierten Weltanschauungsphilosophien das, was «erscheint», durch Vor-Urteile oder Aus-Richtungen verbauen, muß der Weg «zu den Sachen selbst» erst freigelegt werden. Dem dient H.s universale Bewußtseinsforschung, die — weder deskriptiv-klassifikatorisch, noch spekulativ-metaphysisch, weder empirisch-psychologisch, noch realistisch-naiv — nicht lediglich vorausgesetzte Gegebenheiten nur feststellt, sondern das Wie des Bewußt-Seins der Gegenständlichkeit untersucht.
Dabei zeigt sich, daß es das Bewußtsein charakterisiert, «intentional» zu sein,

d. h. stets Bewußtsein von etwas zu sein, das es «meint». Indem H. nun sowohl die transzendenten Geltungen ausschaltet, als auch die reale Weltexistenz «einklammert», gelangt er zu «reinen» Phänomenen, die in apriorischer Wesenserkenntnis als bewußtseinsmäßige Vermeintheiten erfahren und durch die Philosophie als Wesenswissenschaft nach Aufbau, Beziehung und Struktur erforscht werden können. Dadurch unterscheidet sich philosophisch-phänomenologische Analytik zwar von den positiven Wissenschaften, weist aber auf die Verwurzelung der objektiv-mundanen — also die Regionen der existierenden «Welt» betreffenden — Wissenschaften in den konstituierenden Zusammenhängen des intentional-transzendentalen Bewußtseins hin.

Der fundierende und fundamentale Grundcharakter von H.s radikaler phänomenologischer Analytik hat den Blick wieder über den Psychologismus und Relativismus hinaus auf Konstitutives, Strukturelles und absolut Wesentliches gelenkt und dadurch auch die zeitgenössische Kunst und Literatur beeinflußt; Husserls Satz: «um der Zeit willen dürfen wir die Ewigkeit nicht preisgeben», ist wiederum Ausdruck entsprechender Vorgänge auch auf anderen Gebieten.

W.: Logische Untersuchungen, 1900, [4]28; Ideen zu einer reinen Phänomenologie und phänomenologischen Philosophie, 13, [3]28; 2. u. 3. Buch, hg. v. M. Biemel, 52; Vorlesungen zur Phänomenologie des inneren Zeitbewußtseins, hg. v. M. Heidegger, 28; hg. v. R. Boehm, 66; Formale und transzendentale Logik, 29; Erfahrung und Urteil, hg. v. L. Landgrebe, 48; Philosophie der Arithmetik, hg. v. L. Eley, 70. In der Reihe Husserliana (Den Haag) sind XII Bände erschienen.

Lit.: Festschrift zum 70. Geb., 1929; L. Landgrebe, E. H., 38; A. Diemer: E. H. Versuch einer systematischen Darstellung seiner Phänomenologie, 56; H. Spiegelberg: The Phenomenological Movement, 60, [2]69; E. Fink: Studien zur Phänomenologie, 66. Innerhalb der Reihe Phaenomenologica (Den Haag) findet sich weitere Sekundärliteratur. R. W.

Hutchins, Maude Phelps, * New York City.

H., die ihre Kindheit auf Long Island verbrachte, studierte an der Yale Univ. und besuchte die Kunstakademie, um sich zur Bildhauerin auszubilden. H. schrieb u. a. Lyrik und Dramen, wurde aber vor allem durch ihre Romane bekannt, in denen sie die Gattung des Tagebuchs kompositorisch in den Erzählzusammenhang integriert. Sie behandelt mit Vorliebe erotische Themen und bevorzugt die spielerische Konfrontation des Phänomens Sex mit den puritanischen Konventionen ihres Landes.

W.: Romane u. Erz.: Georgiana, 1948 (dt. ebs.); A Diary of Love, 53 (dt. Noels Tagebuch); My Hero, 53 (dt. Kabbala der Liebe); The Memoirs of Maisie, 55 (dt. Maisies Memoiren); Victorine, 59; The Elevator, 62 (dt. Mein Liebster kommt); Honey on the Moon, 64 (dt. Honig im Mond); Blood on the Doves, 65; The Unbelievers Downstairs, 67. RLL

Huxley, Aldous Leonard, * 26. 7. 1894 Godalming, † 22. 11. 1963 Hollywood.

H. stammte aus einer der bekanntesten Wissenschaftlerfamilien Englands; er war der Enkel von Thomas Huxley und mütterlicherseits ein Großneffe Matthew Arnolds und mit der Erzählerin Humphrey Ward verwandt; sein Vater war Herausgeber des «Cornhill Magazine», sein Bruder Julian ist ein bekannter Biologe. Blindheit auf einem Auge als Folge eines Unfalls hinderte ihn an der Fortsetzung eines Medizinstudiums. In Eton und Oxford erzogen, war er 1920/21 gleichzeitig mit Katherine Mansfield Mitarbeiter des «Athenaeums» und dann der «Westminster Gazette». Er lebte 1923—30 in Italien, seit 1938 als unabhängiger Schriftsteller in Kalifornien.

H. war zugleich Essayist und Romancier; für seine zeit- und gesellschaftskritischen Romane sind philosophischer Dialog und psychologisch-satirische Beobachtung kennzeichnend. Meist vertreten die Figuren bestimmte Lebenshaltungen oder Denkrichtungen, so schon in den frühen Romanen (am wichtigsten: *Antic Hay*), deren Gestalten und Stimmungen in H.s erstem Hauptwerk, *Point Counter Point*, wiederkehren. H. schildert die Londoner Gesellschaft der 20er Jahre; die Menschen des Romans, unfähig zu zwischenmenschlicher Kommunikation, Ideologien und Leidenschaften verfallen, enthüllen ungewollt selbst die Nichtigkeit ihres Lebens. Positiver sieht H. nur Mark Rampion (an D. H. Lawrence, mit dem H. befreundet war, erinnernd), der an einen

Vitalismus glaubt. Von Dostojewski her kommt die Gestalt des innerlich zerrissenen Spandel, der den Faschisten Webley tötet; die Gesamtkonzeption des Buches läßt an Gides «Faux-Monnayeurs» denken. Sich selbst porträtierte H. in dem Schriftsteller Quarles. — Noch weitaus desillusionierender wirkt *Brave New World*, eine negative Utopie, die z. T. an Samjatins «My» anklingt; in der wissenschaftlich reglementierten Zukunftswelt, die hier erscheint, sind alle Konflikte eliminiert, besonders dank des «conditioning», dem schon die — künstlich gezeugten — Embryos unterworfen werden; Glück wird zudem durch die Droge «Soma» vermittelt; «happiness» gilt als Ideal, während früher «social instability» geherrscht habe. Als ebenso fragwürdig erweist sich aber auch die Gegenfigur des ständig Shakespeare zitierenden «Wilden» John Savage. Eine theoretische Fortsetzung schrieb H. später mit *Brave New World Revisited* (er fand seine Vorhersagen bestätigt), eine romanhafte mit *The Island*.

Mit gleichem Pessimismus zeichnet H. die Gesellschaft auch in *Eyeless in Gaza* (der Titel spielt auf den biblischen Simson an), doch zeigt sich nun eine Wendung H.s: der Soziologe Anthony Beavis bekehrt sich hier zur Lehre des Arztes Miller: Pazifismus und «Einheit mit allem Sein». Die mystische Wendung H.s, die auch Überwindung der Individuation und Überwindung der Zeit durch Kontemplation einschließt, traf mit seiner Abkehr von Europa zusammen. Sie tut sich, außer in erzählerischen Werken, kund in Essays wie *Ends and Means* (Idee des «non-attachment») und *The Perennial Philosophy* (Suche nach den übereinstimmenden ewigen Wahrheiten in allen Religionen); sie motivierte auch seine Experimente zur Bewußtseinserweiterung mit Hilfe von Mescalin (*The Doors of Perception; Heaven and Hell*). Einen historischen Fall von religiösem Massenwahn analysierte H. in *The Devils of Loudun*.

Die Romane, die in den USA entstanden, behalten z. T. die satirische Haltung bei. In *After Many a Summer* soll der Arzt Obispo ein Mittel zur Lebensverlängerung für einen reichen amerikanischen Unternehmer finden; es zeigt sich, daß es schon früher entdeckt worden ist und sein Benutzer als verblödeter 200jähriger dahinvegetiert. Ein Enden von Zeit wird von H. nur in mystischem Sinn bejaht; zu solchen Anschauungen findet Sebastian Barnack, Sohn eines Sozialisten, in *Time Must Have a Stop*. *Ape and Essence*, die zweite negative Utopie H.s, zeigt eine geistlose, auf tierische Lebensformen beschränkte Menschheit nach einem Atomkrieg. *The Genius and the Goddess* ist eine ironische Ehebruchsgeschichte: die sinnlich-weibliche Katy, Frau des Nobelpreisträgers Maartens, kommt jede Nacht zu dessen Assistenten John Rivers, als Maartens krank ist. Dieser kurze Roman wurde auch als Allegorie aufgefaßt: Maartens steht für die rationale Wissenschaft, Katy, die «goddess», für die Liebe.

W.: Lyrik: The Burning Wheel, 1916; The Defeat of Youth, 18; Leda, 20; Selected Poems, 25; Arabia infelix, 29; The Cicadas, 31. – *Romane:* Crome Yellow, 21; Antic Hay, 23; Those Barren Leaves, 25 (dt. Parallelen der Liebe); Point Counter Point, 28 (dt. Kontrapunkt des Lebens); Brave New World, 32 (dt. Welt – wohin?, später: Schöne neue Welt; Wackere neue Welt; Tapfere neue Welt); Eyeless in Gaza, 36 (dt. Geblendet in Gaza); After Many a Summer, 39 (dt. Nach vielen Sommern); Time Must Have a Stop, 44 (dt. Zeit muß enden); Ape and Essence, 48 (dt. Affe und Wesen); The Genius and the Goddess, 55 (dt. Das Genie und die Göttin); The Island, 62. – *Erz.:* Limbo, 20; Mortal Coils, 22; The Gioconda Smile. Young Archimedes, 24 (dt. Das Lächeln der G.; Der junge A.); The Little Mexican, 24; Two or Three Graces, 26 (dt. Zwei oder drei Grazien); Brief Candles, 30 (dt. Nach dem Feuerwerk); Consider the Lilies, 53 (dt. Schauet die Lilien); The Tillotson-Banquet, 53 (dt. Das Bankett für T.); Green Tunnels, 53 (dt. Grüne Tunnels); The Rest Cure, 55 (dt. Die Ruhekur). – *Essays:* On the Margin, 23; Along the Road, 25; Jesting Pilate, 26; Essays New and Old, 26; Proper Studies, 27; Do What You Will, 29; The Holy Face, 29; Vulgarity in Literature, 30; Music at Night, 31; Texts and Pretexts, 32; Beyond the Mexique Bay, 34; The Olive Tree, 36; Ends and Means, 37 (dt. Ziele und Wege); An Encyclopedia of Pacifism, 37; The Perennial Philosophy, 46 (dt. Die ewige Philosophie); Themes and Variations, 52 (dt. Thema und Variationen); The Devils of Loudun, 52 (dt. Die Teufel von Loudon); The Doors of Perception, 54 (dt. Die Pforten der Wahrnehmung); Heaven and Hell, 56 (dt. Himmel und Hölle); Adonis and the Alphabet, 57;

Brave New World Revisited, 58 (dt. 30 Jahre danach); On Art and Artists, 60. – *Biographie:* The Grey Eminence, 41 (über Père Joseph, den Berater Richelieus; dt. Die graue Eminenz). – *Dramen:* The World of Light, 31 (dt. Spiritistenkomödie); The Gioconda Smile, 50. – Außerdem Filmszenarios, in den USA verfaßt.

Lit.: A. Henderson: A. H., 1935, 64; P. Jouquelet: A. H., Paris, 48; S. Heintz-Friedrich: A. H. Entwicklung seiner Metaphysik, 49; J. Brooke: A. H., 54; J. Atkins: A. H., 56, 68; E. Stürzl: A. H., Zeitgebundenheit u. Zeitlosigkeit seines Werkes, 55; T. W. Adorno: A. H. u. die Utopie, in: Prismen, 55; C. J. Eschelbach u. J. L. Shober: A. H. A Biography 1916–59, Berkeley (Cal.), 61; A. H. – A Memorial Volume, 65 (dt. A. H. zum Gedächtnis); K. Otten, in: Der moderne englische Roman. hg. H. Oppel, 65; A. H. 1894–1963, hg. v. J. Huxley, 66; P. Bowering: A. H., 68; R. W. Clark: The Huxleys, 68. RLL

Hyry, Antti Kalevi, * 20. 10. 1931 Kuivaniemi.

H. studierte an der TH Helsinki, arbeitete aber von Anfang an als freier Schriftsteller. Man hat ihn mit Robbe-Grillet verglichen, da seine Erzählprosa an den französischen «nouveau roman» erinnert; sie unterscheidet sich jedoch wesentlich von ihm durch ihre untheoretische Art, ihre Frische und ihr Milieu. Der Schauplatz von H.s Büchern ist die nordfinnische Provinz; am häufigsten schildert er die Kindheit oder die Jugend seiner Personen, die Zeit, in der der Kontakt des Menschen mit seiner Umwelt unproblematisch und unmittelbar ist. Er skizziert die Einstellung seiner Personen, indem er ihre Reaktionen schildert und den Dialog für sich sprechen läßt; das Ergebnis ist eine objektive, beinahe behavioristische Erzählweise, die durch den sachlichen, klaren Stil und durch die genauen Naturbeobachtungen Gewicht erhält.

W.: Novellen: Maantieltä hän lähti, 1958; Junamatkan kuvaus, 62. – *Romane:* Kevättä ja syksyä, 58; Kotona, 60; Alakoulu, 65. – Dt. Auswahl: Erzählungen. DW

Ibáñez → Blasco Ibáñez

Ibarbourou, Juana de (geb. Juanita Fernández Morales), * 8. 3. 1895 Melo (Uruguay).

Mit ihrem ersten Gedichtband, *Las lenguas de diamante* wurde J. de I. in ganz Südamerika berühmt. (Man nannte sie später «Juana de América».) Ihre Lyrik zeigt Ausgewogenheit und, wie Unamuno es nannte, «keuscheste geistige Nacktheit». In *La rosa de los vientos* zeigt sich eine Neigung zum Surrealismus. *Perdida* drückt Lebensangst und tiefe Melancholie aus. In Prosawerken wie *Los loores de Nuestra Señora* herrscht das religiöse Gefühl vor. Neben autobiographischen Schriften verfaßte sie auch Theaterstücke für Kinder.

W.: Lyrik: Las lenguas de diamante, 1919; El cántaro fresco, 20; Raíz salvaje, 22; La rosa de los vientos, 30; Perdida, 50. – *Prosa:* Los loores de Nuestra Señora, 34; Estampas de la Biblia, 34; Chico-Carlo, 44. – *Dramen:* Los sueños de Notacha, 45. – Obras completas, [3]68. H. S.

Icaza, Jorge, * 10. 7. 1902 Quito (Ekuador).

I. war ein kleiner Angestellter und auch Schauspieler; er schrieb sehr früh Theaterstücke und Erzählungen. 1937 war er Mitbegründer der Gewerkschaft der Schriftsteller und Künstler von Ekuador. Als Sozialist und Verteidiger der Indios beschreibt I. in seinen Werken (besonders *Huasipungo*) das elende Leben der Arbeiter, die in den Unternehmen der weißen Kapitalisten ausgenutzt werden. 1936 erhielt er den Nationalpreis für seinen Roman *En las calles,* der eine Satire auf die südamerikanische «Demokratie» ist, die I. als stets wechselnde Herrschaft von Abenteurerbanden beschreibt.

W.: Romane: Huasipungo, 1934 (dt. ebs.); En las calles, 35; Cholos, 38; Media vida deslumbrados, 42; Huairapamuchas, 48; El chulla Romero y Flórez, 58. – *Dramen:* El intruso, 29; Sin sentido, 32; Flagelo, 36. – *Erz.:* Barro de la sierra, 33; Viejos cuentos, 60. – Obras escogidas, 61. H. S.

Ihlenfeld, Kurt, * 26. 5. 1901 Kolmar (Elsaß).

I. studierte Theologie und Kunstgeschichte in Halle und Greifswald und war dann Pfarrer in Schlesien. Er gründete den Eckart-Kreis, eine Vereinigung christlicher Autoren, war von 1933—43 Leiter des Eckart-Verlages und Redakteur der Zeitschrift «Eckart». Er lebt jetzt als freier Schriftsteller in Berlin. — Von I.s aus protestantischer Grundhaltung entstandenen Romanen wurde besonders

Wintergewitter (Fontane-Preis 1952) bekannt. Das Buch spielt gegen Kriegsende in einem schlesischen Dorf und handelt vom Schicksal der Flüchtlinge, die durch den Zusammenbruch zu einer Auseinandersetzung mit Gott gedrängt werden.

W.: Lyrik: Unter dem einfachen Himmel, 1959. – *Drama:* Rosa und der General, 57. – *Romane:* Wintergewitter, 51; Kommt wieder, Menschenkinder, 53; Der Kandidat, 58; Gregors vergebliche Reise, 62. – *Erz.:* Der Schmerzensmann, 49; Geschichten um Bach, 50; Fern im Osten wird es helle, 53; Eseleien auf Elba, 55. – *Autobiographisches:* Das dunkle Licht, 52. – *Essays:* Öffentliche Religion, 32; Poeten und Propheten, 51; Huldigung für Paul Gerhard, 56; Freundschaft mit Jochen Klepper, 58; Sieben Feste, 59; Zeitgesicht, 60; Stadtmitte. Kritische Gänge in Berlin, 64; Te deum heute, Texte zur Krisis des Christentums, 65; Noch spricht das Land. Eine ostdeutsche Besinnung, 66; Angst vor Luther?, 67; Loses Blatt Berlin. Dichterische Führung durch die geteilte Stadt, 68. DW

Ilf, Ilja (eig. Il'ja Arnol'dovič Fajnzil'berg), * 15. 10. 1897 Odessa, † 13. 4. 1937 Moskau.
Seine erfolgreichen satirischen Werke schuf I. in Zusammenarbeit mit Jewgeni Petrow (eig. Evgenij Petrovič Kataev, 1903–42). — Er besuchte eine technische Mittelschule, arbeitete jedoch schon in Odessa hauptsächlich als Journalist. Seit 1923 lebte er in Moskau. Den ersten großen Erfolg erzielte I. gemeinsam mit Petrow durch den satirischen Schelmenroman *Dvenadcat' stul'ev* (Zwölf Stühle). Der ermordete Hauptheld des Romans, Ostap Bender, erschien wieder im nächsten Erfolgsbuch *Zolotoj telënok* (Das goldene Kalb). Nach einer Amerikareise schrieben I. und P. die satirischen Skizzen *Odnoetnažnaja Amerika* [Das einstöckige Amerika].

W.: Svetlaja ličnosť, 1928; Dvenadcať stul'ev, 28 (dt. Zwölf Stühle); 1001 deń, ili Novaja Šacherezada, 29 (satir. Novellen, u. d. Pseud. F. Tolstoevskij); Zolotoj telënok, 31 (dt. Das goldene Kalb); Kak sozdav alsja Robinzon, 33; Odnoetažnaja Amerika, 36 (alles gemeinsam mit Petrov); Tonja, 37; Zapisnye Knižki, 39. – Werke, russ., 4 Bde, 38; 5 Bde, 61. DW

Illyés, Gyula, * 2. 11. 1902 Rácegrespuszta.
I. wuchs in der Puszta auf. Nach Studienjahren in Paris, wo er mit dem Surrealismus bekannt wurde, war I. Hilfsredakteur von Babits an dessen Zeitschrift «Nyugat», die er unter dem Titel «Magyar Csillag» bis 1944 weiterführte.
In I.' Lyrik lebt die heimische Puszta. In stark sozial getönten Versen kämpft er für die Lebensrechte der Landarbeiter und Kleinbauern. Der soziographische und autobiographische Bericht *Puszták népe* (Pusstavolk) machte I. 1936 bekannt. Das Vorspiel dazu bildet das epische Gedicht *Hösökröl beszélek* [Ich spreche von Helden], dessen Probleme I. in dem Bericht wieder aufgreift. Teils autobiographisch ist der Roman *Hunok Párisban* [Hunnen in Paris], der in Emigrantenkreisen der französischen Hauptstadt spielt. Das bühnenwirksamste seiner Dramen ist *Dózsa György* [Georg Dosza] über den Bauernaufstand von 1514.

W.: Lyrik: Nehéz föld, 1928; Sarjúrendek, 30; Rend a romokban, 37; Külön világban, 39; Összes versei, 3 Bde, 47; Válogatott költemények, 53; Kézfogások, 56; Uj versek, 61. – *Epos:* Hösökröl beszélek, 33. – *Prosa:* Puszták népe, 36 (dt. Pusstavolk); Magyarok, 38 (Tagebuchblätter); Czizma asz asztalon, 41; Kora tavasz, 41; Mint a darvak, 42; Hunok Párisban, 43; Ebéd a kastélyban, 48 (dt. Mittagessen im Schloß); Petöfi Sandor, 63; Ingyen lalkoma, 64; Széves kalauz, 66. – *Dramen:* A tü foka, 44; Lélekbúvár, 48; Dózsa György, 56; Fáklyalang, 58; Az Éden elvesztése, 68; Malom a Séden, 70 (geschrieben 60). DW

Inge, William (Motter), * 3. 5. 1913 Independence (Kansas).
I. begann als Journalist und wurde dann Dramaturg am Stephens College. Seine Dramen, in denen sich Beobachtungsgabe des Alltagslebens mit psychologischem Einfühlungsvermögen verbinden, behandeln meist Konflikte, in die Außenseiter des Lebens geraten. Sein bekanntestes Stück, *Come Back, Little Sheba,* spielt wie die meisten seiner Werke in einer kleinen Stadt des Mittelwestens. In der kinderlos gebliebenen Zwangsehe mit Lola sieht «Doc» Delaney die alleinige Ursache seines Scheiterns und flüchtet in den Alkohol, während Lola ihre ganze Zärtlichkeit dem Hündchen Sheba schenkt. *Bus Stop,* das optimistischste

Stück I.s, spielt während eines Schneesturms, durch den Bus-Reisende aufgehalten werden. In *Picnic* (Pulitzerpreis 1953) stört ein Vagabund die scheinbar zufriedene Welt einer Kleinstadt auf, deren geordnetes Leben sich plötzlich als trügerisch erweist.

W.: Dramen: Farther Off from Heaven, 1947; Come Back, Little Sheba, 50 (Komm wieder, kleine Sh.); Picnic, 53 (dt. ebs.); Bus Stop, 55 (dt. ebs.); The Dark at the Top of the Stairs, 57 (Das Dunkel am Ende der Treppe); A Loss of Roses, 59. – *Roman:* Good Luck, Miss Wykoff, 70 (dt. Viel Glück, Miss Wykoff).
Lit.: R. B. Schumann: W. I., N. Y. 1966.

DW

Inoue, Yasushi, * 6. 5. 1905 Insel Hokkaido.
I. studierte Philosophie und wurde Journalist. Er schrieb Gedichte, Erzählungen, Kunstkritiken; bekannt machte ihn die Erzählung *Tōgyū* (1947; Die Stierkampf); I. schildert hier einen Chefredakteur, einen träumenden Nihilisten. Die Novelle *Ryōjū* (1948; Das Jagdgewehr), die Geschichte einer Liebe, ist eher lyrisch gestimmt. Der Roman *Shatei* (1956 [Schußweite]) handelt von Aufstieg und Untergang eines Geschäftsmannes. In dem fast kriminalistisch angelegten Roman *Hyōheki* (1956–58; Die Eiswand) verunglücken auf zunächst rätselhafte Weise nacheinander zwei Freunde, die die gleiche Frau lieben. – Thema vieler Werke ist die Einsamkeit des Menschen. I.s Hauptinteresse gilt der Psychologie seiner Gestalten, besonders der Psychologie der Liebe.

Weitere W.: Erz.: Ruten, 1936; Hira no shakunage, 50; Kiri no michi, 51; Ma no kisetsu, 53; Kuroi-chô, 55. – *Romane:* Yodono nikki, 55; Tempyô no iraka, 57; Tunhuang, 58; Loulan, 59; Fûtô, 63. O. B.

Ionesco, Eugène, * 26. 11. 1909 Slatina (Rumänien).
I., Sohn eines Rechtsanwalts, lebte 1912 bis 1924 mit seiner Mutter in Frankreich. Nach Rumänien zurückgekehrt, studierte er romanische Philologie, war eine Zeitlang Gymnasialprof. für Französisch und Rumänisch, anschließend Kulturattaché im Ausland. 1945 ließ er sich endgültig in Paris nieder. — I. nennt als seine Vorbilder fast ausschließlich Kafka und Freud. Der Tod ist sein zentrales Lebensproblem seit seiner Jugend, als er in Bukarest seine literarische Karriere mit Lyrik und kritischen Essays, *Nu* [Nein], die heftige Diskussionen auslösten, begann. 1950 stellte I. in Paris sein erstes Stück vor, das er als «Antistück» bezeichnete, *La cantatrice chauve.* Seine Methode, die vor ihm der Rumäne I. L. Caragiale anwandte, besteht darin, Banalität bis zu äußersten Grenzen zu treiben, zum absoluten Unsinn, um damit die Inhaltlosigkeit der meisten unserer täglichen Dialoge zu enthüllen: ein Ehepaar ist mit der Zeit stumpfsinnig geworden: die unermüdlich strickende Frau gibt, ebenso wie ihr Mann hinter seiner Zeitung, laufend Banalitäten von sich, die ihren Magen, ihren Appetit, ihren Krämer, die Küche betreffen. Seit diesem Stück ist der Ausdruck «absurdes Drama» oder «Theater des Absurden» populär geworden. Schwärzer wurde I.s Humor in dem zweiten Stück, *La leçon:* ein Professor bedrängt mit wirren Begriffen seine Schülerinnen, dumme junge Mädchen, die er am Ende tötet. *Les chaises,* 1952 aufgeführt, machte I. berühmt. Dargestellt wird die Agonie von zwei uralten Menschen, auch diesmal ein Ehepaar. Die beiden haben jeden Kontakt mit der Realität verloren und erwarten zu einem imaginären Fest in ihrem von Wasser umgebenen Haus, in dem sie allein leben, unsichtbare Gäste; selbst der Kaiser soll erscheinen, und alle werden durch leere Stühle repräsentiert. Das Ende des Stükkes versinnbildlicht mit dem Auftritt des Taubstummen die Aphasie, die dem Tod vorausgeht und die Artikulation des Schlüsselwortes verhindert, das Sinn geben könnte. — Auf diese Einakter folgte das dreiaktige Stück *Amédée ou Comment s'en débarrasser.* Auch hier zeigt I. eine Ehe in Auflösung, deren zentrales Symbol ein Kadaver ist, der nicht aufhört zu wachsen, bis er das Ehepaar in seiner Wohnung fast erstickt. Mit *Tueur sans gages* ging I. zu einem Theater der historischen Anspielungen über; der Eindruck, den die Lektüre von Kafkas «Strafkolonie» hinterlassen hat, ist deutlich. Das antinazistische Stück *Rhinocéros* wurde inspiriert von D. de Rougemonts «Journal d'Allemagne». — I. entdeckte nun wieder den Menschen als

ewiges Opfer des Todes selber; allerdings ist *Le roi se meurt,* die Tragödie des Menschen, des Königs Behringer I., der weiß, daß er in einer Stunde nicht mehr existieren wird, bei weitem weniger gelungen als die tragische Farce *Les chaises.* In *Le piéton de l'air* kann Behringer — hier ein Schriftsteller — plötzlich fliegen, hat aber zugleich Visionen von den Schrecken eines zukünftigen Krieges. *La soif et la faim,* ein Familiendrama, ist eine neue Version des «Weges nach Damaskus», dessen geheiligtes Objekt aber nicht mehr der Erlöser, sondern die Familie ist. Das Thema des Todes erscheint wieder in *Le jeu de massacre,* das, ausgehend von D. Defoes «Journal of the Plague Year», eine Wiederaufnahme des alten Totentanzes oder, zeitlich näher, des Strindbergschen «Dödsdansen» ist. I. spielte selbst als einzige Person in einem Fernsehspiel nach seiner Novelle *La vase:* über die letzte Episode eines Lebens, das endgültig im steigenden Schlamm erstickt. — Seine Studie *L'auteur et ses problèmes* akzentuiert die absolute Aufrichtigkeit des Autors und seine Freiheit gegenüber jeglicher Ideologie.

W.: Dramen: La cantatrice chauve, 1950 (dt. Die kahle Sängerin); La leçon, 51 (dt. Die Unterrichtsstunde); Les chaises, 52 (dt. Die Stühle); Victimes du devoir, 53 (dt. Opfer der Pflicht); Jacques ou la soumission, 53 (dt. Jakob oder der Gehorsam); Amédée ou Comment s'en débarrasser, 54 (dt. A.); Le nouveau locataire, 55 (dt. Der neue Mieter); L'avenir est dans les œufs, 57 (dt. Die Zukunft liegt in den Eiern); Tueur sans gages, 58 (dt. Mörder ohne Bezahlung); Les rhinocéros, 59 (dt. Die Nashörner); Le piéton de l'air, 63 (dt. Fußgänger der Luft); Le roi se meurt, 62 (dt. Der König stirbt); La soif et la faim, 64 (dt. Hunger und Durst); Le jeu de massacre, 70 (dt. Das große Massakerspiel); La vase, 71 (Fernsehspiel; dt. Der Schlamm). – Théâtre, 4 Bde, 54–67. – Dt. Ausgaben: Theaterstücke, 4 Bde. – *Erz.:* La photo du colonel, 62. – *Essayistisches:* Nu, 34; Notes et contre-notes, 62 (dt. Argumente und Argumente); L'auteur et ses problèmes (in: Revue de Métaphysique et de Morale), 63; Journal en miettes, 67 (dt. Tagebuch); Passé-présent présent passé, 69 (dt. Heute und gestern gestern und heute).
Lit.: A. Schulze-Vellinghausen: Das Abenteuer I., 1958; R. N. Coe: I., 61; M. Esslin: The Theatre of the Absurd, 61 (dt. Das Theater des Absurden); M. Reinke: Zwei Welten und zwei Zeiten im Werke E. I.s, Diss. Köln 63; P. Sénart: I., 65; C. Bonnefoy: Entretiens avec I., 66; J.-H. Donnard: I., 66; S. Benmussa: E. I., 66; P. Ronge: Polemik, Parodie und Satire bei I., 67; G. Büttner: Absurdes Theater und Bewußtseinswandel, 68; E. Wendt: E. I., 67. M. S.-R.

Iorga, Nicolae, * 5. 6. 1871 Botosani, † 28. 11. 1940 bei Bukarest.
I., der acht Sprachen beherrschte, wurde nach Studien in Frankreich, Deutschland und Italien 1894 Prof. für Weltgeschichte in Bukarest. Abgeordneter seit 1907, gründete er mit A. C. Cuza die Nationaldemokratische Partei. I. war Gründer der Volks-Univ. Vălentii de Munte (1908), des Südosteurop. Instituts (1914), wurde 1929 Rektor der Univ. Bukarest und erhielt den Nationalpreis für Literatur. 1931—32 war er Ministerpräsident und Minister. Er wurde während der Revolution 1940 ermordet. — I. schrieb historische Werke, Bücher zur rumänischen Literatur, Dramen und Lyrik; er glaubte an die Bedeutung des Bauerntums, war Traditionalist und Nationalist.

W.: Dramen: Tudor Vladimirescu, 1921; Isus, 24; Cleopatra, 28; Casandra, 31. – *Histor. Prosa:* Geschichte d. rumän. Volkes, 2 Bde, 05; L'histoire de la vie byzantine, 06 (auch dt.); Geschichte des osmanischen Reiches, 5 Bde, 08–13; Histoire des Roumains de la Transylvanie et de Hongrie, 2 Bde, 15/16; Histoire des Roumains et de leur Civilisation, 20; Histoire de l'art roumain ancien, 22; Essay de synthèse de l'histoire de l'humanité, 4 Bde, 26–28; Histoire des Roumains et de la romanité orientale, 10 Bde, 37–45; Ramon Muntaner i l'imperi bizanti, 61. – *Literaturgesch.:* Istoria literaturilor romanice, 3 Bde, 19 f; Istoria literaturii romanêsti, 2 Bde, 25–28; Istoria literaturii române contemporane, 2 Bde, 34. DW

Iqbâl, Muhammad, * 22. 2. 1873 Sialkot (Westpakistan), † 21. 4. 1938 Lahore.
I. studierte zunächst in Lahore, später in Cambridge und München. Nach seiner Rückkehr ließ er sich 1908 in Lahore als Rechtsanwalt nieder. — Hauptwerk I.s, der in Persisch, Urdu und Englisch schrieb, ist das persisch verfaßte *Ǧāwidnāme* (Buch der Ewigkeit), die von Dantes «Divina Commedia», Miltons «Paradise Lost» und Goethes «Faust» inspi-

rierte Beschreibung einer Reise durch die himmlischen Sphären, in der I. seine philosophischen, religiösen und politischen Überzeugungen darlegte. I., der 1930 als erster den Gedanken eines eigenen Staates der Mohammedaner in Indien formulierte, gilt als geistiger Gründer Pakistans.

W.: Asrār-e hudi, 1915; Payām-e mašreq, 23 (dt. Botschaft des Ostens); Zabur-e 'Ağam, 27; Six Lectures on the Reconstruction of Religious Thought in Islam, 28; Ğāwid-nāme, 32 (dt. Buch der Ewigkeit); Bāl-i Ğibrīl, 35; Speeches and Statements, 44. – Ferner dt.: Persischer Psalter.
Lit.: Seyed Abdul Vâhid: I., His Art and Thought, 1944; A. Schimmel: Gabriel's Wing, 63. RLL

Irzykowski, Karol, * 25. 1. 1873 Błaszkowa, † 2. 11. 1944 Żyrardów.
I. entstammte dem polnischen Landadel, war Staatsbeamter und Journalist; 1919 bis 1933 leitete er das Stenographenbüro des Parlaments in Warschau. — I. gilt als der führende polnische Kritiker und Kulturtheoretiker der Zwischenkriegszeit. Er prüfte die Konsequenz der Werke an ihren eigenen Axiomen und begrüßte alle neuen literarischen Richtungen. In *Dziesiąta muza* [Die zehnte Muse] entwarf er eine frühe Ästhetik des Films. I.s episches Werk inspirierte fünfzig Jahre lang nur vereinzelte Intellektuelle und wird erst jetzt bekannter. Der Roman *Pałuba* [Die Hexe] verbindet eine karge Handlung mit einem riesigen Apparat von Kommentaren. Wohl noch ohne Kenntnis Freuds, doch in ähnlichem Sinn analysierte I. in minuziöser Weise die menschliche Seele. Ebenso analytisch verfährt sein Tagebuch. I. übersetzte Hebbel und deutsche Lyrik.

W.: Romane u. Erz.: Pałuba, 1903 (dt. Auszug in: Poln. Prosa des 20. Jhs. I); Spod ciemnej gwiazdy, 22. – *Sonstige Prosa:* Dziesiąta muza, 24; Prolegomena do Charakterologii, 24; Walka o treść, 2 Bde, 29; Beniaminek, 33; Słoń wśród porcelany, 34; Lzejszy kaliber, 38 (Skizzen u. Aphorismen); Notatki z zycia obserwacje i motywy, 64 (Tagebuch); Recenzje teatralne, 65. – Auch Dramen. DW

Isherwood, Christopher William, * 26. 8. 1904 Disley (Cheshire).
I., der Sohn eines Offiziers, studierte Geschichte in Cambridge, war Erzieher, Medizinstudent in London, dann bis 1933 Englischlehrer in Berlin und reiste nach journalistischer Tätigkeit in London 1938 mit Auden nach China. 1939 ging er in die USA und ist seit 1946 amerikanischer Bürger.
I. gehörte zunächst dem linksradikalen Literatenkreis um Auden an, mit dem er auch den Reisebericht über China *Journey to a War* sowie drei Versdramen schrieb. Das bedeutendste von ihnen *The Dog Beneath the Skin* parodiert in Märchenform die «musical comedy» des 20. Jhs. und behandelt die Bekehrung von Vertretern des englischen Mittelstandes zum Kommunismus. Im Mittelpunkt seines Romans *Prater Violet,* über das Entstehen des gleichnamigen Films aus dem Wien der Dollfußzeit, steht ein Emigrantenschicksal. Liebenswürdig-sarkastischer Beobachter des zeitgenössischen Lebens ist I. in seinen «Berliner» Geschichten *Mr. Norris Changes Trains* und *Goodbye to Berlin. The World in the Evening,* von der Kritik zwiespältig aufgenommen, schildert die Liebe und die Ehen eines jungen Schriftstellers. I. ist auch Übersetzer, u. a. von Baudelaire.

W.: Romane u. Erz.: All the Conspirators, 1928; The Memorial, 32; Mr. Norris Changes Trains, 35; Goodbye to Berlin, 39 (dt. Leb wohl, Berlin; dramatisiert von J. van Druten als: I am a Camera, 52, dt. Ich bin eine Kamera); Prater Violet, 45 (dt. Praterveilchen); The World in the Evening, 54; Down There on a Visit, 62; A Single Man, 64 (dt. Der Einzelgänger); A Meeting by the River, 67. – *Reiseberichte:* Journey to a War, 39 (mit Auden); The Condor and the Cows, 49. – *Autobiographisches:* Lions and Shadows, 38 – *Sonstige Prosa:* Vedanta for the Western World, 46 (dt. Vedanta und wir); Ramakrishna and his Disciples, 65; Exhumations, 66. – *Dramen:* The Dog Beneath the Skin, 35; Ascent of F. 6, 37; On the Frontier, 38 (alle drei zusammen mit Auden). DW

Ishikawa Hajime, genannt Takuboku (Der Specht), * 28. 10. 1885 Tamayama (Iwate), † 13. 4. 1912 Tokio.
I., Sohn eines buddhistischen Dorfpriesters, arbeitete u. a. als Zeitungsredakteur. Der Versuch, eine sozialistische Zeitschrift herauszugeben, scheiterte. Er starb an Tuberkulose. — Bereits in seiner Schulzeit veröffentlichte I. Gedichte («tanka»), zunächst durchaus romantischen Inhalts. In späteren Gedichten

(auch in der Form der «tanka» bzw. «waka») behandelte er Themen des Alltags und der Arbeit und löste die früher starre Form auf, indem er die noch immer feste Silbenzahl des Gedichtes auf drei Zeilen verteilt. Seine Essays und Tagebücher, zugleich introspektiv und sozialkritisch, sind erst vor kurzem in ihrer Bedeutung als frühe moderne Werke der japanischen Literatur erkannt worden.

W.: Gedichtsammlungen: Akogare, 1905; Ichi-aku no suna, 10; Kanashiki gangu, 12. – *Tagebücher:* Romaji nikki, 3 Bde, 48–49. – Ferner Essays. – Sämtliche Werke, 52–53; Gesammelte Werke, 60. DW

Istrati, Panait, * 11. 8. 1884 Baldovinesti bei Brăila, † 16. 4. 1935 Bukarest.
I. organisierte in der Jugend als sozialistischer Gewerkschaftssekretär die Hafenarbeiter von Brăila und schrieb für die Arbeiterpresse; dann zog er als Vagabund durch den Nahen Osten und war später in der Schweiz, Frankreich und Algier. Zeitweise Kommunist, wandte er sich nach einem Besuch Sowjetrußlands gegen das kommunistische Regime (*Vers l'autre flamme*) und wurde Nationalist. Seine Romane, deren erster von R. Rolland, seinem Entdecker, eingeleitet wurde, schrieb I. fast alle in französischer Sprache; sie wurden erst später ins Rumänische übersetzt. Sie stellen das farbige Leben im Donaudelta, am Mittelmeer und im Nahen Osten dar, bringen interessante Typen, fesselnde Konflikte und erlebtes Lokalkolorit. Hauptwerke sind die beiden autobiographischen Romanzyklen *Les récits d'Adrien Zograffi* und *La vie d'Adrien Zograffi.* In *Les chardons du Baragan* schildert I. eine tragische Begebenheit aus dem rumänischen Bauernaufstand von 1907.

W.: Romane: Les récits d'Adrien Zograffi: Kyra Kyralina, 1924, L'onde Anghel, 25, Présentation des Haidoucs, 25 (dt. in 1 Bd., K. Kyralina, Onkel A., Die Haiduken); Domnita de Snagov, 26; Codine, 26 (dt. Kodin, Kindheit des A. Zograffi); Mikhaïl, 27 (dt. Michail, Jugend des A. Zograffi); Isaac, 27; Nerrantsoula, 27; Les chardons du Baragan, 28 (dt. Die Disteln des B.); Le pêcheur d'éponges, 30 (dt. Freundschaft); Tsatsa Minka, 31; La vie d'Adrien Zograffi: La maison Thüringer, 33, Le bureau de placement, 34, Méditerranée, 35. – *Sonstiges:* In Lumea Mediteranei, 2 Bde, 27; Mes départs, 28 (dt. Tage der Jugend); La Russie nue, 29 (dt. Rußland nackt); Vers l'autre flamme, 29 (dt. Auf falscher Bahn); Ma croisade ou Notre croisade, 41. DW

Itallie, Jean-Claude van, * 1936 Brüssel.
I. emigrierte in die USA, wuchs in New York auf, begann während der Oberschulzeit mit dem Stückeschreiben, besuchte die Harvard Univ., an der er 1958 promovierte. Danach war er vor allem als freier Mitarbeiter beim Fernsehen. 1963 schloß er sich der New Yorker Workshop-Truppe «The Open Theatre» an. Diese Truppe hat bewußt den Bruch mit dem privaten Psychodrama und dem sozialen Realismus vollzogen. Poesie, Improvisation, Phantasie, Traum, Mythos und Ritual sind die Bauelemente der neuen Stücke, die in Gruppenarbeit entstehen. Der Einfluß der Truppe ist neben dem von Artaud und Marshall McLuhan maßgeblich für I. Er verwendet keine «story» mit naturalistischen Dialogen, die Konflikte des Individuums gelten ihm als überholt. Auf der Grundlage von Improvisationen entwickelt I. Sketche und Einakter als die ihm entsprechende Ausdrucksform. In Deutschland wurde I. durch *America Hurrah* bekannt, eine Folge von 3 Einaktern (Bewerbung, Television, Motel), in denen I. mit Mitteln der Vereinfachung und Überzeichnung ein entlarvendes Bild des american way of life zeichnet. *The Serpent* ist in einer Folge von Nummern die rituelle Darstellung der Genesis. Hierbei versucht I. die Rückkehr des Theaters zur «religiösen Aufgabe, Menschen in einer Zeremonie zu vereinigen».

W.: War, 1963; The Hunter and the Bird, 64; Almost like being, 64; I'm Really Here, 64; Where is the Queen?, 66; America Hurrah, 66 (auch dt.); The Serpent, 68 (dt. Die Schlange). R.-D. H.

Iwanow, Georgi Wladimirowitsch (Ivánov, Georgij Vladimirovič), * 29. 10. 1894 Kaunas, † 26. 8. 1958 Hyères (Südfrankreich).
I., der einer Offiziersfamilie entstammte, emigrierte 1923 nach Frankreich. Der Stil seiner frühen Lyrik ist von A. Achmatowa und M. A. Kusmin beeinflußt. Mit dem Gedichtband *Rozy* wandte sich I. dann von der «neoklassischen» Strö-

mung des Akmeismus ab, seine Dichtung zeigt nun Anklänge an den Symbolismus A. Bloks. In I.s späterem Werk taucht häufig das Thema des Nihilismus auf.

W.: Otplytie na Ostrov Citeru, 1912; Veresk, 16; Sady, 21; Peterburgskie zimy, 28 (Memoiren); Tretij Rim, 29 (Romanfragment); Rozy, 31; Raspad atoma, 38 (Essays); Portret bez schodstva, 50; Stichi, 58.
Lit.: I. Odoevceva: Na beregach Nevy, 1967. RLL

Iwanow, Wjatscheslaw Iwanowitsch (Ivanov, Vjačeslav Ivanovič), * 28. 2. 1866 Moskau, † 16. 7. 1949 Rom.

I., der Sohn eines Staatsbeamten, studierte Geschichte und klassische Philologie in Moskau und bei Th. Mommsen in Berlin. Durch seinen Aufenthalt in Westeuropa wurde er zu einem wichtigen Vermittler europäischer Ideen. Er besuchte London, Athen und Ägypten und hielt 1903 Vorlesungen in Paris. I. war während der Kriegs- und Revolutionsjahre Prof. in Moskau, dann in Baku. 1924 emigrierte er nach Italien, wo er zum Katholizismus übertrat.

I.s Werk ist gekennzeichnet durch feierliche Sprache, ein Zurückgreifen auf den Odenstil und den Wortschatz des Kirchenslawischen. I.s symbolhafte Kunst — er gehört neben Bely und Blok zur zweiten Generation der russischen Symbolisten — stellt den Versuch dar, das Sinnbildliche zum Mythus zu erheben und dyonisischen Mythos mit christlichen Ideen zu vereinigen. Sein lyrisches Hauptwerk ist der Gedichtband *Cor ardens.* — I. hat auch griechische, deutsche und italienische Dichter übersetzt.

W.: Lyrik: Kormčie zvezdy, 1903; Prozračnost', 04; Eros, 07; Cor ardens, 09–11; Zimnie soneti, 25 (dt. Die Wintersonette); Čelovek, 39; Svet vecernij, 62. – *Tragödien:* Tantal, 05 (dt. Tantalos); Prometej, 19. – *Essays:* Ellinskaja religija stradajuščago boga, 04; Po zvezdam, 05; Manera, lico i stil, 12; Borozdy i mežy, 16; Rodnoe i vselenskoe, 17; Dostojewski: Tragödie, Mythos, Mystik, 23 (dt. geschr.); Krisis gumanizma, Kruči, 18 (dt. Klüfte); Perepiska iz dvuch uglov, 20 (zus. mit M. Gerženson; dt. Briefwechsel zwischen zwei Zimmerwinkeln). – Dt. ferner: Das alte Wahre, Essays.
Lit.: A. Belyj: Sirin učenogo varvarstva, Berlin, 1922; I. Ehrenburg: V. I., in: Portrety russkich poetov, Berlin, 22; Il Convegno, 34, Sondernummer; O. Deschartes, in: Oxford Slavon. Papers, 54 u. 57; F. Stepun: Vstreči, 62; ders.: Mystische Weltschau, 64; H. Stammler: V. I. Image of Man, in: Wiener Slavist. Jb., 68. DW

Iwanow, Wsewolod Wjatscheslawowitsch (eig. Ivánov, Vsevolod Vjačeslavovič), * 24. 2. 1895 Lebjažje (Gouv. Semipalatinsk), † 15. 8. 1963 Moskau.

I. zog bereits durch seine erste, 1916 veröffentlichte Erzählung die Aufmerksamkeit Gorkis auf sich, der ihn förderte. Bis er 1920 nach Leningrad kam, führte er ein abenteuerliches Leben in Sibirien als Schreiber, Fakir, Clown, später als Rotgardist, Agitationsredner und Schuldirektor. In Leningrad wurde er Mitglied der «Serapionsbrüder», die für Unabhängigkeit der Kunst eintraten. Zwei Bücher begründeten I.s Ruhm: *Bronepoezd 14—69* (Panzerzug 14—69), einer der ersten russischen Erzählungen, die vom Kampf roter Partisanen gegen die Kolčak-Armee handeln (1927 auch dramatisiert und seither erfolgreich auf sowjetischen Bühnen) und *Partizany* (über die Bildung einer Partisanentruppe in einem sibirischen Dorf). I. blieb den Bürgerkriegsthemen noch lange treu; erst später schrieb er, u. a. mit dem biographischen Roman *Parchomenko* (Alexander Parchomenko) Werke, die mehr der neuen offiziellen Linie entsprachen.

W.: Romane u. Erz.: Na Irtyše, 1916; Partizany, 21 (dt. Partisanen); Bronepoezd 14–69, 22 (dt. Panzerzug 14–69); Cvetnye vetra, 22 (dt. Farbige Winde); Vozvraščenie Buddy, 23 (dt. Die Rückkehr des Buddha); Golubye peski, 23; Ditja, 24 (dt. Das Kind); Rasskazy pro sebja, 25; Povesti Brigadira M. M. Sintcijna, 30; Pochoždenie fakira, 35 (autobiogr., dt. Abenteuer eines Fakirs); Parchomenko, 37 (dt. Alexander Parchomenko); Volkan, 67 (unvollst. Roman). – *Dramen:* Glavnyj inzener, 47; Lomonosov, 53. – *Sonstiges:* Vstreci s. M. Gorkim, 47; Istorija moich knig, 58; My idem v Indiju, 60. – Im Nachlaß sollen noch weitere umfangreiche Werke vorhanden sein. – Sobr. soc., 8 Bde, 1958–60; Briefwechsel mit Gorkij LN 70, 63.
Lit.: N. N. Janovskij: V. V. J, 1956. DW

Iwaszkiewicz, Jarosław, * 20. 2. 1894 Kalnik (Ukraine).

I. entstammt dem polnischen Landadel und studierte Jura in Kiew und Warschau. Er war mit dem Musiker K. Szymanowski befreundet, für den er auch ein Opernlibretto verfaßte, war Mitbegründer der Dichtergruppe «Skamander» und 1922–25 Sekretär des Sejm-Marschalls. Später ging I. als Diplomat nach Frankreich, Dänemark und Persien und bereiste Europa. I. ist Präsident des polnischen Schriftstellerverbandes und Sejm-Abgeordneter.

I., wegen der dekadenten Stimmung, die sein Werk durchzieht – er ist deutlich von Rimbaud, Valéry und George beeinflußt –, und wegen seines feingeschliffenen Stils oft der «polnische Oscar Wilde» genannt, ist ein Meister musikalischer Sprachkunst, des Spiels augenblicklicher Impressionen und symbolhaften Tiefsinns. Als er sich in den 30er Jahren von gegenwartsnahen Stoffen ab- und historischen Themen zuwandte, entstanden einige seiner bedeutendsten Werke: *Czerwone tarcze* (Die roten Schilde), die freierfundene Lebensgeschichte eines Piastenführers des 12. Jhs., das Chopin-Drama *Lato w Nohant* (Chopin), sein größter Bühnenerfolg, und *Maskarada*, eine Szenenfolge aus dem Leben Puschkins. Hauptwerk der Nachkriegsjahre ist ein großangelegter, teils autobiographischer, teils auf den Komponisten Karol Szymanowski (der mit der Figur des Edgar Szyller gemeint ist) bezogener Sozialroman, *Sława i Chwała* (Ruhm und Ehre), der ein kritisches Bild der bürgerlichen polnischen Gesellschaft von 1914 bis 1945 entwirft.

W.: Lyrik: Oktostychy, 1919; Księga dnia i księga nocy, 29; Powrót do Europy, 31; Lato, 32; Wiersze wybrane, 38; Ody olympijskie, 48; Warkocz jesieni, 54; Jutro żniwa, 63. – *Romane u. Erz.:* Zenobia Palmura, 20; Hilary, syn buchaltera, 23; Siedem bogatych miast nieśmiertelnego Kościej, 24; Księżyc wschodzi, 25; Panny z Wilka, 33 (dt. Die Mädchen vom Wilkohof); Czerwone tarcze, 34 (dt. Die roten Schilde); Kongres we Florencji, 41 (dt. Kongreß in Florenz); Matka Joanna od aniołow, 46 (dt. Mutter Johanna von den Engeln; verfilmt v. J. Kawalerowicz); Novele włoskie, 47 (z. T. dt. in: Die Rückkehr der Proserpina); Wzlot, 56 (dt. Der Höhenflug); Sława i Chwała, 56–62 (dt. Ruhm u. Ehre); Powiećsie, 2 Bde., 58; Kochankowie z Marony, 61 (Die Liebenden von Marona); Tatarak, 62. – *Dramen:* Lato w Nohant, 36 (dt. Chopin); Maskarada, 38; Wesele pana Balzaca, 59. – *Sonstiges:* Stara cegielnia, 46; Książka moich wspomnień, 57; Ciemne ścieżki, 57; Rozmowy o książkach, 61; Heydenreich-Cienie, 63 (dt. in: Heydenreich. Mephistowalzer); Dziewczyna i gołębie, 65. – Dzieła, 10 Bde., 58/59; Poezje, 2 Bde., 58; Opowiadania wybrane, 64; Poezje wybrane, 67. – Ferner dt.: Drei Mühlen; Das Mädchen und die Tauben (Erz.).

Lit.: R. Matuszewski, 1965; J. Kwiatkowski: Eleuter, 66; W. Wawrzyniak: Sława i Chwała I., 67; J. I., hg. v. J. Rohoziński, 68. DW

Jacob, Heinrich Eduard, * 7. 10. 1889 Berlin, † 25. 10. 1967 Salzburg.

J., Sohn eines Ägyptologen, studierte Geschichte, Literatur- und Musikwissenschaft in Berlin, war mit G. Heym befreundet und veröffentlichte 1912 sein erstes Buch. J. gab 1921–24 die literarische Monatsschrift «Der Feuerreiter» heraus, arbeitete für Zeitungen, war 1926–33 Wiener Korrespondent des «Berliner Tageblattes». 1938/39 war er in den Konzentrationslagern Dachau und Buchenwald inhaftiert, 1940 emigrierte er nach den USA, wo er amerikanischer Staatsbürger wurde und u. a. für die «New York Times» schrieb. – Nach sensiblen Darstellungen von Jugendempfindungen (*Der Zwanzigjährige*) schrieb J., «impressionistischer Klassizist», psychologisch einfühlsame Werke wie die Künstlernovellen *Dämonen und Narren* und den Eheroman aus der Inflationszeit *Jacqueline und die Japaner*. Die Romane *Blut und Zelluloid* und *Die Magd von Aachen* behandeln kritisch Stoffe der Zeitgeschichte. 1934 begründete er mit *Sage und Siegeszug des Kaffees* die Gattung des Sachbuches. J. arbeitete zugleich auf dem Gebiet der Musikerbiographie, insbesondere *Haydn* gilt als Standardwerk.

W.: Novellen, poetische Prosa: Das Leichenbegängnis der Gemma Ebria, 1912; Reise durch den belg. Krieg, Tagebuch, 15; Das Geschenk der schönen Erde, 18; Die Physiker von Syrakus, 20; Das Flötenkonzert der Vernunft, 23; Untergang von 13 Musiklehrern, 24; Dämonen und Narren, 27; Treibhaus Südamerika, 34. – *Romane:* Der Zwanzigjährige, 18; Jacqueline und die Japaner, 28; Blut und Zelluloid, 29; Die Magd von Aachen, 30; Liebe in Üsküb, 31; Ein Staatsmann strauchelt, 32; Der Grinzinger Taugenichts, 35; Estrangeiro, 51. – *Dramen:* Beaumarchais und Sonnenfels, 19; Der Tulpenfrevel, 20. – *Kulturgeschichtliche Werke, Biographien:* Sage und Siegeszug des Kaffees, 34; J. Strauß Vater und Sohn, 39; Haydn, 52 (zuerst engl., 50); 6000 Jahre Brot, 54 (zuerst engl., 44); Mozart, 56; F. Mendelssohn, 59. RLL

Jacob, Max, * 11. 7. 1876 Quimper (Bretagne), † 5. 3. 1944 Drancy.

J. studierte an der École Coloniale, führte als Freund Apollinaires, André Salmons und Picassos in Paris ein typisches Bohèmeleben, übte die verschiedenartigsten Berufe aus, war Maler und Kunstkritiker, Klavierlehrer, Verkäufer und Astrologe. Zwei Visionen hatten 1915 seine Bekehrung zum Katholizismus zur Folge; später zog er sich in das Kloster Saint-Benoît-sur-Loire zurück. Als Jude wurde er 1944 in das KZ Drancy deportiert, wo er kurz darauf starb.

In seinem Werk vereinigte J. die Phantastik E. T. A. Hoffmanns mit dem Symbolismus Jarrys und führte in neuartiger Sprache und Syntax lange vor dem Surrealismus visionäre Tagträume und apokalyptische Halluzinationen in die Dichtung ein. In seiner *Art poétique* deutete J. die neuere Dichtung und grenzte sie vom Symbolismus ab. Zeugnis seines religiösen Erlebnisses sind die Gedichte und Prosatexte von *La défense de Tartuffe* und der Roman *Saint Matorel* (ein Pariser Kleinbürger wird Abt eines Klosters, kehrt nach seinem Tod auf die Erde zurück und wird schließlich in den Heiligenstand erhoben). Die Geschichte des Heiligen setzte J. in *Les œuvres mystiques et burlesques de frère Matorel* und *Le siège de Jérusalem* fort.

W.: Lyrik u. Verserzählungen: Les œuvres mystiques et burlesques de frère Matorel, 1911; La Côte, 13; Le siège de Jérusalem, drame céleste, 14; Le laboratoire central, 20; Visions infernales, 24; Les pénitents en maillots roses, 25; Le Sacrifice impérial, 28; Rivage, 31; Derniers poèmes, 45; Méditations religieuses, 45; L'homme de cristal, 46. – *Prosagedichte:* Le cornet à dés, 17; La défense de Tartuffe, 19; Ballades, 38; Le cornet à dé 2, 55 (dt. Der Würfelbecher). – *Romane:* Saint Matorel, 09; Le Phanérogam, 18; Le Terrain Bochaballe, 23; Filibuth ou la montre en or, 22. – *Kurzgeschichten:* Cinématoma, 19; Le Cabinet noir, 22; Tableau de la bourgeoisie, 29. – *Komödien:* Dos d'Arlequin, 21; Isabelle et Pantalon, 23 (dt. Isabella u. P.). – *Essays u. a. Prosa:* Art poétique, 22; Conseils à un jeune poète, 45 (dt. Ratschläge für einen jungen Dichter). – Lettres à J. Cocteau (Ausw.), 49; Correspondance, 2 Bde, 53–56; Lettres au Salacrou, 57; à M. Béalu, 59.
Lit.: A. Salmon: M. J., poète, peintre mystique et homme de qualité, 1927; J. Rousselot: M. J. au serieux, 55; A. Billy: M. J., 60 (mit Briefen an G. Apollinaire u. J. Cocteau u. Ausw. unveröffentl. Gedichte); Cahiers M. J., 51 ff. (hg. v. d. Freunden J.s). DW–RLL

Jacobsen, Jørgen-Frantz, * 29. 11. 1900 Thorshavn/Farörinseln, † 24. 3. 1938 Vejlefjord.

J. studierte Geschichte in Kopenhagen, schrieb über die Folklore der Faröer und hinterließ den auf den Faröern im 18. Jh. spielenden Roman *Barbara*: Die Geschichte der schönen und leidenschaftlichen Barbara, deren Mann, ein Pastor, an ihrer Untreue zerbricht, während sie selbst von ihrem Liebhaber verlassen wird.

W.: Romane: Barbara, 1939 (dt. B. und die Männer); Den yderste kyst, 41. – Essays. – Det dyrebare liv (Briefe), 58. RLL

Jaeger, Henry (eig. Karl-Heinz J.), * 29. 6. 1927 Frankfurt/M.

J. wurde fünfzehnjährig eingezogen, kam in Kriegsgefangenschaft, arbeitete danach in verschiedenen Berufen; nach Mißerfolgen gründete er eine Gangsterbande, die eine Serie von Raubüberfällen verübte und 1955 gefaßt wurde. J., zu 12 Jahren Zuchthaus verurteilt, begann zu schreiben. Der Erfolg seines aus dem Zuchthaus geschmuggelten Erstlings *Die Festung* führte 1963 dazu, daß J. mit Strafaussetzung zur Bewährung entlassen wurde. Er wurde Zeitungsredakteur; heute lebt er in Ascona. – Auf die Flüchtlingsgeschichte *Die Festung* folgte *Die Rebellion der Verlorenen,* ein Roman um drei Brüder, die sich gegen die Lebensbedingungen in feindlicher Umwelt auflehnen, deren Rebellion aber in Verlogenheit mündet. Massive Sozialkritik und die Einsicht in Ausweglosigkeit sind noch in J.s letztem Roman *Der Club* thematisiert, dem die Kritik jedoch Schein-Realismus und dolce-vita-Kolportage vorwarf.

W.: Romane: Die Festung, 1962; Die Rebellion der Verlorenen, 63; Die bestrafte Zeit, 64; Das Freudenhaus, 66; Der Club, 69; Jacob auf der Leiter, 71. – *Erz.:* Jeden Tag Geburtstag, 65. RLL

Jägersberg, Otto, * 19. 5. 1942 Hiltrup (Westfalen).

J. absolvierte 1957–59 eine Buchhändlerlehre und arbeitete bis 1965 in diesem Beruf. 1965–68 war er beim Westdeutschen Rundfunk tätig und lebt seitdem als freier Schriftsteller in Sinzheim b. Winden. – J.s Romane vereinigen die virtuos gehandhabten und auch parodierten Techniken modernen Erzählens mit saftig-praller Heimatschriftstellerei. *Weihrauch und Pumpernickel* schildert in 34 kurzen Kapiteln Geschichten und Anekdoten aus dem westfälisch-münsterischen Angelmodde. *Nette Leute*, in dem ein Angestellter einem Polizeibeamten ein Lexikon verkauft, analysiert satirisch am Beispiel des Vertreter-Alltags die Bundesrepublik.

W.: Romane: Weihrauch und Pumpernickel, 1964; Nette Leute, 67. – *Erz.:* Der Waldläufer Jürgen, 69. RLL

Jahnn, Hans Henny, * 17. 12. 1894 Stellingen, † 29. 11. 1959 Hamburg.

J. stammte aus einer alten Schiff- und Instrumentenbauerfamilie und war Dichter, Orgelbauer (Anstoß zur deutschen «Orgelbewegung»), Musikwissenschaftler, Pferdezüchter und Hormonforscher. Er verließ als überzeugter Pazifist Deutschland für die Dauer beider Weltkriege. 1915–18 lebte er in Norwegen, 1920 stiftete er die Glaubensgemeinde Ugrino, aus deren Zusammenbruch 1925 nur der Ugrino-Musikverlag gerettet werden konnte. 1933 emigrierte J. nach dem Verbot seiner Bücher erst in die Schweiz und dann nach Bornholm. 1950 kehrte er nach Hamburg zurück und wurde dort Präsident der Freien Akademie der Künste.

J. schrieb bis zu seinem 20. Lebensjahr annähernd 20 Dramen und Dramenentwürfe. In *Pastor Ephraim Magnus* (Kleistpreis 1920, Uraufführung unter der Regie von Brecht und Bronnen 1923) sind bereits wesentliche Motive formuliert: Der Protest gegen die Sexualmoral des Christentums und der Kult jugendlicher Leibesschönheit, die im Kampf gegen die Verwesung durch Einbalsamierung und Steingruft zur Dauerhaftigkeit des Artefakts erhoben wird. In der Dreipersonenkonstellation des Dramas werden als alternative Erlösungswege die Nachfolge Christi und das Bekenntnis zum körperbezogenen Eros modellhaft durchschritten. Jakobs anarchisches Rebellentum endet mit seiner Hinrichtung, Ephraim hingegen gelangt nach Blendung und Selbstkastration zur endlichen Bejahung des Leibes und der Lust. Er baut dem toten Halbbruder und seiner Schwester eine Gruft, in der ihre Leiber in statuenhafter Vollkommenheit erhalten bleiben.

Mit der Gestalt der Negerin *Medea* (Versdrama; Uraufführung 1926 unter J. Fehling; Vertonung von B. A. Zimmermann) transponierte J. die mythologische Vorlage gleichzeitig ins Archaische und Sozialkritische. *Perrudja* ist eines der wenigen großen Beispiele expressionistischer Prosa (musikalischer Aufbau, Leitmotivik, Rhythmisierung durch eigenwillige Interpunktion, Tempus- und Perspektivenwechsel, Archaismus der Metaphorik, Adjektivagglomerate). Die Liebe des Nichthelden Perrudja zur schönen Signe Skaerdal scheitert, weil er den Mut nicht aufbringt, ihr zu gestehen, daß er seinen Nebenbuhler ermordet hat. Dieser Wahrheitsrigorismus wird im utopischen Entwurf des Buches auf die Gesellschaft übertragen. Ein letzter Krieg soll den Ruin der Zivilisation beschleunigen, um Platz zu machen für ein paradiesisches Inselreich. *Fluß ohne Ufer* ist J.s monumentales, streng komponiertes Hauptwerk (2200 Seiten) und wandelt das mythologische Muster der Zwillingsbrüderschaft von Gilgamesch und Enkidu am Beispiel des Komponisten Gustav Anias Horn und des Leichtmatrosen Alfred Tutein ab, deren Blutsbrüderschaft zwar das Verhängnis des Todes nicht aufzuheben vermag, aber sich in mythischer Wiederholung perpetuiert. — In den Dramen *Die Spur des dunklen Engels, Thomas Chatterton,* am überzeugendsten in dem Roman *Die Nacht aus Blei* wird das Motiv des Engels zum Symbol der Selbstbegegnung.

W.: Dramen: Pastor Ephraim Magnus, 1919; Die Krönung Richards III., 21; Des Buches erstes und letztes Blatt, 21 (Fragment); Der Arzt, sein Weib, sein Sohn, 22; Der gestohlene Gott, 24; Heinrich v. Kleist, eine jämmerliche Tragödie, 25 (Fragment); Medea, 26; Straßenecke, ein Ort, eine Handlung, 31; Neuer Lübecker Totentanz, 31, Neufassung 54; Armut, Reichtum, Mensch und Tier, 48;

Die Spur des dunklen Engels, 52; Thomas Chatterton, 55; Die Trümmer des Gewissens, Uraufführung u. d. T.: Der staubige Regenbogen, 61. – *Romane:* Perrudja, 2 Bde., 29, 58; Fluß ohne Ufer, Trilogie: Das Holzschiff, 49, Die Niederschrift des Gustav Anias Horn, 2 Bde., 49/50, Epilog 61; Die Nacht aus Blei, 56; Romanfragmente: Jeden ereilt es, 68, Perrudja II, 68; Ugrino und Ingrabanien, 68. *Erz.:* Polarstern u. Tigerin, 27, 59; 13 nicht geheure Geschichten, 54. – *Essays und Vorträge:* Klopstocks 150. Todestag, 53; Über den Anlaß, 54, 64; Rede zur Tragödie Thomas Chattertons, 55; Das schriftliche Bild der Orgel, 55; Lessings Abschied, 56; Über Günther Ramin, 56; Über Bert Brecht, 56; Der Dichter im Atomzeitalter, 56; Thesen gegen Atomrüstung, 57. – Aufzeichnungen eines Einzelgängers. Dichtung u. Gedanke, Ausw. v. R. Italiaander, 59; H. H. Jahnn. Eine Auswahl aus seinem Werk, hg. v. W. Muschg, 59; Briefe um ein Werk. Ein Briefwechsel mit Werner Helwig 46–48, 59. – Dramen, 2 Bde., 63–65.

Lit.: W. Helwig, in: Merkur XI, 1957; H. H. J. Buch der Freunde, zs.gestellt v. R. Italiaander, 60; W. Muschg: Von Trakl zu Brecht, 61; H. Wolffheim: H. H. J., der Tragiker der Schöpfung, 66; S. Hohl: Das Medea-Drama von H. H. J., Diss. München 66; J. Meyer: Verzeichnis der Schriften von u. über H. H. J., 67; W. Muschg: Gespräche mit H. H. J., 67; F. W. Kantzenbach, in: Hochland LX, 68; W. Emrich: Das Problem der Form in H. H. J.s Dichtungen, 68. S. H.

Jaloux, Edmond, * 19. 6. 1878 Marseille, † 22. 8. 1949 Lutry b. Lausanne.

J. schrieb in Paris für führende Blätter und wurde 1936 Mitglied der Académie Française. 1940 floh er in die Schweiz. — J. war nicht nur bedeutender Literaturkritiker u. -kenner — er setzte sich in Frankreich für Rilke ein —, sondern auch Verfasser psychologischer Romane, wie *Le reste est silence,* der Geschichte einer unglücklichen Ehe, gesehen mit den Augen eines Kindes. Die krankhafte Liebe Berthes zu ihrem Bruder Conrad, die bis zum Mord geht, ist das Thema von *La balance faussée.* In dem ebenfalls tragisch endenden Roman *Fumées dans la campagne* schildert der Ich-Erzähler Maurice die Beziehungen zwischen sich, seiner Mutter und seinem Stiefvater.

W.: Romane u. Erz.: L'Agonie de l'amour, 1899; Le reste est silence, 1909; L'eventail de crêpe, 11; Fumées dans la campagne, 17; Les profondeurs de la mer, 22 (dt. Die Tiefen des Meeres); L'alcyone, 25; La fugitive, 26; O toi que j'eusse aimée, 26 (dt. Dich hätte ich geliebt); La grenade mordue, 34; La balance faussée, 32; L'égarée, 38; Le vent souffle sur la flamme, 41; Le pays des fantômes, 48; Le dernier acte, 50. – *Essays u. Biographien:* L'esprit des livres, 23–31; Rainer Maria Rilke, 27; Du rêve à la réalité, 32; Vie de Goethe, 33; Essences, 44, 52; Introduction à l'histoire de la littératur française, 2 Bde, 48; Les saisons littéraires, 1904–1914, 50; Avec Marcel Proust, 53; Visages français, 54.

Lit.: J. Kolbert: E. J., 1962. DW

James, Henry, * 15. 4. 1843 New York, † 28. 2. 1916 London.

J., Bruder des Psychologen und Philosophen William J. (1842—1910), wurde von seinem Vater, einem Anhänger Swedenborgs und Freund Emersons, auf Schulen in den Vereinigten Staaten und in Europa (London, Paris, Genf) geschickt und so zum Weltbürger erzogen. Nach kurzem Jurastudium schrieb J. seit 1864 Rezensionen und Kurzgeschichten für verschiedene Zeitschriften. Von 1869 an lebte J., bis auf gelegentliche Aufenthalte in den Vereinigten Staaten, in Europa. 1875/76 war er Korrespondent in Paris und lernte dort Turgenjew kennen, der ihn mit Flaubert bekannt machte. 1876 ließ er sich in London, 1896 in Rye in Sussex nieder; 1915 wurde er britischer Staatsbürger. An J.' erster Kurzgeschichtensammlung, *A Passionate Pilgrim* (1875), zeigte sich, welche Fortschritte in Richtung auf psychologische Differenzierung er in einem Jahrzehnt gemacht hatte. In seinem ersten Roman, *Roderick Hudson,* schlägt J. das «international theme» an (die Begegnung von «unschuldigen» Amerikanern mit dem komplexen, raffinierten Europa). Roderick Hudson ist ein junger amerikanischer Bildhauer in Italien, der durch eine Reihe von künstlerischen Fehlschlägen enttäuscht und verzweifelt über eine unglückliche Liebe, Selbstmord begeht.

The American ist die Geschichte vom reichen amerikanischen Selfmademan Christopher Newman (ein Name, der nicht zufällig gewählt ist), dem von einer Adelsfamilie in Paris übel mitgespielt wird und der dennoch, obwohl er die Möglichkeit dazu hätte, darauf verzichtet, sich zu rächen.

Eine wichtige Stufe in J.' Werk stellt der Roman *The Portrait of a Lady* dar, die Geschichte einer jungen Amerikanerin, die in ihrem romantischen Unabhängigkeitsstreben kläglich scheitert: sie heiratet in Florenz und erkennt erst Jahre nach der Hochzeit, daß ihr Mann ein engherziger Egoist ist; nicht bereit, ihren Irrtum vor der Welt zuzugeben, entsagt sie ihren Träumen und nimmt das Martyrium ihrer Ehe auf sich. In diesem Werk kündigt sich bereits die subtile Sprachkunst seiner späteren Romane an. Die soziale Wirklichkeit seiner Zeit, das «was, unversöhnlich und unerbittlich und nur auf Umsturz bedacht, unter der riesigen glatten Oberfläche ‹fortschreitet›» (*Preface* zu *Princess Casamassima*), berührte J. in den Romanen *The Bostonians* und *Princess Casamassima*. Hauptgestalten des streckenweise sehr satirischen Romans *The Bostonians* sind die krankhaft verworrene Frauenrechtlerin Olive Chancellor, deren Vetter Basil Ransom, ein konservativer Südstaatler, und die junge, selbstlose Verena Tarrant. Olive gewinnt Verena für die Frauenrechtsbewegung und fordert schließlich von ihr — vergeblich — das Versprechen, niemals zu heiraten. Am Schluß verläßt Verena die «Bewegung» und wird Basils Frau.

In *The Princess Casamassima* wird der unehelich geborene, in ärmlichen Umständen aufgewachsene Hyacinth Robinson zum Revolutionär und gewinnt auch die reiche und schöne Prinzessin Casamassima, deren Vorgeschichte in *Roderick Hudson* erzählt ist, für die Ziele der Revolution. Nachdem Hyacinth durch die Prinzessin und auf einer Bildungsreise nach Frankreich und Italien die europäische Kunst und Kultur kennengelernt hat, kommen ihm Zweifel am Sinn des Attentats, zu dem er sich verpflichtet hat; als er dann auch noch spürt, daß sich die Prinzessin, in die er sich verliebt hat, immer mehr von ihm abwendet, nimmt er sich das Leben. Das Problem des Künstlers, der alles seiner Kunst opfert, behandelt J. in dem Roman *The Tragic Muse*. Auf das Thema der Kunst und des Verhältnisses von Kunst und Leben kam er in der Folge mehrfach zurück, zumal in kürzeren Werken. So opfert in *The Beast in the Jungle* John Marcher sein ganzes Leben dem Glauben, sich für etwas ganz Besonderes aufsparen zu müssen, und begreift schließlich, daß dieser Glauben eine Illusion war.

Zu Beginn der 90er Jahre begann J., enttäuscht vom geringen Erfolg der zuletzt erschienenen Romane, Dramen zu schreiben. Bereits 1882 hatte er die Erzählung *Daisy Miller* dramatisiert. Nun bearbeitete er den Roman *The American* für die Bühne (er gab ihm ein Happy-End) und schrieb eine Reihe von weiteren Stücken, von denen er einige später zu Romanen umarbeitete. Aufgeführt wurden nur *The American* und *Guy Domville*. Nach dem Durchfall des letztgenannten Stückes (1895) zog sich J. nach Rye in Sussex zurück. Überzeugt, daß ihm zu seinen Lebzeiten der große Erfolg versagt bleiben würde, glaubte er, nun keinerlei Rücksicht mehr auf das Publikum nehmen zu müssen, und trieb in den nun folgenden erzählerischen Werken die Kunst der subtilen psychologischen Zergliederung zu einer Vollendung, die ans Manieristische grenzt. Der Einfluß seiner Erfahrungen mit dem Theater zeigt sich darin, daß er seinen Werken nun «ein wirklich detailliertes Szenario» zugrunde legte und daß der Dialog immer mehr Gewicht gewann. Außerdem wird in wachsendem Maße aus der Perspektive einer einzigen, zunächst außenstehenden Person, erzählt, die zunehmend in das Geschehen verwickelt wird. Am deutlichsten ausgeprägt ist das in dem ironisch-komischen Kurzroman *What Maisie Knew*. Die anfangs sechsjährige Titelheldin lebt abwechselnd bei ihrem geschiedenen Vater, Beale Farange, der Miss Overmore, Maisies erste Erzieherin, heiratet, und bei ihrer Mutter und deren jetzigem Mann Sir Claude. Die beiden neuen Ehen haben keinen Bestand; die Ehepartner ihrer Eltern interessieren sich bald auch füreinander. J. schildert die Entwicklung der Beziehungen zwischen den Erwachsenen aus der Sicht Maisies — ohne den Leser wissen zu lassen, wieviel das frühreife Kind wirklich begreift.

In seinen drei großen Altersromanen nimmt J. das «international theme» wieder auf, das er nun noch weit differenzierter als zuvor behandelt. *The Wings of the Dove* ist die Geschichte einer «bewundernswerten Seele», der unendlich reichen Amerikanerin Milly Theale, die trotz oder vielleicht gerade wegen ihres Reichtums nicht glücklich werden kann. Die unheilbare Kranke wird das Opfer eines Anschlages der nach oben strebenden Kate Croy und des von dieser geliebten Journalisten Merton Densher; auf Betreiben Kates heiratet der Journalist Milly, nach Millys Tod will Kate dann den reichen Witwer heiraten. Als Milly über diesen Plan aufgeklärt wird, kehrt sie «ihr Gesicht zur Wand». Aber sie verzeiht Densher und vermacht ihm einen großen Teil ihres Geldes. Doch Densher mag es nun nicht mehr nehmen: Millys Tod hat ihn geläutert. Kate muß sich zwischen Densher und dem Geld entscheiden. Der Roman *The Ambassadors* wurde von J. als sein Meisterwerk angesehen. Die reiche amerikanische Witwe Mrs. Newsome schickt den Literaten Lambert Strether nach Europa; er soll ihren Sohn Chad dazu bringen, nach Amerika zu seinen Geschäften zurückzukehren. Aber Strether wird selbst von der Atmosphäre von Paris eingefangen und rät Chad, als dieser mit dem Gedanken spielt, Geschäftsmann zu werden, nicht auf Paris und auf seine Liebe zu Madame de Vionnet zu verzichten. Strether entsagt paradoxerweise dem Leben in Paris und geht nach Amerika zurück; eines nicht allzu fernen Tages wird Chad ihm folgen. *The Golden Bowl* schildert die Wandlungen der Gefühlsbeziehungen innerhalb einer Konstellation von vier Personen. Maggie Verver, die Tochter eines amerikanischen Kunstsammlers und Millionärs, heiratet den Fürsten Amerigo, einen verarmten italienischen Aristokraten; damit ihr Vater nicht vereinsamt, bestimmt sie ihn dazu, die Amerikanerin Charlotte Stanton zu heiraten. Charlotte war einst Amerigos Geliebte und wird es nun wieder. Beim Kauf einer Kristallschale, die unter einer dicken Goldschicht einen Sprung hat, erfährt Maggie dies. Ohne Anklagen gelingt es ihr, die Dinge ins Lot zu bringen: sie gewinnt die Liebe ihres Mannes, und ihr Vater reist mit Charlotte für immer nach Amerika zurück.

Von J.' zahlreichen kürzeren Werken wurde am bekanntesten die mehrere Deutungen nicht nur zulassende, sondern herausfordernde Geistergeschichte *The Turn of the Screw.* J., der auch Reiseberichte und Essays zur Literatur schrieb – so über die von ihm verehrten Autoren Hawthorne und Turgenjew –, gab in seinen Prefaces zur New Yorker Werkausgabe und in seinen (postum erschienenen) *The Notebooks* einen Einblick in seine schriftstellerische Werkstatt; eine theoretische Grundlegung seiner Kunst gibt er in *The Art of Fiction.* J., «the historian of fine consciences» (Joseph Conrad), hat durch die Einführung der «begrenzten Perspektive», also der Schilderung der Ereignisse aus der Sicht eines der Beteiligten, und durch seine allen Seelenregungen bis in die feinsten Verästelungen nachgehende Prosa dem modernen Roman – etwa Proust, Joyce, Virginia Woolf entscheidende Impulse gegeben.

W.: Romane: Roderick Hudson, 1876 (dt. ebs.); The American, 2 Bde, 77 (dt. Amerikaner); Watch and Ward, 78; The Europeans, 2 Bde, 78 f.; Confidence, 80; Washington Square, 81 (dt. Die Erbin); The Portrait of a Lady, 81 (dt. Bildnis einer Dame); The Bostonians, 3 Bde, 86 (dt. Die Damen aus Boston); The Princess Casamassima, 86 (dt. Prinzessin C.); The Reverberator, 2 Bde, 88; The Tragic Muse, 2 Bde, 90; The Other House, 96; The Spoils of Poynton, 97; What Maisie Knew, 98 (dt. Maisie); The Awkward Age, 99; The Sacred Fount, 1901; The Wings of the Dove, 02 (dt. Die Flügel der Taube); The Ambassadors, 03 (dt. Die Gesandten); The Golden Bowl, 04 (dt. Die goldene Schale); The Outcry, 11; The Ivory Tower, Fragment, 17; The Sense of the Past, Fragment, 17. – *Erz.:* A Passionate Pilgrim, 1875 (dt. Ein leidenschaftlicher Pilger); An International Episode, 78/79; The Madonna of the Future, 79; Daisy Miller, 79; The Diary of a Man of Fifty, 80; The Siege of London, 83 (dt. Eine gewisse Frau Headway); Tales of Three Cities, 84; Stories Revived, 85; The Aspern Papers, 88 (dt. Asperns Nachlaß); A London Life, 89; The Lesson of the Master, 92; The Private Life, 93; The Real Thing, 93; Terminations, 95 (darin: The Altar of the Dead; dt. Der Altar der Toten); Embarrassments, 96; The Two Magics, 98 (darin: The Turn of the Screw; dt. Die sündigen Engel, auch als: Bis zum Äußersten, Die Drehung der Schraube, Schraubendrehungen); In the Cage, 98; The Soft Side, 1900; The Better Sort, 03 (darin: The Beast in the

Jungle, 03; dt. Das Tier im Dschungel); Julia Bride, 09; The Finer Grain, 10; Gabrielle de Bergerac, 18; Travelling Companions, 19. – *Reisebücher:* Transatlantic Sketches, 1875; Portraits of Places, 83; A Little Tour in France, 85; Essays in London and Elsewhere, 93; The American Scene, 1907; Italian Hours, 09. – *Essays:* French Poets and Novelists, 1878; Hawthorne, 79; Partial Portraits, 88; English Hours, 1905; Views and Reviews, 08; Notes on Novelists, 14; Within the Rim, 18; Notes and Reviews, 21; The Art of the Novel: Critical Prefaces, 34; The Notebooks, hg. v. F. O. Matthiessen und K. B. Murdok, 47 (dt. Tagebuch eines Schriftstellers); The Art of Fiction, 48. – *Briefe:* Letters, 2 Bde, hg. v. P. Lubbock, 20; The Selected Letters, hg. v. L. Edel, 55; H. J. and H. G. Wells, hg. v. L. Edel und G. N. Ray, 58. – *Biographisches:* William Wetmore Story and his Friends, 03. – *Autobiographisches:* A Small Boy and Others, 13; Notes of a Son and Brother, 19; The Middle Years, 17; Autobiography, hg. v. F. W. Dupee, 56. – *Dramen:* Theatricals, 1894 u. 95; Complete Plays, hg. v. L. Edel, 1949. – New York Ed., 26 Bde, 07–17; Uniform Ed. of the Tales, 14 Bde, 15–19; The Novels and Stories, 35 Bde, 21–23; The Complete Tales, 12 Bde, hg. v. L. Edel, 62–64. – Ferner dt.: Meisternovellen; Erzählungen (Ausw.).

Lit.: P. Lubbock: The Craft of Fiction, 1921; R. B. Perry: The Thought and Character of H. J., 2 Bde, 35; E. Wilson: The Triple Thinkers, 38; F. O. Matthiessen: H. J., 44; derselbe: The J. Family, 48; L. Edel: H. J., 5 Bde., 53 ff.; J. W. Beach: The Method of H. J., 54; Qu. Andersen: The American J., 57; H. T. MacCarthy: H. J., 58; Ch. Wegelin: The Image of Europe in H. J., 58; R. Marks: J.' Later Novels, 60; R. Poirier: The Comic Sense of H. J., 60; O. Cargill: The Novels of H. J., 61; D. Crook: The Ordeal of Consciousness in H. J., 62; J. A. Clair: The Ironic Dimension in the Fiction of H. J., 65; F. W. Dupee: H. J., 65; T. J. Bontly: The Aethetics of Discretion, 66. RLL

Jamiaque, Yves, * 1922 Paris.

J., der fünf Jahre als Kriegsgefangener in Westfalen verbrachte, lebt in Paris. — J.s Dramen arbeiten mit Kolportage-Effekten und Volksstück-Motiven eine etwas naive Sozialkritik heraus. In *La queue du diable* trägt der unschuldig wegen Mordes verurteilte Bibliothekar Lahutte nach seiner Entlassung Schrecken in die verlogene Spießbürgerschaft seines Heimatortes, indem er nun einen eigenen Mord ankündigt. Das Stück *Les cochons d'Inde* schildert die Odyssee einer obdachlos gewordenen Familie.

W.: Dramen: Negro Spirituals, 1954; Habeas corpus, 54; Les Lingots du Havre, 56; La queue du diable, 58 (dt. Teufelsspur); Les cochons d'Inde, 60 (dt. Die Meerschweinchen); La cour aux prunes, 64 (dt. Der Pflaumenbaum). RLL

Jammes, Francis, * 2. 12. 1868 Tournay (Hautes Pyrénées), † 1. 11. 1938 Hasparren (Basses Pyrénées).

J. verbrachte den größten Teil seines Lebens in Orthez. Seine ersten antik-heidnischen Verse trugen ihm die Bekanntschaft mit Mallarmé und die Freundschaft Gides ein, den er nach Nordafrika begleitete und gegen den er später die Satire *L'Antigyde ou Élie de Nacre* schrieb; unter dem Einfluß Claudels wurde er gläubiger Katholik. Im Alter zog er sich in das baskische Dorf Hasparren zurück.

J. schuf sich, während in Paris der Symbolismus blühte, eine Sprache von gewollter Naivität und Schlichtheit, die er, unberührt von allen literarischen Strömungen und von den sozialen Problemen seiner Zeit, bis zu seinem Tode beibehielt, so in den traurig-zarten Liebesgeschichten um *Clara, Almaide* und *Pomme d'Anis* und im märchenhaften *Roman du lièvre.* Hier führt der Hase die vor Hunger oder Kälte gestorbenen Tiere des Franziskus von Assisi in den Himmel, in die für sie bestimmten Paradiese; auf seinen Wunsch darf er zur Erde zurück, dort wird er bald von einem Jäger erschossen und kommt endlich in sein Paradies, das Hasenparadies.

W.: Lyrik: Vers, 1891–94; La naissance du poète, 97; De l'Angélus de l'aube à l'Angélus du soir, 98; Le deuil des Primevères, 1901 (dt. Die traurigen Schlüsselblumen); Le triomphe de la vie, 02; Clairières dans le ciel, 05; Les Géorgiques chrétiennes, 11/12 (dt. Die Gebete der Demut); 1er, 2e, 3e et 4e Livres des quatrains, 23–25; Ma France poétique, 26; De tous temps à jamais, 35; Sources, 36; Variations sur un air français, 41. – *Romane:* Clara d'Ellébeuse, 1899; Almaïde d'Etremont, 1901; Pomme d'Anis, 04 (alle drei zus. dt.: Drei Mädchen); Le roman du lièvre, 03 (dt. Der Hasenroman); Ma fille Bernadette, 09 (dt. Die kleine Bernhardine); Le rosaire au soleil, 16 (dt. Rosenkranzroman); M. le Curé d'Ozeron, 18 (dt. Der Pfarrherr von O.); Le poète rustique, 20 (dt. Dichter Ländlich); Cloches pour deux mariages, 24 (dt. Hochzeitsglocken oder Der bas-

kische Himmel und Marie); Les Robinsons basques, 25; Pipe chien, 33. – *Satire:* L'Antigyde ou Élie de Nacre, 32. – *Essays:* Trente-six femmes, 26; Leçon poétiques, 30. – *Erinnerungen:* Mémoires, 3 Bde., 21–23. – *Briefe:* Correspondance P. Claudel, F. J. et G. Frizeau, 1897–1938, ed. A. Blanchet, 52. – Œuvres, 5 Bde., 13–26. – Ferner dt.: Gedichte, v. R. Netzer; Die Auferstehung der Tiere; Elegien (französ. u. dt.).
Lit.: P. Claudel: F. J., 1949; M. Parent: Rhythme et versification dans la poésie de F. J., 56; R. u. L. Van der Burght: F. J., Brüssel 61; R. Mallet: F. J. Sa vie, son œuvre, 61. RLL

Jandl, Ernst, * 1. 8. 1925 Wien.
Im Anschluß an den Kriegsdienst studierte J. Germanistik und Anglistik. Heute lebt er als Gymnasiallehrer in Wien. – J., der seit 1952 veröffentlicht, beschäftigt sich mit Sprachreduktion im Anschluß an Dada, Gertrude Stein und G. Rühm; besonders an Werken Rühms orientieren sich seine konkreten Gedichte. In witziger Absicht nützt er die Diskrepanz zwischen geschriebener und gesprochener Sprache und separiert Klang und Bedeutung von Wörtern. Er arbeitet einmal mit permutativer Verstellung der Laute eines Wortes, wobei sich als Zufallstreffer «sinnvolle» Lautkombinationen oder Anklänge an solche ergeben, zum anderen mit graphischen Exerzitien und Montagen.

W.: *Lyrik:* Andere Augen, 1956; mai hart lieb zapfen eibe hold, 65; Laut und Luise, 66; Sprechblasen, 68; Der künstliche Baum, 70. – *Hörspiele* (zusammen mit Friederike Mayröcker): Fünf Mann Menschen, 68; Der Gigant, 69; Spaltungen, 70; Die Auswanderer, 70. – *Texte:* Flöda und der Schwan, 71. – Ferner Übersetzungen.
Lit.: E. J. Springer, in: Neues Forum Aug./Sept. 70. H. G.

Janker, Josef W., * 7. 8. 1922 Wolfegg bei Ravensburg.
J. war im Zweiten Weltkrieg Soldat, kehrte schwerkrank heim, konnte nur noch gelegentlich arbeiten; seit 1960 trat er mit Büchern sowie Arbeiten in Zeitschriften und Anthologien hervor. — J.s Prosa, in eigenwillig nüchternem Stil geschrieben, ist konzentriert auf die Situation des Einzelnen im Krieg und in der Nachkriegszeit, sein Verlorensein, seine Machtlosigkeit und die Unmöglichkeit des Vergessens später.

W.: Zwischen zwei Feuern, 1960; Mit dem Rücken zur Wand (Erz.), 64; Aufenthalte, 67; Der Umschuler, 71. RLL

Japrisot, Sébastien (eig. Jean-Baptiste Rossi), * 1931 Marseille.
J. war früh literarisch tätig; gleichzeitig arbeitete er jedoch mit Erfolg in der Werbung. Nach Versuchen als Drehbuchautor wandte er sich 1962 der Gattung des Kriminalromans zu, für die er erstmals mit seinem Pseudonym zeichnete. — J.s Romane führen das von Boileau und Narcejac entwickelte Thema des vor einer verrätselten Welt stehenden Opfers auf raffinierte Weise weiter. Die Motive (Gedächtnisverlust, Identitätskrise, Doppelgänger) und ihre psychoanalytische Fundierung werden freilich häufig zu einem kunstvoll komponierten Gewebe, in dem nicht mehr die Romanperson, sondern der Leser sich verstricken soll.

W.: *Romane:* Compartiments tueurs, 1962 (dt. Mord im Fahrpreis inbegriffen); Piège pour Cendrillon, 63 (dt. Falle für Aschenbrödel); La dame dans l'auto avec des lunettes et un fusil, 66 (dt. Porträt einer Dame im Auto mit Brille und Gewehr); Adieu l'ami, 68 (dt. Weekend im Tresor). – Ferner Filmdrehbücher. RLL

Jardiel Poncela, Enrique, * 15. 10. 1901 Madrid, † 18. 2. 1952 ebd.
J. P. begann als Journalist; erste Erfolge erreichte er mit humoristischen Romanen (*Amor se escribe sin H*). Von 1932 bis 1933 war er Drehbuchautor in Hollywood; 1934 gelang ihm mit *Angelina o el honor de un brigadier* (eine Parodie des postromantischen Dramas) der Durchbruch zum Theater. Seine Komödien, die in den 30er und 40er Jahren populär waren, kamen aus der Tradition des Madrider Genre von Arniches und Muñoz Seca. Sie hoben sich davon durch einen speziellen, am amerikanischen Stummfilm orientierten Humor und durch die Neigung zu surrealistischen Effekten ab, die ihn in die Nähe des absurden Theaters brachte.

W.: *Romane:* Amor se escribe sin H, 1926; Espérame en Siberia, vida mía, 27; Pero, ¿hubo alguna vez once mil vírgines?, 30. – *Erz.:* Los 38 asesinatos y medio del Castillo de Hull, 58. – *Komödien:* Angelina o el honor de un brigadier, 34; Cuatro corazones con freno y marcha atrás, 36; Carlo Monte

en Monte Carlo, 39; Eloísa está debajo de un almendro, 40; Los tigres escondidos en la alcoba, 49. – Obras completas, 6 Bde, 61.
G. D.

Jarnés, Benjamin, * 7. 10 1888 Codo (Aragonien), † 11. 8. 1949 Madrid.

J. studierte Philosophie und Theologie in Saragossa, wollte zuerst Priester werden, wandte sich dann aber der Literatur zu. Er lebte nach dem Bürgerkrieg meist in Mexiko. — J. gab in seinen Romanen, deren äußere Handlung unwichtig ist, eine Kette von Stimmungsbildern, die auf genauer Beobachtung beruhen. Im Mittelpunkt stehen innere Erlebnisse. So ist das Thema von *Locura y muerte de nadie* das Erlebnis der «Entwirklichung»: der Held Juan Sarrchez glaubt irgendwer, im Grunde also niemand zu sein. Charakteristisch sind auch seine *Escenas junto a la muerte,* in denen ein todkranker Prüfungskandidat das Leben, verkörpert in einer Reihe von Frauen, seiner Situation zum Trotz genießt und zugleich überwindet.

W.: Romane u. Erz.: El profesor inutíl, 1926 (daraus dt. Der getreue Strom); El convidado de papel, 28; Vida de San Alejo, 28; Locura y muerte de nadie, 29; Paula y Paulita, 29; Viviana y Merlin, 30; Teoría del zumbel, 30; Escenas junto a la muerte, 31 (daraus dt. Im Bannkreis des Todes); Lo rojo y lo azul, 32; Eufrosina o la gracia, 48. – *Essays:* Ejercicios, 27; Rúbricas, 31; Españoles in America, 43; Cervantes, 44. DW

Jarrell, Randall, * 16. 5. 1914 Nashville (Tennessee), † 14. 10. 1965 Greensboro (North Carolina).

J. studierte Psychologie und Anglistik an der Vanderbilt Univ., war 1937–42 Dozent und ging 1942 zur Luftwaffe. Nach dem Kriege nahm er seinen Beruf wieder auf und arbeitete außerdem als literarischer Redakteur, Kritiker und Übersetzer. 1947 wurde er Associate Prof. an der Univ. von North Carolina. – J. wurde durch seinen ersten Gedichtband *Blood for a Stranger* bekannt, in dem er das Thema menschlicher Schuld variiert. Seine zweite Sammlung *Little Friend, Little Friend,* steht unter dem Eindruck der Schrecken des Krieges und behandelt die Themen des Muts und des frühen Todes. Auch die Sammlung *Losses,* in der die unsentimentale Haltung des Autors zuweilen in emotionale Bitterkeit umschlägt, hat die Tragik des Krieges zum Thema. Außer Lyrik verfaßte J. Essays zur Literatur, einen satirischen Roman, *Pictures from an Institution,* und Kinderbücher.

W.: Lyrik: Blood for a Stranger, 1942; Little Friend, Little Friend, 45; Losses, 48; The Seven-League Crutches, 51; Selected Poems, 55; The Woman at the Washington Zoo, 60; The Lost World, 65; Complete Poems, 69. – *Roman:* Pictures from an Institution, 54. – *Essays:* Poetry and the Age, 53; Third Book of Criticism, 69.

Lit.: R. Lowell/P. Taylor/R.P.Warren (Hg.): R. J., 1967. RLL

Jarry, Alfred, * 8. 8. 1873 Laval (Bretagne), † 1. 11. 1907 Paris.

J.s Karriere begann im Lyceum von Rennes. Die Schüler spielten Straßentheater: als Mönch oder Ritter verkleidet, provozierten sie die Leute auf dem Marktplatz; damals entstand der Urtext zu *Ubu.* Provokation und Rollenspiel blieben die Schlüsselwerte in J.s Dasein; kein Schriftsteller hat es je unternommen, die Kluft zwischen Fiktion und Realität so konsequent zu leugnen wie er, das Leben durch die Kunst zu ersetzen. Die Zeitgenossen bewunderten J. als lebendes Kunstwerk, seine Texte wurden kaum gelesen. — 1894—96 gab er mit R. de Gourmont die Kunstzeitschrift «Ymagier» heraus.

Am 10. 12. 1896 provozierte die Aufführung von *Ubu Roi* mit dem Dickwanst als Helden, der statt einer Krone eine Art Klosettbürste auf dem Kopfe trug, einen Skandal, der J. über Nacht berühmt machte. Damals als Parodie auf das konventionelle, naturalistische Theater geplant, gilt das Stück heute als klassisches Stück der Moderne, dessen szenische Mittel (Masken, Harlekinade, Schilder statt Bühnenbilder) Schule (vgl. Artaud) gemacht haben. Es handelt sich um die Geschichte eines wildgewordenen Kleinbürgers, der von Mutter Ubu (Parodie auf Lady Macbeth) aufgehetzt, den König beseitigt (Parodie auf Julius Caesar), um dann als Massenmörder zu enden. J. hat mehrere Variationen und Fortsetzungen verfaßt, u. a. *Ubu-Cocu:* Ubu dringt in das Haus des Wissenschaftlers Achras ein, den er an einem Pfahl martern will.

Nahezu sämtliche Werke J.s zeichnen sich durch eine symbolhaft-mythische Vieldeutigkeit, durch die dissonante, monsterhafte Zusammensetzung der auftretenden Personen aus: In *L'amour absolu* liebt der Verbrecher Emmanuel Dieu die sowohl in christlicher als mohammedanischer Tradition stehende Varia-Miriam. *César Antichrist* (mit Holzschnitten von J.) ist ein in heraldische Akte unterteiltes Drama, das den Sturz des göttlichen Reiches, des Reiches des Antichristen und das Irdische Reich, wo Ubu regiert, beschreibt. In *Sûrmâle* wird die Beweisführung des Satzes «Die Liebe ist ein Akt ohne jede Bedeutung, der unbeschränkt wiederholt werden kann», angetreten: Merceuil erfährt seinen wahren Triumph durch den Tod einer sich in ihn verliebenden Liebesmaschine. Noch phantastischer mutet die Logik im *Docteur Faustroll* an: Ausgehend von dem Satz der Identität der Gegensätze, wird hier die «Pataphysik» als die Wissenschaft der imaginären Lösungen vorgeführt. Muster der Handlung ist sowohl die Schöpfungsgeschichte (Faustroll will die Erde in sieben Tagen zerstören) als auch die Odyssee oder die Seereise Pantagruels. «Die Pataphysik geht so weit über die Metaphysik hinaus, wie diese über die Physik.»

W.: Lyrik und poetische Prosa: Les minutes de sable mémorial, 1894; César Antichrist, 95. – *Essays:* Visions actuelles et futures, 94; La machine à explorer le temps, 99; Speculations 1900–1903. – *Romane:* L'amour absolu, 1899; Messaline, 1900; Le Sûrmâle, 02 (dt. Der Supermann); Gestes et opinions du docteur Faustroll, pataphysicien, 11 (dt. Heldentaten und Lehren des Dr. Faustroll); Speculations, 11. – *Dramen:* Ubu Roi, 1896 (dt. König Ubu); Ubu-Cocu; Ubu enchaîné, 1900; Tout Ubu, hg. M. Saillet, 62 (dt. König Ubu, Ubu Hahnrei, Ubu in Ketten). – Œuvres complètes, 8 Bde., 1948; neue Ausgabe in Vorber.

Lit.: Ch. Chassé; Sous le masques d'A. J., 1921; Rachilde: A. J., le Sûrmâle des Lettres, 28; P. Chauveau: A. J., 32; F. Lot: A. J. Son œuvre, 34; M. Saillet, in: Critique, Febr. 49; J.-H. Levesque: A. J., 50; Cahiers du Collège de Pataphysique, 50 ff. (wichtigste Quelle); A. Lebois: A. J., 51; Klaus Völker, in: Akzente Heft 4, 59; K. Giedion-Welcker: A. J., 60 (mit Bibliographie); M. Kesting: Panorama des zeitgenössischen Theaters, 62; M. Michel Arrivé: Sur les langages de J., 71.
M. L.

Jasieński, Bruno (eig. B. Zyskind), * 21. 6. 1901 Klimontowo (bei Sandomierz), † 16.(?) 1. 1939 bei Wladiwostock.

J., Sohn eines Landarztes, war Mitbegründer der Futuristengruppe in Krakau und begann mit futuristischen Manifesten. Seine Poesie entwickelt filmische Schnitt- und Raffungstechniken und zeigt global und synchron die technologisierte Welt und die Entrechteten in ihr. 1925 ging J. aus politischen Gründen nach Paris, wirkte beim KP-Organ «L'Humanité» und bei der polnischen Arbeiter-Emigration (Agit-Theater). Er dramatisierte sein poetisches Hauptwerk *Słowo o Jakubie Szeli* [Ein Wort über J. S.] über den galizischen Bauernaufstand von 1846, in dem er die leibeigenen Bauern als kämpfende Klasse zeigte. 1928 druckte «L'Humanité» in Fortsetzungen J.s phantastischen Roman *Je brûle Paris:* der arbeitslose Feinmechaniker Pierre verursacht aus Rache eine grauenhafte Pestepidemie, das entvölkerte, lahmgelegte Paris fällt dem internationalen Proletariat zu. Der Roman machte Sensation, der Autor wurde trotz Protestaktionen französischer Literaten aus Paris ausgewiesen. 1929 ging J. nach Moskau; er schrieb nun Romane in russischer Sprache. 1937 wurde J. verhaftet, er starb in einem sibirischen Durchgangslager. 1955 wurde er rehabilitiert.

W.: Poesie: Poln.: But w butońerce, 1921; Pieśń o Głodźe, 22; Słowo o Jakubie Szeli, 26; Russ.: Stichi, 31. – *Prosa:* Poln.: Nogi Izoldy Morgan, 23; Je brûle Paris, 28 (poln. Palę Paryż, 29; dt. in: Rote Fahne, 28); Russ.: Moskva-Tadžikistan, 32; Čelovek menjaet kožu, 32/33 (poln. Człowiek zmienia skórę, 35); Kišlak v uščel'e, 34; Mužestvo, 35; Nos, 36; Glavnyj vinovnik, 56; Zagovor Ravnodušnych, 57. – *Dramen:* Poln.: Rzecz gromadzka (szen. Version v.: Słowo o Jakubie Szeli), 28; Russ.: Bal manekinov, 31. – Werke, russ., 57, poln., 62.
DW

Jaspers, Karl Theodor, * 23. 2. 1883 Oldenburg (i. O.), † 26. 2. 1969 Basel.

Nach dem Besuch des Humanistischen Gymnasiums in Oldenburg studierte J. in Heidelberg und München Jurisprudenz, dann in Berlin, Göttingen und Heidelberg Medizin. Er arbeitete an der Heidelberger Psychiatrischen Klinik als Psychiater, habilitierte sich 1913 bei

Windelband für Psychologie und wurde 1921 Ordinarius für Philosophie in Heidelberg. Während des Dritten Reiches verfemt, wurde er 1937 entlassen, dann 1945 wieder in sein Amt eingesetzt. 1948 übersiedelte er nach Basel, wo er bis 1961 las.

J. hat als Psychiater die Methoden der Phänomenologie und des genetischen Verstehens beschrieben und dadurch die phänomenologische und die verstehende Psychopathologie als Wissenschaft begründet. In seinem Hauptwerk der Frühzeit, der *Allgemeinen Psychopathologie*, gab er eine Kritik aller damals in diesem Wissensgebiet gebräuchlichen Methoden. Durch die Entwicklung der Biographik legte er den Grund für die wissenschaftliche Pathographie (*Strindberg und van Gogh*). Seine *Psychologie der Weltanschauungen*, ein kritischer Versuch, die Grenzen der Seele abzuschreiten, liegt selber schon an der Grenze zur Philosophie und gilt als das erste Dokument der deutschen Existenzphilosophie.

J. entfaltet seine Existenzphilosophie im Werk *Philosophie*. Es hält sich im Aufbau an die klassische Dreiteilung der Metaphysik: «Weltorientierung» führt an die Grenzen des Weltwissens, «Existenzerhellung» appelliert an die Freiheit des Einzelnen, «Metaphysik» fragt nach dem Sinn von Transzendenz für Existenz. Unter Existenz versteht J. das Seinkönnen des Selbstseins, das sich in der Kommunikation, im Erleben von Grenzsituationen (wie Leid, Schuld, Tod) und im absoluten Handeln auf unerklärbare Weise ereignet. – Dieser Existenzphilosophie eine Logik zugrunde zu legen, versucht J. in dem Werk *Von der Wahrheit*. Es geht aus von den Grunderfahrungen des Menschseins und überschreitet diese zu den offenen Räumen des Umgreifenden. Im Erhellen von Dasein, Bewußtsein überhaupt, Geist, Vernunft, Existenz, Welt, Transzendenz entfaltet es die vielfache Bedeutung von Wahrheit, Wirklichkeit und Menschsein und wird dadurch zu einer Logik der universalen Kommunikation. – In der Vorbereitung einer Weltphilosophie sah J. im Alter seine Aufgabe. Die wichtigsten Spätwerke (*Vom Ursprung und Ziel der Geschichte*, *Die großen Philosophen*, *Der philosophische Glaube angesichts der Offenbarung*) gehören in dieses umfassende Projekt. Die politischen Schriften (*Die Atombombe und die Zukunft des Menschen*) suchen, auf Grund eines neuen Weltbewußtseins, nach einer föderativen, den Weltfrieden ermöglichenden Weltordnung und bekämpfen deren Verkehrungen in der nationalen Machtpolitik (*Wohin treibt die Bundesrepublik?*).

Auf die Literaturwissenschaft haben seine Theorie des Tragischen, seine Philosophie der Sprache und seine Chiffrenlehre gewirkt.

W.: Psychopathologie und Psychologie: Allgemeine Psychopathologie, 1913; Gesammelte Schriften zur Psychopathologie (1909 bis 1913), 63; Psychologie der Weltanschauungen, 19; Strindberg und van Gogh, 22. – *Geschichte der Philosophie:* Nietzsche, 36; Descartes und die Philosophie, 37; Schelling, 55; Die großen Philosophen, 57; Nikolaus Cusanus, 64; Aneignung und Polemik, 68. – *Systematische Philosophie:* Philosophie, 32; Vernunft und Existenz, 35; Existenzphilosophie, 38; Von der Wahrheit, 47; Einführung in die Philosophie, 50; Rechenschaft und Ausblick (Aufsätze), 51; Philosophie und Welt (Aufsätze), 58; Der philosophische Glaube angesichts der Offenbarung, 62. – *Geschichte und Politik:* Die geistige Situation der Zeit, 31; Vom Ursprung und Ziel der Geschichte, 49; Die Atombombe und die Zukunft des Menschen, 58; Hoffnung und Sorge (kleine Schriften 1945–65), 65; Wohin treibt die Bundesrepublik?, 66; Antwort, 67. – *Autobiographie:* Schicksal und Wille, 67. – Provokationen, Gespräche und Interviews, 69.

Lit.: L. Jaspers: Der Begriff der menschl. Situation in der Existenzphil. von K. J., 1936; M. Dufrenne und P. Ricœur: K. J. et la philosophie de l'existence, 47; U. Schmidhäuser: Allgemeine Wahrheit und existentielle Wahrheit bei K. J., 53; G. Knauss: Gegenstand und Umgreifendes, 54; T. Räber: Das Dasein in der «Philosophie» von K. J., 55; K. J. Philosophen des 20. Jhs. Hg. von P. A. Schilpp, 57; B. Tollkötter: Erziehung und Selbstsein, 61; G. Simon: Die Achse der Weltgeschichte nach K. J., 65; C.-U. Hommel: Chiffre und Dogma, 68; W. Schneiders: K. J. in der Kritik, 65; H. Saner: K. J., 70; K. J.-Bibliographie, 1909–67, 70. H. Sa.

Jastrun, Mieczysław (eig. M. Agatstein), * 29. 10. 1903 Korolówskal (Ostgalizien).

J. war Gymnasiallehrer und wirkte 1941 bis 1944 im Warschauer Untergrund. Bis 1949 war J. Redakteur an der marxistischen Literaturzeitschrift «Kuźnica» in Łódź, seither lebt er in Warschau.

J.s traditionsverbundene Gedankenlyrik umschreibt ein einziges Grundthema: das nach individueller Dauer verlangende Bewußtsein — am deutlichsten verkörpert im Dichtertum — und sucht die Tragik der Vergänglichkeit und des Chaos rational zu bewältigen. Nur selten erscheinen unter dem Druck sozialrealistischer Doktrin Veränderung und Zukunft überhaupt von Bedeutung. J.s Verse entwickelten sich von metaphernreicher Stimmungslyrik zu formelhaften Abstraktionen von hoher Reinheit. Er beschäftigte sich immer wieder mit der Gestalt des Dichters, so in biographischen Romanen um die poln. Klassiker Mickiewicz, Słowacki, Kochanowski und in umfangreichen Essaybänden. J. übersetzte auch aus mehreren europäischen Sprachen (u. a. Hölderlin, Rilke).

W.: Lyrik: Spotkanie w czasie, 1929; Inna młodość, 33; Dzieje nieostygłe, 35; Strumioń i milczenie, 37; Godzina strzeżona, 44; Rzecz ludzka, 46; Sezon w Alpach, 48; Barwy ziemi, 51; Poemat o mowie polskiej, 52; Poezje 1944–54, 54; Poezja i prawda, 55; Gorący popiół, 56; Genezy, 59; Większe od zycia, 60; Intonacje, 62; Strefa owoców, 64; Poezje, 66. – *Romane:* Mickiewicz, 49 (dt. ebs.); Spotkanie z Salomeą, 51 (über Słowacki); Poeta i dworzanin – rzecz o Janie Kochanowskim, 54 (dt. Poet und Hofmann); Piękna choroba, 61. – *Essays:* Szkic o Adamie Mickiewiczu, 55; Między słowem a milczeniem, 60; Mit śródziemnomorski, 62; Poezja i rzeczywistość, 65. – Wiersze zebrane, 56.
Lit.: Cz. Miłosz, in: Kultura 1910, Paris 1953; R. Matuszewski, in: Mickiewicz-Blätter 6, 61. DW

Jedlička, Josef, * 16. 3. 1927 Prag.

J. studierte an der Karlsuniv. Ethnologie und bei Jan Mukařovsky Ästhetik. Während des Krieges Beitritt zur KPČ, aus der er 1948 wieder austrat; dadurch Relegation. Ausübung verschiedener Berufe, bis er 1963 sein Studium abschließen konnte. Als Ethnologe am Museum in Litvínov war er bis August 1968 tätig. Seither lebt J. als Funkredakteur in München.

Die meisten seiner literarischen Arbeiten sind unpubliziert: Essays über Kafka und Thomas Mann, Erzählungen, ein Roman über Metej Kopecký, ein Theaterstück über Josef Langer und zwei Drehbücher. Als erstes Buch von J., wurde *Kde život náš je v půli se svou poutí* (Unterwegs) veröffentlicht: die Bilanz der stalinistischen 50er Jahre und enttäuschter Ideale eines intellektuellen Lebens, in der Kompositionstechnik einer nicht kontinuierlichen Erzählprosa mit Tatsachenmaterial, Rückblenden und Reflexionen angelegt.

W.: Kde Život náš je v půli se svou poutí, 1969 (dt. Unterwegs); Domov vy storovany, Essay, 70. G. P. M.

Jeffers, (John) Robinson, * 10. 1. 1887 Pittsburgh, † 20. 1. 1962 Carmel (Kalifornien).

J. besuchte Schulen in Deutschland und der Schweiz; nach Studium in Zürich und an amerikanischen Universitäten ermöglichte ihm eine Erbschaft, als freier Schriftsteller zu leben. 1914 ließ er sich in Carmel, dem Schauplatz vieler seiner Dichtungen, nieder.

J. war ein extremer Individualist. Sein Werk, das deutlich von der griechischen Tragödie, Nietzsche und der Psychoanalyse Freuds beeinflußt ist, zeigt seinen Abscheu vor dem modernen Menschen, der ihm klein und bedeutungslos, verglichen mit der Unendlichkeit des Universums erschien und vor der sozialen Ordnung einer mechanisierten Welt. Seine meist mystisch-allegorischen erzählenden Gedichte in freien Versen erinnern in ihrer Leidenschaft und Phantastik an die Epen der Barockzeit. Ein bevorzugtes Thema ist bei J. das Inzestmotiv, Symbol der Gewalten, die den Menschen ins Verderben reißen, so in *Tamar* und in *The Women at Point Sur.* «The Tower beyond Tragedy» (enthalten in *Tamar*) behandelt den Orest-Elektra-Stoff; *Such Counsels You Gave to Me* ist eine moderne Version der altschottischen Ballade «Edward, Edward». Unter J.' Nachdichtungen ragt *Medea* (nach Euripides) heraus; in ihr verkörpert sich der «Inhumanismus», der in seinem ganzen Werk der Zivilisation entgegengestellt wird.

W.: Versdichtungen: Flagons and Apples, 12; Californians, 16; Roan Stallion, Tamar and Other Poems, 25; The Women at Point Sur, 27; Cawdor and Other Poems, 28; Dear Judas and Other Poems, 29; Descent to the Dead, 31; Thurso's Landing and Other

Poems, 32; Give Your Heart to the Hawks, 33; Solstice and Other Poems, 35; Such Counsels You Gave to Me, 37; Selected Poetry, 38; Be Angry at the Sun, 41; Hungerfield and Other Poems, 54. – *Dramen:* Medea, 46; The Cretan Woman (in: Hungerfield, 54). – Dt. Ausg.: Dramen (Die Quelle, Medea, Die Frau aus Kreta).
Lit.: L. C. Powell: R. J., 1940; F. I. Carpenter: R. J., 62. DW

Jelinek, Elfriede, * 20. 10. 1946 Mürzzuschlag (Steiermark).
E. J. studierte in Wien Theaterwissenschaft, Kunstgeschichte und Musik. Lyrik und Prosatexte erschienen in Anthologien und Literaturzeitschriften vor ihrer ersten Buchveröffentlichung *wir sind lockvögel baby!* E. J. verbindet Elemente der zeitgenössischen Subkultur – Figuren aus Comic- und Werbetexten, Handlungsmuster des Trivialromans und des Horrorfilms – zu einer Bild- und Szenenfolge mit stark persiflierendem Charakter, die der Pop-art nahesteht. Sie arbeitet an einem «Jugendbuch für die Infantilgesellschaft».

W.: wir sind lockvögel baby!, 1970. G. H.

Jellicoe, Ann, * 15. 7. 1927 Darlington.
A. J. arbeitet seit langem als Regisseurin in London. Ihr erstes Stück, *The Sport of My Mad Mother*, operiert vor allem mit der Erzeugung irrationaler Kräfte und Triebe, hervorgerufen durch den Einsatz rhythmisierter Wort-, Satz-, Geräusch- und Musiksequenzen, um so eine direkte «anti-intellektuelle» Reaktion des Zuschauers zu bewirken. Das Stück beschreibt die instinktiv-unterbewußte Furcht und Aggressivität des Menschen als Reaktion auf den Ausschluß aus einer Gemeinschaft.

W.: The Sport of My Mad Mother, 1958 (dt. Meine Mutter macht Mist mit mir); The Knack, 61; Shelley, 65; The Rising Generation, 67; The Giveaway, 69. – Dramenübersetzungen.
Lit.: J. R. Taylor: Zorniges Theater, 1965.
W.-D. W.

Jelusich, Mirko, * 12. 12. 1886 Semil (Böhmen), † 22. 6. 1969 Wien.
J., Sohn eines kroatischen Vaters und einer sudetendeutschen Mutter, wuchs in Wien auf, studierte Jura und nahm als Artillerieoffizier am Ersten Weltkrieg teil. Anschließend war er Bankbeamter und Journalist. Seine heroisierenden Geschichtsromane waren während des Dritten Reiches viel gelesen.

W.: Romane u. Erz.: Der Thyrsosstab, 1920; Caesar, 29; Don Juan, 31; Der Löwe, 36 (um Heinrich den Löwen); Der Ritter, 37; Geschichten aus dem Wiener Wald, 37; Der Soldat, 39 (um Scharnhorst); Der Traum vom Reich, 40 (um Prinz Eugen); Margreth und der Fremde, 42; Die Wahrheit und das Leben, 49 (Christus und Pilatus); Bastion Europas, 51; Talleyrand, 54; Der Stein der Macht, 58; Schatten und Sterne, 61; Asa von Agder, 65. – Auch Dramen, Gedichte, Anekdotensammlungen. RLL

Jens, Walter, * 8. 3. 1923 Hamburg.
J. studierte in Hamburg und Freiburg i. Br. klassische Philologie, promovierte 1944 und ist seit 1956 Prof. für klassische Philologie, seit 1962 auch für Rhetorik in Tübingen. Außer mit philologischen Arbeiten ist J. auch mit Erzählungen, Romanen, Hörspielen und Übersetzungen sowie als Literaturkritiker (zumal im Rahmen der «Gruppe 47») und seit mehreren Jahren auch als Fernsehkritiker der Wochenzeitung «Die Zeit» hervorgetreten.
Noch in der Nachfolge Orwells und Kafkas steht der Roman *Nein. Die Welt der Angeklagten*, eine Utopie des totalitären Staates, in dem die letzten Individualisten durch ein teuflisches Inquisitionsverfahren zu Masken, die keinen Widerstand mehr leisten, erniedrigt werden. Motive des Romans *Vergessene Gesichter* — zehn einst berühmte Schauspieler in einem französischen Altersheim — sind die Psychologie des Schauspielers und das Altern; letzteres wiederaufgenommen in *Der Mann, der nicht alt werden wollte*, dem mehrfach in sich verschachelten Bericht über einen jungen Schriftsteller, der, nicht fähig, das «Rätsel der Zeit» zu lösen, sich tötet. Die melancholische Ich-Erzählung *Das Testament des Odysseus* behandelt das Thema der Heimkehr des Helden, der hier aber auf die gewaltsame Wiedergewinnung seiner königlichen Macht verzichtet. In *Herr Meister. Dialog über einen Roman* schildert J. das Scheitern eines Autors als Erzähler in Form einer brieflichen Auseinandersetzung zwischen einem Romanschriftsteller und einem Literaturprofessor.

W.: Hörspiele: Ein Mann verläßt seine Frau, 1951; Der Besuch des Fremden, 52 (als: Seine Majestät Mr. Seiler, 57); Alte Frau im Grand Hotel, auch als: Abendschatten, 53; Ahasver, 56; Tafelgespräche, 56; Der Telefonist, 57; Vergessene Gesichter, 59; Alkestis, 60 (nach Euripides); Schicksal und Verantwortung, 3 Hörspiele zur Zeitgeschichte, 60/61. – *Fernsehspiele:* Die rote Rosa, 66; Die Verschwörung, 69 (Cäsar-Stoff). – *Romane:* Nein. Die Welt der Angeklagten, 50; Vergessene Gesichter, 52; Der Mann, der nicht alt werden wollte, 55. – *Erz.:* Das weiße Taschentuch, 48; Der Blinde, 51; Der Bericht aus den Bergen, 57; Das Testament des Odysseus, 58. – *Tagebuch:* Die Götter sind sterblich, 59. – *Essays:* Antigone-Interpretationen, 52; Die Stichomythie in der frühen griechischen Tragödie, 55; Hofmanntshal u. die Griechen, 55; Thomas Manns Verhältnis zur antiken Welt, 56; Statt einer Literaturgeschichte, 57; Deutsche Literatur d. Gegenwart, 61; Zueignungen, 62; Melancholie u. Moral, Rede, 63; Herr Meister. Dialog über einen Roman, 63; Literatur u. Politik, 63; Euripides – Büchner, Studie, 64; Momos oder Betrachtungen am Freitag, 68; Von deutscher Rede, 69, Vortrag. – *Übersetzungen:* Ilias und Odyssee. Nacherzählung aus dem Griechischen, 59; Aischylos: Die Orestie, 60 (Funkbearbeitung, 57); Sophokles: Antigone, 58 (als Funkbearbeitung, 53), König Ödipus, 63, Ajas, 65.
Lit.: W. J. – Eine Einführung, 1965. DW

Jensen, Johannes Vilhelm, * 20. 1. 1873 Farsø (Jütland), † 25. 11. 1950 Kopenhagen.
J., Sohn eines Tierarztes, brach 1895 sein Medizinstudium in Kopenhagen ab, um als Schriftsteller zu leben. Weite Reisen führten ihn in die Vereinigten Staaten, wo er lange lebte, nach Spanien, Paris und später nach Indien und Ostasien. 1944 erhielt er den Nobelpreis.
Nach frühen symbolistischen Romanen wurden J.s Gedichte, für die Whitman und Kipling Vorbilder waren, ebenso wie das nun folgende erzählerische Werk, mit seiner sinnlich-gegenständlichen Sprache zum Beginn einer neuen Periode dänischer Literatur. J.s vielleicht meistgelesener Roman ist *Kongens fald* (Des Königs Fall) um den dän. König Christian II., dessen Großmachtpläne im 16. Jh. scheiterten. In seinem Hauptwerk, *Den lange Rejse*, angeregt durch Darwin und vom wissenschaftlichen Standpunkt heute überholt, wollte er die Entwicklung der Germanen darstellen. Seine eigenartigsten Schöpfungen sind *Myter og Jagter* (Mythen und Jagden), stimmungsgesättigte Skizzen aus Natur- und Menschenleben.

W.: Lyrik: Digte, 1906, 21; Verdens Lys, 25; Den jyske Blaest, 31; Paaskebadet, 37. – *Romane:* Danskere, 1896; Kongens fald, 1900 bis 01 (dt. Des Königs Fall); Madame d'Ora, 04 (dt. ebs.); Hjulet, 05 (dt. Das Rad); Den lange Rejse, 6 Bde: Det tabte Land, 19 (dt. Das verlorene Land), Braeen, 08 (dt. Der Gletscher), Cimbrernes Tog, 22 (dt. Der Zug der Cimbern), Norne-Gaest, 19 (dt. Norne-Gast), Skibet, 12 (dt. Das Schiff), Christofer Columbus, 21 (dt. Kolumbus); Dr. Renaults Fristelser, 35 (dt. Dr. R.s Versuchung); Gudrun, 36 (dt. ebs.). – *Erz.:* Himmerlandshistorier, 3 Bde, 1898 bis 1910 (dt. Himmerlandgeschichten); Eksotiske Noveller, 07–15 (dt. Exotische Novellen); Myter og Jagter, 9 Sammlungen, 07–44 (dt. Sammlung: Mythen u. Jagden). – *Essays:* Den gotiske Renaessance, 01; Dyrenes Forvandling, 27 (dt. Verwandlung der Tiere); Aandens Stadier, 28 (dt. Die Stadien des Geistes); Vor oprindelse, 41.
Lit.: G. Jakobsen: J. V. J., 1956; N. B. Wamberg: J. V. J., 61; J. Elbek: J. V. J., 66. DW

Jerome, Jerome Klapka, * 2. 5. 1859 Walsall, † 14. 6. 1927 Northampton.
J. war zuerst Beamter, Lehrer und Schauspieler, dann u. a. Mitherausgeber des «Idler». Seine heitere Erzählung *Three Men in a Boat* (fortgesetzt mit *Three Men on the Bummel*) machte ihn mit einem Schlag bekannt. Doch er schrieb auch ernste Entwicklungsromane wie *Anthony John,* und erfolgreiche Theaterstücke, vor allem sozialkritische Lustspiele. Sein größter Bühnenerfolg war *The Passing of the Third Floor Back.*

W.: Romane u. Erz.: Idle Thoughts of an Idle Fellow, 1889 (dt. Die müßigen Gedanken eines Müßigen); Three Men in a Boat, 89 (dt. Drei Mann in einem Boot); Three Men on the Bummel, 1900 (dt. Drei Mann auf d. Bummel); Paul Kelver, 02 (dt. Der Nebel steigt); All Roads Lead to Calvary, 19 (dt. Alle Wege führen nach Golgatha); Anthony John, 23 (dt. ebs.). – *Autobiographisch:* On the Stage and Off, 1885; My Life and Times, 1926. – *Dramen:* Barbara, 1886; New Lamps for Old, 90; Miss Hobbs, 1900; The Passing of the Third Floor Back, 08 (dt. Der Fremde).
Lit.: M. Wolfenberger: J. K. J. Sein literar. Werk, 1953. DW

Jessenin, Sergei Alexandrowitsch, (Esenin, Sergej Aleksandrovič), * 21. 9. 1895 Konstantinovo b. Rjazan', † 27. od. 28. 12. 1925 Leningrad.

J. war bäuerlicher Herkunft und verbrachte in seinem mittelrussischen Heimatdorf eine überaus glückliche Kindheit. Früh begann er zu dichten; in Moskau, wo er 1913 als Hilfskorrektor in einer Druckerei arbeitete, geriet er in literarische Kreise. 1915 ging er nach Petersburg, wo Blok und Gorodezki auf seine Begabung aufmerksam wurden und ihn in die Salons der Symbolisten einführten. Als «Sänger des russischen Dorfes» wurde J., der sich auch äußerlich in diesem Sinn stilisierte, innerhalb kurzer Zeit berühmt. Zusammen mit seinem Freund Kljujew verkörperte er eine die bäuerliche Tradition und Folklore kultivierende Strömung der russischen Lyrik, die in jener Zeit zur literarischen Mode wurde. Unter dem Einfluß des Kritikers Iwanov-Razumnik näherte er sich später den Sozial-Revolutionären und der «Skythen»-Gruppe; nach Moskau zurückgekehrt, wurde er 1918/19 Mitbegründer des Imaginismus. Die Oktoberrevolution, von der er sich ein russisches «Bauernparadies» erwartete, enttäuschte ihn bald durch ihren städtisch-proletarischen Charakter. J. ergab sich schließlich einem zügellosen Bohème-Leben und dem Alkohol, der seine psychische Zerrüttung förderte. 1922 heiratete er in Moskau trotz beträchtlichen Altersunterschieds die amerikanische Tänzerin Isadora Duncan und zog mit ihr einige Monate lang durch Europa und Amerika. Kaum 30jährig, beendete er sein unstetes, ständig skandalumwittertes Leben durch Selbstmord.

Einer der stärksten russischen Lyriker, preist J. in ungewöhnlich melodiöser, bilderreicher Sprache das ruhige Glück dörflichen Lebens, die «schwermütige» russische Landschaft und den Rausch frühen Liebeserlebens, wobei Naturgeschehen und menschliches Schicksal eng miteinander verflochten sind. Die als brüderlich-verwandt empfundenen, metaphorisch belebten Naturdinge (Bäume, Tiere, Gewässer, der Mond, der Abend, die Morgenröte), die in volksliedhafter Schlichtheit beschworene Schönheit des alten Rußland sowie zahlreiche folkloristische und religiöse Motive verleihen seiner Lyrik Farbigkeit und suggestiven Stimmungsreichtum. Im Zeichen der «Skythen» und dann des Imaginismus rang J. um den dichterischen Ausdruck der revolutionären Zeitenwende, die er leidenschaftlich herbeisehnte und als beinahe mystisches Ereignis feierte, wobei er in Gedichten und Verserzählungen auf die slawische Vergangenheit und Mythologie zurückgriff. Die meisten Gedichte jener Jahre sind voll komplizierter Metaphorik und pseudoreligiöser Symbolik und erinnern in ihrem provozierend-blasphemischen und deklamatorischen Tonfall an die Manier der Futuristen. Später fand J. zur Einfachheit zurück, doch trat an die Stelle harmonischer Erfülltheit ein tragischer Ton der Hoffnungslosigkeit, des Für-immer-Abschiednehmens, der Klage um verlorenes Glück und die Gewißheit baldigen Todes. J. erlebte sich selber als Gescheiterten, als entwurzelten «Radaubruder», der seine Gedichte in Moskauer Kneipen den Dirnen vorträgt, während die dörfliche Heimat der Technik Platz macht. Erst die Verse der letzten Lebensjahre zeigen eine gewisse Beruhigung und klassische Formvollendung.

W.: Radunica, 1916; Ispoved' chuligana, 21; Pugačev, 22; Moskva kabackaja, 24; Persidskie motivy, 25; Rus' sovetskaja, 25. – Werke, 5 Bde, 66–68 (russ.). – Dt. Auswahl: Liebstes Land, das Herz träumt leise (A. Christoph, E. J. Bach); Gedichte (Paul Celan); Gedichte, russ. u .dt. (K. Dedecius).

Lit.: S. Laffitte: S. E. Une étude, 1959; Chr. Auras: S. E. Bilder- u. Symbolwelt, 65; E. L. Karpov: S. E., 66 (Bibl.); F. Mierau: Dt. E.-Übersetzungen, in: Zs. f. Slavistik, 66; F. de Graaff: S. E. A Biographical Sketch, 66; J. Veyrenc: La forme poétique de S. E., 68; E. I. Naumov: S. E., 69; P. F. Jušin: S. E., 69. H. L.

Jewtuschenko, Jewgeni Alexandrowitsch (Evtuščenko, Evgenij Aleksandrovič), * 18. 7. 1933 Zima (Sibirien).

J., dessen Vorfahren aus der Ukraine stammten, verbrachte seine Kindheit in Zima, einer kleinen Bahnstation unweit von Irkutsk, und anschließend in Moskau. Seine Eltern waren Geologen. 1952 studierte er am Gorki-Institut Literatur. Die Auseinandersetzung mit dem Stalinismus wurde für J. zum Hauptproblem seiner Jugend (Erlebnis der Massenhysterie beim Begräbnis Stalins, 1953). Nach seinem ersten großen Erfolg am «Tag der Dichtung» 1955 gewann er bald Popularität durch seine Lesungen; die Aktualität seiner an Majakowski erinnernden Lyrik und die suggestive Kraft seines Vortrags machten ihn zum Idol der sowjetischen Jugend. Seine Kritik an den Mißständen der sowjetischen Gesellschaft machte ihn den offiziellen Kreisen unbequem: 1957 wurde J. aus dem Komsomol und dem Schriftstellerverband ausgeschlossen. Aufsehen erregte er 1961 mit dem Gedicht *Babij Jar*, das sich gegen den russischen Antisemitismus wendet; der Abdruck von *Nasledniki Stalina* [Stalins Erben] in der «Pravda» Oktober 1962 wurde von Chruschtschow persönlich gutgeheißen. Reisen im In- und Ausland (Westeuropa, Afrika, USA, Kuba) machten ihn weltbekannt. Als er aber 1963 ohne Wissen der sowjetischen Behörden in einer Pariser Zeitschrift seine «Autobiographie» veröffentlichte, wurde er in die Heimat zurückberufen und schärfstens kritisiert (Rede Chruschtschows vom 8.3.1963). Später «rehabilitierte» er sich mit patriotischen Versen. – Die Abrechnung mit der stalinistischen Vergangenheit und ihren Überresten in der Gegenwart ist das Hauptthema der stark moralisierenden, enthusiastischen Gedichte J.s; die heilsamen Gegenkräfte erblickt er im einfachen russischen Volk. J. hat jedoch auch Liebes- und Naturlyrik geschrieben. Die meisten seiner Gedichte enthalten ein episches Element. Formal ist er von Pasternak beeinflußt, daneben haben Blok und Jessenin Einfluß auf ihn ausgeübt.

W.: Lyrik: Razvedčiki grjaduščego, 1952; Tretij sneg, 55: Šosse entuziastov, 56; Stancija Zima, 56; Obeščanie, 57; Otkuda vy?, 58; Luk i lira, 59; Jabloko, 60; Neznost', 62; Strach, 62; Vzmach ruki, 62; Avtbiografija, 63 (zuerst frz.); Nasledniki Stalina, London 63; Bratskaja GES, 65; Kačka, London 66; Kater svjazi, 66; Stichi, 67; Idut belye snegi ..., 69 (Sammlung). – *Prosa:* Četvertaja meščanskaja, 59; Kurinyj bog, 63 (dt. Der Hühnergott); Ja – Kuba, 63. – Dt. ferner: Mit mir ist folgendes geschehen, v. F. Leschnitzer; Gedichte, v. W. Fischer; Gedichte, v. G. Drohla u. R. Heuer; 4 Übers. v. «Babij Jar» in: Die Zeit 3, 63 (darunter v. P. Celan); 11 Gedichte in: Mitternachtstrolleybus; 27 Gedichte in: Lyrische Hefte, 65; Das dritte Gedächtnis.

Lit.: D. Burg, in: Osteuropa, 1964; V. Erlich, in: Slavic Review 3, 64; H. Billington: The Icon and the Axe, N. Y. 66. DW

Jiménez, Juan Ramón, * 24. 12. 1881 Moguer (Huelva), † 29. 5. 1958 San Juan (Puerto Rico).

Nach Kindheitsjahren im andalusischen Moguer und dem Besuch der Jesuitenschule in Puerto de Santa María kam J. nach Madrid, wo er sich dem Kreis der Modernisten anschloß (Rubén Darío, Valle-Inclán, Villaespesa). Seine schwache Gesundheit zwang ihn zu längeren Erholungsperioden in Moguer und im Guadarrama-Gebirge. 1912 zog er in die Madrider «Residencia de Estudiantes» ein, wo er aktiv am literarischen Leben teilnahm. Nach seiner Heirat mit Zenobia Camprubí (1916) widmete er sich in Zurückgezogenheit seinem Werk und wurde zum Förderer und Vorbild der jüngeren Dichter (Alberti, García Lorca u. a.). Auf Einladung der Univ. Puerto Rico verließ er im Bürgerkrieg Spanien, verbrachte dann einige Zeit auf Kuba und in den USA und ließ sich 1951 in Puerto Rico nieder. 1956 wurde ihm der Nobelpreis für Literatur verliehen.

J.' erste Gedichte (*Ninfeas, Almas de violeta*) verraten deutlich den Einfluß des triumphierenden Modernismus, spiegeln jedoch weniger den «élan vital» eines Rubén Darío als die «dekadenten» Töne der modernistischen Epigonen in der Art Villaespesas. Später bekannte sich J. zum «preciosismo interior» des Modernismus, mit dem er die modernistische Schaffenshaltung meinte, distanzierte sich aber von den rein formalen Kunstmitteln und der oberflächlichen Thematik der Epigonen. «Für mich war der Modernismus eine abweichende Neuheit, eine innere Freiheit», schrieb er 1958. Bezeichnenderweise nahm er nur wenige Gedichte dieser ersten Zeit in seine *Segunda Antología Poética* auf. Sein Sinn für intime, leise, lyrische Töne hatte sich am «Romancero» und an den Romantikern Bécquer und Rosalía de Castro gebildet. Bereits in *Almas de violeta* tauchen Gedichte im traditionellen, volkstümlichen Ton auf. Popularistische Stilelemente sollten beharrlich in seinem späteren Werk wiederkehren, während modernistische Merkmale von etwa 1902 an seltener wurden. Die Abkehr vom Modernismus zeigte sich nicht nur im lyrischen Ton, sondern auch in der äußeren Form. Mit Ausnahme des Sonetts (*Sonetos espirituales*) verwendete J. keine der hohen strophischen Formen. Auch der für den Modernismus so wichtige Reim, die Vorliebe für metrischen Reichtum, für poetische Artistik gerieten in den Hintergrund. In den Jahren des Übergangs (etwa 1910–17) experimentierte er auf eine größere «Nacktheit» zu. Erstmals in *Estío*, besonders aber in *Diario de un poeta recién casado* zeigten sich die Früchte einer ständigen Läuterung. J. leitete mit seiner Synthese modernistischer und popularistischer Elemente zu einem Individualstil den entscheidenden Stilwechsel im Bereich der modernen spanischen Lyrik ein. Als Überwinder des modernistischen Prunkstils und Bahnbrecher eines schwierigen und reinen Dichtens ist er eine der Schlüsselfiguren seiner Epoche. Die «poesía pura» seiner späten Schaffensjahre ist frei von Anekdote, mehr gedanklich als gefühlsmäßig, zugleich Verdichtung und Vereinfachung.

W.: Lyrik: Ninfeas, 1900; Almas de violeta, 00; Arias tristes, 03; Elegías puras, 08; Baladas de primavera, 10; Melancolía, 12; Sonetos espirituales, 15; Estío, 16; Diario de un poeta recién casado, 17; Eternidades, 18; Piedra y cielo, 19; Segunda Antología Poética 1898–1918, 22; Poesía, 23; Belleza, 23; Canción, 36; Españoles de tres mundos, 42; La estación total, 46; Romances de Coral Gables, 48; Animal de fondo, 49 (dt. Auszug: Wesen der Tiefe); Tercera Antología Poética, 1898–1953, 57. – *Prosa:* Platero y yo, 17 (dt. P. und ich); El modernismo, 62. – Dt. Gedichtausw.: Herz, stirb oder singe.

Lit.: E. Neddermann: Die symbolistischen Stilelemente im Werke v. J. R. J., 1935; G. Palau de Nemes: Vida y obra de J. R. J., 57; P. R. Olson: Circle of Paradox: Time and Essence in the Poetry of J. R. J., Baltimore 67; R. Gullón: El último J. R. J., 68.
G. D.

Jørgensen, Johannes, * 6. 11. 1866 Svendborg (Fünen), † 29. 5. 1956 ebd.
J. war vorübergehend von G. Brandes beeinflußt, gehörte jedoch dann einem symbolischen Dichterkreis an, dessen Zeitschrift «Taarnet» er 1893–95 herausgab, und trat während eines Italienbesuchs 1896 zum Katholizismus über. Seither lebte er meist in Italien. 1913/14 war er Prof. der Ästhetik in Löwen. Nach ersten, noch naturalistischen Gedichten, wurde in J.s Lyrik bald der symbolistische Einfluß deutlich, der dann in einen mystisch betonten Katholizismus überging. J.s bedeutendstes Prosawerk ist die Autobiographie *Mit livs legende* [Die Legende meines Lebens].

W.: Lyrik: Bekendelse, 1894 (dt. Bekenntnis); Digte 1894–98, 98 (dt. Gedichte); Blomster og Frukter, 1907; Der er en Brønd, som rinder, 20; Efterslaet, 31. – *Romane u. Erz.:* Lignelser, 1898 (dt. Parabeln); Vor Frue af Danmark, 1900 (dt. Unsere liebe Frau von D.); Eva, 01 (dt. ebs.); Den yndigste Rose, 07; Klokke Roland, 15. – *Reisebücher:* Rejsebogen, 1895 (dt. Das Reisebuch); Romersk Mosaik, 1901 (dt. Röm. Mosaik). – *Essays:* Essays, 06; Geschichte der dänischen Literatur, 08 (dt. geschr.); Goethebogen, 13. – *Biographien:* Den hellige Frans af Assisi, 07 (dt. Der hl. F. von A.); Den hellige Katarina af Siena, 15; Don Bosco, 29. – *Autobiographie:* Mit Livs Legende, 7 Bde, 16–28.

Lit.: W. Glyn Jones: J. J.s modne ar, Antwerpen 1963; ders. in: Scandinavia V, 66; E. Frederiksen: J. J.s manddom, 66. DW

Johnson, Eyvind, * 27. 7. 1900 Svartbjörnbyn (Nordschweden).
Der Arbeitersohn und Autodidakt J. war in seiner armen Jugend in vielen Berufen tätig. Während der 20er Jahre wohnte er in Deutschland und Frankreich, später in der Schweiz. Er lebt als freier Schriftsteller.
Der Prosaist J. begann als psychologischer Realist; die Jugenderlebnisse bestimmen den Inhalt und den oft bitteren Ton seiner Erzählungen und Romane der 20er Jahre. Gemeinsam ist ihnen auch die Diskussion politischer, sozialer und philosophischer Ideen. Seit den 30er Jahren weitete sich der Themenbereich. Der literarische Durchbruch erfolgte mit den 4 zwischen 1934 und 37 veröffentlichten Romanen, die als *Romanen om Olof* (Hier hast du dein Leben) vereinigt wurden. Mit Distanz schildert J. die Jugenderlebnisse, die ihn formten, und seine Suche nach Verwirklichung seines Ichs. J.s souveräne Beherrschung der Sprache und Stilmittel wird besonders deutlich an den eingestreuten, parodistischen, volks-

lied- oder märchenhaften Umgestaltungen von Alltagsbegebenheiten. Sein Engagement für die demokratischen Ideale findet in den während des Zweiten Weltkrieges erschienenen Romanen seinen Ausdruck. Mitte der 40er Jahre wendet sich J. moderneren Romantechniken zu, wie erlebte Rede, Ein- und Rückblende und Perspektivverschiebung; sein Realismus wandelt sich zu hintergründigem Symbolismus. Für seinen Bezug zur Gegenwart findet er nicht selten Motive aus der Antike oder Historie.

W.: Romane: Minnas, 1928; Avsked till Hamlet, 30; Romanen om Olof, Tetralogie, 45 (dt. Hier hast du dein Leben); Stränndernas svall, 46 (dt. Die Heimkehr des Odysseus); Krilon, Trilogie, 48; Drömmar om rosor och eld, 49 (dt. Träume von Rosen und Feuer); Lägg undan solen, 51 (dt. Fort mit der Sonne); Romantisk berättelse, 53; Molnen över Metapontion, 57 (dt. Wolken über Metapont); Hans nådes tid, 60 (dt. Eine große Zeit); Favel ensam, 68. – *Erz.:* Sju liv, 44. – Ferner Essays, Kommentare u. a.
Lit.: J. Claudi: E. J. En karakteristik, Kopenhagen, 1947. H. K.

Johnson, Uwe, * 20. 7. 1934 Cammin (Pommern).
J. stammt aus einer alten schwedisch-deutschen Bauernfamilie. Bis 1945 war er Schüler in einem NS-Internat in Posen, 1945 flüchtete er nach Recknitz in Mecklenburg. Während der Schuljahre in Güstrow (1946–52) war J. Mitglied der FDJ, während seines Studiums der Germanistik entfernte er sich immer mehr von der Staatsideologie. Sein Romanmanuskript *Ingrid Babendererde* wurde aus politischen Gründen von den ostdeutschen Verlagen abgelehnt. Wegen ungünstiger Zeugnisse der FDJ fand J. nach Beendigung des Studiums keine Stelle und mußte zwischen 1956 und 1959 von literarischen Gelegenheitsarbeiten leben. 1959 siedelte er mit dem fertigen Manuskript von *Mutmaßungen über Jakob* nach West-Berlin um, wo er heute nach einigen Aufenthalten in den USA und in Italien lebt.
Der Roman *Mutmaßungen über Jakob* steht unter dem Einfluß Faulkners: die Gestalt des tödlich verunglückten Dresdener Eisenbahners Jakob Abs wird von seinen Freunden und Bekannten aus Erinnerungsfetzen mosaikartig zusammengesetzt, wobei sich die einzelnen Aussagen zeitweilig widersprechen, ohne daß einem der Sprecher die letzte, endgültige Wahrheit vorbehalten bleibt. Am Ende des Buches bleibt es dem Leser überlassen, aus der Fülle der Vermutungen über Jakob seine eigenen Schlüsse zu ziehen. Mehr noch als die an ein Kriminalverhör erinnernde Form dieses gänzlich unkonventionellen Werkes überrascht die eigenwillige, widerspenstige Sprache des damals fünfundzwanzigjährigen Autors, in der Lutherdeutsch, nordostdeutsche Dialektelemente und ungewöhnliche Idiotismen eine seltsame Symbiose eingehen, welche die Literaturkritik aufhorchen ließ. Ein Hauptthema von J.s erstem Werk, nämlich das Problem der deutschen Teilung, wird auch in den späteren Veröffentlichungen immer wieder aufgegriffen. *Das dritte Buch über Achim* ist ein Roman über die Unmöglichkeit, einen Roman über den Rennfahrer Achim, das Staatsidol der DDR, zu schreiben: der fiktive Autor dieses halbfertigen Werkes, der westdeutsche Journalist Karsch, muß erkennen, daß die Entfernung zwischen den beiden deutschen Staaten so groß geworden ist, daß man sich nicht mehr verständigen kann. In den kurzen Erzählungen des Sammelbändchens *Karsch und andere Prosa* setzt sich J. mit Vor- und Nachgeschichte seiner Helden und Themen auseinander, denen er in bisher allen Werken treu geblieben ist. Während jedoch in den beiden frühen Romanen Kritik an dem Staate Ulbrichts geübt wird, gilt diese in *Karsch* vor allem der westdeutschen Gesellschaft. In *Zwei Ansichten* konfrontiert er die deutschen Rumpfstaaten mittels zweier repräsentativer Gestalten, des Fotografen B. und der Krankenschwester D., die nach dem Bau der Mauer aus Ost-Berlin flieht. Beide sind absichtlich blaß und gesichtslos gezeichnete Figuren, die die Isolierung und Ziellosigkeit des Menschen unserer Zeit überhaupt widerspiegeln. Nur scheinbar entfernt sich J. in seinen letzten Büchern, der Roman-Trilogie *Jahrestage*, von der jüngsten deutschen Vergangenheit: Gesine Cresspahl, eine der Hauptgestalten von *Mutmaßungen über Jakob*, lebt jetzt als Übersetzerin in New York, wo sie ihre (und Jakob Abs') Tochter Marie über das Leben in Deutschland vor

dem Zweiten Weltkrieg aufklärt. Im Vordergrund steht allerdings die amerikanische Metropole, der J. trotz scharfer sozialer Kritik seine heimliche Bewunderung nicht versagen kann. Aus Gesines regelmäßiger Lektüre der «New York Times» ergeben sich Zitatreihungen als Kritik der amerikanischen Gegenwart. J. wird von den meisten Kritikern des In- und Auslandes als eine der wichtigsten Gestalten des modernen Romans gesehen. Der bedächtige, verhaltene und spröde Ton seiner Werke, dem jegliche Sentimentalität abgeht, verschleiert nur unvollkommen die feinen Empfindungsnuancen des Autors und seiner Figuren. 1960 erhielt J. den Fontane-Preis der Stadt Berlin, 1962 den Prix International de la Littérature.

W.: Romane: Mutmaßungen über Jakob, 1959; Das dritte Buch über Achim, 61; Zwei Ansichten, 65; Jahrestage, 70 ff. – *Erz.:* Karsch und andere Prosa, 64; Eine Kneipe geht verloren, 65.
Lit.: H. Kolb, in: Neue dtsch. Hefte 96, Nov./Dez. 63; M. Reich-Ranicki: Deutsche Literatur in West und Ost, 63; K. Deschner: Talente, Dichter, Dilettanten, 64; K. Migner: U. J.: ‹Das dritte Buch über Achim›, 66; ders., in: Dt. Lit. seit 1945, 68; R. H. Thomas und W. v. d. Will: The German Novel and the Affluent Society, 68; W. J. Schwarz: Der Erzähler U. J., 70; Über U. J., 70. W. J. S.

Johnston, William Denis (Pseud. S. W. Tocher), * 18. 6. 1901 Dublin.
J. wurde Schauspieler und Theaterdirektor in Dublin und ging anschließend zur BBC in London. 1950 wurde er Dozent für englische Literatur in Amerika. – J. behandelt in seinen Stücken vorwiegend Probleme Irlands, so den Zusammenstoß mit der technischen Welt in *The Moon in the Yellow River.*

W.: Dramen: The Old Lady Says ‹No!›, 1929; The Moon in the Yellow River, 31; A Bride for the Unicorn, 33; Storm Song, 35; Blind Man's Buff, 38 (mit E. Toller); The Golden Cuckoo, 39; The Dreaming Dust, 40; A Fourth for Bridge, 48; The Scythe and the Sunset, 56. – *Autobiogr.:* Nine Rivers from Jordan, 53. – Plays, 2 Bde, 60. RLL

Johst, Hanns, * 8. 4. 1890 Seershausen/Sachsen.
Nach Jugendjahren in Leipzig ging J. 1907 als Pfleger nach Bethel, studierte in Leipzig Medizin, in München, Wien und Berlin Philologie und Kunstwissenschaft, wurde Schauspieler, 1914 Kriegsfreiwilliger, 1918 freier Schriftsteller, 1933 Dramaturg am Schauspielhaus Berlin, das er nach dem «Schlageter»-Eklat verließ, 1933 Preußischer Staatsrat und Präsident der Deutschen Akademie der Dichtung, 1935 Präsident der Reichsschrifttumskammer, Reichskultursenator, SS-Brigadeführer; nach seiner Internierung lebt er wieder bei München.
J. verfaßte vor allem Dramen und theoretische Aufsätze; er begann im Sinne des Expressionismus als Kritiker der bürgerlichen Industrie- und Erwerbsgesellschaft, der er das blanke «Leben», die Verzückungen des Todes, die mannhafte Entscheidung zur befreienden Tat entgegensetzte, wobei das Theater zur Vitalisierung des Zuschauers beitragen sollte; seine Entwicklung führte ihn in einer Brutalisierung dieses Irrationalismus zum nationalsozialistischen Kampfstück *Schlageter.* Für ästhetische Fragen ist ihm im Zusammenhang einer Kunst des Vitalen kein Platz: «Der ästhetische Raum, das ist ein Hohlraum.» Zwischen 1933 und 1945 schrieb J. keine poetischen Texte.

W.: Dramen: Stunde der Sterbenden, 1914; Der junge Mensch, 16; Der Einsame, 17; Der König, 20; Thomas Paine, 27; Schlageter, 33. – *Essays:* Ich glaube, 28. – *Roman:* Gesegnete Vergänglichkeit, 55.
Lit.: L. Ch. Hill/R. Ley: The Drama of German Expressionism, 1960; H. F. Pfanner: H. J., Der Weg eines expressionistischen Dramatikers zum Nat. soz., Diss. Stanford Univ., 65; U.-K. Ketelsen: Heroisches Theater, 68; ders.: Von heroischem Sein und völkischem Tod, 70. U.-K. K.

Jones, James, * 6. 11. 1921 Robinson (Illinois).
J., Sohn eines Zahnarztes, besuchte die High School und ging dann als Freiwilliger zur Armee. Er erlebte auf Hawaii den Angriff der Japaner auf Pearl Harbour, wurde verwundet und 1944 entlassen; Förderung durch Freunde ermöglichte ihm die Niederschrift seines ersten Romans *From Here to Eternity*, der ihn schlagartig berühmt machte, mit dem nationalen Buchpreis ausgezeichnet wurde und eine Auflage von über 4 Millionen erreichte. J. schildert die Erfahrungen des Berufssoldaten Robert E. Lee Prewitt auf Hawaii und entlarvt mit krassem

Realismus inhumane Praktiken in der amerikanischen Armee. Gesellschaftskritisch ist auch J.' zweites Buch, *Some Came Running*, über das Leben in einer amerikanischen Kleinstadt. *The Pistol* ist eine eindringliche Parabel menschlicher Angst vor dem Hintergrund des fernöstlichen Kriegsschauplatzes.

W.: Romane u. Erz.: From Here to Eternity, 1951 (dt. Verdammt in alle Ewigkeit); Some Came Running, 58 (dt. Die Entwurzelten); The Pistol, 59 (dt. Die Pistole); The Thin Red Line, 62 (dt. Der tanzende Elefant); The Ice-Cream Headache, 66 (dt. Das Messer); Go to the Widow-Maker, 67 (dt. Kraftproben); The Merry Mouth of May, 70 (dt. Mai in Paris). RLL

Jones, (Everett) LeRoi (= Ameer Baraka), * 7. 10. 1934 Newark (N. J.).

J. besuchte verschiedene Univ.en und veröffentlichte schon während dieser Zeit Gedichte und Artikel. Seit 1965 (er konvertierte zum Islam) ist er der literarische Führer des schwarzen Nationalismus in den USA. Für J. ist insbesondere das Theater ein Medium des Angriffes und der Anklage, der Agitation und der Revolution. Trotz brutaler Härte ist seine Sprache lyrisch dicht; seine dramatischen Aussagen verteufeln den Weißen und romantisieren den Schwarzen, büßen jedoch nie ihre künstlerische Wirkung ein. Sein erstes Stück, *Dutchman*, beschreibt die für den Schwarzen tödlichen Folgen der Akzeptierung der weißen Überlegenheit in den USA. Das warnende und zugleich prophetische Stück *The Slave* schildert die in den USA unausweichlich scheinende zukünftige Negererhebung und deren Erfolg, wobei sich J. bewußt ist, daß eine solche Revolution nichts außer der «Gesichtsfarbe der Tyrannei» zu ändern vermag.

W.: Dramen: Dutchman, 1964; The Slave, 64; A Black Mass, 66; The Toilet, 67; Madheart, 69; Salve Ship, 69/70. – *Prosa:* The System of Dante's Hell, 65 (dt. Dantes System der Hölle); Home, Social Essays, 66 (dt. Ausweg in den Haß, auch: Cuba Libre); Tales, 67 (dt. Langsam bergab); Black Music, 67 (dt. Schwarze Musik); Blues People, 69 (dt. ebs.). – *Lyrik:* Preface to a 20-Volume Suicide Note, 61; The Dead Lecturer, 64.
Lit.: A. Lewis: American Plays and Playwrights, 1965; H. Hill: Anger and Beyond, 66; L. Mitchell: Black Drama, 67. W.-D. W.

Jonke, Gert Friedrich, * 8. 2. 1946 Klagenfurt.

J. studierte an der Akademie für Film und Fernsehen in Wien. Er lebt in Klagenfurt. – J.s Kurz-«Romane», in denen Einflüsse von A. Robbe-Grillet und Th. Bernhard deutlich sind, entwerfen im Mosaik verschachtelter Textstücke den Prozeß der unheimlichen Liquidierung von Dorf, Natur und Menschen durch eine administrative Zivilisation. Indem Zersiedlung und Bauexpansion zu scheinbaren Surrealismen werden, machen sie die Realität als inhuman sichtbar.

W.: Geometrischer Heimatroman, 1969; Glashausbesichtigung, 70; Beginn einer Verzweiflung, 70; Musikgeschichten (3 Erz.), 70; Ordentliche Vergleiche, 71; Die Vermehrung der Leuchttürme, 71. RLL

Jouhandeau, Marcel (eig. M. Provence), * 26. 7. 1888 Guéret/Creuse.

J. ist der Sohn eines Kaufmanns, dessen Porträt er in *Chaminadour* erbarmungslos zeichnet. Wie Valéry erlebte er in der Jugend eine Krise und verbrannte 1914 alle seine Manuskripte. 1912–49 war er Gymnasialprof. für Französisch und Latein am Collège Saint-Jean in Passy. J. debütierte 1920 mit *Les Pincengrain*, einem Roman, der in seiner Geburtsstadt spielt und reale Namen enthält; damit provozierte er einen Skandal. 1928 heiratete J. eine Tänzerin und machte aus ihr die berühmte Gestalt der Elise (*Elise; Chroniques maritales*), einen wahren Albtraum des täglichen Lebens, einen Dämon der ständigen Verfolgung durch Banalität und den Sadismus einer frustrierten Mutterliebe. Der sehr komplexe Schriftsteller schreibt gleichzeitig realistisch und phantastisch, ist Psychologe und Theoretiker einer neuen Moral, Kritiker des Kleinbürgertums und des Provinzlebens, aber auch des moralischen Provinzialismus, der beim egozentrischen Menschen auftritt. Sein moralisches Urteil gründet er dabei auf die Liebesfähigkeit eines Menschen, nicht auf seine Handlungen. In dem Zyklus *Chaminadour* untersucht er das Leben einer anonymen Welt, die er verurteilt wegen der inneren Leere der Menschen, die ihre Existenz mit bedeutungslosen Dingen vergeuden. In dem Zyklus *Godeau* schafft J. eine Person, die sein eigenes alter ego ist. In *Astaroth* wird er verfolgt von der Gegenwart des Teufels; in *Algèbre des valeurs morales* stellt er eine Ethik der Liebe auf, vervollständigt in der Selbstkritik *Essai sur moi-même.* Durch seinen Stil und die innere Distanzierung ist J. ein Klassiker, durch seine Problemstellung hingegen ist er modern.

W.: Romane: Les Pincengrain, 1920 u. 24; La jeunesse de Théophile, 21 (dt. Der junge Theophil); Monsieur Godeau intime, 26; Prudence Hautechaume, 27; Le parricide imaginaire, 30; Le journal du coiffeur, 31; Monsieur Godeau marié, 33; Chaminadour 1–3, 34–41; Chroniques maritales, 2 Bde, 38, 43 (dt. Das anmutige Ungeheuer). – *Erz.:* Manhattan, 27; Opals, 28; Astaroth, 29; Veronicana, 33; Elise, 33; Le saladier, 36; Les miens, 42; Scènes de la vie conjugale, 48; Un monde, 50; Contes d'enfer, 55; Cocu, pendu et content, 60; L'école des filles, 60; Descente aux enfers, 63; Chronique d'une passion, 64. – *Essays:* Les Allemands en Provence, 18; Bauxites et aluminium, 20; Éloge de l'imprudence, 31; Algèbre des valeurs morales, 36; De l'abjection, 39; Essai sur moi-même, 47; Eléments pour une éthique, 55 (dt. Bausteine); Reflexions sur la vieillesse et la mort, 56; Mémorial, 6 Bde, 48–58; Carnets de l'écrivain, 57; Journaliers, 8 Bde, 61–68; Divertissements, 65. – Dt.: Ges. Werke: I. Chaminadour, II. Herr Godeau, III. Elise, IV. u. V. in Vorber.
Lit.: C. Mauriac: Introduction à une mystique de l'enfer, 38; J. Gaulmier: L'univers de M. J., 59; K. Epling, in: Wort und Wahrheit, 60. H. S.

Jouve, Pierre-Jean, * 11. 10. 1887 Arras.
J. besuchte das Collège d'Arras, dann das Gymnasium in Lille, studierte in Paris und Poitiers Philosophie und widmete sich der Literatur. – J. war in seinen Anfängen tief vom «Unanimismus», dem literarischen Programm des Kreises um J. Romains, beeinflußt. Nach 1923 aber hat er sich von allen seinen Arbeiten aus dieser Periode losgesagt und seitdem das Jahr 1924 als das Jahr seines eigentlichen Debüts betrachtet: Dies nun steht unter dem Zeichen einer Hinwendung zum Katholizismus. Die ersten Arbeiten des «neuen» J. sind die Lyriksammlung *Les mystérieuses noces* und der Roman *Paulina 1880.* Seine endgültige Ausprägung erhält J.s Christentum erst nach einer eindringlichen Konfrontation mit der psychoanalytischen Theorie, wovon das berühmte Vorwort zum Lyrikband *Sueur de sang* Zeugnis ablegt. Im Unbewußten, d. h. nun in den «Verliesen der Sünde», sollen die Wurzeln des Seins und das Antlitz Gottes gefunden werden. Vom Surrealismus übernimmt J. das Stilideal der barock-ungewöhnlichen Schönheit, doch unterscheidet er sich inhaltlich radikal von jenem, indem er das Unbewußte als Material ernst nimmt und es in der Haltung eines Gläubigen ans Licht hebt. In der Lyrik wie in den knapp-luziden Romanen steht so eine spiritualisierte Erotik neben einem Symbolismus christlich-mythischer Prägung. J., dessen in langen Jahren ausgearbeiteter visionär-emphatischer Stil in der französischer Literatur des 20. Jhs. dasteht, kann als Erneuerer Baudelaires aus dem Geiste der Bibel gelten.

W.: Lyrik: Vous êtes des hommes, 1915 (dt. Ihr seid Menschen); Poèmes contre le grand crime, 16; Danse des morts, 17; Heures, livre de la nuit, 19; Heures, livre de la grâce, 20; Tragiques, 22; Les mystérieuses noces, 25; Le paradis perdu, 29; La symphonie à Dieu, 30; Sueur de sang, 35; Matière Céleste, 37; Kyrie, 38; Porche à la nuit des saints, 41; La vierge de Paris, 44; Ode, 51; Inventions, 58; Moires, 62; Tenèbres, 64. – *Romane:* Paulina 1880, 25 (dt. ebs.); Le monde désert, 27 (dt. Die leere Welt); Hécate, 28; Vagadu, 31; Histoires sanglantes, 32; La scène capitale, 35; Aventure de Catherine Crachat, 2 Bde, 47. – *Essays:* Tombeau de Baudelaire, 41; Le Don Juan de Mozart, 42; Défense et illustration, 43. – *Memoiren:* En miroir, 54. – Œuvres poétiques, 3 Bde, 25; Poésies choisies, 56; Gedichte (französ./dt.), 57.
Lit.: R. Micha: P. J. J., 1956; Ch. Blot: L'œuvre romanesque de P.-J. J., 61. RLL

Jovine, Francesco, * 9. 10. 1902 Guardialfiera (Campobasso), † 30. 4. 1950 Rom.
J. war Lehrer und nach Literaturstudien Hochschulassistent. Er war auch Mitbegründer verschiedener Zeitungen und Zeitschriften. — J. gehört, von Verga beeinflußt, zu den Neorealisten. Der Roman *Signora Ava* schildert abwechselnd dramatisch bewegt und komisch die dekadente Familie Riso; ein Lieblingsthema J.s war die Krise im Leben der Bauernsöhne aus den Abruzzen, die in die Stadt ziehen, so in der Erzählung *Uno che si salva* (in *Tutti i miei peccati*), ein Thema, das, verbunden mit dem der Armut

seiner Heimat dem Roman *Le terre del Sacramento* zugrunde liegt. Eine Satire auf den Faschismus ist *L'impero in provincia.*

W.: Un uomo provvisorio, 34; Signora Ava, 42; Il pastore sepolto, 45; L'impero in provincia, 45; Tutti i miei peccati, 48; Le terre del Sacramento, 50 (dt. Die Äcker des Herrn); Racconti, 60. DW

Joyce, James Augustine (Aloysius), * 2. 2. 1882 Rathgar (Dublin), † 13. 1. 1941 Zürich.

J. war das zweite von 11 Kindern des John Stanislaus J. und der Mary (May) Murray. 1888 wurde er Zögling des Jesuiten-Kollegiums Clongowes Wood in Sallins, Co. Kildare, 1893 Schüler am jesuitischen Belvedere College, Dublin. 1898 immatrikulierte er sich als Student am Royal University College, Dublin. Er belegte englische, französische, italienische Literatur, lernte nebenbei Deutsch und Norwegisch. 1902 erwarb er den Grad eines Bachelor of Arts. Der Entschluß, zuerst in Dublin, dann in Paris Medizin zu studieren, der Versuch, seine Tenorstimme ausbilden zu lassen, sowie andere Berufspläne, führten zu keinem Ziel. 1904 verließ er Irland, dessen geistiges Klima und begrenzte Möglichkeiten ihm die Erfüllung seiner künstlerischen Sendung zu vereiteln drohten. Von Nora Barnacle, seiner Lebensgefährtin, begleitet, begann er seine entbehrungsreiche Odyssee mit den Stationen Pola (1904), Triest (1905), Rom (1906), Triest (1907), Zürich (1915), Triest (1919), Paris (1920), Zürich (1940). Sein Sohn Giorgio wurde 1905, seine Tochter Lucia 1907 geboren.

J.s erstes Buch *Chamber Music* ist eine Sammlung von 36 kurzen Gedichten, aus dem Ästhetizismus des Fin de siècle heraus geborene Imitationen elisabethanischer Lyrik. Sein zweiter Gedichtband *Pomes Penyeach* verrät imagistischen Einfluß. Als dramatisierte Autobiographie, ein Tribut an den von ihm hochverehrten Henrik Ibsen, und als Reaktion gegen das irische Theater seiner Zeit (vgl. *The Day of the Rabblement*, 1901) läßt sich J.s Drama *Exiles* verstehen: Der Dichter Richard Rowan kehrt 1912 aus dem Exil nach Dublin zurück. Ungelöste Konflikte quälen ihn: Stolz-Liebe, Ich-Welt, Exil-Vaterland, Dichtung-Journalismus. Er befürwortet moralische Entscheidungsfreiheit und gewährt sie Bertha in ihrem Verhältnis zu Robert, seinem Freund, findet aber schon in der Möglichkeit, betrogen zu werden, masochistisches Vergnügen. (J. selbst spielte zeit seines Lebens mit der völlig unbegründeten Vorstellung, ein betrogener Ehemann zu sein.) *Dubliners* besteht aus 15 Kurzgeschichten. Sie verwirklichen J.s Absicht, ein Kapitel aus der «moralischen Geschichte Irlands mit Dublin als dem Zentrum seiner Paralyse» zu schreiben. Gegliedert nach den Themenkreisen Kindheit, Jugend, Reife, stilistisch von «gewissenhafter Knausrigkeit» sind diese Erzählungen einem konsequent durchgestalteten, ironisch akzentuierten symbolischen Realismus verpflichtet. Die Stadt und ihre Bewohner sind dem Zerfall und dem Tod geweiht; das Schlüsselwort «paralysis» fällt in der ersten Erzählung «The Sisters». Die letzte trägt den Titel «The Dead»: Michael Conroy verliert seine Frau an den toten Freund ihrer Jugend. Das winterstarre Land wird vom fallenden Schnee wie mit einem Leichentuch zugedeckt. – Es gibt aber in J.s Briefen eine Stelle, wo es heißt: «Ich habe (in ‹Dubliners› wenigstens) keinen von den Reizen der Stadt dargestellt. (...) Ihre unbefangene Insularität und ihre Gastfreundschaft habe ich nicht dargestellt.» – *Portrait of the Artist as a Young Man*, dessen dokumentarische Vorstufe in *Stephen Hero* erhalten ist, leistet durch die Virtuosität seiner erzählenden Prosa den Nachvollzug von Stephen Dedalus' Bewußtseinsentwicklung, und zugleich die fiktive Darstellung des Prozesses, der in J. selbst den Bruch mit der Kirche und das Erkennen seiner Berufung zum Dichter herbeigeführt hatte. Stephen Dedalus, Märtyrer und Künstler, befreit sich aus seiner Gefangenschaft im zwielichtigen Labyrinth seiner Heimatstadt, um «aus der Realität der Erfahrung, in der Schmiede seiner Seele, das ungeschaffene Bewußtsein seines Volkes zu schmieden». Er entscheidet sich (wie Odysseus) für «Exil, Schweigen, List» (exile, silence and cunning). *Ulysses* ist das Epos eines Weltalltags, 16. Juni, Bloomsday 1904, Dublin. In der Tradition der literarischen Parodie (mock heroic) stehend, aber auch dem Book of Kells verwandt und in der gälischen Überlieferung verwurzelt, nehmen die 18 Kapitel bezug auf die Episoden der homerischen Odyssee. Der Inseratenagent Leopold Bloom entspricht Odysseus, Stephen Dedalus Telemachus, Blooms ungetreue Gattin Molly der Penelope. T. S. Eliot maß den Parallelen zur Odyssee in *Ulysses* die Bedeutung einer wissenschaftlichen Entdeckung zu. J. bediene sich hier einer Methode, der sich andere nach ihm bedienen müßten, die Sinnlosigkeit und Anarchie der zeitgenössischen Geschichte erhielten gerade durch die homerischen Parallelen Form und Signifikanz. Ezra Pound hingegen bezeichnete die Parallelen als etwas rein Mechanisches; J. hätte nur deshalb eine Form finden müssen, um Ordnung in sein Chaos zu bringen. Ein weiteres Strukturelement des Textes liefert die zur Travestie verformte katholische Liturgie. Das Buch beginnt mit dem «Introitus» und erzielt einen blasphemischen Höhepunkt in der «schwarzen Messe». Ursprünglich als eine Kurzgeschichte für *Dubliners* geplant, später zu einem «Riesenscherzbuch» (Curtius) ausgearbeitet, wirkt *Ulysses*, trotz der pedantischen Organisation des Materials, hauptsächlich wegen der ungewöhnlichen Erzählstrategie und der oft rigorosen Ausdrucksverknappung auf viele Leser abweisend und verwirrend. Die minuziöse Wiedergabe von äußeren und inneren Vorgängen durch die verschiedensten Darstellungsmittel, die enttabuisierte Sprache in ihren mannigfaltigen Spielformen, die expressionistische Montagetechnik (Circe-Kapitel), der innere Monolog (Mollys Schlußkapitel), die annähernd verwirklichte Identität von Erzählzeit mit erzählter Zeit sind Faktoren, die J. mit seinem *Ulysses* in der europäischen Literatur neben Rabelais, Swift und Sterne einen festen Platz sichern. Mehr noch als Ulysses stellt *Finnegans Wake* (nach 17jähriger Arbeit vollendet) den Leser vor die Alternative: Kapitulation oder schöpferisches Mitspielen am Text, dessen Verständnis durch ein audio-visuelles Aufnehmen beträchtlich erleichtert wird. *Finnegans Wake* («a grand funferal») ist J.s ehrgeiziger Versuch der totalen Wiedergabe einer geträumten Historia Mundi durch Sprachzeichen und Sprachlaute. Dem letzten Wort «the» folgt wieder das erste «riverrun», was formal die von J. übernommene zyklische Geschichtstheorie des Giambattista Vico (vicus of recirculation) bekräftigt. Zwei Namen sind von zentraler Bedeutung: H. C. Earwicker (Here Comes Everybody, Haveth Children Everywhere), der u. a. das maskuline Prinzip vertritt. Das feminine manifestiert sich in Anna Livia (Liffey) Plurabelle (Alp), die als Inbegriff alles Fließens und Strömens in Erscheinung tritt. Die Welt des Buches kündigt sich schon im Titel an: Als «Finnegans Wake» ist eine anonyme irische Ballade bekannt. Tim Finnegan fällt im Rausch von der Leiter und bricht sich den Schädel. Seine Freunde versammeln sich um ihn zur Totenfeier (wake). Eine Whiskeyflasche fällt auf das Bett des Toten. Whiskey (usquebeatha – gäl. für Lebenswasser) fließt über ihn. Tim ist wieder lebendig und erhebt sich von seinem Lager: Finn again wakes. (Finn MacCool: Held des ossianischen Sagenkreises. Er schläft, wie Barbarossa und König Arthur schlafen, um dereinst wieder aufzuwachen. Zu wake vgl. auch to wake up, ebenso in the wake of, in its wake etc.) Ein Hauptthema in *Finnegans Wake* ist dann auch Fallen-Aufstehen, Fall-Auferstehung, realisiert etwa in «Phall if you but will, rise you must». Die stilistische Tendenz, die sich auch in *Ulysses* beobachten läßt, zielt dahin, analog zur polyphonen Musik polyvalente Bedeutungsträger zu schaffen, an die Stelle des normalen Nacheinanders der Wörter in der Rede ein vieldeutiges, assoziatives Miteinander zu setzen. Typisch sind deshalb Mischwörter (funferal, fun for all), oder Polyglottismen (passencore: engl. pass, passenger; franz. pas encore, encore). Stellenweise kommt es zur Desintegration des Satzbaus. *Finnegans Wake* ist ein monumentales Zeugnis enzyklopädischen Wissens, gestalterischen Willens und panlinguistischer Genialität. Bis heute noch nicht vollständig entschlüsselt, artikuliert die Traumsprache des Buches das schlafende Bewußtsein der westlichen Zivilisation. Literarische Alleinherrschaft ist der ungewöhnliche Anspruch, der ihm innewohnt.

In ihrer chronologischen Reihenfolge offenbaren J.s Werke die folgerichtige Entwicklung seines künstlerischen Schaffens hin zur Erfüllung in *Finnegans Wake*. J. war geprägt von seiner Zeit, ihr aber immer auch voraus, und sie hat ihn noch nicht eingeholt. Sein literarisches Vermächtnis ist zum Gegenstand einer ertragreichen philologischen Forschungstätigkeit geworden.

W.: Romane u. Erz.: Dubliners, 1914 (dt. Dublin, auch: Dubliner); A Portrait of the Artist as a Young Man, 16 (dt. Jugendbildnis), Fragment der Urfassung: Stephen Hero, 44 (dt. St. Daedalus; dt. zus.: St. der Held. Ein Porträt des Künstlers als junger Mann); Ulysses, 22 (dt. ebs.); Finnegans Wake, 39 (Arbeitstitel: Work in Progress; entst. 22–39; daraus dt.: Anna Livia Plurabelle, 3 Übersetzungen mit Original); Scribbledehobble, Ur-Workbook for «Finnegans Wake», 61; Giacomo Joyce, 68 (dt. ebs.). – *Lyrik:* Chamber Music, 07 (dt. Kammermusik); Pomes Penyeach, 27 (dt. Am Strand von Fontana). – *Drama:* Exiles, 18 (dt. Verbannte). – *Essays:* The Day of Rabblement, 01; The Critical Writings, 59. – Letters, 3 Bde, hg. von R. Ellmann u. S. Gilbert, 56–66 (dt. Briefe, 3 Bde).
Lit.: E. R. Curtius, J. J. und sein Ulysses, 1919; S. Gilbert: Ulysses, a Study, 30 (dt. Das Rätsel Ulysses); P. Smith: Key to the Ulysses of J. J., 34; S. Beckett u. a.: Our Exagmination Round His Factification for Incamination of «Work in Progress». 36; H. Broch: J. J. und die Gegenwart, 36; J. Baake: Das Riesenscherzbuch Ulysses, 37; In memoriam J. J., hg. v. C. Giedion-Welcker, 41; H. Levin: J. J., 44, ²60; J. Campbell u. H. M. Robinson: A Skeleton Key to «Finnegans Wake», 44; L. Edel: J. J., 47; S. Givens: J. J. Two decades of Criticism, 48, 63; L. G. A. Strong: The Sacred River, 49; H. Gorman: J. J. A Definite Biography, 49 (auch dt.); W. Y. Tindall: J. J., 50; E. Wilson: Axel's Castle, 53; H. Kenner: Dublin's J., 56; M. Magalaner u. R. M. Kain: J., 56; W. Noon: J. and Aquinas, 57; J. Paris: J. J., 57 (auch dt.); W. Rothe: J. J., 57; M. und P. Colum: Our Friend J. J., 58; Stanislaus Joyce: My Brother's Keeper, 59 (dt. Meines Bruders Hüter); W. Y. Tindall: A. Reader's Guide to J. J., 59; M. Butor: Repertoire I, 60 (auch dt.); R. Ellmann: J. J., 60 (auch dt.); L. Goldberg: The Classical Temper, 61; R. S. Ryf: A New Approach to J., 62; R. M. Adams: Surface and Symbol, 62; J. J. Today, hg. v. T. F. Staley, 66; H. Cixous: L'exil de J. J., 68; E. Kreutzer: Sprache und Spiel im «Ulysses», 69; U. Schneider: Die Funktion der Zitate im «Ulysses», 70; Materialien zu J. J. «Dubliner», 70. K. Sp.

József, Attila, * 11. 4. 1905 Budapest, † 3. 12. 1937 Balatonszárszó.
J. stammte aus einer Arbeiterfamilie. Nach seinen Studien in Szeged lebte er einige Zeit in Wien und Paris und wandte sich nach seiner Heimkehr vorübergehend dem Kommunismus zu. Wegen eines schweren Nervenleidens beging er Selbstmord. — Die frühe Lyrik J.s folgte noch den traditionellen Bahnen der ungarischen Lyrik. Unter dem Einfluß des europäischen Expressionismus schrieb er während seines Auslandsaufenthalts Gedichte in freien Rhythmen. Den Höhepunkt in seinem Schaffen bildet die Gedankenlyrik der 30er Jahre, die proletarisches Erleben mit revolutionärer Anklage und einem naiven Gottesglauben zu vereinen suchte. International bekannt wurde J., als 1955 in Paris *Hommage à A. J.* mit Nachdichtungen durch Cocteau, Eluard, u. a. erschien. J.s Einfluß auf die ungarische Lyrik nach 1945 ist stark.

W.: Összes versei es válogatoff írásai, 1938; Dt. Auswahl: Gedichte.
Lit.: J. József: J. A. élete, 1940. DW

Jünger, Ernst, * 29. 3. 1895 Heidelberg.
Kurz nachdem sein Vater ihn von einer fernwehträchtigen Flucht in die französische Fremdenlegion zurückgeholt hatte, meldete J. sich 1914 als Kriegsfreiwilliger und erhielt, als Stoßtruppoffizier vierzehnmal verwundet, als einer der wenigen jüngeren Offiziere den Pour le mérite. Nach Kriegsende gehörte er für kurze Zeit der Reichswehr an und studierte nach seinem Abschied Philosophie und Naturwissenschaften in Leipzig und Neapel.
Bücher über den Ersten Weltkrieg brachten J. nicht nur das emotionelle Interesse der «Nationalen Bewegung», sondern erregten wegen ihrer pathoslosen, realistischen Darstellungskraft auch das Interesse literarisch interessierter Kritik: *In Stahlgewittern, Der Kampf als inneres Erlebnis, Das Wäldchen 125, Feuer und Blut*. Versuche, im «Stahlhelm» im Sinne eines «neuen Nationalismus» zu wirken («. . . Wir nennen uns Nationalisten . . . Der Vater dieses Nationalismus ist der Krieg . . . Der Krieg ist ein Erlebnis des Blutes, daher ist nur das von Bedeutung, was Männer über ihn zu sagen ha-

ben...»), schlugen fehl. J. näherte sich für einige Zeit den «nationalrevolutionären» Gruppen, schrieb in ihren Zeitschriften, ohne jemals einer Gruppe anzugehören. Die erste Ausgabe von *Das abenteuerliche Herz* zeigte, daß er vom soldatischen Image zum seismographischen vorgedrungen war und hier einen eigenen Stil gefunden hatte. Das umfassende Werk *Der Arbeiter* wies ihn aus als einen scharfen Beobachter der Realität, in der er, wie in der Schrift *Die totale Mobilmachung*, die Verwandlung des Kriegers in den Arbeitssoldaten als von der Entwicklung typologisch vorgeschrieben skizzierte. Sowohl die Nationalsozialisten wie die Kommunisten versuchten J. für sich zu gewinnen. Er blieb abseits, zog sich in steigendem Maße von politischen Dingen zurück und brachte nach 1933 im wesentlichen «unpolitische» Bücher heraus. Die Beziehung der offiziellen Literaturträger zu ihm kühlte sich ab, nachdem er darum gebeten hatte, daß der «Völkische Bobachter» keine Auszüge aus seinen Kriegsbüchern bringen möge und die Aufforderung, der neu eingerichteten Preußischen Dichter-Akademie beizutreten, abgelehnt hatte. J. veröffentlichte Essays und Aphorismen, die Geschichte seiner Flucht in die Fremdenlegion, *Afrikanische Spiele*, Reiseberichte und Sprachuntersuchungen. Die zweite Fassung von *Das abenteuerliche Herz* deutet den Rückzug vom «Standpunkt» auf eine «Standfläche» an. Als 1939 *Auf den Marmorklippen* erschien, wurde das Buch, obwohl der Autor es als ein Traktat gegen die Tyrannei ganz allgemein kommentierte, von Hitlergegnern innerhalb und außerhalb Deutschlands als Ausdruck der inneren Emigration gegen das NS-Regime verstanden. Bei Kriegsausbruch wurde J. als Hauptmann eingezogen. Noch einmal berichtet er vom Krieg, sehr anders als 1923. In *Gärten und Straßen* – der Vertrieb ins Ausland wurde verboten – handelt es sich um einen innerlich aufgerührten «Besatzungssoldaten» in Frankreich. In den Stab des Militärbefehlshaber in Paris versetzt, beobachtete er mit Sympathie, aber ohne direkte Teilnahme, die Vorbereitungen des Stülpnagelkreises für den Staatsstreich des 20. Juli 1944. Er stellte über seinen Freund Hans Speidel dem Marschall Rommel seine Schrift *Der Friede* als eine Art Manifest zur Verfügung. Kurz danach wurde er aus der Wehrmacht entlassen und siedelte sich in Kirchhorst bei Hannover an, das er als Volkssturmkommandant 1945 vor der Zerstörung rettete, indem er bei der Annäherung der amerikanischen Truppen alle Fortifikationen niederreißen ließ. Der von ihm projektierte konstruktive Friede, der an Soldaten auf beiden Seiten appellierte, blieb aus.

1949 erschienen die Kriegstagebücher *Strahlungen* als Fortsetzung von *Gärten und Straßen*. Unter dem Eindruck des Todes seines Sohnes Ernstel, der auf den «Marmorklippen» von Carrara nach kurzer Haft wegen Wehrkraftzersetzung gefallen war, näherte er sich bis zu einem gewissen Grade christlichen und kirchlichen Vorstellungen und zog sich teilweise so stark auf private Kommentare zurück, daß sie Anlaß zu Mißverständnissen gaben. *Heliopolis*, die Geschichte einer zeitlosen Stadt mit der Konfrontation zwischen konservativen und fortschrittlichen, adligen und plebejischen Kräften, erschien anschließend. Die Eindringlichkeit der Kriegsbücher, Reflexionen über seine persönlichen Erlebnisse, faszinierten selbst ideologische Gegner, weil sie einen lebendigen Menschen, der sieht, träumt, hört, schmeckt, liest und sucht, darstellen. Die «Science-fiction»-Konstruktionen von *Heliopolis*, enttäuschender noch in *Besuch auf Godenholm* vorexerziert, später in den *Gläsernen Bienen* in gewisser Hinsicht selbstkritisch verkürzt, tragen Züge Wagnerianischer Bühnenbilder.

Die nächsten Jahre konzentrierte sich J. wieder auf sein Generalthema: die Umwelt im Spiegel der eigenen Reaktion zuerst zu porträtieren, dann zu dem Unwägbaren hinter der Realität vorzustoßen und von hier aus Denkmodelle zu entwerfen. Von *Über die Linie* und *Der Waldgang*, *Der gordische Knoten* zu *An der Zeitmauer*, über *Am Kieselstrand* und *Drei Kiesel*, entwickelte sich J. immer mehr zum Abenteurer des Denkens – in einer Art intellektueller Bruderschaft mit Männern wie André Malraux, T. E. Lawrence und Saint-Exupéry. Nicht ganz zur Befriedigung der Fachgelehrten greift er dabei intuitiv philosophische, psychologische und soziologische Probleme auf mit Ausflügen in Anthropologie und Mythenkunde. 1959–71 gab er zusammen mit Mircea Eliade die Zeitschrift «Antaios» heraus, die Randbezirke exakter Wissenschaft zu entwirren versuchte. Dazwischen edierte er umfassend Tagebuch-Notizen von seinen Reisen, Exkursionen in Landschaft, Tierwelt, Symbolforschung.

Die ab 1960 herausgegebene 10bändige Gesamtausgabe der bis dato bekannten Werke J.s hat nur scheinbar einen Schlußstrich unter ein Lebenswerk gesetzt. Wie der *Weltstaat* als Ergänzung der «Friedensschrift» aufgefaßt werden muß, *Sgraffiti* den traumhaften Aphorismen aus *Das abenteuerliche Herz* folgt, ist *An der Zeitmauer* direkt als Ergänzung von *Der Arbeiter* gedacht, und *Typus, Name, Gestalt* als solche von *Sprache und Körperbau.* In *An der Zeitmauer* wird die Schicksalswende, den die neue «totale Mobilisierung» technischer Möglichkeiten ergibt, an dem Punkt der «Zeitmauer» diagnostiziert, wo die alten Bezüge nicht mehr stimmen und die neuen Maßstäbe noch nicht gefunden sind. Nicht nur der Stil hat sich fast unmerklich geändert. Der Ausgangspunkt des «Nach-Denkens» der Erlebnisse, der Historie und der Heilslehren ist nicht mehr eine «Botschaft». Es wird personalistisch das Ergebnis eigener Ideenassoziationen zum Hinhören freigegeben, oft ebenso geistreiche wie abseitige Ausblicke hinter dem Tatsachenbericht hervorzaubernd.

In den letzten Jahren war die Beteiligung an dem Band des Malers Dalí «L'Apocalypse» mit der Handschrift *Fassungen* bemerkenswert. Die *Grenzgänge* führen Gedanken des *Weltstaats* fort, die *Lettern und Ideogramme* setzen einen gewissen Schlußpunkt.

W.: In Stahlgewittern, 1920; Der Kampf als inneres Erlebnis, 22; Das Wäldchen 125, 25; Feuer und Blut, 25; Das abenteuerliche Herz. Aufzeichnungen bei Tag und Nacht, 29 (2. Fassg., mit Untertitel: Figuren und Capriccios, 38); Die totale Mobilmachung, 31; Der Arbeiter. Herrschaft und Gestalt, 32; Blätter und Steine, 34; Afrikanische Spiele, 36; Auf den Marmorklippen, 39; Gärten und Straßen, 42; Myrdun. Briefe aus Norwegen, 43; Der Friede. Ein Wort an die Jugend Europas und an die Jugend der Welt, 45; Atlantische Fahrt, 47; Sprache und Körperbau, 47; Ein Inselfrühling, 48; Strahlungen, 49; Heliopolis, 49; Über die Linie, 50; Der Waldgang, 51; Am Kieselstrand, 51; Besuch auf Godenholm, 52; Drei Kiesel, 52; Der gordische Knoten, 53; Das Sanduhrbuch, 54; Am Sarazenenturm, 55; Rivarol, 56; Gläserne Bienen, 57; Jahre der Okkupation, 58; An der Zeitmauer, 59; Sgraffiti, 60; Der Weltstaat, 60; Typus, Name, Gestalt, 63; Fassungen, 63; Grenzgänge, 65; Subtile Jagden, 67; Lettern und Ideogramme, 70 (in: Antaios, Maiheft); Ad hoc, 70; Annäherungen. Drogen und Rausch, 70. – Werke, 10 Bde, 60–65.

Lit.: A. Mohler: Die Schleife, 1955; G. Loose: E. J., 57; K. O. Paetel: E. J. in Selbstzeugnissen und Bilddokumenten, 62; Wandlung und Wiederkehr. Festschrift zum 70. Geburtstag, 65; H. L. Arnold: E. J., 66; F. Baumer: E. J., 67; G. Kranz: E. J.s symbolische Weltschau, 68; Streitzeitschrift VI, 68; H. P. des Coudres: Bibliographie der Werke E. J.s, 70. K. O. P.

Jünger, Friedrich Georg, * 1. 9. 1898 Hannover.

J., Bruder von Ernst J., wurde im Ersten Weltkrieg schwer verwundet. Er studierte in Halle und Leipzig und promovierte zum Dr. jur. Nach Gerichts- und Anwaltspraxis ließ er sich 1926 als freier Schriftsteller in Berlin nieder; 1928–35 stand er dem Kreis um Ernst Niekisch nahe. Seit 1937 lebt er in Überlingen.

Als Lyriker ist J., der in seinen ersten Gedichten in Hexametern die Schlachten von Tannenberg und Verdun besang, Klopstock, Hölderlin, George, dem Goethe des «West-östlichen Divan» und der Antike verpflichtet. In zahlreichen Essays behandelte J. ästhetische, kulturphilosophische und zeitkritische Fragen. Die moderne Technik, der er, etwa in dem Gedicht «Ultima Ratio», ein baldiges Ende voraussagt, lehnt er ebenso entschieden ab, wie er die Welt der Antike bejaht. Nach 1950 trat J. auch als Erzähler hervor, so mit dem Roman *Der erste Gang* über den Untergang der Monarchie der Habsburger.

W.: Lyrik: Morgenländische Stadt, 1952; Ring der Jahre, 54; Schwarzer Fluß u. windweißer Wald, 55; Dank im Gedicht, 59; Es pocht an der Tür, 68. – *Drama:* Der verkleidete Theseus, 34. – *Romane u. Erz.:* Dalmatinische Nacht, 50; Die Pfauen, 52; Der erste Gang, 54; Der weiße Hase, 55; Zwei Schwestern, 56; Kreuzwege, 61; Wiederkehr, 65; Ges. Erzählungen, 67; Laura, 70. – *Essays:* Aufmarsch des Nationalismus, 26; Über das

Komische, 36; Griechische Götter. Apollon-Pan-Dionysos, 43; Die Titanen, 44; Die Perfektion der Technik, 46 (erw. 48); Griechische Mythen, 47 (umgearb. 57); Orient u. Okzident, 48 (erw. 66); Gespräche, 48; Nietzsche, 49; Maschine u. Eigentum, 49; Gedanken u. Merkzeichen, 49 (Aphorismen); Rhythmus u. Sprache im deutschen Gedicht, 52; Die Spiele, 53; Sprache u. Kalkül, 55; Gedächtnis u. Erinnerung, 57; Gärten im Abend- und Morgenland, 60; Sprache u. Denken, 62; Die vollkommene Schöpfung. – Natur und Naturwissenschaft, 69. – *Autobiographisches:* Grüne Zweige, 51; Spiegel der Jahre, 58.

Lit.: H. P. des Coudres: F.-G.-J.-Bibliographie, in: Philobiblon VII, 1963; W. Grenzmann: Dichtung und Glaube, [6]67. RLL

Jung, Carl Gustav, * 26. 7. 1875 Kesswil (Schweiz), † 6. 6. 1961 Küsnacht/Zürich.

J., der führende Tiefenpsychologe neben Freud und Adler, gilt als «Wiederentdecker der Ganzheit und Polarität der menschlichen Seele», als Erforscher des «kollektiven Unbewußten» und als Interpret der Ursymbolik und des Individuationsprozesses der Menschheit. Nach dem Medizinstudium in Basel 1895—1900 war er Assistent, später Oberarzt an der psychiatrischen Klinik «Burghölzli» in Zürich und 1905—13 Privatdozent in Zürich. 1907 lernte J. Sigmund Freud kennen, von dessen psychoanalytischer Bewegung er sich 1912/13 trennte. 1933 wurde er Präsident der Internationalen Allgemeinen Ärztlichen Gesellschaft für Psychotherapie.

Da der universal gebildete Gelehrte weite Felder und spezielle Probleme der Religions-, Kultur- und Geistesgeschichte in seine Forschungen einbezogen hat, erstreckt sich auch sein vielseitiges und umfangreiches literarisches Schaffen nicht nur auf den engeren psychiatrisch-psychotherapeutischen Bereich. *Symbole der Wandlung,* die umgearbeitete und erweiterte Neuauflage von *Wandlungen und Symbole der Libido,* ist eines der Werke, in denen u. a. auch ein reichhaltiges historisches Bildmaterial wiedergegeben und tiefenpsychologisch gedeutet wird. In (Traum-)Bildproduktionen gesunder und kranker Menschen, wie auch in künstlerischen bzw. symbolischen Darstellungen erblickte J. «Gestaltungen des Unbewußten» (gleichnamige Buchausgabe 1950), die wiederum auf urtümliche Bilder, die «Archetypen» zurückzuführen sind: «Der Begriff des Archetypus ... wird aus der vielfach wiederholten Beobachtung, daß z. B. die Mythen und Märchen der Weltliteratur bestimmte, immer und überall wieder behandelte Motive enthalten, abgeleitet. Diesen selben Motiven begegnen wir in Phantasien, Träumen, Delirien und Wahnideen heutiger Individuen. Diese typischen Bilder und Zusammenhänge werden als archetypische Vorstellungen bezeichnet.»

Vielfältige Wechselbeziehungen hat J. zwischen der Religion und der Psychologie aufgezeigt, u. a. in *Psychologie und Religion* und in dem nicht unumstrittenen Spätwerk *Antwort auf Hiob.* Ein besonderes Forschungsgebiet erschloß sich J. in der spätmittelalterlichen Alchemie insofern, als der Tiefenpsychologe in den Beschreibungen bzw. Abbildungen des alchimistischen opus Entsprechungen zum psychischen Reifungsprozeß («Individuation») erblickte. In *Psychologie und Alchemie* und im dreibändigen Werk *Mysterium Coniunctionis* sind diese Forschungsergebnisse zusammengefaßt. Intensiv beschäftigte sich J. mit der asiatischen Geistigkeit, z. B. mit den Meditationspraktiken des Ostens, ohne jedoch die innere Beziehung zum mitteleuropäisch-christlichen Geisteserbe zu verleugnen. In Band 11 der Gesammelten Werke sind die wichtigsten Arbeiten zur Psychologie westlicher und östlicher Religionen vereinigt. Während J.s Typenlehre in *Psychologische Typen* niedergelegt ist, werden Zeitprobleme in *Aufsätze zur Zeitgeschichte, Gegenwart und Zukunft* und in *Ein moderner Mythos* analysiert. *Synchronizität als ein Prinzip akausaler Zusammenhänge* stellt Querverbindungen zur modernen Physik her. Die Aufsatzsammlung *Wirklichkeit der Seele,* in der auch literarische Werke interpretiert werden, bringt zum Ausdruck, daß für J., der stets als Arzt empirischer Forscher sein wollte, die Psyche den Inbegriff des Wirklichen darstellt.

W.: Wandlungen und Symbole der Libido, 1912 (erweitert und umgearbeitete Fassung als: Symbole der Wandlung); Psychologische Typen, 21; Die Beziehung zwischen dem Ich und dem Unbewußten, 28; Wirklichkeit der Seele, 34; Psychologie und Religion, 40; Einführung in das Wesen der Mythologie, 42 (zus. mit K. Kerenyi); Psychologie und Alchemie, 44; Psychologie und Erziehung, 46; Aufsätze zur Zeitgeschichte, 46; Die Psychologie der Übertragung, 46; Symbolik des Geistes, 48; Gestaltungen des Unbewußten, 50; Aion. Untersuchungen zur Symbolgeschichte, 51; Antwort auf Hiob, 52; Synchronizität als ein Prinzip akausaler Zusammenhänge, 52; Von den Wurzeln des Bewußtseins, 54; Mysterium Coniunctionis, 3 Bde, 55–57; Gegenwart und Zukunft, 57; Ein moderner Mythus, 58; Erinnerungen, Träume, Gedanken, 63 (autobiographisch; hg. von A. Jaffé); Über psychische Energetik und das Wesen der Träume, 65 (3. vermehrte Aufl. von: Über die Energetik der Seele); Über die Psychologie des Unbewußten, 66 (8. vermehrte Auflage von: Das Unbewußte im normalen und kranken Seelenleben); Zugang zum Unbewußten, in: Der Mensch und seine Symbole, 68. – Auswahlbde: Psychologische Betrachtungen, 49; Welt der Psyche, 54; Bewußtes und Unbewußtes, 57. – Ges. Werke, 18 Bde, 58 ff.; Studienausgabe 20 Bde, 71 ff.

Lit.: J. Jacobi: Komplex, Archetypus, Symbol in der Psychologie C. G. J.s, 1957; diess.: Die Psychologie von C. G. Jung, 40, [5]67; F. Fordham: Eine Einführung in die Psychologie C. G. J.s, 59; E. A. Bennet: C. G. J., 63; A. Jaffé: Der Mythos vom Sinn im Werk von C. G. J., 67; C. A. Meier: Lehrbuch der komplexen Psychologie C. G. J.s, 68; A. Jaffé: Aus Leben und Werkstatt von C. G. J., 68; G. Wehr: C. G. J. in Selbstzeugnissen und Bilddokumenten, 69. G. We.

Jung, Franz, * 26. 11. 1888 Neisse, † 21. 1. 1963 Stuttgart.

J., Sohn eines Uhrmachers, studierte 1907 bis 1912 Jura und Wirtschaftswissenschaften. 1918—23 arbeitete er politisch-revolutionär in Deutschland und Rußland. Danach war er in Berlin u. a. Wirtschaftsjournalist und Dramaturg (bei Piscator), gab die Zeitschrift «Der Gegner» heraus. In der NS-Zeit bekam J. Schreibverbot, floh 1938 nach Ungarn, wo er weiter im Widerstand arbeitete. 1945 wurde er zum Tode verurteilt, durch die Amerikaner befreit. Er lebte dann in Italien, Amerika, seit 1960 in der Bundesrepublik und Paris. In der Autobiographie *Der Weg nach unten* schildert er sein wechselvolles Leben. — J.s Werke bis 1918, «explosiv und explodierend» geschrieben, spiegeln vor allem seine Zerrissenheit und die Kämpfe seiner ersten Ehe. Der quälende Wechsel von Liebe, Haß, Erniedrigung, brutalem Streit, Schwäche, Brüderlichkeit wird mit expressionistisch gesteigertem Seelenvokabular bedrängend dargestellt. Eigene Erlebnisse verarbeitet J. auch in den nach 1920 als Kampfliteratur erschienenen Bühnenstücken und Romanen, die Streiks und Aufstandsbewegungen zum Gegenstand haben. Die pessimistische Einschätzung der Möglichkeiten und des Bewußtseins der Arbeiterklasse und ihrer Funktionäre wird übersprungen durch den Aufruf zur Gemeinsamkeit und bewußte Utopie, für deren Verwirklichung J., wie viele Expressionisten, der Frau eine entscheidende Rolle zuweist. Vereinzelung und Angst des Menschen kennzeichnen für J. das gegenwärtige Leben, noch bestimmt von Religion, Staat, Ehe (Familie), Kapitalismus. Gemeinschaft, Freude, Abwendung vom Jenseits, Mutterrecht, neue Sexualmoral, Kommunismus sind Hoffnung für Spätere.

W.: Romane: Kameraden . . .!, 1913; Sophie. Der Kreuzzug der Demut, 15; Opferung, 16; Der Sprung aus der Welt, 18; Die rote Woche, 21; Arbeitsfriede, 22; Die Eroberung der Maschinen, 23; Hausierer, 31. – *Erz.:* Das Trottelbuch, 12; Gnadenreiche, unsere Königin, 18; Der Fall Groß, 21; Proletarier, 21. – *Dramen:* Saul, 16; Die Kanaker, 21; Wie lange noch?, 21; Annemarie, 22; Legende, 27; Heimweh, 28. – *Essayistisches:* Reise in Rußland, 20; Die Technik des Glücks, 2 Bde, 21–23; An die Arbeiterfront nach Sowjetrußland, 22; Hunger an der Wolga, 22; Die Geschichte einer Fabrik, 24; Der neue Mensch im neuen Rußland, 24; Das geistige Rußland von heute, 24. – *Autobiographie:* Der Weg nach unten, 61 (als: Der Torpedokäfer, 72).

Lit.: A. Liede, in: Der Monat 14, 1961/62; H. Schöffler: in: Der jüngste Tag, 70; H. Denkler, in: Die sog. Zwanziger Jahre, 70.

W. W.

Kaden-Bandrowski, Juljusz, * 24. 2. 1885 Rzeszów (Galizien), † 8. 8. 1944.

K.-B. betrieb Musikstudien in Krakau, Lemberg und Brüssel. Seit August 1914 gehörte er der Legion Piłsudskis an, dessen überzeugter Anhänger er zeitlebens blieb. Nach 1918 lebte er in Warschau, wo er als Redakteur des Literaturteils der offiziösen «Gazeta Polska» und seit 1933 als Generalsekretär der polnischen Literaturakademie am literarischen Leben im neuen Polen entscheidenden Anteil hatte. Er starb im Warschauer Aufstand.

K.-B.s Werk bedeutet inhaltlich und formal die Überwindung der polnischen Neuromantik; seine übersteigert-expressionistische Darstellungsweise machte Schule («Kadenismus») und ließ ihn zum Zeitsatiriker wider Willen werden, so in seinem Schlüsselroman über Piłsudski *Generał Barcz* oder in dem Romanzyklus *Czarne skrzydła* [Schwarze Flügel], in dem er mit naturalistischen Mitteln die sozialen, politischen und wirtschaftlichen Verhältnisse Polens in den 20er Jahren darstellte.

W.: (die angeführten Neuaufl. sind oft tiefgreifende Umarbeitungen): *Romane u. Erz.:* Wyprawa wilenska, 1919; Łuk, 19, 29; Wiosna, 20, 21; Generał Barcz, 23 (dt. ebs.); Przymierze serc, 24, 30 (dt. Bündnis der Herzen); Czarne skrzydła: Lenora, 28, Tadeusz, 29; Mateusz Bigda, 33 (3 Bde; Entwürfe zu einem 4. Bd in «Twórczość», 59). – *Jugenderinnerungen:* Miasto mojej matki, 25; W cieniu zapomnianej olszyny, 26; Nad brzegem wielkiej rzeki, 27. – *Biographie:* Piłsudczycy, 15, 32. – *Sonstiges:* Europa zbiera siano, 27; Rzymiane Wschodu, 28; Życie Chopina, 38. – Ferner dt.: Poln. Lit., Strömungen u. Gestalten; Novellen (Ausw.). DW

Kästner, Erhart, * 13. 3. 1904 Augsburg. Nach Studien in Freiburg und Leipzig wurde K. Bibliothekar der Staatsbibliothek Dresden. 1936—38 war er Sekretär Gerhart Hauptmanns. Als Soldat verbrachte K. längere Zeit in Griechenland und Kreta und zwei Jahre als Kriegsgefangener in Ägypten. 1950—68 war er Direktor der Herzog-August-Bibliothek in Wolfenbüttel. — K. schrieb, ausgehend von seinen Erlebnissen in Griechenland und Afrika, Reise- und Erinnerungsbücher, so vor allem *Zeltbuch von Tumilad*, dessen zentrales Thema die Einsamkeit der Gefangenen in der Wüste ist. In *Griechenland. Ein Buch aus dem Kriege* (Neuausgabe *Ölberge, Weinberge*) verbindet sich das Erlebnis der Antike mit der Gegenwart und dem Hintergrund von Mensch und Landschaft. Der Bericht *Die Stundentrommel vom heiligen Berg Athos* schildert in unpathetischer Sprache die Welt der griechischen Eremiten, ihre Zeit- und Geschichtslosigkeit.

W.: Erinnerungen: Zeltbuch von Tumilad, 1949. – *Reiseberichte:* Griechenland. Ein Buch aus dem Kriege, 42 (neu als: Ölberge, Weinberge, 53); Kreta, 46. – *Bericht:* Die Stundentrommel vom heiligen Berg Athos, 56. – *Tagebuch:* Die Lerchenschule, 64. DW

Kästner, Erich, * 23. 2. 1899 Dresden. K.s Vater war Sattlermeister, die Mutter ermöglichte durch Berufsarbeit dem Jungen den Besuch der Bürgerschule. Die Ausbildung zum Volksschullehrer unterbrach der Erste Weltkrieg. K. wurde Soldat. Nach dem Krieg studierte er Germanistik in Leipzig, Rostock und Berlin. Während der Inflation wurde er Redakteur an der «Neuen Leipziger Zeitung», 1925 promovierte er. 1927 ließ er sich in Berlin nieder. Im Dritten Reich war K. ein verbotener Autor, seine Bücher wurden verbrannt; Veröffentlichungen erschienen im Ausland. Seit 1945 lebt er in München, war 1945–48 Feuilletonredakteur der «Neuen Zeitung», Mitarbeiter des literarischen Kabaretts «Die Schaubude» und 1946 Herausgeber der Jugendzeitschrift «Der Pinguin».
K.s Gedichte haben in Opposition zum Expressionismus den vorzeigenden Charakter der Neuen Sachlichkeit. In *Herz auf Taille, Lärm im Spiegel, Ein Mann gibt Auskunft* befehdete er ironisch-kritisch Gefühlsschwulst, Wortmacherei, Militarismus und Snobismus in bänkelsängerischen Versen. Mit *Emil und die Detektive*, das mehrfach für die Bühne bearbeitet und verfilmt wurde, schuf er sein erstes Kinderbuch, in dem bei der Aufdeckung eines Verbrechens kindlicher Scharfsinn den Sieg davonträgt. *Fabian* ist «die Geschichte eines Moralisten», der im Berlin von 1930 die verdrehte und dem Untergang geweihte Nachkriegswelt geradebiegen will, überall Schiffbruch erleidet und bei dem Versuch, einen Jungen vor dem Ertrinken zu retten, sein Leben einbüßt. Der Roman ist eine Swiftsche Satire auf die Ohnmacht der Vernunft und zugleich ein Zeitdokument. Derselben Untergangsstimmung entsprangen die Gedichte *Gesang zwischen den Stühlen.* – Im Dritten Reich entwikkelte sich K. notgedrungen zu einem Erzähler heiterer und spannender Geschichten, der Satiriker zeigte sich von der humorvollen Seite. Vorherrschende Motive sind Verwechslung und Rollentausch, die auch in seinen Kinderbüchern wiederkehren. In *Drei Männer im Schnee* spielt ein Millionär die Rolle des Gewin-

ners in einem Preisausschreiben und gewinnt einen Schwiegersohn, in *Der kleine Grenzverkehr* verwechselt ein Devisenschmuggler die Komteß mit einem Zimmermädchen. – Nach dem Krieg setzte K. die Reihe seiner moralisch-satirischen Gedichtbände fort, u. a. mit den Chansons und Parabeln, die er zum Teil für das Kabarett «Die Schaubude» schrieb: *Der tägliche Kram.* – K.s dramatische Anlage, die sich in seiner Lyrik und vor allem in seinen Erzählungen verrät, kam in dem Bühnenstück *Die Schule der Diktatoren* zum Durchbruch, in dem gezeigt wird, wie eine Machthaberclique für Nachwuchs sorgt. – Eine Erziehungsgeschichte mit erzieherisch-versöhnlichem Ausgang ist *Das doppelte Lottchen.* Die Geschichte seiner eigenen Kindheit schrieb K. in *Als ich ein kleiner Junge war.* – K.s unbeirrbare Haltung, sein Gefühl für das richtige Maß, sein schlagfertiger Witz, seine polemische Schärfe machen ihn zu einer Schlüsselfigur der deutschen Literatur zwischen den zwei Weltkriegen.

W.: Lyrik: Herz auf Taille, 1928; Lärm im Spiegel, 29; Ein Mann gibt Auskunft, 30; Gesang zwischen den Stühlen, 32; Dr. E. K.s lyrische Hausapotheke, 36; Bei Durchsicht meiner Bücher, 46; Der tägliche Kram, 48; Kurz und bündig, 50 (Epigr.); Die kleine Freiheit, 52; Die dreizehn Monate, 55; K. für Erwachsene, 66. – *Romane:* Fabian, 31; Drei Männer im Schnee, 34; Die verschwundene Miniatur, 35; Georg und die Zwischenfälle, 38 (als: Der kleine Grenzverkehr, 49). – *Kinderbücher:* Emil und die Detektive, 28; Pünktchen und Anton, 31; Das fliegende Klassenzimmer, 33; Die Konferenz der Tiere, 49; Das doppelte Lottchen, 49; Das Schwein beim Friseur, 62; Der kleine Mann, 63; Der kleine Mann und die kleine Miss, 67. – *Komödie:* Die Schule der Diktatoren, 56. – *Erinnerungen:* Als ich ein kleiner Junge war, 57; Notabene 45. Ein Tagebuch, 61. – Ges. Schriften, 7 Bde, 59; Ges. Schriften für Erwachsene, 8 Bde, 69.
Lit.: L. Enderle: E. K., 1966; K. Beutler: E. K., 69. K. A. H.

Kafka, Franz, * 3. 7. 1883 Prag, † 3. 6. 1924 Kierling bei Wien.
K. war Sohn eines aus einem kleinen Dorf Südböhmens stammenden jüdischen Kaufmanns, der, durch Fleiß und Sparsamkeit in Prag emporgekommen, stets auf gesellschaftliche Anerkennung bedacht war. In Prag besuchte K. das Altstädter Deutsche Gymnasium und studierte an der deutschen Univ. zunächst Germanistik, dann – auf Drängen des Vaters – Jura (1906 Promotion). Nach einjähriger «Rechtspraxis» trat K. zunächst in den Dienst einer italienischen Versicherungsgesellschaft. Von Juli 1908 an arbeitete er bis zum Ausbruch einer Lungentuberkulose (1917) bei der «Arbeiter-Unfall-Versicherungs-Anstalt für das Königreich Böhmen in Prag»; 1922 wurde er, der Krankheit wegen, vorzeitig pensioniert. Eine über 20 Jahre dauernde Freundschaft verband K. mit Max Brod, der es später auf sich nahm, K.s Bitte, die nachgelassenen Manuskripte zu vernichten, nicht zu entsprechen. Auch Felix Weltsch und Oskar Baum gehörten zu seinen engeren Freunden, Gustav Janouch, Franz Werfel und Ernst Weiß zu seinem Bekanntenkreis. – K. war dreimal verlobt, zweimal (1914 und 1917) mit Felice Bauer, der «Berlinerin» (*Briefe an Felice*), dann (1919) mit Julie Wohryzek, der Tochter eines Prager Synagogendieners. Zu einer tiefen Beziehung führte 1920 die Begegnung mit der tschechischen Übersetzerin Milena Jesenská; sie spiegelt sich in den *Briefen an Milena* aus den Jahren 1920–22. Gefährtin seines letzten Lebensjahres war die aus einer gläubigen ostjüdischen Familie stammende, damals 20jährige Dora Diamant; mit ihr verlebte er in Berlin die vergleichsweise glücklichste Zeit seines Lebens.
Die 1910 begonnenen *Tagebücher* sind für das Verständnis K.s, des Menschen und seines Werkes, ungemein wichtig; sie vermitteln einen Eindruck von K.s fast asketischer, ganz auf die schriftstellerische Arbeit abgestellten Lebensweise, von seiner spezifischen Geistigkeit und der höchst eigentümlichen Form seiner Religiosität. Schon früh registrieren sie den nachhaltigen Eindruck jüdischen Volkstums, den die Begegnung der von Jizchak Löwy geleiteten jiddischen Schauspieltruppe auf ihn machte. In der Ferienkolonie des Jüdischen Volksheims Berlin (in Müritz an der Ostsee) lernte K. im Juli 1923 Dora Diamant kennen (sie betreute, wie zuvor Felice Bauer in Berlin, als freiwillige Helferin die Kinder des Heims). K. erkannte den Wert,

den eine solche Gemeinschaft hatte – freilich nur für andere; er selbst glaubte sich dort nicht mehr zu Hause.

K.s Leben stand im Schatten einer für ihn übermächtigen Vaterfigur. Unter dem Aspekt dieses «Kampfes mit dem Vater» reflektierte er im November 1917 sein Leben in dem (61 Druckseiten langen) *Brief an den Vater*; darin sah K. sowohl sein Schreiben als auch seine wiederholten Bemühungen zu heiraten als Selbständigkeitsversuche des Sohnes gegenüber einer dominierenden Vatergestalt. Auch den Konflikt zwischen seiner notwendig zurückgezogenen Lebensweise als Schriftsteller und einem Leben in der Gemeinschaft betrachtete K. unter diesem Aspekt: Zugunsten des Schreibens glaubte er sich deshalb entschieden zu haben, weil er den zweiten Weg zur Selbstbefreiung, die Ehe, durch die seelische Macht des Vaters verstellt sah; sein Schreiben hingegen glaubte er zwar durch eine Ehe, nicht aber durch den Vater bedroht. An anderer Stelle gibt es freilich zahlreiche Zeugnisse und Bekenntnisse K.s sui generis zum Schriftstellerberuf.

Im Zeichen der «Heiratsversuche» mit Felice Bauer standen die spannungsreichen Jahre 1912–17: K.s sehnlichem Wunsch nach Einordnung in die Gemeinschaft stand die Furcht gegenüber, das ihm lebensnotwendige Schreiben für immer aufgeben zu müssen. Je näher er der Verwirklichung seiner Heiratspläne kam, um so mehr zerriß ihn dieser Kampf, von dem K. meinte, daß er im August 1917 die Lungenerkrankung hervorgerufen habe. Jedoch Unruhe und innere Spannungen waren seinem Schreiben eher förderlich. Sein Schaffen erlebte schon im September 1912 – mit der Niederschrift der Erzählung *Das Urteil* – einen Durchbruch; ausgelöst wurde er nicht durch die beginnende Liebe zu Felice Bauer, sondern durch den seelischen Konflikt, in den ihn diese Beziehung unweigerlich geraten ließ.

Zu den Dichtungen K.s, die vor 1912 entstanden waren, gehören *Beschreibung eines Kampfes* (1904–05), *Hochzeitsvorbereitungen auf dem Lande* (1907) und eine Reihe kürzerer Prosastücke, von denen eine Auswahl Ende 1912 in dem Band *Betrachtung*, K.s erster Buchpublikation, noch im Rowohlt Verlag, Leipzig, erschien. Einige dieser Stücke lassen schon deutlich K.s sprachliche Meisterschaft erkennen und antizipieren bereits Themen und Motive der späteren Erzählungen und Romane: Vereinzelung und Gemeinschaft, Heimsuchung des Junggesellen, ängstliche Selbstbeobachtung und spontanes, unreflektiertes Erleben. Spätestens seit Anfang 1912 arbeitete K. an seinem Roman «Der Verschollene», der postum unter dem Titel *Amerika* erschien. Dieses Buch schildert die Erlebnisse des 16jährigen, aus Prag stammenden Karl Roßmann in Amerika, und zwar ganz aus der Perspektive dieses Jungen: Seine Ankunft im Hafen von New York, seine Aufnahme im Hause des wohlhabenden Onkels, eine verfängliche Einladung in einem Landhaus bei New York und die Wanderschaft Roßmanns in der unfreiwilligen Begleitung zweier Landstreicher; er wird vorübergehend Liftboy in einem überdimensionalen Hotel, verliert diese Stellung aber unverschuldet und muß schließlich in der Wohnung einer ehemaligen Sängerin, die die beiden Landstreicher beherbergt, Quartier nehmen. Das Romanfragment endet mit der Aufnahme des Jungen in das phantastisch anmutende – oftmals als Parodie gedeutete – «Naturtheater von Oklahoma». Der von K. gebrauchte Titel «Der Verschollene» und eine Tagebuchaufzeichnung vom 30. 9. 1915, nach der auch Roßmann «strafweise umgebracht» wird, scheinen der von Brod mitgeteilten Absicht K.s zu widersprechen, den Roman mit der glücklichen Zusammenführung Roßmanns und seiner Eltern versöhnlich ausklingen zu lassen. Gleichwohl ist dieses Buch von den drei Romanen K.s das hoffnungsvollste. Zu Lebzeiten des Autors erschien nur das erste Kapitel *Der Heizer. Ein Fragment* (1913). Deutlich spricht, besonders aus diesem ersten Kapitel, das soziale Mitgefühl des jungen Karl Roßmann, der für den offensichtlich ungerecht behandelten Heizer Partei ergreift – ohne freilich etwas Entscheidendes für ihn ausrichten zu können. Die labyrinthisch anmutenden Treppen und Gänge im Inneren des Schiffes und auch später im Landhaus bei New York kennzeichnen Grundsituationen, in denen sich auch die späteren Romanhelden K.s gefangen sehen. Die Erzählung *Das Urteil*, die K. im September 1912 im Laufe einer einzigen Nacht niederschrieb, stellt den Vater-Sohn-Konflikt im Zusammenhang mit der bevorstehenden Heirat des Sohnes dar. Die äußere Unabhängigkeit des «Helden» Georg Bendemann – er hat das darniederliegende Geschäft des Vaters zu neuer Blüte gebracht – täuscht hier, wie sich bald herausstellt, über dessen seelische Abhängigkeit vom Vater hinweg. Im Grunde sucht Georg, ohne sich dessen bewußt zu werden, zu den Fragen, die ihn zutiefst bedrängen (Heirat und Freundschaft), das väterliche Urteil: Mit einem Brief an den im Elend lebenden Freund in der Tasche, dem er gerade seine Verlobung mitgeteilt hatte, geht Georg Bendemann durch einen kleinen Gang in das dunkle Hinterzimmer seines gebrechlichen alten Vaters. Ein anfänglich ruhiges Gespräch zwischen Vater und Sohn wird allmählich heftig. Der Vater, den Georg zur Ruhe gebettet hatte, erhebt sich plötzlich, wirft dem Sohn seine Verschuldungen vor und verurteilt ihn zum «Tode des Ertrinkens». Georg, der das väterliche Urteil sofort akzeptiert, eilt aus dem Hause und läßt sich in den Fluß hinabgleiten, der jenseits der Straße vorüberfließt.

Auch die im November/Dezember 1912 entstandene Erzählung *Die Verwandlung* spiegelt die «Bestrafung» eines Sohnes wider, der seinen Vater aus dessen Position innerhalb der Familie verdrängt hatte: Gregor Samsa wird über Nacht in ein «ungeheueres Ungeziefer» verwandelt, das sich in die dunkelste Ecke der elterlichen Wohnung verkriechen muß. Mit dem allmählichen Niedergang des Sohnes, der schließlich aus Einsicht darüber, daß er «verschwinden» müsse, keine Nahrung mehr aufnimmt und stirbt, gewinnt der Vater seinen ursprünglichen Platz in der Familie zurück. – Bezeichnenderweise schlug K. dem Verlag Kurt Wolff vor, *Der Heizer, Das Urteil* und *Die Verwandlung* unter dem Titel «Die Söhne» in einem Band zu vereinigen. Einem späteren Vorschlag nach wollte er *Das Urteil, Die Verwandlung* und die 1914 entstandene Erzählung *In der Strafkolonie* in einem «Strafen» betitelten Band veröffentlicht sehen. Das sind wichtige Anhaltspunkte für die Deutung; freilich könnte die Ungeziefergestalt Gregor Samsas auch als Sinnbild einer menschenunwürdigen, der Niedertracht seiner Vorgesetzten hilflos preisgegebenen Angestelltenexistenz aufgefaßt werden. Dieser gedemütigte Mensch ist «förmlich» (ein Lieblingswort K.s) zu einem Ungeziefer geworden.

In dem August 1914, unmittelbar nach der Lösung des ersten Verlöbnisses mit Felice Bauer, entstandenen Roman *Der Prozeß* wird der Bankprokurist Josef K. früh am Morgen von den Vertretern eines unsichtbaren Gerichts heimgesucht. Man teilt ihm mit, daß er «verhaftet» sei, seiner Arbeit in der Bank dürfe er aber weiter nachgehen und sich auch sonst frei bewegen. Das in der gleichen Pension wohnende Fräulein Bürstner gewinnt plötzlich für ihn an Bedeutung. Eine Reihe von Episoden führt Josef K. tiefer und tiefer in die stets unübersichtlicher werdenden Bereiche des geheimnisvollen Gerichts hinein, einen Richter aber bekommt er nie zu Gesicht. Anläßlich eines Besuchs im Dom begegnet Josef K. schließlich dem Gefängnisgeistlichen, der ihm eine Parabel erzählt, die Legende «Vor dem Gesetz»; es ist seine Geschichte, die ihm hier vorgetragen wird, aber Josef K. erkennt das nicht. Nach einem einjährigen «Prozeß», am Vorabend seines 31. Geburtstages, suchen ihn wiederum zwei Vertreter des Gerichts in seiner Wohnung auf; sie kommen ihn abholen; an einem Steinbruch wird K. «wie ein Hund» hingerichtet. – Gegen Gesetze des Staates hat er offensichtlich nicht verstoßen – vielleicht aber gegen ein ungeschriebenes Gesetz menschlichen Verhaltens. Bis zu seiner Verhaftung am Morgen seines 30. Geburtstages hat sich dieser – nun schon erfolgreiche – Prokurist nur um seine Karriere gekümmert. Seine Beziehungen zu anderen Menschen sind, soviel ist deutlich, oberflächlich geblieben; selbst die zu seiner Mutter (das geht aus einem der unvollendeten Kapitel hervor). In dem bis dahin kaum beachteten Fräulein Bürstner (im Ms. des Romans mit ‹F. B.› abgekürzt, den Initialen von K.s Verlobter, Felice Bauer) glaubt Josef K. eine Helferin in seinem Prozeß gewinnen zu können; sie aber bemerkt bald seine Unfähigkeit zu wahrer, der ganzen Person des anderen geltender menschlicher Verbindung und zieht sich von ihm zurück. Ihre Gestalt taucht erst wieder am Schluß des Romans auf, bringt Josef K. sein Versagen zum Bewußtsein und bewirkt, daß er auch den letzten Widerstand gegen seine Henker aufgibt. – K. hat seinen Josef K. (im Gegensatz zu Karl Roßmann) als «den Schuldigen» bezeichnet. Einerseits weist Josef K. jeden Gedanken an eine Schuld schroff zurück; andererseits werden seine Handlungen offenbar von Schuldgefühlen bestimmt, die eine Selbstbestrafung suchen. So vollzieht sich denn dieser «Prozeß» eigentlich im Bewußtsein Josef K.s, in dem sich «Phantasie zu eigner Qual verdammt». Der Erzähler bleibt, die Perspektive streng wahrend, stets innerhalb der Grenzen dieses «innerseelischen Erlebens» (F. Beißner). M. Brod sieht die Schuld Josef K.s in dessen «Lieblosigkeit». Die Deutung, daß Josef K.s Schuld in seiner «Unkenntnis des Gesetzes» liege (W. Emrich), wird sowohl der textimmanenten Interpretation gerecht als auch jener, welche den autobiographischen Aspekt der Schuld Josef K.s (auf den K. wiederholt hingewiesen hat) einbezieht. Die Auffassung, Josef K. führe im Grunde einen «Prozeß gegen das Gericht» (H. Politzer), berücksichtigt nicht diesen Aspekt.

Der Held von K.s letztem Roman, *Das Schloß*, der Landvermesser K., kommt an einem Winterabend in einem Dorf an, das zu einem Schloß gehört. Er gibt vor, vom Schloß zu Landvermesserarbeiten gerufen worden zu sein; vergebens versucht er im Schloß vorgelassen zu werden, unermüdlich sucht er Helfer unter den Dorfbewohnern, denen die unumschränkte Herrschaft des Schlosses und die Willkür selbst seiner geringsten Angestellten etwas Selbstverständliches ist. Auch Frieda, Schankmädchen und frühere Geliebte eines Herrn aus dem Schloß – sie wird auch K.s Geliebte –, vermag ihm nicht weiterzuhelfen. Als sich ihm endlich eine Gelegenheit bietet, einen Sekretär des Schlosses zu sprechen, der in seiner Angelegenheit vorstellig zu werden verspricht, ist K. bereits so erschöpft, daß er vor Müdigkeit einschläft. Der Roman blieb Fragment; Brod teilte K.s Absicht mit, ihn damit zu beschließen, daß dem Landvermesser, als er vor Entkräftung stirbt, der Aufenthalt im Dorf gestattet wird. Wie zum *Prozeß*, so gibt es auch in diesem Roman eine Vielzahl einander widersprechender Deutungen (u. a. von Brod, Emrich, Politzer). Sicher spielt der Beruf des «Landvermessers» auf eine Neigung des Helden zum «Berechnen» an: Wie sein Namensvetter und Vorgänger Josef K., so vertraut auch er in offensichtlich a-rationalen Bereichen blind seinem logischen Verstand. Treffend wurde die Haltung des Landvermessers als «legalistischer Rationalismus» (W. Sokel) gekennzeichnet. Deutlich ist, daß der Landvermesser K., aktiver und männlicher als Josef K. im *Prozeß*, den Kampf gegen die übergeordnete Macht aufnimmt und nicht bereit ist aufzugeben.

Die Welt stellte sich K. als ein Nebeneinander unversöhnlicher Gegensätze dar. In seinen Reflexionen, die nach Ausbruch der Lungentuberkulose besonders zahlreich im Tagebuch erscheinen, stehen Antithesen schroff gegeneinander; an Stelle von Synthesen, denen K.s Denken widerstrebte, werden die Gegensätzlichkeiten nur stärker vertieft. So umkreiste K. immer wieder die unüberbrückbare Diskrepanz zwischen der geistigen und der physischen Welt. K.s Skepsis gegenüber Wissenschaftsgläubigkeit, seine tiefgreifenden Zweifel an den Versuchen, die menschliche Existenz rational zu erfassen, sprechen aus zahlreichen Aufzeichnungen und aus dem Bild des unermüdlich seine Meere berechnenden Poseidon in dem gleichnamigen, Ende 1920 entstandenen Prosastück. Aus dem In-eins-Setzen des Disparaten (hier die Verbindung von Meergott und unaufhörlich rechnendem Verwaltungsbeamten) ergeben sich bisweilen grotesk-komische Wirkungen. K.s seltsame «Kreuzungen» und unheimlichen Zwischenwesen – halb Mensch, halb Tier oder halb lebendiges Wesen, halb toter Gegenstand – haben die Deuter zu immer neuen Spekulationen herausgefordert. Der «Verwandlung» Gregor Samsas im Jahre 1912 folgt 1917 in *Ein Bericht für eine Akademie* die allmähliche Verwandlung eines Schimpansen in ein menschenähnlich reagierendes Affenwesen, das schließlich in der Lage ist, selbst über seine «Fortschritte» zu berichten. Zu den unheimlichsten Zwischenexistenzen der Dichtung K.s gehört Odradek in dem im Winter 1916/17 entstandenen Stück *Die Sorge des Hausvaters*; es ist ein gnomenhaft kleines, wie eine «flache sternartige Zwirnspule» aussehendes Gebilde, das mit Hilfe eines Querstäbchens aufrecht zu stehen und sich fortzubewegen vermag. Nicht weniger gespenstisch sind die beiden lästigen Zelluloidbälle, von denen die Hauptfigur in *Blumfeld, ein älterer Junggeselle* (entstanden vermutlich 1915) heimgesucht wird.

Viele, besonders der späteren Stücke K.s scheinen etwas auszusagen, nehmen aber das Ausgesagte stets wieder zurück (W. Emrich). Die unumgängliche Suche nach Sinn und Bedeutung wird damit zum integralen Bestandteil der Kunst K.s, die – ähnlich wie einige Werke der modernen Malerei – erst durch den Aufnehmenden vollendet wird. K. war offenbar bemüht, das Magisch-Geheimnisvolle und damit die Mehrdeutigkeit seiner Dichtungen zu wahren. Die Beunruhigung, die von ihnen ausgeht, war durchaus in seinem Sinn, denn: «ein Buch muß die Axt sein für das gefrorene Meer in uns» (K.). Wie sehr auch Persönliches die Dichtungen K.s bestimmt haben mag, sie spiegeln in vielem die Problematik seiner Zeit wider; einer Zeit, von der K. schrieb, sie sei ihm «sehr nahe», ja er habe sie – in ihrem Negativen – «gewissermaßen zu vertreten das Recht». Durch die Vielzahl ihrer archetypischen Motive und Grundsituationen (Gefangenschaft und Befreiung, Warten auf Einlaß, Wege durch Labyrinthe oder unendliche Räume) vermittelt K.s Dichtung darüber hinaus ein Bild der menschlichen Existenz überhaupt.

Die in der Dichtung K.s fraglos vorhandenen, in die verschiedensten Richtungen weisenden Anspielungen und die bewußt in ambivalenter Schwebe gehaltenen Aussagen haben eine heute kaum noch überschaubare Fülle von Deutungen hervorgerufen: Mit den Roman-Nachworten und der Biographie Brods setzte zunächst die religiöse Deutung ein; sie wurde, mit anderer Akzentuierung, von H.-J. Schoeps fortgesetzt, der im Werk K.s Dokumente einer «negativen Religion» zu sehen glaubte; ähnlich sprach auch später E. Heller von Symbolen «negativer Transzendenz». Aus katholischer Sicht hob man hervor, daß bei K. hinter aller Verneinung «etwas Unzerstörbares» (R. Rochefort) sichtbar würde. In Frankreich glaubten zunächst die Surrealisten, später die Existentialisten in K. einen der Ihrigen zu erkennen; Aspekte der «Angst» im Werk K.s, des «Nichts» und des «Absurden» wurden von Sartre und Camus in den Blick gebracht. Sozialkritisch-philosophische Deutungen stellten die «entfremdete Subjektivität» (Th. W. Adorno) heraus oder wiesen, aus anderer Sicht und in einer erstmals das Gesamtwerk umfassenden Interpretation, auf die dem Werk immanente Kritik an der modernen Industriegesellschaft hin (W. Emrich). Psychoanalytische Deutungen, die besonders in den USA hervortraten, sahen in K. einmal den weitgehend von den Kräften des Unbewußten geleiteten Autor (P. Goodman), glaubten zum andern in seinem Werk bewußt die Theorien S. Freuds appliziert zu sehen (Ch. Neider) oder untersuchten, mit ungleich größerem Verständnis für literarisches Schaffen, die Relation zwischen Traum und Dichtung (S. Fraiberg). Die marxistische Deutung sieht im Werk K.s vor allem das Problem der Entfremdung des Menschen in der spätbürgerlichen kapitalistischen Gesellschaft (P. Reimann). K.s Weltbild wurde gedeutet als «Reaktion auf den imperialistischen Gesellschaftszustand» (K. Hermsdorf); zu den Widersprüchen der kapitalistischen Welt kämen freilich noch die persönlichen K.s erschwerend hinzu. G. Lukács schließlich stellt dem «lebenswahren kritischen Realismus» Th. Manns die «artistisch interessante Dekadenz» K.s gegenüber. Angesichts der zahlreichen weltanschaulichen Auslegungen sah F. Beißner in K. vor allem den Erzähler und trat für die Autonomie des geschaffenen Werkes ein, das als Dichtung verstanden werden müsse. Ihm folgte M. Walser, der ganz auf Deutung verzichtet und sich auch jeden Blick auf die Biographie versagt: bei K. müsse man «das Leben aus dem Werk» erklären – nicht umgekehrt. Das Ergebnis seiner Analyse, der Sinn sei «eigentlich Sinnlosigkeit», ist letztlich doch wieder Deutung (I. Henel).

W.: Betrachtung, 1912; Der Heizer, 13; Die Verwandlung, 15; Das Urteil, 16; In der

Strafkolonie, 19; Ein Landarzt, 20; Ein Hungerkünstler, 24; Der Prozeß, 25; Das Schloß, 26; Amerika, 27; Beim Bau der chinesischen Mauer, 31; Vor dem Gesetz, 34 (enthält u. a. das szenische Fragment «Der Gruftwächter»). – Ges. Schriften, 6 Bde, hg. v. M. Brod, 35–37; Ges. Werke, 10 Bde, 50 (hierin außer den Romanen: Erz.; Tagebücher, hg. v. M. Brod; Hochzeitsvorbereitungen auf dem Lande; Beschreibung eines Kampfes; Briefe, hg. v. M. Brod; Briefe an Milena, hg. W. Haas; Briefe an Felice, hg. E. Heller u. J. Born); Die Romane, 65 u. ö.; Sämtl. Erz., 69; Beschreibung eines Kampfes, zwei Fassungen, 69; Einzelausgaben weiterer Werke; histor.-krit. Ausg. in Vorber.

Lit.: M. Brod: F. K., 1937 u. ö.; H. Tauber: F. K., 41; R. Rochefort: F. K., 47 (frz.; dt. K. oder die unzerstörbare Hoffnung); P. Goodman: K.s Prayer, 47; C. Neider: The Frozen Sea, 48; G. Anders: K. Pro und contra, 51, [3]67; G. Janouch: Gespräche mit K., 51 (erweit. 68); M. Bense: Die Theorie K.s, 52; F. Beißner: Der Erzähler F. K., 52; T. W. Adorno: Prismen, 55 u. ö.; S. Fraiberg, in: Partisan Review 1956; N. Fürst: Die offenen Geheimtüren F. K.s, 56; F. Weltsch: Religion und Humor im Leben und Werk F. K.s, 57; P. Reimann, in: Weimarer Beiträge, 1957; R. Hemmerle: F. K. Eine Bibliographie, 58; K. Wagenbach: F. K. Eine Biographie seiner Jugend. 1883–1912, 58, [5]65; W. Emrich: F. K., 58; F. Beissner: K. der Dichter, 58; W. Emrich: Die Weltkritik F. K.s, 58; M. Brod: Verzweiflung und Erlösung im Werk F. K.s, 59; J. Strelka: K., Musil, Broch und die Entwicklung des modernen Romans, 59; M. Robert: K., Paris 60; K. Hermsdorf: K. – Weltbild und Roman, 60, [2]66; H. Pongs: F. K., Dichter des Labyrinths, 60; A. Borchardt: K.s zweites Gesicht, 60; W. Falk: Leid und Verwandlung. Rilke, K., Trakl und der Epochenstil des Impressionismus und Expressionismus, 61; M. Walser: Beschreibung einer Form. Versuch über F. K., 61; K. Weinberg: K.s Dichtungen, 63; E. Heller: Studien zur modernen Literatur, 63; W. H. Sokel: F. K., 64; D. Hasselblatt: Zauber und Logik, 64; H. Hillmann: F. K., 64; Ch. Bezzel: Natur bei K., 64; K. Wagenbach: F. K. in Selbstzeugnissen u. Bilddokumenten, 64 u. ö.; J. Urzidil: Da geht K., 65; W. Jahn: K.s Roman «Der Verschollene» («Amerika»), 65; J. Born, L. Dietz, M. Pasley, P. Raabe, K. Wagenbach: K.-Symposion, 65; G. Janouch: F. K.-Bildbiographie, 65; R. Engerth: Im Schatten des Hradschin. K. und sein Kreis, 65; F. Billeter: Das Dichterische bei K. und Kierkegaard, 65; G. Frey: Der Raum und die Figuren in F. K.s Roman «Der Prozeß», 65; F. K. 1883–1924. Manuskripte, Erstdrucke, Dokumente, Fotografien. Ausstellung der Akademie der Künste, 66; K.-P. Philippi: Reflexion und Wirklichkeit. Untersuchungen zu K.s Roman «Das Schloß», 66; J. Thalmann: Wege zu K., 66; H. Politzer: F. K. Parable and Paradox, erweit. Aufl. 66 (dt. erweit.: F. K. der Künstler); H. Binder: Motiv und Gestaltung bei K., 66; F. K. aus Prager Sicht, 66; B. Flach: K.s Erzählungen, 67; A. P. Foulkes: The Reluctant Pessimist, 67; W. Rohner: F. K., 67; I. Henel, in: Zschr. f. dt. Philologie, 1967; W. Kraft: F. K. Durchdringung und Geheimnis, 68; F. K., hg. v. E. Heller u. J. Beug, 69; K.-H. Fingerhut: Die Funktion der Tierfiguren im Werke F. K.s, 70; J. Kobs: K., 70; New Views of K., Univ. Manitoba 70; C. Bezzel: Natur bei K., 71. J. B.

Kailas, Uuno, * 29. 3. 1901 Heinola, † 22. 3. 1933 Nizza.

K. arbeitete als Journalist und Übersetzer (u. a. 1924 Anthologie deutscher Gedichte). Er starb an Tuberkulose. Von den finnischen Lyrikern der 20er Jahre war K. der begabteste. Nach Anfängen, die an den deutschen Expressionismus und den französischen Symbolismus erinnern, schuf er sich rasch einen persönlichen Stil. Der Titel eines seiner Gedichtbände — *Uni ja kuolema* [Traum und Tod] — ist der Schlüssel zu seiner Lyrik überhaupt. Der Ton seiner Gedichte ist schwermütig; vielfach bewegen sie sich an der Grenze zwischen Traum und Wachsein. Meditationen über Schuld und Tod kehren immer wieder.

W.: Lyrik: Tuuli ja tähkä, 1922; Purjehtijat, 25; Silmästä silmään, 26; Uni ja kuolema, 31; Runoja, 32 (Auswahl). – *Novellen:* Novelleja, 36. – Dt. einige Gedichte, in: Der Ruf des Menschen. DW

Kaiser, Georg, * 25. 11. 1878 Magdeburg, † 4. 6. 1945 Ascona (Schweiz).

K., Sohn eines Kaufmanns, kam nach kaufmännischen Lehrjahren nach Buenos Aires, dann nach Spanien, Italien und Deutschland. Vor dem Ersten Weltkrieg begann er, Dramen zu schreiben; 1918 bis 1933 wurden seine Werke viel gespielt. 1933 wurde die Aufführung seiner Stücke in Deutschland verboten; er lebte seit 1938 in der Emigration.

Mit einem großen Teil seiner etwa 60 Dramen wurde K. zum bedeutendsten Repräsentanten expressionistischer Dramatik. In dem früh entstandenen *Rektor Kleist*, noch von Wedekind beeinflußt, kam K. nach einigen ironischen, von der

Psychoanalyse beeinflußten Spielen um den Sexus (*Die jüdische Witwe:* Judith; *König Hahnrei:* König Marke, der sich Tristan und Isolde gegenüber als Voyeur enthüllt) zur eigentlich expressionistischen Thematik und Form: Aufrufe, Verkündung des «neuen Menschen», «Ballung» und zugleich mathematisch anmutende Konstruktion. Letzteres und die Vorliebe für antithetische Gedankenführung — zuungunsten der Wahrscheinlichkeit des Handlungsverlaufs — ließen K. als «Denkspieler» erscheinen (B. Diebold). — Die Geburt des opferbereiten «neuen Menschen» proklamierte K. in *Die Bürger von Calais* (über einen Stoff aus dem 14. Jh.: angesehene Bürger wollten sich für ihre Stadt opfern; historische Grundlage: Jean Froissarts Chronik; Anregung durch Rodins Skulptur). Bald aber zeigte sich Pessimismus, überall später vorherrschend mit wenigen Ausnahmen (etwa *Hölle, Weg, Erde*): so schon in *Von morgens bis mitternachts*, einem nach Art von Strindbergs Stationendrama gebauten Stück, in dem ein «Kassierer» (die Figuren tragen hier und in einigen anderen Dramen keine Namen) aus der Monotonie seines Daseins ausbrechen will, statt des Lebens aber nur den Tod findet. In Illusion flüchtet bis zum Tod der «Milliardär» in *Koralle* (hier und noch mehrfach: Doppelgängermotiv); sein Sohn, der «Milliardärssohn», wendet sich in *Gas I* vergeblich gegen die Verkümmerung des Lebens durch die alles beherrschende Technik; die Arbeiter erschlagen ihn; in *Gas II* (in der Form am stärksten abstrahierend) herrscht die mechanische Produktion, «Blaufiguren» und «Gelbfiguren» kämpfen gegeneinander bis zur allgemeinen Selbstvernichtung. Die Gleichgültigkeit der Menschen in der Massengesellschaft deutet schon der Titel von *Nebeneinander* an. Das Motiv des Gegensatzes Geist-Körper oder Denken-Leben nahm K. in *Der gerettete Alkibiades* (Sokrates im Gegensatz zu Alkibiades) auf, in der Abwandlung Literatur-Leben in *Die Flucht nach Venedig* (über G. Sand und Musset). Stücke gegen Krieg und gegen die militärische Befehlsstruktur schrieb er mit *Die Lederköpfe* (meuternde Soldaten töten ihren grausamen Befehlshaber) und *Der Soldat Tanaka* (dieser tötet seine von der Familie aus Armut verkaufte Schwester, fordert, der Tenno möge ihn um Verzeihung bitten und wird exekutiert). Ein Antikriegsstück anderer Art ist *Das Floß der Medusa* (die tragische Situation von Kindern auf einem Floß nach dem Sinken des Schiffes). In K.s späten *Griechischen Dramen* (in Blankversen) erscheinen die Menschen als schlechthin böse.

W.: Dramen: Die jüdische Witwe, 1911; König Hahnrei, 13; Die Bürger von Calais, 14; Von morgens bis mitternachts, 16; Der Zentauer, 16; Die Koralle, 17; Trilogie: Gas. I. Teil, 18, Gas. II. Teil, 20, Gats, 25; Rektor Kleist, 18; Das Frauenopfer, 18; Hölle, Weg, Erde, 19; Der Brand im Opernhaus, 19; Der gerettete Alkibiades, 20; Kanzlist Krehler, 22; Der Protagonist, 22; Noli me tangere, 22; Gilles und Jeanne, 23; Die Flucht nach Venedig, 23; Nebeneinander, 23; Kolportage, 24; Zweimal Oliver, 26; Der Zar läßt sich photographieren, 27; Oktobertag, 28; Die Lederköpfe, 28; Mississippi, 30; Der Gärtner von Toulouse, 38; Rosamunde Floris, 40; Der Soldat Tanaka, 40; Alain u. Elise, 40; Die Spieldose, 43; Das Floß der Medusa, 45; Griechische Dramen: Zweimal Amphitryon, Pygmalion, Bellerophon, 48; Napoleon in New Orleans, 48. – *Romane:* Es ist genug, 32; Villa Aurea, 40. – Ges. Werke, 28–33, 3 Bde erschienen; Stücke, Erz., Aufsätze, Gedichte, hg. W. Huder, 66; Werke, 5 Bde, hg. W. Huder, 70 ff.

Lit.: B. Diebold: Der Denkspieler G. K., 1924; H. F. Königsgarten: G. K., 28; E. A. Fivian: G. K. u. seine Stellung im Expressionismus, 46; K. Ziegler, in: Hebbel-Jahrbücher, 52; O. Mann, in: Expressionismus, 56; E. Lämmert, in: Das deutsche Drama II, hg. v. B. v. Wiese, 58; W. Paulsen: G. K., 60; H. F. Garten, in: German Men of Letters, 64; E. Schürer: G. K. und B. Brecht, 71. RLL

Kalenter, Ossip (eig. Johannes Burkhardt), * 15. 11. 1900 Dresden.

K. studierte Nationalökonomie in Heidelberg und Germanistik in Leipzig. Er war Mitarbeiter u. a. am «Berliner Tageblatt», an der «Frankfurter Zeitung», der «Weltbühne», dem «Tage-Buch», lebte von 1924 an als freier Schriftsteller in Italien, aus politischen Gründen von 1934 an in Prag und seit 1939 in Zürich (dort sieben Jahre Berufsverbot, 1956 eingebürgert). K. ist Ehrenpräsident des PEN-Centre of German speaking writers abroad, London. — K. begann als expressionistischer Lyriker, wurde aber später zum poetischen Erzähler (meist italienische Vorwürfe), zum Fabulierer heiterer, zarter, kleiner Prosastücke.

W.: Erz. und kurze Prosa: Die Abetiner, 1950; Soli für Füllfeder mit obligater Oboe, 51; Ein gelungener Abend, 55; Die Liebschaften der Colombina, 57; Rendezvous um Mitternacht, 58. – *Reisebücher:* Von irdischen Engeln und himmlischen Landschaften, 55; Von Genua bis Pisa, 59; Olivenland, 60. – *Lyrik:* Der seriöse Spaziergang, 20; Sanatorium, 21; Die Idyllen um Sylphe, 22; Herbstliche Stanzen, 23; Das gereimte Jahr – Gedichte für Kinder, 52. – *Essayistisches:* Das goldene Dresden, 22. M. Dg.

Kant, Hermann, * 14. 6. 1926 Hamburg.
K., von Beruf Elektriker, wurde Soldat und war 1945–49 in polnischer Kriegsgefangenschaft. Danach absolvierte er in Greifswald die «Arbeiter- und Bauernfakultät», eine Art Vorstudienanstalt, und studierte in Ostberlin Germanistik, wo er wissenschaftlicher Assistent bei Alfred Kantorowicz wurde. Heute lebt K. als Schriftsteller in Ostberlin.
Mit seinem stark autobiographisch gefärbten ABF-Roman *Die Aula,* der die sozialistische Bildungsrevolution thematisierte, wurde K. rasch in beiden deutschen Staaten bekannt; als vorteilhaft erwies sich besonders die Anwendung moderner Erzähltechnik (zwei Zeitebenen, Rückblende, innerer Monolog), die das Buch von der üblichen Agitpropliteratur abhob. Dem überzeugten DDR-Bürger K. gelang es auch, Aufbauschwierigkeiten der 50er Jahre nicht auszusparen, sondern in ironisch-satirischer Distanz zu beschreiben; dennoch läßt der Roman, wie der letzte Satz andeutet, noch viele Fragen offen: «und hier wird schon noch geredet werden». – K.s zweiter Roman *Das Impressum* blieb bisher ungedruckt.

W.: Erz.: Ein bißchen Südsee, 1962, 68. – *Romane:* Die Aula, 66; Das Impressum (angekündigt). J. B. B.

Kantorowicz, Alfred, * 12. 8. 1899 Berlin.
K. studierte Jura (Promotion) und Literaturgeschichte, war Redakteur, später Pariser Korrespondent der «Vossischen Zeitung» und Literaturkritiker. 1931 schloß er sich der KPD an, 1933 emigrierte er nach Frankreich. Er nahm am Spanischen Bürgerkrieg teil, entkam 1941 dem KZ, floh nach den USA. 1946 kam er nach Ostberlin, wurde Herausgeber der Zeitschrift «Ost und West», Prof. für Germanistik an der Humboldt-Univ., Direktor des «Heinrich-Mann-Instituts». 1957 suchte er in Westberlin um politisches Asyl nach, seit 1962 lebt er in Hamburg. – K. schrieb u. a. Bücher über den Spanienkrieg, über typische deutsche Schicksale in unserer Zeit und die seinen Weg nachzeichnende Autobiographie *Deutsches Tagebuch.*

W.: Dramen: Erlangen, 1929; Die Verbündeten, 51. – *Prosa:* In unserem Lager ist Deutschland, 36; Deutschland vom Feind besetzt, 36; Tschapaiev, 38 (Spanienkrieg); Porträts, 47; Deutsche Schicksale 49 (erw. 64); Spanisches Tagebuch, 51 (als: Spanisches Kriegstagebuch, 66); H. Mann, 54; H. u. T. Mann, 56; Meine Kleider, 56; Deutsches Tagebuch, 2 Bde, 59, 61; Im zweiten Drittel unseres Jahrhunderts, 67. – Hg.: H. Mann, Werke, 12 Bde, 50–57.
Lit.: B. Baerns: Ost und West, 1968. RLL

Karagatsis, Mítsos (eig. Dimitrios Rodopulos), * 24. 6. 1908 Athen, † 14. 9. 1960 ebd.
Unter dem Einfluß der russischen und französischen Realisten entwarf K., der ursprünglich Jurist war, in unkonventioneller Sprache ein ungeschminktes Bild der zeitgenössischen griechischen Gesellschaft, so in den Romanen *Junkerman* und *Ta sternà tu Junkerman* [Junkermans Ende], der Lebensgeschichte eines zaristischen Offiziers, der in der griechischen Wirtschaft Karriere macht. *I megali chimera* (Die große Chimäre), sein vielleicht bester Roman, schildert das Schicksal der jungen Französin Marina, deren Liebe zu einem griechischen Kapitän tragisch scheitert. Kennzeichnend für K.' vielgelesenes Werk ist die realistische Darstellung sexueller Szenen. K. war besonders von Freud beeinflußt.

W.: Romane: Syntagmatárchēs Liapkin, 1933; Junkerman, 38; Ta sternà tu Junkerman, 41; To chameno nēsi, 42; O katsambassis tu Kastrópyrgu, 43 (dt. Der Vogt von Kastrópyrgos); O megalos ipnos, 46; Ta sternà tu M., 49; I megali chimera, 53 (dt. Die große Chimäre); To kitrino exofillo, 56; Sergius kai Bacchus, 59. – *Erz.:* To sinaxari ton amartolon, 35; I litania ton asewon, 37; Nikterini istoria, 42; Pyretos, 46; To wrochonero, 48; To megalo sinaxari, 51; I megali litania, 55. – Dt. Ausw. in: Neugriechische Erzähler. DW

Karaosmanoğlu, Yakup Kadri, * 27. 3. 1889 Kairo.
K., aus einer alten Beamtenfamilie, war Journalist, Abgeordneter, dann türkischer Diplomat, zuletzt als Gesandter in Bern (1942). Seither lebt er im Ruhestand. – An französischen Vorbildern (Daudet, Proust) geschult, gestaltete K. mit psychologisch nuancierter Menschenschilderung aufschlußreiche Kulturbilder aus der neueren türkischen Geschichte. In seinem ersten Roman *Kiralik Konak* [Herrschaftshaus zu vermieten] stellt er die Tragödie einer verarmten vornehmen Familie dar. Der Roman *Nur Baba* (Flamme und Falter) schildert das Leben und Treiben des Scheichs eines Bektaschi-Derwischordens und seiner Anhänger, *Hüküm Gecesi* [Nacht des Urteils] die Opposition unter dem jungtürkischen Regime, *Sodoma ve Gomore* die Zeit der Besetzung Istanbuls durch die Alliierten und *Ankara* den türkischen Freiheitskampf, während *Atatürk* den Begründer der neuen Türkei in psychologischer Analyse zu zeichnen versucht. Der Roman *Yaban* (Der Fremdling) zeigt am Beispiel eines in ein anatolisches Dorf verschlagenen ehemaligen Offiziers aus Istanbul die Kluft zwischen Stadt und Land in der Türkei der Freiheitskriege. *Erenlerin Bağindan* (Aus den Gärten der Weisen) ist eine Sammlung lyrischer Prosaskizzen.

W.: Bir Serencam, 1914 (dt. Ausw.: Eine Weibergeschichte u. a. Nov., später dt. Mahdur); Kiralik Konak, 22; Nur Baba, 22 (dt. Flamme und Falter); Erenlerin Bağindan, 22 (dt. Aus den Gärten der Weisen, in: O. Spies: Das Geisterhaus); Rahmet, 23; Hüküm Gecesi, 27; Sodoma ve Gomore, 28; Yaban, 32 (dt. Der Fremdling); Ankara, 34; Bir Sürgün, 38; Okun Ucundan, 40 (Gedichte); Atatürk, 46; Milli Savaş Hikâyeleri, 47; Panorama, 2 Bde, 53/54; Hep O Sarki, 56. – *Memoiren:* Zoraki Diplomat, 55; Anamin Kitabi, 57; Vatan Yolunda, 58.
Lit.: O. Spies: Die türkische Prosaliteratur der Gegenwart, 1943. DW

Karinthy, Frigyes, * 24. 6. 1887 Budapest, † 29. 8. 1938 Siófok.
K. studierte naturwissenschaftliche Disziplinen in Budapest, verließ aber vorzeitig die Universität und arbeitete fortan als freier Schriftsteller für zahlreiche Zeitungen und Zeitschriften. Er ist vor allem als Humorist und Satiriker bekannt, seine literarische Karikaturensammlung, *Így írtok ti* [So schreibt Ihr] sowie seine Gulliver-Paraphrasen sicherten ihm große Volkstümlichkeit, er verfaßte aber auch Gedichte, Novellen und Dramen. Insbesondere seine expressionistischen und surrealistischen Kurzgeschichten sowie die im lyrischen Ton gehaltenen, mit philosophischen Grundfragen ringenden Essays machen ihn zu einer einsamen Gestalt der neueren ungarischen Literatur.

W.: Prosa: Így írtok ti, 1912; Tanár úr kérem, 16 (dt. Bitte Herr Professor); Krisztus és Barabás, 18; Capillaria, 21; Utazás a koponyám körül, 37. – *Lyrik:* Nem mondhatom el senkinek, 30; Üzetnet a palackban, 38. G. He.

Karlfeldt, Erik Axel, * 20. 7. 1864 Karlbo (Dalarne), † 8. 4. 1931 Stockholm.
K. studierte in Uppsala. Er war Lehrer und Journalist, wurde 1904 in die Schwedische Akademie gewählt und 1912 ihr ständiger Sekretär. 1931 erhielt er posthum den Nobelpreis, den er 1920 abgelehnt hatte. K. war der nordischen Welt, dem Volksglauben und dem Bauerntum seiner Vorfahren eng verbunden. In seinem Fridolin — aus *Fridolins visor* [F.s Lieder] und *Fridolins lustgård* (F.s Lustgarten) —, «dem studierten Manne, der zum Berufe der Väter zurückgekehrt ist», spiegelt sich viel von K.s eigenem Wesen. Den Höhepunkt der romantischen Werke um seine Heimat Dalarne bilden die den zweiten Fridolinband abschließenden *Dalmålningar*, gereimte Beschreibungen von bäuerlichen Wandgemälden. Die Sammlung *Flora och Bellona* steht unter dem Eindruck des Ersten Weltkrieges und seiner Zerstörungen. Obwohl K.s Werk von Thema und Sprache her nicht leicht zugänglich ist, wurde er einer der in Schweden meistgelesenen Dichter.

W.: Lyrik: Vildmarks- och kärleksvisor, 1895; Fridolins visor, 98; Fridolins lustgård och dalmålningar på rim, 1901 (dt. F.s Lustgarten); Flora och Pomona, 06; Flora och Bellona, 18; Hösthorn, 27. – *Prosa:* Skalden Lucidor, 12; Tankar och tal, Reden, Aufsätze, 32. – Ges. Werke, schwed., 5 Bde, 37 ff. – Dt. Auswahl: Gedichte, hg. v. G. Lichtwerk.
Lit.: T. Fogelquist: E. A. K., ²1942; K.-J. Hildeman: Sub luna och andra K.-essäer, 66. DW

Karpowicz, Tymoteusz, * 15. 12. 1921 Zielona (Bez. Wilno).
K., ein Bauernsohn, studierte in Breslau Polonistik und war 1953–55 Universitätsassistent; er ist seit 1956 Vorsitzender der Breslauer Sektion des Schriftstellerverbandes und Chefredakteur der Literaturzeitschrift «Odra». K.' eigenwillige Poesie geht aus von einfachen, sprachlich noch wenig vorgeprägten Stoffbereichen (Elementarempfindungen, aus täglichem Umgang Vertrautes), aber auch von Motiven wie Angst, Krieg, Altern, Zerfall. Er arbeitet bewußt mit Mehrdeutigkeit, z. B. Homonymen, die den erklärenden Kontext nötig hätten; es ergibt sich ein Abbild vielfältig sich überkreuzender Bewußtseinsvorgänge.

W.: Lyrik: Żywe wymiary, 1948; Gorzkie źródła, 57; Kamienna muzyka, 58; Znaki równania, 60; W imię znaczenia, 62; Trudny las, 64. – *Prosa:* Legendy pomorskie, 48. – *Dramen:* Wracamy późno do domu, 58; Wszędzie są studnie, 60; Zielone rękawice, 60; Dziwny pasażer, 61. DW

Karsunke, Yaak, * 4. 6. 1934 Berlin.
K. studierte einige Semester Jura; 1955 bis 57 besuchte er die Max-Reinhardt-(Schauspiel)Schule, danach war er sieben Jahre lang Hilfs- und Gelegenheitsarbeiter. K. war Mitbegründer der literarisch-politischen Zeitschrift «Kürbiskern» (1965–68 Chefredakteur). 1968 trat er als Sprecher der (Ostermarsch-)«Kampagne für Demokratie und Abrüstung» hervor. Neben Arbeiten für Zeitungen, Zeitschriften, Funk und Fernsehen und Beiträgen zu Anthologien schrieb K. bisher zwei Gedichtbände. Seine Gedichte sind zweckbestimmt, sie stellen Agitationsmodelle dar und halten sich auch in der Form an diese Aufgabe: ihre Sprache ist präzise und bewußt unkompliziert; sie analysieren Vorgänge, dienen der Wahrheitsfindung und politischen Meinungsbildung.

W.: Gedichte: Kilroy & andere, 1967; reden & ausreden, 69. – Pigasus (politisches Ballett), 70. – Größere Beiträge in «Kürbiskern» und «Kursbuch». G. H.

Karyotakis, Kostas, * 30. 10. 1896 Tripolis, † 19. 7. 1928 Prevesa.
Nach dem Jurastudium in Athen war K. seit 1920 Beamter in verschiedenen griechischen Kleinstädten. – Der Lyriker K. ist der repräsentative Vertreter seiner Generation, die in einer Zeit der Auflösung jeglichen Halt verlor und den einzigen Ausweg in der Flucht aus der Wirklichkeit sah. Seine klangvollen, aber schmucklosen Gedichte, die sich in ihrer realistischen Schärfe fast der Prosa nähern, sind Ausdruck einer Weltanschauung, die geprägt ist von Enttäuschung, Verbitterung und Melancholie. Die Unfähigkeit, Verlogenheit und Unbarmherzigkeit der Menschen zu ertragen, die er voller Sarkasmus beschreibt, führte zu völliger Vereinsamung und schließlich zum Selbstmord.

W.: Gedichte: O ponos tu anthropu ke ton pragmaton, 1919; Nipenthi, 20; Elegia ke satires, 27; Apanta, 28; Apanta ta evriskomena, 65/66. S. L.

Kasack, Hermann, * 24. 7. 1896 Potsdam, † 10. 1. 1966 Stuttgart.
K., Sohn eines Arztes, studierte Germanistik, war dann Verlagslektor, zunächst bei Kiepenheuer (1920–25), seit 1926 bei S. Fischer, seit 1941 als Nachfolger Oskar Loerkes beim Suhrkamp-Verlag. Ab 1949 lebte er als freier Schriftsteller in Stuttgart; 1953 wurde er Präsident der Deutschen Akademie für Sprache und Dichtung.
K. begann als Lyriker mit ekstatischen expressionistischen Gedichten (*Der Mensch*). Sein Hauptwerk, eines der meistdiskutierten Bücher nach Kriegsende, ist der Roman *Die Stadt hinter dem Strom.* In dieser Chronik einer Stadt gestaltete er die aus dem Chaos des Krieges geborene Vision eines Totenreichs, das zum Sinnbild eines entseelten und mechanisierten Daseins in einem totalitären Staat wird; dabei beeinflußt von buddhistisch-fernöstlicher Philosophie und mit den Mitteln surrealistischer Darstellung arbeitend. In der utopischen Erzählung *Der Webstuhl* und in dem Roman *Das große Netz* übte K. ebenfalls Zeitkritik und persiflierte den entpersönlichten bürokratischen Staat, dessen Allmacht der Einzelne trotz aller Gegenwehr unterworfen ist.

W.: Lyrik: Der Mensch, 1918; Die Insel, 20; Der Gesang des Jahres, 21; Stadium, 21; Echo, 33; Das ewige Dasein, 43; Aus dem chinesischen Bilderbuch, 55; Antwort u. Frage, 61; Wasserzeichen, 64. – *Dramen:* Die tragische Sendung, 20; Die Schwester, 20; Vincent, 24 (um V. van Gogh). – *Romane u. Erz.:* Die Heimsuchung, 19; Tull, der Meisterspringer, 35 (Jugendbuch); Die Stadt hinter dem Strom, 47; Der Webstuhl, 49 (erweitert um: Das Birkenwäldchen, 58); Das große Netz, 52; Fälschungen, 54. – *Essays:* Oskar Loerke, 51; Mosaiksteine, 56. – Das unbekannte Ziel, Ausw., 63.

Lit.: P. Leeh: H. K. u. d. zeitkritische Roman der Gegenwart, 1956; J. M. Bader: Die Maske in H. K.s erzähl. Dichtung, 65; M. Anderle, in: The German Quarterly, 38, 65; Leben und Werk von H. K. Zusammengestellt von W. Kasack, 66. DW

Kasakewitsch, Emmanuil Genrichowitsch (Kazakévič, Emmanuil Genrichovič), * 24. 2. 1913 Kremenčug, † 22. 9. 1962 Moskau.

K., Sohn eines Lehrers, studierte in Charkow Maschinenbau. Er schrieb realistische Kriegserzählungen, von denen *Dvoe v stepi* [Zwei in der Steppe] heftig kritisiert wurde. *Dom na ploščadi* (Das Haus am Platz) behandelt die Nachkriegszeit in Ostdeutschland. K. war Chefredakteur der für die «Tauwetterperiode» denkwürdigen Sammelbände «Literaturnaja Moskva» (56).

W.: Zvezda, 1947; Dvoe v stepi, 48; Vesna na Odere, 49 (dt. Frühling an der Oder); Serdce druga, 53 (dt. Das Herz des Freundes); Dom na ploščadi, 56 (dt. Das Haus am Platz); Pri svete dnja, 61; Sinjaja tetrad', 61 (über Lenin); Prijezd otca v gosti k synu, 62. – Groisse Welt, 39 (Sammlung seiner jiddischen Lyrik). – Sočinenija, 2 Bde., 1961 u. 63. – Ferner dt.: Das Todesurteil, Erzählung. DW

Kasakow, Juri Pawlowitsch (Kazakóv, Jurij Pavlovič), * 8. 8. 1927 Moskau.

K. entstammt einer Arbeiterfamilie und war zunächst Musiker. 1958 besuchte er das Gorki-Literaturinstitut. Heute gehört er zu den auch im Ausland stark beachteten Prosa-Autoren der Generation des «Nachtauwetters». Mit an Tschechow erinnerndem Feingefühl schildert er in kürzeren Erzählungen alltägliche Erlebnisse von differenziert gestalteten Charakteren: in *Na polustanke* (Auf der Zwischenstation) einen Gewichtheber, der von Rekorden und Auslandsreisen träumt, und in *Zapach chleba* (Der Duft des Brotes) die gefühlskalte Dusja, die nach fünfzehnjähriger Abwesenheit ihr Heimatdorf wieder besucht. K., der besonders den Norden Rußlands genau kennt, ist auch ein hervorragender Naturschilderer.

W.: Teddi, 1957; Mańka, 58; Trali-vali, 59 (dt. Larifari); Na polustanke, 59 (dt. Auf der Zwischenstation, in: Larifari); Po doroge, 61; Zapach chleba, 61 (dt. Der Duft des Brotes); Severnyj dnevnik, 61; Plaču i rydaju, 63; Nočleg, 64; Nekrasivaja, 64; Dvoe v dekabre, 66. – Dt. Auswahlbde.: Musik bei Nacht; Larifari.

Lit.: K. Kramer, in: Slavic and E. E. Journal, 1966; Moderne sowjet. Prosa, 67. DW

Kaschnitz, Marie Luise (eig. Freifrau von Kaschnitz-Weinberg geb. von Holzing-Berstett), * 31. 1. 1901 Karlsruhe.

M. L. K. stammt aus elsässischem Adel. Sie wuchs in Potsdam und Berlin auf, wurde in Weimar und München als Buchhändlerin ausgebildet. 1925 heiratete sie den Wiener Archäologen Guido von Kaschnitz-Weinberg. Sie lebte in Rom, Königsberg, Frankfurt/M. und wieder in Rom bis zum Tod ihres Mannes 1958. Seitdem wohnt sie in Frankfurt/M., wo sie 1960 Vorlesungen zur Poetik hielt.

Erste Erzählungen und Romane veröffentlichte M. L. K. in den 30er Jahren, bekannt wurde sie nach dem Zweiten Weltkrieg als Lyrikerin. Persönliche Erlebnisse und Beobachtungen bestimmen die Thematik ihrer Lyrik: Kindheitserinnerung, Schrecken des Krieges, Erfahrung von Einsamkeit, Schmerz, Altern, Tod. Sie stellt menschliches Leben als Reifeprozeß dar, als Weg von Existenzangst zu Selbstfindung und Sinngebung der Welt. Dieses Ziel, ein geordnetes Dasein, erscheint verwirklicht in einer harmonisch erlebten Natur und in der Tradition abendländischer Kultur, vor allem der Antike. Nach ersten, klassisch gebauten Gedichten geht M. L. K. in der Sammlung *Zukunftsmusik* zu freierer Versgebung über; Verknappung und Dunkelheit der Aussage eröffnen einen weiteren Assoziationsspielraum. In den Erzählungen stellt sie reale, legendäre und phantastische Möglichkeiten der Lebensbegegnung dar: Zufällige Begebenheiten, plötzliche Erkenntnisse verändern die Existenz der Menschen und zeigen Tragik und Hoffnungsaussichten ihres Lebens. Der Stil der Geschichten ist knapp, konzentriert das Wesentliche beschreibend und durch stimmungshafte und lyrische Elemente bereichert. Von der Darstellung individueller Schicksale wendet sie sich in den Prosaskizzen *Steht noch dahin* zu gesellschafts- und zeitbezogener Thematik, pointierter Kritik verhärteter menschlicher Beziehungen. Außer in ihrer von persönlichen Eindrücken geprägten Lyrik und erzählenden Prosa hat M. L. K. auch in der Form des literarischen Tagebuchs Ereignisse ihres Lebens reflektiert.

W.: Lyrik: Gedichte, 1947; Totentanz u. Gedichte zur Zeit, 47; Rückkehr nach Frankfurt, 47; Zukunftsmusik, 50; Ewige Stadt, 52; Neue Gedichte, 57; Dein Schweigen – meine Stimme, 62; Ein Wort weiter, 65; Überallnie. Ausgew. Gedichte, 1928–65, 65. – *Drama:* Totentanz, 46. – *Romane:* Liebe beginnt, 33; Elissa, 37. – *Erz.:* Das dicke Kind, 52; Lange Schatten, 60; Wohin denn ich, 63 (autobiograph.); Ferngespräche, 66; Vogel Rock, 69; Steht noch dahin, 70. – *Biographie:* Gustav Courbet, 49 (als: Die Wahrheit, nicht der Traum. Das Leben des Malers Courbet, 67). – *Autobiographisches:* Engelsbrücke, Römische Betrachtungen, 55; Das Haus der Kindheit, 56; Tage, Tage, Jahre, 68. – *Essays:* Griechische Mythen, 43; Menschen u. Dinge, 45, 46; Die Umgebung von Rom, 60; Beschreibung eines Dorfes, 66. – Ferner zahlreiche Hörspiele, gesammelt: Hörspiele, 62. – Nicht nur von hier und heute (Ausw.), 71.
Lit.: Th. Heuss, in: Jahrbuch der Dtsch. Akad. f. Sprache u. Dichtg. Darmst., 1955; S. Janker: M. L. K., 67; M. L. K. Insel-Almanach auf das Jahr 1971, hg. v. H. Bender, 70; E. Linpinsel: M. L. K.-Bibliographie (in Vorbereitg.). H.-P. R.

Kasprowicz, Jan, * 12. 12. 1860 Szymborze bei Hohensalza, † 1. 8. 1926 Harenda (Tatra).
K., Sohn einer armen Bauernfamilie, studierte in Leipzig (W. Wundt) und Breslau; er wurde 1908 Prof. für vergleichende Literaturwissenschaft an der Universität Lemberg.
K. gilt als der bedeutendste polnische Lyriker seiner Zeit. Sein Werk gliedert sich in drei Schaffensperioden: bis 1891 sozialistisch-gegenwartsnah eingestellt, gelangte er über eine Epoche religiösen Ringens — in seiner berühmtesten Dichtung, dem Gedichtzyklus *Ginącemu światu* (Der untergehenden Welt), setzte er sich mit dem Sinn des Leidens, mit Vergebung und Erlösung auseinander — und pessimistischen Weltschmerzes, bis 1899, zu innerer Harmonie, die ihn zum Verkünder einer reinen Menschenliebe werden ließ. K. übersetzte u. a. Werke von Aischylos, Euripides, Shakespeare, Byron, Shelley, Goethe und G. Hauptmann.

W.: Lyrik: Poezje, 1889; Z chłopskiego zagonu, 92; Anima lachrymans, 94; Miłość, 95; Krzak dzikiej roży, 98; Ginącemu swiatu, 1901 (dt. Der untergehenden Welt; erweit. poln. Neuausgabe: Hymny, 21); Ballada o słoneczniku, 08; Chwile, 11; Księga ubogich, 18; Mój świat, 26. – *Epos:* Chrystus, 1891. – *Prosa:* O bohaterskim koniu i walącym się domu, 1906 (dt. Vom heldenmütigen Pferde und vom einstürzenden Haus). – *Dramen:* Świat się kończy, 1891; Marcholt, 1920. – Dzieła, 22 Bde, 30; Dzieła wybrane, 4 Bde, 58.
Lit.: R. Loth, in: Ztschr. f. Slawistik 12, 1967. DW

Kassák, Lajos, * 21. 3. 1887 Érsekújvár, † 22. 7. 1967 Budapest.
K., der Autodidakt war, wurde Journalist und Herausgeber linksgerichteter Zeitschriften. Er nahm 1918 an der ungarischen Revolution teil und lebte 1919 bis 1927 in Wien. K. schrieb aus marxistischer Grundhaltung realistische Romane nach dem Vorbild Gorkis, dessen Einfluß auch in seinem autobiographischen Romanwerk deutlich ist. Als Lyriker war er Expressionist.

W.: Lyrik: Földem, virágom, 1935; Szerelem szerelem. Versek, rajzok, 62 (Gedichte und Zeichnungen). – *Romane:* Misilló királysága, 16; Egy ember élete, 8 Bde, 27–35 (autobiographisch); Angyalföld, 29; Akik eltévedtek, 35; Költemények, rajzok, 58; Marikta, énekelj! Egy kutya emlékiratai, 61; Mélyáram, 61; Munkanélkülik, 62. DW

Kassner, Rudolf, * 1. 9. 1873 Groß-Pawlowitz/Mähren, † 1. 4. 1959 Sierre (Siders)/Wallis.
K., der sein ganzes Leben an den Folgen einer schweren Kinderlähmung litt, studierte in Wien und Berlin und ließ sich dann als Privatlehrer in Wien, später in Sierre nieder. Reisen führten ihn bis in den Fernen Osten. — K. war mit Rilke befreundet und stand in Verbindung mit vielen anderen Künstlern. Nach von Nietzsche beeinflußten frühen Schriften entwickelte K. allmählich ein von ihm

«physiognomisch» genanntes Weltbild, das er weniger begrifflich als in Bildern und Gleichnissen darlegte. Ausgehend von einer Annäherung des Sehens und des Denkens, setzt K. etwa das Gesicht des Individuums in Beziehung zum Kollektivum oder zur Idee; Geschichte, Religion, Kunst und Wissenschaft sind in diesem Weltbild, das an die Mystik und ihre «All-Einheit» erinnert, aufgehoben; die Trennung von Erscheinung und Wesen soll überwunden werden. Zur Schlüsselfigur wurde besonders im Spätwerk der «Gottmensch»: Christus in eigenwilliger Deutung. K. legte seine Gedanken in Traktaten, Aphorismen, Dialogen, Essays (viele über Philosophen und Dichter) nieder, ferner in mehreren Bänden Erinnerungen. Er übersetzte Werke von Platon, Gogol, Puschkin, Tolstoi, L. Sterne, Gide.

W.: Die Mystik, die Künstler und das Leben, 1900 (auch als: Englische Dichter); Der Tod und die Maske, Philosophische Novellen, 02; Der indische Idealismus, 03; Diderot, 03; Moral der Musik, 04; Motive, 06; Melancholia, 08; Von den Elementen der menschlichen Größe, 11; Der indische Gedanke, 13; Die Chimäre, 13; Zahl und Gesicht, 19; Grundlagen der Physiognomik, 22; Essays (1900 bis 1922), 22; Die Verwandlung, 25; Mythen der Seele, 27; Narziß, 29; Das physiognomische Weltbild, 30; Der Einzelne und der Kollektivmensch, 31; Physiognomik, 32 (überarbeitet und zus. mit anderen Werken: 51); Betrachtungen über den Ruhm, die Nachahmung und das Glück, 34; Buch der Gleichnisse, 35; Von der Einbildungskraft, 36; Anschauung und Beobachtung, 38; Der Gottmensch, 38; Transfiguration, 46; Das 19. Jahrhundert, 47; Die Nacht des ungeborgenen Lebens, 50; Die Agonie Platons, 50; Die Geburt Christi. Eine Trilogie der Deutung, 51; Von der Eitelkeit, 52, Das inwendige Reich. Versuch einer Physiognomik der Ideen, 53; Der Zauberer, 55; Der Goldene Drache, 57; Der Gottmensch und die Weltseele, 60. – *Erinnerungen:* Buch der Erinnerung, 38, ²54; Die Zweite Fahrt, 46; Umgang der Jahre, 49. – Gesamtausgabe, herausgegeben von E. Zinn, in Vorbereitung (6 Bde geplant).
Lit.: G. Mayer: Rilke und K., 1960; H. Paeschke: R. K., 63; E. C. Mason: Exzentrische Bahnen, 63; G. Baumann: R. K. – Hugo von Hofmannsthal, 64. RLL

Katajew, Valentin Petrowitsch (Kataev, V. Petrovič), * 28. 1. 1897 Odessa.
K., Sohn eines Lehrers, schrieb schon als Schüler Gedichte. Während des Ersten Weltkrieges ging er als Freiwilliger zur Armee und war auch Kriegsberichterstatter. Nach der Revolution arbeitete K. im Volksbildungswerk in Odessa, seit 1922 in Moskau als Journalist. 1955–62 leitete er dort die literarische Zeitschrift «Junostj'».
K. begann mit Erzählungen aus den Weltkriegs- und Bürgerkriegsjahren. Ende der 20er Jahre wandte er sich Themen des Wiederaufbaus zu, ohne den Pessimismus und Biologismus seiner früheren Werke. In diese Zeit fallen zwei seiner bdeutendsten Bücher: *Vremja vperëd* (Im Sturmschritt vorwärts!), in dem er, von Dos Passos angeregt, die Technik des raschen Szenenwechsels verwendete, und *Beleet parus odinokij* (Es blinkt ein einsam Segel), zart abgetönte eigene Kindheitserinnerungen und Naturschilderungen, das er später zu einer Tetralogie ausbaute. Sein Hauptwerk aus dem letzten Krieg ist *Syn polka* (Der Sohn des Regiments). K. schrieb auch Schauspiele, z. T. satirisch oder phantastisch, so *Kvadratura kruga* (Quadratur des Kreises), eine possenhafte Komödie über die Wohnungsnot, und *Doroga cvetov* (Der Blumenweg), das in satirischer Form Ehe- und Familienprobleme behandelt. Aufsehen wegen der Einbeziehung der Traumwelt erregte 1966 die Erzählung *Svjatoj Kolodec* (Der heilige Brunnen).

W.: Romane u. Erz.: Otec, 1925; Rastratčiki, 27 (dt. Die Hochstapler); Vremja vperëd, 32 (dt. Im Sturmschritt vorwärts!); Beleet parus odinokij, 36 (dt. Es blinkt ein einsam Segel); Ja syn trudovogo naroda, 37; Syn polka, 45 (dt. Der Sohn des Regiments); Volny černogo morja, Tetralogie, außer «Beleet parus odinokij» noch: Chutorok v stepi, 56 (dt. Vor den Toren der Stadt), Zimnij veter, 60/61 (dt. Winterwind), Za vlast' Sovetov, zuerst: Katakomby, 49 u. 51 (dt. In den Katakomben von Odessa); Svjatoj Kolodec, in: Nowij Mir 5, 66 (dt. Der heilige Brunnen); Trava sabven'ja, 67 (Memoiren; dt. Kraut des Vergessens). – *Dramen:* Kvadratura kruga, 28 (dt. Quadratur des Kreises, auch als: Eine Schnur geht durchs Zimmer); Million terzanij, 31; Doroga cvetov, 34 (dt. Der Blumenweg). – Sonstiges: Kubik, in: Nowij Mir 2, 69 (dt. ebs.). – Werke (russ.), 5 Bde, 56/57. – Ferner dt.: Ausgew. Werke, 56–59.
Lit.: H. Halm: V. K. – Symbol seiner Zeit, in: Festschr. Ammann, 1954; L. I. Skorino: Pisatel i ego vremja, 65. DW

Kunst gehet itzt nach Brod . . .

... stellte Luther fest. Das war nicht neu. Schon Horaz dichtete fürs Geld und gestand, der Henker sollte ihn holen, wenn er seine Zeit nicht lieber verschlafen als Verse machen wollte. Aber was tut einer nicht alles, der kein Geld hat! Ibit eo quo vis qui zonam perdidit – nur einer, der seinen Geldbeutel verloren hat, wird soweit gehen, schrieb Horaz als Fazit jener Anekdote, die illustrieren sollte, daß nur Geldnot seiner Dichtung zum Leben verhalf; die Geschichte steht in den Episteln und erzählt von einem Soldaten, dem während eines Feldzuges die Ersparnisse gestohlen worden waren. Er ärgerte sich darüber so sehr, daß er in grimmer Wut eine feindliche Festung angriff, sie eroberte, einen großen Anteil an der Beute erhielt und wohlhabend wurde. Als man aber den Helden später erneut zur Eroberung einer Festung ausschicken wollte, lockten ihn weder Geld noch gute Worte, denn: Ibit eo quo vis qui zonam perdidit.

Kauffmann, Fritz Alexander, * 26. 6. 1891 Denkendorf (Württ.), † 19. 5. 1945 Ebersbach (Fils).
K. war zuerst Lehrer, dann Prof. an der Pädagogischen Akademie Halle; er wurde 1933 aus dem Staatsdienst entlassen. In *Leonhard,* Chronik seiner Kindheit, die bis zum 12. Jahr reicht, aber weitergeführt werden sollte, schuf er einen ästhetischen Bildungsroman, der mit seiner subtilen Schilderung von Wahrnehmungserlebnissen an Proust anklingt. Der Dialog zwischen Ich und Welt wird hier in seinem sprachlosen Stadium erfaßt, in der Durchdringung von Sinnennähe und Formgebung.

W.: Roman: Leonhard, 1956. – *Essays:* Die Woge des Hokusai, 38; Roms ewiges Antlitz, 40. K. A. H.

Kavafis, Konstantin P., * 17. 4. 1863 Alexandria, † 29. 4. 1933 ebd.
Nach dem frühen Tod des Vaters (1870) fuhr K. mit seiner Mutter für zehn Jahre nach England, verbrachte anschließend zwei Jahre in Konstantinopel und kehrte 1885 endgültig nach Alexandria zurück, wo er bis 1922 als Beamter in der ägyptischen Verwaltung arbeitete. Die Eindrücke, die K. in seiner Jugend in den kulturellen Zentren London, Konstantinopel und Alexandria empfing, hat er schon früh durch intensive literarische und historische Studien vertieft, die sich später vor allem auf die Geschichte und Sprache der hellenistischen Zeit konzentrierten. Atmosphäre und Ausdrucksformen dieser Epoche übten einen nachhaltigen Einfluß auf ihn aus, während die literarischen Strömungen des Mutterlandes ihn kaum berührten. Zwar zeigen seine frühen Gedichte in Form und Inhalt noch eine gewisse Verwandtschaft mit der Athener Romantik; bald löste er sich jedoch von seinen Vorbildern und entwickelte einen ganz eigenen Stil, dessen Reiz in einer eigenartigen Sprachmischung aus hellenistischen und idiomatischen Elementen und einer bewußten Anspruchslosigkeit der Mittel liegt, die oft an Prosa erinnert. Dieser Zurückhaltung im Ausdruck entspricht die Neigung, individuelle Erlebnisse und Stimmungen durch Verlagerung in historische Figuren zu objektivieren. Inhaltlich lassen sich drei Themengruppen unterscheiden: die philosophisch-didaktischen Gedichte, deren Thema der hoffnungslose, aber heroische Kampf gegen das vorherbestimmte Schicksal, gegen Verfall und Tod ist, mit überlegener Ironie gestaltet; die historischen Rollengedichte, in denen geschichtliche Randfiguren in entscheidenden Situationen gezeigt werden, und die erotischen Gedichte; hier steht die Sehnsucht des alternden Dichters im Mittelpunkt, der in der Erinnerung die symbolische Kraft des Vergangenen festzuhalten sucht.

W.: Gedichte: Piimata, 1933; Apanta, 63; Anekdota piimata, 68. – Dt. Ausw. Gedichte. *Lit.:* S. Tsirkas: K. und seine Zeit (griech.), 58; G. Cattaui: Présentation de C. C., 64; P. Bieu: C. C., N. Y. 65. S. L.

Kavanagh, Patrick, * 21. 10. 1904 Inniskean (Monaghan), † 30. 11. 1967 Dublin.
K., der auf einem kleinen Bauernhof im Inneren Irlands aufwuchs, lebte später als Journalist, Kritiker und Dozent in Dublin. Seine ländliche Heimat, Hintergrund der autobiographischen Romane *The Green Fool* und *Tarry Flynn*, spielt auch eine zentrale Rolle in seiner Lyrik, die balladeske Formen und freie Rhythmik bevorzugt und impressionistische Züge zeigt. Mit seinem Versepos *The Great Hunger* wies sich K. als einer der bedeutendsten zeitgenössischen Lyriker Irlands aus.

W.: Lyrik: Ploughman and Other Poems, 1936; The Great Hunger, 42; A Soul for Sale, 47; Nimbus, 56; Recent Poems, 59; One and Once, 60. – *Romane:* The Green Fool, 38; Tarry Flynn, 49. RLL

Kawabata, Yasunari, * 11. 6. 1899 Osaka.
K. lebte nach dem Tod der Eltern allein mit seinem Großvater zusammen, dessen Tod er in seinem *Jūrokusai no nikki* (1914, erweit. 48; dt. Tagebuch eines Sechzehnjährigen) schildert. Er studierte an der Univ. Tokio zunächst englische, dann japanische Literatur. Schon früh bemüht, moderne europäische Schreibtechnik zu meistern, versuchte er Kubismus, Dadaismus und Expressionismus mit dem Geist der Haiku-Dichtung zu verschmelzen. Von zunehmendem Einfluß waren die japanischen Klassiker, vor allem das «Genji-monogatari», aber auch

Saikaku und Chikamatsu. – Der traditionelle japanische Stil der suggestiven Andeutung erreicht bei K. einen Höhepunkt. K. verbindet intensive Einfühlungskraft, insbesondere bei der Darstellung der weiblichen Psyche, mit distanzierter Beobachtung. Häufig gestaltete K. das Leben von Tänzerinnen und Geishas, so etwa in den Erzählungen *Niji* (1934 [Der Regenbogen]), *Hana no warusu* (1936 [Blumenwalzer]), dem Roman *Yukiguni* (1936, mit Schlußkapitel 47; dt. Schneeland), wo das elegische getönte Verhältnis eines bindungslos seinen Neigungen lebenden Ästheten zu einer ihn liebenden jungen Provinzgeisha geschildert wird – und der umfangreichen Erzählung *Maihime* (1951 [Die Tänzerinnen]). – In dem Roman *Sembazuru* (1949; dt. Tausend Kraniche) werden zwei junge Liebende von einem seltsamen Schicksal erbarmungslos verfolgt. Psychologische Meisterwerke sind die Skizze *Suigetsu* (1953 [Mond über dem Wasser]), die Erzählung *Saikonsha* (1953 [Die Wiederverheiratete]) und *Meijin* (1951 [Der Meister]). Den Höhepunkt seines Nachkriegsschaffens stellt der Roman *Yama no oto* (1954; dt. Ein Kirschbaum im Winter) dar: hier wird ein gealtertes Familienoberhaupt, das sich zu der Schwiegertochter hingezogen fühlt, langsam mit dem Gedanken an den herannahenden Tod vertraut. Die Erzählung *Nemureru bijo* (1961 [Das schlafende Mädchen]) schildert die Erotik alternder Männer, der Roman *Kotō* (1961; dt. Kyōto oder Die jungen Liebenden in der alten Kaiserstadt) mit spärlicher Handlung Kyōto im Rhythmus der Jahreszeiten. – K. wirkt seit 1922 als Literaturkritiker und war mehrere Jahre Präsident des japanischen PEN-Clubs; 1968 wurde er mit dem Nobelpreis ausgezeichnet.

Weitere W.: Abura, 1921; Izu no odoriko, 26 (dt. Die Tänzerin von Izu); Onsen-yado, 30. – Dt. Ausw.: Tagebuch eines Sechzehnjährigen. O. B.

Kawerin, Wenjamin Alexandrowitsch (Kaverin, Veniamin Aleksandrovic, eig. V. A. Zil'berg), * 19. 4. 1902 Pskov.
K. entstammt einer Musikerfamilie und studierte Orientalistik in Leningrad. Er schloß sich der Gruppe der «Serapionsbrüder» an und versuchte eine Belebung der russischen Prosa durch Anlehnung an westliche Vorbilder und durch Anwendung von theoretischen Erkenntnissen der «Formalisten». Im Frühwerk finden sich neben phantastischen Erzählungen wie *Mastera i podmaster'ja* [Meister und Gesellen], die den Einfluß E. T. A. Hoffmanns und Poes zeigen, auch Detektivgeschichten, so *Konec Chazy* [Das Ende der Chaza]). Ein Schlüsselroman über das Leningrader intellektuelle Milieu und eine Gruppe von Formalisten ist *Skandalist, ili večera na Vasil'evskom Ostrove* [Der Unruhestifter oder Abende auf der Vasilev-Insel]. Während der Revolutions- und Bürgerkriegsjahre spielt der Roman *Devjat' desjatych sudby* [Neun Zehntel des Schicksals], der ohne jede Tendenz die Geschichte Konstantin Sachovs, der einen Freund verraten hat, erzählt. An Ehrenburgs «Tauwetter» erinnert im Thema Ks. auch formal bedeutsamer Roman *Chudožnik neizvesten* (Unbekannter Meister). *Dva kapitana* (Zwei Kapitäne) – über die Erschließung der Arktis – wurde zu einem erfolgreichen Jugendbuch. Die Trilogie *Otkrytaja kniga* handelt von dem Kampf einer Bakteriologin um die Durchsetzung ihrer wissenschaftlichen Ideale. Kritik am Stalinismus wird im Schlußband deutlich, noch mehr in *Sem'par nečistych* [Sieben Paar Teufel] über die ersten Kriegstage, erlebt von Strafgefangenen, und in *Dvojnoj portret* [Doppelporträt].

W.: Romane u. Erz.: Mastera i podmaster'ja, 1923; Konec Chazy, 26; Revizor, 26; Devjat' desjatych sudby, 26; Skandalist, ili večera na Vasil'evskom Ostrove, 28; Chudožnik neizvesten, 31 (dt. Unbekannter Meister); Ispolnenie želanij, 34/35; Dva kapitana, 38–45 (dt. Zwei Kapitäne); Otkrytaja kniga: Junost', 49 (dt. Glückliche Jahre), Doktor Tatjana Vlasenkova, 52 (dt. ebs.), Poiski i nadeždy, 56; Sem'par nečistych, 62; Kosoj dožd, 62; Dvojnoj portret, 67; Pered Serkalom, 71 (dt. Vor dem Spiegel). – Werke (russ.), 6 Bde, 63–66; Auswahl, 63. DW

Kazantzakis, Nikos (Kasantsakis, N.), * 18. 2. 1883 Iraklion (Kreta), † 26. 10. 1957 Freiburg (Br.).
Nach Abschluß des Jurastudiums in Athen (1906 Promotion) ging K. nach Paris, wo er von Bergsons Philosophie

des élan vital ebenso wie von Nietzsches Lebensphilosophie stark beeinflußt wurde. Ständig auf der Suche nach geistigen Strömungen, die seinem Menschenbild entsprachen, beschäftigte er sich mit dem Buddhismus wie den politischen Lehren Lenins, der antiken Mythologie wie dem Christentum. Im Mittelpunkt seiner Weltanschauung steht der nach absoluter Freiheit «jenseits von Furcht und Hoffnung» strebende Mensch. K. selbst versuchte, nach diesem Ideal zu leben; er verbrachte zunächst einige Zeit in asketischer Zurückgezogenheit auf dem Athos, entschied sich dann aber für die politische Aktion. Nach Ende des Weltkriegs war er Leiter einer Kommission zur Rückführung griechischer Flüchtlinge aus dem Kaukasus und wurde 1945 Minister unter Th. Sophulis. Danach bereiste er Europa und den Fernen Osten, worüber er in seinen Reisebüchern berichtet, und lebte die letzten 10 Jahre in Frankreich. Die Erfahrungen dieser Jahre, der Glaube, daß der Einzelne in praktischer Bewährung durch Verstehen und Toleranz die Welt verändern kann, sind das Grundthema seines umfangreichen Werkes, das Gedichte, historische Dramen und Tragödien, philosophische Essays, Reisebücher, Romane und Übersetzungen (u. a. Faust I, Göttliche Komödie, Ilias und Odyssee) umfaßt. Die philosophische Schrift *Salvatores Dei* ist eine Einführung in die Gedankengänge seines poetischen Hauptwerkes *Odysseas*, das Homers Epos in 33 333 Versen mit der Gestalt eines Helden fortsetzt, der Odysseus, Don Quijote und Zarathustra in sich vereint. Themen, die in seinen Romanen, die in mehrere Sprachen übersetzt wurden, immer wiederkehren, sind der Kampf um die Freiheit: *Kapetan Michalis* (Freiheit oder Tod) und die Auseinandersetzung mit dem Christentum: *O Christos xanastavronete* (Griechische Passion); *O telefteos pirasmos* (Die letzte Versuchung). Weltruf erlangte K. mit seinem Roman *Alexis Sorbas*; in den beiden Hauptfiguren stehen sich der zivilisierte, in philosophische Grübelei versunkene Gelehrte und der urwüchsige, kompromißlose, seinen Leidenschaften folgende Mazedonier Sorbas gegenüber. Rechenschaft über sein Denken und Handeln legt K. in seiner Autobiographie *Anafora ston Greco* (Rechenschaft vor El Greco) ab.

W.: Dramen: Ximeroni, 1906; O Protomastoras, 10; Nikephoros Phokas, 27; Christos, 28; Odysseas, 28; I Trilogia tu Promithea, 41–43; Iulianos, 45; Kapodhistrias, 46; Kuros, 55; Melissa, 55; Konstantinos Paläologos, 56; Sodoma ke Gomorrha, 56; Theatron, III, 55 ff. – *Romane:* Toda Raba, 34; Alexis Sorbas, 46 (dt. ebs.); Kapetan Michalis, 53 (dt. Freiheit oder Tod); O Christos xanastavronete, 54 (dt. Griechische Passion); O telefteos pirasmos, 55 (dt. Die letzte Versuchung); O ftochulis tu theou, 56 (dt. Mein Franz von Assisi); Aderfofades, 61 (dt. Brudermörder). – *Reisebücher:* Taxidhevontas, 27; Ti idha sti Russia, 28; Iaponia-Kina, 38; Anglia, 41; – *Epos:* Odyssia, 38. – *Autobiographie:* Anafora ston Greco, 61 (dt. Rechenschaft vor El Greco). – *Sonstige Schriften:* Askitiki, 27; Salvatores Dei, 28 (dt. Rettet Gott). – Dt. ferner: In mir Gott (Briefe u. Aufzeichnungen).
Lit.: P. Prevelakis: Der Dichter und das Gedicht der Odyssee (griech.), 1958; A. Izzet: N. K., Paris 65. S. L.

Keller, Hans Peter, * 11. 3. 1915 Roselerheide bei Neuß.
K. studierte in Löwen und Köln Philosophie, er war Verlagslektor in Basel und Thun. Seit 1955 lehrt er in Buchhandelsfachklassen Literatur und lebt in Büttgen bei Neuß. – Nach ersten romantischen, auch klassizistischen Versuchen in der Nähe des Mentors Emil Barth setzte sich in *Die wankende Stunde* die eigenwillige lyrische Handschrift K.s durch. Sie blieb bestimmend für den weiteren Weg, wurde eher noch asketischer durchformt. Die Verse, keiner Schule zugehörig, am ehesten der späten Lyrik Günter Eichs vergleichbar, sind von provokanter, oft sarkastischer Direktheit. Es sind trockene, spröde, gewitzte Konzentrate eines fortlaufenden Prozesses der Selbst- und Weltbefragung, oft von groteskem Zuschnitt oder selbstironisch gewürzt. Eng verbunden mit der Lyrik sind die zweizeiligen aphoristischen Miniatursatiren *Panoptikum aus dem Augenwinkel*, desillusionierend, parodierend, poetisch in einem.

W.: Gedichte: Die wankende Stunde, 1958; Die nackten Fenster, 60; Herbstauge, 61; Auch Gold rostet, 62; Grundwasser, 65; Stichwörter, Flickwörter, 69; Poèmes, zweisprachige Ausgabe, 69. – *Aphorismen:* Panoptikum aus dem Augenwinkel, 66. E. Ho.

Kellermann, Bernhard, * 4. 3. 1879 Fürth, † 17. 10. 1951 Klein-Glienicke bei Potsdam.

K. unternahm nach Studien in München weite Reisen durch Europa, Amerika und Asien. Im Ersten Weltkrieg war er Zeitungskorrespondent. 1933 wurde er aus der preußischen Dichterakademie ausgeschlossen. 1949 wurde er in der DDR Volkskammerabgeordneter, 1950 Gründungsmitglied der Deutschen Akademie der Künste.

K., der unter dem Einfluß des Symbolismus, der Neuromantik und vor allem Knut Hamsuns mit epigonalen impressionistischen Romanen begann, verdankt seinen Ruhm dem technisch-utopischen Roman *Der Tunnel,* der die Schwierigkeiten beim Bau eines Tunnels von Europa nach Amerika schildert. Das Werk, in dem schließlich die Technik über die Natur triumphiert, enthält harte Kritik an den Methoden des Kapitalismus. K. schrieb außerdem den antimilitärischen Roman *Der neunte November,* der 1933 öffentlich verbrannt wurde, und zahlreiche weitere zeit- und sozialkritische Romane, unter denen besonders *Totentanz,* seine Abrechnung mit dem Faschismus, bemerkenswert ist.

W.: Romane u. Erz.: Yester und Li, 1904; Ingeborg, 06; Der Tor, 09; Das Meer, 10; Der Tunnel, 13; Der neunte November, 20; Schwedenklees Erlebnis, 23; Die Brüder Schellenberg, 25; Die Stadt Anatol, 22; Jangtsekiang, 34; Lied der Freundschaft, 35; Das blaue Band, 38; Georg Wendlands Umkehr, 40; Der Totentanz, 48. – *Drama:* Der Wiedertäufer von Münster, 25. – Außerdem Reiseberichte u. Reportagen. – Ausgew. Werke in Einzelausg., 6 Bde, 58 ff. RLL

Kemelman, Harry, * 1908 Boston (Mass.).

K. ist von Beruf Lehrer. Nach Kurzgeschichten, deren Protagonist Prof. Nicky Welt am klassischen Beispiel von Doyles Sherlock Holmes orientiert ist, erfand er die Gestalt des jungen Rabbiners David Small, der zufällig und gegen seinen Willen in Kriminalfälle verwickelt wird, die sich in der New England-Kleinstadt Barnard's Crossing ereignen. Wo die Polizei mit modernen Methoden der Verbrechensaufklärung nicht mehr weiterkommt, findet Rabbi Small die Lösung mit Hilfe talmudischer Denkschulung. Scheinbar ganz nebenbei gelingt K. in jedem Buch die soziologische Studie der Probleme einer jüdischen Gemeinde in einer amerikanischen Kleinstadt.

W.: Friday the Rabbi Slept Late, 1964 (dt. Am Freitag schlief der Rabbi lang); Saturday the Rabbi Went Hungry, 66 (dt. Am Samstag aß der Rabbi nichts); The Nine Mile Walk, 67 (dt. Quiz mit Kemelman); Sunday the Rabbi Stayed Home, 69 (dt. Am Sonntag blieb der Rabbi weg); Common Sense in Education, 70. R. K. F.

Kempowski, Walter, * 29. 4. 1929 Rostock.

K., Sohn eines Rostocker Reeders, wurde 1948 wegen angeblicher Spionage verhaftet. 1948–56 war K. Häftling im Zuchthaus Bautzen. Nach seiner Entlassung studierte er Pädagogik in Göttingen; er lebt heute als Lehrer in Norddeutschland. – K. ist mit zwei Prosawerken hervorgetreten, die Teile eines geplanten fünfbändigen autobiographischen Zyklus sind: *Im Block* behandelt die Zeit der politischen Haft K.s in Bautzen, *Tadellöser & Wolff* die unter den Verhältnissen des Nationalsozialismus und des Krieges erlebte Jugend. K. geht in seinen Texten von der konkreten Erfahrung aus. Mit höchster Präzision rekonstruiert er Ereignisse, menschliche Verhaltensweisen und ihre sprachlichen Manifestationen. Das Ergebnis ist ein weit über das Biographische hinausreichendes authentisches Bild der Epoche bzw. die exakte Formulierung einer unter extremen Bedingungen geführten Außenseiterexistenz.

W.: Im Block, 1969; Tadellöser & Wolff. Ein bürgerlicher Roman, 71. G. H.

Kennedy, Margaret, * 23. 4. 1896 London.

M. K., Tochter eines Juristen, studierte in Oxford Geschichte. Von ihren zahlreichen populären Romanen war *The Constant Nymph* (auch von ihr zusammen mit B. Dean 1926 dramatisiert) am erfolgreichsten; Hauptthema ist der Gegensatz zwischen «freiem» Bohèmeleben und konventionellem bürgerlichen Dasein und der Konflikt zwischen Künstlertum und Gesellschaft, dargestellt an den Kindern des Komponisten Sanger und dessen Schüler Dodd.

W.: The Constant Nymph, 1924 (dt. Die treue Nymphe); Red Sky at Morning, 27 (dt. Zuflucht); The Midas Touch, 38; The Mechanized Muse, 43; Troy Chimneys, 53 (dt. Zwei Seelen); The Oracles, 55 (als: Act of God, 55; dt. Gottes Finger); The Outlaws on Parnassus, 58; Not in the Calendar, 64.
DW

Kerényi, Karl, * 19. 1. 1897 Temesvár (Ungarn).
Nach dem Abitur in Arad studierte K. klassische Philologie in Budapest und wurde dort Gymnasiallehrer. Nach einem Berliner Studienaufenthalt wurde er 1927 Privatdozent für antike Religionsgeschichte in Budapest, 1936 Ordinarius für klassische Philologie, zuerst in Pécs, 1941 in Szeged. Er reiste öfter nach Griechenland und Italien und übersiedelte 1943 nach der Schweiz. In Athen lernte er W. F. Otto, in der Schweiz C. G. Jung kennen. Mit diesen Gelehrten arbeitete er fortan eng zusammen; so gelang es ihm, seine in Ungarn begonnene Arbeit, die Erweiterung des fachlich eingeengten Horizontes der akademischen Mythenforschung, auf internationaler Ebene fortzusetzen. K.s Bemühungen ist es zu verdanken, daß die Altertumswissenschaft wichtige Impulse von der modernen Kunst- und Literaturwissenschaft sowie der Tiefenpsychologie bekam, daß die antiken Göttergestalten sowie die Begriffe Mythos und Mythologie neue, fruchtbare Interpretation erfuhren, und daß der rein positivistisch ausgerichteten modernen Kulturanthropologie eine auch für das Transzendente aufgeschlossene Disziplin, die «humanistische Seelenforschung», an die Seite gestellt werden konnte.

W.: Die griechisch-orientalische Romanliteratur in religionsgeschichtlicher Beleuchtung, 1927; Dionysos und das Tragische in der Antigone, 35; Apollon, 35; Pythagoras und Orpheus, 39; Die antike Religion, 40 (als: Die Religion der Griechen und Römer, 63); Hermes, der Seelenführer, 44; Töchter der Sonne, 44; Bachofen und die Zukunft des Humanismus, 45; Die Geburt der Helena, 45; Prometheus, 46; Der göttliche Arzt, 48; Niobe, 49; Die Mythologie der Griechen, 51; Umgang mit Göttlichem, 55; Vergil und Hölderlin, 57; Th. Mann – K. K., Gespräch in Briefen, 60; Die Mysterien von Eleusis, 62; Antike Religion, 71. Mit C. G. Jung: Einführung in das Wesen der Mythologie, 41.
G. He.

Kerouac, Jack, *12. 3. 1922 Lowell (Massachusetts), † 22. 10. 1969 Saint Petersburg (Florida).
K., frankokanadischer Herkunft, studierte vorübergehend an der Columbia Univ., lernte dort W. Burroughs und A. Ginsberg kennen, war im Zweiten Weltkrieg bei der Handelsmarine und trampte anschließend mehrere Jahre als Gelegenheitsarbeiter durch die Vereinigten Staaten und Mexiko. — K. wurde der populärste Repräsentant der «beat generation», einer Protestbewegung gegen die technokratische Konsumgesellschaft in den 50er Jahren. Im Zeichen der Auflehnung dieser jungen Generation steht K.s Roman *On the Road,* eine autobiographische Erzählung, die K. zum Protagonisten der Beat-Bewegung werden ließ. Der Roman schildert die Erlebnisse des Autors, der sich als moderner Picaro «unterwegs», auf der Flucht vor einem inhumanen Establishment und auf der Suche nach einer Form vitalen, kreatürlichen Daseins mit Gleichgesinnten zusammenfindet in einem modernen Freundschaftskult stark romantischer Prägung. Jazz, Rauschmittel, Sexualität, buddhistische Spekulationen (Zen-Studium) waren die wesentlichen Komponenten auch der späteren Bücher. Die spontane, aggressive, aber auch lyrische Diktion entsprach K.s Lebensstil. Er gilt heute als Vorläufer der Pop Art.

W.: Prosa: The Town and the City, 1950; On the Road, 57 (dt. Unterwegs); The Dharma Bums, 58 (dt. Gammler, Zen und hohe Berge); The Subterraneans, 58; Doctor Sax, 59; Maggie Cassidy, 59; Pull My Daisy, 61; Book of Dreams, 61; Lonesome Traveller, 61; Big Sur, 62; Tristessa, 62 (dt. ebs.); Passing Through, 63; Visions of Gerard, 63; Desolation Angels, 65 (dt. Engel, Kif und neue Länder); Satori in Paris, 67 (dt. S. in Paris); Vanity of Duluoz, 68 (dt. Die Verblendung des Duluoz). – *Lyrik:* Mexico City Blues, 59. *Lit.:* A. Charters: A Bibliography, 1967; J. C. Holmes: Nothing More to Declare, 68.
RLL

Kerr, Alfred (eig. Kempner), * 24. 12. 1867 Breslau, † 12. 10. 1948 Hamburg.
K. studierte in Breslau und Berlin, schrieb für die «Neue Rundschau», war 1909—19 Theaterkritiker am Berliner «Tag», 1919—33 am «Berliner Tageblatt», emigrierte 1933 über die Schweiz und Frankreich nach England, kehrte

1947 nach Deutschland zurück. — K. war im Berlin vor 1933 die einflußreichste, zugleich gefürchtetste Persönlichkeit unter den Kritikern. Er gilt als Meister der «aphoristischen» Kritik, als einer der kunstreichsten Stilisten und Erneuerer der deutschen Sprache. Die Romantik war K.s geistige Heimat seit seiner Dissertation über Brentanos *Godwi*. In deren kritischer Sichtweise und daseinsheiligendem Lebensbegriff gründet K.s Eigenart. Der Rückbezug auf Lessing und die Romantik erklärt K.s Auffassung von der Kritik als Kunst. K. schreibt thesenhaft, pointiert, aggressiv und eigenwillig. Seine Kritiken, in aktähnliche Abschnitte unterteilt, mit ihren charakteristisch-knappen Hauptsätzen, sind vor allem fundierte literarisch-dramaturgische Analysen. Sein Hauptwerk *Die Welt im Drama* gilt als bedeutendes dramen- und kulturgeschichtliches Zeugnis der Epoche. K. setzte sich für Ibsen und Hauptmann ein, war gegen Reinhardt, den Expressionismus und Brecht eingestellt (prinzipielle Auseinandersetzung um Brecht mit H. Jhering).

W.: Kritische Schriften: Godwi, 1898; Die Welt im Drama, 5 Bde 1917, 1 Bd 54, ²64; Spanische Rede vom deutschen Drama, 30; Was wird aus Deutschlands Theater?, 32. – *Reisetagebücher:* Die Welt im Licht, 2 Bde, 20, 1 Bd, 61. – *Gedichte:* Trotz alledem, es hat sich gelohnt! (Ausw.) 67. R.-D. H.

Kessel, Joseph, * 10. 2. 1898 Clara (Argentinien).

K., Sohn russischer Eltern, verbrachte Kindheit und Jugend in Südamerika, Rußland und Frankreich. Er studierte Medizin und Philosophie, war im Ersten Weltkrieg bei der französischen Luftwaffe und ging 1918 zum Generalstab der französischen Truppen in Sibirien. Seitdem führte K. ein Wanderleben als Journalist und freier Schriftsteller. Im Zweiten Weltkrieg beteiligte er sich an der Résistance. 1962 wurde er in die Académie Française gewählt. Bekannt wurde K. vor allem durch *L'équipage*, den ersten französischen Fliegerroman. In der Folgezeit schrieb er neben Reportagen zahlreiche Flieger-Abenteuer-, Familien- und Gesellschaftsromane, von denen *La belle de jour*, über eine Frau, die bei den Liebkosungen ihres von ihr geliebten Mannes kalt bleibt, aber in einem Bordell körperliche Erfüllung findet, die Vorlage für den gleichnamigen Buñuel-Film wurde.

W.: Romane: L'équipage, 1923; Les rois aveugles, 25 (dt. Die blinden Könige); Mary de Cork, 25; Les captifs, 26 (dt. Die Gefangenen); Nuits de princes, 27; Les cœurs purs, 27; La belle de jour, 29 (dt. Die Schöne des Tages); Vent de sable, 29; La passante de Sanssouci, 36; Mermoz, 38 (dt. ebs.); La bataillon de ciel, 47; Le tour du malheur, 4 Bde, 50 (dt. Der Brunnen der Medici, auch als: Brunnen der Parzen); Les amants du Tage, 54 (dt. Die Liebenden von Tajo); Le lion, 58 (dt. Patricia und der Löwe); Les mains du miracle, 60 (dt. Medizinalrat Kersten); Fortune carrée, 64; Les cavaliers, 67. – *Reportage:* La steppe rouge, 22 (dt. Die rote Steppe); Terre d'amour et de feu, 48 (dt. Glühendes Land. Land der Verheißung – Israel); Avec les alcooliques anonymes, 60 (dt. Alkoholiker. Rausch und Heilung); Tous n'étaient pas des anges, 63 (dt. Zeuge in heilloser Zeit); Les cavaliers, 67 (dt. Steppenreiter). – *Autobiographie:* Témoin parmi les hommes, 4 Bde, 56–58. – *Sonstige Prosa:* L'armée des ombres, 43 (Essay); Pour l'honneur, 64. DW

Kessel, Martin, * 14. 4. 1901 Plauen.

K. studierte in Berlin, München und Frankfurt, er promovierte mit einer Arbeit über Thomas Mann; seit 1923 lebt er in Berlin-Wilmersdorf. — Er schrieb 1932 mit *Herrn Brechers Fiasko* einen im Berlin der Wirtschaftskrise spielenden Roman der «Angestellten» (sie sind «ersetzbar») und ihrer Büro-Existenz; Hauptfigur ist der skeptische, ironische Max Brecher, in der Propaganda-Abteilung der Großfirma «UVAG» arbeitend, der Mann «auf verlorenem Posten», der am Ende von Dr. Geist, seinem ehemaligen Freund, entlassen wird. Erotische Motive, Zeitkommentare, Diskussionen wiegen in dem gleichsam geometrisch konstruierten (symmetrischer Aufbau der einzelnen Teile) Roman vor. Weniger prägnant wirken der Maler-Roman *Die Schwester des Don Quijote* und *Lydia Faude*, ein parodistisch überzogener Roman aus dem Berliner Künstlerviertel. — K., bereits in den Erzählerwerken zu witzig aphoristischen Formulierungen neigend, schrieb mehrere Bände Aphorismen, auch «Kleine Prosa», Essays und Lyrik.

W.: Romane: Herrn Brechers Fiasko, 1932; Die Schwester des Don Quijote, 38; Lydia Faude, 65. – *Erz.:* Betriebsamkeit, 27 (z. T. 29 als: Eine Frau ohne Reiz); Eskapaden 59. – *Lyrik:* Gebändigte Kurven, 25; Gesammelte Gedichte, 51, 54. – *Essays, Aphorismen:* Romantische Liebhabereien, 38 (erweitert 47 als: Essays und Miniaturen); Aphorismen, 48; In Wirklichkeit aber, 55; Gegengabe, 60; Kopf und Herz. Sprüche im Widerstreit, 63. RLL

Kesten, Hermann, * 28. 1. 1900 Nürnberg.
K., Sohn eines Kaufmanns, studierte zunächst Volkswirtschaft und Jura, dann Geschichte, Germanistik und Philosophie in Erlangen und Frankfurt (Diss. über H. Mann). 1927—33 war er in Berlin literarischen Leiter des Kiepenheuer-Verlags, 1933 emigrierte er in die Niederlande, 1940 nach den USA. Er lebt in New York. — K. begann seine schriftstellerische Laufbahn als einer der Exponenten der «Neuen Sachlichkeit». Für seinen ersten Roman *Josef sucht die Freiheit*, die desillusionierende Geschichte eines Dreizehnjährigen im Milieu einer heruntergekommenen Familie, wurde ihm der Kleist-Preis zuerkannt. Eine Fortsetzung fand das Buch mit dem von Ironie geprägten Roman *Ein ausschweifender Mensch*, in dem der Held durch die Lösung aller persönlichen Bindungen seinen Traum von der Freiheit verwirklichen will, jedoch in immer neue Abhängigkeitsverhältnisse gerät. Fast alle Bücher K.s sind von ausgeprägten zeit- und gesellschaftskritischen Tendenzen bestimmt, so auch die Romantrilogie über das historische Spanien: *Um die Krone*, *Ferdinand und Isabella* und *König Philipp II.* Jedoch bezeugen der heiter-erotische Roman *Ein Sohn des Glücks* und das satirische Buch *Die Abenteuer eines Moralisten* auch die Begabung K.s für die leichte Muse. — Neben seinen Romanen haben K.s kultur- und literaturgeschichtlichen Abhandlungen Bedeutung.

W.: Romane u. Erz.: Josef sucht die Freiheit, 1927; Die Liebes-Ehe, 29 (erweitert, 42); Ein ausschweifender Mensch, 29; Glückliche Menschen, 31; Der Scharlatan, 32; Der Gerechte, 34; Ferdinand und Isabella, 36; (u. d. Titel: Sieg der Dämonen, 52); König Philipp II., 38 (u. d. Titel: Ich der König . . ., 50); Die Kinder von Gernika, 39; Die Zwillinge von Nürnberg, 47; Die fremden Götter, 49; Um die Krone, 52; Ein Sohn des Glücks, 55; Mit Geduld kann man sogar das Leben aushalten, 57; Die Abenteuer eines Moralisten, 61; Die dreißig Erzählungen, 62; Die Zeit der Narren, 66. – *Dramen:* Maud liebt beide, 28; Admet, 28; Babel oder der Weg zur Macht, 29; Einer sagt die Wahrheit, 30; Wohnungsnot oder die heilige Familie, 30. – *Sonstiges:* Copernicus und seine Welt, 48; Meine Freunde die Poeten, 53; Dichter im Café, 59; Der Geist der Unruhe, 59; Filialen des Parnass, 61; Lauter Literaten, 63; Die Lust am Leben: Boccaccio, Aretino, Casanova, 68; Ein Optimist, 70. – Ferner umfangreiche Herausgebertätigkeit.
Lit.: H. K. Ein Buch der Freunde, 1960.
RLL

Keyes, Sidney Arthur Kilworth, * 27. 5. 1922 Dartford (Kent), † 29. 4. 1943 Tunis.
K., Sohn eines Offiziers, studierte in Oxford Geschichte, nahm am Zweiten Weltkrieg teil und fiel in Afrika. – K. wandte sich mit seinen Dichtungen bewußt vom zeitgenössischen Realismus seiner Generation ab und knüpfte an die Tradition der Romantik und Neuromantik an. Zentrales Motiv seiner Lyrik, die vor allem den Einfluß von Wordsworth, Yeats und Rilke zeigt und sich durch formale Sicherheit auszeichnet, ist das des Todes, dem K. einen Sinn zu geben versuchte.

W.: Lyrik: The Iron Laurel, 1942; The Cruel Solstice, 44; Beauty and Beast, 44; Collected Poems, 45. RLL

Keyserling, Eduard Graf von, * 15. 5. 1855 Schloß Paddern (Kurland), † 29. 9. 1918 München.
K. verbrachte seine Jugend auf dem Gut seiner Eltern und studierte in Dorpat Jura, Philosophie und Kunstgeschichte. Anschließend lebte er längere Zeit in Italien, bevor er sich 1899 als freier Schriftsteller in München niederließ, wo er später, durch ein Rückenmarksleiden erblindet, in völliger Vereinsamung starb. — K., dessen früheste Werke noch naturalistische Tendenzen aufweisen, entwickelte sich, geschult an Turgenjew, Fontane und J. P. Jacobsen, zum konsequenten Impressionisten. In seinen Romanen und Erzählungen erscheint die baltische Adelswelt als vom Niedergang gezeichnet. Resignation und Vereinsamung be-

stimmen K.s Figuren, etwa in *Beate und Mareile* (ein Mann zwischen zwei Frauen) und *Dumala*. Psychologisches Einfühlungsvermögen und die Fähigkeit, Stimmungsnuancen zu registrieren, kennzeichnen die Menschen- und Landschaftsgestaltung in K.s Werk.

W.: Romane und Erz.: Fräulein Rosa Herz, 1887; Die dritte Stiege, 92; Beate und Mareile, 1903; Schwüle Tage, 06; Dumala, 08; Bunte Herzen, 09; Wellen, 11; Abendliche Häuser, 14; Am Südhang, 16; Fürstinnen, 17; Im stillen Winkel, 18; Feiertagskinder, 19; Gesam. Erzählungen. Hg. E. Heilborn, 4 Bde, 22. – *Dramen:* Ein Frühlingsopfer, 00; Der dumme Hans, 01; Peter Hawel, 04; Benignens Erlebnis, 06.
Lit.: W. Wonderley: A Study of the Works of E. v. K., 1959; I. Sauter: Menschenbild u. Natursicht in d. Erzählungen E. v. K.s, Diss. Freiburg i. Br. 60; H. Baumann: E. v. K.s Erzählungen, 67. RLL

Keyserling, Hermann, Graf, * 20. 7. 1880 Könno (Livland), † 26. 4. 1946 Innsbruck.
K., aus baltischem Uradel stammend, studierte in Genf, Dorpat, Heidelberg und Wien, machte 1911/12 eine Weltreise, lebte bis Kriegsschluß 1918 auf seinem Schloß Rayküll in Estland und übersiedelte dann nach Darmstadt, wo er 1920 die «Schule der Weisheit» gründete.
K. vertrat in seinen ersten, naturphilosophischen Schriften die Auffassung, die Welt sei essentiell irrational und daher mit wissenschaftlichen Begriffen nicht hinreichend zu beschreiben. Das seinerzeit vielgelesene *Reisetagebuch eines Philosophen,* auf einer Asienreise K.s entstanden, fordert dann dazu auf, zur Bereicherung des westlichen Denkens und Lebens durch schöpferische Intuition den «Sinn» fremder Kulturen, vor allem der chinesischen und der indischen, zu erfassen.

W.: Das Gefüge der Welt. Versuche einer krit. Philosophie, 1906; Unsterblichkeit. Eine Kritik der Beziehungen zwischen Naturgeschehen und menschlicher Vorstellungswelt, 07; Individuum und Zeitgeist, 09; Schopenhauer als Verbilder, 10; Prolegomena zur Naturphilosophie, 10; Das Reisetagebuch eines Philosophen, 19; Philosophie als Kunst, 20; Schöpferische Erkenntnis, 22; Menschen als Sinnbilder, 26; Wiedergeburt, 27; Das Spektrum Europas, 28; America set free, 29 (dt. Amerika, der Aufgang einer neuen Welt); Südamerikanische Meditationen, 32; Das Buch vom persönlichen Leben, 36; Reise durch die Zeit, I. Bd., 40; Das Buch vom Ursprung, 47; Kritik des Denkens. Die Erkenntniskritischen Grundlagen der Sinnesprobleme, 48; Die ges. Werke. Endgültige Neuausg., 56 ff.
Lit.: H. Dyserinck: Graf H. K. u. Frankreich, 1970. RLL

Kipling, Rudyard, * 30. 12. 1865 Bombay, † 18. 1. 1936 London.
K. kam aus einer angesehenen angloindischen Familie. Seine frühe Erziehung lag in den Händen einer «ayah», die ihn in der Landessprache mit dem indischen Märchengut vertraut machte. Mit sechs Jahren kam er nach England; 1883 kehrte er nach dem Besuch eines Internats nach Indien zurück und wurde Journalist. Dort entstanden die ersten von insgesamt über 300 Kurzgeschichten, die in England begeistertes Interesse fanden. 1889 reiste er, seinem Ruhm folgend, über Japan und die USA nach London; 1892 ging er mit seiner amerikanischen Frau für einige Jahre in die USA. Nach einer Periode längerer Reisen ließ er sich jedoch endgültig in England nieder.
Im Mittelpunkt von K.s Schaffen stehen die Kurzgeschichten. Die frühen Sammlungen *Plain Tales from the Hills* und *Soldiers Three* geben ein aus ironischer Distanz gesehenes Bild vom Leben der anglo-indischen Gesellschaft mit ihren subtilen Anpassungszwängen. Schon hier erweist sich K. als Kenner der menschlichen Psyche, der manche seit Freud geläufige Erkenntnis vorwegnimmt. Immer wieder wählt er als Thema die latente Brutalität des Menschen oder die alles verschlingende Kraft des Hasses. Sein Bild vom Menschen war nicht sehr optimistisch, was ihm den Ruf eines Zynikers eingetragen hat. Mit dem *Jungle Book*, das von einem Jungen erzählt, der bei den Tieren des Dschungels aufwächst, wurde K. weltberühmt. Der Roman *Kim* ist strukturell damit verwandt: der Held ist ein Grenzgänger zwischen der indischen und der europäisch geprägten Welt. Bevor Kim zu seinem eigenen Volk, den Engländern, zurückkehrt, entfaltet sich ein buntes Bild des alten Indien und damit zugleich der Gegensatz zwischen dem europäischen Denken, das die Welt verändern will, und dem indischen, das die

Befreiung aus der Welt sucht. Bald nach der Verleihung des Nobelpreises (1907) begann K.s Ruhm zu verblassen; die liberal orientierte Kritik hatte ihn auf die Rolle eines Imperialisten festgelegt.

W.: Lyrik: Barrack-Room Ballads, 1892 (dt. Balladen aus d. Biwak); Seven Seas, 96; Five Nations, 1903; Poems, 1886–1929, 3 Bde, 29. – *Romane u. Erz.:* The Phantom Rickshaw, 1888 (dt. Die gespenstische Rikscha); Plain Tales from the Hills, 88 (dt. Schlichte Geschichten aus Indien); Soldiers Three, 88 (dt. Drei Soldaten); The Light that Failed, 90 (dt. Das Licht erlosch); Captain Courageous, 93 (dt. Fischerjungs); Jungle Book, 94 (dt. Das Dschungelbuch); Second Jungle Book, 95 (dt. Das neue Dschungelbuch); Stalky and Co., 99 (dt. Staaks und Genossen); Kim, 1901 (dt. ebs.); Just So Stories, 02 (dt. Nur so Märchen); Puck of Pook's Hill, 06 (dt. Puck v. Buchsberg); Actions and Reactions, 09 (dt. Spiel u. Gegenspiel); Rewards and Fairies, 10; Land and Sea Tales, 23; Debits and Credits, 27 (dt. Bilanz); Limits and Renewals, 32. – *Reisebücher u. Briefe:* From Sea to Sea, 1899; Letters of Travel (1892–1913), 1920; Letters to Rider Haggard, 65. – *Autobiographisch:* Something of Myself, 37 (dt. Erinnerungen). – Sussex Ed., 35 Bde, 1937–39.
Lit.: C. E. Carrington: R. K., 1955; J. M. Tompkins: The Art of R. K., 59, ²65; J. I. Stewart: R. K., 66; E. L. Gilbert: K. and the Critics, 66; B. Dobrée: R. K. Realist and Fabulist, 67. J. Be.

Kipphardt, Heinar, * 8. 3. 1922 Heidersdorf (Schlesien).
K. war bis 1950 Psychiater und Neurologe, wurde dann Dramaturg, zuerst in Ostberlin, übersiedelte 1959 in die Bundesrepublik und war von Anfang 1970 bis zu seiner Entlassung 1971 Chefdramaturg der Kammerspiele München.
K., in den 50er Jahren vor allem mit der Komödie *Shakespeare dringend gesucht* in Osteuropa bekannt geworden, hatte seinen ersten Erfolg in der Bundesrepublik mit *Der Hund des Generals.* In dem inhaltlich und formal uneinheitlichen Stück untersucht eine Kommission den Fall des Generals Rampf, der 1943 in Rußland eine Einheit von 60 Mann sinnlos in den Tod geschickt haben soll. Das Dokumentarspiel *In der Sache J. Robert Oppenheimer*, das K. internationale Anerkennung eintrug, behandelt die Frage der Mitverantwortung der Naturwissenschaftler für das, was die Politiker mit ihren Entdeckungen anfangen. Auf dokumentarischer Grundlage beruht auch das folgende Stück *Joel Brand*, die «Geschichte eines Geschäfts», bei dem Adolf Eichmann von den Alliierten für die Entlassung von ungarischen Juden Lastwagen einhandeln wollte.

W.: Dramen: Entscheidungen, 1952; Shakespeare dringend gesucht, 54; Der staunenswerte Aufstieg und Fall des Alois Piontek, 56; Die Stühle des Herrn Szmil, 61; Der Hund des Generals, 62; In der Sache J. Robert Oppenheimer, 64; Joel Brand, 65; Die Nacht, in der der Chef geschlachtet wurde, 67. – Bearbeitung: Die Soldaten, 68 (nach J. M. R. Lenz). – *Erz.:* Die Ganovenfresse, 64. E. H.

Kirk, Hans Rudolf, * 11. 1. 1898 Hadsund (Jütland), † 16. 6. 1962 Kopenhagen.
K. schrieb für sozialdemokratische und kommunistische Blätter. Während des Zweiten Weltkrieges wurde er von den Deutschen interniert, entfloh aber 1943. Im Mittelpunkt von K.s Romanen, die seine enge Bindung an seine jütländische Heimat zeigen, stehen häufig kollektive Gemeinschaften, so in *Fiskerne* [Die Fischer] mehrere Fischerfamilien, Anhänger einer Sekte, in *Daglejerne* (Die Tagelöhner) Landarbeiter. K. schrieb auch historische Romane von sozialkritischer Art, u. a. *Vredens søn* [Sohn des Friedens] über das Leben Jesu.

W.: Romane u. Erz.: Fiskerne, 1928; Daglejerne, 36 (dt. Die Tagelöhner); De nye tider, 39; Borgmesteren gaar af, 41; Slaven, 48 (dt. Der Sklave); Vredens søn, 50. – *Sonstige Prosa:* Kristendom og kommunisme, 48; Skyggespil, 53; Fange Nr. 6, Breve fra Horserød, 67. DW

Kirsch, Sarah (geb. Bernstein), * 16. 4. 1935 Limlingerode/Harz – **Kirsch,** Rainer, * 17. 7. 1934 Döbeln/Sachsen.
R. K. studierte Geschichte und Philosophie in Halle und Jena, wurde als Freund des Blochschülers Günter Zehm 1957 relegiert und zur Bewährung in die Produktion (Druckerei, Chemiebetrieb, Landwirtschaft) geschickt. S. K. studierte in Halle Biologie und mit ihrem Mann 1963–65 Literatur in Leipzig. Beide leben als Schriftsteller in Halle. – Thema der beiden Lyriker K. ist der sozialistische Aufbau in der DDR. S. K., die sich

in ihren Gedichten oft verspielt gibt und die Wirklichkeit mit Kinderaugen betrachtet, scheint die stärkere Begabung zu sein. Dagegen finden sich bei R. K., in seinem Gedicht «Meinen Freunden, den alten Genossen», auch kritische Töne.

W.: gemeinsam: Berlin – Sonnenseite (Reportagen), 1964; Gespräch mit dem Saurier (Gedichte), 65. – R. K.: Hörspiele. S. K.: Landaufenthalt (Gedichte), 67; Gedichte, 69.
J. B. B.

Kirschanow, Semjon Isaakowitsch (Kirsánov, Semën Isaakovič), * 18. 9. 1906 Odessa.

K., der Sohn eines Schneiders, studierte Philologie. 1924 begegnete er Majakowski, der ihn stark beeinflußte. Seit 1925 lebt K. in Moskau. Er schrieb Lyrik und umfangreiche historisch-philosophische Versdichtungen. Die formalen Traditionen der 20er Jahre, die freie Behandlung des Verses u. die Neigung zu Sprachexperimenten sind weiter in seinem Werk wirksam; es bildet so ein Bindeglied zwischen der frühsowjetischen Poesie und der Dichtung Wosnessenskis u. a. Mit der Verserzählung *Sem' dnej nedeli* [Sieben Tage der Woche] leistete er einen Beitrag zur «Tauwetter»-Literatur.

W.: Ausgew. Werke, 2 Bde, 1961; Kniga liriki, 65; Iskanija. Stichotvorenija i poemy 23–65, 66.
DW

Kirst, Hans Hellmut, * 5. 12. 1914 Osterode (Ostpreußen).

K. war von 1933—45 Berufssoldat. Nach dem Krieg übte er die verschiedensten Berufe aus, war Straßenarbeiter, Landwirt, Gärtner, freier Schriftsteller und Kritiker und unternahm Reisen durch Europa und Afrika. K. ist als Verfasser von Unterhaltungsromanen mit kritischem Einschlag bekannt geworden. In der Romantrilogie *08/15* schildert er in außerordentlich schlichter Sprache die Erlebnisse des Gefreiten Asch von der Zeit vor dem Zweiten Weltkrieg bis Kriegsende. Die Bücher wurden Bestseller, obwohl die Schilderung der Geschehnisse im 2. und 3. Band an Wahrscheinlichkeit verliert.

W.: Romane: Wir nannten ihn Galgenstrick (Vorabdruck als: Holzauge sei wachsam), 1950; Sagten Sie Gerechtigkeit, Captain?, 52; Aufruhr in einer kleinen Stadt, 53; Null-Acht-Fünfzehn, Trilogie: 08/15 in der Kaserne: Die abenteuerliche Revolte des Gefreiten Asch, 54, 08/15 im Kriege: Die seltsamen Kriegserlebnisse des Soldaten Asch, 54, 08/15 bis zum Ende: Der gefährliche Endsieg des Soldaten Asch, 55; Die letzte Karte spielt der Tod (auch als: Das gefährliche Spiel), 55; Gott schläft in Masuren, 56; Mit diesen meinen Händen, 57; Keiner kommt davon, 57; Kultura 5 und der Rote Morgen, 58; Glück läßt sich nicht kaufen, 59; Fabrik der Offiziere, 60; Kameraden, 61; Die Nacht der Generale, 62; Null-Acht-Fünfzehn heute, 63; Aufstand der Soldaten, 65; Letzte Station Camp 7, 66; Die Wölfe, 67; Kein Vaterland, 68; Faustrecht, 69; Held im Turm, 70. – Sonstiges: Bilanz der Traumfabrik, 63; Deutschland deine Ostpreußen, 68; Heinz Rühmann. Ein biograph. Report, 69. – Ferner Dramen.
DW

Kisch, Egon (Erwin), * 29. 4. 1885 Prag, † 31. 3. 1948 ebd.

K. stammte aus einer deutschsprachigen jüdischen Kaufmannsfamilie; er studierte zunächst an der TH Prag, wandte sich aber 1904 der Journalistik zu. 1913 wirkte er kurz als Dramaturg am Künstlertheater in Berlin. Im Krieg war K. an der serbischen Front; 1917 kam er ins Kriegspressequartier. Schon vor 1914 hatte K. Kontakte zu sozialrevolutionären Gruppen aufgenommen; 1918 schloß er sich der «Föderation revolutionärer Sozialisten Internationale» an und wurde Kommandant der Wiener «Roten Garde». Nach der Ausweisung aus Österreich zog K. wieder nach Berlin. Er unternahm mehrere große Reisen (Sowjetunion 1925/26, 1931/32, Afrika 1926, USA 1928/29, China 1932). Im Februar 1933 wurde er verhaftet, nach tschechischem Protest in die ČSR abgeschoben. Auf Kongressen in Melbourne 1934/35 und Paris 1935 rief K. zum antifaschistischen Widerstand auf; er nahm am Spanischen Bürgerkrieg teil. Über Frankreich und New York ging er 1940 nach Mexiko, von wo er 1946 nach Prag zurückkehrte.

K. begann mit Lokalreportagen und Feuilletons, schrieb dann Kriminalreportagen (*Prager Pitaval*) und seine großen Reiseberichte, deren zugleich schildernde und kritisch analysierende Einzelstudien — immer wieder zum Thema der industriellen Arbeitswelt — sich mit geographischen und (kultur-)historischen Exkursen zu einem Gesamtbild der besuchten Länder vereinigen. Genaue Beobachtungen, ein durch direkte Rede und szenische Einlagen aufgelockerter Stil und starkes persönliches Engagement kennzeichnen bereits die frühen Reportagen. Später kommt eine klare Parteinahme für die sozial und politisch Unterdrückten hinzu. Der Titel *Der rasende Reporter* erfaßt wohl seinen Spürsinn, sein rastloses Interesse für alle Lebenserscheinungen, nicht aber seine eher bedächtige Schaffensweise.

W.: Reportagen: Aus Prager Gassen u. Nächten, 1912; Prager Kinder, 13; Der rasende Reporter, 25; Hetzjagd durch die Zeit, 26; Zaren, Popen, Bolschewiken, 27; Paradies Amerika, 30; Prager Pitaval, 31; Asien gründlich verändert, 32; China geheim, 33; Abenteuer in fünf Kontinenten, 36; Marktplatz der Sensationen, 42; Entdeckungen in Mexiko, 45. – *Sonstiges:* Der Mädchenhirt, 14 (Roman); Soldat im Prager Korps, 22 (Tagebuch; als: Schreib das auf, Kisch!, 30); Karl Marx in Karlsbad, 53. – Ges. Werke in Einzelausg., hg. B. Uhse u. G. Kisch, 60 ff.
Lit.: A. Abusch: Literatur und Wirklichkeit, 1952; E. Utitz: E. E. K. Der klassische Journalist, 56; D. Schlenstedt: Die Reportage bei E .E. K., 59; J. Rühle: Literatur und Revolution, 60; A. Kantorowicz: Deutsche Schicksale, 64; J. Poláček, in: Philologica Pragensia 8/65 u. 9/66; L. Šulc, in: E. Goldstücker (Hg.) Weltfreunde, 67; J. Poláček, in: Philologica Pragensia 10/67. R.-P. C.

Kishon, Ephraim, * 23. 8. 1924 Budapest.
K. studierte in Budapest Kunstgeschichte und besuchte eine Kunstakademie. In der Kriegs- und Nachkriegszeit wurde er in ungarische, deutsche und russische Lager verschleppt. 1949 kam er nach Israel. Zunächst arbeitete er als Installateur in einem Kibbuz; seit 1952 ist er satirischer Kolumnist der Tageszeitungen «Ma 'ariw» und «Omer». In der Folgezeit hat er zahlreiche satirische Erzählungen, Romane, Theaterstücke, Hörspiele und Filmmanuskripte geschrieben. K. karikiert mit seinen Arbeiten, die bisweilen derb humoristisch und voller Situationskomik sind, vor allem das israelische Alltagsleben; absurde, eingeübte Verhaltensnormen und die Schwächen, Marotten und Ticks seiner Landsleute sind die bevorzugten Themen seiner Satiren. Er lebt in Tel Aviv, wo er eine eigene Kleinkunstbühne, die «Grüne Zwiebel», leitet.

W.: Erz.: Noah's Ark, Tourist Class, 1962 (dt. Arche Noah, Touristenklasse); Drehn Sie sich um, Frau Lot, 65; Der seekranke Walfisch oder ein Israeli auf Reisen, 65; Wie unfair, David, 67; Pardon, wir haben gewonnen, 68; K.s beste Geschichten, 68; Nicht so laut vor Jericho, 70. – *Roman:* Der Fuchs im Hühnerstall, 69. – *Theaterstück:* Zieh den Stecker 'raus, das Wasser kocht. – Ferner Hörspiele und Filmmanuskripte. J. V.

Klabund, (eig. Alfred Henschke), * 4. 11. 1891 Crossen a. d. Oder, † 14. 8. 1928 Davos.
K. lebte abwechselnd in München, Berlin und in der Schweiz; er war mit Gottfried Benn befreundet, in zweiter Ehe mit Carola Neher verheiratet. K. starb an Tuberkulose.
K. schrieb Lyrik verschiedenster Art: spielerisch, expressiv oder in der Art des Chansons (*Die Harfenjule*). In Form und Sprache dem Expressionismus verpflichtet sind auch seine Kurzromane, häufig mit historischen Stoffen; die «Romane der Sehnsucht»: *Die Krankheit*, *Franziskus*, *Roman eines jungen Mannes*, *Spuk*; die «Romane der Leidenschaft»: *Moreau*, *Mohammed*, *Pjotr*, *Rasputin*; die «Romane der Erfüllung»: *Bracke* (die Hauptfigur erinnert an Eulenspiegel) und *Borgia*. Besonders erfolgreich waren K.s Nachdichtungen, so die des altchinesischen (13. Jh.) Dramas *Der Kreidekreis*, das bis auf Brecht (Anregungen zu «Der kaukasische Kreidekreis») wirkte.

W.: Lyrik: Morgenrot! Klabund! Die Tage dämmern!, 1913; Klabunds Karussell, 14; Soldatenlieder, 14; Die Himmelsleiter, 16; Irene, oder die Gesinnung, 17; Montezuma, 19; Dreiklang, 20; Das heiße Herz, 22; Die Harfenjule, 27; Totenklage. Dreißig Sonette, 28. – *Erzählendes:* Moreau, 16; Die Krankheit, 16; Mohammed, 17; Bracke, 18; Franziskus, 21; Spuk, 22; Pjotr, 23; Roman eines jungen Mannes, 24; Borgia, 28; Rasputin, 29. – *Dramen:* Die Nachtwandler, 20; XYZ, 28. – *Nachdichtungen: Lyrik:* Dumpfe Trommel und berauschtes Gong, 15; Li-Tai Pe, 16; Sinngedichte des persischen Zeltmachers, 17; Die Geisha O-sen, 18; Feueranbeter, 19; Blumenschiff, 21. – *Dramen:* Der Kreidekreis, 25; Das Kirschblütenfest, 27. – Ges. Werke, 6 Bde, 30; Dichtungen aus dem Osten, 3 Bde, 29, 55; Romane der Leidenschaft, 51; Briefe an einen Freund, 63; Kunterbuntergang des Abendlandes, Auswahl, 67; Der himmlische Vagant, Auswahl, 68.
Lit.: H. Grothe: K., 1933; O. Horn: K.s

historische Romane. Mit Bibliographie, Diss. Jena, 54. RLL

Klemm, Wilhelm, * 15. 5. 1881 Leipzig, † 23. 1. 1968 Wiesbaden.

K., Sohn eines Buchhändlers, studierte bis 1905 Medizin. 1914–18 war K. als Oberarzt an der Westfront; 1921–37 geschäftsführender Gesellschafter des Kröner Verlags. Er wurde aus der Reichsschrifttumskammer ausgeschlossen. Nach 1945 lebte er in Wiesbaden. – Vergänglichkeit, Nichtwissen, ewiger Kreislauf sind Themen von K.s überwiegend betrachtender Lyrik, deren Nähe zu Jugendstil und Neuromantik immer spürbar bleibt. Die Welt des Todes, der Nacht, des Traumes ziehen ihn an. Seine phantastischen und grotesken «Gesichte» weisen auf den Surrealismus. Erotik wird als «Mystik der Neuzeit» gefeiert. Die besten Gedichte K.s, vor allem seine in der «Aktion» veröffentlichte Kriegslyrik, sind in kurzen, prosaartigen Sätzen geschrieben (*Aufforderung*). Wo sie kosmisch-expressionistischem Vokabular und hymnischem Ton verfällt, wirkt K.s Dichtung schwächer. 1922 hörte er zu publizieren auf; erst 1964 erschien wieder ein Band mit elf Gedichten.

W.: Gedichte: Gloria! Kriegsgedichte aus dem Feld, 1915; Verse und Bilder, 16; Aufforderung, 17, 61; Entfaltung, 19; Ergriffenheit, 19; Traumschutt, 20; Verzauberte Ziele, 21; Die Satanspuppe (unter Pseud. Felix Brazil), 22; Geflammte Ränder, 64.
Lit.: J. Brockmann: Untersuchungen zur Lyrik W. K.s, Masch. Diss. Kiel 1961; K. Pinthus: Über W. K., in W. K.s «Aufforderung», 61. W. W.

Klepper, Jochen, * 22. 3. 1903 Beuthen an der Oder, † 11. 12. 1942 Berlin.

K., der Sohn eines protestantischen Pfarrers, war nach Theologiestudium Journalist in Berlin. Er schied zusammen mit seiner jüdischen Frau und seiner Stieftochter aus dem Leben, als diese in ein Konzentrationslager deportiert werden sollten. Aufschluß über K.s seelische Lage in den Jahren davor gibt sein Tagebuchwerk.

K.s Dichtung gründet auf seiner Religiosität: so die geistlichen Lieder *Kyrie*; sie wird auch in seinem Hauptwerk, dem historischen Roman *Der Vater* (über Friedrich Wilhelm I.) spürbar: dem König erscheint sein Amt als schwerer göttlicher Auftrag. Von einem geplanten Luther-Roman «Das ewige Haus» wurde nur noch ein Kapitel fertig: *Die Flucht der Katharina von Bora.*

W.: Lyrik: Kyrie, 1938. – *Romane:* Der Kahn der fröhlichen Leute, 33; Der Vater, 37; Die Flucht der Katharina von Bora, Fragment, 51. – *Erz.:* Das Ende, 62. – *Autobiogr.:* Unter dem Schatten deiner Flügel. Tagebücher 1932 bis 1942, 55; Überwindung. Tagebücher und Aufzeichnungen aus dem Kriege, 58. – *Essays und Sammlungen:* In tormentis pinxit, Briefe und Bilder des Soldatenkönigs, 38; Der Soldatenkönig und die Stillen im Lande, 38; Der christliche Roman, 40; Nachspiel. Erzählungen, Essays und Gedichte, 60; Gast und Fremdling. Briefe, 61; Ziel der Zeit. Gesammelte Gedichte, 62.
Lit.: J. K. – R. Schneider: Eine Begegnung, 1956; K. Ihlenfeld: Freundschaft mit J. K., 67; R. Wentorf: Dichter der Kirche, 67; I. Jonas: J. K., 67. DW

Klíma, Ivan, * 14 9. 1931 Prag.

K. war als Kind drei Jahre im KZ Theresienstadt. Ab 1951 studierte er Bohemistik und Literaturwissenschaft an der Karlsuniv. (Diplomarbeit über Karel Čapek, als Monographie 1962 publiziert). Seit 1956 arbeitete K. als Lektor und als Redakteur bei verschiedenen Zeitschriften, zuletzt als maßgebliches Redaktionsmitglied der «Literarny listi» bis zu deren Verbot. K.s Rede auf dem IV. Tschechoslowakischen Schriftstellerkongreß folgte der Parteiausschluß. – Ende der 50er Jahre erschienen seine ersten Erzählungen; es folgten Reportagen über die Slowakei *Mezi třemi hranicemi* [Zwischen drei Grenzen], eine Reihe von Stücken und ein Roman. Ursprünglich an der tschechischen Moderne (Čapek, Vančura) orientiert, benutzt K. eine expressive, mitunter fragmentarische Sprache zur Darstellung eines alptraumhaften äußeren Lebens; von gesellschaftskritischer Agitation reichen seine Texte bis zu kafkaesken Mythen, so in dem vieldeutigen Schauspiel *Zámek* (Ein Schloß): Eine Reihe privilegierter Intellektueller in einem vom Staat enteigneten Schloß zelebrieren einen egoistischen Selbstkult und töten jeden Eindringling, der ihr Leben zu stören droht.

W.: Erz.: Bezvadný den, 1960; Milenci na jednu noc, 63. – *Reportagen:* Mezi třemi hranicemi, 60. – *Roman:* Hodina ticha, 63. –

Dramen: Zámek, 64 (dt. Ein Schloß); Mistr, 65; Klára a dva páni, Einakter, 68 (davon dt.: Klara und zwei Herren, Konditorei Myriam, Ein Bräutigam für Marcella); Porota, 69 (dt. Die Geschworenen); Doppelzimmer, 70 (tschech. Pokoj pro dva). – Ferner dt.: Liebende für eine Nacht – Liebende für einen Tag (Erz.). G. P. M.

Klíma, Ladislav, * 22. 8. 1878 Taus (Domažlice, Böhmen), † 19. 4. 1928 Prag.
K. wurde in seiner Jugend wegen antihabsburgischer Einstellung von der Schule verwiesen. Anfänglich schlug er sich mit Hilfe einer Erbschaft in Mondřany, der Schweiz und in Tirol, dann durch Unterstützung von Freunden oder in verschiedenen Berufen, meist in Prag, durchs Leben. Obwohl an Tuberkulose erkrankt, zerrüttete er bewußt durch sein Leben als Bohemien seine Gesundheit.
K.s dichterisches und philosophisches Schaffen weist in der großen Spannweite seiner Ausdruckskraft Alogisches und rein begriffliche Auseinandersetzung auf. In der Philosophie des «Existimismus» ist er ein originärer Vorläufer des modernen Existenzialismus; als sein poetisches Pendant gilt Lautréamont.

W.: Svět jako vědomi a nic, 1904 (Essays); Traktaty a diktáty, 22 (Philosophische Betrachtungen); Matěj Poctivý, 22 (Drama mit Arnošt Dvořák); Vteřina a věčnost, 27 (Essays); Utrpení knízete Sternenhocha, 28 (dt. Die Leiden des Fürsten Sternenhoch); Boi o vše, 42 (Tagebücher und Briefe).
G. P. M.

Kljujew, Nikolai Alexejewitsch (Kljuev, Nikolaj Alekseevič), * 1887 Vytegra (Gouv. Olonec), † August (?) 1937 Sibirien.
K., ein Bauernsohn, stammte aus dem Gebiet, in dem sich die russische Volkskultur am besten erhalten hatte. Als Sektierer durchwanderte er Rußland und kam bis Persien, möglicherweise auch nach Indien. (In seiner Dichtung taucht häufig das Motiv eines «weißen Indien» auf.) Anfang der 30er Jahre wurde er nach Sibirien verbannt.
K. wurde von den Symbolisten, die in seinen Gedichten Originalität erkannten, gefördert, so von Brjussow, der seinen ersten Gedichtband einführte, und besonders von Blok. In seiner Lyrik spürt man den Widerhall altrussischer geistlicher Lieder und Legenden, sowohl in der stark archaischen Sprache als auch im mystisch revolutionären Gedankengut. K. begrüßte zunächst die Oktoberrevolution, mißverstand sie aber als Sieg des Bauerntums über die städtische Zivilisation. Er galt als Reaktionär und seine späteren Werke zirkulierten nur noch handschriftlich.

W.: Sosen perezvon, 1912; Mednyj kit, 19; Pesnoslov, 19; Izbrannye pěsni, 20. – Werke, 2 Bde (russ.), hg. v. B. Filippov, N. Y., 54.
DW

Klossowski, Pierre, * 9. 8. 1905 Paris.
K., Sohn von Rilkes Freundin Baladine Klossowska (angeblich Sohn Rilkes), war mit Rilke und Gide befreundet, trat literarisch zuerst mit Hölderlin-Übersetzungen hervor, widmete sich von 1939 an für einige Jahre theologischen, insbesondere scholastischen Studien, war 1948—50 Mitarbeiter von Sartres «Les temps modernes». Als erstes Buch veröffentlichte er einen Essay über Sade, der ihn ebenso beeindruckt hat wie Nietzsche, wie auch der Manichäismus; Sade erscheint hier als primär antitheologischer Denker und als Theoretiker einer ständigen Revolte. Drei 1954—60 entstandene Prosawerke faßte er später zusammen zu dem Roman *Les lois de l'hospitalité*: er schildert den Versuch des Theologen Octave, sich seiner Frau Roberte, einer Atheistin und Sozialistin, seelisch zu bemächtigen, indem er ihr nicht nur Gäste und Geister als Liebhaber aufzwingt, sondern versucht, ihr Schuldgefühl zu injizieren; der Versuch scheitert, Roberte tötet Octave, läßt den Sterbenden aber noch bei einem Sexualakt zusehen. Die mehrfache variierende Wiederholung gleicher Motive in den Teilen des Romans, die Doppelgesichtigkeit von Sexualität, die als Entindividualisierung, aber auch als möglicher Weg zum Religiösen («Sünde» verlangt nach «Gnade») verstanden wird, die Unsicherheit der Identität der sich verwandelnden, in verschiedenen Gestalten erscheinenden Personen — dies ist für den Roman und für K. ebenso charakteristisch wie das Verständnis erschwerend. Auch in *Le Baphomet* verflechten sich Realität und Imagination, Sexualität und Theologie. Dieser Roman variiert ein historisches Thema aus dem 14. Jh., Grundmotiv ist hier der Herma-

phroditismus: die Templer verehren das zwiegeschlechtige Idol des «Baphomet»; es wird ein Ritualmord an einem schönen Knaben begangen; Menschen verwandeln sich in Tiere, Nietzsche tritt in Gestalt eines Ameisenbären auf. Den Stil K.s kennzeichnet die distanziert-kühle Beschreibung auch des Drastischen oder Phantastischen; die Kompositionsweise der Wechsel zwischen solchen Beschreibungen und ausgedehnten Diskussionen moralisch-theologischer Probleme. Das esoterische Werk K.s wurde mit dem von Villiers de l'Isle Adam und Huysmans verglichen. — Er übersetzte außer Hölderlin u. a. auch Werke von Hamann, Virgil, Paul Klee, Nietzsche, Kafka. K. schuf auch Zeichnungen, z. T. zu seinen Werken.

W.: Romane: La vocation suspendue, 50; Les lois de l'hospitalité, 65 (I.: La révocation de l'édit de Nantes, 59; II: Roberte ce soir, 54; III: Le souffleur, 60, dt. zus.: Die Gesetze der Gastfreundschaft); Le Baphomet, 65 (dt. Der B.). – *Essays:* Sade mon prochain, 47; Le bain de Diane, 56 (dt. Das Bad der Diana); Un si funeste désir, 63; Nietzsche et le cercle vicieux, 69.
Lit.: Marginalien: P. K. oder die Sprache des Körpers, 1966. RLL

Kluge, Alexander, * 14. 2. 1932 Halberstadt.
K. studierte Rechtswissenschaft, Geschichte und Kirchenmusik in Marburg und Frankfurt/M. (1956 Dr. jur.), war Produzent und Regisseur bei mehreren Kurzfilmen, ehe er 1962 mit Edgar Reitz das Institut für Filmgestaltung in Ulm aufbaute. Er ist als Schriftsteller und Rechtsanwalt tätig. Seit 1966 widmet sich K. vorwiegend der Regie von Spielfilmen; so errang er mit seinem zweiten Film *Die Artisten in der Zirkuskuppel: ratlos* einen internationalen Erfolg. – Sein Erzählband *Lebensläufe*, ein Versuch, sich kühl und kritisch mit der jüngeren Vergangenheit auseinanderzusetzen, besteht nach K. aus «Lebensläufen, teils erfunden, teils nicht erfunden», die den Einzelnen als Produkt seiner Familie, Umwelt und Erziehung erscheinen lassen. Vielfältige Dokumente dienen zur Schilderung exemplarischer Schicksale, die von der Selbstentfremdung des Deutschen zeugen sollen; die Gesamtheit aller Lebensläufe ergibt «eine traurige Geschichte», die der deutschen Misere. (Die Erzählung *Anita G.* wurde vom Autor als *Abschied von gestern* verfilmt.) In seinem Roman *Schlachtbeschreibung* schildert K. mit einer weiter entwickelten Verbindung von Dokumentarischem und Fiktivem den Untergang der 6. Armee vor Stalingrad («Das Buch beschreibt den organisatorischen Aufbau eines Unglücks».) Beide Werke sollen eine Art von Geschichtsschreibung darstellen.

W.: Die Universitätsselbstverwaltung, 1958 (Diss.); Kulturpolitik und Ausgabenkontrolle, 61 (mit H. Becker); Lebensläufe, 62; Schlachtbeschreibung, 66; Abschied von gestern, Protokoll, 67. – Textbuch: Die Artisten in der Zirkuskoppel: ratlos, 68.
R.-D. H.

Kluge, Kurt, * 29. 4. 1886 Leipzig, † 26. 7. 1940 Eben Emael bei Lüttich.
K. besuchte in Leipzig und Dresden die Kunstschule und wurde im Ersten Weltkrieg schwer verwundet; von 1921 bis zu seinem Tode war er Prof. für Erzplastik an der Akademie für bildende Künste in Berlin. – Als Erzähler trat K. erst spät hervor. Sein bekanntestes und anspruchsvollstes Werk ist der in der Nachfolge von Jean Paul und Raabe stehende humoristische Roman *Der Herr Kortüm,* dessen erstes und zweites Buch *Die silberne Windfahne* und *Das Flügelhaus* zuvor einzeln erschienen waren. Er erzählt in Episodenform von einem kauzigen ehemaligen Kapitän, der im Thüringer Wald ein Gasthaus eigener Art betreibt. Kortüm, der die Welt verbessern will und den närrischsten Illusionen nachhängt, zieht die verschiedenartigsten Menschen in seinen Bann; zum Schluß verschwindet er aus seinem Wirkungskreis und wird endlich als Planetoid am Himmel gesichtet.

W.: Romane: Der Glockengießer Christoph Mahr, 1934; Die silberne Windfahne, 34; Das Flügelhaus, 37; Der Herr Kortüm, 38; Die Zaubergeige, 40; Grevasalvas, 42. – *Novellen:* Die gefälschte Göttin, 35; Der Nonnenstein, 36; Nocturno, 39. – *Dramen:* Ewiges Volk, 33; Die Ausgrabung der Venus, 35; Das Gold von Orlas, 37. – *Briefauswahl:* Lebendiger Brunnen, hg. v. C. K. und M. Wackernagel, 52. – Die Sanduhr. Erz., Funk- und Filmtexte, Essays, Aufzeichnungen, hg. v. C. K. und H. Grothe, 66.
Lit.: K. K. zu seinem 70. Geburtstag, 1956;

H. Meyer: Der Sonderling in der deutschen Dichtung, 63. RLL

Klytschkow (eig. Leschenkow), Sergej Antonowitsch (Klyčkov, Sergej Antonovič), * 13. 7. 1889 Dubrovki b. Taldom, † 21. 1. 1940.

K. fand in Moskau Eingang in symbolistische Künstlerkreise und lebte einige Zeit in Italien. Als «Kulakendichter» von der Kritik verfemt, wurde er nach seiner Verhaftung (1938) ein Opfer des stalinistischen Terrors. – Seine eigenwillige neuromantische Lyrik schöpft ihre Motive aus der altrussischen Legendenwelt, der Natur und Folklore. Bedeutender sind seine sprachgewaltigen, oft volkstümlich stilisierten Erzählungen und Romane, die in loser Episodenfolge und meist ohne durchgehende Fabel Wirklichkeit und groteske Phantasie vermengen. In seiner Verherrlichung des alten Rußland und der Trauer über den Einbruch der Technik steht K. Jessenin und Kljujew nahe.

W.: Lyrik: Potaennyj sad, 1918; Domašnie pesni, 23. – *Romane:* Sacharnyj nemec, 25; Čertuchinskij balakir', 26; Knjaz' mira, 28. H. L.

Kneip, Jakob, * 24. 4. 1881 Morshausen (Hunsrück), † 14. 2. 1958 Mechernich (Eifel).

K. studierte zunächst in Trier Theologie, dann in Bonn, London und Paris Philologie und war hierauf als Studienrat tätig. Mit Josef Winckler und Vershofen gründete er den «Bund der Werkleute auf Haus Nyland» und gab mit diesen gemeinsam die Zeitschrift «Quadriga» (später «Nyland») heraus. K.s Werke, etwa seine Lyrik, die Romantrilogie *Porta nigra — Feuer vom Himmel — Der Apostel*, der heitere Roman aus dem Hunsrück *Hampit der Jäger* sind heimatgebunden und vom Katholizismus bestimmt; sie neigen zu einer Verklärung der Arbeit und des Lebens der Bauern.

W.: Lyrik: Wir drei, 1904 (mit Vershofen und Winckler); Ein deutsches Testament, 16; Bekenntnis, 17; Der lebendige Gott, 19; Bauernbrot, 34; Fülle des Lebens, 35; Der neue Morgen, 59. – *Erzählendes:* Hampit der Jäger, 27; Porta nigra, 32; Bergweihnacht, 33; Feuer vom Himmel, 36; Frau Regine, 42; Johanna, eine Tochter unserer Zeit, 54; Der Apostel, 55. – *Sonstige Prosa:* An Frankreich, 22; Das Reich Christi, 35; Das Siebengebirge, 41; Abendländische Entscheidung, 46; Botschaft an die Jugend, 47; Spiegelbild und Traum (autobiogr.), 50. RLL

Knittel, John (eig. Hermann K.), * 24. 3. 1891 Dharwar (Indien), † 26. 4. 1970 Maienfeld (Graubünden).

K., deutsch-schweizerischer Herkunft, war in seiner Jugend u. a. Bankbeamter, Kaufmann, Theaterbesitzer, unternahm große Reisen im Mittelmeerraum, gründete später in Ägypten ein Institut für orientalische Psychologie und gab viele Werke der europäischen Literaturen in arabischer Sprache heraus. Seine zwischen Problem- und Unterhaltungsroman stehenden Bücher popularisierten Themen wie: arabisch-französischer Konflikt (*Abd-el-Kader*), Elend in Ägypten (*El Hakim*; der Titelheld wird zum erfolgreichen Arzt), Mord und Sühne (*Therese Etienne*), Familientragödie in ländlichem Milieu (*Via mala*).

W.: The Travels of Aaron West, 1920 (dt. Kapitän West); A Traveller in the Night, 24 (dt. Der Weg durch die Nacht); Therese Etienne, 27; Der blaue Basalt, 29; Abd-el-Kader, 30; Der Commandant, 33; Via mala, 34; El Hakim, 36; Amadeus, 39; Terra Magna, 48; Jean Michel, 53; Arietta, 59. RLL

Kobayashi Takiji, * 26. 8. 1903 Shimo-Kawazoi (Akita), 20. 3. 1933 Tokio.

K. wurde als Student Sozialist. Sein erstes Werk *15. 3. 1928*, in dem er die Unterdrückung der japanischen Arbeiterbewegung und den Polizeiterror schildert, und der Roman *Kani-Kōsen* [Krabbenfang-Mutterschiff] wurden die bekanntesten Bücher der «Proletarischen Richtung». 1931 trat er der KP bei, wurde 1933 verhaftet und starb unter der Folter. — Leitmotive der Werke K.s. sind die Erlösung der Unterdrückten durch die Liebe, der Widerstandskampf und der Marxismus. K. gilt heute als früher Vertreter des sozialistischen Realismus in Japan.

W.: 15. 3. 1928, 1928; Kani-Kōsen, 29; Fuzai-jinushi, 29; Tenheiki no hitobito, 32–33; Tōseikatsuha (Fragment), 33. – Ges. Werke (japan.), 52. DW

König, Barbara, * 9. 10. 1925 Reichenberg (Nordböhmen).

Kurz vor dem Abitur 1944 von der Gestapo in «Schutzhaft» genommen, flüchtete B. K. nach den Wirren des Kriegsendes über die tschechische Grenze nach Selb. Sie wandte sich zunächst dem Journalismus zu, lebte 1950 ein Jahr in den USA und zog schließlich als freie Schriftstellerin nach München und später Dießen am Ammersee. – Nach dem 33. Lebensjahr erschienen B. K.s erste erzählerische Arbeiten, die sich zwischen Verschlüsselung und Realismus in der Schwebe hielten. Mit dem Roman *Die Personenperson,* in dem die Hauptfigur sich in eine Anzahl von Figuren aufspaltet, gelang ihr ein formal eigenartiges und mit der Sprache kühl balancierendes Prosawerk.

W.: Romane: Kies, 1961; Die Personenperson, 65. – *Erz.:* Das Kind und sein Schatten, 58; Spielerei bei Tage, 70. M. GD.

Koeppen, Wolfgang, * 23. 6. 1906 Greifswald.

K. studierte Theaterwissenschaft und Germanistik, war als Journalist, Dramaturg und Redakteur am Berliner «Börsen-Courier». Er unternahm ausgedehnte Reisen und hielt sich längere Zeit in den Niederlanden auf. — K. debütierte mit *Eine unglückliche Liebe*; der Roman schildert eine gefährdende Leidenschaft und höhlt die Großstadtbeschreibung durch traumartige und mystisch-archaische Darstellung aus. K.s Nachkriegsromane behalten, bei aller Wandlung zu Zeitkritik und Satire, grundlegende Momente des Frühwerks bei. *Tauben im Gras* formt abermals reale Dinge in mystische Zeichen um; in seiner Montagetechnik am Film, an Dos Passos und Döblin geschult, gibt K. ein Kaleidoskop kurzer Szenen aus einem einzigen Alltag im amerikanisch besetzten München. Wird die Wirklichkeit hier als sinnlos und unheimlich gesehen, so attackiert *Das Treibhaus* konkreter: im politischen Scheitern des sozialistischen Abgeordneten Keetenheuve dokumentiert sich die unaufhaltsame Restauration der Bundesrepublik. Phantasmagorische Darstellung und vehemente Polemik gegen den Neofaschismus gehen in *Der Tod in Rom* ihre für K.s Werk wohl bemerkenswerteste Vereinigung ein. K., der mit diesen Büchern sich vielen Angriffen aussetzte, wandte sich darauf der Gattung des Reise-Essays zu; in den Berichten über die UdSSR, die USA und Frankreich zeigt sich abermals die Besonderheit seines Stils. K. arbeitet seit längerer Zeit an einem neuen Roman.

W.: Romane: Eine unglückliche Liebe, 1934; Die Mauer schwankt, 35; Tauben im Gras, 51; Das Treibhaus, 53; Der Tod in Rom, 54; Ein Maskenball (gepl.). – *Reiseberichte:* Nach Rußland und anderswohin, 58; Amerikafahrt, 59; Reisen nach Frankreich, 61.
Lit.: W. Jens: Melancholie und Moral, 1963; M. Reich-Ranicki: Dt. Lit. in West und Ost, 63; ders.: Literarisches Leben in Dtld., 65; R. Döhl, in: Dt. Lit. seit 1945, 68. RLL

Koestler, Arthur (eig. Köstler), * 5. 9. 1905 Budapest.

K., Sohn eines Ungarn und einer Österreicherin, wuchs in Ungarn, Österreich und in Deutschland auf. Seine Werke verfaßte er bis zum siebzehnten Lebensjahr in ungarischer Sprache; erst danach schrieb er sie auf deutsch. Seit 1940 schreibt er englisch, zumal er vorwiegend in London lebt. — Sein Ingenieurstudium an der TH in Wien (1922—26) brach er kurz vor dem Staatsexamen ab: er verbrannte sein Studienbuch und ging als Landstreicher nach Palästina. Nach Tätigkeiten dort als Kibbuzmitglied, Architekt und Limonadenverkäufer wurde er plötzlich Auslandskorrespondent (später auch wissenschaftlicher Korrespondent und Berater) beim Ullsteinverlag und verbrachte die Jahre 1926—31 in dieser Eigenschaft im Nahen Osten, Paris und Berlin. Sein leidenschaftlicher Einsatz für die zionistische Bewegung drückt sich literarisch vor allem in zwei Büchern aus: In *Promise and Fulfilment,* wo er den Kampf in den Jahren 1919 bis 1949 um eine Heimat für das jüdische Volk im klaren Überblick darstellt, und in dem Roman *Thieves in the Night,* dessen Titel auf ein Bibelwort zurückzuführen ist. — Sommer 1931 begleitete K. als einziger Korrespondent Graf Zeppelin auf seinem Nordpolflug. Ende 1931 trat er der Kommunistischen Partei bei. Dieser Wendepunkt sowohl wie seine späteren Enttäuschungen über den Kommunismus und sein Austritt 1937 aus der Partei sind in knapper Form in seinem Beitrag zu dem Buch *The God that Failed* zusammengefaßt. Eine detaillierte Ausführung dieser Episode findet sich im Schlußteil des ersten Bandes seiner

Autobiographie, *Arrow in the Blue* und ist Hauptthema des zweiten Bandes, *The Invisible Writing.* Vor allem aber bestimmte sie sein berühmtestes Werk, den politischen Roman *Darkness at Noon.* Anlaß dieses Werkes waren die Moskauer Prozesse der 30er Jahre. Diese Geschichte eines alten Bolschewiken, Rubaschow, der einst mit der «Nr. 1» in der Partei gut stand, nun aber im Gefängnis gezwungen wird, Verbrechen einzugestehen, die er nie begangen hat (K. war selber dreimal inhaftiert und während des Spanischen Bürgerkrieges drei Monate in Einzelhaft unter Todesurteil), bringt Einsichten in die Psychologie des Gefangenen; diskutiert werden die Frage des Verhältnisses von Mittel und Zweck im politischen Bereich, der historische Positivismus, Liebe und Schuld, endlich die der Logik und Vernunft gesetzten Grenzen in persönlichen und politischen Beziehungen.

In *The Sleepwalkers* suchte K. das sich wandelnde Bild des Universums von den Babyloniern bis Newton darzustellen, wobei eine Beschreibung der Entdeckungen großer Astronomen wie Kopernikus, Kepler und Galilei die zentrale Stelle einnimmt. K.s lebenslanges Interesse für die Psychologie des Entdeckungsprozesses, die hier stark zu spüren ist, wird in *The Act of Creation* zum Hauptthema: hier behauptet er eine Ähnlichkeit der Ursprünge des Humors, der Wissenschaft und der Kunst. Wie aus dem Symposion «Beyond Reductionism» (1970 hg. mit John Smythies) hervorgeht, lehnt K. besonders die Art des Denkens ab, die man Reduktionismus nennt und die immer durch die Worte «nichts als» gekennzeichnet wird, so z. B. in Sätzen wie «Der Mensch ist nichts als ein nackter Affe (Computer, biochemisches System)». Schon die Titel vieler seiner Werke, wie der politische Roman *Arrival and Departure,* der Studien *Insight and Outlook* und *The Lotus and the Robot* zeigen, wie bedacht K. anscheinend auseinanderliegende Bereiche zusammenbringt. In dem Essayband *The Yogi and the Commissar* sucht er daher nach der Möglichkeit einer Synthese zwischen dem Religiösen und dem Politischen, «zwischen dem Heiligen und dem Revolutionär». Seinen Abschied von politischer Polemik kündete K. schon 1955 in *The Trail of the Dinosaur* an mit den Worten: «Kassandra ist heiser geworden; lasset andere den Kampf fortsetzen.» Seitdem beschäftigt sich K. immer mehr nicht nur mit Fragen religiöser Art, sondern vor allem mit Klärungen naturwissenschaftlicher Probleme für nichtnaturwissenschaftliche Leser. *The Ghost in the Machine* ist eine Kritik der Thesen der Verhaltenspsychologie, die er als «eine kommissarische Art des Psychologierens» betrachtet. Seine im selben Buch untergebrachte Andeutung, der Mensch sei eine Art Fehler in dem Evolutionsprozeß, ist nicht zu pessimistisch aufzunehmen: in einem 1970 gegebenen Interview äußerte K. die Hoffnung, daß bevorstehende Entdeckungen in der Neuropsychopharmakologie unsere allzu «mangelnde Mutation» noch korrigieren werden.

W.: Romane: The Gladiators, 1939 (dt. Die Gladiatoren); Darkness at Noon, 40 (dt. Sonnenfinsternis); Arrival and Departure, 43 (dt. Ein Mann springt in die Tiefe); Thieves in the Night, 46 (dt. Diebe in der Nacht); The Age of Longing, 51 (dt. Gottes Thron steht leer). – *Essays, autobiogr. Schriften:* Ein spanisches Testament, 38 (daraus Ausw.: Dialogue With Death, 42); Scum of the Earth, 41; The Yogi and the Commissar, 45 (dt. Der Yogi u. der Kommissar); Promise and Fulfilment: Palestine 1917–49, 49; The God that Failed, 49 (mit anderen Autoren); Inside and Outlook, 49; Arrow in the Blue, 52 (dt. Der Pfeil ins Blaue); The Invisible Writing, 54 (dt. Die Geheimschrift); The Trail of the Dinosaur, 55; Reflections on Hanging, 56; The Sleepwalkers, 59 (dt. Die Nachtwandler); The Lotus and the Robot, 60 (dt. Von Heiligen und Automaten); The Act of Creation, 64 (dt. Der göttliche Funke); The Ghost in the Machine, 68 (dt. Das Gespenst in der Maschine). – Works, 65 ff. – Neufassg. der autobiogr. Schriften dt.: Frühe Empörung; Abschaum der Erde. Ges. autobiogr. Schriften, 2. Bd., 71.

Lit.: J. Atkins: A. K. 1956; P. A. Huber: A. K., 62. R. H.

Kohout, Pavel, * 20. 7. 1928 Prag.

K. studierte an der Philosophischen Fakultät der Karlsuniv., war 1949/50 Kulturattaché in Moskau und arbeitete als Journalist bei Rundfunk, Fernsehen, Zeitungen und Zeitschriften.

K. begann als typischer Vertreter der Literatur der Stalin-Ära mit Versen, die naive Vorstellungen vom Leben im sozialistischen Staat entwickelten. Dann entstanden Dramen, die Konflikte junger Menschen behandeln, vor allem *Taková láska* (So eine Liebe), das in Ost- und Westeuropa großen Erfolg hatte: In einer imaginären Gerichtsverhandlung und in Rückblenden wird die Vorgeschichte des Selbstmords der Jurastudentin Lydia entrollt. K. dramatisierte auch einige berühmte Vorlagen: *Cesta kolem svêta za 80 daí* (Reise um die Erde in 80 Tagen), das die Handlung des Romans von Jules Verne anachronistisch verfremdet; *Válka s mloky* [Krieg mit den Molchen], nach Karel Čapek, *Josef Švejk*, nach Jaroslav Hašek. *August, August, August* ist eine Komödie, in der sich vor dem Hintergrund einer Zirkusvorstellung in der Manege ein Kampf um die Verwirklichung der Träume der Menschheit abspielt.

W.: Lyrik: Dobrá píseň, 1952; Verše a písně, 52; Cas lásky a boje, 54. – *Dramen:* Zářivojé noci, 55; Sbohem smutku, 57; Takova láska, 57 (dt. So eine Liebe); Říkali mi soudruhu, 61; Cesta kolem světa za 80 daí, 62 (dt. Reise um die Erde in 80 Tagen); Válka s mloky, 63; Josef Švejk, 63 (dt. Josef Schwejk oder Sie haben uns den Ferdinand erschlagen); Dvanáct, 63; August, August, August, 67 (dt. ebs.). – Ferner dt. (aus dem Ms. übersetzt): Briefe über die Grenze (Briefwechsel mit G. Grass); Tagebuch eines Konterrevolutionärs; Weißbuch in Sachen Adam Juracek ... Kontra Sir Isaac Newton ...; Evol, 70 (Drama); Krieg im 3. Stock, 71 (Drama). DW

Kokoschka, Oskar, * 1. 3. 1886 Pöchlarn/Donau.

K., der aus einer Prager Künstlerfamilie stammt, verbrachte Kindheit und Jugend in Wien. Er war kurze Zeit Mitglied des «Sturm»-Kreises in Berlin, nahm am Ersten Weltkrieg teil und war von 1918–24 Prof. an der Kunstakademie in Dresden. Nach Aufenthalten in Wien und Prag mußte K. 1938 nach England emigrieren. Seit 1954 lebt er in Villeneuve am Genfer See.

K. hat in seiner künstlerischen Frühzeit ekstatisch-visionäre Dramen im Stil des Expressionismus geschrieben, häufig auch selbst inszeniert, die ohne logische und kausale Handlungsverknüpfung bildstarke, emotionelle Phantasien in ausdrucksvoller Sprache wiedergeben. *Mörder, Hoffnung der Frauen,* im mythischen Altertum spielend, deutet die Polarität der Geschlechter als «Grundproblematik des Seins», ein Thema, das auch in anderen Stücken K.s wiederkehrt *(Hiob).* Daß K. vor allem Maler ist, zeigt seine Vorliebe für Licht- und Farbwirkungen. K. schrieb außerdem Erzählungen voll phantastischer Assoziationen und reimlose Lyrik.

W.: Dramen: Mörder, Hoffnung der Frauen, 1910; Der brennende Dornbusch, 13; Hiob, 17 (2 ältere Fassungen: Sphinx und Strohmann); Orpheus und Eurydike, 19. – *Vers-erz., Prosa u. a.:* Die träumenden Knaben, 07; Der weiße Tiertöter, 08; Der gefesselte Kolumbus, 20; Spur im Treibsand, 56. – Dramen u. Bilder, 13; Vier Dramen, 19; O. K. Schriften 1907–55, hg. v. H. M. Wingler, 56. – Mein Leben, 71.

Lit.: J. P. Hodin: Bekenntnis zu K., 1963; H. M. Wingler: O. K. Ein Lebensbild 66; R. Brandt: Figurationen und Kompositionen in den Dramen O. K.s, 68. DW

Kołakowski, Leszek, * 23. 10. 1927 Radom.

K. war einer der geistigen Anreger des «polnischen Oktobers» von 1956, stritt für neues unautoritäres Selbstverständnis in der KP und dominierte im Diskussionsblatt der jungen Linksintellektuellen «Po prostu», das schon 1957 gesperrt wurde. K. war 1958 Mitbegründer und kurz Chefredakteur der Zeitschrift «Studia filozoficzne», wurde 1959 Vorstand des Instituts für Philosophie der Neuzeit an der Univ. Warschau und 1964 Prof. 1966 sprach K. vor der Studentenschaft zur Zehnjahresfeier des «polnischen Oktobers»: unter erneutem Systemdruck bestehe kein Grund zum Feiern. Daraufhin wurde er aus der Partei ausgeschlossen. Lehrstuhl und Universitätsarbeit wurden ihm, als dem Idol und Erzieher der jungen intellektuellen Opposition, während der Märzunruhen 1968 weggenommen. K. ging 1968 nach Amerika; seit 1970 lehrte er an der Universität von Oxford.

K., Vertreter eines rationalistisch-skeptischen Denkens, lehnte für sich die Alternative, Marxist zu sein oder nicht zu sein, ab; Marxismus gilt dem Dialektiker K. als sozialwissenschaftliche Methode, der erstarrte Marxismus wird kritisiert. Er behandelt in seinen Werken die Gegensätze Orthodoxie und Häresie, Endgültigkeitsanspruch und individualistische Gegenbewegung. Oft knüpft er an Motive aus Theologie- und Religionsgeschichte an (doch auch solche der Existenzphilosophie finden sich): Welterklärungen sind ins Theologische weiterprojizierbar, und in der Gesellschaft erfüllen mit Verdammungsstrafen sanktionierte Ideologien eine religiöse Funktion. An der Grenze zur Poesie, in Parabeln, Monologen, Dramen, fingierten Kirchenlehrer-Traktaten, äußert K. am reinsten seine Sicht des menschlichen Dilemmas. Im Ersehnen endgültiger Antworten und Autoritäten sieht K. zwar menschliche Naturnotwendigkeit; er fordert jedoch (in: «Twórczość» 10, 1959) negatives Philosophieren, das Resultate nicht einmal anstrebt, nur Sanktioniertes und Gesichertes angreift.

W.: Szkice o filozofii katolickiej, 1955; Wykłady o filozofii średniowiecznej, 56; Światopogląd a zycie codzienne, 57; Jednostka i nieskończoność, 58 (über Spinoza); Filozofia XVII wieku, 59; Filozofia i socjologia XX wieku, 61; Wygnani z raju, in: Dialog 6, 61 (Drama); Notatki o współczesnej kontrreformacji, 62; 13 bajek z królestwa Lailonii dla duzych i małych, 63 (Parabeln); Rozmowy z diabłem, 63 (Parabeln u. Dialoge); Klucz niebieski albo Opowieści budujące z historii świetej zebrane ku pouczeniu i przestrodze, 64 (Parabeln zu bibl. Motiven); System księdza Jensena albo Wejście i wyście, Drama, in: Dialog 6, 65; Żebrak i ładna dziewczyna, Drama, in: Dialog 11, 65; Świadomość religijna i więź kościelna, 65; Filosofia egzystencjalna, 65 (kommentierte Anthologie westl. existenzphilosoph. Texte); Filosofia pozytywistyczna, 66; Kultura i fetysze, 67. – In dt. Übers.: Der Mensch ohne Alternative. Von der Möglichkeit und Unmöglichkeit, Marxist zu sein; Der Himmelsschlüssel (Parabeln aus: 13 bajek ... u.: Klucz niebieski ...). Traktat über die Sterblichkeit der Vernunft (philosoph. Essay); Gespräche mit dem Teufel (Dramen u. «Rozmowy z diabłem»); Ist der verstehende Materialismus möglich?, in: Festschr. z. 80. Geburtstag von G. Lukács, 66; Was ist nicht Sozialismus, in: Neues Forum 166, 67 (berühmter Manifest-Text); Geist und Ungeist christl. Tradition; Die positivistische Philosophie.
Lit.: G. Bartsch, in: Osteuropa 5 u. 6, 1965; Filozofia posytywistyczna – dyskusja nad książką K., in: Studia filozoficzne 2, 67; Z. Jordan, in: Kultura 3, Paris 67. G. Schwan: L. K. – eine marxistische Philosophie der Freiheit, 71. DW

Kolar, Slavko, * 1. 12. 1891 Palešnik, † 15. 9. 1963 Agram.
K. war während des Krieges bei den Partisanen. Von 1946 an lebte er als freier Schriftsteller in Zagreb. — Nach einer ersten humoristischen Novellensammlung unter dem Einfluß von Nušić und Sremac fand K. mit der preisgekrönten Novelle *Breza* (Die Birke) zu eigener Ausdrucksform. In den nun folgenden Erzählungen schilderte er das bäuerliche und kleinbürgerliche Leben seiner engeren Heimat, wobei er als scharfer Beobachter die Alltagssorgen der Menschen mit Humor und Verständnis festhielt. Der anschauliche, volksverbundene Realismus, der präzise formale Ausdruck machten ihn zum vielgelesenen modernen kroatischen Erzähler.

W.: Erz.: Nasmijane pripoijesti, 1917; Breza, 28 (dt. Die Birke); Ili jesmo ili nismo, 33; Mi smo za pravicu, 36; Perom i drljačom, 38; Natrag u naftalin, 46; Pobuna viteza Joze, 48; Domobranska epizoda, 47; Glavno da je kapa na glavi, 56; Petrica Kerempuh, 57; Luda kuća, 58 (dt. Das Narrenhaus); Čovjek od vijeći, 60; Čist posao ili dobri čovjek iz Zagreba, 61. – Ferner Dramen, Jugendbücher. – Werke, 58 und 65. – Dt. Auswahl: Der Herr seines Leibes; Die Hochzeit des Imbra Futai (Erz.). DW

Kolb, Annette (eig. Anne Mathilde K.), * 2. 2. 1875 München, † 3. 12. 1967 ebd.
K., Tochter eines Müncheners und einer Pariserin, wuchs in München auf, trat im Ersten Weltkrieg von der Schweiz aus aktiv für den Frieden ein, emigrierte 1933 nach Frankreich, 1940 in die USA und kehrte 1945 nach Europa zurück, wo sie in München und Paris lebte. – K. hat sich zeitlebens für einen Ausgleich zwischen Deutschland und Frankreich eingesetzt, vor allem in ihren Essays, von denen *Briefe einer Deutschfranzösin*, im Ersten Weltkrieg erschienen, vehement jede Form von Pangermanismus und Panromanismus angreifen. Die feinfühlige Literatin, die ihre Liebe zur Musik in Biographien über Komponisten bezeugte, beschwor in ihren Romanen die süddeutsche Vorkriegswelt ihrer eigenen Kindheit. *Daphne Herbst*, in der Münchener Hofgesellschaft vor 1914 spielend, will gegen Standesdenken den Wert des inneren Adels ins Recht setzen. Noch stärker von autobiographischen Elemen-

ten durchzogen ist der Roman *Die Schaukel*. Die Sammlung *Blätter in den Wind* enthält Prosastücke, die das ganze Leben und Denken K.s umreißen; hier wird auch ihr zur Mystik neigender Katholizismus am deutlichsten.

W.: Essays: Kurze Aufsätze, 1899; Sieben Studien, 1906; Wege und Umwege, 14; Briefe einer Deutschfranzösin, 16; Versuch über Briand, 29; Kleine Fanfare, 30; Beschwerdebuch, 32. – *Romane u. Erz.:* Das Exemplar, 13; Wera Njedin, 25; Spitzbögen, 25; Daphne Herbst, 28; Die Schaukel, 34. – *Tagebücher:* Zarastro. Westliche Tage, 22; Glückliche Reise, 40. – *Erinnerungen:* Festspieltage in Salzburg und Abschied von Österreich, 50; Memento, 60; 1907–1964. Zeitbilder, 64. – *Biographien:* Mozart, 37; Franz Schubert, 41; König Ludwig II. und Richard Wagner, 47. – Auswahl: Blätter in den Wind, 54.
Lit.: H. Gumpel: A. K., 1938; L. Rinser, in: Frankfurter Hefte, 55; E. Benyoetz: A. K. und Israel, 69; D. Rauenhorst: A. K., 69; A.-K.-Bibliographie, hg. R. Lemp, 69. RLL

Kolbenheyer, Erwin Guido, * 30. 12. 1878 Budapest, † 12. 4. 1962 München-Solln.
K., Sohn eines ungardeutschen Architekten, studierte in Wien Philosophie, Psychologie und Naturwissenschaften. 1905 promovierte er zum Dr. phil., 1926 wurde ihm der Dr. med. h. c. zugesprochen. Wegen seiner Kontakte zum Nationalsozialismus — nach seinem Auftreten 1933 in der Preußischen Dichterakademie charakterisierte Loerke ihn als «hohlen, üblen Radaubruder» – wurde er 1948 als «Belasteter» eingestuft (1950 jedoch zum «Minderbelasteten» erklärt).
K.s Spinoza-Roman *Amor Dei*, die *Paracelsus*-Trilogie und der in der Zeit Jakob Böhmes spielende *Meister Joachim Pausewang* beschwören die Vergangenheit in einer Sprache, die sich an der Bildhaftigkeit und am Tonfall des Lutherdeutsch orientiert. Aber hinter K.s Interpretation des deutschen 16. Jhs. steht seine eigene biologistisch-nationalistische Weltanschauung, die er auch theoretisch als *Bauhüttenphilosophie* formuliert hat. Indem er den Prozeß der Loslösung aus den mittelalterlich-christlichen Dogmen gestaltet, greift er auf nordisch-germanische Vorstellungen zurück, die, mit Elementen der Mystik verbunden, in die Konzeption einer vitalistischen Philosophie münden: das schöpferisch Lebendige, die «Rasse», das «Plasma» habe sich zu entwickeln.

W.: Romane: Amor Dei, 1908; Meister Joachim Pausewang, 10; Montsalvasch, 12; Trilogie: Die Kindheit des Paracelsus, 17, Das Gestirn des Paracelsus, 22, Das dritte Reich des Paracelsus, 26 (als: Paracelsus, 3 Bde, 27/28); Das gottgelobte Herz, 38. – *Erz.:* Ahalibama, 13; Drei Legenden, 23; Die Begegnung auf dem Riesengebirge, 32; Klaas Y, der große Neutrale, 36. – *Dramen:* Jagt ihn – ein Mensch, 31; Das Gesetz in dir, 31; Gregor und Heinrich, 34; Menschen und Götter, 44. – *Lyrik:* Der Dornbusch brennt, 22; Lyrisches Brevier, 29; Vox humana, 40. – *Essays:* Die Bauhütte. Elemente einer Metaphysik der Gegenwart, 25; Bauhüttenphilosophie, 42; Metaphysica viva, 60. – *Autobiographisches:* Sebastian Karst über sein Leben und seine Zeit, 3 Bde, 57/58. – Ges. Werke in 8 Bden, 39–41; Gesamtausgabe, 14 Bde, 57 ff. RLL

Kolmar, Gertrud (eig. G. Chodziesner), * 10. 12. 1894 Berlin, † (?) 1943.
G. K., Tochter eines jüdischen Rechtsanwaltes aus Kolmar bei Posen, studierte Sprachen und war zeitweilig Erzieherin von taubstummen Kindern. Obwohl sie in Berlin lebte, blieb sie jedem Literaturbetrieb fern. 1943 wurde sie verschleppt und ist seither verschollen.
G. K.s literarisches Werk, Gedichte, Dramen und erzählende Prosa, ist nur schmal. Bedeutung hat vor allem ihre Lyrik. Alle ihre Gedichte sind von Sehnsucht, Einsamkeit und Naturnähe geprägt; Hauptthemen sind neben der Natur das innige Verhältnis zum Tier und zum ungeborenen Kind (*Die Frau und die Tiere*). Daneben stehen Gedichte auf Wappen (*Preußische Wappen*), die für sie Symbole für Geschichte und Schicksal waren, ein Zyklus auf Robespierre, den sie als Märtyrer der Gerechtigkeit feierte, und der Zyklus *Welten*, in reimlosen Langzeilen, während G. K. sonst regelmäßig gegliederte Reimstrophen bevorzugte.

W.: Lyrik: Gedichte, 1917; Preußische Wappen, 34; Die Frau und die Tiere, 38; Welten, 47; Tag- und Tierträume, 63 (Auswahl). – *Prosa:* Eine Mutter (Erz.), 65; Briefe an die Schwester (1938–1943), 70. – Das lyrische Werk, 55 (erweit. 60).
Lit.: R. Kayser, in: The German Quarterly 33, 60. DW

Kommerell, Max, * 25. 2. 1902 Münsingen, † 25. 7. 1944 Marburg.
K. geriet nach anfänglicher Begeisterung für die pädagogischen Reformideen Wynekens und Blühers ein Jahrzehnt lang in den Einflußbereich Georges, der ihn als Nachlaßverwalter vorgesehen hatte. K. entzog sich jedoch diesem Machtanspruch; mit der Wahl seiner Antrittsvorlesung an der Frankfurter Univ. über Hofmannsthal (1930), den Antipoden Georges, war die Entscheidung gefallen. Später wurde er Prof. in Marburg. – Seine Arbeiten sind von großer Vielfalt; er hatte jedoch zur Literatur seiner Zeitgenossen kein Verhältnis, wie er auch eine völlig unpolitische Natur war; so wird ihm heute z. T. vorgeworfen, daß er mit seinem Buch *Der Dichter als Führer in der deutschen Klassik* programmatisch die Dichtungstheorie der präfaschistischen Germanistik formuliert habe. K.s spätere Arbeiten zeigen ihn jedoch auf dem Weg zu moderner Textinterpretation. K.s dichterisches Werk umfaßt Gedichte, Dramen, die *Kasperlespiele für große Leute* – hintergründig heitere, vom schwäbischen Idiom lebende Stücke für Marionettentheater – einen nachgelassenen Roman, von dem 13 Kapitel erhalten sind: die Handlung spielt irgendwann zwischen Renaissance und Barock in einem Tal des spanischen Hochgebirges, wohin sich adlige Damen und Herren zurückgezogen haben, um sich in Schäferspielen von der Naturferne des höfischen Zeremoniells zu erholen. K. wollte mit dieser Schilderung wohl auch die Vorgänge im George-Kreis symbolisch darstellen. – K. übersetzte antike Chorlieder, Sonette von Michelangelo und Dramen Calderóns.

W.: Essays: Der Dichter als Führer in der deutschen Klassik, 1928; H. v. Hofmannsthal, 30; Jean Paul, 33, [4]66; Schiller, 34; Lessing und Aristoteles, 40; Geist und Buchstabe der Dichtung, 40, [5]62; Gedanken über Gedichte, 43; Beiträge zu einem deutschen Calderon, 2 Bde, 48 (2. Bd. Übertragungen); Dichterische Welterfahrung, 52; Dame Dichterin, 67. – *Lyrik:* Leichte Lieder, 31; Das letzte Lied, 33; Dichterisches Tagebuch, 35; Mein Anteil, 38; Die Lebenszeiten, 41; Mit gleichsam chinesischem Pinsel, 46. – *Theaterstücke:* Das Kaiserliche Blut, 38; Die Gefangenen, 48; Kasperlespiele für große Leute, 48. – *Erz.:* Der Lampenschirm aus den drei Taschentüchern, 40; Hieronyma, 54. – Briefe und Aufzeichnungen 1919–44, hg. v. I. Jens, 67; Essays, Notizen, poet. Fragmente, hg. I. Jens, 69.
Lit.: H. E. Holthusen: Das Schöne und das Wahre, 1958. S. H.

Konwicki, Tadeusz, * 22. 6. 1926 Nowa Wilejka (Wilnagebiet).
K., ein Arbeitersohn, war im Krieg Hilfsarbeiter, Untergrund-Gymnasiast und Partisan. Ab 1946 arbeitete er in Krakau und später in Warschau bei Literaturzeitschriften, seit 1957 ist er freiberuflich tätig.
K. ist der repräsentative Epiker seiner Generation. Sein 1948 entstandenes Frühwerk *Rojsty* [Moor] zeigt die jungen Partisanen von Wilna, die auch gegen die Sowjetmacht weiterkämpften, ein Thema, das neben anderen Handlungsfäden in *Władza* [Die Macht] wiederkehrt. *Z oblężonego miasta* [Aus der belagerten Stadt] schildert die Nachkriegswirren dieser Generation, *Dziura w niebie* [Ein Loch im Himmel] die Kindheitsgeschichte im Wilnagebiet mit seinen Grenzland-Antagonismen. Bewußt verdunkelt ist die Handlung von *Sennik współczesny* (Modernes Traumbuch): Der Erzähler kommt in ein abgelegenes rückständiges Dorf, seine Erlebnisse dort und die in seinen Träumen und Erinnerungen beschworene Vergangenheit, Krieg und Partisanenzeit, ergeben ein traumhaft verzerrtes Bild des Ganzen. Von ähnlicher Art ist der Film *Salto* über einen geheimnisvollen politischen Verfolgten.

W.: Romane: Rojsty, 1956; Przy Budowie, 50 (dt. Die neue Strecke); Władza, 54; Z oblężonego miasta, 56; Dziura w niebie, 59; Sennik wspołczesny, 63 (dt. Modernes Traumbuch); Wniebowstąpienie, 67. – *Novellen:* Godzina smutku, 54; Klucz, 54 (1. Auflage als: Powrót). – *Filme:* Matka Joanna od Aniołow, 61 (nach J. Iwaszkiewicz); Salto, 64; Matura, 66 (Prosatext dt. in: Monatsschrift Polen 4, 66); Ostatni dzień lata, 66. – Ferner dt.: Korporal Koziolek und ich, in: Polnische Prosa des 20. Jhs. II. DW

Kopit, Arthur L., * 10. 5. 1937 New York.
K. studierte in Harvard, wo er viele seiner ersten Stücke schrieb und aufführte, so auch *Oh, Dad, Poor Dad, Mamma's Hung You in the Closet and I'm Feeling so Sad,* das ihn international bekannt-

machte. Das Stück ist eine farcenhafte Phantasie über eine tyrannische Mutter, die alle Versuche ihres von ihr als Kind behandelten schwachen Sohnes zum Ausbruch aus seiner Situation brutal erstickt. Im ganzen handelt es sich hier um eine Parodie auf die ihre Männer entmännlichende amerikanische Frau. 8 Jahre später war K. mit *Indians* (Regie: Gelber) international erfolgreich. Es ist eine Mischung aus Show, absurder Komödie und politischer Tragödie der Gegenwart und versucht die Wurzeln der schrecklichen Katastrophe darzulegen, die der Krieg in Vietnam sowohl für die Vietnamesen als auch für die Amerikaner ist. Dies wird am Beispiel der fast totalen Vernichtung der Indianer in Amerika, nachvollzogen in Buffalo Bills Wild-West-Show, gezeigt, wobei Cody das Urbild des Liberalen ist, der sich unwillentlich schuldig weiß, aber nichts zu ändern vermag.

W.: Dramen: Sing to Me Through Open Windows, 1959 (dt. Sing zu mir durchs offene Fenster); Oh, Dad, Poor Dad, Mamma's Hung You in the Closet and I'm Feeling so Sad, 60 (dt. O Vater, armer Vater, Mutter hängt dich in den Schrank und ich bin ganz krank); The Day the Whores Came Out to Play Tennis, 65 (dt. Als die Huren auszogen, um Tennis zu spielen); Chamber Music, 65 (dt. Kammermusik); Indians, 68 (dt. Indianer).
Lit.: M. Esslin: Das Theater des Absurden, 1964; A. Lewis: American Plays and Playwrights, 65. W.-D. W.

Kops, Bernard, * 28. 11. 1926 London.
K., Sohn jüdischer Arbeiter, ging mit 13 von der Schule ab und wandte sich nach Ausübung verschiedener Berufe dem Theater zu. Sein erstes Stück, *The Hamlet of Stepney Green,* das wie fast alle seine Werke auf jüdischem Leben und jüdischer Folklore basiert, ist eine komische Variation des Hamlet-Themas. Seine nächsten Stücke führten die Thematik des rebellierenden jungen Juden fort. Seine letzten Stücke zeigen eine neue, unsentimentale Reife in Stil und Inhalt.

W.: Dramen: The Hamlet of Stepney Green, 1956; Goodbye World, 59; Change for the Angel, 60; The Dream of Peter Mann, 61; Enter Solly Gold, 62. – Gedichte, Hör- und TV-Spiele, Roman, Autobiographie.
Lit.: J. R. Taylor: Zorniges Theater, 1965. W.-D. W.

Kornfeld, Paul, * 11. 12. 1889 Prag, † 1942 KZ Lodz.
K. verbrachte seine Schulzeit und Jugend in Prag, gehörte zum Prager Dichterkreis mit F. Werfel, F. Kafka, M. Brod, O. Baum und Willy Haas. 1916 übersiedelte er nach Frankfurt/M., 1925 ging er nach Berlin, wo er — mit einem Jahr Unterbrechung als Dramaturg in Darmstadt — bis 1933 blieb. Um als Jude der Verfolgung Hitlers zu entgehen, zog er sich nach Prag zurück, wurde aber 1941 aus seinem Versteck in das Vernichtungslager Lodz deportiert.
K. begann als expressionistischer Dramatiker mit lyrisch-ekstatischen Dramen. Das erste *Die Verführung,* geschrieben 1913, uraufgeführt 1916 in Frankfurt, verhalf dem Expressionismus zum Durchbruch. In eruptivem pathetischem Sprachstil stellt K. den Menschen der Seele dar, der aus Schmerz und Haß einen Durchschnittsbürger, einen Diesseitigen, ermordet. Durch die Liebe eines Mädchens wird er zum Leben verführt, aber schließlich selbst umgebracht. Demgegenüber ist das zweite spezifisch expressionistische Seelendrama *Himmel und Hölle,* geschrieben 1918, uraufgeführt 1920 in Berlin, ein Erlösungsschauspiel. In K.'s Programmschrift *Der beseelte und der psychologische Mensch* (ein Teil ist als *Nachwort an den Schauspieler* in der *Verführung* abgedruckt) sind wichtige Proklamationen des Expressionismus für Menschen- und Kunstauffassung enthalten. Durch die politischen Enttäuschungen nach dem Ersten Weltkrieg sah sich K. zu schlichteren Komödien veranlaßt. In *Kilian oder Die gelbe Rose* hat er seine eigene spiritistische Prager Vergangenheit (Séancen mit Werfel, Kafka, Brod) ironisiert. Im Prager Exil schrieb er den an Stifter orientierten Roman *Blanche,* der mit redaktionellen Eingriffen posthum erschien. Er spiegelt das pessimistische Bild einer am Leben scheiternden Träumerin.

W.: Dramen: Die Verführung. Eine Tragödie, 1916; Himmel und Hölle, 19; Der ewige Traum, 22; Palme oder Der Gekränkte, 24; Sakuntala (nach Kalidasa), 25; Kilian oder Die gelbe Rose, 26; Jud Süß, 31. – *Roman:* Blanche oder Das Atelier im Garten, 57. – *Erz.:* Legende, 16; Die Begegnung, 17. – *Essay:* Der beseelte und der psychologische

Mensch, 16–18. – 32 Aufsätze in: Das Tagebuch, 28–31.
Lit.: M. Maren-Grisebach: Weltanschauung und Kunstform im Frühwerk P. K.s, Diss. Hamburg 1960. M. M.-G.

Kosinski, Jerzy, * 14. 6. 1933 Lodz.
K. studierte in Warschau, war 1955—57 Forschungsstipendiat der Polnischen Akademie der Wissenschaften, ging 1957 nach den USA und studierte dort an der Columbia-Univ.; 1970/71 war er Professor für Englisch an der Princeton Univ. und lehrte zugleich an der Yale Univ.
K. schrieb (unter dem Pseud. Josef Nowak) zwei kritische Werke über das Verhalten der Menschen unter kommunistischer Herrschaft; er wurde 1965 bekannt mit seinem ersten Roman *The Painted Bird*: dieser schildert den Leidensweg eines polnischen Jungen in den Jahren 1939—45: sein Leben unter abergläubischen Bauern, die ihn quälen, bis zum Einmarsch der Russen: eine Kette von erlittenen oder beobachteten Brutalitäten, die dann den eigenen Haß auslöst. Das Werk, teilweise mit den Mitteln symbolischer Verdichtung arbeitend, gibt allgemein ein Bild des bösen — von Haß, Rache, Selbsterhaltungstrieb besessenen — Menschen. K.s Buch *Steps* besteht aus Aufzeichnungen eines jungen Mannes, der in hochgesteigerter Selbstbezogenheit und Rationalität die anderen und sich selbst nur beobachtet und analysiert, bis zum «experimentellen» Mord; zerstört wird durch diese Haltung besonders die Beziehung zur Frau.

W.: Essays: The Future Is Ours, Comrade, 1960 (dt. Uns gehört die Zukunft, Genossen); No Third Path, 62 (dt. Homo Sowjeticus); Notes of the Author, 65; The Art of the Self, 68; Time of Life – Time of Art, 70. – *Roman:* The Painted Bird, 65 (dt. Der bemalte Vogel); Steps, 69 (dt. Aus den Feuern). H. O.

Koskenniemi, Veikko Antero (früher Forsnäs) * 8. 7. 1885 Uleaborg (Oulu), † 4. 8. 1962 Turku.
K. studierte in Helsingfors, war zeitweise Kritiker, später bis 1948 Prof. für Literaturgeschichte an der Univ. Turku. 1941—46 war er Vorsitzender des Finnischen Schriftstellerverbandes, seit 1948 Mitglied der Finnischen Akademie. — Nach einer Periode von jugendlichem Pessimismus mit schwermütiger Gefühlslyrik war die Antike K.s großes Erlebnis, das in seine formstrenge Gedankenlyrik einging. In späteren Jahren beschäftigte er sich besonders mit Goethe. Aus der Sicht des Alters entstand der Bericht über seine Kindheit und Jugend, *Onnen antimet* (Gaben des Glücks), aus dem immer wieder die Liebe zu seiner Heimat spricht.

W.: Lyrik: Runoja, 1906 (dt. Gedichte); Valkeat kaupungit, 08; Hannu, 13; Elegioja, 17; Nuori Anssi, 18 (dt. Der junge A.); Sydän ja kuolema, 19; Uusia runoja, 24; Tuli ja tuhka, 36. – *Roman:* Konsuli Brennerin jälkikesä, 16. – *Erinnerungen:* Onnen antimet, 35 (dt. Gaben des Glücks). – *Essays:* Kirjoja ja kirjalijoita I–V, 16–31; Roomalaisia runolijoita, 19; Nuori Goethe, 32; Aleksis Kivi, 34; Goethe, keksipäivä ja elämänilta, 44; Goethe ja hänen mailmansa, 48. – Außerdem Aphorismen, Übersetzungen, Reisebeschreibungen. – Werke, 12 Bde 1955–56.
Lit.: P. Mattila: V. A. K. lyyrillisenä taiteilijana, 1954. DW

Kosztolányi, Deszö, * 29. 3. 1885 Szabadka, † 3. 11. 1936 Budapest.
K. studierte Literatur in Budapest und war lange Zeit Journalist und Kritiker. Seine Lyrik, von der Idee des «L'art pour l'art» bestimmt, verrät den Einfluß der französischen Symbolisten; Themen sind Kindheit, Verfall und Tod. Seine Prosa, an der Grenze zwischen Impressionismus und Realismus stehend, schildert sowohl primitive Naturen, wie K.s bedeutendster Roman *Édes Anna* (über ein Dienstmädchen), als auch seelisch verfeinerte Menschen, so in *Arany sárkány* [Goldener Drachen]: Der Lehrer Dr. Novák begeht Selbstmord, nachdem sich ein Schüler brutal an ihm gerächt hat. K. übersetzte Shakespeare, Wilde, Rilke und George sowie chinesische und japanische Lyrik.

W.: Lyrik: Négy fal között, 1907; A szegény kisgyermek panaszai, 10; A bús férfi panaszai, 24. – *Romane u. Erz.:* A rossz orvos, 21 (dt. Der schlechte Arzt); A véres költö, 21 (über Nero; dt.: Der blutige Dichter); Pacsirta, 24 (dt. Die Lerche); Arany sárkány, 25; Édes Anna, 26 (dt. Anna Edes); Esti Kornél meséi, 27–33; Tengerszem, 36. – Briefwechsel zw. Babits, Juhász u. K. (ungar.), 59. – Ferner dt.: Gesammelte Gedichte; Die magische Laterne (Novellenauswahl). DW

Kramer, Theodor, * 1. 1. 1897 Niederhollabrunn (Niederösterr.), † 3. 4. 1958 Wien.

K., Sohn eines Landarztes, war u. a. Tagelöhner, Buchhändler und Beamter. 1939 emigrierte er nach England, wo er Bibliothekar an einem College in Guildford war. 1957 kehrte er nach Wien zurück.

K.s dichterische Welt war die niederösterreichische Rebenlandschaft nördlich der Donau und die Wiener Vorstadtbezirke. Er schrieb seine Lyrik «Für die, die ohne Stimme sind» (Widmung aus *Mit der Ziehharmonika*). In eigenwillig herben realistischen und sozialkritischen Gedichten gestaltete er Schicksal und Alltag der Heimat- und Arbeitslosen, der dörflichen Außenseiter — der Tagelöhner, Arbeiter und Schnapsbrenner.

W.: Lyrik: Die Gaunerzinke, 1929; Kalendarium, 30; Wir lagen in Wolhynien im Morast, 31; Mit der Ziehharmonika, 36; Verbannt aus Österreich, 43; Die untere Schenke, 46; Die grünen Kader, 46; Wien 1938, 46; Lob der Verzweiflung, 47; Vom schwarzen Wein, 56; Einer bezeugt es . . . Eingel. u. ausgew. v. E. Chvojka, 60.

Lit.: W. Schmied, in: Wort in der Zeit III, 1957; C. Zuckmayer, in: Forum VI, 59. RLL

Kranjec, Miško, * 15. 9. 1908 Velika Polana.

K. wuchs im Prekmurje auf, dem deutsch-slowenisch-ungarischen Dreivölkereck. Er studierte in Ljubljana, kam früh zur Arbeiterbewegung, war im Krieg bei den jugoslawischen Partisanen und wurde dann Redakteur und Verlagsdirektor. Seine Romane und Erzählungen geben realistische, unpathetische Bilder aus dem Leben der einfachen Menschen seiner engeren Heimat mit ihrer Sehnsucht nach Ferne und Glück.

W.: Romane u. Erz.: Težaki, 1932; Pesem ceste, 34; Os življenja, 35; Kapitanovi, 38; Povest o dobrih ljudeh, 40; Fara sv. Ivana, 47; Beg z kmetov, 50 (dt. Sprung in die Welt); Režonja na svojem, 50 (dt. Herr auf eigenem Grund); Življenje ima dve strani, 53; Zgubljena vera, 54; Za svetlimi obzorji, 60–63; Mladost v močvirju, 62; Vrabci na dvorišču, 62. DW

Kraus, Karl, * 28. 4. 1874 Jičin (Böhmen), † 12. 6. 1936 Wien.

K. kam mit 3 Jahren nach Wien, besuchte dort Volksschule und Gymnasium. 1892 inskribierte er auf Wunsch des Vaters Jura an der Wiener Univ., wechselte dann die Fakultät (Philosophie und Germanistik), gab aber das Studium bald auf. Von 1892 bis 1898 schrieb er für mehrere Wiener und deutsche Zeitschriften. 1899 gründete K. «Die Fackel», die er dann ab 1911 ohne Mitarbeiter schrieb. Ab 1910 trat er als Vorleser zuerst seiner eigenen Werke, später auch fremder Dichtung auf. 1899 trat K. aus der jüdischen Religionsgemeinschaft aus, 1911 konvertierte er zum Katholizismus. Er verließ die Kirche 1923 aus Protest gegen ihre Haltung im Kriege und ihre Unterstützung des kulturellen Geschäftsbetriebs, behielt aber bis zum Tod den Glauben an Gott, der für ihn Inbegriff aller ethischen Werte war. In Wien wegen seiner satirischen Schärfe verhaßt und vielfach angefeindet, wurde K. zweimal (1925 und 1926) ohne Erfolg von der Sorbonne für den Nobelpreis für Literatur vorgeschlagen.

In seiner ersten Satire *Demolirte Literatur* (1897), die das ästhetisierende, sozial indifferente Jung-Wien um H. Bahr verspottete, werden in noch feuilletonistischer Form die Hauptthemen seiner späteren Satire angedeutet. In der «Fackel» 1899–1936 entwickelt er alle Formen der Satire: Aphorismen, Epigramme, Glossen, polemische Essays. Ab 1911 erschien beinahe alles, was er schrieb, zuerst in der «Fackel». Nur ein Teil davon wurde in Buchform veröffentlicht, hauptsächlich Aphorismen und Essays, die vor 1919 geschrieben wurden, nicht aber die Glossen, eine satirische Form, die seiner Sprachauffassung entsprang und die er zur Vollkommenheit steigerte: indem K. zitierte, ließ er aus der Deformation der Sprache auf den Zustand der Welt schließen. Ein Teil der vor dem Kriege entstandenen Essays wurde in thematisch geordneten Sammelbänden zusammengefaßt: *Sittlichkeit und Kriminalität* wendet sich gegen die herrschende Moral, Sexualjustiz und sensationslüsterne Presse und fordert zum erstenmal in der deutschen Literatur die absolute Freiheit der persönlich-sexuellen Sphäre. In der *Chinesischen Mauer* gipfelt die Kritik der bürgerlichen Kultur und des kapitalistisch-liberalen Fortschritts, der «Portemonnaies aus Menschenhaut» macht, in einer apokalyptischen Vision. In der Polemik gegen M. Harden wurde an der Deformation der Sprache zum erstenmal die Fragwürdigkeit des Ganzen dargelegt. In *Untergang der Welt durch schwarze Magie* klagte K. die Presse nicht nur als korrupte Institution an, sondern auch als das gewaltige Instrument der allgemeinen Nivellierung und Manipulierung alles Tuns und Denkens, welche die Menschheit geistig wehrlos machen und dem Untergang weihen. Der Weltuntergang, den er hier prophezeite, bedeutete ihm nicht den Untergang der bestehenden Gesellschaftsordnung, sondern die unvermeidliche Folge des Zerfallprozesses der Kultur. In den zwei für seine Sprachauffassung wesentlichen Essays dieser Sammlung *Heine und die Folgen* (1910) und *Nestroy und die Nachwelt* (1912) wird der aus Heines Feuilletonismus sich ergebenden journalistischen Phrase die in der Sprache wurzelnde Einheit von Form und Inhalt bei Nestroy entgegengestellt. Dieses Kriterium der Einheit von Form und Wesen, von Äußerung und Persönlichkeit wird nochmals in *Literatur und Lüge* auf die ästhetisierende Literatur ohne moralisches Engagement angewandt. Mit äußerster Knappheit formulierte K. seine Grundgedanken und besonders seine Stellung zur Sprache in seinen Aphorismensammlungen *Sprüche und Widersprüche* und *Pro domo et mundo*. Seine Wortspiele decken verborgene Tatsachen und Beziehungen auf, scheinbar unabhängige Tatbestände werden durch Verwendung desselben mehrdeutigen Wortes überraschend verbunden, die gewohnten Redewendungen werden «beim Wort genommen» und erhalten dadurch neue, ungeahnte Bedeutung.

Besondere Stellung nehmen die während des Krieges veröffentlichten Aphorismen in der Sammlung *Nachts* an, die oft die Form von kurzen Essays hatten und, nur um den Zensor zu täuschen, als Aphorismen erschienen. Sie bilden mit den Aufsätzen, die K. 1914–18 in der «Fackel» schrieb und nachher in der Sammlung *Weltgericht* veröffentlichte, eine Einheit und zugleich die Vorstufe zu seinem noch im Kriege geschriebenen Hauptwerk *Die letzten Tage der Menschheit*. Schon früher hat K. in seinen Glossen und Aphorismen aus scheinbar geringen Lokalereignissen auf das drohende Unheil geschlossen; in diesem «einem Marstheater zugedachten» Drama wird in einer Montage von Zitaten, Momentbildern und Glossen die Zeit angeklagt, die alles Menschliche vernichtet und der Unmenschlichkeit der «gepanzerten Kommerzwelt» und der «verantwortlichen Redakteure des Weltkriegs» das Feld überläßt. Dieses dramatische Monstrum aus mehr als 200 Szenen sprengt alle literarischen Konventionen. An Stelle des traditionellen Dramas entsteht eine neue Form, welche die Elemente des epischen und dokumentarischen Theaters vorwegnimmt. Das scheinbar naturalistische Drama endigt als Mysterium: Das Versagen der moralischen Verantwortlichen führt zum blutigen Weltuntergang. Eine Menschheit, die nach ihrem geistigen Tod mit Hilfe der Technik zu überleben versucht, begreift nicht, daß sie damit nur der totalen Vernichtung zusteuert. Der Friede bedeutet keine Unterbrechung dieses Prozesses, weil dem «veränderten Leben, wenns noch eins gibt», der alte Geisteszustand sich gesellt. Denn die von der Presse verblendete und abgestumpfte Menschheit bewältigt leicht die Vergangenheit, um weitermachen zu können. Weil man den Krieg vergißt – wird er nicht aufhören. Gegen diesen Zustand, der für K. nur ein Hineinschlittern in den totalen Untergang war («denn der Untergang hat Entwicklung») wenden sich in den Nachkriegsjahren seine großen Polemiken und polemisch-satirischen Theaterstücke, die nicht mehr die Stärke des Ausdrucks seines Hauptwerkes erreichen und zumeist mißverstanden werden. Die «magische Operette» *Literatur oder Man wird doch da sehn* ist nicht nur gegen Werfel gerichtet, sondern gegen jene Expressionisten, die nur in der Form die Revolte vortäuschen, in Wirklichkeit aber mit Geschäft und Presse Kompromisse geschlossen haben, um Marktgeltung zu erreichen. In dem Couplet der «Schwarz-Drucker» («Im Anfang war die Presse / und dann erschien die Welt») wird das Wesen der Manipulation ausgedrückt: die Welt, die Wirklichkeit ist das, was von ihr berichtet wird. Die Erinnerung an den Krieg, an die «Ängste des Traums, den sie vergaßen» und die Erlebnisse der Nachkriegszeit, in der sich nichts geändert hat, bilden das Thema des lyrischen Bilderbogens *Traumstück* und des in loser Anlehnung an Aristophanes gedichteten Versspiels *Wolkenkuckucksheim.* Die Macht der von Spekulanten der Nachkriegszeit unterstützten korrupten Presse und ihre Verbindung mit der Staatsgewalt, die auf die Arbeiter schießen läßt und die Schieber und Erpresser begünstigt, wurde zum Thema des satirischen Dramas *Die Unüberwindlichen*, dessen immerwährende Aktualität bei Kenntnis der tatsächlichen Vorbilder leicht verkannt wird. Aus demselben Grunde wird das Verständnis seiner großen Polemiken der Nachkriegszeit getrübt. Die Heftigkeit seiner persönlichen Angriffe läßt übersehen, daß diese über die Person hinaus einem bestimmten Typus gelten. Daher die Mißdeutung der Polemik gegen jene Literaten, die im Krieg hetzten und im Frieden sich als Pazifisten gebärdeten (Kerr), gegen diejenigen, die Literatur als Geschäft betrieben (W. Haas). Auch der Sozialdemokratie hat K. nie ihren Sozialismus vorgeworfen, sondern ihr Paktieren mit der Bourgeoisie, das sie zum Wegbereiter des Nationalsozialismus machte.

Das lyrische Werk K.', das er bewußt *Worte in Versen* I–IX, nannte, schließt sich unmittelbar an seine satirische Prosa an. Nicht nur Epigramme und Zeitstrophen, auch seine apokalyptischen Kriegsgedichte bilden eine Steigerung der in seinen Essays und Glossen behandelten Themen. In der Form sind seine Gedichte traditionell, neu sind sie durch ihren Gedankeninhalt. Der Gedanke ist bei ihm das unmittelbare Erlebnis («Verzückung der Logik»). Obwohl er sich selbst als Epigone bezeichnet hatte, bildet seine Gedankendichtung den Anfang der modernen deutschen satirischen Lyrik. Mit dem Sieg des Nationalsozialismus in Deutschland bekannte K. in seinem letzten Gedicht (1933) die Ohnmacht der Sprache gegenüber der Bestialität. «Das Wort entschlief, als jene Welt erwachte» lautete der Schlußvers, der von vielen, die den Ernst dieses Erlöschens nicht begriffen, mißverstanden wurde. Ab nun widmete er sich fast ausschließlich seinem «Theater der Dichtung», dessen wesentliche Aufgabe für ihn in der Erweckung der menschlichen Phantasie durch die Sprache allein bestand und für das er Offenbachs Operetten und Shakespeares Werke neu bearbeitete und selbst interpretierte. Bis zu seinem Tode arbeitete er an der Herausgabe seiner Aufsätze über die Sprache «deren unzüchtiger Gebrauch zu den Greueln des Bluts geführt hat». *Die Sprache* erschien posthum. Erst 1955 wurde *Die Dritte Walpurgisnacht* veröffentlicht, die K. schon 1933 geschrieben, aber nur teilweise in der «Fackel» publiziert hatte. Das Wesen des Nationalsozialismus wird darin an der Schändung der Sprache entlarvt. Die Phrasen der liberalen Literaten lassen sich von der liberalen Meinung trennen und den neuen Machthabern dienstbar machen. Die Zerstörung des selbständigen Denkens, welches allein den nationalsozialistischen Phrasen hätte widerstehen können, die Vernichtung der Phantasie und die Abstumpfung der menschlichen Gefühle machen die Journalisten für die Verwandlung der Phrase in Blut verantwortlich. In der Verbindung der technischen Perfektion mit der romantischen Phrase sah K. den endgültigen Untergang der Menschheit in der «Gleichzeitigkeit von Elektrotechnik und Mythos, Atomzertrümmerung und Scheiterhaufen».

W.: «Die Fackel», April 1899–Februar 1936, Nr. 1–922. – *Essays:* Die demolirte Literatur, 1897; Eine Krone für Zion, 98; Sittlichkeit und Kriminalität, 1908; Die chinesische Mauer, 10; Heine und die Folgen, 10; Weltgericht, 19; Untergang der Welt durch schwarze Magie, 22; Literatur und Lüge, 29; Die Sprache, 37, erweitert 54 u. ö.; Die Dritte Walpurgisnacht, 55. – *Aphorismen:* Sprüche und Widersprüche, 09; Pro domo et mundo, 12; Nachts, 18. – *Lyrik:* Worte in Versen I–IX, 16–30; Epigramme, 27; Zeitstrophen, 30; Shakespeares Sonette, Nachdichtungen, 33. – *Theaterstücke:* Die letzten Tage der Menschheit, 18–19; Literatur oder Man wird doch da sehn, 21; Traumstück, 23; Wolkenkuckucksheim, 23; Traumtheater, 24; Die Unüberwindlichen, 28. – *Sonstiges:* Bearbeitungen und Übersetzungen von Stücken Nestroys, Offenbachs und Shakespeares; Briefe an Sidonie von Nadherny, 71. – Werke in Einzelausgaben, hg. von H. Fischer, 52 ff. (darin u. a.: Bd 4: Widerschein der Fackel – Glossen, 56; Bd 10: Mit vorzüg-

licher Hochachtung – Briefe des Verlages der Fackel. 62). – Neudruck der «Fackel», 68 ff.; Auswahl, 3 Bde, 71.
Lit.: L. Ficker, K. B. Heinrich, C. Dallago: Studien über K. K., 1913; Rundfrage über K. K., in: Der Brenner, 13; L. Liegler: K. K. und sein Werk, 20; B. Viertel: K. K., 22; W. Benjamin: K. K., 31; E. Rollett: K. K., 34 (auch in: Nagl – Zeidler – Castle: Deutschösterreichische Literaturgeschichte Bd IV, 37); P. Engelmann: Dem Andenken K. K.', 49; W. Kraft: K. K., 56; H. Hennecke, in: Neue Deutsche Hefte 1959; W. Muschg: Von Trakl zu Brecht, 61; J. Stephan: Satire und Sprache, 62; C. Kohn: K. K., 62 (frz., dt. 66); H. Arntzen, in: Neue Rundschau, 1963; F. Jenaczek: Zeittafeln zur Fackel, 65; P. Schick: K. K., 65; Ch. J. Wagenknecht: Das Wortspiel bei K. K., 66; H. Weigel: K. K., 68; M. Naumann: Der Abbau einer verkehrten Welt, 69; Polemik um K. K., in: Literatur und Kritik, Jan. 70; O. Kerry: K. K.-Bibliographie, 70.
P. S.

Kreisler, Georg, * 18. 7. 1922 Wien.
K. emigrierte 1938 aus Österreich, verbrachte die Kriegs- und Nachkriegszeit in den USA, Hollywood und New York; erhielt zunächst eine Musikerausbildung und begann dann englische Chansons zu schreiben. Er arbeitete vor seiner Übersiedlung nach Wien in einem New Yorker Nachtlokal. – Der «schwarze Humor» der makabren Chansons von K. ist nicht nur situationsbedingt, sondern scheint sein Entstehen der bis in die Metaphern reichenden Sprachkomik und Sprachkritik, damit der kritischen Haltung eines zweisprachig denkenden Emigranten, zu verdanken. K. ist zugleich der Komponist und Interpret (mit seiner Frau, der Schauspielerin Topsy Küppers) seiner Chansons. Er schreibt auch musikalische Komödien. Seine satirische Serie *Die heiße Viertelstunde* im Österreichischen Fernsehen brachte ihn 1968 in Konflikt mit der Staatsautorität und mußte vorzeitig abgesetzt werden.

W.: Chansons: Zwei alte Tanten tanzen Tango, o. J.; Der guate alte Franz, 1962; Lieder zum Fürchten, 64; Nichtarische Arien, 66. – *Funk- und Bühnendramatik:* Polterabend, 65; Ein Glas Wasser, 67 (Musical-Bearbeitung); Hölle auf Erden, 67 (Operette mit Musik von J. Offenbach). – *Schallplatten:* Vienna Midnight Cabaret Nr. 1 und 2; Seltsame Gesänge; Seltsame Liebeslieder; Georg Kreisler Platte; Sodom und Andorra; Lieder zum Fürchten; Frivolitäten; Unheilbar gesund; Nichtarische Arien; Die heiße Viertelstunde, Anders als die anderen; Der Tod, das muß ein Wiener sein. O. H.

Kreuder, Ernst, * 29. 8. 1903 Zeitz (Bezirk Halle).
K. studierte in Frankfurt/M. Philosophie und Literaturgeschichte, bereiste, meist zu Fuß, 1926/27 den Balkan und wurde 1933 Redakteur des «Simplicissimus» in München. Er lebte später als freier Schriftsteller. — K.s Erzählwerk wird von surrealistisch-romantischen Elementen geprägt. Als sein Hauptwerk gilt der Roman *Die Unauffindbaren*, der von einer Sekte handelt, die in einer eigenartigen Traumwelt lebt. Geheimbünde agieren auch in *Die Gesellschaft vom Dachboden* und in *Agimos*; ein anderes charakteristisches Motiv ist die Flucht aus der Alltagswirklichkeit, etwa in eine Nervenheilanstalt (*Herein ohne anzuklopfen*). Solche Zivilisationsflucht, Abneigung gegenüber der kausalen Logik und unwirsche Kritik am Zeitgeist sind ebenfalls in dem eine Kriminalhandlung einschließenden Roman *Hörensagen* bestimmend.

W.: Lyrik: Sommers Einsiedelei, 1956. – *Romane:* Die Unauffindbaren, 48; Herein ohne anzuklopfen, 54; Agimos oder die Weltgehilfen, 59; Hörensagen, 69. – *Erz.:* Die Nacht des Gefangenen, 39; Das Haus mit den drei Bäumen, 44; Die Gesellschaft vom Dachboden, 46; Schwebender Weg. Die Geschichte durchs Fenster, 47; Spur unterm Wasser, 63; Tunnel zu vermieten, 70. – *Essays:* Zur literarischen Situation der Gegenwart, 51; Wesen und Funktion der Dichtung, 52; Georg Büchner, 55; Das Unbeantwortbare. Die Aufgaben des modernen Romans, 59; Zur Umweltsituation des Dichters, 61; Dichterischer Ausdruck und literarische Technik, 63.
Lit.: W.-E. Peuckert: in: Zeitschr. f. dtsch. Philologie LXXXII, 1963. DW

Kristensen, Aage Tom, * 4. 8. 1893 London.
K., der Sohn eines Arbeiters, war kurze Zeit Lehrer, später Literaturkritiker von «Politiken». Sein Werk gibt zunehmend der Angst und Desillusionierung der Zwischenkriegsgeneration Ausdruck. In den 30er Jahren wandte er sich dem Kommunismus, später dem Katholizismus zu. In seinem Hauptwerk, dem selbstbiographischen Roman *Hærværk* [Vernichtung], technisch von James

Joyce beeinflußt, leidet der Held Ole Jestrau an dem gleichen Kulturhaß wie K. selbst und versucht schließlich im Alkoholrausch die Leere einer Welt ohne Ideale zu vergessen.

W.: Lyrik: Fribytterdrømme, 1920; Mellem Scylla og Charybdis, 43; Den syngende busk, 49; Den sidste lygte, 54. – *Romane:* Livets arabesk, 21; En anden, 23; Hærværk, 30. – *Erz.:* Vindrosen, 34; Hvad er heta, 46. – *Essays:* Kunst, Økonomi, Politik, 32; Det skabende øje, 55; Oplevelser med lyrik, 57. – Auch Reisebücher.
Lit.: E. Frandsen: Årgangen, der måtte snuble i starten, 1943, [3]65; V. Øhlenschlæger: T. K., 54. DW

Krklec, Gustav, * 23. 6. 1899 Udbina in der Lika.
K. studierte in Zagreb, Wien und Prag Philosophie, wurde 1925 Sekretär der Belgrader Börse, dann Redakteur und Mitarbeiter literarischer Zeitschriften. — Als Lyriker stand K. zuerst unter dem Einfluß Rilkes und trug zusammen mit Branko Šimić (1898—1925) den deutschen Expressionismus in die moderne serbokroatische Dichtung. Seine Poesie mit ihrer fein abgestimmten Sprachmusik, ist intime Aussage eines kultivierten, empfindsamen und leidenden Menschen. Er übersetzte u. a. Werke B. Brechts.

W.: Lyrik: Lirika, 1919; Srebrna cesta, 21; Nove pjesme, 23; Izlet u nebo, 28; Sabrana dela, 32; Darovi zu bezimenu, 42; Pioniri grade, 46; Put u život, 46; Tri poeme, 46; Izabrane pjesme, 47; Lirska petoljetka, 51. – Ferner Erzählungen, Essays, Jugend- und Kinderbücher. DW

Krleža, Miroslav, * 7. 7. 1893 Zagreb.
K. besuchte die Kadettenschule in Pečs und die Militärakademie in Budapest. Nach dem Ersten Weltkrieg, den er in der österreichisch-ungarischen Armee mitmachte, widmete er sich ausschließlich literarischer Tätigkeit, war Mitherausgeber der sozialrevolutionären Zeitschrift «Plamen» und anderer marxistisch ausgerichteter Blätter wie «Knjiżewna republika», «Danas» und nach 1945 von «Republika» in Zagreb, durch die er großen Einfluß auf die Jugend hatte. Nach dem letzten Krieg wurde er Vizepräsident der Jugoslawischen Akademie der Wissenschaften.

K. gilt als stärkstes literarisches Talent der Kroaten in der Zeit zwischen den Kriegen. Seine frühen Dichtungen *Pan* und *Tri simfonije* zeigen ihn als revolutionären subjektiv-expressionistischen Lyriker. Bekannt wurde er als Dramatiker durch das Theaterexperiment *Golgota* mit seinen Massenszenen. Die von Kriegshaß diktierten Novellen *Hrvatski bog Mars* (Der kroatische Gott Mars) stellen scharfe, zuweilen ins Groteske übergehende Satiren auf die militärisch-feudale kroatische Oberklasse dar. Die sozialpsychologische Dramentrilogie *U agoniji* (In Agonie), *Gospoda Glembajevi* (Die Glembays) und *Leda* aus der Familiengeschichte der Glembays, an die sich inhaltlich eine Reihe von Prosastücken (alles von K. 1932 in dem Band *Glembajevi* zusammengefaßt) anschließen, zeigen an Einzelschicksalen den sozialen und geistigen Verfall der Bourgeoisie Kroatiens in der untergehenden Donaumonarchie. Scharfe psychologische Analyse der Gestalten und die Auseinandersetzung mit der bürgerlichen Gesellschaft kennzeichnet auch die Romane *Povratak Filipa Latinovicza* (Die Rückkehr des F. L. — der Maler Latinovicz zerbricht an der Verkommenheit der bürgerlichen Welt) und *Na rubu pameti* (Ohne mich): Der Ich-Erzähler, ein namenloser Jurist, wird von den Bürgern seiner Stadt verfolgt und schließlich ins Irrenhaus gebracht, nachdem er einen Industriellen des Mordes beschuldigt hat. Einen neuen Zug in K.s Werk bringen die originellen sozialen Bauernballaden im kajkavischen Dialekt, *Balade Petrice Kerempuha.*

W.: Lyrik: Pan, 1917; Tri simfonije, 17; Pjesme, I, II, III, 18 u. 19; Lirika, 19; Knjiga lirike, 32; Balade Petrice Kerempuha, 36; Pjesme u tmini, 37. – *Romane u. Erz.:* Tri kavalira gospodice Melanije, 20; Hrvatski bog Mars, 22 (dt. Der kroatische Gott Mars); Novele, 23; Povratak Filipa Latinovicza, 32 (dt. Die Rückkehr des F. L.); Hiljadu i jedna smrt, 33 (dt. Tausendundein Tod); Banket u Blitvi, 34 (dt. Bankett in Blitwien); Na rubu pameti, 38 (dt. Ohne mich); Tri domobrana, 62. – *Essays:* Moj obračun s njima, 32; Evropa danas, 33; Račić, 47; Goya, 48; Kritike, 53; Davni dani, 56; Evropeica, 63; Hungarica, 63; O mašem dramatičkom repertoaru, 63; Zastave, 64/65; Eseji, 4 Bde., 61–64. – *Dramen:* Sodoma, Leševi, Gospodica Lili, Utopija, alle zwischen 10–15; Kristofor Kolumbo, 17; Michelangelo Buonarotti, 18; Galicija, 20; Golgota, 22; Vučjak, 23; U agoniji, 28 (dt. In Agonie); Gospoda Glembajevi, 29 (dt. Die Glembays); Leda, 31 (dt. ebs.); Aretej, 63. – Werkausgaben: Sabrana djela, 10 Bde., 37; dass., 6 Bde., 46–50; dass., 22 Bde., 53–63; dass., 36 Bde., 54 ff. – Ferner dt.: Beisetzung in Theresienburg; Der Großmeister aller Schurken; Requiem für Habsburg (alles Erz.); Europäisches Alphabet (Essays).

Lit.: E. Šinko: Das Werk des Dichters M. K., in: Jugoslavija, 1951; Bibliogr. v. T. Jakič, 53; M. Bogdanović: M. K., 56; A. Angyal, in: Zeitschrift f. Slavistik, 58/5; O. Keršovani, in: Forum, 66/5, 6; A. Kadić, in: Slavonic and East Europ. Review 45, 1967. DW

Krolow, Karl, * 11. 3. 1915 Hannover. Nach Studium der Germanistik, Romanistik, Philosophie und Kunstgeschichte in Göttingen und Hannover arbeitete K. als freier Schriftsteller; seit 1956 lebt er in Darmstadt. Im gleichen Jahr erhielt er den Büchner-Preis. 1960/61 war er Gastdozent für Poetik an der Univ. Frankfurt. — In seinen frühen Gedichten ging K. von O. Loerkes und W. Lehmanns Naturlyrik aus. Später erweiterten seine Übersetzungen und Nachdichtungen aus dem Französischen und Spanischen die Ausdrucksweite der eigenen Werke. Das Verhältnis eines sensiblen Subjekts zu Landschaften und Jahreszeiten bleibt zwar ein zentrales Motiv, wird aber wesentlich durch Intellektualität, «poetische Diskretion» und eine Metaphorik bestimmt, die von der anschaulichen Realität überraschend Brükken zum Geistigen, zu Imaginationen schlägt. (Für die Verbindung von Abstraktem und Natur charakteristischer Titel: «Cartesianischer Mai».) Eine Wendung zum Menschen hin zeigt *Landschaften für mich.* Späte Gedichte bringen u. a. kühle Betrachtung und Reflexion des Körperlichen («Körper»: «... Allmählich nimmt er Sachform an in seiner Schwäche»). K.s Werk macht den Eindruck der Leichtigkeit, des Schwebenden, der Schwerelosigkeit und Musikalität. K.s Tagebuchnotizen, Vorträge und Essays, vor allem der Situation der Lyrik in der Gegenwart gewidmet, machen besonders auf Modernität in klassischer Literatur aufmerksam.

W.: Lyrik: Hochgelobtes, gutes Leben, 1943; Gedichte, 48; Heimsuchung, 48; Auf Erden, 49; Die Zeichen der Welt, 52; Wind und Zeit, 54; Tage und Nächte, 56; Fremde Körper, 59; Unsichtbare Hände, 62; Ausgew. Gedichte, 62; Reise durch die Nacht, 64; Gesammelte Gedichte, 65; Landschaften für mich, 66; Alltägliche Gedichte, 68; Nichts weiter als Leben, 70; Bürgerliche Gedichte (unter Pseud. Karol Kröpcke), 70. – *Nachdichtungen:* Nachdichtungen französischer Lyrik aus fünf Jahrhunderten, 48; Die Barke Phantasie, 57; Paul Verlaine: Gedichte, 57; Apollinaire: Bestiarium, 59; Spanische Gedichte des 20. Jahrhunderts, 62. – *Prosa:* Von nahen und fernen Dingen, 53; Tessin (zus. mit F. Eschen), 59; Aspekte zeitgenössischer dt. Lyrik, 61; Die Rolle des Autors im experimentellen Gedicht, 62; Schattengefecht, 64; Poetisches Tagebuch, 66; Das Problem des langen und kurzen Gedichts – heute, 66; Warum ich nicht wie O. Loerke schreibe, in: 15 Autoren suchen sich selbst, 67; Minutenaufzeichnungen, 68.

Lit.: H. Friedrich: Nachwort zu: Ausgew. Gedichte, 1962; H. J. Baden: Der verschwiegene Gott, 63; H. E. Holthusen: Plädoyer für den einzelnen, 67; Über K. K., 72.
DW–RLL

Kruczkowski, Leon, * 28. 6. 1900 Krakau, † 9. 8. 1962 Warschau.
K. war im Krieg im Konzentrationslager, später wurde er stellvertretender Minister für Kultur und Kulturangelegenheiten. Seit seinem ersten bedeutenden Werk, *Kordjan i Cham* (Rebell und Bauer), das das Erwachen des Klassenbewußtseins des polnischen Bauern darstellte, galt K. als repräsentativer Vertreter des orthodoxen Marxismus. Der früher enstandene Zeitroman *Pawie Pióra* (Pfauenfedern) schildert die Ereignisse in einem galizischen Dorfe unmittelbar vor Beginn des Ersten Weltkriegs. Das Drama *Niemcy* (Die Sonnenbrucks) ist eine Abrechnung mit dem Verhalten der deutschen Intelligenz während der Hitlerzeit. Das Stück *Juliusz i Ethel* behandelt den Spionageprozeß gegen das Ehepaar Rosenberg.

W.: Lyrik: Młoty nad światem, 1928. – *Romane u. Erz.:* Kordjan i Cham, 32 (dt. Rebell und Bauer); Pawie Pióra, 35 (dt. Pfauenfedern); Sidla, 37; Szkice z piekła uczciwych, 63. – *Dramen:* Bohater naszych czasów, 35; Odwety, 48; Niemcy, 49 (Die Sonnenbrucks); Odwiedziny, 56; Juliusz i Ethel, 56; Pierwszy dzień wolności, 60 (dt. Der erste Tag der Freiheit, in: Modernes polnisches Theater 1, 67); Smierć gubernatora, 61.
DW

Krüger, Horst, * 17. 9. 1919 Magdeburg.

K. wuchs in Berlin auf, studierte dort Philosophie und Literaturwissenschaft, war 1941–45 Soldat, dann Publizist, 1952 bis 1967 Leiter des Nachtstudios beim Südwestfunk; seitdem lebt er als freier Schriftsteller in Frankfurt/M. — K. trat hervor mit zahlreichen Feuilletons und Zeitbetrachtungen aus liberalem Geist. — *Das zerbrochene Haus* gibt in der Verbindung von autobiographischen Jugendepisoden und Reflexionen eine Analyse des deutschen Kleinbürgertums und seines Verhältnisses zum Nationalsozialismus; weitere Bücher K.s sammeln Berichte und Impressionen zu Zeitereignissen, Städten, Landschaften.

W.: Zwischen Dekadenz und Erneuerung, 1953; Das zerbrochene Haus, 66; Stadtpläne, 67; Deutsche Augenblicke, 69; Fremde Vaterländer, 71. – Hg. von Anthologien; Hörfolgen. RLL

Krusenstjerna, Agnes von, * 9. 10. 1894 Växjö, † 10. 3. 1940 Stockholm.

A. v. K. stammte aus dem Hochadel, dem sie sich jedoch bald durch ihre Romane und ihre Ehe mit dem Schriftsteller David Sprengel entfremdete. Mit ihrem Mann führte sie, psychisch ständig bedroht, ein Wanderleben in Frankreich, Spanien und Griechenland. Ihre Romane, die zu ihrer Zeit heuchlerische Entrüstung hervorriefen, beschäftigen sich teils mit sozialen, teils mit psychologischen Problemen. Hauptwerke sind die *Tony*-Bücher, die der Entwicklung eines Mädchens aus bürgerlichem Milieu gelten, und der *Pahlen*-Zyklus (Teile davon wohl von Sprengel geschrieben), Romane um die Frauen einer Adelsfamilie, in denen A. v. K. Spielarten der Sexualität schildert, allerdings auch eine Ideologie der Mutterschaft entwickelt.

W.: Romane: Ninas Dagbok, 1917; Helenas första kärlek, 18; Tony växer upp, 22; Tonys läroår, 24; Tonys sista läroår, 26; Fru Esters pensionat, 27; Fröknarna von Pahlen, 7 Bde, 30–35; Viveka von Lagerkronas historia: Fattigadel, 35, Dunklet mellan träden, 36, Dessa lyckliga år, 37, I livets vår, 38. – *Erz.:* Händelser på vägen, 29; Delat rum på Kammakaregatan, 33; En ung dam far till Djurgårdsbrunn, 33; Vivi, flicka med melodi, 36. – Samlade skrifter, 19 Bde., 44–46.
Lit.: D. Sprengel: Förläggarna, författerna, kritikerna om A. v. K., 1935; O. Lagerkrantz: A. v. K., 63. RLL

Kuba (eig. Kurt Barthel), * 8. 6. 1914 Garnsdorf/Chemnitz, † 12. 11. 1967 Frankfurt/M.

K., von Beruf Dekorationsmaler, emigrierte 1933 nach Prag und veröffentlichte erste Gedichte in Exilzeitschriften. 1938 floh er nach England und kehrte 1946 nach Deutschland zurück, wo er anfangs als Kulturfunktionär tätig war. Von 1957 an lebte er in Warnemünde/Rostock. Den Nationalpreis der DDR erhielt er viermal. — Der Lyriker K. vermochte nur mit wenigen Exilgedichten und mit dem Zyklus *Gedicht vom Menschen* zu überzeugen. Was er danach schrieb — etwa die *Kantate auf Stalin* — ist platteste Gesinnungslyrik.

W.: Gedichte vom Menschen, 1948; Kantate auf Stalin, 49; Gedichte 1934–1959, 61. – *Dramen:* Klaus Störtebeker, 59; Terra incognita, 64. Auch Drehbücher. J. B. B.

Kubin, Alfred, * 10. 4. 1877 Leitmeritz (Böhmen), † 20. 8. 1959 Zwickledt (Oberösterreich).

Nach Kunststudien in München setzte sich K. bald als Maler und Zeichner durch. Studienreisen führten ihn nach Frankreich, Italien, in die Schweiz und auf den Balkan. 1906 erwarb er das Schlößchen Zwickledt im Innviertel, wo er als Maler, Zeichner, Illustrator und freier Schriftsteller bis zu seinem Tode lebte. — Das dichterische Werk K.s enthält in Stil und Inhalt expressionistische Elemente. Hauptwerk ist der Roman *Die andere Seite*, zu dem K. selbst 50 eigene Federzeichnungen schuf. Er spielt in einem Traumreich, in dem der fiktive Erzähler drei grauenvolle Jahre bis zu dessen Zerstörung verlebt. K. wandte sich hier gegen Despotismus, Verlogenheit, Selbstsucht und den übersteigerten Bürokratismus der modernen Gesellschaft.

W.: Roman: Die andere Seite, 1909. – *Erz.:* Der Guckkasten, 25. – *Autobiographisch:* Vom Schreibtisch eines Zeichners, 39; Abenteuer einer Zeichenfeder, 41; Dämonen und Nachtgesichte, 59. – *Sonstiges:* Von verschiedenen Ebenen, 22; Nüchterne Balladen (zus. mit Oskar Rotterheim), 49; Abendrot (Ausw.), 50; Phantasien im Böhmerwald, 51; Kollege Großmann, eine Plauderei, 53; Briefe an eine Freundin, hg. v. H. de Gironcoli, 65.

Lit.: A. K., Leben, Werk, Wirkung, hg. v. K. Otte und P. Raabe, 1957; A. Hervig: Phantastische Wirklichkeit. Interpretationsstudie zu A. K.s Roman Die andere Seite, 67. DW

Kuby, Erich, * 28. 5. 1910 Baden-Baden. K., Sohn eines Landwirts, wuchs auf dem elterlichen Hof in Oberbayern auf und studierte Volkswirtschaft. Er war in einem Buchverlag tätig, nahm als einfacher Soldat am Krieg teil, wurde 1947 Chefredakteur der Zeitschrift «Der Ruf», arbeitete längere Zeit für die «Süddeutsche Zeitung», wurde dann freier Journalist und Mitarbeiter des «Stern» und des «Spiegel». Er lebt in München. K. trat besonders als scharfer Kritiker von Rechtstendenzen in der Bundesrepublik, allgemein mit kritischen Analysen des «Deutschen» hervor; auch seine Romane sind entsprechend engagiert.

W.: Berichte: Das ist des Deutschen Vaterland, 1957; Nur noch rauchende Trümmer (Brest-Tagebuch), 59; Alles im Eimer – siegt Hitler bei Bonn?, 60; Im Fibag-Wahn oder Sein Freund der Herr Minister, 62; Richard Wagner & Co., 63; Die Russen in Berlin 1945, 65; Die Deutsche Angst, 70. – *Romane:* Rosemarie, des deutschen Wunders liebstes Kind, 58; Sieg! Sieg!, 61. – Ferner Hör- und Fernsehspiele, Filmdrehbücher. RLL

Kundera, Milan, * 1. 4. 1929 Brno. K. besuchte die Filmfakultät der Akademie der musischen Künste. – Seine Gedichte *Monology* wenden sich gegen den Schematismus der Poesie der 50er Jahre und verteidigen das Recht des Menschen auf seine Persönlichkeit und das Recht der Poesie, dieses Leben vielseitig darzustellen. K. gilt als Wiederentdecker der Erotik in der tschechischen Lyrik, er knüpft bewußt formell an die Tradition der tschechischen Avantgarde (Nezval, Vančura) an. In dem Roman *Žert* (Der Scherz), einem tragischen Spiegelbild der Zeit von 1948–64, setzt sich K., in stilistisch brillanter Form, mit der sozialistischen Gesellschaft auseinander. Im Drama *Majitelé klíčů* (Die Schlüsselbesitzer) vergleicht K., der als einer der führenden Kämpfer gegen das Novotný-Regime galt, die Zeit der deutschen Okkupation mit der stalinistischen Ära. *Ptakovinа́* (Zwei Ohren – Zwei Hochzeiten), ein satirisches Spiel, gibt die groteske Karikatur einer Schule: ein Bild von Despotismus und Rechtlosigkeit der Menschen.

W.: Lyrik: Člověk zahradazivá, 1953; Poslední máj, 55; Monology, 55. – *Romane und Erz.:* Směšné lasky, 2 Bde, 63–65; Žert, 67 (dt. Der Scherz). – *Dramen:* Majitele Klíčů, 62 (dt. Die Schlüsselbesitzer); Ptakovinа́, 69 (dt. Zwei Ohren – Zwei Hochzeiten). – *Essays:* Umeni romanu, 60. DW

Kunert, Günter, * 6. 3. 1929 Berlin. K. studierte nach 1945 Kunst in Ostberlin, wo er heute noch lebt, und begann, von Becher gefördert, Satiren, Hörspiele, Drehbücher und Gedichte zu schreiben; als seine «wesentlichen Bekanntschaften» bezeichnet er Marx und Brecht. — Die frühen Gedichte K.s, die sich als Anruf und Warnung an den Leser verstehen, zeigen schon den Zeitkritiker mit Neigung zu parabolischer Darstellung («Einige bleiben», 1950), die seine Lyrik und Prosatexte nach 1961 prägte. Die «kafkaesken» Skizzen «Die Schreie der Fledermäuse» (1964), eine Selbstdeutung des Schriftstellers, der Literatur als «Ergebnis eines Widerspruchs: dessen, der von jeher zwischen Soll und Haben im Kontobuch menschlicher Existenz besteht», definiert, und «Das Telefon» (1964) zeugen von «Schmerz und Unruhe» (Solschenizyn) in der DDR-Gesellschaft. Das Kafka gewidmete Gedicht «Interfragmentarium» (1966), die Erzählungen «Andromeda zur Unzeit» (1968) und «Zentralbahnhof» (1968) sind von anonymen Todesdrohungen erfüllt und forderten deshalb den Widerspruch der SED heraus; es hieß, K. verbreite «eine Philosophie der Lebensangst». Die Dialektik des von K. gepflegten Spruchgedichts mit verschlüsselter Aussage wird an der antik anmutenden, aber hochpolitischen Anekdote vom blinden König Tharsos, der die Aufklärung abschaffen will, besonders deutlich: «Als unnötigen Luxus/herzustellen verbot, was die Leute/Lampen nennen,/ König Tharsos von Xantos, der/von Geburt/Blinde.»

W.: Lyrik: Wegschilder und Mauerinschriften, 1950; Unter diesem Himmel, 55; Das kreuzbrave Liederbuch, 61; Tagewerke, 61; Erinnerung an einen Planeten, 63; Der ungebetene Gast, 65; Verkündigung des Wetters, 66; Unschuld der Natur, 66; Notizen in Kreide, 70; Warnung von Spiegeln, 70. –

Erz.: Tagträume, 64; Die Beerdigung findet in aller Stille statt, 68; Kramen in Fächern, 68. – *Roman:* Im Namen der Hüte. 67. – *Fernsehstücke:* Fetzers Flucht, 59/62; Monolog eines Taxifahrers, 62. J. B. B.

Kunze, Reiner, * 16. 8. 1933 Oelsnitz (Erzgebirge).
K. stammt aus einer Bergarbeiterfamilie. Er studierte Publizistik, erhielt einen Lehrauftrag, trat aber zurück. Heute lebt er als freier Schriftsteller in Greiz (Thüringen). – Der Lyriker dichtete anfangs, auch politisch, naiv und ungebrochen, orientierte sich zeitweilig an Brecht und kam durch Krankheit und Zweifel zu sich selbst. Die nach 1962 publizierten Gedichte zeichnen sich durch Reinheit des Impulses und feine Ironie aus; sie sprechen von «Hunger nach der Welt» und dem, was verändert werden soll.

W.: *Gedichte:* Aber die Nachtigall jubelt, 1962; Sensible Wege, 69. – *Sonstiges:* Der Löwe Leopold. Fast Märchen, fast Geschichten, 70. M. GD.

Kupferberg, Tuli (eig. Naphtali), * 28. 9. 1923 New York.
K. studierte am Brooklyn College of Arts und an der New School of Social Research. Er arbeitete als Bibliothekar in der Bücherei des New Yorker Bellevue-Hospitals, war Educational Director der «Liga für sexuelle Freiheit» und dozierte zeitweise an der Underground-Hochschule «Free University». Um seinen Gedichten möglichst große Resonanz zu verschaffen, gründete er 1965 die Beatgruppe «The Fugs» [«Stubenhocker»], mit der er — hauptsächlich in Cafés und Studentenlokalen von Greenwich Village — ein politisches Rock-Kabarett mit eigenen Texten aufführte. «Man braucht keine formale Ausbildung, um malen, singen, schreiben oder tanzen zu können; man muß es einfach tun.» Entsprechend kunstlos, bisweilen auch naiv sind seine Verse, mit denen er die politischen, moralischen und sexuellen Tabus der US-Gesellschaft attackiert. K. hat Karikaturen gezeichnet, satirische Texte veröffentlicht, für die Kriegsdienstverweigerung geworben, Sexualaufklärung betrieben und für die Bühne geschrieben. Sein Theaterstück *Fucknam,* eine szenische Folge von Obszönitäten, soll den Zusammenhang von sexueller Abstinenz und Krieg zeigen. «Sexuelle Frustration führt zur Aggression. Wer nicht liebt, tötet.» Der Krieg, meint K., sei ein Exzeß der Obszönität, der nur mit dem Vokabular der Pornographie beschrieben werden könne.

W.: 1001 Ways to Live Without Working, 1960; 1001 Ways to Beat the Draft, 60 (mit Robert Bashlow); The Book of the Body, 65; Fucknam, 68 (dt. Ficknam); 1001 Ways to Make Love, 69. S. S.-J.

Kuprin, Alexander Iwanowitsch (Kuprin, Aleksandr Ivanovič), * 7. 9. 1870 Narovčat (Gouv. Pensa), † 25. 8. 1938 Leningrad.
K. war zuerst Offizier. 1894 gab er die militärische Laufbahn auf, um Schriftsteller zu werden. Zunächst führte er Jahre hindurch ein Wanderleben und arbeitete in den verschiedensten Berufen. Ab 1903 wirkte er in dem von Gorki geleiteten Verlag «Znanie». Nach der Revolution ging K. ins Ausland und lebte hauptsächlich in Paris. 1937 kehrte er zurück.
Bekannt wurde K. mit der romanhaften Erzählung *Moloch,* in der er, von Tolstoi und Tschechow beeinflußt, realistische Bilder aus dem industriellen Alltag zeichnete. Der Roman *Jama* (Die Gruft) erregte Aufsehen, weil K. darin versuchte, das Leben in den Bordellen zu schildern. *Gambrinus* spielt in einer Seemannskneipe. Hier unterlag K. viel mehr den publizistischen Tagesmoden als in seinen wehmütigen und idyllischen Erzählungen aus Landleben und Natur in der Tradition Turgenjews und Tolstois. Unter dem Eindruck des Russisch-Japanischen Krieges wurde der in manchen Zügen autobiographische Roman *Poedinok* (Das Duell) ein großer Erfolg: Der Leutnant Romašov fällt in einem Duell, an dem das sinnlose Dasein in der Garnison schuld ist — eine Anklage gegen die Ausbildungsmethoden des russischen Offizierskorps. Als höchster menschlicher Wert erschien K. die Liebesfähigkeit, die er in *Sulamit'* (Die sieben Liebesnächte der S.), einer hymnenartigen Erzählung in Nachahmung des «Hohen Liedes», und in *Granatovyj braslet* (Das Granatarmband) verherrlichte.

W.: *Romane u. Erz.:* Poslednij debjut, 1889; Moloch, 96 (dt. Der Moloch); Olesja, 98 (dt.

O. u. a. Novellen); Poedinok, 1905 (dt. Das Duell); Reka žizni, 06; Ubijcy, 06; Gambrinus, 07; Morskaja bolezn, 08; Sulamit', 08 (dt. Die sieben Liebesnächte der S.); Listrigony, 08–11; Jama, 09–15 (dt. Die Gruft); Granatovyj braslet, 11 (dt. Das Granatarmband); Anatema, 13; Saša, 20; Junkera, 28–33; Koleso vremeni, 30; Žanezt, 32/33. – Werke, 6 Bde, 57/58; 9 Bde, 64. — Ferner dt.: Der Elefant; Im Schoß der Erde; Jamskaja; Die fromme Lüge. DW

Kurz, Isolde, * 21. 12. 1853 Stuttgart, † 5. 4. 1944 Tübingen.

I. K., Tochter des Heimatschriftstellers Hermann K., lebte zeitweise in Italien, dann meist in München. – Die Lyrikerin und Erzählerin gilt als von P. Heyse, A. Böcklin und C. F. Meyer beeinflußt, den sie noch nicht gelesen hatte, als sie ihre *Florentiner Novellen* schrieb. Sie ist ihm geistig verwandt durch ihre Liebe zur Renaissance und ihre Neigung zur klassizistischen Form des Romanischen. Konstant zieht sich das Thema der Ich-Problematik durch einen großen Teil ihres traditionalistischen Werkes.

W.: Lyrik: Gedichte, 1889; Neue Gedichte, 1905; Schwert aus der Scheide, 15; Aus dem Reigen des Lebens, 33. – *Romane u. Erz.:* Florentiner Novellen, 1890; Italienische Erzählungen, 95; Von dazumal, 1900; Lebensfluten, 07; Cora, 15; Nächte von Fondi, 22; Der Despot, 25; Vom Strande, 25; Der Caliban, 26; Vanadis, 31; Die Nacht im Teppichsaal, 33; Das Haus des Atreus, 39. – *Erinnerungen:* Florentinische Erinnerungen, 09; Aus meinem Jugendland, 18; Meine Mutter, 26; Die Pilgerfahrt nach dem Unerreichlichen, 38. – *Essays:* Die Stadt des Lebens, 02; Im Zeichen des Steinbocks, 05; Wandertage in Hellas, 13. – Gesammelte Werke, 6 Bde, 25.

Lit.: C. Nennecke: Die Frage nach dem Ich im Werk von I. K., Diss. 1958. DW

Kusenberg, Kurt, * 24. 6. 1904 Göteborg (Schweden).

K. verbrachte seine Jugend in Lissabon, später in Deutschland und studierte Kunstgeschichte in München, Berlin und Freiburg i. B. Er war Kunstkritiker an der «Weltkunst» und der «Vossischen Zeitung», später stellvertretender Chefredakteur der Zeitschrift «Koralle» in Berlin. K. lebt jetzt in Hamburg als Schriftsteller und Herausgeber von «rowohlts monographien». Als K. die ersten Kurzgeschichten veröffentlichte, war er als Feuilletonist und Kunstschriftsteller schon bekannt. Seine skurrilen, phantastischen und ironischen Erzählungen verbinden humorvoll Wirkliches und Surreales. K.s Welt ist absurd, grotesk, komisch — ein spiegelverkehrtes Abbild der Realität.

W.: Erz.: La Botella, 1940; Der blaue Traum, 42; Die Sonnenblumen, 51; Wein auf Lebenszeit, 55; Im falschen Zug, 60; Zwischen unten und oben, 64. – *Sammelbände:* Mal was andres, 54; Nicht zu glauben, 60; Gesammelte Erzählungen, 69. – *Essays:* Das komplizierte Dasein, 32; Das Krippenbüchlein, 49; Lob des Bettes, 56; Der ehrbare Trinker, 65. – *Kunstgeschichte:* Le Rosso (französ.), 31; Mit Bildern leben, 55. – *Hörspiele:* Er kommt weit her, 60; Der Traum des Sultans, 63; Gespräche ins Blaue (Stegreifstücke), 69. DW

Kusmin, Michail Alexejewitsch (Kuzmín, Michail Alekseevič), * 5. 10. 1875 Jaroslavl', † 3. 3. 1936 Leningrad.

K. stammte aus einer Familie des Hofadels. Er besuchte zunächst das Konservatorium in St. Petersburg (später vertonte er oft eigene Verse) und arbeitete seit 1905 als Schriftsteller.

Trotz innerer Beziehungen zum Symbolismus, vor allem in der Wahl erotischer Themen, vertrat K. im Streben nach Maß, Harmonie, Klarheit und rationaler Gliederung eigentlich klassizistische Prinzipien. Bezeichnend für sein Werk ist die kunstvolle Stilisierung und die Stoffwahl: Er nahm seine Sujets aus der byzantinischen und aus der alexandrinischen Kultur, so in seiner Neufassung des Alexander-Volksbuches *Podvigi velikavo Aleksandra* (Taten des großen Alexander) und in den *Aleksandrijskie pesni* (Alexandrinische Gesänge), einem seiner bedeutendsten lyrischen Werke, aus den italienischen Renaissance-Novellen und aus der Zeit des Rokoko, besonders in Singspielen und Gedichten. Im Stil der Memoiren des 18. Jhs. gehalten ist die Erzählung *Prikl'jučenija Ėme-Lebefa* (Aimé Lebœufs Abenteuer), in der der Ich-Erzähler Aimé die abenteuerreiche Geschichte seines Lebens gegen Ende des 18. Jhs. berichtet.

W.: Lyrik: Aleksandrijskie pesni, 1906 (dt. Alexandrinische Gesänge); Kuranty ljubvi, 11 (dt. Spieluhr der Liebe, Pastoral); Osennie ozera, 12; Paraboly, 22; Novyj gul', 24. – *Romane u. Erz.:* Kryl'ja, 06; Priključenija

Ėme-Lebefa, 07 (dt. Aimé Lebœufs Abenteuer); Podvigi velikavo Aleksandra, 08 (dt. Taten des großen Alexander); Nežnyj Josif, 09 (dt. Der zärtliche Josef); Putešestrije sera Džona Firfaksa po Turcii, 10 (dt. Die Reise des Sir John Fairfax durch die Türkei); Zelënyj solovej, 15 (dt. Die grüne Nachtigall u. a. Erzählungen); Čudesnaja žizn' Josifa Balzamo, grafa Kaliostro, 19 (dt. Das wunderliche Leben des J. B., Grafen Cagliostro); Tichij straž, 25 (dt. Der stille Hüter). – *Essay:* O prekrasmoj jastnosti, 10; Uslovnosti, 24. – Werke, 9 Bde, 15–18. RLL

Lacretelle, Jacques de, * 14. 7. 1888 Schloß Cormatin.

L., dessen Großvater Pierre Louis de L. gleichfalls Schriftsteller war, studierte am Collège Janson in Paris und in Cambridge. 1936 wurde er Mitglied der Académie Française. — Die weiche Schwermut seiner ersten Romane zeigt L. als Schüler Prousts. Bestimmend für sein Werk sind auch der Einfluß Flauberts und Gides. Scharfsichtig analysiert er die Seelen seiner einsamen Menschen: des Juden Silbermann, der dem Antisemitismus seiner katholischen Mitschüler ausgesetzt ist, der Heldin seines vierbändigen Werkes *Les Hauts-Ponts,* die wohl voll Zähigkeit und Rücksichtslosigkeit den verlorenen Familienbesitz zurückerobert, aber ihn durch die Verträumtheit ihres Sohnes wieder entgleiten sieht.

W.: Romane: La vie inquiète de Jean Hermelin, 1920 (dt. Die unruhige Jugend des J. H.); Silbermann, 22 (dt. ebs.); La Bonifas, 25; Amour nuptial, 29 (dt. Kreuzweg der Ehe; urspr. Fassung: Le Retour de Silbermann, 29); Les Hauts-Ponts, 4 Bde, 32–35; Le Pour et le Contre, 46; Deux cœurs simples, 52. – *Novellen:* Quatre Nouvelles italiennes, 28; L'âme cachée, 28. – *Essays:* Lettres espagnoles, 26; Aparté, 27; Le Demi-Dieu, 30; Libérations, 45; Les maîtres et les amis, 59; Michel-Ange, 61 (dt. Michelangelo). – *Drama:* Une visite en été, 53. – *Autobiographisches:* Le tiroir secret, 59.
Lit.: D. W. Alden: J. de L., New Brunswick, 1959. DW

La Farge, Oliver Hazard Perry, * 19. 12. 1901 New York, † 2. 8. 1963 Albuquerque (New Mexico).

L., ein Nachkomme B. Franklins und Sohn eines Architekten, studierte Anthropologie, Archäologie und Ethnologie und unternahm Expeditionen nach Mittelamerika. Er befaßte sich besonders mit Geschichte und Gebräuchen der nordamerikanischen Indianer. Seine umfassenden Kenntnisse verarbeitete er zu Romanen (*Laughing Boy,* eine Liebesgeschichte unter Navajos) wie auch zu dokumentarischen Studien.

W.: Romane u. Erz.: Laughing Boy, 1929 (dt. Der große Nachtgesang); The Sparks Fly Upward, 31; The Enemy Gods, 37; The Copper Pot, 42; A Pause in the Desert, 57 (dt. Die letzte Flasche Whisky); The Door in the Wall, 65. – *Historische Arbeiten, Essays:* As Long as the Grass Shall Grow, 40; A Pictorial History of the American Indian, 56 (dt. Die große Jagd. Die Geschichte der nordamerikanischen Indianer); Santa Fe, 59; The American Indian, 60; The Man with the Calabash Pipe, 66. RLL

Laforet, Carmen, * 6. 9. 1921 Barcelona.

C. L. studierte Philosophie in Madrid und blieb dort. Für ihren ersten Roman *Nada* erhielt sie 1944 den Preis «Nadal». Die sensible und gleichzeitig exakte C. L. beschreibt in einer Art von neuem Realismus mit Objektivität die Desillusionierung eines jungen Mädchens in Barcelona durch das Leben bei ihren Verwandten. Nach diesem und ihrem zweiten Roman, *La isla y los demonios,* auf den Kanarischen Inseln spielend, fällt der Bekehrungsroman *La mujer nueva* deutlich ab.

W.: Romane und Erz.: Nada, 1944 (dt. ebs.); La isla y los demonios, 52; La muerta, 52; La llamada, 54 (dt. Fünfundzwanzig Peseten); La mujer nueva, 55 (dt. Die Wandlung der Pauline Goya); La insolación, 63. H. S.

Lagerkvist, Pär Fabian, * 23. 5. 1891 Växjö.

L.s Vater war Stationsvorstand, stammte jedoch aus einer alten småländischen Bauernfamilie. L. studierte in Uppsala und ging 1913 nach Paris, wo er mit den Kunstströmungen dieser Zeit in Berührung kam. 1940 wurde er in die Schwedische Akademie gewählt, 1951 erhielt er den Nobelpreis.

L. bekannte sich schon früh in dem programmatischen Essay *Ordkonst och bildkonst* [Wortkunst und Bildkunst] zum Expressionismus. In seinen Dramen zeigt er sich als Schüler des späteren Strindberg (so in *Sista människan* [Der letzte Mensch], einer dramatischen Phantasie über eine aussterbende Erde), knüpft an das mittelalterliche Mysterienspiel und Tagore an, wie in *Den osynlige* [Der Unsichtbare], auch die ekstatische deutsche Experimentaldramatik der Nachkriegsjahre hatte Einfluß auf ihn. Die Dichtungen der Zeit um den Ersten Weltkrieg, die vor allem in der Novellensammlung *Järn och människor* [Eisen und Menschen] mit dem Bild des blanken Stahls, der sich in Menschenleiber senkt, ihren Niederschlag findet, ist von L.s Lebensangst geprägt, so die expressionistische Gedichtsammlung *Ångest*. Mit der Prosaphantasie *Det eviga leendet* [Das ewige Lächeln] ist L.s persönlicher Stil voll entwickelt. In den Werken der 30er Jahre wendet er sich gegen den Totalitarismus, so in der später auch dramatisierten Erzählung *Bödeln* (Der Henker), in der er in einem Henker das Prinzip des Bösen gestaltete; die gleiche Thematik, die Auseinandersetzung mit dem Bösen, griff er zehn Jahre später nochmals in *Dvärgen* (Der Zwerg) auf: Die Titelgestalt, ein Zwerg, wird zum verbrecherischen Werkzeug eines Renaissancefürsten. L.s vier große Altersromane kreisen um «von Gott Verfolgte»: *Barabbas* (Nobelpreis) gestaltet in der Titelfigur, dem Gegenspieler Christi, die zeitlose Tragik des Menschen, der nicht glauben kann und dessen Tod doch ein Opfertod für den Glauben ist; in *Sibyllan*, der Geschichte der delphischen Pythia, setzt sich L. mit der Unbegreiflichkeit Gottes auseinander; in *Ahasverus död* (Der Tod Ahasvers) wird der «ewige Jude» erlöst; *Pilgrim på havet* (Pilger auf dem Meer) erzählt von Pilgern und Gottsuchern auf der Reise ins Heilige Land.

W.: Lyrik: Motiv, 1914 (z. T. Prosagedichte); Ångest, 16; Den lyckliges väg, 21; Hjärtats sånger, 26; Sång och strid, 40; Hemmet och Stjärnan, 42; Aftonland, 53. – *Dramen:* Sista människan, 17; Teater, 18 (enth. drei Einakter: Den svåra stunden, den Essay: Modern teater); Kaos, 19 (darin der Einakter: Himlens hemlighet, Prosaskizzen u. der Gedichtzyklus: I stället för tro); Den osynlige, 23; Han som fick leva om sitt liv, 28 (dt. als Hörspiel: Der Mann, der noch einmal leben durfte); Bödeln, 34 (dt. Der Henker); Mannen utan själ, 36; Seger i mörker, 39; Midsommardröm i fattighuset, 41; De vises sten, 47; Låt människan leva, 49; Barabbas, 56 (in: Dramatik Bd. 3). – *Romane u. Erz.:* Människor, 12; Järn och människor, 15; Det eviga leendet, 20; Onda sagor, 24 (dt. Schlimme Geschichten); Gäst hos verkligheten, 25 (autobiogr.; dt.: Gast bei der Wirklichkeit); Kämpande ande, 30; Bödeln, 33 (dt. Der Henker); I den tiden, 35; Dvärgen, 44 (dt. Der Zwerg); Barabbas, 50 (dt. ebs.); Sibyllan, 50 (dt. Die Sibylle); Ahasverus död, 60 (dt. Der Tod Ahasvers); Pilgrim på havet, 62 (dt. Pilger auf dem Meer); Det heliga landet, 64 (dt. Das heilige Land); Mariamne, 67 (dt. ebs.). – *Reisebericht:* Den knutna näven, 34. – *Aphorismen:* Det besegrade livet, 27. – Sonstige Prosa: Ordkonst och bildkonst, 13. – Skrifter, 3 Bde, 32; Samlade dikter, 41; Prosa, 6 Bde, 59; Dramatik, 3 Bde, 56. – Ferner dt.: Drei Prosadichtungen (Der anspruchsvolle Gast, Die Kellerwohnung, Der Morgen); Gedichte (Ausw.). *Lit.:* J. Mjöberg: Livsproblemet hos P. L., 1951; B. Setterberg-Jörgensen: P. L.s Barabbaskamp, 52; O. Oberholzer: P. L. Studien zu seiner Prosa u. seinen Dramen, 58; S. Linnér: P. L.s livstro, 61; K. Henmark: Främlingen L., 66. DW

Lagerlöf, Selma, * 20. 11. 1858 Gut Mårbacka (Värmland), † 16. 3. 1940 ebd. S. L. verlebte trotz eines Hüftleidens eine glückliche Kindheit auf dem elterlichen Gut. 1885–95 war sie Lehrerin in Landskrona, ließ sich 1897 als freie Schriftstellerin in Falun nieder. Nach der Verleihung des Nobelpreises 1909 gelang es ihr, das Familiengut Mårbacka zurückzukaufen, wo sie bis zu ihrem Tode lebte. 1914 wurde sie als erste Frau in die Schwedische Akademie gewählt.

Die Welt und Kultur der värmländischen Herrenhäuser bildet den Hintergrund für S. L.s Werk, das von den Märchen und Sagen ihrer Heimat wie auch von der Lektüre der isländischen Sagas, der Märchen Andersens und den Bauernnovellen Bjørnsons inspiriert ist. Wie in Volksdichtungen vereinfachte sie die Charakterzeichnung und bezog auch irrationale, religiöse und übersinnliche Elemente in ihr Werk mit ein. Nach vielen Versuchen fand sie, von Carlyle beeinflußt, in ihrem Erstling, der *Gösta Berlings saga*, zu ihrem eigenen Stil: einer lyrisch-pathetischen Prosa, in der sie locker eine Reihe von Episoden um die beiden Zentralgestalten, die Majorin von Ekeby und die Titelfigur, gruppierte. Der Schluß des Romans (die Kavaliere beschließen, ihr Leben moralischen und sozialen Idealen zu widmen) verrät bereits S. L.s Neigung zum Moralisieren. Ein Gegenpol zu Gösta Berling, in dem sich Phantasie, Schwärmerei und Geniekult verkörperte, ist die Gestalt des Ingmar aus dem zweiten Hauptwerk, *Jerusalem*, der Moralismus und Tradition repräsentiert: Unter dem Einfluß eines Sektierers ziehen Bauern aus Dalarne nach Jerusalem, wohin ihnen Ingmar folgt, um ihnen aus ihrer Not im fremden Land zu helfen und sich mit seiner ehemaligen Braut Gertrud zu versöhnen; erst dann kehrt er wieder zu Barbre, seiner Frau, nach Dalarne zurück. Die romantische und weitläufige «Löwensköld»-Trilogie spielt zum großen Teil wieder im värmländischen Milieu: *Den Löwensköldas ringen* (Der Ring des Generals) schildert die Geschichte eines der Familie gestohlenen Ringes, die auch noch einen Schatten auf das Schicksal der *Charlotte Löwensköld* zu werfen scheint, deren Verlobung mit dem Hilfsprediger Karl Artur auseinandergeht. Sein Schwur, das erste beste Mädchen auf der Straße zu heiraten, führt zu einer Ehe mit der Hausiererin aus Dalarne, *Anna Svärd*, die schließlich seinen Entschluß, Missionar zu werden, bejaht. Das berühmte Kinderbuch *Nils Holgerssons underbrara resa genom Sverige* über die Reise eines kleinen Jungen mit den Wildgänsen verbindet in anschaulicher Weise die moralische Entwicklung eines Kindes mit einer Darstellung von Schwedens Landschaft, Geschichte und Kultur.

W.: Romane u. Erz.: Gösta Berlings saga, 1891 (dt. Gösta B.); Osynliga länkar, 94 (dt. Unsichtbare Bande); Antikrists mirakler, 97 (dt. Die Wunder des Antichrist); Drottningar i Kungahälla, 99 (dt. Die Königinnen von K.); Legender och berättelser, 99; En herrgårdssägen, 99 (dt. Eine Herrenhofsage, auch als: Eine Gutsgeschichte); Jerusalem: I Dalarne, 1901, I det heliga landet, 02 (dt. zus. Jerusalem); Herr Arnes penningar, 04 (dt. Herrn Arnes Schatz); Kristuslegender, 04 (dt. Christuslegenden); Nils Holgerssons underbara resa genom Sverige, 06–07 (dt. Wunderbare Reise des kleinen N. H. mit den Wildgänsen); Liljecronas hem, 11 (dt. L.s Heimat); Körkalen, 12 (dt. Der Fuhrmann des Todes); Tösen från Stormyrtorpet, 13 (dt. Das Mädchen vom Moorhof); Kejsarn av Portugallien, 14 (auch dramatisiert; dt. Jans Heimweh, auch als: Kaiser von P.); Troll och människor, 2 Bde, 15–21 (dt. Trolle u. Menschen); Bannlyst, 19 (dt. Das heilige Leben); Trilogie: Den Löwensköldska ringen, 25 (dt. Der Ring des Generals), Charlotte Löwensköld, 25 (dt. ebs.), Anna Svärd, 28 (dt. Anna, das Mädchen aus Dalarne). – *Autobiographisch:* En saga om en saga och andra sagor, 08 (dt. Ein Stück Lebensgeschichte); Mårbacka, 22 (dt. ebs.); Ett barns memoarer, 30 (dt. Aus meinen Kindertagen); Dagbok für S. O L., 32 (dt. Tagebuch); Från skilda tider, 2 Bde, 43–45. – Skrifter, 12 Bde, 33; Dt.: Ges. Werke, 12 Bde., 28; ferner zahlreiche dt. Auswahlbände.

Lit.: W. A. Berendsohn: S. L., dt. 1927; F. S. de Vrieze: Fact and Fiction in the Autobiographical Works of S. L., Assen 58; J. Ravn: Menneskekenderen S. L., Kopenhagen 58; M. Petré: S. L. och Mårbacka, 58; G. Ahlström: Kring G. Berlings saga, 59; J. Kulling: Huvudgestalten i. S. L.s författerskap, 59; V. Edström: Livets stigar, 60; L. studier, ed. S. L.-Sällskapet, 61; E. Lagerroth: S. L.s Jerusalem, 66. RLL

Lahuti, Abulkasim, * 1887 Kermanshah (Westiran), † 16. 3. 1957 Sowjetunion.
L. schloß sich früh persischen revolutionären Kreisen an, wurde zum Tode verurteilt und floh nach Istanbul. Nach dem Iran zurückgekehrt, nahm er an der Revolution von 1922 teil, geriet jedoch in Gegensatz zu den herrschenden Kreisen und floh in die Sowjetunion (Tadschikistan).

In L.s Werk überwiegen politische Themen wie Revolution, sozialistischer Aufbau, Spanischer Bürgerkrieg. Er ist Verfasser der tadschikischen Staatshymne und Übersetzer der Sowjethymne ins Tadschikische. L. schrieb 20 epische Dichtungen, viele Dramen, darunter den Operntext zu «Kovaji ohangar» nach Firdausi, die als tadschikische Nationaloper gilt. Sein bekanntestes Gedicht ist «Kreml», erst persisch, dann tadschikisch verfaßt.

W.: Diwan, 1946, russ. 49; 20 Dostons (tadschik. u. pers. Epen), 41 u. 44. – Ausgew. Werke, russ., Moskau 36; Verse, russ. ebd. 59. DW

Laín Entralgo, Pedro, * 1908 Urrea de Gaén (Prov. Teruel, Spanien).
L. studierte Medizin, Philosophie und, in Wien, Psychiatrie. Er wurde Arzt und Prof. für Geschichte der Medizin an der Univ. Madrid, deren Rektor er mehrere Jahre lang war. – Neben wissenschaftlichen Werken veröffentlichte L., einer der bedeutendsten heutigen Essayisten Spaniens, zahlreiche, auf umfassender Kenntnis der modernen Kultur und ei-

nem katholischen Weltverständnis basierende Essays über philosophische, soziologische und literarische Themen. Besonders bekannt wurde sein Buch über die «Generation 1898».

W.: Essays: Sobre la cultura española, 1943; Menéndez y Pelayo, 44; Las generaciones en la historia, 45; La generación del 98, 45; La antropología en la obra de Fray Luis de Granada, 46; España como problema, 49; La Universidad en la vida española, 51; La empresa de ser hombre, 58; La espera y la esperanza, 58; Ocio y trabajo, 60. H.F.

La Mare → De la Mare

Lamming, George, * 1927 Barbados.
L., englisch-afrikanischer Herkunft, war Lehrer in Trinidad, arbeitete in Londoner Fabriken, dann für die BBC. Er wurde durch seinen Roman *The Emigrants* bekannt, in dessen Mittelpunkt die Begegnung des Farbigen mit Europa steht. Der dreiteilig gegliederte, erzähltechnisch anspruchsvolle Roman schildert das Schicksal einer aus den verschiedensten Volksschichten zusammengesetzten Gruppe westindischer Auswanderer, die in England versuchen, sich eine neue Existenz aufzubauen und, mit einer Ausnahme, ihre Hoffnungen zerstörende desillusionierende Erfahrungen machen.

W.: Romane: In the Castle of My Skin, 1953; The Emigrants, 54 (dt. Mit dem Golfstrom); Of Age and Innocence, 58; Season of Adventure, 60 (dt. Zeit der Abenteuer); The Pleasures of Exile, 60. RLL

Lampe, Friedo, * 4. 12. 1899 Bremen, † 2. 5. 1945 Klein-Machnow bei Berlin.
L. studierte Literatur- und Kunstgeschichte, promovierte 1928 in Freiburg und arbeitete als Volksbibliothekar in Hamburg, dann als Lektor in Berlin. Er wurde von einem sowjetischen Soldaten irrtümlich erschossen. – L. schrieb Werke eines romantisch-magischen Realismus; in einem Gewebe von vorübergleitenden und transparenten Bildern werden mit Abend- und Herbstmotiven Zeiten des Verfalls beschworen.

W.: Romane u. Erz.: Am Rande der Nacht, 1934; Septembergewitter, 37; Von Tür zu Tür, 45. – *Lyrik:* Das dunkle Boot, 36. – Das Gesamtwerk, 55. RLL

Lampedusa → Tomasi di Lampedusa

Lampel, Peter Martin (eig. Joachim Friedrich M. L.), * 15. 5. 1894 Schönborn (Schlesien), † 22. 2. 1965 Hamburg.
L. war im Ersten Weltkrieg Fliegeroffizier; er studierte dann Volkswirtschaft und Jura und besuchte die Akademie der Bildenden Künste in München. Er betätigte sich dann u. a. als Filmstatist, Sportlehrer und Journalist. 1930/31 arbeitete er am Aufbau des Freiwilligen Arbeitsdienstes mit. L., dessen Werke 1933 in Deutschland verboten wurden, emigrierte und lebte seit 1935–49 als Maler im Exil, hauptsächlich in Amerika. – L., dessen erste Dichtungen seine Kriegserlebnisse spiegeln, widmete sich mit Vorliebe sozialen Themen: Probleme der Nachkriegsjugend und der Fürsorgeerziehung.

W.: Romane u. Erz.: Bombenflieger, 1918; Heereszeppeline im Angriff, 18; Der Revolutionsoffizier, 20; Verratene Jungen, 29; Jörg Christoph, ein Fähnrich, 35; Kampf ohne Ordnung, 52; Wir fanden den Weg, 55. – *Dramen:* Revolte im Erziehungshaus, 29; Giftgas über Berlin, 29; Alarm im Arbeitslager, 33; Drei Söhne, 59. – *Berichte:* Jungen in Not, 28; Patrouillen! Erlebnisse und Bemühungen um junge Menschen, 30. – *Autobiographisches:* Niemandes Knecht. 57; Auf eigene Faust, 60. RLL

Landolfi, Tommaso, * 9. 8. 1908 Pico/Frosinone.
L. fand zu einem dem Surrealismus nahestehenden Stil und zu einer neuen Erzählform, in der sich die Wirkungen ungewöhnlicher, phantastischer Situationen mit denen der Sprache verbinden. In Romanen wie *La pietra lunare* und *Racconto d'autunno* (einer Liebesgeschichte aus dem besetzten Italien) zeigt sich außergewöhnliche Scharfsicht bei der Beschreibung von Gefühlen. L. hat Puschkin und insbesondere Gogol übersetzt, dem er sich verwandt fühlt.

W.: Romane: La pietra lunare, 1939; Le due zittele, 45; Racconto d'autunno, 47; La bière du pécheur, 53; Un amore del nostro tempo, 65. – *Erz.:* Dialogo dei massimisistemi, 37; La spada, 42; Cacroregina, 50; Ombre, 54; Racconti, 60; Tre racconti, 64; Racconti impossibili, 66; Des mois, 67. – *Drama:* Landolfo VI di Benevento, 59. – Dt. Ausw.: Erzählungen. H. S.

Lange, Hartmut, * 31. 3. 1936 Berlin.
L. arbeitete im Tagebau bei Senftenberg,

studierte 1957–60 an der Filmhochschule in Babelsberg und wurde Dramaturg am «Deutschen Theater» in Ostberlin, wo sein Stück «Tod und Leben des Herrn Marski» uraufgeführt werden sollte. Im Sommer 1965 siedelte L. über Jugoslawien nach Westberlin über, wo er seitdem bei der «Schaubühne» am Halleschen Tor arbeitet. – L.s Dramenhelden, sympathisch gezeichnete Kapitalisten und Großbauern, sind unschwer als Verwandte Brechtscher Figuren (Baal, Puntila) zu identifizieren: Bauer Marski ist nur glücklich, wenn er in Gesellschaft seiner Freunde, ökonomisch von ihm abhängiger Kleinbauern, fressen und saufen kann, die aber Freundschaft auf dieser Basis für unmöglich erklären und der «Kooperative» beitreten. Das Doppeldrama *Der Hundsprozeß/Herakles* setzt sich mit Stalin auseinander.

W.: Dramen: Senftenberger Erzählungen oder Die Enteignung (geschrieben 1960, gedruckt 67); Marski (geschrieben 62/63, gedruckt 65); Der Hundsprozeß/Herakles, 68. – Bearbeitungen: Die Gräfin von Rathenow (nach Kleists Novelle: Die Marquise von O.), 70; Dramen von Holberg und Shakespeare. J. B. B.

Lange, Horst, * 6. 10. 1904 Liegnitz, † 6. 7. 1971 München.
L. studierte zunächst am Weimarer Bauhaus, dann Kunstgeschichte und Germanistik in Berlin und Breslau, wurde Journalist und freier Schriftsteller, seit 1931 in Berlin; 1933 heiratete er Oda Schaefer. Im Krieg schwer verwundet, kam er 1945 nach Bayern und lebte dort. — L. trat zunächst mit Lyrik hervor, in der irrational aufgefaßte unheimliche Landschaftsmächte unter bewußtem Rückgriff auf den Expressionismus evoziert werden. Die Dämonie des Elementaren, die an der heimatlichen Oderlandschaft erfahren wurde und aus ihr heraus entwickelt wird, bestimmt auch L.s Romane, darunter als Hauptwerk *Schwarze Weide.*

W.: Lyrik: Zwölf Gedichte, 1933; Gesang hinter den Zäunen, 39; Aus dumpfen Fluten kam Gesang, 58. – *Romane u. Erz.:* Die Gepeinigten, 33; Schwarze Weide, 37; Auf dem östlichen Ufer, 39; Ulanenpatrouille, 40; Die Leuchtkugeln, 44; Am Kimmerischen Strand, 48; Ein Schwert zwischen uns, 52; Verlöschende Feuer, 56.
Lit.: A. J. Lubos: H. L., 1967. RLL

Langer, František, * 3. 3. 1888 Prag, † 2. 8. 1965 ebd.
L. studierte Medizin, war während des Ersten Weltkrieges in russischer Gefangenschaft und trat 1917 in die tschechische Legion ein. – Er begann mit Prosawerken, so über seine Erlebnisse in der Legion und in Sibirien. Bedeutung hat L. jedoch vor allem als Dramatiker. Das Lustspiel *Velbloud uchem jehly* (Das Kamel geht durch das Nadelöhr) zeichnet humorvoll den Alltag des kleinen Mannes, das psychologische Drama *Periférie* behandelt, an Dostojewski anklingend, das Schuld- und Sühneproblem, in *Grand Hotel Nevada,* einer satirischen Komödie, beutet ein medizinischer Scharlatan Millionäre aus.

W.: Prosa: Železný vlk, 1920; Pes druhé roty, 23; Děti a dýka, 46. – *Dramen:* Velbloud uchem jehly, 23 (dt. Das Kamel geht durch das Nadelöhr); Periférie, 25 (dt. ebs.); Grand Hotel Nevada, 27; Obrácení Ferdyše Pištory, 29 (dt. Die Bekehrung des F. P.); Andělé mezi námi, 31 (dt. Engel unter uns). DW

Langewiesche, Marianne, * 16. 11. 1908 Ebenhausen bei München.
M. L., Tochter des Verlegers Wilhelm L.-Brandt, wurde zuerst Fürsorgerin, dann Journalistin. Sie lebt in München. – Nach eigener Aussage früh an Vergangenheit und verfallenden Kulturen interessiert, stellt M. L. in ihren historischen Romanen Situationen des Untergangs dar, denen freilich die rettende Kraft des christlichen Glaubens entgegengesetzt wird. Ihren größten Erfolg erzielte M. L. mit *Königin der Meere,* einem romanhaften Essay über die Geschichte Venedigs.

W.: Romane u. Erz.: Die Ballade der Judith van Loo, 1938; Die Allerheiligenbucht, 42; Die Bürger von Calais, 49; Der Ölzweig, 52; Der Garten des Vergessens, 53. – *Essays:* Königin der Meere. Roman einer Stadt, 40; Venedig, 62; Ravenna, 64; Spuren in der Wüste, 70. RLL

Langfus, Anna, * 1. 1. 1920 Lublin (Polen), † 12. 5. 1966 Gonesse b. Paris.
A. L., aus vermögender und gebildeter Familie, flüchtete zu Beginn der nationalsozialistischen Judenverfolgungen ins Warschauer Ghetto, wurde verhaftet und gefoltert und war bis zum Kriegsende im

Gefängnis von Plozk. 1946 ging sie nach Paris, wo sie sich mit Mathematikunterricht durchschlug. Sie begann in französischer Sprache zu schreiben; der erfolgreich angefangenen Schriftstellerlaufbahn setzte der frühe Herztod ein Ende. – Alle Romane A. L.' stellen den Leidensweg polnischer Menschen unter faschistischer Terrorherrschaft dar. In dem mit dem Prix Goncourt ausgezeichneten Werk *Les bagages de sable* sind die autobiographischen Einflüsse am deutlichsten.

W.: Romane: Le sel et le soufre, 1960 (dt. Salz und Schwefel); Les bagages de sable, 62 (dt. Gepäck aus Sand); Saute, Barbara, 66.

RLL

Langgässer, Elisabeth, * 23. 2. 1899 Alzey, † 25. 7. 1950 Rheinzabern.

E. L., Tochter eines Architekten, war nach pädagogischer Ausbildung fünf Jahre Lehrerin in Hessen. Sie zog 1929 nach Berlin, lebte dort, nach kurzer Lehrtätigkeit an der sozialen Frauenschule, als freie Schriftstellerin; 1935 heiratete sie den Philosophen W. Hoffmann und wurde Mutter von vier Töchtern. Als Halbjüdin erhielt sie 1936 Berufsverbot und wurde 1944 dienstverpflichtet. 1948 kehrte sie mit Familie in die rheinpfälzische Heimat zurück, schon an multipler Sklerose erkrankt. In ihrem Todesjahr wurde E. L. mit dem Georg Büchner-Preis ausgezeichnet.

Der erste Gedichtband *Der Wendekreis des Lammes* setzte einen Akzent, der für das gesamte Werk bestimmend blieb: Ein liturgisch-kosmischer Jahreszyklus mit dem Anspruch, «Natur durch Gnade ernst erlöst zu zeigen». Zum Bereich der christlich gedeuteten «unerlösten» Natur gehört die antik-mythische Naturwelt, die im zweiten Gedichtzyklus *Tierkreisgedichte* stärker hervortritt und zugleich die Affinität E. L.s für das animalische und vegetative Element erkennen läßt. – In den Erzählungen der 30er Jahre entfalten sich die «panischen Kräfte der rohen Natur» als das vegetativ Triebhafte, als Wollust, Sexus und zerstörerische Grausamkeit. So heißt es in «Mithras», der Darstellung einer mythisierten Männerfreundschaft: «Ist es nicht süß, in den Schoß der Natur und ihrer Geister zu fallen?» Aufschlußreich ist die Kindheitsmythe *Proserpina*, in der ein Kind die Urgeschichte der mythischen Proserpina nacherlebt. Im übertragenen Sinne vollzieht sich die «magische Inbesitznahme einer Kinderseele durch fortwirkende Bodenkräfte». Das Kind gerät in den dämonischen Sog, bis zur Zerfetzung einer Puppe in «mänadenhafter Wollust», um am Ende zum Licht geführt zu werden. In anderen Erzählungen endet die naturmagische Verstrickung zerstörerisch oder orgiastisch, wie in «Mars» (in *Triptychon des Teufels*). Der erste Roman *Der Gang durch das Ried* zeigt die wechselseitige Spiegelung einer Landschaft mit einer menschlichen Seele: Ein Heimkehrer, der Gedächtnis und Namen verloren hat, beladen mit dunkler Blutschuld, sucht seine Identität wiederzufinden.

Die Frage nach der Identität weist auf das Hauptwerk, den Roman *Das unauslöschliche Siegel*, dessen Erscheinen unmittelbar nach dem Krieg als bedeutendes literarisches Ereignis gewertet wurde. Der Roman handelt von der Wirkmacht der Taufe und Gnade, dem «unauslöschlichen Siegel», trotz Schuld, Flucht, der Verkennung oder Verleugnung christlicher Glaubensrealität. Hauptmotiv ist der parabolische Bekehrungsprozeß, der dem Juden Lazarus Belfontaine geschieht. Dem Leser bietet sich ein so großartiges wie mitunter verwirrendes Nebeneinander von Mysterientheologie, Geschichtsphilosophie, Mythologie, Satanologie, von Naturschilderungen, menschlichen Schicksalen, Bruchstücken eines Intrigenromans, von wechselnden Zeiten und Schauplätzen. Das Individuelle ist aufgelöst in ein transpersonales Geschehen, vollzieht sich innerhalb eines Welttheaters, das an das barocke Mysteriendrama erinnert. Angesichts des providentiellen Heilsgeschehens erweist sich die psychologische und rational-kausale Orientierung als untauglich. — Im letzten Roman *Märkische Argonautenfahrt* sind sieben, je persönlich schuldig gewordene Menschen aufgerufen, ihre zerstörte Stadt zu verlassen und Zuflucht zu suchen im märkischen Auferstehungskloster. Wanderung und Ankunft werden geschildert, unterbrochen von meditativen, essayistischen Einschüben. Der Weg führt zur Freude, dem Zeichen des Erlöstseins. — Die beiden Romane sind nicht deutbar ohne ihr Verhältnis zum katholischen Glauben; sie bilden den Versuch, christ-

liche Wirklichkeit in der Dichtung sichtbar werden zu lassen. Sie stehen in ihrer theologischen Kühnheit und radikalen Katholizität den Werken des französischen renouveau catholique nahe.
Klar erkennbar gelang es der mehr synkretistisch als synoptisch veranlagten Dichterin erst in den letzten Werken, die mythische Welt Pans in den christlichen Kosmos heimzuholen. Noch einmal wiederholt E. L. das naturmagische Thema, nun eindeutig «heilsbezogen», im Gedichtzyklus *Der Laubmann und die Rose*. Neben dem Laubmann, lyrische Metapher für die unerlöste Natur, steht die Rose, die rosa mystica Maria der Lauretanischen Litanei. Sie ist Symbol der heilen Schöpfung, verwandelt durch die Gnade. Von dieser «Verwandlung» spricht der vierte, unvollendete Gedichtzyklus *Metamorphosen*, dessen einzelne Gedichte E. L. «christliche Naturgedichte» nennt.

W.: Gedichte: Der Wendekreis des Lammes, 1924; Tierkreisgedichte, 35; Der Laubmann und die Rose, 47; Kölnische Elegie, 48; Gedichte (Ges. Werke), 59 (darin: Metamorphosen). – *Erz.:* Grenze, Besetztes Gebiet, 32; Triptychon des Teufels, 32; Proserpina, 33 (Urfassung 49); Rettung am Rhein, 38; Der Torso, 47; Das Labyrinth, 49; Glück haben, 68. – *Romane:* Der Gang durch das Ried, 36; Das unauslöschliche Siegel, 46; Märkische Argonautenfahrt, 50. – *Sonstiges:* Geist in den Sinnen behaust, aus dem Nachlaß hg., 51; ... soviel berauschende Vergänglichkeit, Briefe, 54. – Ges. Werke, 5 Bde, 59 ff. – Das Christliche der christlichen Dichtung, Essays, 61.
Lit.: B. Blume, in: Euphorion 1, 1954; E. Horst: E. L., Diss. München 55; G. Behrsing: E. L., Diss. München 1957; J. Perfahl: E. L., Diss. Wien 57; W. Hoffmann, in: Lob der Schöpfung und Ärgernis der Zeit, 59; E. Augsburger: E. L., 62; G. Storz, in: Dt. Lit. im 20. Jh., [5]67; Bibliographie von A. W. Riley, in: Literaturwissenschaftliches Jahrbuch, N. F. 8, 67, 9, 68. E. Ho.

Langner, Ilse (eig. I. Siebert), * 21. 5. 1899 Breslau.
I. L., Tochter eines Oberstudiendirektors, bereiste nahezu die ganze Welt und hielt Vorlesungen an Goethe-Instituten im Ausland. I. L. knüpft an literarische Vorbilder wie Ricarda Huch an. Schon in ihrem ersten Drama, *Frau Emma kämpft im Hinterland*, trat sie als leidenschaftliche Gegnerin des Krieges und jeglicher Form der Unterdrückung auf. Ihre Helden sind oft Frauen, deren Emanzipation für I. L. ein Schritt zur Humanisierung der Welt bedeutet. Mehrere symbolische Dramen und die letzten Romane gelten Problemen der Gegenwart (Nationalismus, Gefahr des Atomkriegs).

W.: Dramen: Frau Emma kämpft im Hinterland, 1928; Katharina Henschke, 30; Die Heilige aus USA, 31; Amazonen, 36; Klytämnestra, 47; Iphigenie kehrt heim, 48; Die Heimkehr, 50; Paris-Trilogie, 50; Der venezianische Spiegel, 52; Cornelia Kungström, 55. – *Romane u. Erz.:* Die purpurne Stadt, 37; Rodica, 47; Sonntagsausflug nach Chartres, 56; Die Zyklopen, 60. – *Lyrik:* Zwischen den Trümmern, 48. – *Berichte:* Chinesisches Tagebuch, 60; Japanisches Tagebuch, 61; Ich lade Sie ein nach Kyoto ..., 63. RLL

Larbaud, Valéry, * 29. 8. 1881 Vichy, † 2. 2. 1957 ebd.
L. verbrachte seine Kindheit in Valbois-en-Bourbonnais, besuchte ein Gymnasium in Paris, wo er dann Philosophie studierte. 1902-35, dem Jahr, in dem er an einer Gehirnerschütterung erkrankte, befand er sich — dank einer bedeutenden Erbschaft — fast dauernd auf Reisen, vor allem in Spanien, England und Italien. Dieser Romantiker des 20. Jhs. war mit vielen europäischen Autoren bekannt, mit Joyce befreundet: er hat mit mehreren Mitarbeitern zum erstenmal den «Ulysses» übersetzt, der dann von Frankreich aus in Europa verbreitet wurde. L. sah sich selbst als einen Förderer der europäischen Literaturen in Frankreich und gehörte zur ersten Generation französischer Schriftsteller, die kosmopolitisch dachten. In diesem Sinne hat er die «Nouvelle Revue française» stark beeinflußt (er hatte 1911 in London Gide kennengelernt). Mit L.-P. Fargue und Valéry gab er 1924—32 die Zeitschrift «Commerce» heraus.
1908 schuf L. in Gedichten die Figur des Barnabooth (mit fiktiver Biographie), der später zum Sinnbild des kultivierten Kosmopolitismus wurde, eine Art Dichter und Milliardär, in dem der Autor sich selbst darstellt. Noch vor Alain-Fournier veröffentlichte L. 1911 die Geschichte einer romantischen Jugend, *Fermina Márquez*, die nach der naturalistischen und positivistischen Strömung in der Romanliteratur wieder den Ge-

schmack an einer ausgefeilten Dichtung, die dem Gefühl der Liebe und der Jugend gewidmet ist, weckte. Auch *A. O. Barnabooth* wirkt romantisch durch den Helden, der in der ganzen Welt den Sinn der Existenz und des Absoluten sucht, ihn aber erst findet, als er in seinen Heimatort zurückkehrt. In seinen Novellen, wie in dem Band *Amants, heureux amants,* verwendet L. in der Erzählung die Methode des inneren Monologs wie Joyce.

W.: Dichtungen: Poèmes par un riche amateur, 1908; A. O. Barnabooth, ses œuvres complètes, 13 (die «Poèmes», eine Erzählung und das «Journal intime» Barnabooths; dt. A. O. B.; auch: Tagebuch eines Milliardärs). – *Erz.:* Fermina Márquez, 11 (dt. ebs.); Enfantines, 18 (dt. Kinderseelen); Beauté mon beau souci, 21; Amants, heureux amants, 23 (dt. Glückliche Liebende); Gaston d'Ercoule, 52. – *Essays:* Ce vice impuni, la lecture, 25, 41; Sous l'invocation de Saint Jérôme, 46 (dt. Sankt Hieronymus); Journal 1912–35, 55. – Œuvres complètes, 10 Bde, 50–55.
Lit.: G. Jean-Aubry: V. L., 1949; G. Blankenhorn: Der Kosmopolitismus bei L., 58; B. Delvaille: Essai sur V. L., 63. H. S.

Lardner, Ring (eig. Ringgold Wilmer L.), * 6. 3. 1885 Niles (Michigan), † 25. 9. 1933 East Hampton (New York).
L. war Reporter und Redakteur, wobei er sich besonders auf dem Sportsektor einen Namen machte, indem er von den konventionellen Formen der Reportage in origineller Weise abwich. Die heiter zubereiteten Erlebnisse des Sportlers Jack Keefe und seiner Frau Florrie erschienen als Sammlung unter dem Titel *You Know Me, Al.* Auch die Veröffentlichungen der folgenden Jahre wiesen L. als Humoristen aus, der auch mit scheinbarem Unsinn ein kritisches Anliegen verband. In den Kurzgeschichtensammlungen *How to Write Short Stories* und *The Love Nest* zeigt sich eine satirische Tendenz.

W.: Erz.: You Know Me, Al, 1916; Gullible's Travels, 17; Treat 'Em Rough, 18; The Real Dope, 18; The Big Town, 21; How to Write Short Stories, 24; What of It?, 25; The Love Nest, 26; Round Up, 29; Lose with a Smile, 33; First and Last, 34. – *Autobiogr.:* Story of a Wonder Man, 27. – The R. L.-Reader, 63.
Lit.: D. Elder: R. L., 1956; W. R. Patrick: R. L., 65; O. Friedrich: R. L., 65. RLL

La Roche → De la Roche

Lartéguy, Jean (eig. Pierre Lucien Jean Osty), * 5. 9. 1920 Lozère.
L. studierte Geschichte und meldete sich 1939 freiwillig zum Militär: er nahm am Palästina- und Koreakrieg teil, kämpfte dann in Indochina und gegen die algerische Befreiungsfront. — L.s Biographie spiegelt sich in seinen reportagehaften Romanen, die, in breitem Stil, lebhaften Szenen und raschen Dialogen, sich fast ausschließlich mit den französischen Kolonialkriegen befassen. Der erste große Publikumserfolg gelang ihm mit *Les centorions,* in dem er von ehemaligen Indochina-Kämpfern, die nun in Algerien Krieg führen, berichtete. Unter Berufung auf die römischen Zenturionen beanspruchen die imperialistischen Legionäre, das wahre Frankreich zu vertreten. Gleicher Geist weht in den ebenfalls erfolgreichen Büchern *Les prétoriens* und *Le mal jaune,* die in Indochina spielen, und *Les chimères noires,* wo er die Kämpfe im souverän gewordenen Kongo-Staat auf seine Weise interpretiert.

W.: Romane: Les centurions, 1960 (dt. Die Zenturionen); Les prétoriens, 61 (dt. Die Prätorianer); Le mal jaune, 62 (dt. Das gelbe Fieber); Les chimères noires, 63 (dt. Die grausamen Träume); Les tambours de bronze, 65 (dt. Die Trommeln aus Bronze). RLL

Lasker-Schüler, Else, * 11. 2. 1869 Elberfeld, † 22. 1. 1945 Jerusalem.
E. L.-Sch. entstammt einem wohlhabenden bürgerlichen Elternhaus jüdischer Glaubenstradition. 1894 heiratete sie den Arzt Dr. B. Lasker, wurde 1899 wieder geschieden und brach in ein modernes Vagantenleben aus, das sie einige Zeit mit dem gleichgesinnten Peter Hille teilte. Eine zweite, 1901 geschlossene Ehe mit dem Redakteur, Musiker und Kunstschriftsteller G. Levin, der von ihr den Namen Herwarth Walden erhielt, war gleichfalls nicht von Dauer. E. L.-Sch. hielt sich meist in Berlin auf, wo sie bald eine bedeutende Rolle in der Bohème des «Café des Westens» spielte. Vortragsreisen führten sie nach München, Zürich, Wien und Prag; in das zaristische Rußland reiste sie, um den revolutionärer Betätigung angeklagten Freund Senna Hoy aus dem Gefängnis zu befreien.

1933 erhielt sie Publikationsverbot und floh zunächst nach Zürich, 1934 von dort über Ägypten nach Palästina, kehrte jedoch bald wieder nach Zürich zurück. Von 1937 bis zu ihrem Tode lebte sie dann, in großer Armut und von Heimweh gequält, in Palästina.

E. L.-Sch., von G. Benn die «größte Lyrikerin, die Deutschland je hatte» genannt, ist mit ihren phantasievollen Versen, Erzählungen und Dramen sowohl der Neuromantik als auch dem späteren Expressionismus zugerechnet worden. Tatsächlich nimmt sie eine ähnliche Übergangsstellung ein wie etwa Mombert, zur Linde oder Däubler. Wie diese huldigte sie dem alten romantischen Glauben an die All- oder Übermacht der poetischen Imagination, suchte sie vor der Realität Zuflucht in einem subjektiven neuen Mythos, dessen Elemente freilich der – orientalischen, vorwiegend hebräischen – Tradition entnommen sind. Auf den Expressionismus vorausdeutend erscheinen dagegen die Betonung des ethisch-religiösen Erneuerungswillens und der ekstatische Bekenntniseifer. Die Kargheit des Bohème-Lebens überhöhte sie durch prunk- und farbenvolle Selbststilisierung (Jussuf, *Der Prinz von Theben*) und -entrückung in ein exotisches Zauberreich, in das auch ihre zahlreichen Freunde, so Kraus, Trakl, Benn, Werfel, F. Marc, in entsprechender Verwandlung Eingang fanden. Hinter aller egozentrischen Phantasie-Willkür bleibt jedoch eine einfühlsame kosmische Allverbundenheit spürbar. Im Spätwerk der Emigrationsjahre dominieren Ernüchterung und Resignation, doch auch, bei aller schmerzlichen Erkenntnis moderner Gottferne, erneuerte Gläubigkeit der Väter. Formal erscheinen hier, im Unterschied zu den früheren Werken, strenge Reimordnungen.

W.: Lyrik: Styx, 1902; Meine Wunder, 11; Hebräische Balladen, 13; Gesammelte Gedichte, 17; Konzert, 32 (Prosa u. Gedichte); Mein blaues Klavier, 43; Sämtliche Gedichte, 66. – *Erzählendes:* Die Nächte Tino von Bagdads, 07 (später als: Die Nächte der Tino von Bagdad); Mein Herz, 12; Der Prinz von Theben, 14; Der Malik, 19. – *Dramen:* Die Wupper, 09; Arthur Aronymus und seine Väter, 32. – *Essays und Briefe:* Gesichte, 13; Briefe P. Hilles an E. L.-Sch., 21; Briefe an K. Kraus, hg. v. A. Gehlhoff-Claes, 59; Briefe, 2 Bde, hg. v. M. Kupper, 69. – *Sonstiges:* Das Peter-Hille-Buch, 07. – Dichtungen und Dokumente, ausgew. u. hg. v. E. Ginsberg, 51; Ges. Werke, hg. v. F. Kemp u. W. Kraft, 3 Bde, 59–62.

Lit.: W. Kraft: E. L.-Sch., 1951; K. J. Höltgen: Untersuchungen zur Lyrik E. L.-Sch.s, 55; L. Paepcke, in: Frankfurter Hefte, 60; M. Kupper: Die Weltanschauung E. L.-Sch.s, 63; G. Guder: E. L.-Sch., 66; L.-Sch., hg. v. M. Schmid, 69; D. Bänsch: E. L.-Sch., 71.

H. P.

La Tour du Pin, Patrice de, * 16. 3. 1911 Paris.

La T. stammt aus einer aristokratischen Familie der Sologne, er war Offizier. Seine Poesie ist von religiösem Spiritualismus geprägt, ihre Klangfarbe erinnert zuweilen an den Surrealismus. Metaphysischer Gehalt, das Grundthema der Suche nach Liebe und klassische Form kennzeichnen das Gesamtwerk.

W.: La quête de joie, 1933; D'un aventurier, 34; L'enfer, 35; Le lucernaire, 36; Le don de la passion, 37; Psaumes, 38; La vie recluse en poésie (Essay), 38; Les anges, 39; Deux chroniques intérieures, 45; La Genèse, 45; Le jeu du seul, 46; Une somme de poèsie, 46; Les concerts sur la terre, 46; La contemplation errante, 48; Le second jeu, 59.

Lit.: E. Kushner: P. de La T. du P., 1961 (Ausw., Bibliogr., Porträts); R. Talmy: Aux Sources du catholicisme social. L'école de la T. du P., 63.

DW

Lattmann, Dieter, * 15. 2. 1926 Potsdam.

L. arbeitete nach einer Buchhandelslehre 1947–60 in mehreren Verlagen, zuletzt als Lektor in München, war dann freier Schriftsteller, wurde April 1968 Präsident der «Bundesvereinigung deutscher Schriftsteller»; im Juni initiierte er deren Umwandlung in den «Verband deutscher Schriftsteller» (VS), dessen Vorsitzender er wurde. — L. trat zuerst als Kritiker, dann mit sachlich-realistischen Romanen hervor: Verlagsmilieu in München, Beruf und Ehe eines 30jährigen sind Stoff von *Ein Mann mit Familie*; *Schachpartie* zeigt den «dem statistischen Schnitt» entsprechenden Durchschnittsbürger, einen Rechtsanwalt, in seinem Alltag.

W.: Romane: Ein Mann mit Familie, 1962; Schachpartie, 68. – *Essays, Berichte:* Die gelenkige Generation, 57; Mit einem deutschen Paß, 64; Zwischenrufe, 67. – Ferner Hörspiele.

RLL

Lautensack, Heinrich, * 15. 7. 1881 Vilshofen (Niederbayern), † 10. 1. 1919 München.

L. studierte an der TH München. Der Kleinbürgerwelt seiner Herkunft früh entfremdet, fand er den Weg in die Schwabinger Bohème und zum Kabarett («Elf Scharfrichter»). 1907 ging er nach Berlin, wo er 1912/13 mit A. R. Meyer und Anselm Ruest die Zweimonatsschrift «Bücherei Maiandros» herausgab. Ohne nennenswerte Erfolge seiner eigenen Arbeiten – die Bühne blieb ihm durch Zensur verschlossen –, konnte sich L. nur mühsam durchschlagen. Er starb in geistiger Umnachtung.

L.s Vorbilder waren Wedekind und Dehmel; wie sie strebte er die Befreiung des Eros an. Er schrieb, nach schwermütiger Lyrik (*Avalun*), zunächst Kabarettistisches: Brettllieder und balladeske Gedichte betont antiklerikaler Tendenz, dann vom Naturalismus beeinflußte, mundartlich geprägte Dramen; vor allem Komödien aus spezifisch bayerischem Milieu, vorwiegend um sexuelle Fragen. Hier wurde *Die Pfarrhauskomödie*, von heimlicher Priesterehe handelnd, seine beste Leistung. Daneben ist seine dithyrambische, sinnlich glühende Lyrik von zunehmend frühexpressionistischem Charakter noch nicht gebührend gewürdigt.

W.: Lyrik: Avalun, 1901; Dokumente der Liebesraserei, 10; Via Crucis, 12; Erotische Votivtafeln, 19; Totentanz, 23. – *Dramen:* Der Hahnenkampf, 08; Die Pfarrhauskomödie, 11; Das Gelübde, 16. – *Prosa:* Altbayerische Bilderbogen, hg. v. A. R. Meyer, 20. – H. L. Das verstörte Fest. Ges. Werke, hg. v. W. L. Kristl, 66.
Lit.: W. L. Kristl: . . . und morgen steigt ein Licht herab, 1962; O. F. Best, in: Akzente Aug. 1970. H. P.

Lavant, Christine (eig. Ch. Habernig, geb. Thonhauser), * 4. 7. 1915 Groß Edling bei St. Stefan im Lavanttal (Kärnten).

Ch. L. wurde als neuntes Kind eines Bergarbeiters geboren und wuchs in ärmlichen Verhältnissen auf. Auch in späteren Jahren war ihre äußere Existenz immer wieder bedroht. 1954 erhielt sie den Trakl-Preis.

Ch. L.s erster Gedichtband, *Die unvollendete Liebe*, zeigt noch den Einfluß Rilkes. Ihr eigenwilliger formstrenger Stil kommt zum erstenmal in der Sammlung *Die Bettlerschale* zum Durchbruch. Themen ihrer Lyrik sind die ärmliche Kindheit, körperliche Not, innere Einsamkeit und die Sehnsucht nach irdischer und göttlicher Liebe, in eine Sprache von starker Bildlichkeit, die surreale Elemente enthält, gefaßt. Auch die Erzählungen, weniger bedeutend als die Lyrik, schöpfen aus eigenen Erlebnissen (*Das Kind*); zum Teil enthalten sie auch neue humoristisch-derbe Elemente: *Der Lumpensammler.*

W.: Lyrik: Die unvollendete Liebe, 1949; Die Bettlerschale, 56; Spindel im Mond, 59; Der Sonnenvogel, 60; Der Pfauenschrei, 62. – *Erz.:* Das Kind, 48; Das Krüglein, 49; Maria Katharina, 50; Baruscha, 52; Die Rosenkugel, 56; Wirf ab den Lehm. Eingel. u. ausgew. v. W. Schmied, 61 (darin: Der Lumpensammler); Das Ringelspiel, 63; Nell, 69. DW

La Varende, Jean-Balthasar-Marie Mallard, Vicomte de, * 24. 5. 1887 Le Chamblac (Eure), † 8. 6. 1959 Paris.

La V., aus altem Adelsgeschlecht, verbrachte sein ganzes Leben in seiner normannischen Heimat. La V.s Erzählungen und Romane feiern einen landverbundenen Aristokratismus. Sie evozieren, in einem manchmal tumultuarischen und heroisch-entfesselten Stil, die Schönheiten der normannischen Provinz und das große Leben adliger Vergangenheit. Religiöse Naturliebe und ein an Corneille erinnernder Ideenkampf bestimmen schon *Nez-de-Cuir,* die Geschichte eines Aristokraten während der napoleonischen Kriege. *Le centaure de Dieu* zeigt den jungen Gaston de la Bare als heldischen Kavalier zwischen Freischärlern des Jahres 1870; indem der Held seiner religiösen Berufung folgt, stirbt sein Geschlecht mit ihm aus.

W.: Erz.: Pays d'Ouche, 1936; Manants du Roi, 38; Contes sauvages, 42. – *Romane:* Nez-de-Cuir, 36 (dt. Unter der Maske); Le centaure de Dieu, 38 (dt. Der Himmelsreiter); L'homme aux gants de toile, 43; Indulgence plénière, 51; La dernière fête, 53; La sorcière, 54; Cœur pensif, 57; Le partisan, 60. – *Essay:* La navigation sentimentale, 52 (dt. Die romantische Seefahrt); Flaubert par lui-même, 52 (auch dt.).
Lit.: Ph. Brunetière: La V., 59. RLL

Lawrence, David Herbert, * 11. 9. 1885 Eastwood, † 2. 3. 1930 Vence.
L. war das vierte der fünf Kinder eines Bergarbeiters und einer ehemaligen Lehrerin. Trotz Armut konnte L. dank Stipendien sich 1906–08 an dem University College Nottingham als Lehrer ausbilden lassen. Während der drei Jahre, die L. nach dem Studium in Croyden, außerhalb Londons, als Lehrer verbrachte, erschienen 1909 seine ersten Gedichte und 1911 sein erster Roman *The White Peacock*. Die Verarbeitung seiner Lehrererfahrungen, vor allem in dem dreizehnten Kapitel seines Romans *The Rainbow*, ist mit Vorbehalt zu lesen, denn andere Aussagen lassen vermuten, daß L. ein enthusiastischer Lehrer war.
In gewissem Sinne blieb L. sein Leben lang Lehrer, denn er ist nicht nur als Künstler zu verstehen, sondern auch als Prophet, dessen Verkündung eine grundlegende Kritik seiner Zeit ist. Seiner Angriffe auf den Industrialismus als entmenschlichend, auf das Geld- und Leistungsprinzip und auf den Vorrang des Gedachten vor dem Gefühlten wurde er nie müde. Diese Kritik ist in den Gedichten, Erzählungen und Romanen meist implizit vorhanden, explizit wird seine Lehre in den theoretischen Schriften vorgetragen, am deutlichsten in *Psychoanalysis of the Unconscious* und *Fantasia of the Unconscious*. Hier greift L. Freud an (den er sehr bewunderte), indem er den Sexualtrieb dem religiös-kreativen Impuls unterordnet. Der bekannteste Satz über seinen Glauben stammt aus einem Brief von 1913: «Meine große Religion ist der Glaube an das Blut, an das Fleisch, als weiser denn der Intellekt.» Was L. anstrebte, war jedoch eine Harmonie von Instinkt und Intellekt. Bücher wie *Mornings in Mexico* und *Etruscan Places*, Erzählungen wie «Sun» und «The Man Who Rode Away», vor allem aber Gedichte aus dem Spätwerk wie «Blue Gentians» und «The Ship of Death» greifen auf die Unterweltmythen der Griechen zurück und präsentieren die schamfreie Lebenslust der Etrusker.
Ende 1911 mußte L. aus Gesundheitsgründen den Schuldienst quittieren. Er kehrte im April 1912 nach Nottingham zurück, um bei einem ehemaligen Lehrer, Prof. Weekley, Rat zu holen. Er verliebte sich aber auf der Stelle in die vitale und gelangweilte Frau Weekley, eine geborene von Richthofen, die 14 Jahre jünger als ihr Mann und, mit 31, sechs Jahre älter als L. war. In ihrer Autobiographie «Not I, But the Wind» (1934) schreibt sie von L.: «... er hatte eine neue Zärtlichkeit in mir aufbeschworen.» Schon am 3. Mai verließ Frieda Weekley ihren Mann und drei Kinder, um mit L. zuerst nach Metz und dann in die Nähe von München zu ziehen. Dort begann L. die Gedichte zu schreiben, die 1917 in dem Band *Look! We Have Come Through!* seine Liebe zu Frieda zelebrieren. L. wollte *Look!* nicht als zufällige Sammlung von Einzelgedichten verstanden haben, sondern als Erzählung oder Beichte, in der die innere Erfahrung eines Mannes dargestellt wird, «in der Krise seines Lebens, wenn er heiratet und zu sich kommt». In seinem 1913 erschienenen Roman *Sons and Lovers* behandelt L. zwei Grundthemen: einerseits das Klassenproblem, das an dem Dauerkampf zwischen dem proletarischen Vater und der bürgerlichen Mutter des Helden Paul Morel zum Ausdruck kommt; andererseits die Tragik eines Mannes, der durch die erstickende Liebe seiner Mutter unfähig gemacht wird, eine andere Frau zu lieben. Die Stärke dieser Beziehung zwischen L. und seiner Mutter ist ein Leitmotiv seines Frühwerks. Allein Titel wie *Sons and Lovers* oder Gedichte an seine Mutter wie «The Bride» sind Beweis dafür (vgl. auch das Gedicht «The Virgin Mother»). Frieda Weekley war nicht die erste Frau im Leben L.s; nur ihr gelang es aber, L. von seiner Ödipusfixierung zu lösen und sein Genie für einen Themenkomplex zu befreien, der sein Werk von nun an bestimmen sollte: das Verhältnis des Individuums zum Leben schlechthin und die damit verbundene Grundbeziehung zwischen Mann und Frau, wobei die Kernfrage lautet: wie kann ein enges Verhältnis zwischen zwei Menschen so aufrechterhalten werden, daß keiner von dem anderen verschlungen wird. Daß L.s Ehe stürmisch verlief, war vorauszusehen und ist inzwischen von Kritikern ausführlich dokumentiert worden. Das zähe Zusammenhalten dieses englischen Arbeitersohns und der deutschen Baronin be-

darf aber auch der Erwähnung, denn Frieda litt sehr unter dem Verlust ihrer Kinder, Geld war immer knapp, und ein Zuhause im üblichen Sinne hatten die beiden nie. Die Jahre 1912 und 1913 verbrachten sie in Italien, wo L. sein größtes Werk, «Die Brangwensaga» (*The Rainbow* und *Women in Love*) begann, *Love Poems* veröffentlichte und das erste seiner viel gepriesenen Reisebücher, *Twilight in Italy* schrieb. Nach der Scheidung Friedas heirateten die beiden 1914 in London.

Da Frieda gebürtige Deutsche war und L. sich gegen den Krieg ausgesprochen hatte, wurden die beiden während des Ersten Weltkrieges in England verfolgt, bis sie 1917 nicht mehr an der Küste Cornwalls leben durften und sich regelmäßig bei der Polizei melden mußten. Der zunehmende Ekel L.s England gegenüber (er nannte es «das Land der Verdammten») kommt zum Ausdruck in den Erzählungen *England, My England* und gipfelt in dem Kapitel «Nightmare» in seinem Roman *Kangaroo,* als der Held England per Schiff verläßt und das Land hinter sich verschwinden sieht, «wie einen Sarg, einen grauen Sarg in die See hinuntertauchen». Trotz Verfolgung und Armut brachte L. 1915 *The Rainbow* heraus (worauf das Buch als obszön verboten wurde) und im selben Jahr auch die Gedichte *Amores.* 1916 beendete L. mit *Women in Love* den zweibändigen Generationen-Roman über die Familie Brangwen.

Zwischen dem Ende des Ersten Weltkrieges und der Feststellung einer schweren Tbc bei L. 1925 ist eine doppelte Verschiebung seiner Interessen zu bemerken. Die Mann-Frau-Beziehung, die den Brangwen-Romanen so sehr zugrunde liegt, trat nun zurück zugunsten der tiefen und liebevollen Betrachtung der Natur, die in seinen Reisebüchern und in der Gedichtsammlung *Birds, Beasts and Flowers* gipfelt. Dazu kommen die drei sogenannten (aber nicht politisch zu verstehenden) «Führerprinzipromane»: *Aaron's Rod, Kangeroo* und *The Plumed Serpent.* Hier werden seine Erlebnisse mit den Landschaften und Völkern Italiens, Australiens und Mexikos jeweils als Hintergrund zu einer Handlung verarbeitet, in der es um die Möglichkeit einer idealen Beziehung zwischen Männern geht, die nicht physisch intim, sondern eine Art kombinierte Blutsbrüderschaft und Wahlverwandtschaft ist. Auch dies erweist sich als keine Lösung der Kernfrage des Zusammenlebens bei L., der seine Problematik besonders in den Gestalten Lilly in *Aaron's Rod* und in Somers in *Kangaroo* darstellt. Beide Helden sehnen sich immer mehr nach einer jenseits des Menschlichen liegenden Anknüpfung an jene dunklen Mächte («the dark Gods»), die L. von den Riten der alten Inderstämme und aus seinen anthropologischen Studien (vor allem Frazers «The Golden Bough») kannte.

Die letzte Phase im Leben L.s ist gekennzeichnet vor allem durch seinen Kampf um die Verteilung und Freigabe seines 1928 in Florenz privat gedruckten und sofort verbotenen Romans *Lady Chatterly's Lover.* Hier wollte L., gleichsam als Testament, eine ideale Beziehung darstellen: zwischen der unglücklich verheirateten Connie Chatterley (deren Mann ein Bergwerksbesitzer und Intellektueller ist, durch eine Kriegswunde gelähmt) und dem einfachen und naturverbundenen, jedoch intelligenten Wildhüter Mellors. Den Roman wollte L. ursprünglich «Tenderness», Zärtlichkeit, nennen. Das illegitime, aber tiefe Bündnis zwischen Connie und Mellors galt ihm als heilig bis in jedes intime Detail, Die «four-letter words» sollten als Schocktherapie alle falsche Scham verbannen. — Seine im Grunde religiösen Absichten hat L. in vielen Aufsätzen verteidigt, wovon *Pornography and Obscenity* und *A Propos of Lady Chatterley's Lover* besonders zu erwähnen sind.

W.: Romane: The White Peacock, 1911 (dt. Der weiße Pfau); The Trespassers, 12 (dt. Todgeweihtes Herz, auch: Auf verbotenen Wegen); Sons and Lovers, 13 (dt. Söhne und Liebhaber); The Rainbow, 15 (dt. Der Regenbogen); Women in Love, 20 (dt. Liebende Frauen); The Lost Girl, 20 (dt. Das verlorene Mädchen); Aaron's Rod, 22; Kangaroo, 23; The Boy in the Bush, 24 (dt. Jack im Buschland); St. Mawr, together with The Princess, 25 (dt. Der Hengst St. M.); The Plumed Serpent, 26 (dt. Die gefiederte Schlange); Lady Chatterley's Lover, 28 (dt. Lady Ch. und ihr Liebhaber, dann: Lady Ch.); The First Lady Chatterley, 44 (1. Fassg.; dt. Die erste Lady Ch.). – *Erz.:*

The Prussian Officer, 14; England My England, 22 (dt. Auswahl: Eine englische Familie); The Ladybird, 23 (dt. Der Marienkäfer); The Fox, 23 (dt. Der Fuchs); Glad Ghosts, 26 (dt. Frohe Geister); The Woman Who Rode Away, 28 (dt. Die Frau, die davonritt); The Escaped Cock, 29 (als: The Man Who Died, 31); The Virgin and the Gipsy, 30 (dt. Der Zigeuner und die Jungfrau); The Lovely Lady, 33; Love among the Haystacks, 33; A Modern Lover, 34. – *Essays:* Psychoanalysis of the Unconscious, 22 (dt. Spiel des Unbewußten); Fantasia of the Unconscious, 23; Studies in Classic American Literature, 23; A Propos of Lady Chatterley's Lover, 30 (dt. ebs.); Pornography and Obscenity, 30 (auch dt.); Apocalypse, 31 (dt. ebs.); Sex, Literature and Censorship, 53; Selected Literary Criticism, 56. – *Reisebücher:* Twilight in Italy, 16; Sea and Sardinia, 21; Mornings in Mexico, 27; Etruscan Places, 32 (dt. alle vier zus. in: Mexikan. Morgen und italien. Dämmerung). – *Lyrik:* Love Poems, 13; Amores, 16; Look! We Have Come Through, 17; New Poems, 18; Tortoises, 21; Birds, Beasts and Flowers, 23; Pansies, 29; Nettles, 30; Last Poems, 32; The Complete Poems, 64. – *Dramen:* The Widowing of Mrs. Holroyd, 14; Touch and Go, 20; David, 26; A Collier's Friday Night, 34; The Collected Plays, 2 Bde, 65. – *Sonstiges u. Briefe:* Letters, hg. v. A. Huxley, 32; A D. H. L. Miscellany, hg. v. H. T. Moore, 59; The Posthumous Papers, 61; The Collected Letters, 2 Bde, 62. – Ferner dt.: Meisternovellen; Die blauen Mokassins (Erz.); Gesammelte Erzählungen; Zwei blaue Vögel u. a. Erz.; Briefe an Frauen und Freunde.

Lit.: R. Aldington: D. H. L., 1930; Ada Lawrence u. G. St. Gelder: Young Lorenzo, 31, 66; E. u. A. Brewster: D. H. L., 34; Frieda Lawrence: Not I But the Wind, 35 (dt. Nur der Wind . . .); R. Aldington: Portrait of a Genius, 50; H. T. Moore: Life and Works of D. H. L., 51; ders.: The Intelligent Heart, 54; F. R. Leavis: D. H. L., 55; E. Nehls: D. H. L. A Composite Biography, 3 Bde, 57–59; The Memoirs and Correspondance of Frieda L., 61; A. Beale: D. H. L., 61; A. Nin: D. H. L., 61; R. Aldington: D. H. L. in Selbstzeugnissen und Bilddokumenten, 61; E. Goodheart: The Utopian Vision of D. H. L., 63; M. Spilka: D. H. L., 63; J. Chambers: D. H. L. A Personal Record, ²65; K. Sagar: The Art of D. H. L., 66; L. J. Edwards: D. H. L. 69 (Bibliogr.). R. H.

Lawrence, Thomas Edward, * 16. 8. 1888 Tremadoc/Wales, † 19. 5. 1935 Wool/Dorsetshire.

L. lernte als Student in Oxford den Archäologen D. G. Hogarth kennen, dessen Freundschaft für ihn von entscheidender Bedeutung wurde. Auf einem Fußmarsch durch Syrien im Winter 1910/11 befaßte er sich intensiv mit der arabischen Sprache. Nachdem er in den folgenden Jahren als Teilnehmer an verschiedenen Expeditionen den Nahen Osten gründlich kennengelernt hatte, war er während des Ersten Weltkriegs von 1914 bis Ende 1916 für den britischen Geheimdienst in Ägypten tätig. Danach bemühte er sich, inzwischen wie ein Araber unter Arabern lebend, mit Erfolg darum, die Revolte des Scherif Hussein und seiner Söhne gegen die mit Deutschland verbündeten Türken in eine arabische Volksbewegung umzufunktionieren. Um die Araberfürsten bei der Stange zu halten, versprach er ihnen wider besseres Wissen die Gründung eines unabhängigen großarabischen Reichs, von der dann bei der Pariser Friedenskonferenz freilich keine Rede mehr war. L. nahm an dieser Konferenz teil und begann noch in Paris mit der Arbeit an seinen «Kriegserinnerungen» *Seven Pillars of Wisdom,* die zunächst 1926 als Privatdruck in wenigen Exemplaren erschienen und 1929 in stark gekürzter Form unter dem Titel *The Revolt in the Desert* eine Millionenauflage erzielten. In ihnen versteht es L., sich als der Mann zu präsentieren, der für das britische Weltreich die strategisch überaus wichtige Landbrücke zwischen Mittelmeer und Persischen Golf eroberte. In *The Mint*, seinem erst 1955 erschienenen zweiten Erinnerungsbuch, beteuert L., daß er sich durch den Verrat an seinen arabischen «Freunden» zur Sühne aufgerufen fühle. — Nach Kriegsende hatte er sich in die Anonymität zurückgezogen und diente seit Ende 1922 unter verschiedenen Decknamen als gemeiner Soldat in der Royal Air Force und der Panzertruppe. Kurz nach seiner Entlassung Anfang 1935 starb er an den Folgen eines Motorradunfalls. Der Mythos des heldenhaften «Lawrence of Arabia» indessen blieb lebendig, bis das Empire zu zerbröckeln begann. 1955 wagte R. Aldington als erster, den Nationalheros einen «Scharlatan» und sein schriftstellerisches Hauptwerk das Produkt einer ehrsüchtigen Phantasie zu nennen. Den Anspruch historischer Authentizität freilich kann erst die umfängliche Lawrence-

Biographie von C. Simpson und Ph. Knightley erheben, die 1969 erschien und in der L. als ein psychisch abnormer Mann erscheint, der die Strapazen und Qualen des Wüstenfeldzugs weder dem Vaterland noch den Arabern zuliebe ertrug, sondern sie genoß.

W.: Seven Pillars of Wisdom, 1926 (dt. Die Sieben Säulen der Weisheit), gekürzt als The Revolt in the Desert, 27 (dt. Aufstand in der Wüste); The Mint, 55 (dt. Unter dem Prägestock). – The Letters of T. E. L., 38; The Essential T. E. L., 51; The Home Letters of T. E. L. and His Brothers, 54. – Ferner dt.: Selbstbildnis in Briefen; Glaube der Wüste: Sein Leben in Selbstzeugnissen.
Lit.: R. Graves: L. and the Arabs, 1927; L. Hart: Colonel L., 34 (dt. Oberst L.); R. Aldington; L. of Arabia, 55, teilw. verändert: L., l'imposteur, 55 (dt. Der Fall T. E. L.); C. Simpson/Ph. Knightley: The Secret Life of L. of Arabia, 69 (dt. Das geheime Leben des Lawrence von Arabien). M. W. R.

Laxness, Halldór Kiljan (eig. H. K. Guđjonsson), * 23. 4. 1902 Reykjavik.
L., Sohn eines Arbeiters, verbrachte seine Jugend auf einem Bauernhof, den sein Vater in der Nähe von Reykjavik erworben hatte. Schon als Gymnasiast veröffentlichte er seinen ersten Roman, unternahm im Anschluß an die Schulzeit Reisen durch Skandinavien sowie nach Deutschland, Österreich und Frankreich. L., durch diese Auslandsaufenthalte sowohl vom deutschen Expressionismus als auch vom französischen Surrealismus angeregt, ging dann 1926–29 nach Amerika, wo er sich vom Katholizismus löste, zu dem er erst 1922 in einem Kloster in Luxemburg konvertiert war, und kehrte 1930 als «Linkssozialist» (vgl. die Essays dieser Jahre), jedoch nicht ohne Skepsis gegenüber dem radikalen Kommunismus, nach Reykjavik zurück. L., der sich auch zeitweise in der Sowjetunion aufhielt, wurde dort 1953 mit dem Stalin-Preis für Literatur ausgezeichnet. 1955 erhielt er den Nobelpreis.
L., dessen frühe Romane noch Zeugnisse seiner katholischen Phase und seiner inneren Konflikte sind, wandte sich in seinen späteren, sozialkritischen Werken vorwiegend der Lebensproblematik der einfachen Bevölkerung seiner isländischen Heimat zu. Am Anfang steht hier der Roman *Salka Valka*: das Fischermädchen Salka lehnt sich gegen das soziale Unrecht auf, arbeitet in ihrem Dorf für eine bessere Zukunft, wird aber von ihrem Freund, der nicht in Island bleiben will, verlassen. *Sjálfstäett fólk* (Unabhängige Menschen) stellt den Bauern Bjartur ins Zentrum, der es um seiner Freiheit willen auf sich nimmt, sich als Schafzüchter in Nordisland einer harten Natur entgegenzustellen. Künstlerromane eigener Prägung sind *Heimsljós* (Weltlicht) und *Brekkukotsannáll* (Das Fischkonzert). Die Trilogie *Íslandsklukkan* berichtet von der Zeit, als die Insel dänische Kolonie und ein Ausbeutungsobjekt für die Monopolkaufleute der Krone war. *Atomstöðin* (Atomstation) behandelt die Gegenwart und kritisiert den drohenden Einfluß des Amerikanismus auf die Politik Islands, die sich durch den Landverkauf für einen militärischen Stützpunkt der USA abzeichnet. — L., der die verschiedensten Stiltendenzen der europäischen Literatur erprobte und in die einheimische Dichtung einführte, so z. B. den Surrealismus in seinen Gedichten, knüpfte andererseits auch an die überlieferte Stiltradition der Sagas an, die besonders in dem Roman *Gerpla* [Heldengeschichte] zur Geltung kommt, der in die Zeit der Wikinger und der Skalden zurückführt; L. verspottet hier jedoch das überlebte Heldenideal und stellt ihm das friedliche Leben der Eskimos auf Grönland gegenüber. Von seinen Dramen steht *Straumrof* [Kurzschluß] deutlich unter dem Einfluß Strindbergs, *Silfurtúnglid* [Silbermond] unter dem von Brecht.

W.: Romane u. Erz.: Barn náttúrunnar, 1919; Undir helgahnúk, 24; Véfarinn mikli frá Kasmír, 27; Salka Valka (dt. ebs.), 2 Bde: Thú vinviđur hreini, 31, Fuglinn i fjörunni, 32; Fótatak manna, 33 (dt. Ausw.: Die gute Jungfrau); Sjálfstäett fólk, 2 Bde, 34 (dt. Unabhängige Menschen, auch: Der Freisasse; auch: Sein eigener Herr); Heimsljós, 4 Bde, 37–40 (dt. Weltlicht): Ljos heimsins, 37, Höll summarlandsins, 38; Hús skaldsins, 39, Fegurd himinsins, 40; Íslandsklukkan, 3 Bde, 43–46 (dt. Islandsglocke): Íslandsklukkan, 43, Hiđ ljosa man, 44, Eldur i Kaupinhafn, 46; Atómstöđin, 48 (dt. Atomstation); Gerpla, 52; Brekkukotsannáll, 57 (dt. Das Fischkonzert); Paradísarheimt, 60 (dt. Das wiedergefundene Paradies); Kristnihald undir jökli, 68. – *Essays und Berichte:* Althýđubokin, 30; Sjálfsagđir hlutir, 46; Reisubókarkorn, 50; Dagur i senn, 55; De

islandske sagar og andre esseys, 63 (dän.); Íslendingaspjall, 67; Vinlandspunktar, 69. – *Dramen:* Straumrof, 34; Snae friður Íslanssól, 50 (Dramatisierung v. «Íslandsklukkan»); Silfurtúnglid, 54; Strompleikurinn, 61; Dúfnaveislan, 66. – *Lyrik:* Kvaedakver, 30.
Lit.: P. Hallberg: H. K. L., 1954; K. Karlsson: H. K. L., 62; G. Koetz: Das Problem Dichter und Gesellschaft im Werk H. K. L.', 66. DW–RLL

Laye, Camara, * 1. 1. 1928 Kurussa (Guinea).
L. war zunächst Arbeiter bei Simca, bevor er sein Ingenieurstudium in Frankreich beginnen konnte. Später kehrte er nach Guinea zurück, wo er in den Staatsdienst eintrat. — L.s erstes Buch, *L'enfant noir,* durch die Einsamkeit in Europa und sein Heimweh inspiriert, ist autobiographisch: Sein Vater, ein berühmter Goldschmied mit magischen Kräften, der die alten Traditionen verkörpert, erkennt dennoch die Notwendigkeit des Neuen und sendet den Sohn zur Schule. In dem von hintergründigem Symbolismus erfüllten Roman *Le regard du roi* findet der Europäer Clarence durch die Begegnung mit afrikanischer Denk- und Lebensweise zu neuer Menschlichkeit. *Dramouss* schildert die Heimkehr des «l'enfant noir» Fatoman nach einigen Jahren in Paris in ein politisch waches Afrika, dessen Kampf um Unabhängigkeit L. mit der Vision der Befreiung des Menschen vom Bösen verbindet.

W.: L'enfant noir, 1953 (dt. Einer aus Kurussa); Le regard du roi, 54 (dt. Der Blick des Königs); Dramouss, 66 (dt. ebs.).
Lit.: J. Jahn: Die neoafrikanische Lit., 1965. DW

Léautaud, Paul Firmin Valentin, * 18. 1. 1872 Paris, † 22. 2. 1956 Robinson.
L., Sohn eines Souffleurs an der Comédie Française, wuchs in elenden Verhältnissen auf, arbeitete früh in verschiedenen Berufen, ab 1895 beim «Mercure de France». Er lebte zurückgezogen und schrullig in einem Haus voller Katzen. – Nach frühen autobiographischen Erzählungen begann L. eine Vielzahl von Kurzessays zu schreiben, die als spontantägliche Beobachtungen eines Misanthropen voller sarkastischer Urteile sind, auch über die literarischen Größen seiner Zeit. L. huldigte dem 18. Jh. als der schönsten Epoche der Menschheitsgeschichte. Der Rundfunk, der seit 1949 seine Gespräche mit R. Mallet sendete, machte L. als Pariser Original einer breiten Öffentlichkeit bekannt.

W.: Erz.: Le petit ami, 1903 (dt. Der kleine Freund); Madame Cantili, 25; Passetemps, 29. – *Essays:* De théâtre de Maurice Boissard, 2 Bde, 26–43; Entretiens avec Robert Mallet, 51; Journal littéraire, 19 Bde, 54–66 (dt. Ausw.: Literarisches Tagebuch 1893–1956.
Lit.: M. Dormoy: L., 1958. RLL

Leavis, Frank Raymond, * 14. 7. 1895.
L. studierte Anglistik und Geschichte an der Univ. Cambridge, war dort lange Zeit «Fellow» des Downing College, von 1963 an Prof. an der Univ. York. Er gewann Ruf mit Studien über die englische Poesie (*New Bearings in English Poetry*) und den englischen Roman (*The Great Tradition*) und als Gründer und Herausgeber (mit seiner Frau) der Vierteljahresschrift «Scrutiny» (1932—53). Literaturkritik soll nach L. «completeness of response» (Totalität des Aufnehmens) und «strict relevance» (strengste Relevanz) erzielen. Aufsätze über Literatur und Gesellschaft (in *The Common Pursuit*) und L.' polemischer Vortrag *Two Cultures? The Significance of C. P. Snow* zeigen, wie sehr er Literatur auch in größeren Zusammenhängen und als moralisches Moment gesehen haben will.

W.: D. H. Lawrence, 1930, 55; New Bearings in English Poetry, 32; The Great Tradition, 48; The Common Pursuit, 52; Two Cultures? The Significance of C. P. Snow, 62; A Scrutiny Retrospect, 63; Anna Karenina and Other Essays, 70. R. H.

Lebert, Hans, * 9. 1. 1919 Wien.
L., Sohn eines Fabrikanten, studierte Gesang, war als Tenor an deutschen Bühnen tätig, hat sich aber nach dem Krieg bald nur noch dem Schreiben gewidmet. Er publizierte Gedichte, Erzählungen und Dramen; Hauptwerk ist der Roman *Die Wolfshaut:* er spielt in einem österreichischen Dorf, Thema ist die lastende, von Schweigen überdeckte Schuld aus der Kriegszeit, fast verdrängt freilich von der Spannung zwischen dem Dorf und der dämonischen Natur. L. arbeitet an einem zweiten Roman *Der Feuerkreis.*

W.: Dramen: Das Lied vom Seemann, 1946; Nebel, 47. – *Lyrik:* Die Landstraße, 49;

Metamorphosen, 54. – *Erz.:* Ausfahrt, 52; Das Schiff im Gebirge, 55. – *Roman:* Die Wolfshaut, 60. RLL

Lec, Stanisław Jerzy (eig. S. J. de Tutsch-Letz), * 6. 3. 1909 Lemberg, † 7. 5. 1966 Warschau.
Aufgewachsen in Wien und Lemberg, Jurist, redigierte L. linke Blätter, kam 1941 ins KZ, floh 1943 zur kommunistischen Untergrundarmee, war 1946–50 Presseattaché in Wien, ging dann nach Israel und 1952 zurück nach Warschau. – Außer besinnlich-aggressiver Satire in Versen schuf L. als wirksamste Ausdrucksform seine «Unfrisierten Gedanken», Aphorismen um die Hauptthemen Freiheit und Opportunismus, meist umgestaltete Sprich- und Schlagwörter, Vorschläge, «die Zahl der Gedanken so zu mehren, daß die Bewacher nicht ausreichen».

W.: Lyrik: Barwy, 1933; Notatnik polowy, 46; Nowe wiersze, 50; Rękopis jerozolimski, 56; Kpię i pytam o drogę, 59; Do Abla i Kaina, 61; List gończy, 63; Poema gotowe do skoku, 64. Dt. Ausw.: Über Brücken schreitend. – *Satire:* Zoo, 35; Satyry patetyczne, 36; Spacer cynika, 46; Życie jest fraszką, 48; Z tysiąca i jednej fraszki, 59; Fraszkobranie, 66. – *Aphorismen:* Myśli nieuczesane, 57, erw. 59; Myśli nieuczesane nowe, 64, erw. 66. – Dt. Sammlungen: Unfrisierte Gedanken; Neue unfrisierte Gedanken; Letzte unfrisierte Gedanken; Das große Buch der unfrisierten Gedanken (Sammlung). I. Z.-G.

Le Carré → Carré

Lechón, Jan (eig. Leszek Serafinowicz), * 13. 3. 1899 Warschau, † 8. 6. 1956 New York (Selbstmord).
L. schloß sich 1920 der Dichtergruppe «Skamander» an, deren Zeitschrift er mitherausgab, studierte Polonistik und war ab 1931 Kulturattaché in Paris. 1939 emigrierte er nach New York, wirkte am «Polnischen Wissenschaftlichen Institut», schrieb für Emigrantenzeitschriften. Als ein Höhepunkt der poln. Poesie gilt L.s Gedichtzyklus *Karmazynowy poemat* [Das karmesinrote Poem], eine Serie historischer Szenen, in denen rauschhafte Klänge und patriotische Symbole und Mythen ihre präzise Funktion haben. In *Srebrne i czarne* [Silbern und Schwarz] mit seiner klassizistischen Antithesen-Poetik deutet L. die Welt als Wechselspiel der Mächte Eros und Tod. Das spätere Werk mit national-konservativer Tendenz fällt stark ab.

W.: Lyrik: Na złotym polu, 1913; Karmazynowy poemat, 20; Srebrne i czarne, 24; Lutnia po Bekwarku, 42; Aria z kurantem, 45. – *Satiren:* Rezeczpospolita babińska, 20. – *Aufsätze:* O literaturze polskiej, 42, 46; Mickiewicz, 55. – *Sonstiges:* W pałacu Stanisława Augusta, 16 (Drama); Bal u Senatora, 48 (Romanfragment); Dziennik, 57. – Poezje zebrane, London 1954; Poezje, Warschau 57; Poezje, ebd. 63. – Ferner satirische Puppenspiele (zusammen mit anderen Autoren), Übersetzungen. DW

Le Clézio, Jean Marie Gustave, * 13. 4. 1940 Nizza.
L. C., Sohn eines Engländers und einer Französin, wuchs in Nizza auf. Nach Abschluß seines Literaturstudiums arbeitete er als Lektor an den Univ.en Bristol und London. Seinen Ersatzdienst leistete er im Rahmen der Entwicklungshilfe als Französischlehrer in Bangkok. Er ist seit 1960 verheiratet und lebt mit seiner Familie in Nizza.
L. C., der an einer «thèse» über Lautréamont arbeitet und dessen philosophisches Interesse in erster Linie den Vorsokratikern — und hier vor allem Parmenides — gilt, veröffentlichte 1963 seinen ersten Roman, *Le procès-verbal*, der mit dem Prix Renaudot ausgezeichnet wurde. Zentral in seinem Werk steht die Frage nach dem Verhältnis zwischen dem Ich und der Umwelt. Seine «Helden» irren durch das höllische Labyrinth der modernen Großstadt, einsam inmitten der anonymen, seelenlosen Masse, von ihr getrennt durch eine Mauer des Schweigens, umgeben von dem sintflutartigen Chaos unaufhörlich auf sie einstürzender, sinnloser, weil undurchschaubarer Dinge, und fieberhaft bemüht, die Distanz zu überwinden, eine Öffnung in dieser hermetischen Welt zu finden, um Sinn und Zusammenhänge zu erkennen. Die Flucht aus dem Spiegellabyrinth der absurden, nicht mehr transparenten Dinge erweist sich als unmöglich. Die Großstadt ist eine Falle, die L. C. haßt und die ihn in ihrer Schönheit doch gleichzeitig fasziniert. Aus der vollkommenen Entfremdung resultiert eine Atmosphäre der Angst, der Aggressivität und der tödlichen Bedrohung. Zwischen dem Ich

und der Umwelt herrscht Krieg: So ist der Titel seines Romans *La guerre* bezeichnend für das Gesamtwerk.
L. C.s Romane sind arm an Handlung. Dem Zustand des Paroxysmus, in dem sich die «Helden» befinden, entspricht über weite Passagen eine fieberhafte, delirierende Sprache, die in dunklen, chaotischen «Satzkaskaden» die Absurdität und die Inkohärenz der Welt widerspiegelt.

W.: Romane: Le procès-verbal, 1963 (dt. Das Protokoll); Le déluge, 66 (dt. Die Sintflut); Terra Amata, 67 (dt. Terra Amata); Le livre des fuites, 69; La guerre, 70. – *Erz.:* La fièvre, 65 (dt. Das Fieber). – *Essay:* L'extase matérielle, 67.
Lit.: G. Zeltner-Neukomm: Das Ich und die Dinge, 1968; H. J. Schmitt, in: Neue Rundschau 1969, 2. D. S.

Ledig, Gert, * 4. 11. 1921 Leipzig.
L. wuchs in Wien und Leipzig auf, wurde zunächst Hilfsarbeiter und absolvierte dann eine elektrotechnische Lehre. 1939 wurde er Soldat, 1942 wurde er schwer verwundet. Nach dem Krieg war er u. a. Dolmetscher. Nachdem er seine literarische Tätigkeit wieder aufgegeben hat, unterhält er ein Ingenieur-Büro in München. – Durch Schockeffekte wirkte sein Kriegsbuch *Die Stalinorgel*, das einen kurzen Zeitausschnitt in Simultantechnik auffächert. *Vergeltung* stellt reportageartig den Luftangriff auf eine deutsche Stadt dar.

W.: Romane: Die Stalinorgel, 1955; Vergeltung, 56; Faustrecht, 57. RLL

Leduc, Violette, * 8. 4. 1907 Arras.
V. L. wuchs in Valenciennes und Paris auf. Nach einer unerfreulichen Kindheit arbeitete sie in verschiedenen Berufen und begann, die Geschichte ihres schwierigen und leidgeprägten Lebens in mehreren Büchern darzustellen, von denen erst *La bâtarde* Erfolg erzielte. Diese umfangreiche, von S. de Beauvoir eingeleitete Selbstbiographie zeichnet sich wie alle Werke V. L.s durch eine rückhaltlose Offenheit aus, die freilich z. T. vom Pathos einer schwärmerischen Metaphernsprache überdeckt wird. Zentrales Thema sind die lesbischen Leidenschaften und schmerzvollen Außenseiterrollen der Protagonistin, der die Liebe durch kindliche Erlebnisse zum traumatischen Problem wurde.

W.: Ma mère ne m'a jamais donné la main, 1945; La batârde (dt. Die Bastardin), 64; Thérèse et Isabelle – La femme au petit renard, 66 (dt. Th. und I., Die Frau mit dem kleinen Fuchs); La folie en tête, 70. RLL

Lee, Harper, * 28. 4. 1926 Monroeville (Alabama).
H. L. wurde als Schriftstellerin durch ihren mit dem Pulitzer-Preis ausgezeichneten Roman *To Kill a Mockingbird* (1960; dt. Wer die Nachtigall stört) berühmt. Die Autorin, von den Kritikern wiederholt mit Mark Twain verglichen, schildert in diesem Buch die Kindheit der Geschwister Scout und Jem, die in der konfliktvollen Welt einer Kleinstadt des amerikanischen Südens angesichts der negativen Erfahrung von der zerstörerischen Gewalt unkontrollierter Emotionen zu toleranten und ihrem Gewissen verpflichteten Menschen heranwachsen. Scharfe Beobachtungsgabe und Sympathie für ihre Figuren kennzeichnen H. L.s Schreibweise. RLL

Le Fort, Gertrud von, * 11. 10. 1876 Minden (Westfalen).
G. v. Le F. stammt aus einer Hugenottenfamilie, verbrachte ihre Jugend großenteils auf dem Familiengut Bök/Mecklenburg, studierte in Heidelberg protestantische Theologie, Geschichte und Philosophie (besonders bei Ernst Troeltsch). Im Jahre 1925 trat sie in Rom zum Katholizismus über. 1956 wurde sie Dr. theol. h. c. Sie lebt in Oberstdorf im Allgäu.
G. v. Le F. kam — nach unbedeutenden Frühwerken (Romane und Erzählungen: *Die goldenen Spitzen; Das Privilegium der Damen von Glanta; Um eines Königs Herz;* Gedichte) — mit ihrer Hinwendung zum Katholizismus zu eigener Art: mit den vom Psalmenstil getragenen *Hymnen an die Kirche.* Religiöse Fragestellungen bestimmen fast alle späteren Werke, besonders den Doppelroman *Das Schweißtuch der Veronika,* in Rom (I. Teil) und Heidelberg (II. Teil) spielend: nach ihrer Konversion in Rom gerät die fromme Veronika aus Liebe zu dem ungläubigen Enzio in heftige Konflikte, will sogar «Gottverlassenheit»

durch nichtkirchliche Trauung auf sich nehmen, steigert sich in Krankheit hinein und bringt Enzio dadurch zur Bekehrung. — Leidensbereitschaft, Opfergesinnung, die Idee des Erbarmens machen für G. v. Le F. Christentum aus. Viele Erzählungen lehren Mitleid und Feindesliebe inmitten von Krieg und Haß (häufig historische und legendäre Stoffe). Gerade Leiden, Mißlingen, Scheitern können den «Triumph Christi» bedeuten. Als Weg zu Gott erscheint es ihr auch, «das Kreuz der Angst zu tragen» (*Die Letzte am Schafott* — Tötung der Karmeliterinnen während der Französischen Revolution). Die sachlichste Geschichtsdarstellung gab G. v. Le F. in dem im Stil einer Chronik gehaltenen Roman *Der Papst aus dem Ghetto* (über den Gegenpapst Anaklet II.), während sie in *Die magdeburgische Hochzeit* Tilly, der Magdeburg zerstören läßt, als im Grunde schuldlos und verkannt zu zeigen versuchte. Die *Hymnen an Deutschland* stellen (1932) Deutschland als «Land des Verhängnisses» hin, dessen Sendung als Reich dahingegangen sei. Ideologische Verengung zeigt sich am stärksten in der Schrift *Die ewige Frau.* — An romanische Vorbilder erinnern Klarheit und Durchsichtigkeit der Sprache in ihren erzählerischen Werken.

W.: Lyrik: Hymnen an die Kirche, 1924; Hymnen an Deutschland, 32; Gedichte, 49, erw. 53; Den Heimatlosen. 50. – *Romane:* Das Schweißtuch der Veronika, 28 (später bezeichnet als Teil I, Der römische Brunnen); Der Papst aus dem Ghetto, 30; Die magdeburgische Hochzeit, 36; Der Kranz der Engel, 46 (Das Schweißtuch der Veronika Teil II). – *Erz.:* Die Letzte am Schafott, 31; Das Reich des Kindes, 33; Die Opferflamme, 38; Die Abberufung der Jungfrau von Barby, 40; Das Gericht des Meeres, 43; Die Consolata, 47; Die Tochter Farinatas, 50; Plus Ultra, 50; Gelöschte Kerzen (Die Verfemte. Die Unschuldigen), 53; Am Tor des Himmels, 54; Die Frau des Pilatus, 55; Der Turm der Beständigkeit, 57; Die letzte Begegnung, 59; Das fremde Kind, 61; Die Tochter Jephthas, 64; Das Schweigen, 67. – *Autobiographisch:* Mein Elternhaus, 41; Aufzeichnungen und Erinnerungen, 51 (erw. 56); Hälfte des Lebens, 65. – *Essays:* Die ewige Frau, 34; Die Frau und die Technik, 59; Woran ich glaube u. a. Aufsätze, 68. – Aphorismen, 62. – Erzählende Schriften, 3 Bde., 56.
Lit.: H. Jappe: G. v. Le F., das erzählende Werk, 1950; G. v. Le F. Werk u. Bedeutung. «Der Kranz der Engel» im Widerstreit d. Meinungen, 50; W. Grenzmann: Dichtung und Glaube, 52, [6]67; R. Faesi, in: Christl. Dichter d. Gegenwart, 55, zuletzt: 68; N. Heinen: G. v. L., 55, [2]60; H. Bruggisser: G. v. L., 59; A. Focke: G. v. L., 60. H. O.

Lehmann, Rosamond Nina, * 13. 7. 1903 London.
L. wuchs in London auf und studierte in Cambridge. Sie schrieb Romane und Erzählungen, die sie als Meisterin des subtilen Charakterporträts ausweisen und den Einfluß von V. Woolf und H. James sichtbar machen. Besondere Beobachtungsgabe und Einfühlungsvermögen zeigt M. in der differenzierten Gestaltung der Psyche heranwachsender Mädchen, schon in ihrem ersten, vor dem Hintergrund ihres Studienorts Cambridge spielenden Roman *Dusty Answer. Invitation to the Waltz* gibt mit Akribie das Seelenprotokoll eines jungen Mädchens, das seinem ersten Ballerlebnis entgegensieht, in das es seine existenziellen Hoffnungen und Ängste hineinprojiziert.

W.: Romane u. Erz.: Dusty Answer, 1927 (dt. Mädchen auf der Suche); A Note in Music, 30; Invitation to the Waltz, 32 (dt. Aufforderung zum Tanz); The Weather in the Streets, 36; The Ballad and the Source, 44 (dt. Unersättliches Herz); The Gips's Baby and other Stories, 46; The Echoing Grove, 53. – *Drama:* No More Music, 39.
RLL

Lehmann, Wilhelm, * 4. 5. 1882 Puerto Cabello (Venezuela), † 17. 11. 1968 Eckernförde.
L. wuchs in Wandsbek auf, studierte in Tübingen, Straßburg, Berlin (Begegnung und Freundschaft mit Moritz Heimann und Oskar Loerke) und Kiel Philosophie, Naturkunde und Sprachen (1905 Promotion) und war Lehrer an verschiedenen Landschulheimen (1912–17 in Wickersdorf, Auseinandersetzung mit Gustav Wyneken), zuletzt Studienrat in Eckernförde. Alfred Döblin erkannte ihm 1923 zusammen mit Musil den Kleistpreis zu.
L.s erzählerisches Werk hat deutlich autobiographischen Charakter (wichtig *Weingott* und *Der Provinzlärm*, entstanden 1930, Erstausgabe 1953 u. d. T.: *Ruhm des Daseins*). Szenerie und Personen entstammen dem Kleinstadt- und Schulmilieu seiner Erfahrung. Im Mittel-

punkt stehen Menschen, die zwar im äußeren Lebenskampf scheitern, aber die Ruhe ihrer Naturverbundenheit auch auf ihre Umgebung ausstrahlen. Der Tonfall der Prosa ist trotz lyrischer Überhöhung frei von Pathos. L.s linguistische Studien prägten auch seine Poetik und seine erst spät gereifte Lyrik. In der Sprache kommt die Welt zu sich selbst. Die Einfühlung in die Phänomene kulminiert in mythischer Evokation; beschworen werden Gestalten der antiken und keltischen Mythologie, aber auch Figuren aus der Dichtung. L. hielt am Strophengedicht und Reim fest. Seine Gedichte gelangten erst nach dem Zweiten Weltkrieg zur Wirkung und waren von Einfluß auf Günter Eich, Karl Krolow und Elisabeth Langgässer. Die Verbreitung seiner Werke war und ist gering.

W.: Lyrik: Antwort des Schweigens, 1935; Der grüne Gott, 42; Entzückter Staub, 46; Noch nicht genug, 50; Überlebender Tag, 54; Meine Gedichtbücher, 57; Abschiedslust, 62; Sichtbare Zeit; Gedichte 1962–66, 67. – *Romane:* Der Bilderstürmer, 17; Die Schmetterlingspuppe, 18; Weingott, 21; Ruhm des Daseins, 53; Der Überläufer, 64 (entst. 25–27, zuerst ersch. in Ges. Werke). – *Erz.:* Vogelfreier Josef, 22; Der Sturz auf die Erde, 23; Der bedrängte Seraph, 24; Die Hochzeit der Aufrührer, 34; Verführerin, Trösterin, 47; Der stumme Laufjunge, 56. – *Essays:* Bewegliche Ordnung, 47; Dichtung als Dasein, 56; Erfahrung mit Gedichten, Rede, 59; Kunst des Gedichts, 61; Dauer des Staunens, 62. – *Autobiographisch:* Bukolisches Tagebuch aus den Jahren 1927–1932, 48, mit bibliogr. Anhang; Mühe des Anfangs, 52. – Sämtl. Werke, 3 Bde, 62.
Lit.: G. Bien: in: Neue Deutsche Hefte IX, 87, 1962; H. Bruns: W. L. Sein Leben u. Dichten. Eine Chronik, 62; W. Kraft, in: Hochland LIX, 67; Gegenwart des Lyrischen. Essays zum Werk W. L.s, hg. v. W. Siebert, 67; H. D. Schäfer: W. L., 69.
S. H.

Lehtonen, Joel, * 27. 11. 1881 Sääminki, † 20. 11. 1934 Huopalahti bei Helsinki.
L. war zuerst Journalist, später freier Schriftsteller. Seine wirklichkeitstreuen und zugleich persönlichen Darstellungen aus der sawolaxistischen Heimat waren in der finnischen Literatur etwas Neues. Hauptwerk ist der zweiteilige Roman *Putkinotko,* der urwüchsig und humorvoll, einen Tag aus dem Leben des Kleinpächters und Schnapsbrenners Judas Käkriäinen schildert.

W.: Lyrik und Vers-Erz.: Perm, 1904; Rakkaita muistoja, 11; Nuoruus, 11; Markkinoilta, 12; Hyvästijättö Lintukodolle, 34. – *Romane:* Putkinotko, 2 Bde, 19–20; Sorron lapset, 23; Punainen mies, 25; Rai Jakkerintytär, 27; Henkien taistelu, 33. – *Erz.:* Kuolleet omenapuut, 18; Lintukoto, 29. – *Memoiren:* Onnen poika, 25. – Kootut teokset, 8 Bde, 1931–35.
Lit.: M. Björkenheim: J. Lehtosen putkinotko, 1955. DW

Leino, Eino (eig. Armas Eino Leopold, früher Lönnbohm), * 6. 7. 1878 Paltamo, † 10. 1. 1926 Tuusula.
L. wirkte als Kritiker, Feuilletonist und Übersetzer (Dantes «Divina Commedia», Goethes «Iphigenie» u. a.) in Helsinki. – L., wohl der ursprünglichste Lyriker Finnlands, veröffentlichte bereits als 17-jähriger seine erste Lyriksammlung, die unter dem Einfluß Heines und Runebergs ein heiteres Lebensgefühl zeigt, das sich im späteren Werk verdunkelte. Als er sich um die Jahrhundertwende der Kalevala-Romantik zuwandte, entstand der erste Teil seines Meisterwerkes *Helkavirsiä* [Helgalieder]. Die stilisierten, im Kalevala-Versmaß geschriebenen Balladen und Legenden dieser Sammlung sind eine glückliche Synthese der alten Volksdichtung und eigenen poetischen Ausdrucks. Mit seinen lyrischen Stücken, häufig über historische Themen, wollte er das neuromantische Versdrama auf der Bühne heimisch machen.

W.: Lyrik: Maaliskuun lauluja, 1896; Helkavirsiä I, 1903, II, 16 (dt. Auswahl: Finnische Balladen); Simo Hurtta I, 04, II, 19; Talviyö, 05; Halla, 08; Tähtitarha, 12; Elämän koreus, 15; Juhana herttuan ja Catharina Jagellonican lauluja, 19. – *Dramen:* Naamioita, 6 Bde., 05–11. – *Erzählende Prosa:* Päiväperhoja, 03; Nuori nainen, 10; Musti, 16. – *Erinnerungen:* Elämäni kuvakirja I, 25. – Kootut teokset, 16 Bde, 1926–30; Krit. Ausg. ed. A. M. Peltonen, 1959 ff.
Lit.: A. Thauvón-Suits: Tuntemani E. L., 1958; A. Sarajas: Elämän meri, 61; S. Vapaasalo: Studier i. E. L.s kalevalaromanik I, 61. DW

Leip, Hans, * 22. 9. 1893 Hamburg.
L., Sohn eines Hafenarbeiters und Seemanns, besuchte das Lehrerseminar, war

für kurze Zeit Lehrer und nahm dann am Ersten Weltkrieg teil. Anschließend arbeitete er in verschiedenen Berufen, u. a. als Kunstkritiker, Schriftleiter und Graphiker. — L., dessen Erzählungen und Romane zum größten Teil vom Meer und dem Leben der Seeleute und Küstenbewohner handeln, wurde als Autor bekannt durch sein von Thomas Mann preisgekröntes Buch *Godekes Knecht*, das vom Leben der Seeräuber um Klaus Störtebeker berichtet. Andere Hauptwerke sind der heitere Roman von der Wasserkante *Jan Himp und die kleine Brise* und die breitangelegte, am Ausgang des Mittelalters spielende Geschlechterchronik *Das Muschelhorn*. — L. verfaßte außerdem zahlreiche Gedichte, deren Stimmungsskala von derbem Humor bis zu romantischer Sentimentalität reicht und von denen «Lili Marleen» als Lied weltweite Popularität erlangte, sowie Dramen, u. a. *Idothea*, eine Komödie um die schöne Helena.

W.: Romane und Erz.: Der Pfuhl, 1923; Godekes Knecht, 25; Tinser, 26; Der Nigger auf Scharhörn, 27; Miss Lind und der Matrose, 28; Jan Himp und die kleine Brise, 33; Die Lady und der Admiral, 34; Fähre sieben, 37; Begegnung zur Nacht, 38; Die Bergung, 39; Das Muschelhorn, 40; Der Gast, 43; Drachenkalb singe, 49; Die Sonnenflöte, 52; Hol über, Cherub, 60; Am Rande der See, 68; Aber die Liebe, 69. – *Lyrik:* Die Nächtezettel der Sinsebal, 27; Die kleine Hafenorgel, 37 (verm. Aufl. 48); Kadenzen, 42; Der Mitternachtsreigen, 47; Heimkunft, 47; Pentamen, 63; Garten überm Meer, 68. – *Dramen:* Idothea, 41; Das Buxtehuder Krippenspiel, 47; Barrabas, 52; Störtebecker, 57. – Ferner: Bordbuch des Satans (Geschichte der Freibeuterei), 59.
Lit.: H. L., eingel. v. W. Duwe (Bibliogr.), 1968. RLL

Leiris, Michel, * 20. 4. 1901 Paris.
L. war 1924—29 Surrealist, unternahm dann als Ethnologe große Reisen. — Mit G. Bataille und R. Caillois war er Begründer des «Collège de Sociologie» (1938). L.' Schriften sind z. T. autobiographisch, die Selbstenthüllung unternimmt er einzig «im Blick darauf, sich selbst zu übersteigen». Traditionelle französische Seelenanalyse durchbricht den hergebrachten Gegenstand und weitet unter der Herausforderung durch Todesangst die Erforschung des Ich in eine solche des kollektiven Nicht-Ich aus; daher L.s Übergang von der individualisierenden Doktrin des Surrealismus zum Kommunismus. Parallel dazu erfolgte derjenige zum Ethnologen. Der Vergleich mit afrikanischen Stammesbräuchen führt sein Ich wenn nicht zur Befreiung, so doch zum «Mannesalter» (1939).

W.: Lyrik: Simulacre, 1925; Haut mal, 46; Bagatelles végétales, 56. – *Studien:* L'afrique fantôme, 34; Race et civilisation, 51; Contacts de civilisation en Martinique et en Gouadeloupe, 55; La possession et ses aspects théâtraux chez les Ethiopiens de Gondar, 58. – *Autobiographisch:* Le sacré dans la vie quotidiennes, 38; L'âge d'homme, 39; La règle du jeu, 3 Bde, 48–66; Nuit sans nuit, 47, 61; Mots sans mémoires, 69. G. Sch.

Lem, Stanisław, * 12. 9. 1921 Lemberg.
L. studierte 1939–41 in Lemberg und 1945–48 in Krakau Medizin, arbeitete dazwischen als Mechaniker, wirkte nur kurz als Arzt und lebt als Schriftsteller bei Krakau.
L. schreibt Humoresken und Fernsehsketches, futurologische Essayistik, behandelt aber auch philosophische Probleme. Seine wissenschaftlich fundierte Science-fiction fragt nach dem Wert unseres Bewußtseins als Mensch zwischen andersartigen Systemen und schildert gleichzeitig nicht-existente Wissenschaftszweige. Als epische Metapher zeigt *Pamiętnik znaleziony w wannie* [Das Tagebuch, das man in der Wanne fand] die grotesken Irrwege durch Code- und Chiffrengewirr des totalen Polizeistaates. L.s kybernetische Märchen entwerfen zahllose mögliche, aber auch unmöglich scheinende Welten, um zu einer kritischen Überprüfung gewohnter Vorstellungen anzuregen. Er erfindet für galaktische Roboterkulturen Schöpfungsmythen, Staatsideologien und eine ganze Sagenwelt mit Ritterkämpfen gegen den machtlüsternen Menschen.

W.: Człowiek z Marsa, 1946; Astronauci, 51 (dt. Der Planet des Todes); Jacht Paradise, 51 (Drama, mit R. Hussarski); Sezam i inne opowiadania, 54 (Erz.); Czas nieutracony, 55 (dt. Die Irrungen des Dr. Stefan T.); Obłok Magellana, 55 (dt. Gast im Weltraum); Dialogi o zmartwychwstaniu atomowym, teorii niemożności, filozoficznych korzyściach ludożerstwa, smutku w probówce, psychoanalizie cybernetycznej, elektrycnej metempsychozie, sprzężeniach zwrotnych ewolucji, eschatologii cybernetycznej, osobowości sieci elektrycznych, przewrotności elektromózgów, życiu wiecznym w skrzyni, konstruowaniu geniuszów, epilepsji kapitalizmu, maszynach do rządzenia, projektowaniu systemów społecznych, 57; Dzienniki gwiazdowe, 57 (umgearb. 66; dt. Auszug: Die Sterntagebücher des Weltraumfahrers Ijon Tichy); Inwazja z Aldebarana, 59; Śledztwo, 59; Eden, 59 (dt. ebs.); Wejście na orbitę, 61 (Essays); Powrót z gwiazd, 61; Pamiętnik znaleziony w wannie, 61; Księga Robotów, 61 (dt. Robotermärchen); Solaris, 61; Noc księżycowa, 63; Niezwyciężony, 64; Summa technologiae, 65 (erweit. 67); Bajki robotów, 65; Cyberiada, 65; Polowanie, 65; Wysoki zamek, 66 (Jugenderinnerungen). – Ferner zahlreiche Hör- und Fernsehspiele, literaturkritische, philosophische, kybernetische und populärwissenschaftliche Abhandlungen in Fachzeitschriften. – Außerdem dt.: Lymphaters Formel (Erz.), in: Polen 2, 63; Kyberiade (Probe aus: Cyberiada), in: Poln. Prosa d. 20 Jhs. II; Der Unbesiegbare (Roman); Test (Erz.). DW

Lenormand, Henri-René, * 3. 5. 1882 Paris, † 18. 2. 1951 ebd.

L. wurde 1919 in der Schweiz mit dem Theaterleiter Pitoëff bekannt; dessen Inszenierung von *Le temps est un songe*, 1919 in Genf, begründete seinen Ruf. Er ist Fatalist, Hauptvertreter des «Théâtre de l'inquiétude» und geht von Strindberg und der Psychoanalyse Freuds aus. Elementare Gewalten lösen die unbewußten destruktiven Triebe seiner Menschen aus: Inzestgelüste der Wüstenwind in *Le Simoun*, Mordgedanken der Berg in *La dent rouge*. *Le mangeur de rêves* eröffnet die lange Reihe psychoanalytischer Dramen in Frankreich.

W.: Dramen: Les possédés, 1909 (dt. Die Besessenen); Le temps est un songe, 19 (dt. Die Zeit ist ein Traum); Les ratés, 20 (dt. Die Gescheiterten); Le Simoun, 20 (dt. Samum); Le mangeur de rêves, 22 (dt. Der Traumjäger); L'homme et ses fantômes, 24 (dt. Der Mensch und seine Phantome); Le lâche, 25 (dt. Der Feigling); À l'ombre du mal, 25 (dt. Im Schatten des Bösen); La dent rouge, 25; Sortilèges, 32 (Hexerei); Pacifique, 37; Terre de Satan, 42; La maison de remparts, 43. – *Erinnerungen:* Les Pitoëff, Confessions d'un auteur dramatique, 2 Bde, 49–53. – *Romane u. Erz.:* À l'écart, 27 (Dissonanz); Une fille est une fille, 49; Troubles, 51.

Lit.: H. Daniel-Rops: Sur le théâtre de H.-R. L., 1926; S. Radin: Anouilh, L., Salacrou, Genf, 51; K. S. White, in: «Modern Drama» 1960, 62. DW

Lenz, Hermann, * 26. 2. 1913 Stuttgart.

L. studierte Germanistik, Kunstgeschichte und Philosophie in München und Heidelberg. Während des Zweiten Weltkrieges war er Soldat. Seit 1950 lebt er als Sekretär des Süddeutschen Schriftstellerverbandes in Stuttgart. — Die Romane und Erzählungen von L. erscheinen als Rückzug vor der Realität auf Innerlichkeit — so *Das stille Haus, Der russische Regenbogen* (gegen Kriegsende spielend) — und aristokratische Haltung, wie sie etwa der treue Diener Wasik in *Die Augen eines Dieners* bewahrt. In der gleichen Art behandelt L. auch Schicksale in den Jahren 1938—46: *Im inneren Bezirk*.

W.: Lyrik: Gedichte, 1936. – *Romane:* Der russische Regenbogen, 59; Nachmittag einer Dame, 61; Die Augen eines Dieners, 64; Verlassene Zimmer, 66; Andere Tage, 68; Im inneren Bezirk, 70. – *Erz.:* Das stille Haus, 47; Das doppelte Gesicht, 49: Die Abenteurerin, 52; Das Mädchen und die Dohle, 57; Spiegelhütte, 62. RLL

Lenz, Siegfried, * 17. 3. 1926 Lyck/Ostpreußen.

L. wuchs in Masuren auf, studierte nach Kriegsende in Hamburg Anglistik, war zeitweise Feuilletonredakteur. Er lebt in Hamburg. — L.' erster Roman *Es waren Habichte in der Luft* ist eine ins Symbolische gesteigerte Geschichte von Verfolgung und von Flucht aus der Diktatur; noch stärker symbolbeladen wirkt *Duell mit dem Schatten* (Nachwirkung von Kriegsgeschehen in Afrika). Danach wandte sich L. einer entschieden realistischen, in den Beschreibungen exakten und anschaulichen Schreibweise zu, in den zentralen Motiven — etwa Einsamkeit, Scheitern, Aufhörenmüssen (im Beruf) und menschliche Bewährung in ebensolchen Situationen — an Hemingway erinnernd, jedoch mit durchaus eigener Sprache. Berufsleben und Alltag bilden häufig die Stoffe, so in *Der Mann im Strom* (Roman um einen alternden Taucher), in *Brot und Spiele* (Sportler-Roman), in den Erzählungen *Jäger des Spotts*. Vordergründig auf Spannung hin geschrieben, stellen sich in der Erzählung *Das Feuerschiff* ethische Probleme, wie sie sich ähnlich in L.' Drama *Zeit der*

Schuldlosen (entstanden aus zwei Hörspielen) ergeben: ein gefangener Attentäter im Dilemma: Verrat der Freunde oder Geiselerschießung (Motivanklänge an Roblès' Drama «Montserrat»). In epischer Form findet sich solche Thematik im Roman *Stadtgespräch*: Widerstand im besetzten Norwegen — einer der Führer soll sich stellen oder es werden Geiseln erschossen. Reich an politischen Implikationen ist auch das Parabelspiel um eine Gesellschaft von Blinden *Die Augenbinde.* — Besonders erfolgreich waren die von der sonstigen Thematik L.' abweichenden heiteren Geschichten aus der Masurei *So zärtlich war Suleyken* und *Lehmanns Erzählungen (Aus den Bekenntnissen eines Schwarzhändlers)*; auch, als Hauptwerk von L. geltend, der Roman *Deutschstunde*: Erinnerungen des Siggi Jepsen, Zögling in einem Erziehungsheim, an die Nazizeit und den Konflikt zwischen seinem pflichtbesessenen Vater, dem Gendarmen, und dem damals verfolgten Maler Nansen. — L. arbeitet an einem neuen Roman («Das Vorbild»).

W.: Romane: Es waren Habichte in der Luft, 1951; Duell mit dem Schatten, 53; Der Mann im Strom, 57; Brot und Spiele, 59; Stadtgespräch, 63; Deutschstunde, 68. – *Erz.:* So zärtlich war Suleyken, 55; Jäger des Spotts, 58; Das Feuerschiff, 60; Lehmanns Erzählungen, 64; Der Spielverderber, 65; Ges. Erz., 70. – *Dramen:* Zeit der Schuldlosen, 61; Das Gesicht, 64; Die Augenbinde, 70. – *Kritik:* Beziehungen, 70. – Ferner Hörspiele (Sammlung: Haussuchung, 67), Hörbilder, Rundfunkessays.
Lit.: H. Lehnert, in: Frankfurter Hefte 18, 1963; W. Jentsch, in: Zeitwende 37, 1966; S. L. – Ein Prospekt, 66; H. Lachinger, in: Deutsche Literatur seit 1945, 68. RLL

Leonard, William Ellery, * 25. 1. 1876 Plainfield (New Jersey), † 2. 5. 1944 Madison (Wisconsin).
L. studierte u. a. in Harvard, Göttingen und Bonn und wurde 1906 Prof. an der Univ. von Wisconsin. Bedeutsam für sein Leben war ein zweimaliges Schockerlebnis durch eine Lokomotive und der Selbstmord seiner ersten Frau 1911. Seine Autobiographie, *The Locomotive God,* schildert die psychischen Auswirkungen, die das Erlebnis der Technik bei ihm hinterließ. L. bevorzugte die Form des Sonetts; in seinen Fabeln erweist er sich als Satiriker von grotesker Komik. Seine impressionistische Lyrik enthüllt häufig persönliche Seelenzustände; inhaltlich überrascht sein grausiger Realismus, verbunden mit visionärer Phantastik.

W.: Lyrik: Sonnets and Poems, 1906; The Vaunt of Man, 12; Poems 1914–16, 16; The Lynching Bee, 20; Two Lives, 25; A Son of Earth, 28; This Midland City, 30; Man Against Time, 45. – *Autobiographie:* The Locomotive God, 27. – *Fabeln:* Aesop and Hyssop, 13. DW

Leonow, Leonid Maximowitsch (Leonov, Leonid Maksimovič), * 31. 5. 1899 Poluchino bei Moskau.
L., Sohn eines Bauern und autodidaktischen Schriftstellers, studierte in Moskau und war während des Bürgerkrieges Mitarbeiter einer Armeezeitung. Im Zweiten Weltkrieg war er Militärberichterstatter und wurde später als Korrespondent zum Nürnberger Prozeß entsandt.
In L.s ersten Erzählungen sind die Einflüsse des Symbolismus, aber auch Dostojewskis spürbar. Der Roman *Barsuki* (Die Dachse) über einen bäuerlichen Rebellen aus der Zeit der Kulakenaufstände zeigt in der bildhaften Darstellung der Landschaft symbolische Ausdruckskraft; in *Vor* (Der Dieb), zugleich dem Roman der Stadt Moskau, schildert L., in der Menschendarstellung wieder von Dostojewski beeinflußt, in der Gestalt des Mitja Vekšin einen Revolutionär, der mit der Wirklichkeit der «Neuen Ökonomischen Politik» nicht fertig wird und zum Verbrecher wird. Die folgenden Romane nähern sich immer stärker der Tendenz des «sozialistischen Realismus»: *Sot'* (Das Werk im Urwald) geht auf den Fünfjahresplan ein und zeichnet den Gegensatz von Kloster- und Bauernwelt und fortschreitender Industrialisierung. Weitere Werke dieser Art waren weniger geglückt. Hauptwerk der Nachkriegsjahre ist der umfangreiche Roman *Russkij les* (Der russische Wald), die Rettung der bedrohten russischen Wälder behandelnd; der Wald hat in diesem vielschichtigen Buch, das russische Geschichte in diesem Jh. spiegelt, auch symbolische Bedeutung.

W.: Romane u. Erz.: Buryga, 1922; Tuatamur, 24; Konec melkogo čeloveka, 24; Bar-

suki, 24 (dt. Aufruhr, auch als: Die Dachse); Vor, 27, revidierte Fassg. 59 (dt. Der Dieb); Sot', 30 (dt. Aufbau, auch als: Das Werk im Urwald); Skutarevskij, 32 (dt. Prof. S.); Doroga na Okean, 35 (dt. Der Weg zum Ozean); Vzjatie Velikšumska, 44; Russkij les, 53 (dt. Der russische Wald). – *Dramen:* Volk, 39; Metel', 40 u. 63; Našestvie, 42; Lenuška, 43; Zolotaja kareta, 46 u. 55 (dt. Die goldene Kutsche); Evgenia Ivanovna, 63. – Werke, 9 Bde, 60–62. – Ferner dt.: Ausgew. Werke in Einzelausg.; Ges. Prosa in Einzelausg.; Vom rasenden Kalafat; Seines Bruders Frau; Aufzeichnungen eines Kleinstädters; Erzählungen.
Lit.: D. Burg: Popytka L., in: Mosty, 1961 (engl. in: Studies on the SU, 62); M. Drozda: Babel, L., Solženicyn, 66. DW

Leopold, Jan Hendrik, * 11. 5. 1865 s'Hertogenbosch, † 21. 6. 1925 Rotterdam.
L. studierte Altphilologie und wurde Gymnasiallehrer. — L., weltanschaulich an der Stoa orientiert, literarisch durch Gorter, Verlaine, Spinoza, klassische und arabische Dichtung (wie Omar Khayyám) beeinflußt, ist der bedeutendste Vertreter des niederländischen Symbolismus. Seine resignierende, zögernd veröffentlichte Lyrik ist sensibler Ausdruck eines allgemein magisch-mystischen Lebensgefühls, dem Pantheismus nahestehend, das den Bann seines Individualismus und seiner, durch die zunehmende Taubheit auch physisch bedingten, Vereinsamung nicht hat durchbrechen können. Die Spannung Einsamkeit und Leiden — Drang nach Allverbundenheit und Liebe gibt seinem beseelten Impressionismus die dunklen Züge. L. schrieb Arbeiten zur Stoa und zur Schule Epikurs.

W.: Lyrik: Verzen, 1913; Cheops, 15; Oostersch, 22. – Verzameld Werk, 2 Bde, 51 f.
Lit.: J. M. Jalink: J. H. L., 1963; M. J. G. De Jong: L'Cheops, 66. A. Hü.

Lera, Angel Maria de, * 1912 Baides (Guadalajara).
L., Sohn eines Dorfarztes, besuchte ein Priesterseminar und studierte in Granada. Im Bürgerkrieg auf republikanischer Seite, verbrachte er nach Kriegsende sieben Jahre im Gefängnis. Danach arbeitete er als Maurer, Limonadenverkäufer und Buchhalter einer kleinen Likörfabrik. 1956 erschien sein erster Roman *Los clarines del miedo*, der das grausame Stierkampfmilieu der Dörfer beschreibt. L. ist ein guter Beobachter des spanischen Dorflebens und der Folklore.

W.: Los clarines del miedo, 1956 (dt. Fanfaren der Angst); La boda, 59 (dt. Spanische Heirat); Bochorno, 60 (dt. Glühender Mai); Las ultimas banderas, 67. G. D.

Lernet-Holenia, Alexander, * 21. 10. 1897 Wien.
L., väterlicherseits aus französischer, mütterlicherseits aus einer Kärntner Familie stammend, war während der beiden Weltkriege Offizier, machte größere Reisen, weilte längere Zeit in Südamerika und lebt abwechselnd in Wien und St. Wolfgang im Salzkammergut.
L. ging als Lyriker von Rilke aus, orientierte sich aber auch an Hölderlin und Pindar. Der Tradition verbunden sind auch die meisten seiner Dramen, von denen der schwankhafte Einakter *Olla potrida* mit dem Kleistpreis ausgezeichnet wurde. Den Schritt zur Prosa machte L. mit der Umwandlung des Bühnenstücks *Die nächtliche Hochzeit* — die phantastische Liebesgeschichte eines Grafen und einer in bäuerlicher Umgebung aufgewachsenen Herzogstochter — zum Roman. Elemente der Komödie zeigen sich noch in *Die Abenteuer eines jungen Herrn in Polen:* ein preußischer Leutnant in Frauenkleidern hinter den russischen Linien im Ersten Weltkrieg. L. bevorzugt fast durchweg eine knappe, dialogreiche Prosaform, auch in den dann folgenden Werken vom Ersten Weltkrieg und vom Zerfall Österreich-Ungarns und seiner Heere (immer mit eingefügten Liebesgeschichten): *Ljubas Zobel, Die Standarte* (ein Fähnrich rettet die Standarte seines Regiments, verbrennt sie aber später); *Der Baron Bagge, Der Graf von Saint-Germain.* L. schrieb auch Unterhaltungs- und Abenteuerromane und Werke mit aktuellen Themen wie *Mars im Widder* (Polenfeldzug 1939) und *Graf Luna* (Schuldigwerden in der Nazizeit — eine Studie des Verfolgungswahns).

W.: Lyrik: Pastorale, 1921; Kanzonnair, 23; Das Geheimnis St. Michaels, 27; Die goldene Horde, 33; Olympische Hymne, 35; Die Titanen, 45; Die Trophäe, 46; Das Feuer,

49. – *Dramen:* Demetrius, 26; Saul, Alkestis – Szenen, 26 (in: Die neue Rundschau); Österr. Komödie, 27; Olla potrida, 27; Parforce, 28; Erotik, 29; Die nächtliche Hochzeit, 29; Kavaliere, 30; Die Frau des Potiphar, 34; Glastüren, 39; Spanische Komödie, 48; Radetzky, 56; Die Schwäger des Königs, 58; Das Finanzamt, 69. – *Romane u. Erz.:* Die nächtliche Hochzeit, 30; Die Abenteuer eines jungen Herrn in Polen, 31; Ljubas Zobel, 32 (auch als: Die Frau im Zobel); Jo und der Herr zu Pferde, 33; Ich war Jack Mortimer, 33; Die Standarte, 34; Die neue Atlantis, 35; Der Herr von Paris, 35; Der Baron Bagge, 36; Die Auferstehung des Maltravers, 36; Der Mann im Hut, 37; Mona Lisa, 37; Riviera, 37; Strahlenheim, 38; Ein Traum in Rot, 39; Mars im Widder, 41; Beide Sizilien, 42; Der siebenundzwanzigste November, 46; Spangenberg, 46; Der 20. Juli, 47; Der Graf von Saint-Germain, 48; Der junge Moncada, 50; Seltsame Liebesgeschichten, 50; Die Wege der Welt, 52; Die drei Federn, 53; Der Graf Luna, 55; Das Finanzamt. Aufzeichnungen eines Geschädigten, 55; Das Goldkabinett. Des Finanzamts 2. Teil, 57; Die vertauschten Briefe, 58; Mayerling, 60; Das Halsband der Königin, 62; Das Bad an der belgischen Küste, 63; Götter und Menschen, 64; Die weiße Dame, 65; Pilatus, ein Komplex, 67; Der Stern von Florenz oder Die Hexen, 69. – *Biographien:* Prinz Eugen, 60; Naundorff, 61. – *Briefe:* Monologische Kunst? Ein Briefwechsel mit G. Benn, 53.
Lit.: G. Gaya, in: Frankfurter Hefte 8, 1953; E. Hebra, in: Wort in der Zeit I, 1955; H. Spiel, in: Der Monat X, 57/58; dies.: A. L.-H., in: Welt im Widerschein, 60.
RLL

Lersch, Heinrich, * 12. 9. 1889 Mönchengladbach, † 18. 6. 1936 Remagen.
L., Sohn eines Kesselschmieds, erlernte den Beruf des Vaters, durchwanderte als Geselle Mitteleuropa, wurde im Ersten Weltkrieg schwer verwundet und arbeitete dann in der väterlichen Werkstatt, bis er 1925 diesen Beruf aufgab und freier Schriftsteller wurde. – Schon in L.s früher Weltkriegslyrik zeigt sich jene Verschmelzung von sozialistischer und nationalistischer Haltung, die sein gesamtes Werk charakterisiert. Das Gedicht «Die große Schmiede» identifiziert den Soldaten und den Arbeiter. L. gab dem rechten Nationalismus die Parole «Deutschland muß leben, und wenn wir sterben müssen!» (in «Soldatenlied», 1914) und lieferte für den linken Arbeiter das Schlagwort «Es kommt dein Tag, Prolet!» Das Bindeglied zwischen so gegensätzlichen Positionen war eine Sehnsucht nach Hingabe und Exaltation, die aus expressionistischer Liebe zum gesteigerten Leben und katholischer Religiosität artikuliert wird.

W.: Lyrik: Abglanz des Lebens, 1914; Herz Aufglühe dein Blut, 16; Mensch in Eisen, 24; Stern und Amboß, 27; Mit brüderlicher Stimme, 34; Schulter an Schulter (mit M. Barthel und K. Bröger), 34. – *Romane und Erz.:* Manni!; 27; Hammerschläge, 30; Die Pioniere von Eilenburg, 34; Mut und Übermut, 34; Im Pulsschlag der Maschinen, 35. – Briefe und Gedichte, 39. – Ausgewählte Werke, 2 Bde, 65–66.
Lit.: H. L. – mit Bibl. von H. Bieber, 1959.
RLL

Leśmian, Bolesław (eig. B. Lesman), * 12. 1. 1878 Warschau, † 5. 11. 1937 ebd.
L. studierte in Kiew Jura, publizierte ab 1897, meist in der Jugendstil-Zeitschrift «Chimera», lebte 1907–11 in Paris, war Dramaturg in Łódź, später Notar. Ab 1933 gehörte er der polnischen Literaturakademie an. Sein lyrisches Werk hatte wesentlichen Einfluß auf die polnische Dichtung, insbesondere auf den Futurismus und Surrealismus. Seine Poesie ist philosophisch und fällt durch experimentierende Sprache und ihre phantastischen Elemente mit zuweilen bis ins Groteske übersteigerten Bildern auf; dabei ist ein Teil seiner Motive und Techniken umfunktioniertes Volksgut. L.s frühe Lyrik entstand in russ. Sprache. — L. bearbeitete das orientalische Märchen von Sindbad und übersetzte Erzählungen von E. A. Poe ins Polnische.

W.: Lyrik: Russ.: Pesni Vasilisy Premudroj, in: Zolotoe Runo 11, 1906; Lunnoe Pochmel'e, in: Vesy 10, 07; Polnisch: Sad rozstajny, 12; Łąka, 20; Napój cienisty, 36; Dziejba leśna, 38. – *Märchen:* Klechdy sezamowe, 13; Przygody Sindbada Żeglarza, 13; Klechdy polskie, 56. – Ferner noch ungedruckte Dramen.
Lit.: M. Pankowski: La révolte d'un poète contre les limites, Brüssel 1967. DW

Lesort, Paul André, * 14. 11. 1915 Granville (Manche).
L. arbeitete nach dem Jurastudium in einer Bank. 1940–45 war er Kriegsgefangener in Deutschland. – In L.s erstem Roman *Les reins et les cœurs* erzählen

mehrere Personen jeweils ihre Version eines Familiendramas; dem Autor dient diese Technik dazu, die Vielgestaltigkeit aller Wahrheit zu formulieren und auf Gott als den wirklich Wissenden zu verweisen. Die Romane *Né de la chair* und *Le vent souffle où il veut* schildern das Leben eines Facharbeiters und seines Sohns bis zu dessen Konversion. *Le fer rouge* gibt in Form eines Briefes die Abrechnung einer Frau mit ihrem Mann wieder, die Figur des *Périer* ist als faustisch suchend und ehegläubig angelegt.

W.: Romane: Les reins et les cœurs, 1946 (dt. Auf Herz und Nieren); Né de la chair, 51 (dt. Aus dem Fleisch geboren); Le vent souffle où il veut, 54 (dt. Der Wind weht, wo er will); Le fer rouge, 57 (dt. Das Brandmal); G. B. K., 60; Vie de Guillaume Périer, 66 (dt. Das blaue Tagebuch). – *Erz.:* Les portes de la mort, 48. – *Essay:* Paul Claudel par lui-même, 63 (auch dt.). RLL

Lessing, Doris May, * 22. 10. 1919 Kermanshah (Persien).

D. L. verbrachte ihre Jugend in Süd-Rhodesien und emigrierte 1949 nach England. Sie verfaßte bisher zahlreiche Romane und Erzählungen, zwei Theaterstücke und einen Band Gedichte. Ihr Werk beschäftigt sich vor allem mit den Auswirkungen der Zugehörigkeit zu Minoritätengruppen auf den Einzelnen, wobei drei Themen im Mittelpunkt stehen: Die Rassenfrage in Südafrika und Süd-Rhodesien, das Problem extrem linksintellektueller Gruppen und die geistig-politische-emotionelle Emanzipation der Frau. Ersteres Thema ist in D. L.s erstem Roman, *The Grass Is Singing*, ausgeführt, in dem die unglückliche Weiße die Rassenschranken durchbricht und an diesem Konflikt zugrunde geht. Alle drei Themenkreise sind in der Pentalogie *The Children of Violence* verwoben, in der der Lebensweg und die ob ihrer emanzipierten Ansichten entstehenden Umweltkonflikte der Martha Quest in Afrika beschrieben werden. In ihren Theaterstükken und dem Roman *The Golden Notebook* wird die geistig-emotionale Stress-Situation geschildert, in die die um Selbständigkeit und das Recht auf intellektuell-emotionelles Engagement kämpfende Frau mit der Gesellschaft gerät.

W.: Romane: The Grass Is Singing, 1950 (dt. Afrikanische Tragödie); The Children of Violence, 5 Bde, 52–69; The Golden Notebook, 62. – *Dramen:* Each His Own Wilderness, 58 (dt. Jedem seine eine eigene Wildnis); Play with a Tiger, 62 (dt. Spiel mit dem Tiger). – Erz., Gedichte. W.-D. W.

Lettau, Reinhard, * 10. 9. 1929 Erfurt.

L. studierte Germanistik, Philosophie und amerikanische Literatur in Heidelberg und Harvard, wurde Assistant Prof. am Smith College in Northampton, Mass., lebte 1965–67 als freier Schriftsteller in Berlin. Ende 1967 nahm er einen Ruf als Prof. für deutsche Literatur an der University of California in San Diego an. L. ist Mitglied der Gruppe 47.

L.s Kurztexte sind mit der Akribie wissenschaftlicher Abhandlungen formuliert. Einer rätselhaften Eigengesetzlichkeit folgend, verselbständigen sich lapidare Feststellungen und werden zu Bestandteilen höchst phantastischer Handlungsmuster, die die Absurdität bestimmter menschlicher Verhaltensweisen aufdekken. Der makabre Witz, der aus diesen Verfahren resultiert, findet seine bisher stärkste Ausprägung in der Titelerzählung des dritten Prosabandes *Feinde,* einer Satire auf das Militär.

W.: Schwierigkeiten beim Häuserbauen. Geschichten, 1962; Auftritt Manigs, 63; Feinde, 68; Gedichte, 68; Täglicher Faschismus. Amerikanische Evidenz aus 6 Monaten, 71. G. H.

Levi, Carlo, * 29. 11. 1902 Turin.

L. studierte Medizin, wurde 1935/36 wegen seiner antifaschistischen Einstellung nach Lukanien verbannt, wo er als Arzt die Welt der süditalienischen Bauern kennenlernte. In den letzten Jahren war er vor allem als Maler tätig. – L.s bald nach Kriegsende erschienener erfolgreicher Roman *Cristo si è fermato a Eboli*, ein Hauptwerk des italienischen «neorealismo», schildert das dumpfe Dahinleben der von der Zivilisation der Neuzeit abgeschlossenen süditalienischen Bauern und machte auf die Lage in diesen Provinzen aufmerksam. Das reportagehafte Element und das politische Interesse L.s sind noch ausgeprägter in *L'orologio*: über die Krise der Regierung Parri und die Widerstandsbewegung im Jahre 1945.

W.: Romane: Cristo si è fermato a Eboli, 1945 (dt. Christus kam nur bis E.); L'orologio, 50. – *Essays u. Reiseberichte:* Paura della libertà, 46; Le parole sono pietre: Tre giornate in Sicilia, 55 (dt. Worte sind Steine); Il futuro ha un cuore antico, 56 (über Rußland); La doppia notte dei tigli, 59 (über Deutschland); Tutto il miele è finito, 63 (dt. Aller Honig geht zu Ende. Tagebuch aus Sardinien). DW

Levi, Paolo, * 20. 6. 1919 Genua.

L. war Theaterkritiker, emigrierte 1944 bis 1949 nach Brasilien und lebt seitdem in Rom. L., der mit Hörspielen debütierte, errang mit *Legittima difesa* den ersten großen Erfolg als Dramatiker, einem Stück über das Problem der Willensfreiheit und den Gegensatz von Spontaneität und Reflexion. Das Thema der individuellen Verwicklung in politische Zusammenhänge stellen *Il caso Pinedus* und *Indirizzo sconosciuto* am Beispiel von Justizskandalen und mit Anklängen an Kafka dar.

W.: Dramen: Anna e il telefono, 1951; Legittima difesa, 52 (dt. Der Weg ist dunkel); Il caso Pinedus, 54 (dt. Der Fall Pinedus); Gli dei di pietra, 58 (dt. Die steinernen Götter); Indirizzo sconosciuto, 65 (dt. Empfänger unbekannt verzogen). RLL

Lévi-Strauss, Claude, * 28. 11. 1908 Brüssel.

L.-Str. studierte in Paris zunächst Staatswissenschaften und Philosophie, danach war er kurze Zeit Lehrer in Laon. Erst in einem Zweitstudium wandte er sich der Anthropologie zu; er hörte Soziologie bei Marcel Mauss und Religionsethnologie bei Lucien Lévy-Bruhl. Nach einigen ethnographischen Feldforschungen unter den Indianern Brasiliens (1935 bis 1938), über die er in den literarisch bedeutenden Reiseerinnerungen *Tristes Tropiques* berichtet, und Forschungsaufenthalten in Nordamerika wurde er durch den Erfolg seines Buches *Les structures élémentaires de la parenté* (1949) zum bedeutendsten Sprecher des «französischen Strukturalismus». Heute ist L.-Str. Prof. für Anthropologie am Collège de France und Forschungsdirektor an der École Pratique des Hautes Études in Paris.

Die Methode seiner «Strukturalen Anthropologie» – wie auch der Sammelband seiner theoretischen Abhandlungen betitelt ist – erwächst einerseits aus der soziologischen Richtung von Emil Durkheim und Marcel Mauss, andererseits ist sie von der modernen strukturalistischen Sprachwissenschaft (Ferdinand de Saussure, Prager Schule) beeinflußt. Sie selbst ist inzwischen bestimmend geworden für fast alle Kultur- und Geisteswissenschaften. Gemeinsam mit dem Sprachwissenschaftler Roman Jakobson hat L.-Str. insbesondere eine strukturale Interpretation des Gedichtes «Les Chats» von Charles Baudelaire vorgelegt, die richtungsweisend für die moderne Literaturwissenschaft geworden ist (in: L'homme II, 1962, dt. in: alternative 62/63, 1968). In ausdrücklichem Gegensatz zu Jean-Paul Sartre lehnt L.-Str. ein existentialistisches und dialektisch-geschichtliches Selbstverständnis des Menschen ab und versucht – mit Berufung auf Jean-Jacques Rousseau – eine Wissenschaft vom Menschen zu begründen, die aus der Vielfalt der kulturellen Realisationen das Ursprüngliche und die logische Struktur menschlicher Geistigkeit aufzudecken sucht. Aus dem vorliegenden ethnographischen Material versucht L.-Str., vor allem die Phänomenkomplexe der Verwandtschaftsregeln und der sozialen Organisation, der Sprache und der kategorialen Denkgesetzlichkeit, der Kunst und der Mythologie zu isolieren, um sie in ihrer allgemeinen und doch je eigentümlichen Strukturiertheit erfassen zu können. Alle Verwandtschaftssysteme (*Les structures élémentaires de la parenté*) gelten ihm bestimmt durch einen ursprünglichen Gegensatz von Abstammungs- und Heiratsverwandtschaft, den jede soziale Einheit durch unterschiedlich kodifizierte Inzestverbote und Exogamiegebote zu regulieren versucht, um überhaupt als soziale Gemeinschaft sich nach innen und außen behaupten zu können. Im Gegensatz zu Lévy-Bruhl sieht L.-Str. im «Wilden Denken» (*La pensée sauvage*) eine ursprüngliche und auch unser Alltagsdenken noch bestimmende Form phänomenalen Kategorisierens, die je nach der besonderen Erfahrungswelt der kulturellen Gemeinschaft jeweils anders ausgestaltet ist. So offenbart sich z. B. im Totemismus (*Le totémisme aujourd'hui*) ein Kategoriensystem, durch das verschiedene Ethnien ihre sozialen

Beziehungen analog zu ihrem jeweiligen Verständnis von der Ordnung der Natur zu gestalten versuchen, um so selbst in der vorgestellten Totalität als soziale Einheit bestehen zu können.
«Das Rohe und das Gekochte» (*Le cru et le cuit*) – ein Gegensatz in der Vorstellungswelt südamerikanischer Indianer, in dem sich die fundamentale Gegensätzlichkeit von Natur und Kultur manifestiert – nimmt L.-Str. zum Ausgangspunkt seiner mehrbändigen Strukturanalyse der Mythologie (2. Bd.: *Du miel aux cendres*), von der her er wiederum zurückschließt auf die unterschiedlichen Systeme sozialer Selbstbehauptung, denn aus den mythischen Deutungsversuchen lassen sich logische Strukturgesetzlichkeiten herausanalysieren, die die sozialen Beziehungen und die Einheit einer Gemeinschaft konstituieren.
Die strukturale Ethnologie hat nach L.-Str. die Aufgabe, die den verschiedenen kulturellen Gruppen, Stämmen und Völkern selbst nicht immer bewußten ideologischen Strukturen, die ihr soziales Handeln und die Art ihres Verhältnisses zur Umwelt bestimmen, analytisch aufzudecken, um so einen Beitrag zu liefern zum Selbstverständnis des Menschen, der logischen Gesetzlichkeit und der geschichtlichen Entfaltung seines Geistes.

W.: La vie familiale et sociale des Indiens Nambikwara, 1948; Les structures élémentaires de la parenté, 49; Race et histoire, 52; Tristes Tropiques, 55 (dt. Traurige Tropen); Anthropologie structurale, 58 (dt. Strukturale Anthropologie); Le totémisme aujourd'hui, 62 (dt. Das Ende des Totemismus); La pensée sauvage, 62 (dt. Das Wilde Denken); Mythologiques I: Le cru et le cuit, 64 (dt. Das Rohe und das Gekochte); Mythologiques II: Du miel aux cendres, 66; Mythologiques III: L'origine des manières de table, 68.
Lit.: J. P. B. de Josselin de Jong: L.-Str. Theory on Kinship and Marriage, 1952; M. Merleau-Ponty, in: Signes 1960; H. Lefebvre: C. L.-Str. ou le nouvel éleatisme, in: L'Homme et la société, 66; E. Leach: C. L.-Str., anthropologue et philosophe, in: Raison Présente, 67; Lévi-Strauss, in: L'Arc 1967; En hommage à C. L.-Str., 68; W. Schmied-Kowarzik, in: Paideuma XIV, 1968; G. Schiwy: Der französische Strukturalismus, 69; Orte des wilden Denkens, hg. Lepenies/Ritter, 70; E. Leach: C. L.-Str., dt. 71; M. Bierwisch: Probleme und Methoden des Strukturalismus, 71. W. Sch.-K.

Lewis, Alun, * 1. 7. 1915 Aberdare (Glam), † 5. 3. 1944 (Burma).
L. war nach kurzem Studium Lehrer in Wales, bevor er als Soldat am Zweiten Weltkrieg teilnahm. Er wurde 1942 in Indien stationiert und fiel zwei Jahre später in Burma. – Die einzigen Veröffentlichungen, die zu seinen Lebzeiten erschienen, waren eine Gedichtsammlung unter dem Titel *Raider's Dawn* und *The Last Inspection,* ein Band mit Kurzgeschichten. Die Erfahrungen der Liebe und des Krieges, die L. als die entscheidenden Impulse für seine Dichtung bezeichnete, bilden das thematische Zentrum. Seine Gedichte sind schlichte Bekenntnisse von sensibler Musikalität.

W.: Lyrik: Raider's Dawn and Other Poems, 1942; Ha! Ha! Among the Trumpets, 45. – *Erz. u. Briefe:* The Last Inspection, 42; In the Green Tree, 49. RLL

Lewis, Clive Staples, * 29. 11. 1898 Belfast, † 22. 11. 1963 Oxford.
L., Sohn eines Anwalts, nahm am Ersten Weltkrieg teil und begann 1918 das Studium am University College in Oxford, wo er 1924 Dozent für englische Literatur wurde. Seit 1925 lehrte er am Magdalen College in Oxford und erhielt 1954 ein Ordinariat für Literatur des Mittelalters und der Renaissance in Cambridge. Er galt als einer der führenden Vertreter des modernen Anglikanismus. — L. begann seine schriftstellerische Laufbahn mit der breitangelegten, in «rhyme-royale» verfaßten Verserzählung *Dymer* (unter Pseud. Clive Hamilton veröffentlicht). Zeugnis seines christlichen Humanismus sind besonders *The Case for Christianity* und das Buch *The Screwtape Letters*, eine Sammlung von Briefen, in denen der Teufel Screwtape seinem diabolischen Neffen Anweisungen zur Verführung einer menschlichen Seele erteilt, die schließlich allen teuflischen Bemühungen zum Trotz der Erlösung teilhaftig wird. Der Einfluß G. K. Chestertons auf das Werk L.' wird an der satirisch brillanten Behandlung des ernsten Themas der Versuchung und Erlösung deutlich. — In den Bereich der Science-fiction führt L.' Romantrilogie *Out of the Silent Planet*, *Perelandra* und *That Hideous Strength*, deren Schauplätze der Mars, die Venus und die Erde

im Zeitalter der Atomtechnik sind und deren dritter Teil von Analogien zum christlichen Heilsgeschehen bestimmt ist. — L. schrieb außerdem literaturwissenschaftliche und religionskritische Essays sowie Kinderbücher.

W.: Romane u. Erz.: The Pilgrim's Regress, 1933; Out of the Silent Planet, 38 (dt. Der verstummte Planet; später als: Jenseits des schweigenden Sterns); The Screwtape Letters, 42 (dt. Dämonen im Angriff; auch als: Dienstanweisung für einen Unterteufel); Perelandra (später als: Voyage to Venus), 43 (dt. Perelandra); That Hideous Strength, 45 (dt. Die böse Macht); The Great Divorce, 45 (dt. Die große Scheidung). – *Autobiogr.:* Surprised by Joy, 55 (dt. Überrascht von Freude). – *Essays:* The Allegory of Love, 36; Rehabilitations, 39; The Problem of Pain, 40 (dt. Über den Schmerz); A Preface to Paradise Lost, 42; The Case for Christianity, 42; Christian Behaviour, 43; Beyond Personality, 44; Miracles, 47 (dt. Wunder); Vivisection, 48; Transposition, 49; Mere Christianity, 52 (dt. Christentum schlechthin); English Literature in the 16th Century, 54; Till We Have Faces, 56 (dt. Du selbst bist die Antwort); Reflection on the Psalms, 58; Studies in Words, 60; The Four Loves, 60 (dt. Vier Arten der Liebe); An Experiment in Criticism, 61; The Discarded Image, 64; Studies in Medieval and Renaissance Literature, 66; Selected Literary Essays, 69. – *Verserzählung:* Dymer, 26. – *Lyrik:* Spirits in Bondage, 19; Poems, 64. – Ferner Kinderbücher.
Lit.: H. Kuhn, in: Lob der Schöpfung und Ärgernis der Zeit, 1959; J. Gibbs (Hg.): Light on C. S. L., 65; H. Gardner: C. S. L., 67; R. B. Cunningham: C. S. L. Defender of the Faith, 67. RLL

Lewis, (Harry) Sinclair, * 7. 2. 1885 Sauk Center (Minnesota), † 10. 1. 1951 Rom.
L., Sohn eines Arztes, studierte einige Zeit an der Yale Univ., fuhr in den Sommerferien auf Viehdampfern nach England und wurde 1907 Journalist. Er arbeitete in Upton Sinclairs sozialistischer «Helicon Home Colony» mit; jahrelang durchstreifte er im Auto die USA. 1926 lehnte er den Pulitzerpreis für *Arrowsmith* ab, 1930 erhielt er als erster Amerikaner den Nobelpreis. 1928—42 war er in zweiter Ehe mit Dorothy Thompson verheiratet. Seine letzten Lebensjahre verbrachte er in Italien (Florenz).
Main Street machte L. mit einem Schlage berühmt. Gaupher Prairie, ein getreues Abbild seiner Geburtsstadt, wurde rasch sprichwörtlich. Der eigentliche Held ist die Hauptstraße dieses amerikanischen Seldwyla, dessen provinzielle Enge sich stärker erweist als die Reformpläne der Carol Kennicott, der Frau eines Arztes. Auf die Satire der Kleinstadt folgte in *Babbitt* die des amerikanischen Spießers und Konformisten (Babbitt ist Makler in der Stadt «Zenith»). *Arrowsmith* ist der Roman eines Arztes, der sich als einsamer Idealist schließlich aus seiner korrumpierten und profitgierigen Umgebung zurückzieht. Dieser Kritik am amerikanischen Medizinwesen folgte die an den Sekten: *Elmer Gantry,* über die Karriere eines heuchlerischen Predigers. *Sam Dodsworth* schildert die Europareise eines amerikanischen Millionärs, die zur Trennung von seiner oberflächlichen Frau führt. Von den späteren Werken ist *It Can't Happen Here* das thematisch interessanteste: Warnung vor der Möglichkeit faschistischer Herrschaft in den USA, die L. nach deutschem Muster ausmalt. — L.' Beobachtungsgabe, sein Gespür für die gesprochene Alltagsrede, scharfe Zeichnung vieler Nebenfiguren machten sein Hauptwerk zu Musterfällen eines kritischen Realismus. Die Ambivalenz seiner Haltung gegenüber Amerika gestand er selbst ein.

W.: Romane: Hike and the Aeroplane, 1912; Our Mr. Wrenn, 14 (dt. Unser Herr W.); The Trail of the Hawk, 15 (dt. Falkenflug); The Innocents, 17; The Job, 17 (dt. Der Erwerb); Free Air, 19 (dt. Benzinstation, auch als: Die Tankstelle); Main Street, 20 (dt. Die Hauptstraße); Babbitt, 22 (dt. ebs.); Arrowsmith, 25 (dt. Dr. med. Arrowsmith); Mantrap, 26 (dt. ebs.); Elmer Gantry, 27 (dt. ebs.); The Man Who Knew Coolidge, 28 (dt. Der Mann, der den Präsidenten kannte); Sam Dodsworth, 29 (dt. ebs.); Ann Vickers, 33 (dt. ebs.); Work of Art, 34 (dt. Das Kunstwerk); It Can't Happen Here, 35 (dt. Das ist bei uns nicht möglich); The Prodigal Parents, 38 (dt. Die verlorenen Eltern); Bethel Merriday, 40 (dt. ebs.); Gideon Planish, 43 (dt. G. P. oder Die Verlogenen); Cass Timberlane, 45 (dt. ebs., auch: Jimmy und der Richter); Kingsblood Royal, 47 (dt. Der königl. K.); The Godseeker, 49 (dt. Der einsame Kämpfer, auch als: Der Gottsucher); World So Wide, 52 (dt. Wie ist die Welt so weit); Let us Play King, 56 (dt. König sein dagegen sehr). – *Kurzgeschichten:* Selected Short Stories, 35. – *Dramen:* Dodsworth, 34; Jayhawker, 35 (zus. mit Lloyd Lewis); It

Can't Happen Here, 36 (zus. mit John C. Moffit); Angela Is Twenty-Two, 40. – *Essay:* The Man from Main Street, 54. – From Main Street to Stockholm, ed. H. Smith, 52 (Briefe).

Lit.: J. B. Cabell: S. L., a Critical Essay, 1932; C. Van Doren: S. L., 33; W. Storch: S. L. u. das amerikan. Kultur- u. Sprachbild, 38; G. H. Lewis: With Love from Gracie. S. L.: 1912–25, 55; M. Schorer: S. L. An American Life, 61 (dt. Ein amerikanisches Leben); V. Sheean: Dorothy and Red, 62 (auch dt.; über L.' unglückliche Ehe mit D. Thompson); Sh. N. Grebstein: S. L., ²62.

RLL

Lewis, (Percy) Wyndham, * 17. 3. 1884 (od. 86) Maine (USA), † 7. 3. 1957 London.

L. wurde als Sohn englischer Eltern in den USA geboren, wuchs jedoch in England auf und wurde in Rugby erzogen. Nach einem Kunststudium in London, Paris und München veröffentlichte er 1909 seine ersten literarischen Texte in der von Ford Madox Ford gegründeten «English Review». Mit Ezra Pound gründete er fünf Jahre später die Zeitschrift «Blast», in der zahlreiche Autoren, die heute ihren festen Platz in den Literaturgeschichten haben, gegen alles Sturm liefen, was die «Georgians» in Kunst und Literatur repräsentierten. Etwa um die gleiche Zeit trat L. als Führer einer dem Kubismus und dem Futurismus nahestehenden Bewegung hervor, der er den Namen «Vorticism» gab und als deren Hauptwerk sein Roman *Tarr* zu betrachten ist. Die literarisch-künstlerische Renaissance, die diese Bewegung initiieren sollte, scheiterte am Ausbruch des Ersten Weltkrieges, an dem L. als Artillerist teilnahm. Nach dem Ende des Krieges lebte L. einige Jahre lang in strenger Zurückgezogenheit, ehe 1926 mit *The Art of Being Ruled* eine neue Schaffensphase begann, die durch Romane, Bilder, Satiren und Polemiken gekennzeichnet ist, in denen er gegen die Gesellschaftstheorien Spenglers und Keyserlings, gegen die politischen Verhältnisse und die intellektuelle Krise der Zeit zu Felde zog. Die besonders Anfang der 30er Jahre wachsenden Zweifel an der Richtigkeit der Methoden, mit denen er diesen Kampf führte, finden ihren Niederschlag in den Romanen *The Revenge for Love* und *The Vulgar Streak.* L. war auch Maler (bis zu seiner Erblindung 1951). — Unter den späten Arbeiten treten der Roman *Self Condemned* und die Tetralogie *The Human Age* — in einer Art Zwischenreich nach dem Tode spielend, von Satire und Kritik gegenüber dem Menschen und der Demokratie erfüllt — hervor; besonders mit *The Human Age* zog L. sich heftige Angriffe zu.

W.: Romane: Tarr, 1918; The Apes of God, 30; The Revenge for Love, 37 (dt. Rache für Liebe); The Mysterious John Bull, 38 (dt. Der mysteriöse John Bull); The Vulgar Streak, 41; Self Condemned, 54; The Human Age, 56 (The Childermass, 28, Monstre Gai, 55, Malign Fiesta, 55, 4. Teil nur als Fragment: The Trial of Man, 60); The Red Priest, 56. – *Kurzgeschichten:* Rotting Hill, 51. – *Essays:* The Art of Being Ruled, 26; Time and Western Man, 27; The Hitler Cult, 39; America and Cosmic Man, 48; The Writer and the Absolute, 52; Ezra Pound, 58. – *Gedichte:* One Way Song, 33. – *Autobiographie:* Blasting and Bombardiering, 37; W. L. the Artist, 39; Rude Assignment, 50.

Lit.: H. Kenner: W. L., 1954; E. W. F. Tomlin: W. L., 55; R. Neuhäuser: Eine Studie über P. W. L., Diss. Wien 56; G. Wagner: W. L.: A Portrait of the Artist as the Enemy, 57.

M. W. R.

Lichnowsky, Mechtilde Fürstin, * 8. 3. 1879 Schloß Schönburg (Niederbayern), † 4. 6. 1958 London.

L., eine Urenkelin Maria Theresias und Tochter des bayerischen Grafen von und zu Arco-Zinneberg, wurde auf der Klosterschule erzogen und heiratete den Fürsten Lichnowsky, den sie nach London begleitete, als er dort 1912—14 als deutscher Botschafter tätig war. Sie spielte in dieser Zeit eine zentrale Rolle im künstlerischen und gesellschaftlichen Leben der englischen Metropole. Anschließend lebte sie zeitweise in Berlin, München, Südfrankreich und der Tschechoslowakei, bevor sie, inzwischen verwitwet, den englischen Major Peto heiratete, die englische Staatsangehörigkeit erwarb und 1937 nach London übersiedelte. L., deren Bücher im Dritten Reich verboten wurden, trat als entschlossene Gegnerin des Nationalsozialismus auf. Ihr Werk umfaßt erzählende Prosa, Lyrik, Dramen, Essays und sprachästhetische Reflexionen. Von ihren persönlichen Freunden Karl Kraus und Alfred Kerr beeinflußt, neigt sie besonders zur Form des Aphorismus, die ihrer scharfen Intellektualität und ihrem generellen Streben nach sprachlicher Präzision adäquat ist. Als ihr bedeutendstes erzählerisches Werk gilt der autobiographische Roman *Kindheit*, der mit subtiler psychologischer Beobachtungsgabe den Reifungsprozeß eines Mädchens schildert. Die Fortsetzung dieses Romans ist *Der Lauf der Asdur*.

W.: Romane und Erz.: Götter, Könige und Tiere in Ägypten, 1912; Der Stimmer, 15 (u. d. T. Das rosa Haus, 36); Geburt, 21; Das Rendezvous im Zoo, 28; An der Leine, 29; Kindheit, 32; Der Lauf der Asdur, 36; Delaide, 37. – *Essays, Aphorismen, Dialoge:* Der Kampf mit dem Fachmann, 24; Halb und halb, 26; Gespräche in Sybaris, 46; Worte über Wörter, 49; Zum Schauen bestellt, 53. – *Lyrik:* Gott betet, 16; Heute und Vorgestern, 58 (Gedichte und Prosa). – *Dramen:* Ein Spiel vom Tod, 13; Der Kinderfreund, 18. RLL

Lichtenstein, Alfred, * 23. 8. 1889, Berlin, † 25. 9. 1914 Vermandovillers (Somme).

L., Sohn eines Fabrikanten, besuchte das Luisenstädtische Gymnasium in Berlin. 1909-12 studierte er Jura, promovierte 1913. Skizzen und Gedichte erschienen zuerst 1910 im «Sturm», seit 1912 vor allem in der «Aktion». L. wurde 1913 als Einjähriger eingezogen und fiel kurz nach Kriegsausbruch an der Westfront.

L.s Gedichte gehen von Eindrücken und Reizen der Großstadt aus. Dem Empfinden «wir aber, morsch und längst vergiftet» entspricht eine als verfaulend gezeichnete, sinnlose Welt disparater Erscheinungen. In einer Art Simultantechnik gibt L. «die Reflexe der Dinge ... ohne überflüssige Reflexion», zu grotesken Bildern zusammengefügt. Verfremdende Adjektive («sanfte Damenleiche») und Verben des Verfalls und der Zerstörung kennzeichnen seine Sprache. Die Bilder des Himmels («alter Lappen») und des Mondes («Mostrichtopf») unterstreichen das Heruntergekommene einer Welt, die L. wie viele junge Expressionisten nach Katastrophen verlangen läßt. — In den Prosaskizzen werden boshaft grotesk Personen aus dem Café des Westens und dem Kreis der Neopathetiker (Hiller, Heym, van Hoddis) gezeichnet. L. selbst tritt als buckliger Dichter Kuno Kohn auf. Sehnsucht nach Liebe, selbstquälerisches Leiden, Traurigkeit, grimmassierend überspielt, sind Züge dieser Figur, die ihm sentimentale Identifizierung und ironische Distanzierung zugleich erlaubt. — Von zahlreichen Einflüssen (Heine, Rilke, Wedekind) sind der von van Hoddis für L.s Lyrik und der Carl Einsteins für seine Prosa am folgenreichsten gewesen.

W.: Die Dämmerung, 1913; Gedichte und Geschichten, 2 Bde, hg. v. K. Lubasch, 19; Gesammelte Gedichte, 62 und Gesammelte Prosa, 66, hg. v. K. Kanzog.
Lit.: H. Heckmann, in: Akzente 2, 55; K. Kanzog, in: Jb. d. Dtsch. Schillergesellsch. 5, 61; W. Paulsen, ebd. 22, 68; H. Küntzel: A. L., in: Expressionismus als Literatur, hg. v. W. Rothe, 69. W. W.

Lidman, Sara, * 30. 12. 1923 Missenträsk.

S. L. ist in Nordschweden als Bauerntochter aufgewachsen. Nach Privatstudien besuchte sie eine Theaterschule und machte in Uppsala ihr philosophisches Kandidatenexamen. Sie lebte längere Zeit in Südafrika, Kenia und Hanoi und ist Mitglied der literarischen Gruppe «De Nio». — Bereits in *Tjärdalen* (Der Mensch ist so geschaffen) erscheinen ihre Hauptthemen: Schuld und Verantwortung, Zwang und Auflehnung, Eigennutz und Opferbereitschaft. Hier und in den folgenden drei Romanen ist das Milieu das ihrer engeren Heimat. Ihr Engagement für Gerechtigkeit verpflichtete S. L. ab 1960 einem neuen Milieu und sozialen und politischen Themen. Zwei Romane und ein Tagebuch handeln von Afrika und Hanoi und wenden sich gegen die weiße Unterdrückung.

W.: Romane: Tjärdalen, 1953 (dt. Der Mensch ist so geschaffen); Hjortronlandet, 55 (dt. Im Lande der gelben Brombeeren); Regnspiran, 58; Bära mistel, 60; Jag och min son, 61 (dt. Ich und mein Sohn); Med fem diamanter, 64. – *Dramen:* Job Klockmakares dotter, 54; Aina, 56; Marta, Marta, 70. – *Reportage:* Samtal i Hanoi, 66. H. K.

Lima, Jorge de, * 23. 4. 1895 Uniaõ (Alagoas), † 15. 11. 1954 Rio de Janeiro.

L. war von Beruf Arzt, er wirkte auch als Maler und Bildhauer. In seinem erzählerischen Werk schildert er Menschen und Landschaft des nordöstlichen Brasiliens, dessen soziale und wirtschaftliche

Probleme (Kampf der alteingesessenen Landaristokratie gegen die vordringende Industrie) er genau kannte. Wichtiger ist seine Lyrik, für die zunächst der französische «Parnasse» Vorbild war. L. bevorzugte daher in seinen frühen Gedichten den Alexandriner und die Form des Sonetts, die er auch später noch (*Livro de Sonetos*) beibehielt. Daneben entwickelte sich L. zum bedeutendsten Surrealisten seines Landes, so mit den dunklen und symbolträchtigen *Poemas negros* und der Sammlung *Invencão de Orfeu*.

W.: Lyrik: Alexandrinos, 1914; Poemas, 28; Novos Poemas, 29; Poemas escolhidos, 32; Tempo e Eternidade, 35, zus. mit M. Mendes; A Túnica inconsútil, 38; Poemas negros, 47; Livro de Sonetos, 49; Invencão de Orfeu, 52. – *Romane:* Salomão e as Mulheres, 23; O Calunga, 35. – *Novellen:* O Anjo, 34. – Obra Completa, 58 ff. DW

Lind, Jakov, * 10. 2. 1927 Wien.
L. emigrierte mit seinen Eltern 1938 nach Holland und hielt sich während der deutschen Besetzung verborgen. Nach dem Krieg begab er sich vorübergehend nach Palästina und lebt heute, deutsch und englisch schreibend, in London.
In seiner Prosa operiert L., die Thematik des Terrors immer neu auslotend, mit dem Schrecken als einer Dimension des Menschlichen, ohne die Leiden zu heroisieren. Aus Wissen und Erfahrung, wozu der erniedrigte und seiner Konventionen entblößte Mensch fähig ist, treibt er der Deutlichkeit halber in seiner Prosa die Ausnahmesituationen bis ins Extrem. Waren seine ersten Erzählungen, in dem Band *Eine Seele aus Holz* gesammelt, und seine Romane bis 1966 noch deutsch geschrieben, so bediente er sich in seinen Erinnerungen 1970, *Selbstporträt*, erstmals des Englischen: nicht nur darum zeigen sie den Schriftsteller auf der Suche nach seiner Identität. L. schont darin weder sich selbst noch seine Verfolger, weder die Juden noch die Deutschen. Größere Gelassenheit wird sichtbar, Distanz zum Thema, auch wenn L. Direktheit, Schonungslosigkeit in der Mitteilung von Fakten, die er für sich selbst sprechen läßt, keineswegs scheut.

W.: Romane: Landschaft in Beton, 1963; Eine bessere Welt, 66. – *Erz.:* Eine Seele aus Holz, 62. – *Sonstiges:* Anna Laub, Hörspiel-Buchausgabe, 65; Die Heiden, Spiel in 3 Akten, 65; Angst und Hunger, 2 Hörspiele, 68; Counting My Steps, 70 (dt. Selbstporträt). M. GD.

Linde, Otto zur, * 26. 4. 1873 Essen, † 16. 2. 1938 Berlin.
L., Sohn eines Gastwirts, studierte Philosophie und deutsche Literatur (Dr. phil.), verbrachte mehrere Jahre in England, gründete dann gemeinsam mit Rudolf Pannwitz die Monatsschrift «Charon», die die Weltanschauung und Kunstlehre des Charonkreises darlegt, dem u. a. Karl Röttger und Rudolf Paulsen angehörten. Er wandte sich gegen die Formkunst Georges, doch seine mystisch-irrationale Einstellung trennte ihn auch von Holz (der gegen die herkömmlichen Reim- und Rhythmus-Begriffe polemisierte). Die unbeeinflußte Sprache des Kindes galt ihm als reinste Poesie. L. wollte das Gleichgewicht zwischen Dichter und Dingen wiederherstellen. Der Eigenbewegung der Vorstellung entspricht eine solche des Rhythmus, den L. den «phonetischen Rhythmus» nennt im Gegensatz zum «taktierenden Rhythmus» des herkömmlichen Regelschemas. Die Dichtung L.s erstrebt eine Synthese aus Kunst und Philosophie wie die Romantik, sie trägt in ihrer ekstatischen Art expressionistische Züge.

W.: Gedichte, Märchen und Skizzen, 1901; Fantoccini, 02; Die Kugel. Eine Philosophie in Versen, 09, 2. verm. Aufl. 23; Arno Holz u. der Charon, 11; Die Hölle oder die neue Erde (Weltdeutung), nur bruchstückweise 21/22 veröffentlicht. – Ges. Werke: 10 Bde., 1910–24. – Charon, Ausw. der Gedichte, Vorw. v. H. Hennecke, 52.
Lit.: O. z. L.-Festschrift, 1933; R. Paulsen: O. z. L., 12, 16, 38; W. Kugel: Weltbild u. Lyrik O zur L.s, Diss. Köln 59; H. F. Röttger: O. z. L., 70. DW

Lindegren, Erik, * 5. 8. 1910 Luleå (Nordschweden), † 31. 5. 1968 Stockholm.
L. war nach Studium in Stockholm Publizist und Literaturkritiker. Die 40 Sonette *mannen utan väg* [Der Mann ohne Weg] wurden wegweisend für seine Generation. In vollendeter Sprache, eigenwilligen Bildern und vieldeutigen Symbolen legt er hier Zeugnis ab von der verzweifelten Ohnmacht des Menschen gegenüber dem Chaos. Seine späteren Ge-

dichte mit ihrer leiseren Melancholie und Musikalität machten ihn zur zentralen Dichtergestalt seiner Generation. L. ist auch bedeutend als Übersetzer neuerer englischer und amerikanischer Literatur.

W.: Gedichte: Posthum ungdom, 1935; mannen utan väg, 42; Sviter, 47; Vinteroffer, 54. – Dt. Ausw.: Weil unser einziges Nest unsere Flügel sind. H. K.

Lindsay, Nicholas Vachel, * 10. 11. 1879 Springfield (Illinois), † 5. 12. 1931 ebd. (Selbstmord).
Im Anschluß an ein Kunststudium in Chicago und New York unternahm L., der als Zeichner und Maler erfolglos blieb, jahrelang Tramptouren durch die USA, auf denen er seine Lyrik rezitierte. In seinem «Evangelium der Schönheit», das er mit missionarischem Eifer verkündete, verbanden sich religiöses Sektierertum und ästhetische Vorstellungen. Seine Gedichte, beeinflußt von Spiritual und Blues, in denen er Themen aus dem Leben der Neger und Indianer sowie Motive der Heilsarmeelehren und der Pionierdichtung des amerikanischen Westens aufgriff, wirken durch den gesungenen oder rezitativen Vortrag, für den sie von L. durchweg konzipiert wurden. Als sein bedeutendstes Werk gilt das visionäre Versepos *The Congo,* die von eindringlicher Bildgebung bestimmte Schilderung eines naiv-religiösen Vitalismus in der Welt der Farbigen. — Einige seiner Lyriksammlungen hat L. selbst illustriert und mit Hinweisen für den Vortrag versehen.

W.: Lyrik: Rhymes to Be Traded for Bread, 1912; General William Booth Enters Into Heaven, 13; The Congo, 14; The Chinese Nightingale, 17; The Daniel Jazz, 20; The Golden Whales of California, 20; Going-to-the-Sun, 23; Collected Poems, 25; Going-to-the-Stars, 26; Johnny Appleseed, 28; Every Soul Is a Circus, 29; Selected Poems, 31. – *Prosa:* Adventures While Preaching the Gospel of Beauty, 14; The Art of the Moving Picture, 15; A Handy Guide for Beggars, 16; The Golden Book of Springfield, 20; Letters to A. Joseph Armstrong, 40.
Lit.: E. L. Masters: V. L., 1935; E. Ruggles: West-Going Heart, 59. RLL

Linhartová, Věra, * 22. 3. 1938 Brünn (Mähren).
V. L., Tochter eines Juristen, studierte in Brünn Kunstgeschichte. Nach ihrer Promotion (mit einer Arbeit über Ästhetik) arbeitete sie an mehreren südböhmischen Galerien. Später war sie Mitarbeiterin einer Prager Galerie; seit 1968 lebt sie in Paris.
Ab 1957 veröffentlichte V. L. in literarischen Zeitschriften und gehörte zur wichtigen Literatengruppe «Tvař». Die Beschäftigung mit kulturwissenschaftlicher Analyse prägte ihre frühen Prosaarbeiten. 1964 kam in Budweis *Meziprůzkum nejblíž uplynulého* (Mehrstimmige Zerstreuung) heraus: Erzählungen, von der Kritik bald mit der Prosa Richard Weiners verglichen. Die danach erschienenen Erzählungen *Prostor k rozlišení* (Geschichten ohne Zusammenhang) fanden den Beifall einer breiten Öffentlichkeit. Bei *Rozprava o zdviži* (Diskurs über den Lift), in Prag erschienen, sind in dramatischer Form das Leben als Rolle, die Historie als Geschichte mit humoristischen Akzenten versehen; ähnliches, nur politisch bewußter, in vier Prosatexten *Přestořec* [Trotzdemsprache]. Der Prosaband *Dům daleko* (Haus weit) zeigt die vorläufige Entwicklung der Literatur V. L.s an; von traditioneller Form der Sprache kommend zur neuen Konvention der Aussage: lakonische Berichte, retardierende Momente in Alltagswirklichkeit und Träumerei. In Prag nennt man V. L. «Kafka im Rock».

W.: Meziprůzkum nejblíz uplynulého, 1964 (dt. Mehrstimmige Zerstreuung); Prostor k rozlišení, 64 (dt. Geschichten ohne Zusammenhang); Rozprava o zdviži, 65 (dt. Diskurs über den Lift); Přestořeč, 66; Dům daleko, 68 (dt. Haus weit); Chimäre oder Querschnitt durch die Zwiebel (tschech. Chiméra neboli Průřez cibuli), 70 (nur dt. ersch.). G. P. M.

Linklater, Eric, *8. 3. 1899 Dounby (Orkney).
L. studierte Medizin in Aberdeen, war zeitweise Journalist, unternahm ausgedehnte Reisen (u. a. nach China) und war nach sechs Jahren in der englischen Armee von 1945—48 Rektor der Univ. Aberdeen. L., als Schriftsteller wie als Politiker schottischer Nationalist, wurde 1931 durch seinen satirischen Roman *Juan in America* bekannt: Der Titelheld, Juan Motley, ein Nachfahre von Byrons Don Juan, lernt in grotesken Abenteuern

die Eigentümlichkeiten des amerikanischen Lebens kennen. Mit diesem Schelmenroman hatte L. das ihm gemäße Genre gefunden, zu dem auch der Roman *Private Angelo,* der 1943 während des Krieges in Italien spielt, gehört.

W.: Romane u. Erz.: Poet's Pub, 1929; Juan in America, 31 (dt. ebs.); The Men of Ness, 32; Magnus Merriman, 34; Ripeness is All, 35; Juan in China, 37; The Sailor's Holiday, 37 (dt. Der kleine Landurlaub); Private Angelo, 46 (dt. Soldat Angelo); The Faithful Ally, 54 (als: The Sultan and the Lady, 55; dt.: Aufruhr in Namua); Position at Noon, 58 (dt. Auf der Höhe der Zeit); The Merry Muse, 59 (dt. Die fidele Muse); Husband of Delilah, 62; A Terrible Freedom, 66. – *Sonstige Prosa:* The Lion and the Unicorn, 35; The Manon My Back, Autobiographie, 41; The Great Ship and Rabelais Replies, 44; The Art of Adventure, 47; A Year of Space, 53; The Conquest of England, 66. DW

Linna, Väinö Valtteri, * 20. 12. 1920 Urjala.

L., der anfangs Arbeiter war, ist Autodidakt. Sein Erstlingswerk, *Päämäära* [Ziel], ist selbstbiographisch, eine Entwicklungsgeschichte, die an die schwedischen Proletarierschriftsteller erinnert. Der zweite Roman, *Musta rakkaus* [Schwarze Liebe], eine psychologische Studie über die Eifersucht, verrät den Einfluß Strindbergs. Bekannt machte L. aber erst der erfolgreiche Kriegsroman *Tuntematon sotilas* (Kreuze in Karelien), eine Kampfansage gegen den Phrasenpatriotismus, in dem der Krieg aus dem Blickwinkel eines einfachen Soldaten gezeigt wird. Die folgende Trilogie schildert den Bürgerkrieg von 1918 mit seinen Auswirkungen am Schicksal einer armen Landfamilie. L. kommt in seiner Geschichtsphilosophie und in der Erzählweise von Tolstoi her, knüpft aber in seinem Realismus und seinem Humor an die finnische Romantradition an.

W.: Päämäära, 1947; Musta rakkaus, 48; Tuntematon sotilas, 54 (dt. Kreuze in Karelien); Täälla Phjantähden alla, Trilogie, 59 bis 62. DW

Lins do → Rêgo

Lin Yu T'ang, * 10. 10. 1895 Amoy (China).

L., in China in Missionsschulen erzogen, studierte in Shanghai, an der Harvard Univ., in Jena und Leipzig, war 1923 bis 1926 Prof. in Peking, gab verschiedene Zeitschriften heraus und ging 1936 nach den USA. Ab 1948 arbeitete er für die Unesco, 1954 wurde er Rektor der chinesischen Univ. in Singapur. — In seinen von Lebensweisheit erfüllten kulturhistorischen Essays vermittelt L., der meist englisch schreibt, westlichen Lesern Erkenntnis chinesischen Wesens. Daneben entstanden Zeitromane über China, so *Moment in Peking,* eine Chronik zweier bürgerlicher chinesischer Familien vom Boxeraufstand bis zur japanischen Invasion, *The Vermilion Gate,* eine Liebesgeschichte, verbunden mit dem Schicksal des Volkes, dem Mohammedaneraufstand von 1931—34, und ein Roman über Auslandschinesen, *Chinatown Family:* Die Familie Fong arbeitet sich in New York vom Wäscherei- bis zum Restaurantbesitzer hoch und lernt, sich westlichen Lebensformen anzupassen. Nachdichtungen chinesischer Volksgeschichten sind *Miss Tu,* die tragische Liebesgeschichte einer Kurtisane und eines Studenten, und die Sammlung *Famous Chinese Short Stories.*

W.: Essayistisches: My Country and My People, 1935 (dt. Mein Land und meine Leute); The Importance of Living, 37 (dt. Weisheit des lächelnden Lebens); With Love and Irony, 40 (dt. Ein wenig Liebe, ein wenig Spott); Looking Beyond, 55; The Importance of Understanding, 60 (dt. Glück des Verstehens). – *Romane:* Moment in Peking, 39 (dt. Peking. Augenblick und Ewigkeit); A Leaf in the Storm, 41 (dt. Blatt im Sturm); Chinatown Family, 49 (dt. Chinesenstadt); Miss Tu, 50 (dt. Die Kurtisane); Widow Chuan, 52; The Vermilion Gate, 53 (dt. Leb wohl, Sunganor). – *Historisch:* The Gay Genius: Life and Times of Su Tangpo, 47; Lady Wu, 57 (Biographie; dt. ebs.). – *Anthologien:* The Wisdom of China and India, 42; Wisdom of Laotse, 48 (dt. Laotse); Famous Chinese Short Stories, 52 (dt. Die Botschaft des Fremden). – *Tatsachenbericht:* The Vigil of a Nation, 45. – *Autobiographisches:* From Pagan to Christian, 59 (dt. Kontinente des Glaubens). – Ferner Werke in chinesischer Sprache. RLL

Lispector, Clarice, * 10. 12. 1925 Tschetschelnik (Ukraine).

Die heute in Rio de Janeiro lebende Journalistin und Schriftstellerin kam als

Kind russischer Einwanderer in ihrem ersten Lebensjahr nach Brasilien. Nach Jurastudium verbrachte sie als Frau eines Diplomaten 12 Jahre in Europa (Italien, Schweiz) und in den USA. – Innerhalb des neueren brasilianischen Romans, der sich vom Regionalismus freimacht, der das erzählte Ereignis zurückdrängt und sich der Introspektion zuwendet, nimmt L. eine Sonderstellung ein. Sie begnügt sich nicht damit, die psychischen Motivationen und Mechanismen einer Figur zu ergründen und auseinanderzufalten, sondern konfrontiert sie mit dem Problem des Seins, mit dem Verhältnis von Ich und Welt. In den nur schwer zugänglichen Romanen befinden sich die von Einsamkeit und Schweigen umgebenen «Protagonisten» auf der Suche nach ihrer Identität und nach einer Wirklichkeit, die vor der durch die menschliche Sprache gestalteten Realität liegt.

W.: Erz.: Alguns contos, 1952; Laços de família, 60 (dt. Die Nachahmung der Rose); A legião estrangeira, 64. – *Romane:* Perto do coração selvagem, 44; O lustre, 46; A Cidade sitiada, 49; A maçã no escuro, 61 (dt. Der Apfel im Dunkeln); A paixão segundo G. H., 68; Uma aprendizagem ou O livro dos prazeres, 69.
Lit.: A. Brasil: C. L., 1969. K. R.

Llosa → Vargas Llosa

Löns, Hermann, * 29. 8. 1866 Kulm (Westpreußen), † 26. 9. 1914 bei Reims.
L., Sohn eines Gymnasiallehrers, studierte ohne Abschluß Naturwissenschaften und Medizin in Münster und Greifswald. Anschließend war er Journalist in Gera, Hamburg, Bückeburg und Hannover, wo er sich schließlich als freier Schriftsteller niederließ. Bei Ausbruch des Ersten Weltkriegs meldete er sich freiwillig und fiel 2 Monate später. – L. wurde als Heimatschriftsteller der niedersächsischen Landschaft, des volkstümlichen Lebens ihrer Bewohner und vor allem durch seine genauen Schilderungen der Tierwelt in der Lüneburger Heide berühmt. Von seinen Romanen, meist über die Schicksale kampfesfroher Bauern, ist der bekannteste *Der Wehrwolf*, eine Chronik der Auflehnung gegen Unterdrückung und Gewalt aus dem 30jährigen Krieg.

W.: Lyrik: Mein goldenes Buch, 1901; Mein blaues Buch, 09; Der kleine Rosengarten, 11. – *Erz.:* Mein grünes Buch, 01; Mein braunes Buch, 07; Was da kreucht und fleucht, 09; Aus Wald und Heide, 09; Mümmelmann, 09; Mein buntes Buch, 13; Jagdgeschichten aus dem Nachlaß, hg. v. W. Deimann, 66; Geliebte, rätselvolle Jagd, 67. – *Romane:* Der letzte Hansbur, 09; Dahinten in der Heide, 10; Der Wehrwolf, 10; Das zweite Gesicht, 12; Die Häuser von Ohlendorf, 17. – Sämtliche Werke, 8 Bde, hg. v. F. Castelle, 24, 42; Werke. Gesamtausgabe, hg. v. W. Deimann, 5 Bde, 60.
Lit.: E. Löns: H. L., 3 Bde, 1927–42; W. Deimann: Der andere L., 65; J. Klein: H. L. heute und einst, 66; H. Dugall: H. L. Eine biographische Studie, 66. RLL

Loerke, Oskar, * 13. 3. 1884 Jungen (Westpreußen), † 24. 2. 1941 Berlin-Frohnau.
Der Bauernsohn L. studierte 1903–07 deutsche Philologie, Geschichte, Philosophie, Musik in Berlin, lebte dort bis 1914 als freier Schriftsteller, dann als Lektor, vom Oktober 1917 bis zu seinem Lebensende im Verlag S. Fischer, seit 1925 als Nachfolger Moritz Heimanns. Wichtig für das Werk waren Reisen seit 1908, vor allem die mit dem Kleistpreis 1913 verbundene nach Algerien und Italien im Frühjahr 1914. Als Mittler, Ratgeber und Freund nicht nur von den Autoren des Verlags geachtet, ja verehrt, begleitete L. die expressionistische und nachexpressionistische Literatur durch Essays und Kritiken vornehmlich in der «Neuen Rundschau» und im «Berliner Börsen-Courier». 1926 wurde er in die Preußische Akademie der Künste gewählt, 1933 aus dem Amt des Sekretärs der Sektion für Dichtkunst entlassen.
L. begann als Erzähler; doch sein Rang beruht auf der Folge seiner sieben Gedichtbücher. Anfangs von George beeindruckt, dann sich mancherlei Anregungen der nachnaturalistischen Lyrik öffnend, fand er um 1912 seine eigene Gedichtsprache. Diese «Gleichnisrede» berührt sich, vor allem in der bizarren und ausschweifenden Metaphorik mancher Stücke der *Gedichte* und der *Heimlichen Stadt* noch mit zeitgenössischer expressionistischer Lyrik, verknappt sich danach zusehends, ohne indes den Zusammenhang mit sinnlich nachprüfbarer Erfahrung je aufzugeben. Sie lebt aus der

Spannung zwischen dem Universalen, für das die Chiffre «Welt» steht, und genau gesehenen Natur- und Zivilisationsdetails, zwischen Geschichte und Natur, die L. aneinander befremdlich und vertraut macht und die ihn auch die moderne Stadt als Natur begreifen läßt. Sein Thema ist die Naturhaftigkeit, Vergänglichkeit des Irdischen und die mögliche stoische Selbstbehauptung in der Annahme des allgemeinen Schicksals, des Todes. Dem entspricht der epische Vorgangscharakter der Gedichte, ihre Spiralstruktur wie die intakte Syntax, feste Strophik, zyklische Ordnung. Sein «Hauptgeschäft der Trauer» ist die Klage über den allgemeinsten Verlust: den der Zeit. Ihn entdeckt L. in immer neuen Gegenstandsbereichen, an vielen Orten, zu allen Zeiten: in der Seitenstraße oder im Vorstadtgarten ebenso wie in Pompeji oder in Babylon. Die Gleichzeitigkeit aller Erscheinungen magisch zu bannen, Gegenwärtiges als vergangen erscheinen zu lassen — und umgekehrt —, nutzt er Mittel wie Archaismus, Anspielung, Zitat, vor allem aber den als Sinnentsprechung aufgefaßten Reim.

Durch das Fehlen gesellschaftskritischer, erotischer, mondäner Elemente esoterisch und nicht erfolgreich, haben L.s Gedichte dennoch auf die Lyrik der 30er Jahre, den Kreis um die «Kolonne» (Günter Eich), und dann zusammen mit denen seines Freundes W. Lehmann auf die sogenannte Naturlyrik der 50er Jahre stark gewirkt. Das gilt auch von den poetologischen Essays L.s.

W.: Gedichtbücher: Wanderschaft, 1911; Gedichte, 16; Die heimliche Stadt, 21; Der längste Tag, 26; Atem der Erde, 30; Der Silberdistelwald, 34; Der Wald der Welt, 36; Der Steinpfad, 41; Die Abschiedshand, 49. – *Erz. u. Romane:* Vineta, 07; Franz Pfinz, 09; Der Turmbau, 10; Das Goldbergwerk, 19; Chimärenreiter, 19.; Der Oger, 21. – *Essays, Kritik:* Zeitgenossen aus vielen Zeiten, 25; Probleme der Lyrik, 28; Anton Bruckner, 38; Hausfreunde, 39; Reden und kleinere Aufsätze, 57; Der Bücherkarren, 65; Literarische Aufsätze aus der «Neuen Rundschau» 1909–1941, 67. – *Sonstiges:* Tagebücher 1903–1939, 55; Reisetagebücher, 60. – Gedichte und Prosa, 58. Außerdem bedeutende Herausgebertätigkeit.

Lit.: H. Kasack: O. L., 1951; C. Heselhaus: Deutsche Lyrik der Moderne, 61; H. Mehner: Die Verselbständigung der Metaphorik in der frühen Lyrik O. L.s, 61; E. Rotermund: Bild und Magie in der Lyrik O. Ls., 62; O. L. 1884–1964, Katalog der Gedächtnisausstellung im Schiller-Nationalmuseum Marbach/N., 64; W. Gebhard: O. L.s Poetologie, 68; G. Neumann, in: Expressionismus als Literatur, 69; H. Nicolet: Die «verlorene» Zeit, 69; S. Vietta: Sprache und Sprachreflexion, 70. R. T.

Lo-Johansson, Ivar, * 23. 2. 1901 Ösmo (Södermanland).

Lo-J., Sohn eines Landarbeiters, war u. a. Gärtnerlehrling, Bauarbeiter, Briefträger. 1925 reiste er ins Ausland, lebte von Gelegenheitsarbeit, schlief oft im Freien und hungerte. Bei diesem Vagabundenleben lernte er Frankreich, Italien, Spanien, England, Ungarn und Österreich kennen. Nach seiner Heimkehr begann er zu schreiben und wurde zum Schilderer des Proletariats in Schweden. *Godnatt, jord* [Gute Nacht, Erde] stellt das Schicksal des Landarbeiterkindes dar, das in ungesunden Katen aufwächst, in denen die Tuberkulose überreiche Ernte hält. Die Ergänzung dazu bildet *Kungsgatan,* der Roman des jungen Landarbeiters, der in die Großstadt verschlagen wird. *Bara en mor* (Nur eine Mutter) ist die Geschichte der Rya-Rya, die zuletzt völlig in ihrer Funktion als Mutter aufgeht. Die meisten der späten Romane sind autobiographisch; der erotische Roman *Lykkan* (Lykkan — Das Glück) schließt an den Vitalismus von D. H. Lawrence an.

W.: Reise: Vagabondliv i Frankrike, 1927; Nederstiegen i dödsriket, 29; Mina städers ansikten, 30. – *Romane:* Måna är död, 32 (dt. Manna); Godnatt, jord, 33; Kungsgatan, 35 (dt. ebs.); Bara en mor, 39 (dt. Nur eine Mutter; auch als: Rya-Rya); Traktorn, 43; Geniet, 47; Analfabeten, 51 (über seinen Vater); Gårdfarihandlaren, 53 (Forts. zu: Analfabeten; dt. Von Hof zu Hof); Stockholmaren, 54; Journalisten, 56; Socialisten, 58; Soldaten, 58; Lykkan, 62 (dt. Lykkan – Das Glück). – *Novellen u. Skizzen:* Statarna, 36/37.

Lit.: M. Edström: I. L.-J., 1954; R. Oldberg: I. L.-J., 57; Bibliographie v. L. Furuland u. R. Oldberg, 61. DW

London, Jack (eig. John Griffith L.), * 12. 1. 1876 San Francisco, † 22. 11. 1916 Glenn Ellen (Kalif.).

L., uneheliches Kind eines irischen Wanderastrologen, wuchs in Oakland bei der

Mutter in ärmlichen Verhältnissen auf. Mit 14 begann er ein abenteuerliches Leben als Matrose, Landstreicher und Goldgräber in Klondike. Er bildete sich im wesentlichen autodidaktisch durch Lektüre. Nach 1900 erlebte L. eine Karriere ohne Beispiel; 1913 galt er als der populärste und höchstbezahlteste Schriftsteller der Welt. Bis zu seinem Freitod 1916 schrieb er rund 50 Bände Prosa, Dramen und Verse; aber Alkoholismus und ein verschwenderisches Leben ruinierten ihn. L.s abenteuerliches Leben und seine eklektische Lektüre schlugen sich im Werk nieder. Seine Abenteuergeschichten und sozialkritischen Romane variieren zwei geistige Grundpositionen, die L.s Weltbild und Denken bestimmten: den Evolutionismus Spencers und Darwins, kombiniert mit Nietzsches Nihilismus, und den Marxschen Sozialismus. Seine Helden sind Nietzsches Egoisten in einer darwinistischen Welt. Zwischen Mensch und Tier – dem *Sea Wolf* Wolf Larsen und dem Wolf *White Fang* – besteht ein Unterschied eher im Entwicklungsstand als in der Art. Dem sozialen Verhalten der Gattungen liegen primitive, brutale Instinkte zugrunde: im Kampf ums Dasein überlebt nur der Stärkere. Hiermit reflektierte und popularisierte L. die Anschauungen einer Epoche, für die imperialistische Expansion das Gesetz der Politik und privater Egoismus das der Wirtschaft war. Andererseits war L. durch Jugenderfahrungen, durch die Schriften amerikanischer Sozialisten sowie das «Kommunistische Manifest» zum überzeugten Sozialisten geworden. Damit stand ein biologisch begründeter Wille zur Macht unvereinbar neben der Idee des Klassenkampfes und der revolutionären Befreiung. So wird etwa die Hauptfigur in *The Iron Heel* Ernest Everhard charakterisiert als «ein Übermensch, eine blonde Bestie, wie sie Nietzsche beschreibt, und zugleich ein glühender Demokrat». Die Trennung von der Sozialistischen Partei 1916 zeigt, daß L. seinen Individualismus der kollektiven Disziplin vorzog.

Die Tier- und See-Erzählungen wie etwa *White Fang* und *Jerry of the Islands* sind thematische Variationen seines Sozialdarwinismus. *The Call of the Wild* beschreibt die Regression des Haushundes Buck zum Führer eines Wolfsrudels in Klondike. In Wolf Larsen, dem Titelhelden des *Sea Wolf*, verbindet sich animalische Kraft mit einem geschulten amoralischen Hirn. Doch sein Konflikt mit dem Literaten Van Weyden als Vertreter der Zivilisationsmoral wird abgelöst durch eine Liebesromanze, die L. mit der für ihn typischen klischeehaften Sentimentalität und viktorianischen Prüderie schildert. Dieser Romantizismus in der Tradition Coopers, Stevensons u. a. entsprach dem Zeitgeschmack.

Das Thema des Sozialismus behandeln die Romane *The Iron Heel* und *The Valley of the Moon*, der die Lösung sozialer und wirtschaftlicher Probleme in der Rückkehr zur Scholle sieht. Der erstere, fiktiv auf 1932 datiert, beschreibt Ereignisse, die vorgeblich 1911–18 stattfanden: die Evolution des Monopolkapitalismus zu einer faschistischen Diktatur. Aber nach 350jährigem Untergrundkampf siegt die sozialistische Revolution, und ein egalitäres Zeitalter hebt an. Sozialkritisch sind auch die autobiographischen Romane *Martin Eden* (der Autodidakt Martin wird ein erfolgreicher Schriftsteller, zerbricht jedoch am Unverständnis der bürgerlichen Gesellschaft) und *John Barleycorn* (über L.s Kampf gegen den Alkohol). L. gilt als der meistübersetzte amerikanische Autor. Sein Erfolg in Europa und vor allem der UdSSR hält bis heute an.

W.: Romane u. Erz.: The Son of the Wolf, 1900 (dt. Der Sohn des Wolfs); The God of His Fathers, 01 (dt. Siwash); The Cruise of the Dazzler, 02 (dt. Joe unter Piraten); A Daughter of the Snows, 02 (dt. An der weißen Grenze); Children of the Frost, 02 (dt. In den Wäldern des Nordens); The Call of the Wild, 03 (dt. Wenn die Natur ruft, auch: Der Ruf der Wildnis); The Faith of Men and Other Stories, 04; The Sea Wolf, 04 (dt. Der Seewolf); The Game, 05; Tales of the Fish Patrol, 05; Before Adam, 06 (dt. Vor Adam); Moon-Face and Other Stories, 06; White Fang, 06 (dt. Wolfsblut, auch: Wolfshund White Fang); Love of Life and Other Stories, 06; The Iron Heel, 07 (dt. Die eiserne Ferse); The Road, 07 (dt. Abenteurer des Schienenstrangs); Martin Eden, 09 (autobiograph.; dt. ebs.); Burning Daylight, 10 (dt. Lockruf des Goldes); The Cruise of the Snark, 11 (dt. Die Fahrt der S.); Adventure, 11 (dt. Die Insel Berande); South Sea Tales, 11 (dt. Südseegeschichten); When God

Laughs and Other Stories, 11; Smoke Bellew, 12 (dt. Alaska-Kid); A Son of the Sun, 12 (dt. Ein Sohn der Sonne); The Abysmal Brute, 13; The Valley of the Moon, 13 (dt. Das Mondtal); John Barleycorn, 13 (autobiograph.; dt. König Alkohol); The Mutiny of the Elsinore, 14 (dt. Meuterei auf der E.); The Star Rover, 15; The Little Lady of the Big House, 16 (dt. Die Herrin des Großen Hauses); Jerry of the Islands, 17 (dt. J. der Insulaner); Michael, Brother of Jerry, 17 (dt. M., der Bruder J.s); The Human Drift, 17; The Red One, 18 (dt. Der Rote); On the Makaloa Mat, 19 (dt. Die Goldschlucht); Hearts of Three, 20; Dutch Courage, 22. – *Sonstiges:* The People of the Abyss, 03 (über die Slums von London; dt. Menschen der Tiefe); The War of the Classes, 05; Revolution, 10; The Assassination Bureau, Ltd., 69 (Fragment, vollendet v. R. L. Fish, dt. Das Mordbüro). – Works, 21 Bde, 19. – Dt.: Sämtl. erz. Werke, 31 Bde, 24–31; Werke, 11 Bde, 53; 16 Bde, 63 ff. (Tb.-Ausg.).
Lit.: Charmian London: The Book of J. L., by his Wife, 1921 (auch dt.); J. Stone: Sailor on Horseback, 38 (dt. Zur See und im Sattel); Joan London (Tochter): J. L. and His Times, 39; H. Bracher: J. L., 50; H. Rentmeister: Das Weltbild J. L.s, 60; R. O'Connor: J. L., 64; F. D. Walker: J. L. and the Klondike, 66; G. St. Troller: Der Abenteurer. Das kurze wilde Leben des J. L., 68.
H. H.

Lorca → García Lorca

Louys, Pierre (eig. Pierre-Félix Louys), * 10. 12. 1870 Gent, † 4. 6. 1925 Paris.
L. war mit L. de Lisle, St. Mallarmé, dann mit A. Gide und P. Valéry befreundet. 1890 gründete er die symbolistische Zeitschrift «La Conque», in der er auch erste Verse veröffentlichte. Mit Hérédias Tochter verheiratet, zog er sich ab 1904 krank und nahezu erblindet vom literarischen Betrieb zurück. — L., Ästhet und Verehrer heidnischer Sinnenfreudigkeit, die er vor allem in der spätgriechischen Antike verkörpert sah, gab seine *Chansons de Bilitis* als übersetztes Werk einer dichtenden Freundin der Sappho aus. Die drei Teile dieser Lyrik in Prosa evozieren Bilitis' Liebe zum jungen Lykas, zur jungen Mnasidika und das Verwelken ihrer Schönheit. Unter dem Zeichen des Kults weiblicher Schönheit steht auch *Aphrodite,* eine Schilderung des alexandrinischen Lebens, die Sinnlichkeit und Körperverehrung als Voraussetzungen der schöpferischen Leistung fordert. *Les aventures du roi Pausole* führt in das Operettenland Tryphême und erzählt im scherzhaften Ton der galanten Literatur des 18. Jhs. laszive Episoden um die Entführung der Königstochter Aline.

W.: Lyrik: Astarté, 1891; Les chansons de Bilitis, 94 (dt. Die Lieder der Bilitis); Le crépuscule des nymphes, 1919–25; Poésies, 27. – *Romane und Erz.:* Aphrodite, moeurs antiques, 1896 (dt. Aphrodite); La femme et le pantin, 98 (dt. Das Weib und der Hampelmann); Les aventures du roi Pausole, 1901 (dt. Die Abenteuer des Königs Pausol); Psyché, 27. – Trois filles de leur mère, 25 (Verfasserschaft unsicher; dt. Drei Schwestern und dazu die Mutter). – *Tagebücher:* Journal inédit, 26–27; Journal intime 1882–1891, 29. – Œuvres complètes, 13 Bde, 29–31; Poèmes, 1887–1924, 2 Bde, 45; Œuvres choisies, 5 Bde, 50. – Dt. Sammlung: Eros. Ausgewählte Romane und Erzählungen.
Lit.: R. Cardanne-Petit, P. L. intime, 1942; Cl. Farrère, Mon ami P. L., 53. RLL

Lovecraft, Howard Philipps, * 20. 8. 1890 Providence (Rhode Island), † 15. 3. 1937.
L. interessierte sich als Jugendlicher vor allem für Naturwissenschaften und verfaßte schon als 16jähriger Magazinbeiträge über Astronomie. Seit 1916 schrieb er regelmäßig Erzählungen, erregte als Autor jedoch erst 1923 mit der im Magazin «Weird Tales» veröffentlichten Geschichte «Dagon» stärkere Aufmerksamkeit. L., der u. a. von E. A. Poe, A. Machen, Lord Dunsany und A. Bierce beeinflußt ist, gilt als Meister phantastischer und makabrer Horrorgeschichten, in deren Zentrum die visionäre Vorstellung von einer legendären, unmenschlichen Urbevölkerung der Erde steht, die ihre einst verlorene Macht mit geheimnisvollen Mitteln zurückzugewinnen trachtet. Dank der Science-fiction-Welle kamen die Erzählungen L.s., von dem zu seinen Lebzeiten nur ein einziges Buch erschien, in der Gegenwart zu neuer Wirkung.

W.: Erz.: The Shadow Over Innsmouth, 1936; The Outsider and Others, 39; Beyond the Wall of Sleep, 43; The Weird Shadow Over Innsmouth and Other Stories of the Supernatural, 44; Marginalia, 44; The Best Supernatural Stories of H. P. L., 45; The Dunwich Horror, 45; Something About Cats, 49; Haunter of the Dark, 51; The Case of

Charles Dexter Ward, 52 (dt. Der Fall des Ch. D. W.). – Dt. Erz. ausw.: Ctulhu – Geistergeschichten; Das Ding auf der Schwelle; Berge des Wahnsinns. RLL

Lovinescu, Eugen, * 1. 11. 1881 Fălticeni (Iasi), † 15. 7. 1943 Bukarest.
Nach Studien in Bukarest und an der Sorbonne wirkte L. als Lehrer in Ploesti und Bukarest, dann als Universitätsprof. Mit seiner Zeitschrift «Sburătorul», gewann er bedeutenden Einfluß auf das rumänische Literaturleben. L., ein Bewunderer Frankreichs und der modernen französischen Dichtung, gilt als Hauptvertreter des Modernismus in der rumänischen Geisteswissenschaft. Seine Kritiken und literarhistorischen Arbeiten wenden sich im Geiste eines gemäßigten Modernismus, der besonders seine *Istoria literaturii contemporane* prägte, gegen Konservatismus und Bauernliteratur. L. schrieb außerdem z. T. autobiographische Romane, Dramen und übersetzte Werke von Homer, Tacitus und Horaz.

W.: Romane: Aripa mortii, 1913; Lulu, 20; Diana, 32; Mite, 34; Bălăuca, 35. – *Dramen:* De peste prag, 06; Cine era?, 10. – *Essays u. Literarhistorisches:* Critice, 10 Bde, 09–29; Istoria civilizatiei române moderne, 3 Bde, 24–25; Istoria literaturii contemporane, 5 Bde, 26–29. – *Memoiren:* Memorii, 5 Bde, 30–41. DW

Lowell, Amy, * 9. 2. 1874 Brookline/Mass., † 12. 5. 1925 ebd.
A. L. stammte aus einer angesehenen Gelehrtenfamilie Neuenglands und unternahm wiederholt Reisen nach Europa. In England wurde sie 1913 mit Ezra Pound bekannt und schloß sich den «Imagisten» an. Später überwarf sie sich mit Pound, als sie ihm die geistige Führerschaft des Kreises streitig machte. Durch ihre Exzentrizität erlangte ihr Salon Berühmtheit
Wie die anderen Imagisten strebte A. L., die sich zunächst noch von Tennyson und Keats (dem sie später eine Biographie widmete) beeinflußt gezeigt hatte, nach bildhafter Wirkung ihrer Gedichte. Aus ihrem Interesse an der Form erklären sich der Reichtum an verschiedenen Strophenformen und ihre Versuche in freien Rhythmen und rhythmisierender «polyphoner» Prosa, so in *Can Grande's Castle,* die auch den Einfluß japanischer und chinesischer Dichtung verraten. Nach dem Vorbild von «Fable for Critics» ihres Verwandten J. R. Lowells entstand *A Critical Fable*, ein Dialog in exzentrischen Versen über 21 moderne Autoren (Frost, T. S. Eliot u. a.). Das nachgelassene Werk *What's O'Clock* erhielt 1926 den Pulitzerpreis.

W.: Lyrik: A Dome of Many-Coloured Glass, 1912; Sword Blades and Poggy Seed, 14; Men, Women and Ghosts, 16; Can Grande's Castle, 18; Pictures of the Floating World, 19; Legends, 21; What's O'Clock, 25; East Wind, 26; Ballads for Sale, 27; The Madonna of Carthagena, 27; Selected Poems, 28. – *Biographie:* John Keats, 2 Bde, 25. – *Essays:* Six French Poets, 15; Tendencies in Modern American Poetry, 17; A Critical Fable, 22; Poetry and Poets, 30; The Complete Poetical Works, 45.
Lit.: H. Gregory: A. L. Portrait of the Poet in Her Time, 1958. DW

Lowell, Robert, * 1. 3. 1917 Boston/Mass.
L., stammt aus einer berühmten neuenglischen Familie mit streng calvinistischen Vorfahren. Er studierte Literatur zunächst in Harvard, dann am Kenyon College als Schüler von J. C. Ransom und R. Jarrell. Er konvertierte 1940 zum Katholizismus und wurde im Zweiten Weltkrieg wegen Wehrdienstverweigerung inhaftiert. 1947/48 war er Dozent u. a. an der State University in Iowa und am «Salzburg Seminar», bevor er als Lehrer nach Harvard ging. — L.s frühe Lyrik spiegelt die Grundhaltung eines unorthodoxen Katholizismus und ist geprägt von einer stark symbolischen Sprachgebung sowie der Neigung zu anspruchsvoller Komposition von Vers und Reim. Von großem Formgefühl zeugen auch die späteren Gedichte *Life Studies.* Monologe über historische Persönlichkeiten, Elegien auf Freunde und Alltagsbetrachtungen mit gesellschaftskritischer Tendenz bilden das thematische Spektrum. — L. machte sich außerdem als virtuoser Bearbeiter dichterischer Vorlagen einen Namen. Die Sammlung *Imitations* enthält stilsichere Variationen von Gedichten Rilkes, Pasternaks, Villons, Baudelaires u. a.

W.: Lyrik: Land of Unlikeness, 1944; Lord Weary's Castle, 46; The Mills of the Kavanaughs, 51; Life Studies, 59; Poems 1938–49,

59; Imitations, 62; For the Union Dead, 64; Selected Poems, 65; Near the Ocean, 67; The Voyage and Other Versions of Poems by Baudelaire, 68. – *Dramen:* The Old Glory, 64 (enthält die Stücke: Endecott and the Red Cross; Major Molineux; Benito Cereno); Prometheus Bound, 68 (dt. Prometheus). – *Studie:* Hawthorne, 64. – Dt. Gedichtausw.: Für die Toten der Union.

Lit.: J. Mazzaro: The Achievement of R. L., 1959; ders.: R. L. 1939–1959: A Bibliography, 59; H. B. Staples: R. L., The First Twenty Years, 62. RLL

Lowry, Malcolm, * 28. 7. 1909 Merseyde/ Cheshire, † 27. 6. 1957 Ripe/Sussex.

L., Sohn eines wohlhabenden Baumwollkaufmanns, verließ als Achtzehnjähriger die Schule und heuerte für ein Jahr auf einem Chinafrachter an, bevor er 1929 bis 1932 in Cambridge Philosophie studierte. 1940 heiratete er in zweiter Ehe die Schriftstellerin Margerie Bonner und zog mit ihr nach British Columbia, wo die beiden bis 1954 in einer armseligen Hütte in Dollarton bei Vancouver lebten. L.s Rückkehr nach England stand bereits ganz im Zeichen seiner Zerrüttung durch den Alkohol, der sein Leben ebenso wie die Thematik seines Werks prägte.

Skizzen und Notizen, die er von seiner Fahrt auf dem Chinafrachter mitgebracht hatte, fanden ihre literarische Ausformung in mehreren Kurzgeschichten. Wenig später schloß er seinen Roman *Ultramarine* ab, der indessen, da das Manuskript teilweise verlorenging, erst 1933 erscheinen konnte. Einerseits eine Art Logbuch der Initiation eines Schiffsjungen, weist dieses Buch auf der anderen Seite bereits auf sein Hauptwerk voraus, an dem er von 1934 bis 1944 arbeitete und das 1947 in seiner fünften und endgültigen Fassung unter dem Titel *Under the Volcano* erschien. Dieser Roman, der von der Kritik zu den Meisterwerken unseres Jahrhunderts gezählt wird, schildert die letzte Phase der Selbstvernichtung eines Mannes, der dem Alkohol verfallen ist. Über die klinisch-poetische Analyse einer Trinkerexistenz hinaus geht es um den Selbstverlust des Menschen in einer Welt des bodenlosen Grauens und der unüberwindlichen Einsamkeit, die sich nur im zerstörerischen Rausch ertragen läßt. Aus dem umfänglichen Nachlaß L.s erschienen neben Briefen unter anderem die in der psychiatrischen Abteilung einer New Yorker Klinik spielende Novelle *Lunar Caustic* und der Roman *October Ferry to Gabriola,* in dem es erneut um das Thema des Alkoholismus geht.

W.: Erz. u. Romane: Ultramarine, 1933; Under the Volcano, 47 (dt. Unter dem Vulkan); Hear Us O Lord from Heaven Thy Dwelling Place, 61 (dt. Hör uns, o Herr, der Du im Himmel wohnst); Lunar Caustic, 67; Dark Is the Grave Wherein My Friend Is Laid, 68; October Ferry to Gabriola. – *Lyrik:* Selected Poems, 62. – Selected Letters, 65.

Lit.: Sonderheft Les lettres nouvelles 5, 1960. M. W. R.

Lucebert (eig. Lubertus Jacobus Swaanswijk), * 15. 2. 1914 Amsterdam.

L. schlug sich nach kurzem Studium an der Amsterdamer Kunstgewerbeschule jahrelang mit Gelegenheitsarbeit durch. Er lebt jetzt als Lyriker, Maler und Grafiker in Bergen (Nord-Holland). — L. gehörte 1948/49 der «Experimentellen Gruppe», 1949—51 der Gruppe «Cobra» an und trug bei zu den avantgardistischen Zeitschriften «Reflex» und «Braak». Er ist Hauptvertreter und Wortführer der «Fünfziger», d. i. der jungen Lyriker dieser Jahre, die sich unter dem Einfluß des Expressionismus, des Dadaismus und des Surrealismus gegen veraltete Kunstformen wandten. Seine oft ironischen Verse notieren das lyrische Thema mit den Mitteln von Antithese, Paradoxie und Assoziation, z. T. in langen Wortkonglomeraten.

W.: Lyrik: Triangel in de jungle, 1951; Apocrief, 53; De Amsterdamse school, 52; Van de afgod en de luchtmens, 53; Amulett, 57; Val voor Vliegengod, 59; Lithologie, 60; Gedichten; 1948–63, 65. – Dt. Ausw.: Gedichte u. Zeichnungen; 9000 Schakale schwimmen nach Boston. A. Hü.

Ludwig, Emil, * 25. 1. 1881 Breslau, † 17. 9. 1948 Moscia b. Ascona (Schweiz).

L., Sohn des Augenarztes H. Cohn, studierte Jura, zog 1906 als freier Schriftsteller nach Moscia und wurde 1914 Zeitungskorrespondent. 1932 wurde er Schweizer Bürger; 1940 emigrierte er in die USA. – Nachdem der außerordentlich produktive L. 1920 mit seinem *Goethe* erstmals weltweiten Ruhm als Verfasser von Biographien erzielte, ließ er eine große Reihe solcher Arbeiten folgen, in denen Quellenstudium und Fiktion, personalistische Geschichtsauffassung und dramatische Spannung sich mit psychologischer Analyse verbinden.

W.: Biographien: Goethe, 3 Bde, 1920; Bismarck, 3 Bde, 22–24; Rembrandts Schicksal, 23; Napoleon, 25; Wilhelm der Zweite, 25; Der Menschensohn, 28; Lincoln, 30; Michelangelo, 30; Hindenburg, 35; Cleopatra, 37; Roosevelt, 38; Beethoven, 43. – *Romane:* Manfred und Helena, 11; Meeresstille und glückliche Fahrt, 21; Quartett, 38; Othello, 47. – *Dramen:* Napoleon, 06; Friedrich, Kronprinz von Preußen, 14; Historische Dramen, 2 Bde, 31. – *Sonstiges:* Genie und Charakter, 24; Juli Vierzehn, 29. – *Autobiographisches:* Geschenke des Lebens, 31. – Ferner essayistische, geographische, zeitgeschichtliche Schriften. – Ges. Werke, 5 Bde, 45 f.
RLL

Lugones Argüello, Leopoldo, * 13. 6. 1874 Villa María del Río Seco (Córdoba), † 19. 2. 1938 Buenos Aires (Selbstmord).
Mit 22 Jahren wurde L. Journalist in Buenos Aires und gründete 1897 die linke Zeitschrift «La Montaña». 1911–14 hielt er sich in Paris auf, wurde dann Bibliotheksdirektor in Buenos Aires und Prof. für Literatur. – Den größten Einfluß erzielte er mit seinem lyrischen Œuvre: Schon der Erstling *Las montañas del oro* erregte durch eine kühne Metaphorik Aufsehen. War hier das Vorbild V. Hugos deutlich, so schließt *Los crepúsculos del jardín* sich dem lateinamerikanischen «Modernismus» an. Mit *Odas seculares* (1910) wendet L. sich von seinen sozialistischen Überzeugungen ab und gerät, z. T. unter dem Einfluß Nietzsches, in einen militanten Nationalismus, der als positive Frucht in den folgenden Lyrikbänden glänzende Landschaftsdarstellungen trägt. Seine Novellen erinnern stilistisch an G. Flaubert.

W.: Lyrik: Las montañas del oro, 1897; Los crepúsculos del jardín, 1905; Odas seculares, 10; El libro fiel, 12; El libro de los paisajes, 17; Las horas doradas, 22; Poemas solariegos, 28; Romances del Río Seco, 30. – *Erz.:* Cuentos fatales, 24. – *Geschichtsdarstellungen:* El imperio jesuítico, 04; La guerra gaucha, 05; Historia de Sarmiento, 11. – Sämtl. poet. Werke, 52.
Lit.: J. L. Borges: L. L., 1955; G. Ara: L. L., 55.
RLL

Lu Hsün (Chou Shu-jên), * 25. 9. 1881 Shao-hsing (Chêkiang), † 19. 10. 1936 Shanghai.
Lu, der aus einer alten verarmten Beamtenfamilie stammte, studierte zunächst Medizin und technische Fächer in China und beschäftigte sich viel mit Th. Huxley, dessen Evolutionslehre bis zuletzt bestimmend für den geistigen Inhalt seiner Werke blieb. Nach einem Aufenthalt in Japan wurde er Lehrer, 1912 Beamter der Zentralregierung in Nanking, später in Peking, wo er auch als Prof. für chinesische Literatur wirkte. 1917 gab er mit der Herausgabe der Literaturzeitschrift «Hsin-ch'ingnien» (Neue Jugend) den Anstoß zur Revolution in der Literatur: Er wandte sich gegen die Diktatur des Konfuzianismus in der Literatur, befürwortete die Übernahme des gesprochenen Wortes anstatt des veralteten und erstarrten Schriftstiles und verwirklichte seine Forderungen als erster in der Novelle *K'uang-jên-jih-chi* [Tagebuch eines Verrückten] sowie in dem berühmten *A-Q-chêng-chuan* (Die wahre Geschichte von Ah Queh). Lu, der sich immer stärker der Kultur- und Sozialkritik zuwandte, ging 1927 nach Kanton, wurde aber als Anhänger der Kommunisten vom Kuomintang-Regime verfolgt und lebte zuletzt in Shanghai, wo er unter verschiedenen Decknamen publizistisch gegen die Zentralregierung arbeitete. Lu gilt als Pionier auf dem Gebiet der modernen chinesischen Literatur und als ein Inspirator der Bewegung der Proletarischen Literatur.

W.: Novellen: K'uang-jên-jih-chi, 1918; A-Q-chêng-chuan, 21 (dt. Die wahre Geschichte von Ah Queh); Na-han, 23; P'ang-huang, 26; Ku-shih hsin-pien, 35. – Ges. Werke, 20 Bde (chines.), 1938; neue Ausg., 10 Bde, 56 bis 58. – Dt. Auswahl: Die Reise ist lang (Ges. Erzählungen); Die Flucht auf den Mond.
DW

Lukács, Georg, * 13. 4. 1885 Budapest, † 4. 6. 1971 ebd.
L.' Vater war geadelter k.u.k. Hofrat und Bankdirektor. L. studierte Philosophie und Geschichte in Budapest, Berlin und Heidelberg (Max Weber, Emil Lask, Georg Simmel). 1918 trat er der ungarischen KP bei und wurde Mitglied des Zentralkomitees. Seine Beziehungen zur

Partei waren seither bewegt: «Rechtsabweichungen» und «Selbstkritiken», stalinistische und antisowjetische (Ungarnaufstand 1956) Stellungnahmen. L. lebte als Politiker und freier Schriftsteller in Wien, Berlin und Moskau; 1933 emigrierte er in die Sowjetunion. Nach seiner Rückkehr nach Ungarn (1944) wurde er Prof. für Ästhetik und Kulturphilosophie in Budapest. 1956 von den Sowjets deportiert, kehrte er 1957 zurück und wurde emeritiert. Diskreditierung erfuhr er seither vor allem in der DDR («G. L. und der Revisionismus», 1960).

L. ist bislang der wichtigste Repräsentant der marxistischen Literatursoziologie und Literaturästhetik. Literarhistorische Arbeit, in der die vorhandene Literatur als Teil der Geschichte des gesellschaftlichen Prozesses untersucht wird, verbindet sich mit Literaturtheorie und Philosophie. Auf Grund seiner Überzeugung von der Totalität aller Dinge kämpft L. gegen jegliche Abspaltung und Isolation und versucht, Entfremdung und Verdinglichung als Phänomene kapitalistischer Zerstückelung des Menschen zu überwinden. Die Einheit von philosophischen, literarischen, ästhetischen und ökonomisch-sozialen Momenten (Basis-Überbau-Problematik) erklärt L. durch die Dialektik, die «komplizierte Wechselwirkungen» (L.) aufdeckt und trotz Beibehaltung der Priorität der ökonomischen Basis dem Individuum eigene Aktivität beläßt. In gleicher Konsequenz wendet er sich gegen eine Widerspiegelungstheorie der Passivität und plädiert für eine dialektische Bewegung zwischen Form und Inhalt der Literatur, ebenso wie zwischen ästhetischen und ethischen Werten.

In seinen wichtigsten, im ganzen Werk durchgängig ausgesprochenen Realismusbestimmungen der Literatur, die alle der Leninschen Forderung einer Literatur «für die und in der Gesellschaft» antworten, verbinden sich untrennbar Kategorien der Erkenntnis mit solchen der Bewertung. Alle leiten sich aus der marxistischen Erkenntnistheorie und humanitären bzw. marxistischen Ideen her: Die «realistische» Literatur (unterteilt in «kritischen» und «sozialistischen» Realismus) ist u. a. durch folgende Eigenschaften ausgezeichnet: objektiv richtige Widerspiegelung, Totalität abbildend, gesellschaftlich, allgemeinverständlich, typisch (als Ausgleich zwischen Besonderheit und Allgemeinheit), perspektivisch-dynamisch (eine positive Weiterentwicklung aufzeigend), aufklärerisch, primär vom Inhalt bestimmt. Dabei hat sich L. wesentlich an Cervantes, Goethe, Balzac, Tolstoi und Thomas Mann orientiert. Zu Mann hatte er sein Leben lang eine enge Beziehung. Der «unrealistischen» Literatur kommen u. a. folgende Eigenschaften zu: subjektiv verzerrte Widerspiegelung, exzentrisch, individuell-pathologisch, partikular, statisch (existentielle Gleichheit), fatalistisch, formalistisch-dekadent. Hierbei hat sich L. vor allem gegen die Expressionisten, gegen Joyce, Beckett und Kafka gewendet, die er negativ bewertet.

L.', die marxistische Ästhetik ausbauenden Vorstellungen sind innerhalb marxistischen Denkens kritisiert worden: sie seien zu idealistisch-abstrakt (was auch auf die Schulung L.' durch die idealistische Philosophie zurückzuführen sei), sie seien zu sehr auf die Gattung des Romans und überdies dogmatisch auf alte Romanformen spezifiziert (so B. Brecht), und bei Beckett und Kafka seien die Relationen zur Gesellschaft falsch interpretiert (so E. Fischer). Der säkulare Einfluß der geistigen Macht L.' bleibt dennoch unbestritten, vor allem durch das ständige Aufweisen der «konkreten Totalität», des Zusammenhangs zwischen Gesellschaft und Literatur.

W.: Die Seele und die Formen, 1911; Die Theorie des Romans, 20; Geschichte und Klassenbewußtsein, 23; Goethe und seine Zeit, 47; Schicksalswende, 48; Der russische Realismus in der Weltliteratur, 49; Thomas Mann, 49; Deutsche Realisten des 19. Jahrhunderts, 51; Balzac und der französische Realismus, 52; Skizze einer Geschichte der neueren deutschen Literatur, 53; Beiträge zur Geschichte der Ästhetik, 54; Probleme des Realismus, 55; Der historische Roman, 55; Franz Kafka oder Thomas Mann, 57; Wider den mißverstandenen Realismus, 58; Schriften zur Literatursoziologie (hg. v. P. Ludz), 61; Ästhetik, 63; Deutsche Literatur in zwei Jahrhunderten, 64; Über die Besonderheit als Kategorie der Ästhetik, 67; Solschenizyn, 70. – Werke, 14 Bde, 62 ff; Ausgew. Schriften: Bd 1: Die Grablegung des alten Deutschland, 67, Bd. 2: Faust und Faustus, 67, Bd. 3:

Russische Revolution. Russische Literatur, 69; Gespräche mit G. L. (Hg. v. Th. Pinkus). – Hinterlassenes Ms.: Ontologie des gesellschaftlichen Seins.
Lit.: G. L. und der Revisionismus, 1960; H. Althaus: G. L., 62; J. v. Kempski, in: Neue Deutsche Hefte 93, 63; V. Zitta: G. L.' Marxism, The Hague 64; G. Steiner: Language and Silence, 67; G. L. zum 13. 4. 70; H. Gallas: L. oder Brecht, 71. M. M.-G.

Lunatscharski, Anatoli Wassiljewitsch (Lunačárskij, Anatolij Vasil'evič), * 23. 11. 1875 Poltava, † 26. 12. 1933 Mentone.
L., der in Zürich bei Avenarius Philosophie studierte, schloß sich früh der marxistischen revolutionären Bewegung an (Parteimitglied seit 1895), und wurde in Rußland als Berufsrevolutionär wiederholt verhaftet. Nach 1906 lebte er bis 1917 in der Emigration, wo er mit Lenin zusammenarbeitete, der ihn heftig wegen seiner Anteilnahme an den Versuchen, Religion und Sozialismus zu versöhnen, kritisierte. 1917–29 war L. Volkskommissar (Minister) für Bildungswesen, 1933 zum Botschafter in Spanien ernannt, starb er auf dem Wege dorthin.
L. schrieb Schriften zur Politik und Ästhetik, zur Theater- und Literaturkritik und weniger bedeutende romantische Dramen mit revolutionärer Rhetorik. Seine Ansichten hatten auf die Entwicklung der jungen Sowjetliteratur großen Einfluß. Er war Eklektiker: im Sinn der marxistischen Theorie schätzte und förderte er die revolutionären Futuristen und die proletarische Literatur, trat aber gleichzeitig für das klassische Erbe mit seiner «idealen Harmonie» bzw. seinem Realismus ein. Es ist wohl nicht zuletzt L.s Verdienst, daß die Sowjetliteratur unter seiner Ägide eine später nie mehr erreichte Buntheit und Experimentierfreude entfalten konnte. L. bearbeitete auch Vorlagen von Mérimée, Hasenclever und Stucken, und übersetzte Werke von Lenau, Spitteler, Hölderlin, Petöfi und Rolland.

W.: Prosa: Russkij Faust, 1902 (gegen den Dostojewski-Kult); Očerk pozitivnoj estetiki, 04 (2. Fassung: Osnovy pozit. estet., 23); Marksizm i estetika, 05; Religija i socializm, 2 Bde, 08–11; Očerki po filosofi marksizma, 08; Filosofskie poemy v kraskach i mramore, 09–10 (über antike u. italienische Kunst); Parižskie pis'ma, 11–15; Idei v maskach, 12; Pis'ma o proletarskoj literat., 14; Literat. siluety, 23; Istorija zapadno-evrop. literatury, 24; Teatr i revoljucija, 24; Teatr segodnja, 27; Na Zapade, 27; Kritika i kritiki, 38. – *Autobiogr.* in: Sov. pisateli Avtobiogr. 3, 66. – *Dramen:* Oliver Cromwell, 20; Narod, 20; Gercog, 22 (zwei Teile einer dramat. Trilogie über Thomas Campanella); Osvoboždennyj Don Kichot, 22 (dt. Der befreite Don Quichote); Našestvie Napoleona, 30. – Werke (russ.), 8 Bde. DW

Maass, Edgar, * 4. 10. 1896 Hamburg, † 6. 1. 1964 Paterson (New Jersey).
M., Kaufmannssohn und älterer Bruder von Joachim M., studierte Chemie und lebte als Chemiker und Schriftsteller in München und Leipzig, seit 1926 meist in den USA. – Nach zwei Erzählungen über den Ersten Weltkrieg unternahm er mit dem Roman *Verdun*, der ihn bekannt machte, den Versuch, den Schrekken des Krieges die Werte von Brüderlichkeit und Menschlichkeit entgegenzustellen. In seiner amerikanischen Zeit wandte M. sich dann biographisch-historischen Romanen zu über Struensee, Pauline Bonaparte, Spaniens Eroberung des Inka-Staates u. a., deren deutsche Ausgaben erst nach den amerikanischen erschienen.

W.: Romane: Verdun, 1936; Werdelust, 37; Im Nebel der Zeit, 38; Das große Feuer, 39; Der Arzt der Königin, 50; Der Traum Philipps des Zweiten, 51; Kaiserliche Venus, 52; Don Pedro und der Teufel, 54; Der Fall Daubray, 57 (auch: Eine Dame von Rang). – *Erz.:* Novemberschlacht, 35; Der Auftrag, 36. – *Biographie:* Lessing, 38. RLL

Maass, Joachim, * 11. 9. 1901 Hamburg.
M. war Redakteur bei der «Vossischen Zeitung» und lebte dann als freier Schriftsteller in Altona. Im Dritten Reich mußte er in die USA emigrieren. 1939 wurde er Lektor, später Prof. für deutsche Literatur in South Hadley (Mass.), lebte dann aber wieder in New York. M., der auch Lyrik, Essays und dramatische Arbeiten verfaßt hat, ist vornehmlich Romancier. Seine psychologisch ausgearbeiteten und in epischer Detailbreite sich entwickelnden Romane, deren ironisierende Darstellungsweise von Thomas Manns Prosa beeinflußt ist, behandeln Stoffe aus dem hanseatischen Kaufmannsbürgertum, das M. vertraut war. Im Wechsel beschwören sie mit impres-

sionistischer Zartheit die Idylle einer vergangenen Jugend (*Die unwiderbringliche Zeit*) oder legen am Beispiel des Verbrechens das Böse unter der Oberfläche des Korrekten frei (*Ein Testament*). Doch zeigt etwa *Das magische Jahr*, wie selbst in der Rückwendung zur harmonisch-gefestigten Bürgerwelt von 1900 ein noch unscharf gesehenes Unheil erahnt wird. Radikal ist die Gewalt des Bösen und Dämonischen dann in M.' Hauptwerk *Der Fall Gouffé* (ein Kriminalfall im Frankreich des 19. Jhs.) offengelegt. Die Gestalt, an der dies exemplifiziert wird, ist die dämonische und schöne Gabriele Bompard, die zum literarischen Typus der femme fatale gehört.

W.: Lyrik: Johann Christian Günther, 1925; Des Nachts und am Tage, 49. – *Romane:* Bohème ohne Mimi, 30; Der Widersacher, 32; Borbe, 34; Die unwiederbringliche Zeit, 35; Stürmischer Morgen, 37; Ein Testament, 39; The magic year, 44 (dt. Zwischen den Zeiten. Bd. 1: Das magische Jahr); Der Fall Gouffé, 52; Schwierige Jugend. Aufzeichnungen eines Moralisten, 52; Kleist, die Fackel Preußens. Eine Lebensgeschichte, 57. – *Essays:* Wesen und Aufgabe der Dichtung (mit M. Beheim-Schwarzbach), 34; Die Geheimwissenschaft der Literatur, 49. – *Sonstiges:* Auf den Vogelstraßen Europas, 35. – Ferner zahlreiche Hörspiele. RLL

Macaulay, Rose, * 1. 8. 1881 Cambridge, † 30. 10. 1958 London.

R. M., deren Vater Dozent in Cambridge war, studierte in Oxford und lebte später als freie Schriftstellerin in London, wo sie der «Bloomsbury Group» angehörte. Ihre Romane und Essays wenden sich gegen den Kulturoptimismus und Fortschrittsglauben vieler Zeitgenossen. In *Told by an Idiot* verspottet und parodiert sie den Edwardischen Roman, vor allem den Galsworthys. Gegen Opportunismus und Selbstgenügsamkeit wendet sich *Potterism:* Mr. Potter ist ein nur kommerziell denkender Zeitungsmagnat, Mrs. Potter Verfasserin seichter Bestseller und die jungen Potters, Johnny und Jane, begnügen sich damit, zu reden und zu diskutieren; in dieser Familie sieht R. M. die Verkörperung all dessen, was sie mit Witz und Ironie bekämpfte. In *Orphan Island* — auf einer Südseeinsel gründen englische Schiffbrüchige ein Gemeinwesen, eine Parodie der britischen Gesellschaft — verspottet sie die Konventionen aus der Viktorianischen Zeit.

W.: Romane: The Valley of Captives, 1911; Potterism, 20; Dangerous Ages, 21 (dt. Gefährliche Jahre); Mystery at Geneva, 22; Told by an Idiot, 23; Orphan Island, 24; Crewe Train, 26 (dt. Irrwege); Keeping up Appearances, 28; Staying with Relations, 30; They Were Defeated, 32; Going Abroad, 34; I Would Be Private, 37; And No Man's Wit, 40; The World My Wilderness, 50; Caroline, 52; The Towers of Trebizond, 56 (dt. Tante Dot, das Kamel und ich). – *Essays:* A Casual Commentary, 25; Some Religious Elements in Engl. Literature, 31; John Milton, 34; The Writings of E. M. Forster, 38. – *Lyrik:* Two Blind Countries, 14; Three Days, 19; Poems, 27. DW

Macdiarmid, Hugh (eig. Christopher Murray Grieve), * 11. 8. 1892 Langholm (Dumfriesshire).

M. ist einer der Gründer der Schottischen Nationalpartei und Gründer des schottischen PEN-Klubs. — Er begann mit schottischer Dialektdichtung, die zu der bedeutendsten seit Burns zählt. Neben reiner Naturlyrik und erotischer Lyrik steht temperamentvolle politische Satire. Stark linksgerichtet sind *First and Second Hymn to Lenin.* M. übersetzte u. a. Gedichte Rilkes.

W.: Lyrik: Sangschaw, 1925; Penny Wheep, 26; A Drunk Man Looks at a Thistle, 26; To Circumjack Cenrastus, 30; First Hymn to Lenin, 32; Scots Unbound, 32; Second Hymn to Lenin, 33; Stony Limits, 34; A Kist of Whistles, 47; Im Memoriam James Joyce, 55; Collected Poems, 62, 67. – *Essays:* Contemporary Scottish Studies, 24; Albyn, or Scotland and the Future, 27; At the Sign of the Thistle, 34; Scottish Eccentrics, 36. – *Autobiographisch:* Lucky Poet, 43.
Lit.: K. Buthlay: H. M., 1964; D. Glen: H. M., 64. DW

Machado y Ruiz, Antonio, * 26. 7. 1875 Sevilla, † 21. 2. 1939 Collioure (Frankreich).

Der Sohn des Folkloristen Antonio Machado Álvarez besuchte das Gymnasium in Madrid und studierte dort auch Französisch. Eine Zeitlang arbeitete er als Übersetzer beim Verlag Garnier/Paris, wurde 1907 Prof. für Französisch in Soria/Kastilien, wo er 1909 heiratete. Seine Frau starb sehr früh; dieses Ereignis hat Leben und Werk M.s stark beeinflußt. 1927 wurde er Mitglied der Spanischen Akademie, 1931 gründete er in Segovia eine Volksuniv. Bei Ausbruch des Bürgerkrieges ging er nach Valencia und schrieb dort für die Republik in «Hora de España». 1939 siedelte er nach Frankreich über und starb dort wenige Tage später mit seiner Mutter. — Zunächst von Rubén Dario beinflußte, kam M. rasch zu einer Lyrik von großer Originalität und Aussagekraft. M. wurde von Anfang an von der Romantik Bécquers angezogen, und es gibt in der Tat romantische Züge in seiner Lyrik, obwohl die Schlichtheit des Ausdrucks und das Verhaltene der Gefühle ihn von Romantik und neobarockem Modernismus scheiden. M., der Virtuosität ebenso wie Sentimentalität vermied, evozierte in ungewöhnlicher Weise die Natur und die menschlichen Gefühle. Für M. ist die Lyrik das «Wort in der Zeit»; so vergegenwärtigt er in seinem Erstlingswerk *Soledades* die Kindheit. *Campos de Castilla* gehört zur zweiten Phase der Lyrik M.s, in welcher die Landschaft und das Gefühl der Liebe thematisch dominieren. In *Nuevas canciones* erscheinen wieder Erinnerungen an die Kindheit und das heimatliche Andalusien. Zusammen mit seinem Bruder Manuel schrieb er Versdramen, vorwiegend über historische Stoffe. Die letzte Phase M.s bezeichnet sein Prosawerk *Juan de Mairena*, eine Sammlung von Meditationen und paradoxen Aphorismen, aus dem Geist eines skeptischen Infragestellens geschrieben, besonders gegen Rationalismus und Solipsismus gerichtet; Motive sind u. a.: Wesen des Menschen, Atheismus, Zeit («diese Erfindung Satans») und Tod, Verhältnis von Sein und Bewußtsein, aber auch ästhetische Probleme. Ein Anliegen M.s war — wie bei der ganzen «Generation von 98» — das nationale Schicksal Spaniens.

W.: Lyrik: Soledades, 1903; Soledades, galerias y otros poemas, 07; Campos de Castilla, 12; Nuevas Canciones, 24; De un cancionero apócrifo, 26; Poesías completas, ^{7}56. – *Dramen* (zus. mit seinem Bruder): Juan de Mañara, 27; Las adelfas, 28; La Lola se va a los puertos, 30; La duquesa de Benameji, 31. – *Prosa:* Juan de Mairena, 36 (dt. ebs.). – Obras completas de Manuel y A. M., ^{2}57. – Dt. ferner Gedichte.
Lit.: R. de Zubiría: La poesía de A. M. ^{2}1959; T. de Lara: A. M., 60; G. Siebenmann, in: Neue Zürcher Ztg., 7. 5. 66; J. G. Marique de Lara: A. M., 68; R. Gutiérrez Girardot: Poesía y prosa en A. M., 69. H. S.

Machado y Ruiz, Manuel, * 29. 8. 1874 Sevilla, † 19. 1. 1947 Madrid.
Der Bruder A. Machados studierte Philosophie, war Journalist und schrieb gemeinsam mit A. M. Theaterstücke. M. M. gilt als der modernistische Lyriker der Generation von 98, beeinflußt von Rubén Darío und vom französischen Symbolismus. Zu diesen Einflüssen kommt ein scharfer persönlicher Humor und eine spezifisch andalusische Sinnenlust und Farbenfreude. M. feiert den Eros, verwirft jedoch das Gefühl der Liebe, und oft lobt er in seinen Versen den arabischen Einfluß auf Stil und Kultur Spaniens. Der Einfluß seiner Versdramen (mit seinem Bruder verfaßt) wird bei García Lorca sichtbar.

W.: Lyrik: Alma, 1900; Caprichos, 05; El mal poema, 09; Museo, 10; Apolo, 11; Cante hondo, 12; Sevilla, 18; Phoenix, 36; Horas de oro, 38. – *Dramen:* siehe bei Machado, Antonio.
Lit.: G. Brotherston: M. M., New York 1968. H. S.

Machar, Josef Svatopluk, * 29. 2. 1864 Kolin bei Prag, † 17. 3. 1942 Prag.
M., der Sohn eines Arbeiters, studierte Jura in Prag und war von 1891—1918 Bankbeamter in Wien, wo er mit T. G. Masaryk verkehrte. Aus der Sicht der Wiener Verhältnisse heraus stellte sich M. politisch gegen die Jungtschechen und trat als Gegner der Neuromantik Vrchlickýs an die Spitze der Realisten, die sich um die Zeitschrift «Čas» scharten. 1919—24 war er Generalinspektor der tschechoslowakischen Armee.
Als Lyriker begann M. im Stil Nerudas und Vrchlickýs. Aus seiner ironisch-skeptischen Grundhaltung setzte er sich jedoch bald im Sinne eines kritischen und unpathetischen Realismus immer stärker mit sozialen und politischen Fragen auseinander. Die Emanzipation der Frau, der Kampf gegen die Habsburger und gegen die katholische Kirche waren wesentliche Motive für ihn. Seine Prosa ist besonders an Heines Schriften geschult.

W.: Lyrik: Confiteor, 3 Bde, 1887–92, endgült. Fassg. 1899–1902; Tristium Vindobona,

1893; Zde by měly kvést růže, 94 (dt. Hier sollten Rosen blühen); Tristium Praga, 1926. – *Epos:* Boži bojovnici, 1897. – *Versbücher:* Magdalena, 94 (dt. ebs.); Golgatha, 1901; Svědomím veků, 9 Bde, 06–21 (dt. Das Gewissen der Zeiten, 3 Bde.). – *Romane:* Nemocnice, 14; Kriminál, 18 (dt. K. u. K. Kriminal). – *Erz.:* Katolické povidky, 11. – *Reisebriefe:* Řim, 07 (dt. Rom). – *Autobiographisch:* Konfese literáta, 2 Bde, 01. – Zahlreiche Bde Feuilletons. – Sebrané spisy (Ges. W.), 1927–40. DW

Machen, Arthur (eig. Llewellyn Jones), * 3. 3. 1863 Caerleon (Wales), † 15. 12. 1947 Beaconsfield.

M. lebte in äußerst dürftigen Verhältnissen in London, wo er zeitweilig als Verlagsangestellter, Schauspieler und Lehrer tätig war, bevor er bei der «Evening News» arbeitete. M.s Geschichten zeugen von ausgeprägter Phantasie und einer starken Neigung zu romantischen und mystischen Phänomenen mit einer Tendenz zum Überraschend-Makabren.

W.: Romane u. Erz.: The Great God Pan, 1894; The Three Impostors, 95; The Hill of Dreams, 1909; The Bowmen, 15; The Great Return, 15; The Terror, 17; The Shining Pyramid, 23 (dt. Die leuchtende Pyramide); London Adventure, 24; The Green Round, 33; Children of the Pool, 36; The Cosy Room, 36. – *Autobiogr.:* Far-off Things 22; Things Near and Far, 23. – Ferner Essays. – Works, 9 Bde, 23. RLL

Mackenzie, Sir Compton (eig. Anthony Edward Montague C. M.), * 17. 1. 1883 West Hartlepool (bei Durham).

M., der aus einer Schauspielerfamilie stammt, studierte in Oxford und London Geschichte und Jura. Er konvertierte 1914 zum Katholizismus und nahm am Ersten Weltkrieg teil. 1928 gehörte er zu den Begründern der schottischen National-Partei und wurde 1931 Rektor der Univ. Glasgow. 1952 wurde er von der englischen Königin geadelt. M. wurde durch seinen Roman *Carnival* bekannt, der vor dem Hintergrund des Londoner Theatermilieus das Schicksal einer jungen Tänzerin schildert und wie die meisten Romane M.s traditionellen Mustern verhaftet ist. Obgleich der zweibändige Entwicklungsroman *Sinister Street* als sein bedeutendstes Werk gilt, erzielte M. die größten Publikumserfolge mit seinen heiteren Romanen, Geschichten von menschlichen Schwächen und komischen Käuzen, deren bekannteste *Whisky Galore* ist.

W.: Romane u. Erz.: Carnival, 1912; Sinister Street, 2 Bde, 13–14; Guy and Pauline, 15; The Altar Steps, 22; The Heavenly Ladder, 24; Buttercups and Daisies, 31 (dt. Fast Leute vom Land); Water on the Brain, 33 (dt. Bananen, Frauen und Spione); The Four Winds of Love, 4 Bde, 37–45; The Monarch of the Glen, 41 (dt. Der Herr im Hochmoor); Keep the Home Guard Turning, 43; Whisky Galore, 47 (dt. Das Whisky-Schiff); Hunting the Fairies, 49; The Rival Monster, 52; Ben Nevis Goes Fast, 54 (dt. Herrlich und in Freuden); The Lunatic Republic, 59 (dt. Die Mondrepublik). – Auch Dramen, Autobiographien.

Lit.: L. Robertson: C. M., 1955. RLL

Macleish, Archibald, * 7. 5. 1892 Glencoe (Ill.).

M., Sohn eines Kaufmannes schottischer Herkunft, studierte Jura in Yale und Harvard. Nach dem Ersten Weltkrieg, an dem er teilnahm, eröffnete M. ein Anwaltsbüro in Boston, widmete sich aber bald nur der Dichtung und lebte 1923 bis 1928 in Paris. 1938 wurde er Direktor der Kongreßbibliothek, später war er im Office of War Information; 1949 bis 1962 war er Prof. für Rhetorik in Harvard. Er erhielt 1933, 1952 und 1959 den Pulitzerpreis.

M. stand früh unter dem Einfluß der Lyrik von T. S. Eliot und E. Pound, seit dem Aufenthalt in Paris auch unter dem der französischen Dichtung. In *The Happy Marriage* gibt er in freien Rhythmen seiner Enttäuschung über die durch den Krieg aus den Fugen geratene alte Kultur Ausdruck. Die düstere Stimmung seiner ersten Sammlungen findet den ergreifendsten Ausdruck in *The Hamlet of A. M.* Cortéz in Mexiko ist das Thema des erzählenden Gedichts (in Terzinen) *Conquistador.* Die Wirtschaftsdepression ließ M.s Interesse an sozialen Problemen erwachen. Die Hörspiele der 30er Jahre wenden sich gegen den Faschismus. Das Versdrama *J. B.* verlegt die Geschichte Hiobs — hier ein amerikanischer Jedermann — in die Gegenwart.

W.: Lyrik: Tower of Ivory, 1917; The Happy Marriage, 24; The Pot of Earth, 25; Nobodaddy, 25; Streets in the Moon, 26; The Hamlet of A. M., 28; New Found Land, 30; Frescoes for Mr. Rockefeller's City, 33; Pub-

lic Speech, 36; Actfive, 48; Collected Poems, 52; Songs for Eve, 54; The Wild Old Wicked Man and Other Poems, 68. – *Dramen:* Panic, 35; The Fall of the City, 37 (dt. Der Fall der Stadt); Air Raid, 38; The Trojan Horse, 52; J. B., 58 (dt. Spiel um Job). – *Epos:* Conquistador, 32. – *Essays:* The American Cause, 41; A Time to Speak, 41; Poetry and Experience, 60 (dt. Elemente der Lyrik); The Eleanor Roosevelt Story, 65. – *Reden:* A Time to Act, 43; The American Story, 44. – Dt. Auswahl: Groß und tragisch ist unsere Geschichte.
Lit.: D. B. Lutyens: The Creative Encounter, 1960; C. C. Campbell, in: Myth and Symbol, 15, 63; S. L. Falk: A. M., 66. DW

MacNeice, Louis, * 12. 9. 1907 Belfast, † 3. 9. 1963 London.
M. studierte 1926—30 klassische Philologie und Philosophie in Oxford und war anschließend in Birmingham und London Universitätsdozent, bevor er 1941 zur BBC ging, wo er u. a. als Hörspielautor hervortrat. Nebenher machte er sich einen Namen als Literaturkritiker. M., mit H. W. Auden befreundet und dessen literarischer Gruppe nahestehend, schrieb zu Beginn Gedichte zeit- und gesellschaftskritischen Inhalts, die sich durch gedankliche Schärfe und virtuose Sprachgestaltung auszeichnen. In seiner späteren Lyrik tritt das politische Engagement zugunsten eines breiteren Spektrums thematischer Bereiche nahezu ganz in den Hintergrund. Als seine bedeutendsten Arbeiten gelten die Gedichte in der Sammlung *Ten Burnt Offerings,* die an klassischen lateinischen und an biblischen Stilvorbildern orientiert sind.

W.: Lyrik: Blind Fireworks, 1929; Poems, 35; The Earth Compels, 38; Autumn Journal, 39; The Last Ditch, 40; Poems 1925–1940, 40; Plant and Phantom, 41; Springboard, 44; Holes in the Sky, 48; Ten Burnt Offerings, 52; Autumn Sequel, 54; Visitations, 57; Selected Poems, 64. – *Dramen und Funkspiele:* Out of the Picture, 37; Christopher Columbus, 44; The Dark Tower, 46; The Mad Islands, 64. – *Berichte und Studien:* Letters from Iceland (mit W. H. Auden), 37; I Grossed the Minch, 38; Zoo, 38; Modern Poetry, 38; The Poetry of W. B. Yeats, 41. – *Autobiographisch:* The Strings Are False, 64. – Übersetzungen und Bearbeitungen: The Agamemnon of Aeschylus, 36; Goethe's Faust, Parts I and II, 51.
Lit.: F. Scarfe: Auden and after, 1942; J. Press: L. M., ²67. RLL

Mac Orlan, Pierre (eig. Pierre Demarchais), * 26. 2. 1883 Péronne (Somme), † Ende Juni 1970 Saint-Cyr-sur-Morin.
Durch Armut früh zum Geldverdienen gezwungen, verlebte M. eine abenteuerliche Jugend mit mehrfachem Berufswechsel und Bohème-Existenz. Nach Reisen, die ihn besonders nach Nordafrika führten, lebte er seit 1924 in Saint-Cyr-sur-Morin. — M.s erste Erzählungen sind spöttisch-satirische Prosawerke, denen ab 1920 die Abenteuerromane folgen, die M. bekannt gemacht haben. Sie spielen in den Tropen, auch im Milieu des Montmartre oder der europäischen Hafenstädte (*Le quai des brumes*) und schöpfen aus der farbigen Biographie ihres Autors. M., der die Pariser Kneipenatmosphäre auch lyrisch besungen hat, zeigt auf der anderen Seite ein Faible für das Phantastisch-Unheimliche (*Le nègre Léonard et Maître Jean Mullin*).

W.: Romane u. Erz.: Le rire jaune, 1914; Le chant de l'équipage, 18; A bord de l'«Étoile Matutine», 20; Le nègre Léonard et Maître Jean Mullin, 20; La cavalière Elsa, 21 (dt. Die Reiterin Elsa); Aux lumières de Paris, 25; Les pirates de l'avenue du Rhum, 25 (dt. Alkoholschmuggler); Sous la lumière froide, 26; Le quai des brumes, 27; Dinah Miami, 29 (dt. ebs.); La tradition de minuit, 30; L'ancre de miséricorde, 41 (dt. Der Anker der Barmherzigkeit); La petite cloche de Sorbonne, 59; Picardie. Roman des aventures du Sergent Saint-Pierre et de Babet Molina, 64. – *Lyrik:* Simone de Montmartre, 24; Œuvres poétiques complètes, 29; Les dés pipés, 52; Chansons pour accordéon, 53; Poésies documentaires complètes, 54. – *Autobiographie:* Le mémorial du petit jour, 55.
Lit.: P. Berger: P. M. O., 1951. RLL

Macourek, Miloš, * 2. 12. 1926 Kroměříž.
Der Tscheche M. begann nach Kriegsteilnahme 1945 mit dem Musikstudium, war zuletzt als Lektor für Literaturgeschichte und Kunst tätig. Ab 1945 veröffentlichte er Gedichte und bekam 1948 für eine ungedruckte Gedichtsammlung *úpadek* (Bankrott) einen Lyrikpreis. Der erste gedruckte Lyrikband erschien erst 1958. M. bearbeitete mit Jan Grossmann Jarrys «König Ubu» fürs Prager «Theater am Geländer» und schrieb als Hausautor Stücke mit Havel und Vyskočil. Bekannt wurde M. besonders durch *Hra na Zu-*

zanku (Das Susannchenspiel). Von der Umwelt spricht M. symbolisch und fabelartig in knapper, versachlichter Weise; seine oft alltäglichen Figuren oder Dinge der Natur verwandelt er im Werk humoristisch bis ironisch in Poesie.

W.: Člověk by nevěřil svým očím, 1958; Žirafa nebo tulipán, 59; Živočichopis, 62; Jakub a dvě stě dědečků, 63 (dt. Vom blauen Topf, der gern Tomatensoße kochte); Hra na Zuzanku, 67 (dt. Das Susannchenspiel). – Ferner dt.: Die Wolke im Zirkus (Živočichopis; Žirafa nebo tulipán), Die schlecht gemalte Henne, Der elektrische Aal, Die Wolke im Zirkus (Erz.). G. P. M.

Madariaga y Rojo, Salvador de, * 23. 7. 1886 La Coruña.
M. wurde Ingenieur, widmete sich aber ab 1916, als er nach London übersiedelte, ganz der literarischen und journalistischen Arbeit. 1922—27 leitete er die Abrüstungsabteilung beim Völkerbund in Genf, 1928 erhielt er einen Lehrstuhl in Oxford. Nachdem Spanien Republik geworden war, trat er in den diplomatischen Dienst seines Landes und war kurz vor Ausbruch des Bürgerkrieges Minister. Seit 1936 lebt er wieder im Exil als Prof. in Oxford. — M., der in mehreren Sprachen schreibt, vertritt einen konservativen Liberalismus, in dessen Mittelpunkt der Gedanke der westeuropäischen Einigung steht. Neben belletristischen Werken hat er vor allem essayistische und historische Arbeiten veröffentlicht, die einerseits der internationalen Politik, andererseits der spanischen und lateinamerikanischen Geschichte und Literatur gewidmet sind. Seine Interpretation Spaniens hat auf das europäische Denken großen Einfluß gehabt.

W.: Lyrik: Romances de ciego, 1922; La fuente serena, 28; Rosa de cieno y ceniza, 42. – *Dramen:* El Toisón de oro, 40; Don Juan y la Donjuanía, 50; Los tres estudiantes de Salamanca, 62 (3 Stücke). – *Romane:* La jirafa sagrada, 25; Sir Bob, 30; El enemigo de Dios, 36; El corazón de piedra verde, 42 (dt. Das Herz von Jade); A Bunch of Errors, 53 (dt. Ein Strauß von Irrtümern); War in the Blood, 57 (dt. Krieg im Blut); A Drop of Time, 60 (dt. Ein Tropfen Zeit); Satanael, 67. – *Essays:* Shelley and Calderón, 20; The Genius of Spain and Other Essays on Spanish Contemporary Literature, 23; Guía del lector del «Quijote», 26; Ingleses, franceses, españoles, 28; España, ensayo de historia contemporánea, 31 (dt. Spanien, Wesen und Wandlung); Discursos internacionales, 34; Anarquía o Jerarquía, 35 (dt. Anarchie oder Hierarchie); Theory and Practice in International Relations, 37; Christopher Columbus, 40 (auch dt.); Hernán Cortés, 41 (dt. C.); The Rise of the Spanish American Empire, 46; The Fall of the Spanish American Empire, 47; Bosquejo de Europa, 51 (dt. Porträt Europas); Simón Bolivar, 51 (dt. B.); Essay with a Purpose, 54; Rettet die Freiheit, 58; Von der Angst zur Freiheit, 59; Der Westen: Heer ohne Banner, 61; Lob Salzburgs, 64; Weltpolitisches Kaleidoskop, 65. RLL

Maeterlinck, Maurice, * 29. 8. 1862 Genf, † 6. 5. 1949 Orlamonde bei Nizza.
M. war flämischer Herkunft. Er studierte Jura in Genf und entschloß sich bald, Schriftsteller zu werden. 1886 kam er nach Paris und wurde nach dem Erscheinen seiner *Princesse Maleine* auf Grund der begeisterten Kritik Octave Mirabeaus im «Figaro» rasch berühmt. 1896—1940 lebt er ständig in Paris, dann bis 1946 im Exil in den USA und zuletzt an der französischen Riviera. M. erhielt 1911 den Nobelpreis für Literatur und wurde 1947 Präsident des internationalen PEN-Clubs. — Im Zeichen des Symbolismus steht so wie seine Lyrik das gesamte dramatische Werk M.s mit seiner konsequenten Abwendung vom traditionellen Handlungsdrama. Aktion und Dialoge haben nur mehr Verweisungsfunktion auf jenseits der realen Wirklichkeitsebene liegende Mächte, deren geheimnisvollen und drohenden Einfluß die menschliche Existenz ausgesetzt ist. So erhält schon in den ersten Dramen *Princesse Maleine*, *L'intruse* und *Les aveugles*, die noch von einer pessimistischen Grundhaltung M.s bestimmt sind, das Motiv des Todes und des unergründlichen Schicksals zentrale Bedeutung, wobei besonders *Les aveugles* als ein eindringliches Sinnbild des menschlichen Ausgeliefertseins zu werten ist. Zum Opfer werden immer gerade die unschuldigen und vollkommenen Wesen. Als Höhepunkt seiner Dramatik gelten das bühnenwirksame Spiel *Monna Vanna* und das an Ibsens «Peer Gynt» erinnernde Märchenstück *L'oiseau bleu.* Das Märchendrama *Pelléas et Mélisande* wurde besonders durch Claude Debussys Vertonung berühmt. — In seinen philosophischen und naturkundlichen Essays und

Studien, in denen sich eine Form von mystischem Pantheismus abzeichnet, zeigt sich deutlich der Einfluß von Ruysbroek, Novalis und Emerson auf das Denken M.s. Die schöpferischen Kräfte der Natur erschienen M. als auf ein unbekanntes Ziel hingerichtet; auch der Mensch, scheinbar frei, gehorche vielleicht einem Naturgesetz.

W.: Lyrik: Les serres chaudes, 1889; Douze chansons, 96. – *Dramen:* La princesse Maleine, 89 (dt. Prinzessin M.); L'intruse, 90 (dt. Der Eindringling); Les aveugles, 90 (dt. Die Blinden); Les sept princesses, 91; Pelléas et Mélisande, 92 (dt. ebs.); Intérieur, 94 (dt. Zu Hause); Alladine et Palomides, 94; La mort de Tintagiles, 94; Agla-Vaine et Sélysette, 96 (dt. ebs.); Ariane et Barbe-Bleue, 1901 (dt. Blaubart und Ariane); Sœur Béatrice, 01; Monna Vanna, 02 (dt. ebs.); Joyzelle, 03 (dt. ebs.); L'oiseau bleu, 09 (dt. Der blaue Vogel); Marie-Magdaleine, 13 (dt. Magdalene); Le bourgmestre de Stilmonde, 19; Le Miracle de Saint-Antoine, 19 (dt. Das Wunder des hl. Antonius); Les fiançailles, 22; Le malheur passe, 25 (dt. Das Unheil zieht vorbei); La puissance des morts, 26; Marie Victoire, 27; Juda de Kérioth, 29. – *Erz.:* Deux contes, 18. *Naturstudien:* La vie des abeilles, 01 (dt. Das Leben der Bienen); L'intelligence des fleurs, 07 (dt. Die Intelligenz der Blumen); La vie des termites, 26 (dt. Das Leben der Termiten); La vie de l'espace, 27 (dt. Die vierte Dimension); La grande féerie, 29 (dt. Geheimnisse d. Weltalls); La vie des fourmis, 30 (dt. Das Leben der Ameisen). – *Philosophische Essays:* Le trésor des humbles, 1896 (dt. Der Schatz der Armen); La sagesse et la destinée, 98 (dt. Weisheit und Schicksal); Le temple enseveli, 1902 (dt. Der begrabene Tempel); Le double jardin, 04 (dt. Der doppelte Garten); La mort, 13 (dt. Vom Tode); L'hôte inconnu, 17; Le grand secret, 21 (dt. Das große Geheimnis); Avant le grand silence, 34 (dt. Vor dem großen Schweigen); Devant Dieu, 37; La grande porte, 39. – *Autobiographisch:* Bulles bleues, souvenirs heureux, 48. – Théâtre, 3 Bde, 01/02, neue Ausg. 18/19; Les meilleures pages, ed. A. Pasquier, 58; Théâtre inédit I (L'abbé Sétubal, Les trois justiciers, Le jugement dernier), 59. – Dt. Ausg.: Gesamtausgabe, 9 Bde, 24–29.
Lit.: A. Bailly: M., 1931; M. Lecat: M. M. et son œuvre, ²50; A. Pasquier: M. M., 50; G. Compère: Le théâtre de M. M., 55; R. Bodart: M. M., 62; W. D. Halls: M. M. A Study, 60; G. Doneux: M. M. Une poésie, une sagesse, un homme, 61; J.-M. Andrieu: M. M., 62; P. J. Maenner: M. M., 65 (dt.); G. Hermans: Les premières Armes de M. M., 67. DW

Maeztu, Ramiro de, * 1876 Vitoria, † 7. 11. 1936 Madrid.
M. wurde in Spanien als einer der «Generation von 98» bekannt und war 15 Jahre lang Zeitungskorrespondent in London. 1928 ging er als Botschafter nach Argentinien. Nach dem Sturz der Monarchie war M. einer der führenden Männer der «Acción Español» und wurde bei Ausbruch des Bürgerkrieges von den Republikanern verhaftet und erschossen. Er gilt als einflußreicher Repräsentant konservativer Denkweise.

W.: Essays: Hacia otra España, 1899; La crisis del humanismo, 1919; Don Quijote, Don Juan y la Celestina, 26; El arte y la moral, 32; Cinco ensayos sobre Don Juan, 33; Defensa de la hispanidad, 34; Ensayos, 48. DW

Mailer, Norman, * 31. 1. 1923 Long Branch (New Jersey).
M., Sohn eines Bücherrevisors litauischer Abstammung, wuchs in Brooklyn auf. Nach Studium der Bautechnik an der Harvard-Univ. wurde er 1944 zum Kriegsdienst eingezogen und lernte an der pazifischen Front den Dschungel- und Inselkrieg kennen. Diese Erlebnisse fanden ihren Niederschlag in dem Roman *The Naked and the Dead*, mit dem M. zu Weltruhm gelangte. In einem an Hemingway und Dos Passos geschulten Stil des krassen und überaus präzisen Realismus wird hier der Kampf einer heterogenen Gruppe von amerikanischen Soldaten auf dem pazifischen Kriegsschauplatz geschildert, der zugleich ein Kampf gegen die Natur ist und eine ständige Konfrontation mit der Armee, die als eine entmenschlichende Institution und als Spiegelbild einer faschistoiden Gesellschaft verstanden wird. Nachdem M. 1948 zu einer Hauptfigur bei der Präsidentschaftskampagne des Kandidaten der Progressive Party Henry Wallace geworden war, der sich zu einem revolutionären Sozialismus bekannte, schrieb er seinen zweiten Roman: *Barbary Shore.* In ihm wird in der Form der Allegorie eine Pathologie des modernen Bewußtseins entworfen, dessen Krise M. auf das Scheitern der Russischen Revolution am Stalinismus zurückführt. Ein halbes Jahrzehnt später brachte M. in seinem vieldiskutierten Aufsatz *The*

White Negro seine Abkehr vom revolutionären Sozialismus durch das Bekenntnis zum «Hipster» zum Ausdruck, dessen Leben durch die unmittelbare Befriedigung seiner Wünsche in jedem Augenblick gekennzeichnet ist. M.s Hip-Phase kann auch bereits der Roman *The Deer Park* zugerechnet werden, in dem am Beispiel der Filmkolonie von Hollywood das Bild einer Endzeitgesellschaft gezeichnet wird. Neben zahlreichen Veröffentlichungen in Zeitschriften und Zeitungen waren es besonders die *Advertisements of Myself, The Presidential Papers* und die Sammlung *Cannibals and Christians,* mit denen M. seinen Ruf als engagierter und provokanter Essayist begründete. Auf den Roman *An American Dream,* in dem sich M.s Kritik am Amerika der frühen sechziger Jahre zur Untergangsvision verdichtet, und *Why Are We In Vietnam?*, seinem in der Popsprache des Rock'n'roll entworfenen Bild einer vom Irrsinn erfaßten Nation, folgte 1968 mit *Armies of the Night* sein Bericht von der viertägigen Demonstration gegen den Vietnamkrieg, die im Oktober 1967 in Washington stattfand. Noch im gleichen Jahr erschien sein zweiter «journalistischer Roman» *Miami and the Siege of Chicago,* eine Chronik der Parteitage der Republikaner und Demokraten von 1968, in der er erneut die tiefe Krise seines Landes sichtbar werden läßt. 1970 veröffentlichte M. unter dem Titel *Of a Fire On the Moon* seinen Bericht vom Mondflug des Raumschiffs Apollo 11. Neben seine literarische Arbeit trat bereits früh seine politische Aktivität, die unter anderem in seiner Kandidatur um das Amt des Bürgermeisters von New York ihren Ausdruck fand. Gegen Ende der 60er Jahre wandte sich M. überdies dem Medium des Films zu. Es entstanden *Wild 90, Beyond the Law* und *Maidstone,* für die er als Drehbuchautor, Regisseur und Darsteller verantwortlich zeichnet.

W.: Romane u. Berichte: The Naked and the Dead, 1948 (dt. Die Nackten u. die Toten); Barbary Shore, 51 (dt. Am Rande der Barbarei); The Deer Park, 55, dramat. 67 (dt. Der Hirschpark); An American Dream, 65 (dt. Der Alptraum); Why Are We In Vietnam?, 67 (dt. ... am Beispiel einer Bärenjagd); The Armies of the Night, 68 (dt. Heere aus der Nacht); Miami and the Siege of Chicago, 68 (dt. Nixon in Miami und die Belagerung von Chicago); Of a Fire On the Moon, 70 (dt. Auf dem Mond ein Feuer). – *Gedichte:* Death for the Ladies, and Other Poems, Very Short Poems, and Turns of Prose, 62. – *Essays und Autobiographisches:* The White Negro, 57; Advertisements for Myself, 59 (dt. Reklame für mich selber); The Presidential Papers of N. M., 63; Cannibals and Christians, 66; The Prisoner of Sex, 71. – *Kurze Prosa:* The Short Fiction of N. M., 67. *Lit.:* R. H. Downes: A Bio-Bibliography of N. M., 1957; N. Podhoretz: Doings and Undoings, 64 (dt. Getan und vertan).

M. W. R.

Mais, Roger, * 1902, † 1955.
M. lebte in Jamaika als Tagelöhner, Reporter, Fotograf; er schrieb Romane, Erzählungen, Gedichte und Dramen. 1951 bis 1954 hielt er sich in England und Frankreich auf. Seine Romane aus den Slums von Kingston bezeichnen den Beginn neoafrikanischer Literatur auf Jamaika, so besonders *Brother Man,* ein sprachlich kraftvoller Roman über die Menschen der «Orangengasse», über Haß, Leidenschaft und Nächstenliebe (verkörpert in der Titelfigur). Sektiererische Religiosität ist — neben dem Leben des Volkes — das Hauptthema von *The Hills Were Joyful Together.*

W.: Romane: The Hills Were Joyful Together, 1953; Brother Man, 54 (dt. Sie nannten ihn Bruder Mensch); Black Lightning, 55; The Three Novels, 66. – *Erz.:* Face and Other Stories, 42; And Most of All Men, 43; All Men Come to the Hills. RLL

Majakowski, Wladimir Wladimirowitsch (Majakovskij, V. V.), * 19. 7. 1893 Bagdadi (Georgien), † 14. 4. 1930 Moskau. M. war der Sohn eines Försters. Nach dem Tode des Vaters übersiedelte die Familie nach Moskau, wo M. das Gymnasium besuchte und sich der revolutionären Bewegung anschloß. 1908 wurde er zum erstenmal, im folgenden Jahre zweimal verhaftet, doch bewahrte ihn seine Jugend vor der Deportation. Die nächsten zwei Jahre widmete sich M. dem Studium an einer Kunstschule, trat erstmals mit Versen an die Öffentlichkeit und unterschrieb zusammen mit Chlebnikow u. a. das Manifest der Kubisten und Futuristen in deren Sammelband «Poščečina obščestvennomu vkusu» (dt. Eine Ohrfeige dem allgemeinen Geschmack), der auch eine Dichtung M.s enthielt. 1916 wurde er mit Gorki bekannt, dieser beeinflußte ihn erheblich. Nach der Revolution entfaltete M. eine rege künstlerische Tätigkeit im Dienste der politischen Agitation. Weder Wandsprüche noch Reklameverse waren ihm zu gering, wenn es galt, aufklärend oder aneifernd zu wirken; besonders wirksam war auch das revolutionäre, an mittelalterliche Spiele erinnernde Massendrama *Misterija-buff* (Mysterium Buffo). Mitte der 20er Jahre unternahm er Reisen ins Ausland (Paris 1924, USA u. Mexiko 1925), trug seine Verse vor und warb für den neuen Staat. Sein Lebenswerk gewann «den Charakter einer fortlaufenden Chronik der russischen Revolution» (Huppert); auch den neuen Bürokratismus griff er an: Dramen *Klop* (Die Wanze) und *Banja* (Das Schwitzbad), wurde aber zusehends befeindet. Völlig unerwartet kam M.s Selbstmord, dessen Ursachen wohl physische und seelische Erschöpfung waren. — Der Künstler M. war ein bewußter Neuerer, der sich gegen bürgerliche Gefühle und überkommene Ausdrucksmittel auflehnte. In Ton, Rhythmus und Sprachhaltung steht er zwischen der alten Tradition der Volksdichtung und dem neuen Ton des Volkes, für den seine Dichtung, hauptsächlich als gesprochenes Wort, zu werben sucht. Authentisch im Ausdruck, wurde M. besonders in letzter Zeit wieder als Vorbild empfunden, etwa von Jewtuschenko und Wosnessenski.

W.: Versdichtungen: Oblako v štanach, 1915, [2]18 (dt. Wolke in Hosen); Flejtapozvonočnik, 15; Vojna i mir, 16 (dt. Krieg und Welt); Čelovek, 17; 150 000 000, 19 (dt. ebs.); Ljublju, 22; Pro eto, 23; Vladimir Il'ič Lenin, 24 (dt. ebs.); Sergeju Eseninu, 26 (dt. An Jessenin); Chorošo, 27 (dt. Gut und schön); Vo ves' golos, 30 (dt. Aus vollem Hals). – *Schauspiele* (in Versen): Vladimir Majakovskij, 14; Misterija-buff, 18 (dt. Mysterium Buffo); (in Prosa): Klop, 28 (dt. Die Wanze); Banja, 29 (dt. Das Schwitzbad). – *Sonstiges:* Moe otkrytie Ameriki, 25 (dt. Meine Entdeckung Amerikas); Kak delat' stichi?, 26 (dt. Wie macht man Verse?). – Werke (russ.), 13 Bde, 55–61; 3 Bde, 65. – Dt. ferner: Ausgewählte Gedichte und Poeme; Linker Marsch; Vers und Hammer; Wage den Streit; mehrere weitere Gedichtauswahlen; Politische Poesie; Liebesbriefe an Lilja. Viele dt. Übers. mit Einleitungen bzw. Nachworten v. H. Huppert. – Werke in 5 Bde, hg. v. L. Kossuth.

Lit.: V. Šklowskij: O. M., 1940; E. Triolet. M., poète russe, 45 (auch dt.); C. M. Bowra: The Creative Experiment, 49; A. Metčenko. Tvorčestvo Majakovskogo, 2 Bde, 54–61; L. Aragon: Littératures sovietiques, 55; M. Zimmering: Begegnung mit M., 55; A. M. Ripellino: M. e il teatro russo d'avanguardia, 59 (dt. M. u. d. russ. Theater der Avantgarde); H. Uhlig: W. M., 62; E. I. Naumov. V. V. M., [4]63; H. Huppert: M., 65; V. Šklovskij: Erinnerungen an M., 66; H. Huppert: Erinnerungen an M., 66. DW

Malamud, Bernard, * 26. 4. 1914 Brooklyn (N.Y.).

M. studierte in New York und wurde Prof. für englische Literatur. Er schreibt aus der Erfahrung der um Selbstverständnis und Anerkennung ringenden jüdischen Welt. Ihre Vertreter sind sensible Menschen, die eine mögliche materialistische Erfüllung nicht finden, bedingt durch die harte Wirklichkeit oder ihre Bereitschaft zum Mitleid. In einem weiten Bereich absurder Mißverhältnisse erfahren sie komische Situationen, die befreiend wirken können, öfter aber Krisen auslösen. Dabei entfaltet sich Menschlichkeit überzeugend im eigentlichen Leiden von M.s Hiobsfiguren, so in *The Assistant*, mit seinem jüdischen Großstadtmilieu, in das sich ein Italo-Amerikaner sühnend einzugliedern sucht, oder in *The Fixer*, dessen ukrainisch-jüdische Welt amerikanische Vereinsamung und Identitätssuche reflektiert.

W.: Romane: The Natural, 1952; The Assistant, 57 (dt. Der Gehilfe); A New Life, 61 (dt. Ein neues Leben); The Fixer, 66 (dt. ebs.). – *Erz.:* The Magic Barrel, 58 (dt. Das Zauberfaß); Idiots First, 63; Pictures of Fidelman, 69.

Lit.: S. Richman: B. M., 1966. H. Pe.

Malaparte, Curzio (eig. Kurt Erich Suckert), * 9. 6. 1898 Prato (Toskana), † 19. 7. 1957 Rom.

M., Sohn eines Deutschen und einer Italienerin, wurde mit 16 Jahren Kriegsfreiwilliger und kämpfte zunächst in den Argonnen an der französischen Front, später im italienischen Heer. Nach dem Krieg war er zwei Jahre als Diplomat u. a. in Paris und Warschau, bevor er Journalist wurde. Zusammen mit Bontempelli gab er zu Beginn der faschistischen Ära die antiklassizistische Zeitschrift «900» (novecento) heraus und war 1928–31 Leiter der einflußreichen Turiner Zeitung «La Stampa». Ursprünglich Anhänger des Faschismus, trug ihm seine Kritik an dem System 1933 einen Zwangsaufenthalt von 5 Jahren auf der Insel Lipari ein (darüber: *Fughe in prigione*). Seit 1940 arbeitete er mehrere Jahre als Kriegsberichterstatter in Finnland, Deutschland, Rußland, Rumänien und Kroatien. Beim Einmarsch der Alliierten war er italienischer Verbindungsoffizier bei der 5. amerikanischen Armee. — M. wurde als Schriftsteller international bekannt durch den autobiographischen Roman *Kaputt*, in dem er seine Kriegserlebnisse verarbeitet. Wie aus einem für die deutsche Ausgabe bestimmten Brief an die Leser hervorgeht, will M. diesen Roman als einen Protest gegen jede Form der Gewalttätigkeit und Grausamkeit sowie eine Kritik an den Zersetzungserscheinungen einer enthumanisierten modernen Zivilisation verstanden wissen. Er gibt aus betont antifaschistischer und antideutscher Perspektive eine desillusionierende Reportage vom Schauplatz des Krieges. M.s zweiter weltberühmt gewordener Roman *La pelle* (zuerst französisch: *La peau*), der in Italien auf rigorose Ablehnung stieß, schildert den Einzug der Alliierten in Neapel und entwirft mit brutaler Schonungslosigkeit ein ernüchterndes Bild menschlicher Erniedrigung im Zeichen eines kreatürlichen Selbsterhaltungstriebes. — Unter M.s sonstigen Prosaschriften sind vor allem *Maledetti Toscani* und *Benedetti Italiani* hervorzuheben: ersteres eine Hymne über Landschaft und Menschen der Toskana, letzteres eine sarkastische Analyse des italienischen Volkscharakters.

W.: Romane u. Erz.: Avventure di un capitano di sventura, 1928; Sodoma e Gomorra, 31; Fughe in prigione, 36; Sangue, 37 (dt. Blut); Donna come me, 40; Kaputt, 44 (dt. ebs.); Don Camaleo, 46; Il sole è cieco, 47; La pelle (zuerst französisch: La peau, 48), 49 (dt. Die Haut); Storia di domani, 49 (dt. Geschichte von morgen). – *Sonstige Prosa:* La rivolta dei santi maledetti, 21; Le nozze degli eunuchi, 22; L'Europa vivente, 23; Italia barbara, 26; Intelligenza di Lenin, 30; Technique du coup d'état, 31 (dt. Technik des Staatsstreiches); I custodi del discordine, 31; Il Volga nasce in Europa, 43 (dt. In Rußland und in China); Maledette Toscani, 56 (dt. Verdammte Toskaner); Io in Russia e in Cina, hg. G. Vigorelli, 58; Mamma marcia, 59 (dt. Der Zerfall); L'inglese in Paradiso, 60; Benedetti Italiani, 61 (dt. Verflixte Italiener). – *Lyrik:* L'Arcitaliano, 28; Il battibecco, 49. – Ferner einige Dramen. Tutta l'opera, 61 ff.; Opere complete, 3 Bde, 63.
Lit.: E. Cione: Napoli e M., 1950; F. Vegliani: M., 57 (auch dt.). DW–RLL

Mallea, Eduardo, * 14. 8. 1903 Bahia Blanca.
M. studierte in Buenos Aires Jura, wurde Redakteur der Zeitschrift «La Nación» und schlug dann die Diplomatenlaufbahn ein. Zwei Vortragsreisen (1928 u. 1934) führten ihn nach Europa. — M. fragt in seinen Essays wie in seinen Romanen nach der Eigenart des Argentiniers. Hauptwerk ist die Trilogie *El mundo de los Rocarte*, über mehrere Generationen einer argentinischen Familie.

W.: Erz.: Cuentos para una inglesa desesperada, 1926; Nocturno europeo, 35; La ciudad junto al rio inmóvil, 36; El vinculo, 46; Poesión, 58. – *Romane:* Fiesta en noviembre, 38; La bahia del silencio, 40 (dt. Die Bucht des Schweigens); Todo verdor perecerá, 41 (dt. Alles Gras verdorrt); Trilogie: El mundo de los Rocarte, I: Las águilas, 43, II: La torre, 50, III: La tempestad; Los enigmos del alma, 50; Chaves, 53; El simbad, 56. – *Essyas:* Historia de una passión argentina, 37; El sayal y la púrpura, 47; Notas de un novelista, 54. – Obras completas, 61.
Lit.: A. Morsella: E. M., 1957; J. H. R. Polt: The Writings of E. M., 59; H. Gillessen: Themen, Bilder und Motive im Werk E. M.s, 66. DW

Mallet-Joris, Françoise, * 6. 7. 1930 Antwerpen.
M.-J., Tochter einer Schriftstellerin, studierte in den USA und in Paris, wo sie heute wohnt. — Die ersten Romane M.-J.' leben vom schockierenden Sujet, das in nüchterner und ungerührter Sprache gestaltet wird. So schildert *Le rempart des béguines* die Stadien einer verzehrenden Leidenschaft, während *Les mensonges* mit seiner Geschichte eines mächtigen Geschäftsmannes, der vergeblich Liebe sucht, schon auf den sozial-analytischen Realismus von *L'empire céleste* hinweist. Nach historischen Romanen

(*Les personnages; Marie Mancini*) wendet M.-J. sich im Essay der Thematik von Religion und Glauben zu, die nun auch einen neuen Abschnitt ihres Romanschaffens einleitet.

W.: Romane: Le rempart des béguines, 1952. (dt. der dunkle Morgen, I); La chambre rouge, 55 (dt. Der dunkle Morgen, II); Les mensonges, 56 (dt. Die Verlogenen); L'empire céleste, 57 (dt. Bei Sokrates am Montparnasse); Les personnages, 61; Marie Mancini, 65; Les signes et les prodiges, 66; La maison de papier, 70 (auch dt.). – *Erz.:* Cordelia, 56; Trois âges de la nuit, 68. – *Essay:* Lettre à moi-même, 63. RLL

Malmberg, Bertil, * 13. 8. 1889 Härnösand (Schweden), † 11. 2. 1958 Stockholm.
M. studierte Philosophie und Literaturgeschichte in Uppsala, Berlin und Lund. 1917—26 lebte er in München, wo er dem «Simplicissimus»-Kreis angehörte und auch heiratete. — M.s frühe Gedichte sind ästhetizistische Versuche nach überkommenen Vorbildern. Erst in den 1935 erschienenen und preisgekrönten *Dikter vid gränsen* [Gedichte an der Grenze] fand M. einen persönlichen und zeitnahen Ausdruck. In durch O. Spengler inspirierten Untergangsvisionen legt er gleichzeitig eine Beichte der eigenen Disharmonie, Lebensangst und Schuld ab. Gewissenserforschung und Hinwendung zum Religiösen setzen in der Gedankenlyrik dieses Formkünstlers eine neue Wertskala. In *Flöjter ur ödsligheten* [Flöten aus der Einsamkeit] kehrt er zu einer ästhetisch-mystischen Auffassung von der Berufung des Dichters zurück. — M. übersetzte aus dem Deutschen.

W.: Gedichte: Illusionernas träd, 1932; Dikter vid gränsen, 35; Sångerna om samvetet och ödet, 38; Flöjter ur ödsligheten, 41; Under månens fallande båge, 47; Men bortom marterpålarna, 48; Med cyklopöga, 50. – Ferner Erzählungen, Dramen, Memoiren, Essays.
Lit.: S. Stolpe: En svensk diktare, 1938.
H. K.

Malpass, Eric, * 14. 11. 1910 Derby.
M. war nach dem Krieg lange in einer Bank in Mittelengland tätig. Er ist seit 1947 Mitarbeiter der BBC und lebt heute als freier Schriftsteller in Long Eaton/Nottingham. — M.' lebendig und unkompliziert erzählten Romane *Morning's at Seven* und *At the Height of the Moon* schildern das Alltagsleben einer sympathischen Dreigenerationenfamilie in der englischen Provinz. Mittelpunkt dieser heilen Welt, in der die Probleme der Gegenwart nur Randerscheinungen sind, ist der naiv-listige 8jährige Gaylord. Eine ähnliche Fabulierfreude zeigt der in Italien mit der «Goldenen Palme des Humors» ausgezeichnete Roman *Beefy Jones*, die Geschichte eines kleinen Gauners wider Willen.

W.: Romane: Beefy Jones, 1957 (dt. Beefy ist an allem schuld); Morning's at Seven, 65 (dt. Morgens um sieben ist die Welt noch in Ordnung); At the Height of the Moon, 67 (dt. Wenn süß das Mondlicht auf den Hügeln schläft); Fortinbras Has Escaped, 68 (Erz.; dt. F. ist entwischt); Oh My Darling Daughter, 70. RLL

Malraux, André, * 3. 11. 1901 Paris.
M. studierte in Paris Archäologie und Orientalistik. 1923–27 führten ihn längere Aufenthalte in Indochina und China zur Teilnahme an Revolutionen. 1934/35 erreichte sein kommunistisches Engagement den Höhepunkt (Teilnahme am 1. sowjetischen Schriftstellerkongreß). 1936 bis 1937 organisierte M. die republikanische Luftwaffe im Spanischen Bürgerkrieg; 1939 anläßlich des Hitler-Stalin-Pakts erfolgte der Bruch mit dem Kommunismus, nach Krieg und Résistance dann die offene politische Wende zum Lager de Gaulles, in dessen Kabinett er 1945/46 Informations- und 1959–69 Kultusminister war.
Wie die frühen kulturkritischen Essays sind auch M.' Romane von der wechselseitigen Durchdringung metaphysischer Themen mit autobiographischem Stoff bestimmt: chinesische Revolution in *Les conquérants* und *La condition humaine* (Goncourt-Preis 1933), archäologische Expedition in *La voie royale.* Fragen Nietzsches, Dostojewskis und Pascals gehen in die Kriegsliteratur ein, Reportage und exotischer Roman erheben philosophischen Anspruch; eine neue Gattung entsteht in der französischen Literatur, die später auf Sartre, Camus u. a. starken Einfluß hatte. *La condition humaine,* Bericht eines gescheiterten Aufstands 1927 in Schanghai, umfaßt in der «Bedingtheit» die Tragik und Größe des Menschen: Nach der gemeinsamen Er-

oberung der Stadt durch Kommunisten und Tchiangkaischeks Truppen geht dieser alsbald zur Liquidierung der Bundesgenossen über. Die Arbeitermassen sinken in Resignation zurück, die intellektuellen Führer erwartet die Folter, der sich die Zentralgestalt, Kyo, durch Zyankali entzieht, während Katow als Verkörperung der «männlichen Brüderlichkeit» selber die Folter zum Tode auf sich nimmt, um sie anderen durch seine Giftration zu ersparen. Der jugendliche Tschen empfindet nach seinem ersten politischen Mord – in deutlicher Anspielung auf Dostojewskis Raskolnikoff – nicht Reue, sondern nur unentrinnbare Einsamkeit, aus der er in den eigenen Tod bei einem mißlungenen Attentat auf Tschiangkaischek flieht. Dialog und schneller Szenenwechsel in bewußter Montage überwiegen; Personencharakterisierung und Beschreibung treten zurück. Eine neue Entwicklung über die mehr individualistisch-expressionistische, den Kampf des Menschen gegen den Menschen umkreisende frühe Periode hinaus bildet, nach der im Hitlerdeutschland spielenden antifaschistischen Novelle *Le temps du mépris,* vor allem *L'espoir* – gemeint war zunächst die engagierte, trügerische Hoffnung, Spanien dem Faschismus noch entreißen zu können – eine Sammlung präziser Tatsachenberichte, deren Hauptepisoden die Auflösung der republikanischen Front in Toledo und den ersten, für die Republikaner erfolgreichen Teil des Kampfes um Madrid schildern. Der situationsbedingt schwächeren künstlerischen Durchformung steht eine größere Weite und Dichte des menschlichen Stoffs gegenüber; im Ideal einer alle Klassen umfassenden brüderlichen Kultur wirkt die Begegnung mit dem Kommunismus humanisierend. Gleichzeitig entdeckt das intellektuelle Bewußtsein den geschichtlich neuen Konflikt zwischen Stalinismus und revolutionärer Humanität, «Sein und Machen», Zeugentum und Engagement, wie er später erst durch den Streit um Engagement und Parteilichkeit des Intellektuellen allgemein bekannt wurde.

Das Romanfragment *Les noyers de l'Altenburg* objektiviert M.' eigene Konflikterfahrung zur mehrschichtigen Krise der Kultur und des Humanismus: auf den gescheiterten Versuch, humane Kultur in der Gegenwart revolutionär zu verwirklichen, folgt der Umschlag zur Spenglerschen geschichtsmorphologischen Frage nach dem Wesen der Kulturen der Vergangenheit.

Durch solche Skepsis wie auch durch den Bruch mit dem Kommunismus der Fortsetzung seines Romanwerkes entfremdet, setzte M., frühere essayistische Ansätze aufnehmend, mit breiter Meditation über die bildenden Künste nach dem Kriege neu an. Zentrale Themen sind die Wende zur modernen, «absoluten» Malerei um 1860 in Frankreich und die neu erweckte Aktualität der prähistorisch-barbarischen Kunst; methodisch sind viele Gedanken der deutschen Kunstgeschichte (Worringer u. a.) aufgenommen. Zunächst der Künstler als exemplarische Gestalt des sonst unerkennbaren Humanen, dann der auf sich stehende reine Schöpfungsakt als Zeichen und Sprache des Absoluten sind Ziel der umfassenden Einzelanalysen: dies ist der Sinn des endgültigen Titels *Les voix du silence* statt ursprünglich *La psychologie de l'art.*

In den *Antimémoires,* deren erster Band nach langem Verstummen des Schriftstellers zugunsten des Kulturpolitikers 1967 erschien, laufen Kunst- und Kulturphilosophie, autobiographischer Bericht und Einschübe erzählender Fiktion wieder zusammen. Das «Anti» deutet an, daß, im Gegenzug zur Enthüllungs- und Konfessionsliteratur, allein die Augenblicke eines gelebten Lebens tief sind, in denen das Individuum sich als Ausdruck eines überindividuellen Menschenseins erfährt. Aufzeichnungen von Gesprächen mit Nehru, Mao Tse-tung und de Gaulle wechseln mit Kunstbegegnungen aus allen Zeiten und Erlebnisberichten aus Krieg und Résistance, die menschliche Kultur der Jahrtausende ist gefordert, um die Fragen der Gegenwart in ihrer Weite und Tiefe neu zu verstehen.

W.: Romane und Erz.: Lunes en papier, 1921; Les conquérants, 28 (dt. Die Eroberer); Royaume Farfelu, 28; La voie royale, 30 (dt. Der Königsweg); La condition humaine, 33 (dt. Conditio humana, auch als: So lebt der Mensch); Le temps du mépris, 35 (dt. Die Zeit der Verachtung); L'espoir, 37 (dt. Hoffnung); La lutte avec l'ange (dt. Der Kampf mit dem Engel): 1. Teil: Les noyers de l'Altenburg, 43. – *Essays:* La tentation de

l'occident, 26 (dt. Die Lockung des Westens, auch als: Lockung des Okzidents); Esquisse d'une psychologie du cinéma, 47; La psychologie de l'art (dt. Psychologie der Kunst, 2 Bde): I. Le musée imaginaire, 47 (dt. Das imaginäre Museum), II. La création artistique, 48 (dt. Die künstlerische Gestaltung), III. La monnaie de l'absolu, 51 (dt. Das Lösegeld des Absoluten), I–III mit Les métamorphoses d'Apollon (dt. Die Verwandlungen Apollons) als: Les voix du silence, 51 (dt. Stimmen der Stille); Saturne, 50 (dt. Goya); Le musée imaginaire de la sculpture mondiale, 53–55; La métamorphose des Dieux, 57. – *Autobiographie:* Antimémoires, 67 (dt. Anti-Memoiren); Les chênes qu'on abat, 71. – Œuvres complètes, 7 Bde, 45.
Lit.: G. Picon: M. par lui-même, 1953; P. de Boisdeffre: A. M., [4]57; G. Sigaux: M., 59; G. Hartmann: M., 60; G. Blumenthal: A. M. The Conquest of Dread, Baltimore, 60; R. Stéphane: Portrait de l'aventurier. T. E. Lawrence, M., v. Salomon, 65; A. Goldberger: Visions of a New Hero, Paris, 65; W. G. Langlois: A. M. The Indochina Adventure, N. Y. 66; D. Boak: A. M., 68; H. Balz: Aragon-M.-Camus, 70. H. B.

Mandelschtam, Ossip Emiljewitsch (Mandelštam, Osip Emilevič), * 15. 1. 1891 Warschau, † 27. 12. 1938 Wladiwostok.
M. wuchs als Sohn eines jüdischen Kaufmanns und einer intellektuellen Mutter in Petersburg auf. Nach Besuch einer Handelsakademie studierte er Romanistik in Paris, Heidelberg und Petersburg, wo er als freier Schriftsteller lebte. 1934 wurde er verbannt, zuletzt nach Sibirien; ein Epigramm auf Stalin war einer der Gründe. In der Stalin-Ära durfte nicht einmal sein Name genannt werden. Von Ehrenburg nach 1956 wieder zu Ehren gebracht, erschienen in der Sowjetunion bis jetzt jedoch nur sein Buch über Dante und Gedichte in Zeitschriften. – Den um 1910 noch vorherrschenden mystischen Symbolismus überwand M. sehr rasch, auch seine Zugehörigkeit zur Gruppe der Akmeisten (gemeinsam mit Achmatowa und Gumiljow) blieb eher eine Episode. Schon mit seinem ersten Gedichtband *Kameń* [Stein] fand M. zu seinem eigenen Stil von stärkster Verdichtung, z. T. feierlicher Statik und steter Bezogenheit auf überlieferte kulturelle Werte. In ihrer strengen klassischen Selbstgenügsamkeit und häufigen Verschlüsseltheit blieb die Lyrik M.s esoterische «Poesie der Poesie», von allen Kennern jedoch aufs höchste geschätzt. Dichterische Qualitäten zeigt auch die Prosa M., das autobiographische *Šum vremeni* [Rauschen der Zeit] und die surrealistische *Egipetskaja marka* (Die ägyptische Briefmarke). Die Beschreibung einer Reise nach Armenien (1930) war das letzte zu Lebzeiten des Dichters veröffentlichte Werk. Die Lyrik der Verbannungsjahre wurde im Ausland publiziert. Als Denker und Literaturtheoretiker ist M. noch kaum entdeckt.

W.: Lyrik: Kameń, 1913, 16; Tristia 22, 23; Stichotvorenija, 28. – *Essays:* O prirode slova, 22; O poezii, 28; Razgovor o Dante, 57. – *Sonstige Prosa:* Šum vremeni, 25; Egipetskaja marka, 28 (dt. Die ägyptische Briefmarke). – Ges. Werke 1–3 (russ.) Washington 67–70 (mit Briefen, ausführl. Einleitungen u. Bibliographie). – Dt. ferner: Gedichte (übers. v. P. Celan).
Lit.: Nadeshda M. (s. Frau): Vospominanija 70 (dt. Das Jahrhundert der Wölfe). G. W.

Mandiargues → Pieyre de Mandiargues

Manganelli, Giorgio, * 1922 Mailand.
M. studierte Anglistik und lebt heute in Rom. — Seine traktatähnliche Prosa verbindet Analyse und üppige Bildlichkeit. So wird die einleitende und zentrale Hypothese von *Hilarotragoedia*, daß der Mensch «absteigender Natur» sei, in Katarakte von absurden, obszönen, pervertierten Metaphern zerlegt. Erzählende Passagen wechseln mit Meditationen, die sich phantasievoll christlichen Glaubenswahrheiten entgegensetzen. *Nuovo commento* umspielt mit immer neuen Anekdoten und Wortströmen das Verhältnis von Text und Kommentar, das ebenso spielerisch dann in kosmogonisch-theologische Aphorismen übergeht. Das im Verein hiermit diskutierte Problem der Lüge in der Sprache hat M. auch in Essays behandelt.

W.: Hilarotragoedia, 1964 (dt. Niederauffahrt); La letteratura come menzogna, 67 (Essays); Nuovo commento, 69 (dt. Omegabet). RLL

Manger, Jürgen von, * 6. 3. 1923 Koblenz.
Nach dem Abitur 1941 nahm M. Schauspielunterricht und war seit 1945 auf Bühnen in Hagen, Bochum und Gelsen-

kirchen tätig. 1954–56 studierte er Jura in Köln und Münster. — M. wurde bekannt mit Stegreifgeschichten um «Adolf Tegtmeier», die wie die Stücke Karl Valentins vor allem aus der Kunst des Vortragenden leben. M. demonstriert an seiner Figur und deren Ruhrpott-Idiom die Deformierung von Erlebnissprache durch eine standardisierte Behörden- und Kultursprache.

W.: Bleibense Mensch! Reden und Gerede des Adolf Tegtmeier, 1966. Zahlreiche Schallplatten. RLL

Mann, Heinrich, * 27. 3. 1871 Lübeck, † 12. 3. 1950 Santa Monica (Kalifornien). M., Sohn eines hanseatischen Kaufmanns (seit 1877 Senator der Freien Reichsstadt Lübeck) und einer deutsch-brasilianischen Mutter, wuchs im patrizischen Lübecker Milieu auf. Nach dem Abgang vom Gymnasium aus der Unterprima wurde er Buchhandlungslehrling in Dresden (1889); 1890–92 volontierte er im S. Fischer Verlag, Berlin, und hörte Vorlesungen an der dortigen Univ. Schriftstellerische Versuche – seit seinem 13. Lebensjahr – führten nach dem Tode des Vaters (1891) zu ersten veröffentlichten Rezensionen in der «Gesellschaft» und in der «Gegenwart». Gesundheitlich gefährdet, lebte M. 1893–98 vorwiegend in Italien, wo er — während sein Bruder Thomas M. «Buddenbrooks» auszuarbeiten begann – seinen Roman *Im Schlaraffenland* niederschrieb. M. entwickelte, nach konservativen Ansätzen in den 90er Jahren, nach der Jahrhundertwende als einziger deutscher Schriftsteller seiner Generation ein konsequent demokratisches Denken. Auseinandersetzungen mit dem deutschen Imperialismus der Wilhelminischen Ära einerseits, andererseits mit den als Vorbild empfundenen politischen und literarischen Traditionen des neueren Frankreich bildeten seine Überzeugungen. Seit Erscheinen der Romane *Professor Unrat* (1905) und *Der Untertan* (1914 Vorabdruck, Buch 1918) und politischer Essays im Jahr 1910 galt M. der expressionistischen Generation als Wortführer des «Aktivismus». Bei Ausbruch des Ersten Weltkrieges wurde der Fortsetzungsabdruck des «Untertan» abgebrochen. Gegen den Chauvinismus der deutschen Kriegsbegeisterung – insbesondere auch Thomas M.s – protestierte M. mit seinem Essay *Zola* (1915). Der große Verkaufserfolg der Buchausgabe des *Untertan* nach Kriegsende begründete M.s nationales Ansehen. In den 20er Jahren setzte sich M. nicht nur für die deutsch-französische Verständigung, sondern auch für eine paneuropäische Bewegung ein. 1926 wurde er in das Gründungskapitel der Sektion Dichtkunst der Preußischen Akademie der Künste zu Berlin gewählt, 1931 wurde er als deren Präsident berufen. Die Verfilmung von *Professor Unrat* unter dem Titel «Der blaue Engel» (1930) machte M. international bekannt. 1933, nachdem M. zusammen mit A. Einstein und K. Kollwitz zur Einigung von SPD und KPD aufgerufen hatte, wurde er zum Austritt aus der Akademie gezwungen. M. floh, noch vor dem Reichstagsbrand, am 21. 2. 1933 nach Frankreich, wo er bis 1940 in Nizza lebte. Er war seit der Gründung der Deutschen Volksfront, 1935, deren Präsident. 1940 floh er mit Hilfe L. Feuchtwangers über Spanien, Portugal in die USA. 1947 wurde ihm der philosophische Ehrendoktor der Humboldt-Universität, Berlin, 1949 der Nationalpreis 1. Klasse für Kunst und Literatur der DDR verliehen. M. hatte im gleichen Jahr die Berufung zum Präsidenten der neu zu gründenden Deutschen Akademie der Künste zu Berlin-Ost angenommen.

M. begann um 1890 mit erzählerischen Versuchen im Stil des damals herrschenden französischen Psychologismus (*In einer Familie*). Unter dem Einfluß Maupassants, Balzacs und Fontanes wandte er sich seit 1895 gesellschaftskritischen Darstellungen zu, in denen zunächst eine Kritik «von rechts», ein romantischer Antikapitalismus, überwog (*Im Schlaraffenland. Ein Roman unter feinen Leuten*). In *Professor Unrat* wird dann bereits die Antithese von «Macht» und «Geist» entwickelt, unter der M.s philosophischer Dualismus den Widerstreit von Bestehendem und Revolutionärem, Monarchismus und Republik begriff. Dieser Gegensatz beherrscht die nächsten großen Romane: *Die kleine Stadt*, ein kunstvoll gebauter, dramatischer Roman, der das befreiende Erlebnis der Kunst in einer italienischen Kleinstadt schildert und auf engstem Raum wohl hundert genau charakterisierte Figuren bewegt; und *Der Untertan,* der negative Bildungsroman Diederich Heßlings vom furchtsamen Kind zum machtanbetenden imperialistischen Bourgeois: ein Epochen- und Zeitroman, nicht einfach «Satire». In den folgenden Romanen, *Die Armen* und *Der Kopf*, versuchte M. mit geringerem künstlerischen und ideologiekritischen Erfolg, die Schichten des Proletariats einerseits, der Großindustrie und leitenden Bürokratie andererseits darzustellen. Er faßte die drei Werke zu den «Romanen der deutschen Gesellschaft im Zeitalter Wilhelms II.» zusammen. Bedeutender als sein Romanwerk des folgenden Jahrzehnts ist M.s publizistisches Wirken: eine Fülle von zeit-, literatur- und kulturkritischen und politischen Schriften waren der Erziehung der Deutschen zu Demokraten gewidmet (z. T. gesammelt und in Buchform veröffentlicht).

In der Emigration schuf M. die großangelegten historischen Romane *Die Jugend des Königs Henri Quatre* und *Die Vollendung des Königs Henri Quatre.* Er stellte mit dem guten Volkskönig ein Muster humanistischer Toleranz, Skepsis und Streitbarkeit, und mit dem Beförderer des «Großen Planes» einer ewigen Befriedung Europas durch den Zusammenschluß seiner Staaten in einer «sehr christlichen allgemeinen Republik» einen vorbildlichen Politiker dar, der die Synthese von «Macht» und «Geist» in sich vereinigte. Das Werk war, M.s pragmatischem Geschichtsdenken entsprechend, als ein «wahres Gleichnis» für die Gegenwart gemeint und wurde als solches von L. Feuchtwanger, H. Kesten, G. Lukács und A. Zweig sofort erkannt. Die Sprache verbindet in meisterhafter Ökonomie Schilderung, Bericht, Reflexion und klassische Sentenz. Der rasche Wechsel aus anschaulicher Darstellung und folgender Abstraktion wird von M. in den folgenden Werken zu einem eigenen dichterischen Altersstil entwickelt. – Seine vielfältige antifaschistische Essayistik dieser Jahre hat M. nur zum geringsten Teil in Buchform vorgelegt. – Im amerikanischen Exil entstanden, formal beeinflußt durch M.s Verpflichtung als Filmscriptwriter in Hollywood (1940/41), vier dramatische Romane: *Lidice,* die als Satire verfehlte Darstellung des tschechischen Widerstands gegen Heydrichs Herrschaft; *Empfang bei der Welt,* eine unter Verwendung märchenhafter Motive in der internationalen Gesellschaft («überall und nirgends») spielende zeitkritische Satire; *Der Atem,* ein stark autobiographisch gestimmter Roman, der, wie der vorhergehende, die Handlung (am Tage des Kriegsausbruchs 1939) in ein bis zwei Tage dramatisch zusammendrängt; und *Die traurige Geschichte von Friedrich dem Großen* (Fragment), eine in der Form des Dialogromans großangelegte Kritik an Entwicklungen der preußisch-deutschen Geschichte. Ein Schlüssel zu den nicht leicht verständlichen Alterswerken bietet M.s Memoirenbuch *Ein Zeitalter wird besichtigt.* In ihm vollendet M. sein zeit- und gesellschaftskritisches Werk auf dem Grund eines spekulativen Geschichtsbildes und des seit der Jahrhundertwende entwickelten Begriffs des «Lebensgefühls», das er mit den wechselnden Geschichtsepochen in Zyklen ansteigen und entarten sieht. – M. hatte sich unter seinen Generationsgenossen in den 20er und 30er Jahren am progressivsten zum bürgerlichen Demokraten, dann zum Sozialisten entwickelt. Der formale Reichtum seines Gesamtwerks, insbesondere aber die komplizierten Sprach- und Formstrukturen seines Alterswerks (eigenartig ausgebildete Mischung von Bericht und Bewußtseinsstromtechnik), lassen ihn als einen der hervorragendsten deutschen Schriftsteller dieses Jahrhunderts erscheinen. – Sein Nachlaß wird in den Literaturarchiven der Deutschen Akademie der Künste zu Berlin bewahrt.

W.: Romane: In einer Familie, 1894; Im Schlaraffenland, 1900; Die Göttinnen oder Die drei Romane der Herzogin von Assy, 03; Die Jagd nach Liebe, 03; Professor Unrat oder Das Ende eines Tyrannen, 05; Zwischen den Rassen, 07; Die kleine Stadt, 09; Die Armen, 17; Der Untertan, 18; Der Kopf, 25; Mutter Marie, 27; Eugénie oder Die Bürgerzeit, 28; Die große Sache, 30; Ein ernstes Leben, 32; Die Jugend des Königs Henri Quatre, 35; Die Vollendung des Königs Henri Quatre, 38; Lidice, 43; Der Atem, 49; Empfang bei der Welt, 56; Die traurige Geschichte von Friedrich dem Großen, Fragment, 60. – *Novellen:* Das Wunderbare und andere Novellen, 1897; Ein Verbrechen und andere Geschichten, 98; Flöten und Dolche,

1905; Mnais und Ginevra, 06; Stürmische Morgen, 06; Schauspielerin, 06; Die Bösen, 08; Das Herz, 10; Die Rückkehr vom Hades, 11; Bunte Gesellschaft, 17; Der Sohn, 19; Die Ehrgeizige, 20; Die Tote und andere Novellen, 21; Abrechnungen, 24; Der Jüngling, 24; Kobes, 25; Liliane und Paul, 26; Sie sind jung, 29; Der Freund, 31; Die Welt der Herzen, 32; Das Stelldichein. Die roten Schuhe, 60. – *Schauspiele:* Variété, 10; Schauspielerin, 11; Die große Liebe, 12; Madame Legros, 13; Brabach, 17; Drei Akte [Der Tyrann, Die Unschuldige, Variété] 18; Der Weg zur Macht, 19; Das gastliche Haus, 24; Bibi, in «Sie sind jung», 29. – *Essays:* Eine Freundschaft: Gustave Flaubert und George Sand, 05; Macht und Mensch, 19; Diktatur der Vernunft, 23; Sieben Jahre, 29; Geist und Tat, Franzosen 1780–1930, 31; Das öffentliche Leben, 32; Bekenntnis zum Übernationalen, 33; Der Haß, Deutsche Zeitgeschichte, 33; Der Sinn dieser Emigration, 34; Es kommt der Tag, Deutsches Lesebuch, 36; Hilfe für die Opfer des Faschismus, 37; Was will die deutsche Volksfront?, 37; Mut, 39; Ein Zeitalter wird besichtigt, 45 (Memoiren). – *Briefe:* An Karl Lemke und Klaus Pinkus, 63; Th. Mann – H. M. Briefwechsel 1900–1949, 68. – Neuere Ausgaben: Ausgewählte Werke in Einzelausgaben, bisher 10 Bde, 58–67; Gesammelte Werke. Hg. v. d. Deutschen Akademie der Künste zu Berlin, bisher 9 Bde, 65–70.

Lit.: H. M. Fünf Reden und eine Entgegnung zum 60. Geburtstag, 31; Gedenkausstellung, Aus dem Lebenswerk des Dichters H. M., 51; H. Ihering: H. M., 51; U. Weisstein: H. M., 62; K. Schröter: Anfänge H. M.s, 65; L. Winter: H. M. und sein Publikum, 65; M. Hahn, in: Weimarer Beiträge 12, 66 und 13, 67; R. N. Linn: H. M., 67; K. Schröter: H. M. in Selbstzeugnissen und Bilddokumenten, 67; E. Zenker: H. M.-Bibliographie, 67; Akzente, Nr. 5, 69; K. Lemke: H. M., 70; A. Banuls: H. M., 70; Text u. Kritik. Sonderheft, 71; K. Schröter: H. M., 71; W. Herder: Geist u. Macht, 71; H. M. 1871–1971, hg. K. Matthias, 71. K. Schr.

Mann, Klaus, * 18. 11. 1906 München, † 21. 5. 1949 Cannes.

K. M., ältester Sohn Thomas M.s, schrieb mit 15 Jahren erste Novellen, gründete mit seiner Schwester Erika M., Pamela Wedekind und Gustaf Gründgens ein Theaterensemble und unternahm 1929 eine Weltreise «rundherum». Nach seiner Emigration – Amsterdam, Zürich, Prag, Paris, ab 1936 USA - wurde er zur zentralen Figur der internationalen antifaschistischen Publizistik. Er gab die Zeitschriften «Die Sammlung» (1933–35) und «Decision» (1941–42) heraus, kehrte als US-Korrespondent nach Deutschland zurück und beging 1949 aus persönlichen und politischen Motiven Selbstmord, nachdem er in dem von Pessimismus erfüllten Essay *Die Heimsuchung des europäischen Geistes* noch einmal zur Besinnung aufgerufen hatte.

K. M. sagte sich früh vom Daseinsgefühl der Eltern-Generation los und stellte die Lebenskrise der «Jungen» in der stilistisch frühreifen *Kindernovelle* und in der Autobiographie des Sechsundzwanzigjährigen *Kind dieser Zeit* dar. Seine wichtigsten Romane schrieb K. M. im Exil: *Symphonie Pathétique,* Porträt des «einsamen» Tschaikowski, die Heimatlosigkeit des Künstlers symbolisierend; *Mephisto,* Roman einer Karriere im Dritten Reich, und *Der Vulkan,* mit breit angelegter Schilderung aller Strömungen des Exils. In der musterhaften Autobiographie *Der Wendepunkt* gelangt K. M.s Diktion zu Reife und gelassener Sachlichkeit. – K. M. sprach stellvertretend für eine Generation, die in den 20er Jahren ihre entscheidenden Eindrücke empfing, mit einem engagierten Freiheitsbewußtsein zu neuen Ufern aufbrechen wollte und zwischen den Fronten einer zerrissenen Nachkriegswelt an der Machtlosigkeit des Geistes verzweifelte.

W.: Romane: Der fromme Tanz, 1926; Alexander, 29; Symphonie Pathétique, 35: Mephisto, 36; Der Vulkan, 39. – *Erz.:* Vor dem Leben, 25; Kindernovelle, 26; Vergittertes Fenster, 37. – *Autobiographien:* Kind dieser Zeit, 32; Der Wendepunkt, 52 (zuerst engl.: The Turning Point, 42). – *Essays:* André Gide, 48 (engl. 43); Prüfungen. Schriften zur Literatur, 68; Heute und Morgen. Schr. zur Zeit, 69 (beide Bde hg. v. M. Gregor-Dellin). M. GD.

Mann, Thomas, * 6. 6. 1875 Lübeck, † 12. 8. 1955 Zürich.

M. wuchs in großbürgerlichen Verhältnissen auf, die er in seinem ersten Roman, *Buddenbrooks*, geschildert hat. Bereits als Schüler schrieb er Prosaskizzen und Aufsätze für eine Zeitschrift, deren Mitherausgeber er war. Nach dem Tode des Vaters (1891) und nach dem Abgang vom Gymnasium aus Obersekunda (1893) folgte er seiner Mutter von Lübeck nach München. Er war dort ein Jahr lang Volontär einer Versicherungsgesellschaft, bis seine erste Novelle den Beifall R. Dehmels (1894) erwarb und er sich zum Schriftstellerberuf entschloß. Er begann, Beziehungen nutzend, die sein älterer Bruder Heinrich M. geknüpft hatte, in Zeitschriften zu veröffentlichen und lieferte auch Beiträge für die 1895/96 von H. M. herausgegebenen, chauvinistisch-antisemitischen «Blätter für deutsche Art und Wohlfahrt», «Das Zwanzigste Jahrhundert». Überhaupt vollzog sich seine Jugendentwicklung in enger Anlehnung an H. M., dessen Lektüre – Heine, H. Bahr, P. Bourget und F. Nietzsche – M. teilte. Während der S. Fischer Verlag, Berlin, M.s erstes Novellenbändchen *Der kleine Herr Friedemann* herausbrachte, hielt sich M. mit seinem Bruder in Rom und Palestrina auf (1896–98). Hier erhielt er von S. Fischer den Auftrag, einen Roman zu schreiben. Er begann 1897 mit der Niederschrift der *Buddenbrooks*. 1898/99 war M. als Redakteur des «Simplicissimus» in München tätig, wo er bis 1933 ansässig blieb. Nach dem bedeutenden, einhelligen Erfolg der *Buddenbrooks* produzierte M. längere Zeit nur wenige Werke geringen Umfangs und von beschränkter thematischer Bedeutung. Er entwickelte indessen sprachlich (Leitmotiv, hypotaktische Syntax) und strukturell (Symbol, Parabel, Allegorie) immer anspruchsvollere Erzählformen. Weltanschaulich lebte er, insbesondere seit seiner Verbindung zur Münchener Großbourgeoisie (durch die Verheiratung mit K. Pringsheim, 1905), in Angleichung an die herrschende Gesellschaftsordnung, was 1914, bei Ausbruch des Ersten Weltkrieges, zur Verteidigung «unseres sozialen Kaisertums» und einer romantisch-idealistisch verstandenen «Sendung deutscher Eigenart» führte (*Gedanken im Kriege*, 1914; *Friedrich und die große Koalition; Betrachtungen eines Unpolitischen*). Heinrich M., als Demokrat und Republikaner, hatte sich von M. losgesagt. Der offen gewordene Konflikt zwischen den Brüdern war das Ergebnis einer nach der Jahrhundertwende einsetzenden ideologischen Entzweiung.

Nach der Errichtung der Weimarer Republik begann M. seine Anschauungen zu wandeln, indem er seine politischen Positionen den bürgerlich-demokratischen seines Bruders anzugleichen suchte (die Versöhnung der Brüder erfolgte 1922). Erst auf dieser Basis gelang es ihm, seinen zweiten großen Roman, *Der Zauberberg*, zu schreiben und sich seither in zeitkritischer Publizistik für eine Demokratisierung Deutschlands einzusetzen. 1919 wurde M. der erste seiner Ehrendoktortitel durch die Bonner Universität verliehen, 1926 durch den Lübecker Senat der Professorentitel. Der Sektion Dichtkunst der Preußischen Akademie der Künste gehörte er seit ihrer Gründung an (1926). 1929 empfing M. den Nobelpreis für Literatur. 1932 war M. der offizielle Festredner der Goethe-Feiern in Weimar und Berlin.

1930, nach den Reichstagswahlen, die den Nationalsozialisten einen großen Stimmenzuwachs einbrachten, hatte M. in einer *Deutschen Ansprache* zur Einigung von Bürgertum und Sozialdemokratie gegen den heraufkommenden Faschismus aufgerufen. M. verließ am 11. 2. 1933 Deutschland, um seinen Vortrag «Leiden und Größe Richard Wagners» zu dessen 50. Todestag in Amsterdam, Brüssel und Paris zu wiederholen. Auf Anraten seiner Kinder kehrte er von dieser Reise nicht mehr nach Nazi-Deutschland zurück. Er lebte zunächst in Sanary-sur-Mer, dann in Küsnacht bei Zürich (bis 1938). Er beteiligte sich indessen während der folgenden drei Jahre nicht an der antifaschistischen Propaganda, hielt sich von Emigrantenorganisationen fern und versprach sogar (1933) dem Reichsministerium des Innern, sich politischer Äußerungen zu enthalten, um den Kontakt zu seinem innerdeutschen Publikum nicht zu verlieren. M. lag daran, daß die Veröffentlichung der 1926 begonnenen Joseph-Romane in Deutschland ungestört vonstatten ging; die ersten Bände erschienen 1933 und 1934 im Berliner S. Fischer Verlag. Erst 1936 nötigte eine Schweizer Kontroverse M., sich öffentlich gegen Nazi-Deutschland und zur Emigration zu bekennen. Im Dezember 1936 wurde ihm die deutsche Staatszugehörigkeit aberkannt. Den darauffolgenden Entzug des Bonner Ehrendoktors beantwortete er mit dem vielbeachteten Brief an den Dekan der Philosophischen Fakultät in Bonn (1937). – 1934 hatte M.

eine erste Reise in die USA unternommen. 1938 erfolgte die Übersiedlung dorthin und zugleich die Annahme einer Gastprofessur in Princeton (New Jersey). Hier vollendete M. den in der Schweiz begonnenen Goethe-Roman *Lotte in Weimar.* 1940 siedelte er nach Kalifornien um, wo er 1942–52 in Pacific Palisades lebte. 1942 wurde er zum Berater für deutsche Literatur an der Library of Congress, Washington, D.C., ernannt. Seit 1940 sprach er über die British Broadcasting Corporation antifaschistische Radioreden nach Deutschland (*Deutsche Hörer!*) und beteiligte sich durch Vortragsreisen in den USA an antifaschistischer Aufklärung. – Nach dem Abschluß der Joseph-Romane wandte sich M. der Ausarbeit eines autobiographisch gestimmten Romans zu: *Doktor Faustus,* der als «Lebensbeichte» und zugleich als «Roman der Epoche» gemeint war. – 1947 besuchte M. erstmals wieder Europa, um an der ersten internationalen Nachkriegstagung des PEN-Clubs in Zürich teilzunehmen. 1949 erfolgte der erste Besuch Deutschlands. M. hielt die offiziellen Goethe-Reden in Frankfurt/M. und Weimar und nahm die Goethe-Preise dieser Städte entgegen. 1952 kehrte M., enttäuscht von den politischen Entwicklungen in den USA nach dem Tode F. D. Roosevelts, in die Schweiz zurück. Er lebte hier zunächst in Erlenbach bei Zürich, bis er, 1954, ein Haus in Kilchberg am Zürichsee erwarb. Hier vollendete er den «ersten Teil» der *Bekenntnisse des Hochstaplers Felix Krull,* einer Romankonzeption, die auf das Jahr 1910 zurückging und von der 1922 und 1938 erste Fragmente veröffentlicht worden waren. Im Schiller-Gedenkjahr 1955 hielt M. Reden in Stuttgart und Weimar. Er empfing, anläßlich seines 80. Geburtstages, u. a. die Ehrenbürgerschaft seiner Vaterstadt Lübeck, die Ehrenmitgliedschaften der Deutschen Akademie der Künste zu Berlin und der Deutschen Akademie für Sprache und Dichtung in Darmstadt, die Ehrendoktorate der Universität Jena und der Eidgenössischen Technischen Hochschule Zürich und, zwei Tage vor seinem Tod, die Nachricht von seiner Aufnahme in die Friedensklasse des Ordens «Pour le Mérite».

M. begann mit poetischen und dramatischen Versuchen als Schüler (nicht überliefert). Seine ersten Veröffentlichungen sind, wie diejenigen Heinrich M.s, konventionell an Psychologismus und analytische «Nervenkunst» der 1890er Jahre gebunden (*Vision,* 1893; *Gefallen,* 1894). Aus ihr entwickelt M. in diesem Jahrzehnt den Gegensatz von Künstler-Décadent zur bürgerlichen Gesellschaft, der ihm durch die moralkritischen Schriften P. Bourgets bekannt geworden und durch Nietzsches Psychologie des Künstlers erläutert worden war (Beiträge zum «Zwanzigsten Jahrhundert», 1895/96; *Enttäuschung,* 1896; *Der Bajazzo,* 1897). Entfremdung von Kunst und Gesellschaft bleibt das bestimmende Grundmotiv der Werke, die M. während der Kaiserzeit schrieb, ja, es wird zugespitzt zu der allgemeinen Antithese von «Geist» und «Leben» (*Tonio Kröger; Fiorenza*). Auch der bedeutende erste Roman M.s, *Buddenbrooks,* ist von dieser Dekadenzthematik beherrscht, wie sein Untertitel, «Verfall einer Familie», hervorhebt. Allein der weite geschichts- und gesellschaftskritische Rahmen, in den diese Thematik eingespannt ist, weist über die Perspektive des «Verfalls» hinaus. So werden den vier Generationen der biologisch und wirtschaftlich absteigenden Lübecker Patrizierfamilie der Buddenbrooks die aufsteigenden Hagenströms, der Bourgeoisie der Gründerjahre zugehörig, entgegengestellt; und der gleichzeitigen intellektuell-künstlerischen Verfeinerung innerhalb der Familie B., gipfelnd in dem lebensunfähigen «Künstler» und letzten Sproß Hanno B., wird die lebensbejahende Tony B. als «positive Heldin» entgegengesetzt. Das Werk entstand unter den formalen Einflüssen des skandinavischen (A. Kielland, J. Lie) und russischen (L. Tolstoi) realistischen Gesellschaftsromans. Außerdem verwandte M. naturalistische Stilelemente mit der Detailschilderung, der Aufnahme von Dialektformen und mit dem charakterisierenden Dialog. Der Erfolg des Romans in Deutschland war sogleich groß und seit den 20er Jahren weltweit; noch in der Urkunde zur Verleihung des Nobelpreises (1929) wurde auf ihn als die eigentliche Leistung M.s hingewiesen.

Der zweite Roman, *Königliche Hoheit,* ist, gemessen am Gehalt des ersten, unbedeutend. In märchenhafter Form verherrlicht M. die «formale Existenz» des Fürsten, indem er diesen allegorisch für eine Künstlerexistenz stehen läßt. M.s Aristokratismus (die Deutung des Romans durch H. Bahr als ein Zeichen der «Wende zum Demokratischen» wies M. brieflich ab, indem er sie zugleich öffentlich benutzte, um den Roman mit Heinrich M.s gleichzeitig erschienener «Kleinen Stadt» vergleichen zu können) hat seine Perspektive in den ersten anderthalb Jahrzehnten dieses Jahrhunderts auf das Künstlerproblem eingeengt, das er durch eine preußisch-friderizianische Moral des «Durchhaltens» lösen zu können meinte (Plan zu einem «Friedrich»-Roman, 1906; *Der Tod in Venedig*, 1912). M. hat das Resümee dieser Phase seinem Bruder gegenüber gesehen in der «Unfähigkeit, mich geistig und politisch eigentlich zu orientieren, wie Du es gekonnt hast» (8. 11. 1913). Seine Unterwerfung unter das offiziöse chauvinistische Denken in Deutschland wird bei Ausbruch des Ersten Weltkrieges in Beiträgen zur Lage deutlich, in denen M. den Krieg als «Heimsuchung», «Reinigung», «Befreiung» mißversteht («Gedanken im Kriege»). Als Antwort auf Heinrich M.s Antikriegsschrift «Zola» entwarf M. die *Betrachtungen eines Unpolitischen*, ein Bekenntnis zur deutschen Tradition einer idealistisch-romantischen Apolitie. – Während der ersten Jahre unter der Weimarer Republik gelang es M., seine tiefe weltanschauliche Krise zu überwinden. Er nahm nun – zunächst noch dialektisch-spielerisch (s. bes. Settembrini im *Zauberberg*) – die naturrechtlichen Gesellschafts- und Staatslehren des 18. Jhs. in sein Denken auf und gelangt so zu einer Anerkennung der republikanischen Staatsform (*Von deutscher Republik*). Sein dritter Roman, *Der Zauberberg*, spiegelt diesen Prozeß in der «hermetischen» Erziehungs- und Bildungsgeschichte Hans Castorps, eines hanseatischen Patriziersohnes, wider. Die Modellsituation, die M. sich in diesem Werk schafft – Hans C., das «deutsche Hänschen», befindet sich sieben Jahre lang zur Heilung in einem Schweizer internationalen Sanatorium –, ermöglicht es ihm, innerhalb der Grenzen seiner bürgerlichen gesellschaftlichen Erfahrungen und Beobachtungen eine Zeitkritik der Epoche vor dem Ersten Weltkrieg zu geben. Die traditionelle Erzählhaltung wird in diesem Werk durch Analysen, Diskussionen, Reflexionen und Kommentare, mit einem Wort: durch einen Essayismus erweitert, der es erlaubt, alle Fakultäten menschlichen Wissens, «Philosophie, Juristerei, Medizin, Theologie wie selbst auch Naturwissenschaften und Technologie», als Mittel des menschlichen Selbstverständnisses zu erörtern. Hans Castorp, als dilettierender Schüler, unterwirft sich keiner Einzeldisziplin. Er vertritt M.s Idee von «Deutschtum» und «Bürgerlichkeit» als «Idee der Mitte», die M. «als die Idee des Lebens selbst und der Menschlichkeit» erscheint (*Lübeck als geistige Lebensform*). – Das zeitgeschichtliche Engagement M.s, insbesondere seine Warnungen vor dem heraufkommenden Nationalsozialismus, zeigt sich in den Essays dieser Jahre ebenso wie in der Novelle *Mario und der Zauberer* (1930), in der Erfahrungen mit dem italienischen Faschismus verarbeitet wurden.

Von 1926–42 arbeitete M. mit Unterbrechungen an seinem umfangreichsten Romanwerk, der Tetralogie *Joseph und seine Brüder*. Während die ersten Bände dem irrationalen Einfluß religionspsychologischer Studien u. a. von E. Dacqué, A. Bäumler und J. J. Bachofen offenblieben, entstand der letzte Band, *Joseph der Ernährer*, unter dem Eindruck des Rooseveltschen New Deal. Das entspricht M.s Entwicklung vom Irrationalismus um 1914–18 über den bürgerlichen Demokratismus der 20er Jahre zu einem bedingungsvollen sozialistischen Denken in den 30er Jahren. M. benutzte die Gestalt und Geschichte des biblischen Joseph (vgl. im Alten Testament das 1. Buch Mose), um die Synthese des Menschlichen aus Körper und Geist musterhaft vorzuführen, um die «Gegenwart eines Menschentums, das gesegnet wäre mit Segen oben vom Himmel herab und mit Segen von der Tiefe, die unten liegt», darzustellen. Seine Kommentare und bibelexegetischen Diskurse, die, z. T. in ironischer Brechung der Fabel, die Erzählung begleiten, halten sich an die synkretistischen Ergebnisse der sogenannten panbabylonischen religionshistorischen Schule in Deutschland. Diese hatte die Einheit der altorientalischen mythischen Vorstellungen und ihren Zusammenhang mit der Glaubenslehre des Alten Testamentes dargelegt. Indessen lag M. die Absicht, einen religiösen oder auch nur mythologischen Roman zu schreiben, von Anfang an fern. Er versuchte, seinen Gesichtskreis über das Bürgerlich-Europäische (*Buddenbrooks, Zauberberg*) hinaus zu weiten und in der Entwicklung Josephs vom ichbezogenen Träumer zum ministeriellen «Ernährer» und Volksfürsorger ein positives menschheitsgeschichtliches Exempel aufzustellen. Sprachlich zeigen die Joseph-Romane eine Weite der Ausdrucksmöglichkeiten, die vom wissenschaftlichen Kommentarstil bis zum Jargon, zu Dialektfärbungen und Anglizismen reicht. Neben der Ironie zählt der Sprachwitz zum besonderen Stilmittel des Werks. – Die soziale Erziehungsidee, die im «Joseph» dominiert, tritt noch einmal beherrschend hervor in der Moses-Novelle *Das Gesetz.*

In anderen Werken seiner reifen Zeit und seines Alters wendet sich M. wieder der Künstlerproblematik der Jahrhundertwende zu, ohne jedoch die zeit- und geschichtskritische Perspektive zu vernachlässigen: Der Goethe-Roman *Lotte in Weimar* nimmt von einem frühen Goethe-Novellenplan (um 1910) den Gedanken von der «Tragödie des Meistertums» wieder auf, indem er Goethe als Vereinsamten, in seiner Gesellschaft nicht Verstandenen zeigt. Der Roman nimmt den historischen Besuch Charlotte Kestners, geb. Buff (Werthers Lotte), im Jahr 1816 bei Goethe in Weimar zum Gegenstand. Er gipfelt im siebten Kapitel, das Goethes Denken und Dichten (unter Verwendung originärer Goethe-Worte) mit der Technik des Bewußtseinsstroms darstellt.

1943–47 arbeitete M. das Hauptwerk seiner späteren Jahre aus, *Doktor Faustus.* Die Konzeption ging zurück auf einen Plan der Jahre 1902–05, der einen syphilitischen, dem Teufel verschriebenen Künstler als Figur der gesellschaftsfeindlichen isolierten Künstlerexistenz vorsah. M. weitete in der späteren Durchführung die Symbolik des Werks aus, indem er die Entwicklung des Helden, Adrian Leverkühns, vom impressionistischen zum atonalen Komponisten als Dekadenz zur Barbarei mit zeitgeschichtlichen Entwicklungen parallelisierte. Auf die Fragwürdigkeit dieses Symbolgehalts sowie auch auf das Problem, ob ein Teufelspaktler mit der Faust-Gestalt zu identifizieren sei, ist hingewiesen worden (K. Hamburger, 1969). – Noch in den USA vollendete M. den an Hartmann von Aues Gregorius-Legende anknüpfenden kleinen Roman *Der Erwählte.* Sprachlich erreicht M. hier, indem er auf englisch-altfranzösisch - lateinisch - plattdeutscher Grundlage eine vorschismatische europäische Einheitssprache mit «voltairisierendem Spott» benutzt, bei aller Leichtigkeit des Erzähltons eine äußerste Grenze. Auch Manierismen seines Spätstils treten hervor. Seine letzte Erzählung, *Die Betrogene,* bereits in der Schweiz zu Ende geschrieben, parodiert die klassische deutsche Novellenform. Thematisch greift M. in ihr auf das frühe Thema von der Liebe als einer Neigung zum Tod zurück. Seinen letzten großen Bucherfolg hatte M. mit den *Bekenntnissen des Hochstaplers Felix Krull.* Angeregt durch G. Manolescus Memoiren, aber auch parodistische Elemente in bezug auf Goethes «Dichtung und Wahrheit» einschließend, hatte M. das 1910 begonnene Werk zu einer umfassenden Gesellschaftskritik Deutschlands und Europas um 1900 erweitert. Formal dem Abenteuerroman verwandt, schildert der Roman Kindheit, Jugend und erste Stationen der Weltreise eines künstlerisch begabten Kriminellen. Die Welt der Bürger, die ihn erzogen hat, wird aus seiner Perspektive ironisch entlarvt.

M. gilt als der bedeutendste deutsche Erzähler dieses Jahrhunderts. Die fortgesetzte Erweiterung seines Denkens vom Konservatismus zum Demokratismus, ja schließlich zum Sozialismus, insbesondere auch seine weltweit beachtete Mahnerrolle im Kalten Krieg (1945–55) läßt ihn auch als Humanisten vorbildlich erscheinen.

W.: Romane: Buddenbrooks, Verfall einer Familie, 2 Bde, 1901; Königliche Hoheit, 09; Der Zauberberg, 2 Bde, 24; Die Geschichten Jaakobs, Joseph und seine Brüder, Der erste Roman, 33; Der junge Joseph, Joseph und seine Brüder, Der zweite Roman, 34; Joseph in Ägypten, Joseph und seine Brüder, Der dritte Roman, 36; Lotte in Weimar, 39; Joseph der Ernährer, Joseph und seine Brüder, Der vierte Roman, 43; Doktor Faustus, Das Leben des deutschen Tonsetzers Adrian Leverkühn, erzählt von einem Freunde, 47; Der Erwählte, 51; Bekenntnisse des Hochstaplers Felix Krull, Der Memoiren erster Teil, 54. – *Erz.:* Der kleine Herr Friedemann, 1898 (darin: Enttäuschung, Der Bajazzo); Tristan, 1903 (darin: Tonie Kröger); Der kleine Herr Friedemann und andere Novellen, 09; Der Tod in Venedig, 12; Das Wunderkind, 14; Herr und Hund, 19; Gesang vom Kindchen, 19; Wälsungenblut, 21; Unordnung und frühes Leid, 25; Mario und der Zauberer, 30; Die vertauschten Köpfe, Eine indische Legende, 40; Das Gesetz, 44; Die Betrogene, 53. – *Drama:* Fiorenza, 06. – *Essays:* Bilse und ich, 06; Friedrich und die große Koalition, 15; Betrachtungen eines Unpolitischen, 18; Rede und Antwort, 22; Goethe und Tolstoi, 23; Von deutscher Republik, 23; Okkulte Erlebnisse, 24; Bemühungen, 25; Pariser Rechenschaft, 26; Lübeck als geistige Lebensform, 26; Hundert Jahre Reclam, 28; Theodor Fontane, 29; Platen-Tristan-Don Quijote, 30; Deutsche Ansprache, 30; Die Forderung des Tages, 30; Goethe als Repräsentant des bürgerlichen Zeitalters, 32; Goethes Laufbahn als Schriftsteller, 33; Leiden und Größe der Meister, 35; Freud und die Zukunft, 36; Ein Briefwechsel, 37; Vom zukünftigen Sieg der Demokratie, 38; Achtung, Europa!, 38; Dieser Friede, 38; Schopenhauer, 38; Das Problem der Freiheit, 39; Dieser Krieg!, 40; Deutsche Hörer!, 42, erw. 45; Adel des Geistes, 45; Leiden an Deutschland, 46; Deutschland und die Deutschen, 47; Neue Studien, 48; Goethe und die Demokratie, 49; Ansprache im Goethejahr 1949, 49; Die Entstehung des Doktor Faustus, 49; Meine Zeit, 50; Michelangelo in seinen Dichtungen, 50; Der Künstler und die Gesellschaft, 53; Gerhart Hauptmann, 53; Altes und Neues, 53; Versuch über Schiller, 55; Nachlese, 56. – *Briefe:* T. M. Briefe 1889–1955, 3 Bde, Hg. E. Mann, 61–65; T. M. Briefe an Paul Amann 1915–1952, Hg. H. Wegener, 59; T. M. an Ernst Bertram, Briefe aus den Jahren 1910–1955, Hg. J. Jens, 60; T. M. – Karl Kerényi, Gespräch in Briefen, Hg. K. Kerényi, 60; T. M. – Robert Faesi, Briefwechsel, Hg. R. Faesi, 62; T. M. – Heinrich M., Briefwechsel 1900–1949, Hg. U. Dietzel [bzw. H. Wysling], 68; Hermann Hesse – T. M., Briefwechsel, Hg. A. Carlsson, 68; T. M. und Hans Friedrich Blunck, Briefwechsel und Aufzeichnungen, Hg. W. Blunck, 69; Briefe an G. B. Fischer, 71. – Gesamtausgaben: Ges. W., 22 bis 37; Ges. W. in 10 Bdn, 25; Stockholmer Gesamtausgabe, 38 ff.; Ges. W. in 12 Bdn, 55; Ges. W. in 12 Bdn, 60.

Lit.: Gesamtdarstellungen: A. Eloesser: T. M., 25; H. Mayer: T. M., 50; F. Lion: T. M., erw. Ausg., 55; B. Tecchi: T. M., 56; G. Lukács: T. M., 5. verm. und verb. Aufl., 57; A. Bauer: T. M., 60; E. Heller: T. M., Der ironische Deutsche, 59; K. Schröter: T. M. in Selbstzeugnissen und Bilddokumenten, 64; H. Bürgin, H.-O. Mayer: T. M., Eine Chronik seines Lebens, 65; E. Hilscher: T. M., 65; E. Middell; T. M., 66; R. Karst: T. M., 70. – Einzelstudien: K. Hamburger: T. M.s Roman «Joseph und seine Brüder», 45 [Neuausg. u. d. T.: Der Humor bei T. M., Zum Joseph-Roman, 65]; B. Blume: T. M. und Goethe, 49; R. Thieberger: Der Begriff der Zeit bei T. M., 52; P.-P. Sagave: Réalité sociale et idéologie religieuse dans les romans de T. M., 54; R. A. Nicholls: Nietzsche in the Early Works of T. M., 55; Erika Mann: Das letzte Jahr, 56; J. Diersen: Untersuchungen zu T. M., 59; L. Venohr: T. M.s Verhältnis zur russischen Literatur, 59; H. Eichner: T. M., Eine Einführung in sein Werk, 2. veränd. Aufl., 61; K. Sontheimer: T. M. und die Deutschen, 61; H. Koopmann: Die Entwicklung des «intellektualen Romans» bei T. M., 62, ²70; G. Bergsten: T. M.s Doktor Faustus, 63; J. F. G. Grosser: Die große Kontroverse, Ein Briefwechsel um Deutschland, 63; H. Stresau: T. M. und sein Werk, 63; R. Baumgart: Das Ironische und die Ironie in den Werken T. M.s, 64; V. Mann: Wir waren fünf. Bildnis der Familie Mann, 64; H. Lehnert: T. M., Fiktion, Mythos, Religion, 65; H.-J. Sandberg: T. M.s Schiller-Studien, 65; J. Feuerlicht: T. M. und die Grenzen des Ich, 66; S. Szemere: Kunst und Humanität, Eine Studie über T. M.s ästhetische Ansichten, 66; A. Hofman: T. M. und die Welt der russischen Literatur, 67; K. Matthias: Studien zum Werk T. M.s, 67; J. Scharfschwerdt: T. M. und der deutsche Bildungsroman, 67; A. Banuls: T. M. und sein Bruder Heinrich, Eine repräsentative Gegensätzlichkeit, 68; K. Hermsdorf: T. M.s Schelme, 68; J. B. Jonas: T. M. und Italien, 69; K. Schröter: T. M. im Urteil seiner Zeit, 69; K. Matthias: T. M. und Skandinavien, 69; J. Maître: Aspekte der Kulturkritik in der Essayistik T. M.s, 70; C. A. M. Noble: Krankheit, Verbrechen u. künstlerisches Schaffen bei T. M., 71. – Sammelbände: The Stature of T. M., Hg. C. Neider, 51; Hommage de la France à T. M. 55; Vollendung und Größe T. M.s, Hg. G. Wenzel, 62; Sinn und Form, Sonderh. T. M., 65; Betrachtungen und Überblicke, Hg. G. Wenzel, 66; P. Scherrer, H. Wysling, Quellenkritische Studien zum Werk T. M.s, 67; Blätter der T. M. Gesellschaft Zürich, 58 ff. [in loser Folge]. – Bibliographie: H. Bürgin: Das Werk T. M.s, 59; K. W. Jonas: Fifty Years of T. M. Studies, 55; ders.:

T. M. Studies, vol. 2, 67; G. Wenzel: T. M.s Briefwerk, 69. – Forschungsbericht: H. Lehnert: T. M.-Forschung, 69. K. Schr.

Manner, Eeva-Liisa, * 5. 12. 1921 Helsinki.

Die Lyrik von E.-L. M. zeigt eine bilderreiche Sprache, die dem Stil der klassischen chinesischen Dichtung nahekommt. Natur, Kindheit und Musik sind ihre Leitmotive, sie wendet sich gegen die Grausamkeit der Menschen und die Unterdrückung der Phantasie. Als Dramatikerin zeigt sie Verwandtschaft mit Albee. Sie hat Büchner und Hesse ins Finnische übersetzt.

W.: Lyrik: Tämä matka, 1956; Orfiset laulut, 60; Niin vaihtuivat vuoden ajat, 64; Kirjoitettu kivi, 66. – *Prosa:* Tyttö taivaan laiturilla, 51; Kävelymusiikkia, 57. – *Dramen:* Eros ja Psykhe, 59; Uuden vuoden yö, 65; Toukokuun lumi, 66. – Dt. Auswahl in: Junge Lyrik Finnlands; u. Moderne Lyrik, v. M. P. Hein. DW

Manninen, Otto, * 13. 8. 1872 Kangasniemi, † 6. 4. 1950 Helsinki.

M., der Professor in Helsinki war, zählt neben Leino und Koskenniemi zu den bedeutendsten modernen finnischen Dichtern. Sein nur schmales lyrisches Werk zeichnet sich durch ein harmonisches Gleichgewicht zwischen Gefühl und Intellekt, durch formale und sprachliche Kraft und Klangfülle aus. Er übersetzte u. a. Werke von Homer, Goethe, Molière, Ibsen, Petöfi.

W.: Säkeita I, 1905, II, 10; Virrantyven, 25; Matkamies, 38; Muistojen tie, 51. – Dt. Auswahl v. H. Fromm, 52. DW

Mansfield, Katherine (eig. Kathleen M. Beauchamp), * 14. 10. 1888 Wellington (Neuseeland), † 9. 1. 1923 Fontainebleau.

M., Tochter eines Bankiers, verbrachte ihre Kindheit auf Neuseeland, ging dann als Vierzehnjährige für drei Jahre nach London aufs Queen's College, wo sie zunächst Musik studierte und Cellistin wurde. Sie arbeitete u. a. als Statistin und Privatlehrerin. 1911 lernte sie den englischen Schriftsteller John Middleton Murray kennen, den sie 1918 heiratete. Eine schwere Lungenkrankheit zwang sie zu Aufenthalten in Cornwall, Frankreich und der Schweiz. M., befreundet mit D.H. Lawrence, M. Huxley und V. Woolf, wurde erst spät als Schriftstellerin bekannt und starb bald darauf in einem Sanatorium in Fontainebleau. – M., die schon mit 9 Jahren ihre erste Erzählung in einer Zeitschrift veröffentlichte, gilt als Begründerin der modernen «short story» in England. Ihre Kurzgeschichten, die in ihrer strukturellen Originalität außerhalb der englischen Erzähltradition stehen und weniger von Handlungsmomenten als von subtil beobachteten Stimmungsdetails getragen sind, weisen deutliche stilistische Parallelen zu A. P. Tschechow auf. In impressionistischer Darstellungstechnik schildert sie mit psychologischem Feingefühl, unscheinbare, aber bedeutsame Situationen aus dem Alltagsleben, so in *Bliss* dem Moment der ersten Enttäuschung im Leben einer Jungverheirateten.

W.: Erz.: In a German Pension, 1911; Prelude, 18; Je ne parle pas Français, 19; Bliss and Other Stories, 20 (dt. Für 6 Pence Erziehung; später u. d. T.: Seligkeit); Prelude, 20; The Garden Party, 22 (dt. Das Gartenfest); The Dove's Nest, 23; Something Childish, 24; Selected Stories, 29; The Aloe, 30; Collected Stories, 45. – *Autobiogr.:* Journal of K. M., 27, 54; The Letters of K. M., 2 Bde, 28; The Scrapbook of K. M., 40. – *Essays:* Novels and Novelists, 30. – *Lyrik:* Poems, 23; K. M.s Letters to J. M. Murry, 1913–22, 51.

Lit.: R. E. Mantz u. J. M. Murry: The Life of K. M., 1933; F. Carco: Souvenirs sur K. M., 34; J. M. Murry: K. M. and Other Literary Portraits, 49; S. Berkmann: K. M., 51; A. Alpers: K. M., 54; M. A. Schwendimann: K. M., ihr Leben, 67. DW – RLL

Mao Tse-tung, * 26. 12. 1893 Shaoshan (Distrikt Hsiangt'an, Hunan).

M. ist einer der Gründer der KPCh (1921). Nach der Unterdrückung der städtischen Organisationen der KPCh durch Tschiangkaischek im April 1927 schuf er mit anderen kommunistischen Führern im entlegenen Bergland der Provinz Kiangsi die Rote Armee und wurde Vorsitzender der chinesischen Räterepublik, die in Kiangsi als Ergebnis von Bauernaufständen entstanden war. Während des Langen Marsches 1934–35, durch den sich die kommunistischen Einheiten der Vernichtung durch Tschiangkaischeks Truppen entzogen, errang M. auf der Konferenz von Tsun-i die unumstrittene Führung in der KPCh. Er ist heute Vorsitzender des Zentralkomitees der KPCh und Mitglied des Ständigen Komitees des Politbüros, des wichtigsten Entscheidungszentrums der KPCh. M.s Schriften, in denen er die Theorie und Taktik der chinesischen Revolution entwickelt, sind vorwiegend politisch-militärischer Art. Bereits in dem berühmten *Untersuchungsbericht über die Bauernbewegung in Hunan* (1927) bezeichnete M. die Bauernschaft, insbesondere die armen Bauern, als die wichtigste revolutionäre Kraft in China. Somit wird dieser Bericht zum ersten Dokument der maoistischen Taktik. Wegen des poetischen Schwungs seiner Formulierungen verdient dieses Schriftstück auch als literarisches Erzeugnis Beachtung. – Einen Namen als marxistischer Theoretiker gewann M. durch zwei Aufsätze, deren Hauptgedanken er bereits 1937 in Vorlesungen in Yenan vorgetragen hatte, die aber erst nach dem Sieg der Kommunisten veröffentlicht wurden. In der Schrift *Über die Praxis* (1950) befaßte er sich mit der marxistischen Erkenntnistheorie. Der Aufsatz *Über den Widerspruch* (1952) ist eine Darlegung der materialistischen Dialektik, wie sie M. versteht. Mit seiner Betonung der Universalität des Widerspruchs setzte er sich in Gegensatz zu der für den sowjetischen Machtbereich gültigen philosophischen Konzeption und ließ damit bereits das Heraufziehen ideologischer Konflikte zwischen China und der UdSSR ahnen. Zugleich wird hier deutlich, daß M. an Denkansätze anknüpft, die bereits in der klassischen chinesischen Philosophie zu finden sind. In der weiteren Entwicklung gipfelte M.s Auffassung vom Widerspruch in der Feststellung in seiner Rede vom Februar 1957 *Über die richtige Lösung von Widersprüchen im Volk*, daß es auch in Volkschina Widersprüche zwischen der Regierung und dem Volk gebe und daß diese Widersprüche unter Umständen antagonistischen Charakter annehmen könnten. – Als Literaturtheoretiker trat M. 1942 beim Symposium für Literatur und Kunst in Yenan hervor. Dort erläuterte er die Forderungen seiner Partei an eine revolutionäre Literatur und Kunst (*Reden bei der Aussprache in Yenan über Literatur und Kunst*): Die chinesische Literatur müsse von parteiischem Geist geprägt sein, und sie müsse den Volksmassen dienen. Die literarische Sprache solle die Sprache des einfachen Volkes sein. Popularisierung und Hebung des Niveaus der Massen müßten Hand in Hand gehen. Die Literatur solle revolutionären politischen Inhalt mit möglichst vollkommener künstlerischer Form verbinden: «Das aus dem Leben des Volkes geholte literarische und künstlerische Rohmaterial wird von den revolutionären Schriftstellern und Künstlern schöpferisch verarbeitet und zu einer ideologisch den Volksmassen dienenden Literatur und Kunst gestaltet.»

Es ist bemerkenswert, daß M. ungeachtet der von ihm 1942 aufgestellten Leitsätze in seinem eigenen poetischen Schaffen andere Wege ging und für seine Gedichte den klassischen Aufbau wählte. Sie gehören formal einer nicht streng fixierten, freien Form von shih-Gedichten an, die besonders in der Sung-Zeit (10.–13. Jh.) zur Blüte gelangte. In ihnen überwindet M. den Standpunkt eines einfachen «Revolutions»-Denkens. Inhaltlich werden M.s Gedichte von zwei Leitmotiven geprägt: der Freude (Freudigkeit), besonders in seinem ersten Gedicht *Ch'in-jüan-ch-un*: Ch'ang-sha [Frühlingserwachen im Garten: Ch'ang-sha], und einem stark erotisch-ästhetischen Gefühl, das Einflüsse von Li Ch'ing-chao (1084 bis 1151) und anderen Dichtern der späteren T'ang- und der Sung-Periode zeigt.

W.: Dt. Ausg.: Ausgewählte Werke, 4 Bde, Peking 1968 f; Ausgewählte Schriften, hg. v. T. Grimm; Das Rote Buch. Worte des Vorsitzenden M.; Theorie des Guerillakrieges oder Strategie der Dritten Welt; Vom Kriege. Die kriegswissenschaftlichen Schriften; 37 Gedichte, hg. v. J. Schickel; Über die Revolution.
Lit.: St. R. Schram: The Political Thought of M., 1963 (auch dt.); J. Ch'en: Mao and the Chinese Revolution, 65; J. Schickel, in: Kursbuch 9, 67; T. Grimm: M. in Selbstzeugnissen und Bilddokumenten. W. L. – DW

Márai, Sándor (eig. S. Grosschmid), * 11. 5. 1900 Kassa (Kaschau).

M. stammt aus einer Patrizierfamilie und wurde nach Studien in Frankfurt/M. und Berlin Zeitungskorrespondent. Er ging 1948 ins Exil nach den USA.

M. schrieb zahlreiche psychologische Gesellschaftsromane, in denen er das ungarische Bürgertum mit seinen Vorzügen und Schwächen schildert; zu seinen besten Werken dieser Richtung gehört der autobiographische Roman *Egy polgár vallomásai* (Die Geständnisse eines Bürgers). Thema von *Idegen emberek* (Doch er blieb ein Fremder) ist der Odysseusstoff, den M. in *Béke Ithakában* (Verzauberung in Ithaka) wiederaufnahm: In drei «Gesängen» berichten Penelope, Telemachos und Telegenos, der nachhomerischen Überlieferung zufolge der Sohn des Odysseus und der Kirke, über ihr Verhältnis zu Odysseus. M. schrieb außerdem Dramen und Essays.

W.: Novellen: Béli, vagy az alsö szerelem, 1928 (dt. Beli oder die erste Liebe); A sirály, 41 (dt. Die Möve); Medvetáne, 52 (dt. Die französische Jacht); San Gennaro vére, 65 (dt. Das Blut des San Gennaro). – *Romane:* A zendülök, 30; Idegen emberek, 30 (dt. Doch blieb er ein Fremder); Csutora, 32 (dt. Achtung, bissiger Hund); Egy polgár vallomásai, 2 Bde, 34/35 (dt. Die Geständnisse eines Bürgers); Válás Budán, 35 (dt. Die Nacht vor der Scheidung); A féltékenyek, 2 Bände, 37 (dt. Die Eifersüchtigen); Vendégjáték Bolzanóban, 40 (dt. Ein Herr aus Venedig, auch als: Begegnung in Bolzano); Az igazi, 41 (dt. Wandlungen der Ehe); A gyertyák csonkig égnek, 42 (dt. Die Kerzen brennen ab); Béke Ithakában, 52 (dt. Verzauberung in Ithaka). – *Sonstige Prosa:* A szegények iskolája, 39 (Essay; dt. Schule der Armen); Napló 1945–57, 59 (dt. Geist im Exil, Tagebücher). – Ferner dt.: Der Wind kommt vom Westen. DW

Maraini, Dacia, * 13. 11. 1936 Florenz.
D. M. lebte während des Zweiten Weltkrieges in Japan, studierte dann in Florenz, Palermo und Rom und wurde Redakteurin. – D. M., die mit F. Sagan verglichen wurde, schildert in *La vacanza* die Erlebnisse der frühreifen 14jährigen Klosterschülerin Anna, die mit ihrer Familie den Sommer an der See verbringt und Erfahrungen in einer zynischen, nur an Geld und Sex interessierten Gesellschaftsschicht sammelt.

W.: Romane: La vacanza, 1962 (dt. Tage im August); L'età del malessere, 63 (dt. Zeit des Unbehagens); A memoria, 67. – *Lyrik:* Crudeltà all'aria aperta, 66. RLL

Marañon y Posadillo, Gregorio, * 19. 5. 1887 Madrid, † 27. 3. 1960 ebd.
M. studierte Medizin in Madrid und im Ausland, auch in Frankfurt/M. Er war Prof. für Endokrinologie in Madrid, Mitglied der Spanischen Akademie und anderer Akademien in Europa. Als aktiver Politiker überzeugte er 1931 Alfons XIII. abzudanken. Während des Bürgerkrieges lebte er in Frankreich. M. war nicht nur Wissenschaftler, sondern einer der besten spanischen Essayisten des Jahrhunderts und ein hervorragender Biograph (er schrieb u. a. über Leben und Werk des Humanisten Vives und über den Jesuiten – Begründer der Biologie und wissenschaftlichen Physiologie in Spanien – Feijóo).

W.: Tres ensayos sobre la vida sexual, 1927; Amiel, 32; Las ideas biológicas de P. Feijóo, 34; Tiberio: Historia de un resentimiento, 39; Don Juan: Ensayos sobre el origen de su leyenda, 42; Los Tres Vélez, 60. H. S.

Marceau, Félicien (eig. Louis Carette), * 16. 9. 1913 Cortenberg (Belgien).
M. war nach dem Jurastudium Rundfunkredakteur, behielt diesen Posten auch während der deutschen Besatzung und mußte nach der Befreiung 7 Jahre im deutschen und französischen Exil verbringen. — M.s vielfältiges Talent zeigt sich zunächst in literaturkritischen Essays und realistisch-phantastischen, in ironisch-lebhaften Stil verfaßten Romanen aus der Provinz. Seit 1956 wandte M. sich dem Drama zu und errang mit *L'œuf*, einer Bearbeitung seines Romans *Chair et cuir*, großen Erfolg: ein kleiner Beamter, auf der krampfhaften Suche nach dem «System» des Lebens, findet dieses schließlich in Mord und Skrupellosigkeit. In nahezu allen Stücken M.s geht es um die Beherrschbarkeit von Ängsten und irrationalen Krisen, und stets verwendet der Autor in gleicher Virtuosität die Techniken des Boulevardtheaters und des Films.

W.: Romane und Erz.: Chasseneuil, 1948; Chair et cuir, 51; Capri, petite île, 51 (dt. Kleine Insel Capri); L'homme du roi, 52; Bergère légère, 53 (dt. Vielgeliebte Gespielin); En de secrètes noces, 53 (dt. Heimliche Hochzeiten); Les élans du cœur, 55 (dt. Denise); Les belles natures, 57; Les diamants de Mlle Antoinette, 59. – *Dramen:* Caterina, 55; L'œuf, 57 (dt. Das Ei); La bonne soupe, 58 (dt. Der Nerz); L'étouffe-chretien, 60 (dt. Nero); Les cailloux, 62; La preuve par quatre, 64 (dt. Der Manager); Madame

Princesse, 65; Un jour, j'ai rencontré la vérité, 67. – *Essay:* Balzac et son monde, 55. Théâtre, 2 Bde, 64/65. – Dt. ferner: Dramen I. RLL

Marcel, Gabriel, * 7. 12. 1889 Paris.
M. wurde schon mit 20 Jahren Prof. für Philosophie, lehrte in Vendôme, Sens, Paris und Montpellier, war später im Verlagswesen und als Theaterkritiker tätig. 1929 trat er zur katholischen Kirche über. Er gilt als führender Vertreter des christlichen Existentialismus in Frankreich. Als seine wichtigste Begegnung bezeichnet er Jaspers, aber auch der Einfluß von Kierkegaard und Heidegger ist nachzuweisen. Seine Philosophie stellt sich dar nicht als System, sondern als vorwiegend in Tagebuch- und Dialogform fixiertes Denken, das sich auf eigene Erfahrungen und unmittelbares Erleben stützen möchte. Der Mensch steht im Mittelpunkt, aber nicht isoliert. Die menschliche Existenz definiert M. als immer In-der-Welt-Sein, das, im Bewußtsein von einer «Sinnfülle der Transzendenz», durch Verhaltensweisen wie Glaube und Hoffnung sowie durch Liebe und Verantwortlichkeit für das Du bestimmt werden soll. Der Mensch muß sich zu dem entscheiden, was er ist. Er ist ein ständig Werdender, ein «Homo viator». In diesem Sinn ist die Existenzphilosophie dynamisch, sie erfaßt die Existenz als ein In-der-Zeit-Sein. – M.s dramatisches Werk als ein anderer Ausdruck seiner Existenzerfahrung steht in Gegnerschaft sowohl zum Naturalismus als auch zum Symbolismus. Es will «Anruf» sein und stellt den Menschen in Situationen, die ihn zu Entscheidungen zwingen, welche Voraussetzung zu seiner Selbstverwirklichung im Sinne M.s sind. Während M. in den ersten Dramen das Grundproblem der Freiheit und des Glaubens noch vorwiegend abstrakt behandelt, versucht er später in «das Tal des Alltäglichen» herabzusteigen. So wird in *Un homme de Dieu* die Selbstgefälligkeit eines Pastors erschüttert, in *Le dard* deckt M. Irrwege der Liebe auf, in *L'émissaire* zeigt er den Zwiespalt zwischen Ethik und Politik, in *Le monde cassé* kritisiert er unsere sich in oberflächlicher Konventionalität ohne Bezug zu Gott ergehende Zeit als zerbrochen. Überall vollzieht sich durch den Einbruch der Gnade und eine Zuwendung zum Du die wesentliche Verwandlung der Zentralfigur. Das Ethische erscheint gegenüber dem Ästhetischen stärker betont. M.s Stücke haben einen kontemplativen Charakter, äußere Spannung stellt sich kaum ein. Ein antikommunistischer Affekt wird besonders deutlich in *Rome n'est plus dans Rome.*

W.: Essays: Journal métaphysique, 1927 (dt. Metaphys. Tagebuch); Etre et avoir, 35 (dt. Sein und Haben); Du refus à l'invocation, 40; Homo Viator, 45 (dt. Philosophie der Hoffnung); Le mystère de l'être, 51 (dt. Geheimnis des Seins); Théâtre et religion, 59; L'heure théâtrale, 59 (dt. Die Stunde des Theaters); Fragments philosophiques 1909 bis 14, 63. – *Dramen:* La grâce, 11; Le cœur des autres, 21; L'iconoclaste, 23; Un homme de Dieu, 25 (dt. Ein Mann Gottes); La chapelle ardente, 25 (dt. Die Trauerkapelle); Le chemin de Crète, 33 (dt. Der schmale Grat); Le monde cassé, 33 (dt. Die zerbrochene Welt); La soif, 34; Le dard, 37 (dt. Der Stachel); L'émissaire, 49 (dt. Der Bote); Le signe de la croix, 49; Rome n'est plus dans Rome, 51 (dt. Rom ist nicht mehr Rom); Les cœurs avides, 52; La dimension Florestan, 53 (dt. Die Wacht am Sein); Mon temps n'est pas le vôtre, 55 (dt. Meine Zeit ist nicht eure); Croissez et multipliez, 55. – Dt. Sammlung: Schauspiele, 3 Bde.
Lit.: R. Troisfontaines: De l'existence à l'être, 1952; E. Sottiaux: G. M., 56; F. Hoefeld: Der christliche Existentialismus G. M.s, 56; M.-M. Davy: G. M., Un philosophe itinérant, 59 (auch dt.); K. T. Gallagher: The Philosophy of M., N.Y. 62; V. P. Miceli: Ascent to Being, N.Y. 65. R.-D. H.

Marcus, Frank, * 1928 Breslau.
M. lebte in Berlin und emigrierte 1939 nach London. Nach seiner Ausbildung gehörte er der International Theatre Group an. Er machte 1964 durch sein Stück *The Formation Dancers* auf sich aufmerksam und wurde dann international durch *The Killing of Sister George* bekannt, das den künstlerischen und privaten Zusammenbruch der Schauspielerin June Buckridge beschreibt, die ihre Freundin Alice, mit der sie in lesbischer Verbindung lebt, gleichzeitig mit ihrer größten und besten Fernsehrolle verliert.

W.: The Formation Dancers, 1964 (dt. Traumtänzer alle); The Killing of Sister George, 65 (dt. Schwester George muß sterben); Mrs. Mouse Are You Within?, 68; The Window (dt. Das Fenster, 68). W.-D. W.

Marcuse, Ludwig, * 8. 2. 1894 Berlin.
M. studierte in Berlin und Freiburg, promovierte 1917 zum Dr. phil. und habilitierte sich in den 20er Jahren in Berlin. Dann wurde er Journalist und arbeitete als Feuilletonleiter und Theaterkritiker an bekannten Zeitungen. 1933 mußte er als Jude Deutschland verlassen. In den USA erhielt er nach einer langen Zeit der Entbehrung 1940 eine außerordentliche Professur und 1945 einen Lehrstuhl für Philosophie an der Universität Los Angeles. Seit 1963 lebt er wieder in Deutschland. Er schrieb vor allem Biographien und zeit- und kulturkritische Prosa aus dem Geist eines skeptischen Humanismus.

W.: Biographien u. Essays: Georg Büchner, 1922; Heinrich Heine, 32; Soldat der Kirche. Das Leben des Ignatius von Loyola, 37; Die Philosophie des Glücks, 49; Pessimismus, 53; Sigmund Freud, 56; Amerikanisches Philosophieren, 59; Obszön, Geschichte einer Entrüstung, 62; Das denkwürdige Leben des Richard Wagner, 63; Argumente und Rezepte, 67. – *Autobiographien:* Mein 20. Jahrhundert, 60; Aus den Papieren eines bejahrten Philosophie-Studenten, 64; Nachruf auf Ludwig Marcuse, 69. RLL

Marginter, Peter, * 26. 10. 1934 Wien.
M. studierte Rechts- und Staatswissenschaften in Wien und ist als Syndikus in der Industrie tätig. Er schreibt Prosa in der Art von Herzmanowsky-Orlando: skurril und phantastisch, von Einfällen bestimmt. Sein Roman *Der Baron und die Fische* schildert grotesk österreichisches Beamtentum und Figuren wie Baron Elias, seine Luftballonexpedition gegen die «sozialistische Opposition» und seine Erlebnisse in den Pyrenäen. Dem «Krimisterium» *Der tote Onkel* folgten zum Makabren neigende Erzählungen.

W.: Romane: Der Baron und die Fische, 1966; Der tote Onkel, 67. – *Erz.:* Leichenschmaus, 69. RLL

Marinetti, Filippo Tommaso, * 22. 12. 1876 Alexandria (Ägypten), † 2. 12. 1944 Bellagio.
M. wuchs in Frankreich auf, wurde in einem Jesuitenkolleg erzogen und studierte an der Sorbonne, in Pavia und Genua. Dann zog er nach Mailand, wo er 1905 die Zeitschrift «Poesia» gründete und zum Sprachrohr der futuristischen Bewegung machte. Wegen «Immoralität» seines Romans *Mafarka* erhielt M. zwei Monate Gefängnis. Später war er überzeugter Anhänger des Faschismus. – M., der in italienischer und französischer Sprache schrieb, veröffentlichte am 20. 2. 1909 im Pariser «Figaro» sein futuristisches Manifest, in dem er den radikalen Bruch mit der Vergangenheit fordert. Gegen den literarischen Ästhetizismus setzte er ein Programm, das auf völlige stilistische Willkür und Zerstörung der Syntax zielt: «Worte in Freiheit.» Der Vergötterung von Lebensdynamik und Technik entspringt das Postulat, die Welt der Maschinen und Fabriken sowohl formal wie inhaltlich in die Literatur zu holen. Politisch folgert M. daraus eine Befürwortung des Krieges und des Irredentismus. In Gedichten, Romanen und Dramen suchte er seine theoretische Zielsetzung selbst zu verwirklichen.

W.: Lyrik: La conquête des étoiles, 1902; Déstruction, 04; La ville charnelle, 08; Le monoplan du pape, 12; Poemi simultanei futuristi, 33; Canto eroi e macchine della guerra mussoliniana, 42. – *Romane u. Erz.:* Mafarka le futuriste, 10; Guerra sola igiene del mondo, 15; Elletricità sessuale, 19; L'alcòva d'acciaio, 21; Novelle colle labbra tinte, 30. – *Essays:* Le futurisme, 11; Futurismo e fascismo, 24; Il fascino dell' Egitto, 33. – *Dramen:* Le roi Bombance, 05; Il tamburo di fuoco, 26. – Manifesti del futurismo, 4 Bde, 19.
Lit.: G. d'Arrigo: Il poeta futurista M., 1937; A. Moretti: M., 39; W. Vaccari: Vita e tumulti di F. T. M., 59. DW-RLL

Marinković, Ranko, * 22. 2. 1913 Vis (Insel in der Adria).
M. studierte in Agram und war während des Zweiten Weltkriegs in italienischen Lagern; nach dem Krieg arbeitete er in kulturellen Institutionen (Ministerium, Verlag) Kroatiens, war Schauspieldirektor des kroatischen Nationaltheaters (1946–50), später Lehrer an der Agramer Schauspielakademie. – Als Lyriker und Essayist ist M. seit den 30er Jahren bekannt. Sein erstes Drama erschien 1939. Die Grundhaltung seiner Erzählungen ist ironisch, die Figuren (meist karikierte, kleinbürgerliche Typen aus Dalmatien) wirken originell. M. schrieb daneben – oft ins Sarkastische übersteigerte – Theaterkritiken.

W.: Erz.: Ni braća ni rodaci, 1949; Oko božje, 49; Pod balkonima, 53; Ruke, 62 (dt. Hände); Poniženje Sokrata, 59; Karneval i druge pripovijetke, 64. – *Roman:* Kiklop, 66. – *Dramen:* Albatros, 39; Glorija, 55. – *Kritiken:* Geste i grimase, 51. – Ogledalo, 62 (Teils.). G. B.

Maritain, Jacques, * 18. 11. 1882 Paris.
M. studierte an der Sorbonne und in Heidelberg. Aus protestantisch-republikanischem Hause stammend, trat er unter dem Einfluß Léon Bloys zum Katholizismus über, war Lehrer am Collège Stanislas und seit 1914 am Institut Catholique in Paris. 1933 wurde er nach Toronto berufen, dann an die Univ.en Columbia und Princeton. 1945—48 ging er als französischer Botschafter an den Vatikan. — M. begann als Schüler Bergsons, mit dem er sich in seinem ersten Buch beschäftigte. Dann aber wandte er sich ausschließlich dem Neuthomismus zu, als dessen wohl profiliertester Anhänger in Frankreich er gilt. Anfangs unterhielt er Kontakte zur «Action Française», sagte sich aber von ihr los, als der Vatikan sie verurteilte. Ein stark rückwärts gewandter Blick dominierte freilich weiterhin in seinem Denken; der Titel seines *Antimoderne* wurde zum Schlagwort seiner Anhänger. Während des Zweiten Weltkriegs bezog M., der mittlerweise ein umfangreiches Œuvre religionsphilosophischer Studien und Essays veröffentlicht hat, vehement gegen den deutschen Faschismus und gegen das Vichy-Regime Stellung (*Les droits de l'homme et la loi naturelle* und besonders *A travers le désastre*).

W.: Essays: La philosophie bergsonienne, 1913; Antimoderne, 22 (dt. Antimodern); La vie d'oraison, 25 (dt. Vom Leben des Gebets); Une opinion sur Maurras, 26; Réponse à Jean Cocteau, 26 (dt. Der Künstler und der Weise); Religion et culture, 30 (dt. Religion und Kultur); Distinguer pour unir ou Les degrés du savoir, 32 (dt. Die Stufen des Wissens oder Durch Unterscheidung zur Einung); Du régime temporel et de la liberté, 33 (dt. Gesellschaftsordnung und Freiheit); Science et sagesse, 35; Humanisme intégral, 36 (dt. Die Zukunft der Christenheit); Questions de conscience, 38; Quatre essais sur l'esprit dans sa condition charnelle, 39; A travers le désastre, 41; Le crépuscule de la civilisation, 41; Les droits de l'homme et la loi naturelle, 43; A travers la victoire, 45; Raison et raisons, essais détachés, 48; Man and the State, 51; On the Philosophy of History, 57; Truth and Human Fellowship, 57; Réflexions sur l'Amérique, 59; The Responsibility of the Artist, 60; La philosophie morale, 60; Dieu et la permission du mal, 63; Le paysan de la Garonne, 66. – Œuvre philosophique, 50.
Lit.: H. Bars: M. en notre temps, 1959; ders.: La politique selon J. M., 61; D. Gallagher: The Achievement of J. and Raïssa M. A Bibliography 1906–1961, 62. RLL

Marotta, Giuseppe, * 5. 4. 1902 Neapel, † 10. 10. 1963 ebd.
M. war anfangs Arbeiter, später Redakteur und Journalist; er schilderte in zahlreichen humorvollen Büchern Neapel und die Neapolitaner, mit einer genauen Wiedergabe des Lokalkolorits und besonderem Sinn für Menschlichkeit und Natürlichkeit seiner vielen Gestalten.

W.: Romane und Erz.: Tutte a me, 1932; Mezzo miliardo, 40; La scure d'argento, 41; L'oro di Napoli, 47 (dt. Das Gold von Neapel); San Gennaro non dice mai di no, 48; A Milano non fa freddo, 49; Pietre e nuvole, 50; Gli alunni del sole, 52 (dt. Die Götter des Don Federico); Le Madri, 53 (dt. Mütter); Corraggio, guardiamo, 54; Salute a noi, 55 (dt. Gruß an die Nacht); Cavallucci di carta, 55; Mi voglio divertire, 57; Mal di galleria, 58; Gli alunni del tempo, 60; Il vento in gabbia, 61; Le Milanese, 63. – *Sonstige Prosa:* Marotta Ciak, 55; Questo buffo cinema, 56; Visti e perduti, 61 (beides Sammlungen von Filmbesprechungen). – *Dramen:* Il malato per tutti, Einakter, in: Il califfo esposito e altre commedie, 56; Bello di papà, 57; Veronica e gli ospiti, 59 (alles Lustspiele, z. T. zus. mit Belisario Randone) – Ferner dt.: Frauen in Mailand (Erz.).
Lit.: D. Vigo, in: Vita e Pensiero XLIX, 1966. DW

Marquand, John Phillips, * 10. 11. 1893 Wilmington (Del.), † 16. 7. 1960 Newburyport (Mass.).
M. studierte in Harvard, arbeitete journalistisch und veröffentlichte in der «Saturday Evening Post» populäre Abenteuerromane um den japanischen Detektiv Mr. Moto. In dem satirischen Gesellschaftsroman *The Late George Apley* (Pulitzerpreis 1938) gibt M. in Form einer fiktiven Biographie das Lebensbild eines traditionsbewußten Bostoner Gentleman. Seine frühen Werke schildern satirisch die Puritanerkreise Bostons, seine späteren sind realistische Familien- und

Gesellschaftsromane wie *Point of No Return* über einen dem Erfolg nachjagenden jungen Bankier oder *Sincerely Willis Wade*, die satirische Geschichte eines Selfmademan.

W.: Romane: The Unspeakable Gentleman, 1922; Black Cargo, 25; Warning Hill, 30; Ming Yellow, 35; No Hero, 35; The Late George Apley, 37 (auch dramatisiert; dt. Der selige Mister A.); Wickford Point, 39 (dt. Haus Wickford); H. M. Pulham, Esq., 41 (dt. H. M. Pulham); So Little Time, 43 (dt. Das Leben ist kurz); Repent in Haste, 45; B. F.s Daughter, 46 (dt. B. F.s Tochter); Point of No Return, 49 (dt. Es gibt kein Zurück); Melville Goodwin, USA, 51 (dt. Dottie u. d. General); Thirty Years, 55; Sincerely Willis Wayde, 55 (dt. Ergebenst Ihr W. W.); Stopover: Tokyo, 57 (dt. Zwischenspiel in Tokio); Women and Thomas Harrow, 58.
Lit.: P. H. Hamburger: J. Ph. M., A Portrait in the Form of a Novel, 1952; J. J. Gross: J. Ph. M., 63; C. H. Holmann: J. Ph. M., 65. DW

Marquez → García Marquez

Marquina, Eduardo, * 21. 1. 1879 Barcelona, † 21. 11. 1946 New York.
M. begann als Journalist in Barcelona. Als Lyriker war er Schüler R. Daríos und des französischen «Parnasse». In seinen poetischen Dramen gestaltete er Legenden und Motive aus der spanischen Geschichte, so in seinem berühmtesten, von der Spanischen Akademie ausgezeichneten Versdrama *En Flandes se ha puesto el sol,* aus der Zeit Philipps II., oder verarbeitete ältere Stoffe wie das Don Juan-Thema in *Don Luis Mejía;* auch das altspanische Heiligenspiel wurde durch M. wiederbelebt.

W.: Lyrik: Canciones del momento, 1910; Tierras de España, 14; Por el amor de España, 37. – *Versdamen:* Las hijas del Cid, 08; Doña Maria la Brava, 09; En Flandes se ha puesto el sol, 10; Las flores de Aragón, 14; Cuando florezcan los rosales, 14; El Gran Capitán, 16; La extraña, 21; Don Luis Mejía, 25 (mit A. Hernández Catá); La ermita, la fuente y el río, 27. – *Roman:* Maternidad, 16. – Obras completas, 8 Bde, 44–51. DW

Marshall, Bruce, * 24. 6. 1899 Edinburgh.
M. wollte ursprünglich anglikanischer Geistlicher werden, doch konvertierte dann zum Katholizismus. Er wurde im Ersten Weltkrieg schwer verwundet, war im Zweiten Weltkrieg Nachrichtenoffizier und nachher Mitglied der alliierten Kontrollkommission in Wien. Er arbeitete als Wirtschaftsprüfer in Paris und Edinburgh.
M. schreibt in der Nachfolge Bellocs und Chestertons, mit dem er die Vorliebe für unscheinbare Priestergestalten teilt. Das Hauptanliegen dieses gläubigen Optimisten ist das Verhältnis Kirche–Welt, so in seinem ersten Roman, *Father Malachy's Miracle:* Der einfältige Benediktinermönch Malachias will Zweifler davon überzeugen, daß Wunder auch in unserer Zeit möglich sind, und versetzt durch sein Gebet ein Nachtlokal von seinem Platz, um dann erkennen zu müssen, daß für Wunder in dieser Welt kein Raum mehr ist. Erfolgreich war u. a. auch der Roman *All Glorious Within,* der in einigen Episoden das Alltagsleben des Father Smith und damit das Wirken des religiös gebundenen Menschen in einer säkularisierten Welt schildert.

W.: Romane u. Erz.: Stooping Venus, 1926; Father Malachy's Miracle, 31 (dt. Das Wunder des Malachias); Prayer for the Living, 34; Uncertain Glory, 35; Canon to the Right of Them, 36; Luckpenny, 37; Delilah Upside Down, 41; Yellow Tapers for Paris, 43; All Glorious Within, 44 (dt. Alle Herrlichkeit ist innerlich); George Brown's Schooldays, 46; The Red Danube, 47 (dt. Die rote Donau); To Every Man a Penny, 50 (dt. Keiner kommt zu kurz); The White Rabbit, 52; The Fair Bride, 53 (dt. Du bist schön, meine Freundin); Only Fade Away, 54 (dt. Der verhinderte Held); Thoughts of My Cats, 54 (dt. Kätzchen und Katzen); The Bank Audit, 58 (dt. Auf Heller und Pfennig); The Curé of Ars, 58 (dt. Der Pfarrer v. Ars); A Thread of Scarlet, 59 (dt. Der rote Hut); Satan und Cardinal Campbell, 59; The Divided Lady, 60 (dt. Die Dame Mila); The Children, 60; The Month of the Falling Leaves, 63 (dt. Der Monat der fallenden Blätter); A Girl from Lübeck, 62; Father Hilary's Holiday, 65 (dt. Pater H.s Urlaub). – Dt. Auswahlen v. Erz.: Das Opfer d. Pater Valentino; Das ungeteilte Vergnügen.
Lit.: W. Grenzmann: Weltdichtung der Gegenwart, [4]1964. DW

Marsman, Hendrik, * 30. 9. 1899 Zeist, † 21. 6. 1940 (bei einem Schiffsunglück im Kanal).
M. studierte Jura an der Univ. Utrecht und ließ sich als Anwalt nieder; er gab

diesen Beruf aber bald auf und führte ein Wanderleben. Die Bekanntschaft, die M. während eines Deutschlandbesuches im Jahre 1921 mit dem literarischen Expressionismus machte, war von entscheidendem Einfluß auf seine frühe Lyrik (*Verzen*). Die von M. selbst als «Vitalismus» bezeichnete Grundhaltung verbindet Todesangst und heidnische Lebensbejahung (letztere besonders deutlich in *Tempel en Kruis*).

W.: Versdichtungen: Verzen, 1923; Penthesilea, 25; Paradise regained, 27; Witte Vrouwen, 30; Voorport, 31; Porta nigra, 34; Tempel en kruis, 39. – *Roman:* De dood van Angèle Degroux, 33; Heden ik, morgen Gij, 36 (mit S. Vestdijk). – *Novelle:* Zelfportret van J. F., 38. – Ferner: Essays. – Verzameld werk, 3 Bde, 38, Bd. 4: 47; Poezie en Proza, 1943.
Lit.: A. W. P. van der Ree: Interpretatie van M., 1956; A. Lehning: M., 59; R. Verbeeck: De dichter H. M., 60. DW-RLL

Marti, Kurt, * 31. 1. 1921 Bern.
M. studierte Jura und Theologie in Bern und Basel. Seit 1961 lebt er als Pfarrer in Bern. — Nach einer Gedichtsammlung in schweizerdeutsch unter dem Titel *rosa loui* ist M. insbesondere mit dem Band *Leichenreden* hervorgetreten, Gedichten, denen das Muster konventioneller Nekrologe zugrunde liegt: in schlichten Zeilenreihungen und abwandelnden Wiederholungen aber sprengen die *Leichenreden* die Kruste des Klischees auf und überdenken so die Erfahrung des Sterbenmüssens auf eine unverstellt christlich-humane Weise neu.

W.: Lyrik: Boulevard Bikini, 1959; republikanische gedichte, 59; gedichte am rand, 63; rosa loui. vierzig gedicht ir bärner umgangschprach, 67; Leichenreden, 69. – *Prosa:* Dorfgeschichten 1960, 60; Abratzky oder Die kleine Brockhütte, 71. RLL

Martin du Gard, Roger, * 23. 3. 1881 Neuilly-sur-Seine, † 23. 8. 1958 Bellême (Orne).
M. du G., Sohn eines Rechtsanwaltes und Magistratsbeamten, studierte Archäologie bis 1906 und wurde Archivar. Er war mit Gide befreundet und gehörte dem Kreis um die «Nouvelle Revue Française» an. Seit 1920 lebte er, der sich nie zur Tagespolitik geäußert hat, zurückgezogen auf dem Landgut Bellême. M. du G., ein von Gide und Rolland beeinflußter Autor in der realistisch-psychologischen Tradition des 19. Jhs., der aus selbstkritischen Bedenken zwei frühe Romane vernichtete, fand mit *Jean Barois* Form und Thema: Technisch arbeitet das Buch fast nur mit Dialogen, Dokumenten und Protokollen, die glänzend komponiert werden. In den Entscheidungen des Titelhelden, der nach dem Studium der Naturwissenschaften vom Katholizismus zum philosophischen Materialismus konvertiert und als freigeistiger Journalist für Dreyfus eintritt, am Ende aber in eine dubiose Rekonversion zurückfällt, spiegeln sich die Diskussionen in Frankreich zwischen 1870 und 1910. Sie sind auch das Thema des Zyklenromans in acht Büchern, *Les Thibault*. Dieses monumentale Gesellschaftsepos stellt zwei Familien in den Mittelpunkt: die liberal-protestantischen de Fontanins und die konservativ-katholischen Thibaults. An deren Söhnen freilich wird der politische Zwiespalt nun am schärfsten sichtbar. Jacques, der schon als Kind im Fluchtversuch gegen die Ordnung rebelliert, wird Sozialist und Kriegsdienstverweigerer (*L'été 1914*, historisch exakt dokumentiert); Antoine, der konformistische Bruder, hat Erfolg als Arzt und ist Verehrer Poincarés. In *Épilogue* versucht er als Überlebender die Bilanz zu ziehen, die für den Autor M. du G. in einem laizistischen Humanismus liegt.

W.: Romane: Devenir!, 1909; Jean Barois, 13 (dt. ebs.); Les Thibault (dt. Die Th.s): Le cahier gris, 22, Le penitencier, 22, La belle saison, 23, La consultation, 28, La Sorellina, 28, La mort du père, 28, L'été 1914, 36, Épilogue, 40. – *Novellen:* La confidence africaine, 31; Vieille France, 33 (dt. Kleine Welt). – *Erinnerungen:* Notes sur André Gide, 51. – Ferner Dramen. – Œuvres complètes, 2 Bde, 55.
Lit.: R. Lalon: R. M. du G., 1937; C. Borgal: R. M. du G., 58; R. Robidoux: R. M. du G. et la religion, 64. RLL

Martínez → González Martínez

Martinson, Harry Edmund, * 6. 5. 1904 Jämshög (Blekinge).
M., Sohn eines Kapitäns und bereits mit sechs Jahren verwaist, verbrachte eine freudlose Kindheit im Armenhaus, in der

Erziehungsanstalt und bei Pflegeeltern, bevor er als 16jähriger Schiffsjunge wurde und mehrere Jahre zur See fuhr, wobei er u. a. Brasilien und Indien kennenlernte. Durch eine Lungenkrankheit arbeitsunfähig geworden, vagabundierte er lange Zeit durch Schweden. 1929 veröffentlichte er in der bald berühmt gewordenen Anthologie «Fem unga». M. war 1929—43 mit der Schriftstellerin Moa Martinson (1890—1964) verheiratet. M., als Schriftsteller ein Autodidakt, schrieb zunächst von Kipling beeinflußte Lyrik. Sein Leben gab ihm den Stoff zu vier autobiographischen Büchern, die beiden letzten in Romanform. Als sein bedeutendster Roman gilt *Vägen till Klockrike*, eine Landstreichergeschichte aus der Zeit der Jahrhundertwende, die Züge einer romantischen Naturmystik aufweist, wie sie sich schon in M.s frühen essayistischen Naturskizzen abzeichnet. — Von seinen späteren lyrischen Dichtungen erregte *Aniara*, ein Versepos in 103 Gesängen, deren erster Teil bereits in der Gedichtsammlung *Cikada* erschienen war, besondere Aufmerksamkeit. Das in den Bereich der Science-fiction führende, von Skepsis angesichts der Entwicklung der Technik zeugende Epos, das den Gegensatz von Mensch und Raum thematisiert, wurde von K.-G. Blomdahl vertont und als Oper 1959 uraufgeführt.

W.: Lyrik u. Versdichtungen: Spökskepp, 1929; Nomad, 31; Natur, 34; Passad, 45; Cikada, 53; Aniara, 56 (dt. ebs); Gräsen i Thule, 58; Vagnen, 60. – *Erz. Prosa:* Resor utan mål, 32 (dt. Reisen ohne Ziel); Kap Farväl!, 33; Nässlorna blomma, 35 (dt. Die Nesseln blühen); Vägen ut, 36 (dt. Der Weg hinaus); Den förlorade jaguaren, 41; Vägen till Klockrike, 48 (dt. Der Weg nach Glockenreich). – *Drama:* Tre knivar fran wei, 64. – *Skizzen u. Berichte:* Svärmare och harkrank, 37; Midsommardalen, 38; Det enkla och det svåra, 39; Verklighet till döds, 40. – *Essay:* Utsikt från en grästuva, 63.
Lit.: T. Kristensen: H. M., 1941; R. Oldberg: Den unge H. M., 54; I Holm: H. M., 60; S. A. Bergmann, in: Proceedings of the Fifth Internat. Conference on Scandin. Lit., 66. DW – RLL

Masefield, John, * 1. 6. 1878 Ledburg (Herefordshire), † 12. 5. 1967 bei Abingdon (Berkshire).
M. fuhr mehrere Jahre zur See, lebte zeitweise in den USA und wurde in England nach dem Tode von R. Bridges 1930 zum «Poet Laureate» ernannt. – Als Dichter machte M. zunächst mit den *Salt-Water Ballads* auf sich aufmerksam, das Meer und die männliche Kameradschaft thematisierenden Gedichten, die unter dem Einfluß Kiplings stehen. Auch in einigen Romanen griff er dieses abenteuerliche Seefahrermilieu wieder auf. Hauptwerk ist die Verserzählung *The Everlasting Mercy*, die desillusionierende Schilderung des rauhen ländlichen «low life» sowie Passagen von lyrischer Eindringlichkeit enthält.

W.: Lyrik: Salt-Water Ballads, 1902 (dt. Salzwasserballaden); Ballads and Poems, 10; Lollingdon Downs, 17; Collected Poems, 23 und 38. - *Verserzählungen:* The Everlasting Mercy, 11; Dauber, 13; Reynard the Fox, 19; King Cole, 23; A Tale of Troy, 32. – *Dramen:* The Tragedy of Nan, 09; The Tragedy of Pompey the Great, 10; Philip the King, 14; Tristan and Isolt, 27; The Coming of Christ, 28; The Trial of Jesus, 30. – *Romane:* Captain Margaret, 08; Multitude and Solitude, 09; Jim Davies, 11; Sard Harker, 24 (dt. Traum von Juanita); The Bird of Dawning, 33 (dt. Tee aus Futschau); The Taking of the Gry, 34 (dt. Seezigeuner G.); Victorious Troy, or the Hurrying Angel, 35 (dt. Orkan). – *Autobiographisches:* So Long to Learn, 52; Grace before Ploughing, 66. Collected Works, 5 Bde, 35–37.
Lit.: M. Spark: J. M., 1953; G. Handley-Taylor (Hg.): J. M. Bibliography, 60. RLL

Masters, Edgar Lee, * 23. 8. 1869 Garnett (Kansas), * 5. 3. 1950 Philadelphia. M. wuchs in Petersburg und Lewistown (Ill.) auf, den Urbildern seines Spoon River, studierte Jura und führte in Chicago eine Anwaltspraxis, bevor er sich 1920 entschloß, freier Schriftsteller zu werden, seine Familie verließ und nach New York ging. Vorher hatte er bereits zahlreiche literarische Beiträge für Zeitungen und Magazine verfaßt. Hauptwerk M.s, der insgesamt über 40 Bücher schrieb, ist die *Spoon River Anthology*, ein Zyklus von 246 Epitaphen nach dem Vorbild der «Anthologia Graeca», die wegweisend für die neuere amerikanische Lyrik wurden. In epigrammatischer Kürze berichten die Toten leidenschaftslos und sachlich von ihren Lastern, von Geheimnis und Glück ihres Lebens, meist in krassem Widerspruch zu den Lobreden der Grabinschriften. Mit dieser poetischen Entlarvung der Lebenswirklichkeit verfolgt M. eine gesellschaftskritische Tendenz, die u. a. von Sh. Anderson und S. Lewis weitergeführt wurde. Das Buch gilt als die bedeutendste Leistung M.', der zahlreiche Romane, Dramen und Biographien verfaßte.

W.: Lyrik: A Book of Verses, 1898; The Blood of the Prophets by Dexter Wallace (Pseudonym), 1905; Songs and Sonnets, 10; Spoon River Anthology, 15 (dt. Die Toten von Spoon River); The Great Valley, 17; Songs and Satires, 16; Toward the Gulf, 18; Starved Rock, 19; Domesday Book, 20; The Open Sea, 21; The New Spoon River, 24; Selected Poems, 25; Lee, 26; Jack Kelso, 28; The Fate of the Jury, 29; Lichee Nuts, 30; Godbey, 31; The Serpent in the Wilderness, 33; Invisible Landscapes, 35; Poems of People, 36; The New World, 37; More People, 39; Illinois Poems, 41; Along the Illinois, 42. – *Dramen:* Maximilian, 02; Althea, 07; The Trifler, 08; The Leaves of the Tree, 09; Eileen, 10; The Locket, 10; The Bread of Idleness, 11; Dramatic Duologues, 34; Richmond, 34; – *Romane u. Erz.:* Mitch Miller, 20; Children of the Market Place, 22; The Nuptial Flight, 23 (dt. Der Hochzeitsflug); Skeeters Kirby, 23; Mirage, 24; Kit O'Brien, 27; The Tide of Time, 37. – *Biographien:* Lincoln, 31; Vachel Lindsay, 35; Whitman, 37; Mark Twain, 38. – *Autobiographie:* Across Spoon River, 36. – *Essays und Berichte:* The New Star Chamber, 04; The Tale of Chicago, 33; The Sangamon, 42. *Lit.:* V. Lindsay: E. L. M., 1935; K. Flaccus: E. L. M., 55. DW

Masters, John, * 26. 10. 1914 Kalkutta.
M., dessen Familie seit Generationen in Indien lebte, war Berufsoffizier in der Indienarmee, ging 1948 in die USA und wurde Journalist und freier Schriftsteller. – In einer Serie populärer Abenteuerromane, die trotz mancher Klischees Kenntnis der indischen Mentalität zeigen, schilderte M., den Schicksalen einer englischen Familie über mehrere Generationen folgend, dramatische Ereignisse aus der Zeit der britischen Herrschaft in Indien. Neben *Coromandel*, der abenteuerlichen Lebensgeschichte des Jason Savage, der im 17. Jh. nach Indien und Tibet kommt, wurde *Nightrunners of Bengal*, über die Erlebnisse des Offiziers Rodney Savage im Sepoy-Aufstand von 1857, besonders bekannt.

W.: Romane: Nightrunners of Bengal, 1951 (dt. Dies ist die Nacht); The Deceivers, 52 (dt. Die Täuscher); The Lotus and the Wind, 53 (dt. Lotos und Wind); Bhowani Junction, 54 (dt. Knotenpunkt B.); Coromandel, 55 (dt. ebs.); Far, Far the Mountain Peak, 55 (dt. Fern, fern der Gipfel); Fandango Rock, 59 (dt. ebs.); The Venus of Konpara, 59 (dt. Die Venus von K.); To the Coral Strand, 62 (dt. Indisches Abenteuer). – *Autobiographie:* The Road past Mandalay, 61 (dt. Der Weg nach M.). RLL

Matute, Ana María, * 26. 7. 1926 Barcelona.
In der Zeit des Bürgerkrieges wuchs A. M. M. im Haus ihrer Großmutter auf. – In die erste Reihe spanischer Erzähler rückte sie der Romanzyklus *Los mercaderes*, autobiographisch getönt und vor dem Hintergrund des Bürgerkrieges spielend. Eine Atmosphäre der ständigen Bedrückung geht sowohl aus den – oft nur angedeuteten – Geschehnissen wie aus der eigenwilligen Metaphorik M.s hervor. Die jugendliche Hauptfigur der beiden ersten Bände ist Manuel, der, Sohn eines Grundbesitzers, aber auf der Seite der Republikaner, bewußt in den Tod geht.

W.: Romane: Los Abel, 1948; Fiesta al Noroeste, 53; En esta tierra, 55; Los niños tontos, 57; El tiempo, 57; Los hijos muertos, 58; Trilogie: Los mercaderes: Primera memoria, 60 (dt. Erste Erinnerung), Los soldados lloran de noche, 65 (dt. Nachts weinen die Soldaten), La trampa, 67. – *Jugendbücher:* El saltamintes verde, 60 (dt. Yungo); El polizon del «Ulises», 65 (dt. Juju u. die fernen Inseln).
Lit.: E. M. Weitzner: The Novelistic World of A. M. M., Diss. Univ. of Wisconsin 1965; G. Whythe, in: Books Abroad 40, 66. DW

Maugham, Somerset William, * 25. 1. 1874 Paris, † 16. 12. 1965 Nizza.
M., dessen Vater Beamter der Britischen Botschaft in Paris war, studierte Medizin in Heidelberg und London, übte aber den ärztlichen Beruf nicht aus, sondern wurde freier Schriftsteller. Er lebte in Paris und New York und ließ sich 1930 in Cap Ferrat an der Riviera nieder. Reisen führten ihn bis in die Südsee.
M. gehörte zwar zeitlich der Generation Galsworthys und Wells an; sein Skeptizismus, seine Ironie und die Schulung am psychologischen Roman Frankreichs (Maupassant, Flaubert) lassen ihn jedoch eher als Geistesverwandten Aldous

Huxleys erscheinen. Er begann mit einem naturalistischen Roman über eine Fabrikarbeiterin aus dem Londoner Slummilieu: *Liza of Lambeth*. Bereits hier zeigt sich M.s Technik, seine Geschichten unkommentiert, ganz aus der Sicht eines distanzierten Beobachters zu erzählen, die er jedoch in einem seiner besten Werke, dem stark autobiographischen Erziehungs- und Bildungsroman *Of Human Bondage*, nicht anwendet: Philip Carey, der wie M. selbst von Kindheit an unter einem körperlichen Gebrechen leidet, verfällt nach einer einsamen Jugend der Kellnerin Mildred und findet erst nach schmerzhafter und demütigender Erfahrung in der unkomplizierten Liebe zu Sally Athelyn Glück und Frieden. In seinen psychologischen Romanen behandelt M. kühl, objektiv und meist satirisch mit Vorliebe den Protest des Individuums gegen die Konventionen der Gesellschaft, so in *Cakes and Ale* (über das Leben eines berühmten Dichters, in dem Anklänge an Thomas Hardy deutlich sind). *The Moon and Sixpence* ist der Lebensroman des Malers Gauguin, der aus einer gesicherten bürgerlichen Existenz ausbricht und in der Südsee Erfüllung seines künstlerischen Wesens findet. Hier spielen auch eine Reihe der scharf pointierten Erzählungen M.s, die das Leben der Weißen in den britischen Kolonien und menschliche Leidenschaften realistisch schildern, wie etwa *The Trembling of a Leaf*. In den Bereich des Religiösen dringt der Roman *The Razor's Edge*, die Geschichte des jungen Amerikaners Larry Darrell, der bei den indischen Yogis und frommen Hindus den «wahren Glauben» sucht. M. schrieb ferner zahlreiche Dramen, meist Komödien im Stil Oscar Wildes über Liebes- und Eheprobleme (wie *The Constant Wife* über einen Chirurgen, der seine Frau Constanze mit ihrer Freundin betrügt), die sich durch witzig-brillante Dialoge auszeichnen.

W.: Romane: Liza of Lambeth, 1897 (dt. Lisa von L.); Mrs. Craddock, 1902 (dt. Triumph der Liebe); The Magician, 08 (dt. Der Magier); Of Human Bondage, 15 (dt. Der Menschen Hörigkeit); The Moon and Sixpence, 19 (dt. Der Besessene; auch als: Silbermond und Kupfermünze); The Painted Veil, 25 (dt. Der bunte Schleier); Ashenden, 28 (dt. Ein Abstecher nach Paris); Cakes and Ale, 30 (dt. Rosie und der Ruhm; auch: Seine erste Frau); The Narrow Corner, 32 (dt. Ein Stück Weges; auch als: Abseits); Theatre, 37 (dt. Theater); Christmas Holiday, 39 (dt. Weihnachtsurlaub); Up at the Villa, 41 (dt. Dort oben in der Villa); The Hour before Dawn, 42 (dt. Eine Stunde vor Tag); The Razor's Edge, 44 (dt. Auf Messers Schneide); Then and Now, 46 (dt. Machiavelli in Imola; auch als: Damals und heute); Catilina, 48 (dt. ebs.). – *Erz.:* Orientations, 1899; The Trembling of a Leaf, 1921 (dt. Menschen der Südsee; auch als: Betörende Südsee); On a Chinese Screen, 22 (dt. Das Lied des Flusses); The Casuarina Tree, 26 (dt. Die Macht der Umstände); First Person Singular, 31 (dt. Einzahl – erste Person); Ah King, 33 (dt. ebs.); East and West, 34; Altogether, 34; Cosmopolitans, 36 (dt. Weltbürger); The Mixture as Before, 40; Creatures of Circumstance, 47 (dt. Schein und Wirklichkeit); Quartet, 48, Trio, 50 (beide als Drehbuch bearbeitet); Seventeen Lost Stories, 69 (dt. Der eigenartige Ehrbegriff des Herrn Sebastian). – *Sonstige Prosa:* The Land of the Blessed Virgin, 05 (als Andalusia, 20); On a Chinese Screen, 22 (dt. Das Lied des Flusses); The Gentleman in the Parlour, 30; Don Fernando, 35; The Vagrant Mood, 52; The Travel Books of W. S. M., 55; Points of View, 58. – *Autobiographisches:* The Summing Up, 38 (dt. Rückblick auf mein Leben); Strictly Personal, 41; A Writer's Notebook, 49 (dt. Aus meinem Notizbuch); Looking Back, 62. – *Dramen:* A Man of Honour, 03 (dt. Ein Ehrenmann); The Explorer, 08; Penelope, 09; Jack Straw, 12 (dt. Mein Freund J.); Lady Frederick, 12; Mrs. Dot, 12; The Land of Promise, 12 (dt. Das Land der Verheißung); The Tenth Man, 12; Landed Gentry, 13; Smith, 13; The Unknown, 20; The Circle, 21 (dt. Der Kreis); Caesar's Wife, 22 (dt. C.s Frau); East of Suez, 22 (dt. Das Abenteuer in China); Home and Beauty, 23; The Unattainable, 23; Our Betters, 23; Loaves and Fishes, 24; The Letter, 25 (dt. Der Brief); The Constant Wife, 27 (dt. Finden Sie, daß Constanze sich richtig verhält?); The Sacred Flame, 28 (dt. Die heilige Flamme); The Breadwinner, 30 (dt. Muß die Kuh Milch geben?); For Services Rendered, 32 (dt. Für geleistete Dienste); Sheppy, 33. – Complete Short Stories, 3 Bde, 51; Collected Plays, 3 Bde, 52; Selected Novels, 3 Bde, 53; Anthologie: The World of S. M., hg. v. K. W. Jones, 59; Selected Prefaces and Introductions, 64.

Lit.: P. Dottin: Le théâtre de W. S. M., Paris 1937; R. Aldington: W. S. M., New York, 39; H. Papajewski: W. S. M., 52; R. Mander: Theatrical Companion to M., 55; S. A. Jensen: W. S. M., 57; K. G. Pfeiffer: S. M., 59; R. A. Cordell: W. S. M., Bloomington (Ind.) 61; Bibliographie v. R. T. Stott,

56–61; L. Brander: S. M., Edinburgh 63; R. Maugham: Somerset and all the M.s, 66 (dt. Mein Onkel Somerset und all die M.s); G. Kanin: Remembering Mr. M., 66; B. Nichols: A Case of Human Bondage, 66; M. K. Naik: W. S. M., Norman 66. RLL

Mauriac, Claude, * 25. 4. 1914 Paris.
M., ältester Sohn von François M., Dr. jur., ist Literatur- und Filmkritiker, Romancier und Dramatiker. Er schrieb zunächst sich traditionell ausnehmende und von einer objektiven Orientierung gekennzeichnete Studien, dann auch Werke von einer subjektiveren und z. T. sehr eigenwilligen Literaturoptik, die in *L'alittérature contemporaine* eine spezifische theoretische Unterbauung erhielt. Als Romancier debütierte M. 1957; seine Romane, in ihrem Sinn schwer entzifferbar, bezeugen den Einfluß Prousts und sind vor allem vom Phänomen der Zeit beherrscht.

W.: Romane: Toutes les femmes sont fatales, 1957 (dt. Keine Liebe ließ ich aus); Le dîner en ville, 59 (dt. Ein Abendessen in der Stadt); La marquise sortit en cinq heures, 61 (dt. Die Marquise ging um 5 Uhr aus); L'agrandissement, 63 (dt. Die Vergrößerung); L'oubli, 66. – *Essays:* Introduction à une mystique de l'enfer, 38 (über M. Jouhandeau); Aimer Balzac, 45; La trahison d'un clerc, 45; Malraux, 46; André Breton, 49; Conversations avec A. Gide, 51; Hommes et idées d'aujourd-hui, 53; Marcel Proust, 53 (auch dt.); L'amour du cinéma, 54; Petite littérature du cinéma, 57; L'alittérature contemporaine, 58; De la littérature à l'alittérature, 69. – *Dramen:* La conversation, 64; Théâtre, 68. H. W. W.

Mauriac, François, * 11. 10. 1885 Bordeaux, † 1. 9. 1970 Paris.
M. war Sohn eines Weinhändlers, der früh starb. Im Haus der Mutter herrschte ein streng katholischer und bürgerlicher Geist (die Figur der Mutter spielt in vielen Werken M.s eine Rolle). 1906 ging M., nach Studien an der Universität Bordeaux, nach Paris, wo Barrès nach der Lektüre seiner ersten Gedichtsammlung (*Les mains jointes*) auf ihn hinwies. Er schloß sich der katholischen Reformbewegung Marc Sangniers an. 1913 heiratete er. Nach dem Ersten Weltkrieg fand er wachsende Anerkennung als Romancier. 1952 erhielt er den Nobelpreis für Literatur. – Während der Besatzungszeit war M. für die Résistance tätig (gesammelte Artikel später im *Journal*). Nach dem Zweiten Weltkrieg gründete er die Zeitschrift «La table ronde», war Mitarbeiter des «Figaro», des eher linksstehenden «L'Express» und publizierte dann seine wöchentlichen *Bloc-Notes* in «Le Figaro littéraire». Als Publizist trat M. besonders für de Gaulle ein.
Das zentrale Motiv des Gesamtwerks von M. ist das «der Schuldhaftigkeit des Menschen vor der grenzenlosen Lauterkeit Gottes» (so im Roman *Galigaï*). Unter dem Einfluß des Jansenismus setzte M., besonders im Frühwerk, die Bereiche von «Natur» und «Übernatur» (oder Gnade) einander kontradiktorisch entgegen. Der Mensch gilt als zur Sünde verurteilt, das Christentum als Forderung einer vollständigen Unterdrükkung des «Fleisches». Die Motive: Spannung zwischen Körper und Geist, und: der junge Mann vor dem Leben, wie sie etwa in *La chair et le sang* erscheinen, wirkten freilich bald stereotyp.
Die wichtigsten frühen Romane sind: *Le baiser au lépreux*, ein Eheroman um den mißgestalteten Jean Peloueyre und die junge Noëmi, die ihn nicht lieben kann, aber den Sterbenden pflegt und nach Jeans Tod ein Leben der Entsagung führen wird; *Le désert de l'amour* (vergebliche Suche mehrerer Menschen nach Liebe); *Thérèse Desqueyroux*, die Geschichte der in provinzieller Enge und im «Käfig» der Familie gefangenen Thérèse, deren Versuch, ihren Mann zu vergiften, nicht gelingt und vertuscht wird. M.s Frühwerk stieß mitunter auf Kritik auch von katholischer Seite, die mit André Gides Bemerkung übereinstimmte, M.s Werke seien nicht geeignet, Sünder zum Christentum zurückzuführen. Eine offene oder versteckte Neigung (besonders in *Le fleuve de feu*) zu der sonst als sündhaft verdammten oder verabscheuten «Natur» war nicht zu übersehen; aber gerade sie führt zu der gespannten Atmosphäre in diesen Werken.
Etwa 1928/29 erfolgte eine Art «Konversion» oder «Reversion» M.s, ein Wandel vom «Leiden des Christen» zum «Glück des Christen». Man hat in den späteren Werken eine höhere Wertung der «Natur» gesehen (Schwarzenbach), sie freilich auch als spannungsloser kriti-

siert. Charakteristisch ist etwa die Fortsetzung der Geschichte der unglücklichen Thérèse Desqueyroux in *La fin de la nuit*: am Ende steht jetzt ein Akt der Buße und Einsicht. Le *mystère Frontenac* wurde zum hellsten Buch M.s: Familie wird hier beinahe zum Idyll. In der zweiten Periode M.s treten auch, neben der sinnlichen Leidenschaft, stärker als früher Geiz, Herrschsucht, Pharisäertum in den Vordergrund. Die Charaktere wirken völlig negativ: der geizige und geldgierige Advokat Louis in *Le nœud de vipères*, die kaltherzige Pharisäerin Brigitte Pian (*La pharisienne*), der Mörder Gradère (*Les anges noirs*). Doch zugleich erscheint «eine Seele mitten im Laster ... leicht zugänglich» (im erstgenannten Roman); Gott wird zum «guten Versucher, dem viele Menschen am Ende doch unterliegen» (im zweiten); oder es heißt einmal: «Der Mörder lächelt den Engeln entgegen» (*Les anges noirs*) – der Bekehrte nämlich. M. verabscheute von Anfang an den Selbstgefälligen, Selbstzufriedenen, als welchen er oft den bloß konventionellen Christen zeichnet; für den Sünder, der an seinem Zustand leide, sei Gott zur Welt gekommen. Der Sünder dieser Art treibt Gewissenserforschung, befindet sich ständig in einer virtuellen Beichtsituation. Nach M. hat jeder Mensch eine «angoisse du compte à rendre ... chacun prépare sa défense» (*Commencements d'une vie*). M.s Psychologie, weniger begrenzt als seine religiöse Thematik, geht auf das Unbewußte: «L'inconscient est la part essentielle de notre être» (*Le romancier et ses personnages*). Er deckt den Bruch auf zwischen dem Bewußtsein seiner Figuren und den ihnen selbst verschleierten triebhaften Motiven ihres Handelns. So neigt M. formal zum Seelendrama zwischen wenigen Personen, zum Ich-Roman mit Verwendung von Tagebüchern, Briefen und inneren Monologen. Darstellung gehemmter Menschen mit reichem Phantasieleben (das Böse ist bei M. manchmal nur Phantasie, Begierde); in der Liebe an Stelle des Liebens der Wunsch des Geliebtwerdens; unbewußte Freude, etwa über den Tod eines Angehörigen, unbewußter Haß sind typisch. Die neuere Tiefenpsychologie hat M. Anregungen gegeben (bis zur Psychopathologie des Sichverschlafens in *Destins*). Schon vor dem Existentialismus erschien bei M. das Problem des «Anderen». Viele Figuren M.s wollen einen anderen für sich besitzen, eine Mutter will Macht über den Sohn ausüben (*Genitrix*; ähnlich noch in M.s letztem Roman *Un adolescent d'autrefois*: Alain müht sich um die Lösung von seiner Mutter und geht schließlich nach Paris, schuldlos-schuldig am Tod eines jungen Mädchens), ein Hauslehrer über die Familie (Drama *Asmodée*). Getrenntheit herrscht allgemein: vergeblich versucht der Mensch sie in der Liebe zu überwinden; selten kommt er heraus aus der Einöde («désert», ein Grundbegriff M.s) der unerwiderten Liebe, während viele Paare nicht zueinander passen. Nicht- und Mißverstehen, Gleichgültigkeit und Haß, das Gefühl der Ungeliebtheit sind bei M. weitverbreitet; er beschreibt «la solitude des êtres au sein de l'amour même». Die äußere Natur ist die «Komplizin» der Passionen. In der Umgebung von Bordeaux (die «Landes») und in Bordeaux selbst lokalisiert M., Kenner der französischen Provinz, die Handlungen seiner Romane. Naturszenerie – glühende Hitze, Kiefernwälder, Heide, Weinberge, Brand, Regen, Nebel, Stille – und seelische Stimmung gehören zusammen. M. hält sich selbst eher für einen «catholique qui fait des romans» als für einen «romancier catholique». Abgesehen von dieser Frage nach der Katholizität, bieten seine Werke Beispiele des von Dostojewski herkommenden psychologischen Romans der ersten Jahrhunderthälfte, der über bloße Seelenanalyse hinaus die Frage nach der Existenznot seiner Figuren stellt.

W.: Romane: L'enfant chargé de chaînes, 1913; La robe prétexte, 14 (dt. Das Gewand des Jünglings); La chair et le sang, 20 (dt. Fleisch und Blut); Préséances, 21 (dt. In diesen Kreisen); Le baiser au lépreux, 22 (dt. Der Aussätzige und die Heilige); Génitrix, 23; Le fleuve de feu, 23; Le mal, 24 (dt. Die Sünde); Le désert de l'amour, 25 (dt. Die Einöde der Liebe); Le jeune homme, 25 (dt. Der junge Mensch); Fabien, 26 (zweite Fassung von Le mal); Thérèse Desqueyroux, 27 (dt. Die Tat der Th. D.); Destins, 28 (dt. Schicksale); Ce qui était perdu, 30; Le nœud de vipères, 32 (dt. Natterngezücht); Le mystère Frontenac, 33 (dt. Das Geheimnis Frontenac); La fin de la nuit, 35 (dt. Das Ende der Nacht); Les anges noires, 36 (dt. Die

schwarzen Engel); Les chemins de la mer, 39 (dt. Die Wege des Meeres); La pharisienne, 41 (dt. Die Pharisäerin); Le sagouin, 51 (dt. Denn du kannst weinen); Galigaï, 52 (dt. ebs.); L'agneau, 54 (dt. Das Lamm); Un adolescent d'autrefois, 69 (dt. Der Jüngling Alain). – *Erz.:* Trois récits, 29 (daraus dt.: Der Dämon der Erkenntnis); Plongées, 38. – *Lyrik:* Les mains jointes, 09; L'adieu à L'adolescence, 11; Orages, 25; Le sang d'Atys, 40. – *Dramen:* Asmodée, 38 (dt. Asmodi); Les mal aimés, 45 (dt. Keiner wird genug geliebt); Le passage du malin, 47; Le feu sur la terre, 51 (dt. Das Feuer auf der Erde). – *Essays, Tagebücher:* De quelques cœurs inquiets / Petits essais de psychologie religieuse, 20 (dt. Religiöse Porträts); H. Bordeaux, 26; La province, 26; Proust, 26; La rencontre avec Pascal, 26; Le tourment de Jacques Rivière, 26; La vie de Jean Racine, 28; Le roman, 28; Supplément au traité de la concupiscence de Bossuet, 28; Souffrances du chrétien, 28; Bonheur du chrétien, 29 (dt. zusammen: Leid und Glück des Christen); Dieu et mammon, 29; Trois grands hommes devant Dieu / Molière, Rousseau, Flaubert, 30; Blaise Pascal et sa sœur Jacqueline, 31; René Bazin, 31; Le jeudi Saint, 31 (dt. Der große Abend); Le romancier et ses personnages, 33; La vie de Jésus, 36 (dt. Leben Jesu); Le cahier noir, 43 (dt. Das schwarze Heft); Sainte Marguerite de Cortone, 45 (dt. Die heilige Margarete von Cortona); Du coté de chez Proust, 47; Mes grands hommes / De Pascal à Gide, 49; Terres franciscaines / Actualité de Saint François d'Assise, 50; La pierre d'achoppement, 51 (dt. Der Stein des Anstoßes); Paroles catholiques, 54 (dt. Vom Geheimnis meines Friedens); Journal I–V, 34–54 (daraus dt.: I und II als Von Zeit und Ewigkeit, dt. Auswahl: Noch ist es Zeit); Bloc-Notes 1952–57, 58; Le fils de l'homme, 58 (dt. Der Menschensohn); Mémoires intérieurs, 59 (dt. Bild meines Ichs); Ce que je crois, 62 (dt. Was ich glaube); Les nouveaux bloc-notes 1958–60, 61; De Gaulle, 64 (dt. ebs.); Nouveaux mémoires intérieurs, 65 (dt. Die verborgenen Quellen); Mémoires politiques, 67 (dt. Die düsteren Jahre). – *Autobiographisch:* Mes plus lointains souvenirs, 29; Commencements l'une vie, 32. – Œuvres complètes, 13 Bde, 49–52.
Lit.: Ch. Du Bos: F. M. et le problème du romancier catholique, 1933; J. Schwarzenbach: Der Dichter zwiespältigen Lebens F. M., 38; J.-P. Sartre, in Nouvelle Revue Française, 39 (bzw. in: Situations); G. Hourdin: M., 45; D. O'Donnell: Maria Cross, 52; ders., in: Wort und Wahrheit, 54; P.-H. Simon: M. par lui même, 53; M. Jarrett-Kerr: F. M., 54; J.-L. Prévost: Le roman catholique, 58; X. Grall: M. journaliste, 60; M. Alyn: F. M., 60; L. Barjon: De Baudelaire à M., 62; K. Goesch: F. M., Essai de bibliographie chronologiques (1908–60), 65; J. H. Donnard: Trois écrivains devant Dieu – Claudel, M., Bernanos, 66. H. O

Maurier → du Maurier

Maurina, Zenta, * 15. 12. 1897 Lejasciems (Lettland).
Z. M. wuchs in Grobina (Kurland) auf, studierte in Riga und Heidelberg und unternahm Studienreisen nach Florenz und Paris. 1944 flüchtete sie nach Deutschland und lebt gegenwärtig in Uppsala (Schweden) u. zeitweilig in Deutschland.
Z. M. ist vor allem Essayistin. Bekannt wurde sie durch ihre Biographie Dostojewskis, an die sich Interpretationen anderer großer Dichter anschlossen. Grundthema ihres Werks in lettischer und deutscher Sprache, zu dem auch erzählende und autobiographische Schriften gehören, ist die Überwindung von Schmerz und Leid durch die Liebe.

W.: Essays: Dostojevskis, 1933 (dt. Dostojewskij); Dante, 37; Prometēja gaismā, 42; Sirds mozaika, 47 (dt. Mosaik des Herzens); Uguns gari, 51; Gestalten und Schicksale, 49; Um des Menschen willen, 55; Auf der Schwelle zweier Welten, 59; Über Liebe u. Tod, 60; Welteinheit und die Aufgabe des Einzelnen, 63; Die Aufgabe des Dichters in unserer Zeit, 65; Birkenborke/Benjamin. Zwei Berichte, 67; Verfremdung und Freundschaft, 66; Porträts russischer Schriftsteller, 68. – *Romane u. Erz.:* Dzīves vilcienā, 41 (dt. Im Zuge des Lebens); Trīs brāli, 46; Septini viesi, 57 (dt. Sieben Gäste); Die weite Fahrt, 51; Denn das Wagnis ist schön, 53; Die eisernen Riegel zerbrechen, 57; Schwedische Tagebücher: 1.: Nord- und südliches Gelände, 63, 2.: Jahre der Befreiung, 65, 3.: Abenteuer des Menschseins, 70.
Lit.: M. Dietrich: Ein Leben aus abendländ. Geist, 1953; O. Schempp: Das Herz hat Flügel, 57; Buch der Freundschaft für Z. M., 67. DW

Maurois, André (eig. Émile Salomon Wilhelm Herzog), * 26. 7. 1885 Elbœuf (Seine-Maritime), † 9. 10. 1967 Neuilly-sur-Seine.
M., Sohn eines Textilindustriellen aus dem Elsaß, wurde streng patriotisch erzogen und besuchte das Gymnasium in Rouen, wo Alain sein Lehrer war und ihn sehr beeinflußte. Dann arbeitete er als Textilkaufmann im väterlichen Un-

ternehmen. Während des Ersten Weltkrieges war er Dolmetscher im britischen Hauptquartier. Seit 1926 freier Schriftsteller, wurde er 1938 in die Académie Française gewählt. Am Zweiten Weltkrieg nahm er aktiv teil.

Erste Erfolge errang M. mit «Kriegsbüchern», in denen seine Erfahrungen mit englischen Offizieren sich niedergeschlagen haben und die sich durch einen glänzenden ironisch-satirischen Stil auszeichnen. Seine genaue Kenntnis englischer Tradition und Literatur schlägt sich auch in phantastisch-utopischen Erzählungen der Wells- und Huxley-Nachfolge nieder (*Meïpe; Le peseur d'âmes; La machine à lire les pensées*). Als Romancier arbeitet M. mit einem elegant-maßvollen, klassischen Stil. *Bernard Quesnay* schildert die Konflikte in einer normannischen Textildynastie: Die Traditionsgebundenheit der älteren Generation steht gegen den Kampf für sozialen Fortschritt; die Söhne Bernard und Antoine ihrerseits finden sich vor der der Entscheidung zwischen Pflichtgefühl und Freiheit zum Künstlertum. *Climats* gibt subtile Analysen der Leidenschaft: In den Beziehungen Philippes zu Odile und zu Isabelle zeigt sich die zerstörerische Konsequenz von Egoismus und Ausschließlichkeitsanspruch. – M.' überzeugendste Leistung liegt freilich auf dem Gebiet der Biographie, für das er ein neues Muster aus Detailgenauigkeit und romanhaften Schwung, luzider Zergliederung und souveräner Synthese schuf.

W.: Kriegsbücher: Les silences du Colonel Bramble, 1918 (dt. Das Schweigen des Obersten Bramble); Les discours du docteur O'Grady, 22 (dt. Die Gespräche des Doktors O'Grady); Nouveaux discours du docteur O'Grady, 50. – *Romane u. Erz.:* Bernard Quesnay, 26 (dt. ebs.); Meïpe, 26; Climats, 28 (dt. Wandlungen der Liebe); Voyage au pays des Articoles, 28 (dt. Reise ins Land der Artikolen); Fragments d'une histoire universell, 28 (dt. Fragmente einer Weltgeschichte); Le pays de trente-six mille volontés, 30 (dt. Das Land der 36 000 Wünsche); Patapoufs et Filifers, 30 (dt. Patapuf und Filifer); Le peseur d'âmes, 31 (dt. Die Seelenwaage); Le cercle de famille, 32 (dt. Im Kreis der Familie); L'instinct du bonheur, 34; La machine à lire les pensées, 36; Terre promise, 46 (dt. Claire oder Das Land der Verheißung); Le dîner sous les marronniers, 51; Les roses en septembre, 56 (dt. Rosen im September. – *Biographien:* Ariel ou la vie de Shelley, 23 (dt. Ariel); La vie de Disraeli, 27 (dt. Benjamin Disraeli); Don Juan ou la vie de Byron, 30 (dt. Byron); Tourgeniev, 31; Lyautey, 31 (dt. ebs.); Edouard VII et son temps, 33 (dt. Eduard VII. und seine Zeit); Voltaire, 35; Chateaubriand, 37; Chopin, 42; À la recherche de Marcel Proust, 49 (dt. Auf den Spuren von M. P.); Lélia ou la vie de George Sand, 32 (dt. Dunkle Sehnsucht); Olympio ou La vie de Victor Hugo, 52 (dt. Olympio); Robert et Elizabeth Browning, 55; Les trois Dumas, 57 (dt. Die drei Dumas); La vie de Sir Alexander Fleming, 59 (dt. A. F.); Adrienne ou Vie de Mme. de La Fayette, 61 (dt. Ich flüchte mich in mein Herz); Napoléon, 64 (dt. ebs.); Prométhée ou La vie de Balzac, 65 (dt. Prometheus). – *Historische Studien:* Histoire de l'Angleterre, 37 (dt. Die Geschichte Englands); Histoire des Etats-Unis, 2 Bde, 43–47 (dt. Die Geschichte Amerikas); Histoire de la France, 47 (dt. Frankreich); Histoire des Etats-Unis de 1917 à 1961, 62 (dt. Die Geschichte der USA von Wilson bis Kennedy); Histoire de l'Allemagne, 65 (dt. Deutschland). – *Essays:* Dialogues sur le commandement, 24; Sentiments et coûtumes, 34; Magiciens et logiciens, 35 (dt. Träumer und Denker); Études littéraires, 2 Bde, 47; Portrait de la France et des Français, 55 (dt. Frankreich und die Franzosen); De Proust à Camus, 63 (dt. Von Proust bis Camus); De Gide à Sartre, 63; De La Bruyère à Proust, 64. – *Autobiographische Prosa:* Journal. Etats-Unis 1946, 46; Retour en France. 20 juillet 1946 1er janvier 1947, 47; Mémoires I, 48 (dt. Auf den Flügeln der Zeit); Portrait d'un ami qui s'appelle moi, 59; Choses nues, 63 (dt. Reine Tatsachen). – Œuvres complètes, 16 Bde, 50; Pour piano seul. Toutes les nouvelles, 60 (dt. Begegnung und Abschied).

Lit.: D. G. Larg: A. M., 1931 (mit Bibliogr.); A. Fillon: A. M., romancier, 37; G. Lemaître: A. M., 39; F. Auriant: Un écrivain original: A. M., 41; J. Suffel, A. M., 63.

RLL

Maurras, Charles, * 20. 4. 1868 Martigues (Bouches-du-Rhône), † 16. 11. 1952 Tours.

M. studierte Philosophie und Sozialwissenschaften in Paris und gründete mit J. Moréas die gegen den Symbolismus gerichtete «École Romane». 1898, in der Dreyfus-Affäre, wandte er sich der Politik zu und rief 1899 die präfaschistisch-monarchistische Gruppe «L'Action Française» ins Leben. Eine Wochenschrift gleichen Titels konnte 1908 zur Tageszeitung umgewandelt werden. Im Zwei-

ten Weltkrieg unterstützte M. die Vichy-Regierung, deren Mitglieder zum Teil aus der «Action» kamen, und wurde deshalb im Januar 1945 zu lebenslänglichem Gefängnis verurteilt, kurz vor seinem Tod aber begnadigt.
Aus seiner Begeisterung für das antike Griechenland entwickelte M. als Grundpositionen seines Denkens den literarischen Klassizismus und den politischen «Positivismus», letzteren unter Rückgriff auf Theoretiker wie de Maistre und Comte. Gegenüber der Moderne, in der M. die Barbarei wiederaufgebrochen sah, verkörperte die hellenistische Zivilisation für ihn die Werte der Vernunft und des Maßes. M.' literarische Absage an die Romantik und seine eigene neoklassizistische Lyrik wurden in ihrer Wirkung bei weitem von seiner politischen Theorie übertroffen, die sich mit antiklerikalen und antisemitischen Elementen zu einem antidemokratischen und monarchistischen «nationalisme intégral» rigoroser Machtpolitik entwickelte. M. glaubte, daß es die Eigenheit der Demokratie sei, «nur zu verbrauchen, was die aristokratischen Epochen produziert haben» (*Anthinéa*).

W.: Lyrik: Inscriptions, 1921; Le mystère d'Ulysse, 23; La musique intérieure, 25; La balance intérieure, 52. – *Erzählende Prosa:* Le chemin de paradis, 1895; Contes philosophiques, 1928. – *Politische Prosa:* Trois idées politiques, 1899; Anthinéa. D'Athènes à Florence, 1901; L'avenir de l'intelligence, 05; Enquête sur la monarchie, 09; Les conditions de la victoire, 8 Bde, 15–20; Principes, 31; Mes idées politiques, 37; Devant l'Allemagne éternelle, 37; La seule France. Chronique des jours d'épreuve, 41. – *Literarhistorische Prosa:* Les amants de Venise, 02; Le romantisme féminin, 02; L'étang de Berre, 15; Barbarie et poésie, 25; La sagesse de Mistral, 26; Un débat sur le romantisme, 29. – *Autobiographisches:* Au signe de Flore, 33; Lettres de prison 1944–52, 58; Soliloque du prisonnier, 63. – Hauptwerke, 4 Bde, 54 ff.
Lit.: J. Maritain: Une opinion sur Ch. M., 1926; G. Hupin: Ch. M., 56; R. Joseph: Le faux M., 58; ders. u. J. Forges: Le poète M., 62; J. d'Axmar de Fabrégues: Ch. M., 66.
RLL

Mayer, Hans, * 19. 3. 1907 Köln.
M. studierte Jura, Geschichte und Philosophie in Köln, Bonn und Berlin. 1935 bis 1945 war er im Exil in Frankreich und der Schweiz; 1946/47 Chefredakteur von Radio Frankfurt/M. 1948–63 lehrte M. Literaturgeschichte in Leipzig; seit 1965 ist er Professor für deutsche Sprache und Literatur in Hannover. Er wirkt außerdem als Literaturkritiker und Übersetzer.
Schwerpunkte des literarhistorischen Werks M.s sind die mit Marx und Hegel gedeuteten Traditionen der europäischen Aufklärung und deren kritische Aneignung für die Gegenwart. Als Kritiker und Lehrer wirkte M. anregend auf viele junge Autoren in der DDR und im Westen. Einig mit Lukács über den Begriff bürgerlicher Literatur, trennt er sich von dessen negativer Bewertung der Moderne (Kafka, Proust, Brecht, Aragon) und verteidigt die neue Bereicherung des Begriffs von Literatur. Die geistigen Gebilde und das Geheimnis des Worts haben für M., ähnlich wie für Bloch, ihr strategisches Eigenrecht in ihrem Widerspruch zum – auch sozialistisch – noch ungenügenden Bestehenden.

W.: Georg Büchner und seine Zeit, 1946; Thomas Mann, 50; Deutsche Literatur und Weltliteratur, 57; Von Lessing bis Thomas Mann, 59; Richard Wagner in Selbstzeugnissen und Bilddokumenten, 59; Bertolt Brecht und die Tradition, 61; Ansichten. Zur Literatur der Zeit, 62; Zur deutschen Klassik und Romantik, 64; Zur deutschen Literatur der Zeit, 67 (daraus: Deutsche Literatur seit Th. Mann, 68); Konstellationen der Literatur, 71.
Lit.: W. Jens u. F. J. Raddatz (Hg.): Hans Mayer zum 60. Geburtstag, 1967. H. B.

Mayröcker, Friederike, * 20. 12. 1924 Wien.
F. M., seit 1946 Englischlehrerin in Wien, trat in Kontakt mit Max Bense, seit 1956 mit der Wiener Gruppe. Sie begann mit metaphernreichen, elegischen Erlebnisgedichten; es überwiegt das Prinzip der Reihung von Bildern. Zunehmend zieht das lyrische Subjekt sich aus den zu «Texten» verhärteten und verkrusteten Sprachgebilden zurück. Erinnerung ist verfremdet zum Zitat, dessen Objektivität Eigenes und Fremdes (irgendwo Aufgeschnapptes) nicht mehr zu unterscheiden ermöglicht. Das dadurch weitgehend autonome Sprachmaterial wuchert, da jedes Partikel umgeben ist von einem «Strahlenkranz von Assoziationsmöglichkeiten», in der Weise einer Ketten-

reaktion, wobei sprachliche Automatismen und der subjektiven Eigengesetzlichkeit der «Bewusztseinsmaschine» unterworfene Assoziationen sich überlagern und wechselweise bedingen. Das «Auseinanderfliesżende» wird ihm äußerlicher ästhetischer Manipulation unterworfen (Atomisierung, Deformation des Wortmaterials, Zerklüftung des Sprachbildes; leitmotivische Verklammerung usw.). Die neueren Texte von M., obwohl durch subjektive Erfahrung «ausgelöst», also nicht primär Demonstration anonymer Sprachverhalte, widersetzen sich dennoch subjektiver Rezeption: «Reiztexte», erfaßbar allenfalls mit Kategorien der Informationsästhetik.

W.: Larifari, kurze Prosa, 1956; metaphorisch, Lyrik, 64; texte, Lyrik, 65; Tod durch Musen, poetische Texte (Nachwort v. Gomringer), 66; Sägespäne für mein Herzbluten, 39 Gedichte, 67; Minimonsters Traumlexikon, Texte in Prosa (Nachwort Max Bense), 68; Fantom Fan, 71; Metaphysisches Theater, 72. – *Hörspiele,* gemeinsam mit Ernst Jandl: Fünf Mann Menschen, 68; Der Gigant, 69; Spaltungen, 70.
Lit.: F. M. über sich selbst, in: Ein Gedicht und sein Autor, hg. v. W. Höllerer, 1967; A. Okopenko, in: Wort in der Zeit 3/63; P. Weibel, in: Diskus 1/66; G. Bisinger, in: Diskus 7/66; Urbach, in: Neues Forum, Aug./Sept. 70. H. G.

McCarthy, Mary, * 21. 6. 1912 Seattle (Wash.).
Nach Literatur-Studium am Vassar College war M. McC. vorübergehend Lehrerin. Sie war in erster Ehe mit dem Schriftsteller E. Wilson verheiratet und lebt heute in Paris. — In ihren in sachlich-distanziertem und ironischem Ton gehaltenen Büchern, die sich durch treffende, zuweilen brillante sprachliche Formulierung auszeichnen, setzt sich M. McC. vor allem kritisch mit den gesellschaftlichen Verhältnissen, besonders der USA, und der Situation der Intellektuellen auseinander. Der Episodenroman *The Company She Keeps*, dessen politischer Hintergrund persönliche Erfahrungen widerspiegelt (M. McC. stand anfangs dem Kommunismus nahe), schildert mit der Hauptgestalt, der Intellektuellen Margaret Sargent, zugleich die Gesellschaft der späten 30er Jahre, in der sie lebt. Das von M. McC. bevorzugte Hochschulmilieu bildet den Ausgangspunkt des Romans *The Group*, der ein Welterfolg wurde: an den Schicksalen von neun ehemaligen Vassar-Studentinnen demonstriert diese «persiflierende Chronik», wie die zu Elitegefühl und Fortschrittsglauben erzogenen Mädchen in ihrer Emanzipation scheitern und sich mehr oder minder dem «american way of life» anpassen.

W.: Romane und Erz.: The Company She Keeps, 1942 (dt. Sie und die Anderen); The Oasis, 49 (dt. Die Oase); The Groves of Academe, 52; A Charmed Life, 54 (dt. Der Zauberkreis); The Group, 63 (dt. Die Clique); Birds of America, 70. – *Essays:* Venice Observed, 56 (dt. Venedig); The Stones of Florence, 59 (dt. Florenz); The Writing on the Wall and Other Literary Essays, 62 (dt. Ein Blitz aus heiterem Himmel); Vietnam, 67 (dt. V.-Report); Hanoi, 68 (dt. Hanoi 1968). – *Autobiographisches:* Memories of a Catholic Childhood, 57 (dt. Eine katholische Kindheit).
Lit.: H. Heissenbüttel: M. McC. – Versuch eines Porträts, 1964; D. Grumbach: The World of M. McC., N. Y. 66. RLL

McClure, Michael, * 20. 10. 1932.
M. wuchs im amerikanischen Norden auf und kam 1953 nach San Francisco, wo er heute lebt. — 1956 begann M. Gedichte zu veröffentlichen, die zuerst in den Zeitschriften der Beat-Bewegung wie «Black Mountain Review», «Big Table» erschienen. Mit Ferlinghetti, Snyder, Whalen, Brother Antonius u. a. zählt man M. zu den Vertretern der «San Francisco Renaissance». Die erotischen Gedichte *Dark Brown* stehen in Zusammenhang mit dem «Dirty Speech-Movement» und dessen Protesthaltung in Amerika. M.s obszöne Sprache ist der Versuch, sich aus kommunikativen Schemata zu befreien. Das Zweipersonenstück *The Beard* bedient sich der Symbolik: auf der einen Seite Jean Harlow, das unnahbare Sexidol, auf der anderen Seite Billy the Kid, der romantisierte Wild-West-Rebell. Gegenüber der Reduzierung auf gesellschaftlich determinierte Rollen erscheint Sexualität als Revolte.

W.: Lyrik: Passage, 1956; Peyote Poems, 59; The New Book/The Book of Torture, 61; Ghost Tantras, 64; Star, 64; Poisened Wheat, 65; Dark Brown, 67 (dt. Dunkelbraun); The Sermons of Jean Harlow & The Curses of

Billy the Kid, 68. – *Essays:* Meat Science Essays, 63. – *Drama:* The Beard, 65 (dt. Der Bart). – *Roman:* The Adept, 71. – *Sonstiges:* Gargoyle Cartoons, 71. RLL

McCullers, Carson, * 19. 2. 1917 Columbus (Georgia), † 29. 2. 1967 Nyack (N.Y.).

C. Mc. wuchs im amerikanischen Süden auf, kam mit siebzehn Jahren nach New York, wo sie arbeitet und studierte. Sie war verheiratet, ihr Mann, nach einiger Zeit getrennt von ihr lebend, beging Selbstmord. Nach mehreren Schlaganfällen lebte sie, teilweise gelähmt, bis zu ihrem Tode völlig zurückgezogen bei New York.

1940 machte der Roman *The Heart is a Lonely Hunter* sie berühmt. Er spielt wie ihre späteren Bücher in einer kleinen Stadt der Südstaaten und bezieht deren Rassenprobleme mit ein; das eigentliche Thema ist aber das Erlebnis der menschlichen Einsamkeit und Getrenntheit; die fünf Hauptfiguren sind «einsame Jäger» auf der Suche nach Liebe (im weitesten Sinn) und Gemeinsamkeit; sie alle scheitern bei dieser Suche, so der Taubstumme Singer, der sich selbst tötet. – In *Reflections in a Golden Eye* erscheint das gleiche Grundmotiv in knapperer, distanzierter Darstellung; die Handlung entfaltet sich aus dem Gewebe der Beziehungen zwischen zwei labilen, übersensiblen (Captain Penderton und Alison) und zwei naiven Menschen (Leonora, die Frau des Captains, und ein Soldat). Der Stil wirkt lapidar, der Duktus der Handlung fatalistisch. In *The Member of the Wedding* ist das Menschliche wieder mit mehr Wärme gestaltet. Hauptfigur ist die zwölfjährige Frankie, die unruhig und differenziert ist und sich einsam fühlt; das Lebensalter, in dem sie steht und dem sie schließlich entwächst, erscheint als eigentlich «poetisches». Ein dritter Kurzroman, *The Ballad of the Sad Café*, wirkt dunkler, tragikomisch: Miss Amelia, Besitzerin eines Cafés, ein Mannweib, nimmt den zwergenhaften Lymon Willis bei sich auf, wird aber in ihren – kaum entwickelten – Gefühlen enttäuscht – Willis verbündet sich mit ihrem einst von ihr fortgejagten Mann – und dadurch innerlich gebrochen. – Das Drama *The Square Roof of Wonderful*, das den Einfluß von T. Williams zeigt, variiert die Motive des Prosawerkes (Selbstmord eines Schriftstellers, dessen Frau sich von ihm abgewandt hat). – Vergänglichkeit ist das Thema einiger Erzählungen und auch des Romans *Clock Without Hands*: dieser verbindet die Geschichte des durch Krankheit todgeweihten Malone mit der des närrischen alten Richters Clane, eines Konservativen, und der zweier junger Menschen (eines Negers und eines Weißen) auf der – fehlgehenden – Suche nach ihrem Ich. Trotz mancher Ironie ist der Grundton Trauer hier wie im Gesamtwerk, das seine Suggestivität aus der Verdichtung innerer und äußerer Vorgänge in «Bildern» und Symbolen empfängt. Eigenständig innerhalb der von Faulkner herkommenden Südstaatenliteratur, hat es Geltung weit über diese hinaus.

W.: Romane und Erz.: The Heart Is a Lonely Hunter, 1940 (dt. Das Herz ist ein einsamer Jäger); Reflections In a Golden Eye, 41 (dt. Der Soldat und die Lady; später als: Spiegelbild im goldenen Auge); The Member of the Wedding, 46 (dt. Das Mädchen Frankie; auch: Frankie. Von C. Mc. auch dramatisiert); The Ballad of the Sad Café, 51 (dt. Die Ballade vom traurigen Café; auch in: Sämtliche Erzählungen. Dramatisiert von E. Albee); Clock Without Hands, 61 (dt. Uhr ohne Zeiger). – *Drama:* The Sqare Root of Wonderful. 58.

Lit.: L. Y. Gossett: Violence in Recent Southern Fiction, 1961; K. Lubben, in: Jahrbuch für Amerikastudien, 63; H. Olles, in: Die Welt der Bücher, 64; O. Evans: C. McC., 66 (auch dt.). H. O.

Meckel, Christoph, * 12. 6. 1935 Berlin.

M. studierte Grafik in Freiburg i. B. und München. Sein umfangreiches grafisches Werk ist ein Gegenstück zu einem ebenso phantasiereichen erzählerischen und lyrischen Schaffen. Er lebt in Berlin. – M. begann mit Gedichten in der geistigen Tradition des Expressionismus, war von Eich und Krolow beeinflußt, nahm aber dann auch surreale Elemente auf. Das «Märchenhafte» seiner von Einfällen sprühenden Geschichten widersetzt sich einem realen Engagement; das demiurgische Vergnügen überwiegt selbst gegenüber dem Formwillen; die Verfügung über eine bildhafte Sprache trägt zu seinem Wandlungsreichtum bei.

W.: Erzählendes: Im Land der Umbramauten, 1961; Dunkler Sommer und Musikantenknochen, 64; Der glückliche Magier, 67; Manifest der Toten, 71. – *Lyrik:* Tarnkappe, 56; Nebelhörner, 59; Wildnisse, 62; Die Savannen, 66. – Ferner Hörspiele. – Werkauswahl, 71. M. GD.

Medek, Rudolf, * 8. 1. 1890 Königgrätz, † 22. 9. 1940 Prag.
M. kämpfte im Ersten Weltkrieg auf russischer Seite gegen Österreich. 1920—36 war er Museumsdirektor in Prag. — M. schrieb Lyrik unter dem Einfluß des Symbolismus, wandte sich dann aber patriotischen Themen zu. Seine fünf unter dem Zyklustitel *Anabase* veröffentlichten Romane schildern das von M. selbst erlebte Schicksal der tschechischen Legionen 1914—20 und suchen durch die Heroisierung von deren Taten das nationale Selbstbewußtsein des tschechoslowakischen Staates zu festigen. Die der «Anabasis» des Xenophon nachgebildete Pentalogie lagert in den großen Handlungsbogen zahlreiche Einzelschicksale ein.

W.: Lyrik: Půlnoc bohů, 1912; Lví srdce, 19; Láska a smrt, 25. – *Romane:* Chnivý drak, 21; Veliké dny, 23; Ostrov v bouři, 25; Mohutný sen, 26; Anabase, 27. – *Dramen:* Plukovník Švec, 28; Srdce a válka, 30; Jiří Poděbradský, 34. RLL

Meersch, Maxence van der (eig. Josef Cardijn), * 4. 5. 1907 Roubaix, † 14. 1. 1951 Le Touquet.
M. studierte Literatur- und Rechtswissenschaften in Tourcoing und Lille, war Rechtsanwalt und Redakteur. — M., der in seinen Anfängen Marxist war, später sich aber einem undogmatischen sozialen Christentum zuwandte, schrieb stilistisch und kompositorisch anspruchslose Romane, die aber durch ihren Naturalismus und ihre Erfindungskraft wirkten. *L'empreinte du Dieu* schildert die Liebe des Bauernmädchens Karlina zu ihrem verheirateten Onkel. *Corps et âmes* attakkiert die moderne Schulmedizin. Schauplatz ist meist der nordfranzösisch-belgische Raum.

W.: Romane: La maison dans la dune, 1932 (dt. Das Haus in den Dünen); Invasion 14, 35; L'empreinte du Dieu, 36 (dt. Sein Vermächtnis); L'élu, 37 (dt. Drama um Direktor Bramberger); Les pêcheurs d'hommes, 40 (dt. Menschenfischer); Le péché du monde, 41 (dt. Die Sünde der Welt); Corps et âmes, 43 (dt. Leib und Seele); Vie du curé d'Ars, 46; La petite Sainte-Thérèse, 47 (dt. Die kleine Heilige); La fille pauvre, 48; Le cœur pur, 48 (dt. Das reine Herz); La compagne, 55; Masque de chair, 58.
Lit.: R. Reus: Portrait de M., 1952. RLL

Mehring, Walter, * 29. 4. 1896 Berlin.
M. studierte Kunstgeschichte in Berlin und München, bevor er 1916 Kriegsfreiwilliger wurde. Ab 1919 arbeitete er für Kabaretts und Zeitungen, ging 1933 in die Emigration, die ihn nach Verhaftung und Internierung 1941 in die USA führte. Er lebt in der Schweiz. — M., der zum «Sturm»-Kreis und zum Berliner Dada gehörte, wurde nach expressionistischen Anfängen vor allem als Verfasser von satirisch-aggressiver, an die Bänkelsangtradition anknüpfender Kabarettdichtung bekannt. Rigorose sozialistische Kritik am Bürgertum übt auch sein von Piscator aufgeführtes Drama über einen Inflationsgewinnler *Der Kaufmann von Berlin.* Mit *The Lost Library,* der «Autobiographie einer Kultur», trat M. nach dem Zweiten Weltkrieg wieder in die Literatur ein.

W.: Romane u. Erz.: Paris in Brand, 1927; Müller. Chronik einer deutschen Sippe, 35; Die Nacht des Tyrannen, 37. – *Dramen:* Europäische Nächte, 24; Der Kaufmann von Berlin, 29. – *Lyrik u. Kabarettexte:* Das politische Cabaret, 20; Das Ketzerbrevier, 21; Die Gedichte, Lieder und Chansons, 29; Arche Noah SOS, 31; Und Euch zum Trotz, 34; Neues Ketzerbrevier, 62. – *Essays u. Autobiographien:* The Lost Library, 51 (dt. Die verlorene Bibliothek); Verrufene Malerei, 58; Berlin, Dada, 59. RLL

Meichsner, Dieter, * 14. 2. 1928 Berlin.
M. studierte Geschichte und Anglistik an der Humboldt-Universität Berlin (Ost) und an der Freien Universität Berlin. Seit 1955 ist er freier Schriftsteller, seit 1966 Chefdramaturg beim NDR, seit 1968 Leiter der Hauptabteilung Fernsehspiel ebendort. – M., realistischer Erzähler mit zeitkritischem Engagement, veröffentlichte mit 20 Jahren sein erstes Buch, *Versucht's noch mal mit uns,* den Bericht eines jungen Mannes, der erkennt, daß man ihn und seine Generation politisch mißbraucht hat. Auch in seinem nachfolgenden Roman *Weißt Du, warum?* setzt er sich an Hand einer Ge-

schichte aus den letzten Kriegstagen mit der NS-Vergangenheit auseinander. Bekannt wurde M. vor allem durch seinen politischen Roman *Die Studenten von Berlin*, in dem er am Beispiel von sechs Studentenschicksalen Entwicklung und Folgen der Berliner bzw. deutschen Ost-West-Spaltung bekenntnishaft behandelt. Primär Themen skeptisch miterlebter Zeitgeschichte beschäftigen ihn auch in seinen zahlreichen Funkfeatures, Hör- und Fernsehspielen.

W.: Versucht's noch mal mit uns, 1948. – *Romane:* Weißt Du, warum?, 52; Die Studenten von Berlin, 54. – *Drama:* Besuch aus der Zone, 58. – *Drehbücher:* u. a. Preis der Freiheit, 65; Der große Tag der Berta Laube, 69; Alma mater, 69. M. Dg.

Meier, Herbert, * 29. 8. 1928 Solothurn.
M. studierte Germanistik und Philosophie in Basel, Wien und Fribourg, war Lehrer, Lektor, Schauspieler und Dramaturg. – Er schrieb Dramen, Hörspiele, Romane, Lyrik und Essays und trat auch als Übersetzer moderner französischer Literatur hervor. Sein Roman *Stiefelchen – ein Fall*, die schrittweise inszenierte Selbstüberführung eines am unausräumbaren Faktum seiner Bedeutungslosigkeit scheiternden Versagers, fand besonders als Stil- und Kompositionsexperiment Beachtung.

W.: Dramen u. Spiele: Die Barke von Gawdos, 1954; Der König von Bamako, 60; Jonas und der Nerz, 62 (auch: Die weißen Stühle); Skorpione, 64. – *Romane u. Erz.:* Ejiawanoko, 53; Ende September, 59; Verwandtschaften, 63; Stiefelchen – ein Fall, 70. – *Lyrik:* Siebengestirn, 56; Sequenzen, 69. – *Oratorium und Oper:* Dem unbekannten Gott, 56; Kaiser Jovian, 67. – *Sonstiges:* Der verborgene Gott. Studien zu den Dramen Ernst Barlachs, 63; Der neue Mensch steht weder rechts noch links – er geht. Manifeste und Reden. 69. RLL

Meireles, Cecília, * 7. 11. 1901 Rio de Janeiro, † 9. 11. 1964 Rio de Janeiro.
C. M. wurde Lehrerin und machte sich als Journalistin einen Namen. Sie lehrte Literaturwissenschaft an den Univ.en Rio de Janeiro (1936—38) und Texas (1940). — Das aus dem Symbolismus hervorgegangene Werk der bedeutendsten Lyrikerin der brasilianischen Literatur entwickelte sich abseits der modernistischen Bewegung. Schmerzliche Welterfahrung, Gefühle der Schuld vor menschlicher Unzulänglichkeit, Einsamkeit, Schweigen, Tod sind einige Themen ihrer formenreichen Poesie, die dazu in besonderer Weise im Zeichen der Musikalität steht. Einen Höhepunkt bildet *Romanceiro da Inconfidência.*

W.: Viagem, 1939; Vaga música, 42; Mar absoluto, 45; Retrato natural, 49; Amor em Leonoreta, 52; Doze noturnos da Holanda e O aeronauta, 52; Romanceiro da Inconfidência, 53; Pequeno oratório de Santa Clara, 55; Canções, 56; Romance de Santa Cecília, 57; Metal Rosicler, 60; Poemas escritos na Índia, 61; Solombra, 63. K. R.

Meister, Ernst, * 3. 9. 1911 Hagen (Westfalen).
M. studierte Theologie, Philosophie, Germanistik und Kunstgeschichte und war im Zweiten Weltkrieg Soldat. 1960 gab er seinen Beruf als kaufmännischer Angestellter in der Firma seines Vaters auf und arbeitet seitdem als freier Schriftsteller. Alltagsferne Sprache und knappe Bildlichkeit machen M.s lyrisches Werk schwer zugänglich. In *Unterm schwarzen Schafspelz* dominiert der Ton der Melancholie. Die späteren Bände enthalten religiös-philosophische Meditationen, die in dunkle, aber genau wiedergegebene Visionen umschlagen. Mit *Es kam die Nachricht*, Versen über und an eine Geliebte, hat M. durchsichtige Leichtigkeit gewonnen. In seinem einzigen Drama benutzt der Lyriker die Geschichte einer alten Frau, die vergeblich Kinder in einem von ihr errichteten Haus heimisch zu machen sucht, als Ausgangspunkt für eine melancholische Demonstration verlorener Sehnsüchte.

W.: Lyrik: Ausstellung, 1932; Unterm schwarzen Schafspelz, 53; Dem Spiegelkabinett gegenüber, 54; Der Südwind sagte zu mir, 55; Fermate, 57; Zahlen und Figuren, 58; Lichtes Labyrinth, 59; Die Formel und die Stätte, 60; Flut und Stein, 62; Gedichte 1932–64, 64; Zeichen um Zeichen, 68; Es kam die Nachricht, 70. – *Erz.:* Der Bluthänfling, 59. – *Drama:* Ein Haus für meine Kinder, 66. RLL

Melás, Spýros, * 13. 1. 1883 Neopaktos, † 2. 4. 1966 Athen.
M. war Journalist und einer der Begründer jener feuilletonartigen literarischen

Gattung, die in der modernen griechischen Literatur als «Chronográphima» bekannt ist. Er gründete ferner verschiedene Theater und gilt als bedeutendster Bühnenautor der neugriechischen Literatur. Anfangs von Ibsen und Strindberg beeinflußt, wandte er sich jedoch bald Themen der griechischen Gesellschaft und und großen Gestalten der griechischen Geschichte zu, so in dem Drama *Papaflessas,* nach einer gleichlautenden Erzählung M.': Der Mönch P. steigt während des Kampfes gegen die Türkenherrschaft im 19. Jh. bis zum «Pascha» auf. Ein historisches Stück ist auch *Judas:* Der Jünger verrät Jesus aus politischer Enttäuschung. Eine breite Wirkung hatten M.' historische Biographien von griechischen Freiheitskämpfern, in denen er die Forschungsergebnisse von Berufshistorikern meisterhaft gestaltete.

W.: Dramen: O jos tu iskiu, 1908; To chalasmeno spiti, 09; To kokkino pukamisso, 09; To asspro ke to mawro, 24; Mia nichta, mia soi, 24; Judas, 34; Papaflessas, 37; O babas ekpedewete, 39; Pisso sti ji, 42; I methodos ton trion, 43; Wuwes agape, 43; Erota mastrochalasti, 44; O wassilias ki'o skillos, 53 (dt. Der König und der Hund); Rigas velestinlis, 63. – *Historische Biographien u. Studien:* Matomena rassa, 33; O jos tu psiloriti, 58; Manto Mawrojenus, 69. – *Essay:* Techni ke soi, 44. – *Chronographimata* (Sammelbände): Sfirigmata, 13; Kuwentes giá F., 36. – Dt. Ausw. in: Griechenland erzählt. – Ges. Werke, im Erscheinen.
Lit.: Sonderheft d. Zs.: Nea Hestia, Weihnachten 1966. DW

Mell, Max, * 10. 11. 1882 Marburg a. d. Drau.

M. studierte an der Wiener Univ. Germanistik (Promotion 1915), wandte sich aber bald künstlerischer Tätigkeit zu. Hofmannsthal und Rilke beeinflußten ihn früh; während des Ersten Weltkrieges lernte er den ihm geistig verwandten H. Carossa kennen.

In M.s erstem Prosaband *Lateinische Erzählungen* ist humanistisches Geisteserbe ebenso spürbar wie die stilistische Schulung an lateinischer Diktion. Die später von M. gepflegten Legendenspiele knüpfen an die Überlieferung des Volksspiels an, ihre Sprache zeigt mundartliche Tönung; M. verwendet Knittelverse und läßt einen Spielansager auftreten. Glaube und Liebe wirken verwandelnd, so im *Apostelspiel* (zwei Eindringlinge in einem Bergbauernhof erscheinen einem naiven Bauernmädchen als Apostel). Ein christliches Ethos der Liebe bestimmt auch Figuren wie Polyneikes in *Die Sieben gegen Theben* und Dietrich von Bern in *Kriemhilds Rache.*

W.: Dramen: Das Wiener Kripperl von 1919, 1921; Das Apostelspiel, 22; Das Schutzengelspiel, 23; Ein altes deutsches Weihnachtsspiel, 24; Das Nachfolge-Christi-Spiel, 27; Die Sieben gegen Theben, 32; Das Spiel von d. deutschen Ahnen, 35; Der Nibelunge Not, 51: I. Siegfrieds Tod, II. Kriemhilds Rache; Jeanne d'Arc, 56. – *Lyrik:* Das bekränzte Jahr, 11; Gedichte, 19, 28, 52. – *Erzählendes:* Lateinische Erzählungen, 04; Die drei Grazien des Traumes, 06; Jägerhaussage, 10; Barbara Naderers Viehstand, 14; Osterfeier, 21 (Versnovelle); Morgenwege, 24; Mein Bruder und ich, 35; Das Donauweibchen, 37; Steirischer Lobgesang, 38; Verheißungen, 43; Alpenländisches Märchenbuch, 46; Besuch in Weimar, 49; Dank und Gabe, 49; Das Vergelt's Gott, 50. – Prosa, Dramen, Verse, 4 Bde, 62.
Lit.: J. F. Hill: M. M., Dramatist, Diss. Boston Univ. 1958; G. Stix: Mythos. Tragik. Christentum. Zu den dramat. Dichtungen M. M.s, 59; R. L. Stahel: M. M.s Tragödien, 67. RLL

Melo Neto, João Cabral de, 9. 1. 1920 Recife (Pernambuco).

M. N. ist im diplomatischen Dienst tätig. — Nach seinen ersten Gedichten, Evasionen in die Welt des Traums, begann M. N. mit dem Entwurf einer neuen Poetik. In O *engenheiro* zeichnet er den Ingenieur mit seinem Streben nach klaren Formen als Vorbild. Die *Psicologia da composição,* in die Anregungen Mallarmés und Valerys eingehen, verbannt Inspiration, Intuition, Irrationalismus aus der Poesie und setzt an die Stelle der sogenannten «poesia profunda» die nüchterne sprachliche Gestaltung des Gesehenen, des Konkreten. In Gedichten der 50er Jahre entwarf M. N. mit sozialkritischer Intention ein Bild des brasilianischen Nordostens. Die immer exakter werdende Architektur des einzelnen Gedichts führt schließlich zu der mathematisch genauen Strukturierung der letzten Gedichtbände.

W.: Gedichte: Pedra do sono, 1942; O engenheiro, 45; Psicologia da composição com a Fábula de Anfion e Antiode, 47; O Cão sem plumas, 50; O Rio, 54; Morte e vida severina, 56; Paisagens com figuras, 56; Uma faca só lâmina, 56; Os três mal-amados, 56; Quaderna, 60; Dois Parlamentos, 61; Serial, 61; A Educação pela pedra, 66. – *Prosa:* Considerações sôbre o poeta dormindo, 41; Joan Miró, 50. – Poesias completas, 68. – Dt.: Ausgew. Gedichte: Der Hund ohne Federn. K. R.

Mencken, Henry Louis, * 12. 9. 1880 Baltimore, † 29. 1. 1956 ebd.

M. stammte aus einer ursprünglich deutschen Familie und begann 1899 als Journalist beim «Morning Herald» in Baltimore. Als er 1908 Literaturkritiker und 1914 Mitherausgeber des «Smart Set» wurde, gewann er bestimmenden Einfluß auf die literarische Geschmacksbildung. 1917 ging er als Kriegskorrespondent nach Deutschland und Rußland. Als Mitbegründer des «American Mercury» setzte er 1923—33 dort seine kritische Tätigkeit fort.

M. verlangte eine selbständige amerikanische Geisteskultur und wandte sich mit den Mitteln der Ironie und Satire gegen akademische Tradition und Puritanergeist. Er förderte Sherwood Anderson, Willa Cather, O'Neill, Dreiser u. a. Vertreter des amerikanischen Realismus, und führte Nietzsche und Shaw in Amerika mit ein. Seine sprachwissenschaftliche Arbeit *The American Language* erregte auch bei Fachleuten Aufsehen.

W.: Essays: G. B. Shaw, His Plays, 1905; The Philosophy of Fr. Nietzsche, 08; Men versus The Man, 10; A Little Book in C Major, 16; A Book of Burlesques, 16; A Book of Prefaces, 17, 24, 28; Damn! A Book of Calumny, 18; In Defense of Women, 17 (dt. Verteidigung der Frauen); Prejudices, 6 Reihen, 19–27; The American Credo, 20 (mit G. J. Nathan; dt. Das amerikan. Credo); Notes on Democracy, 26; Treatise on the Gods, 30, erweitert 46; Making a President, 32; Treatise on Right and Wrong, 34; Erez Israel, 35; Christmas Story, 46. – *Sprachwissenschaft:* The American Language, 19, 36, Suppl. 45 u. 48 (dt. Die amerikan. Sprache). – *Wörterbuch:* A New Dictionary of Quotations, 42. – *Lyrik:* Ventures into Verse, 03. – *Dramen:* The Artist, 12; Heliogabalus, 20 (zus. mit Nathan; dt. ebs.). – *Autobiographisch:* Happy Days, 1880–1892, 40; Newspaper Days, 1897–1906, 41; Heathen Days, 1890–1936, 43 (alle zus. als: The Days of H. L. M., 47); A Mencken Chrestomaty, 49 (Auswahl v. Ungedrucktem); Letters, (Ausw.), 1961.

Lit.: Ch. Angoff: H. L. M., 1956; W. H. Nolte: H. L. M. Literary Critic, 66; G. J. Forgue, H. L. M., Monaco 67. DW

Menen, Aubrey (eig. Salvator A. Clarence Menon), * 22. 4. 1912 London.

M., Sohn eines Inders und einer Irin, wurde von H. G. Wells entdeckt und gefördert. Er war Theaterkritiker und Regisseur, während des Zweiten Weltkrieges Rundfunksprecher in Indien. – M. wurde als Verfasser satirisch gesellschaftskritischer Romane bekannt. Sein erstes Buch beschäftigt sich, durch Humor und erfinderische Phantasie aufgelockert, mit dem Verhältnis zwischen Indern und Engländern. Besonderen Erfolg hatte M. mit *The Abode of Love;* Held dieser authentischen Geschichte ist ein anglikanischer Vikar, der im frühviktorianischen England eine eigene Sekte – eine Art Harem – gründete.

W.: Romane: The Prevalence of Witches, 1947 (dt. ... nichts als Hexen); The Stumbling Stone, 49 (dt. Der Stein des Anstoßes); The Backward Bride, 50 (dt. Anisetta, die Braut von gestern, auch: Eine unmoderne Frau); The Abode of Love, 56 (dt. Das Liebesnest); The Fig-Tree, 59. RLL

Menéndez Pidal, Ramón, * 1869 La Coruña, † 14. 11. 1968 Madrid.

Von 1899 bis zu seiner Emeritierung 1939 war M. P. Prof. für romanische Philologie in Madrid. Er ist der Begründer der kritischen Literaturgeschichte, die sich auf die Linguistik stützt; die Verbindung von Geschichte der romanischen Sprachen und Literaturgeschichte des Mittelalters gab der Romanistik eine neue Richtung. – M. P. war Gründer der Zeitschrift «Revista de filología Española».

W.: Poema del Cid, 1893; La leyenda de los Infantes de Lara, 96; Manual de gramática histórica española, 1904; Cantar del Mio Cid, texto, gramática y vocabulario, 08–12; L'Epopée castillane à travers la littérature espagnole, 09; Poesía juglaresca y juglares, 24; Orígenes del español, 26; La España del Cid, 29. H. S.

Mereschkowski, Dimitri Sergejewitsch (Merežkovskij, Dimitrij Sergeevič), * 14. 8. 1865 Petersburg, † 9. 12. 1941 Paris.

M., der aus einer ukrainischen Adelsfamilie stammte, studierte in Moskau und

Petersburg. 1889 heiratete er Sinaida Hippius und ging mit ihr nach der gescheiterten Revolution von 1905 zeitweise ins Ausland. Nach der Oktoberrevolution verließ er 1919 endgültig Rußland und lebte in Paris.

1890–1905, in der Zeit seiner Hauptwirkung, sammelten er und seine Frau die jungen Symbolisten um sich, die in der von S. Hippius mitgegründeten Zeitschrift «Novyj Put'» (1903–04), an der u. a. Blok und Bely mitarbeiteten, ihr Organ hatten. In den Essays dieser Jahre setzte er sich kritisch mit der Tendenzdichtung der 60er Jahre auseinander, begründete die Entwicklung des Symbolismus und beschäftigte sich mit großen Gestalten der Weltliteratur, so in *Tolstoj i Dostoevskij*. Hier wird schon die für M.s ganzes Werk bezeichnende Methode antithetischer Gegenüberstellung deutlich, die er unter dem Einfluß Solowjews und Rosanows entwickelte, so wie sie vor allem auch die von der Antike bis in die neuere Zeit reichende Romantrilogie *Christos i Antichrist*, in der die Geschichte als Kampf zwischen Heidentum und Christentum, Körper und Geist dargestellt ist, und seine übrigen großangelegten Geschichtsromane zeigen. Sein biographisch-essayistisches Werk setzte M. mit Büchern wie *Gogol' i čort* (Gogol als Kämpfer gegen den «Teufel», z. B. das Spießbürgertum) und der erfolgreichen Biographie über *Napoleon* fort; er schrieb religionsphilosophische Werke, die seiner Hoffnung auf ein von Staat und Kirche unabhängiges Christentum Ausdruck verliehen, so *Le tsár et la révolution russe*.

W.: Versdichtungen: Simvoly, 1892; Novye stichotvorenija, 96; Sobranie stichov, 1904 u. 10. – *Erzählendes:* Christos i Antichrist (Trilogie): Julian otstupnik, 1896 (dt. J. Apostata), Leonardo da Vinči, 1901 (dt. ebs.); Pëtr i Aleksej, 05 (dt. Peter d. Gr. u. sein Sohn Alexej); Trilogie: Smert' Pavla I, 08 (Drama; dt. Kaiser Pauls Tod), Aleksandr I., 11 (dt. Alexander I.), Četyrnadcatoe dekabrja, 20 (dt. Der 14. Dezember); Roždenie bogov: Tutanchamon na Krite, 25 (dt. Tutench-Amon auf Kreta), Messija, 25 (dt. Messias); Trilogie: Iisus neizvestnyj, 32 (dt. Jesus der Unbekannte), Iisus grjaduščij, 34 (dt. Jesus der Kommende), Smert i voskrenesie, 35 (dt. Tod u. Auferstehung). – *Biographien:* Napoleon, 29 (dt. N. Sein Leben); Dante, 39 (dt. ebs.). – *Dramen:* Budet radost', 16; Carevič Aleksej, 20. – *Essays:* O pričinach upadka i o novych tečenijach sovremennoj russkoj literatury, 1893; Večnye sputniki, 96 (dt. Ewige Gefährten); Tolstoj i Dostoevskij, 1901 (dt. T. und D. als Menschen und als Künstler); Lermontov, 05; Gogol' i čort, 05 (dt. G. u. d. Teufel); Grjaduščij Cham, 06 (dt. Der Anmarsch des Pöbels); Le tsár et la révolution russe, 07 (dt. Der Zar und die Revolution); Carstvo Antichrista, 20 (dt. Das Reich des Antichrist); Tajna trëch Egipet i Vavilon, 25 (dt. Die Geheimnisse des Ostens); Tajna Zapada. Atlantida-Evropa, 30 (dt. Das Geheimnis des Westens). – Polnoe sobr. soč., 24 Bde, 14–15.

Lit.: Z. Hippius-Merežkovskaja: M., Paris 1951; C. H. Bedford, in: Slavon. Review, 57 und 63; ders., in: Canadian Slavon. Papers, 59; H. Stammler, in: Welt d. Slav., 66; ders., ebd., 67. DW

Meri, Veijo Väinö, * 31. 12. 1928 Viipuri.

M. kommt aus einer Offiziersfamilie. Er studierte in Helsinki Geschichte, war Verlagsleiter, dann freier Schriftsteller. – Thema seiner Werke ist häufig der Krieg, dessen groteske Züge er betont. Darin zeigt sich eine gewisse Nähe zu Hašek, die in seinem Roman *Manillaköysi* (Das Manilaseil), dem finnischen «Švejk», besonders deutlich ist: In einer bunten Folge humoristischer oder ironisch-ernster Episoden und Anekdoten wird die Sinnlosigkeit des Krieges und seiner Begleitumstände satirisch entlarvt. M. vermeidet psychologische Analysen und schildert nur die Reaktionen seiner Gestalten; oft projiziert er auch ihre Stimmungen auf die umgebende Landschaft. Auch das Thema der Reise klingt immer wieder in M.s Werk an: die Bewegung ist eines der Grundmotive seiner Welt, das die Unsicherheit und die Relativität des Daseins betont.

W.: Romane: Manillaköysi, 1957 (dt. Das Manilaseil); Irralliset, 59; Vuoden 1918 tapahtumat, 60; Sujut, 61; Peiliin piiretty nainen, 63 (dt. Die Frau auf dem Spiegel); Tukikohta, 64; Everstin autonkuljettaja, 66. – *Novellen:* Ettei maa viheriöisi, 54; Tilanteita, 62. – *Drama:* Sotamies Jokisen vihkiloma, 65. – Ferner dt.: Der Töter (Erz.). DW

Merle, Robert, * 20. 8. 1908, Tebessa (Algerien).

M. studierte in Frankreich und den USA und promovierte über Oscar Wilde. Er nahm am Zweiten Weltkrieg teil und verbrachte 3 Jahre in deutscher Gefangenschaft. Seit 1944 ist er Prof. für englische Literatur. – M. wurde durch die Romane *Weekend à Zuydcoote* und *La mort est mon métier* bekannt, von denen der erste die Schlacht von Dünkirchen, der zweite die Lebensgeschichte eines deutschen KZ-Kommandanten darstellt. *Un animal doué de raison* schildert den Versuch von US-Geheimdiensten, unter Ausnutzung privater Forscherarbeit Delphine zu Geheimwaffen zu machen. M.s Prosa ist genau, realistisch und satirisch-aggressiv.

W.: Romane: Weekend à Zuydcoote, 1949 (dt. Wochenend in Zuidcoote); La mort est mon métier, 53 (dt. Der Tod ist mein Beruf); L'île, 62 (dt. Die Insel); Un animal doué de raison, 67 (dt. Der Tag der Delphine). – *Dramen:* Théâtre I (Flamineo, Sisyphe et la mort, Les Sonderling), 50; Théâtre II (Le nouveau Sisyphe, Justice à Miramar), 57.
RLL

Meyrink, Gustav (eig. Gustav Meyer), * 19. 1. 1868 Wien, † 4. 12. 1932 Starnberg.
M., nicht-ehelicher Sohn des württembergischen Ministers Carl Freiherr von Vornbüler und der bayerischen Hofschauspielerin Marie Meyer, studierte an der Handelsakademie in Prag und betätigte sich dort von 1889–1902 als Bankier. 1903 wurde er Chefredakteur der humoristischen Wiener Zeitschrift «Lieber Augustin» und Mitarbeiter des «Simplicissimus». Seither widmete er sich ausschließlich der Schriftstellerei. 1917 erhielt er vom bayerischen König die Erlaubnis, den auf seine Vorfahren zurückgehenden Namen Meyrink zu führen. Er löste sich 1927 vom protestantischen Glauben und wurde zum Anhänger des Mahājāna-Buddhismus. Während des Dritten Reiches waren M.s Schriften verboten.
M. machte sich zunächst einen Namen mit den ersten 3 Bänden seiner «Sonderbaren Geschichten», die 1913 in zwei Teilen unter dem Sammeltitel *Des deutschen Spießers Wunderhorn* erschienen. Sie verbinden unheimliche Atmosphäre, Unwahrscheinliches und Skurriles mit satirischer Kritik am philiströsen Bürger- und Bürokratengeist der Jahrhundertwende. Vorbilder für ihn waren E. T. A. Hoffmann und E. A. Poe. – In der Umwelt des ihm vertrauten alten Prag spielt M.s Roman *Der Golem,* der, auf ein jüdisches Sagenmotiv vom legendären Wunderrabbi zurückgehend, im Judenviertel der Prager Altstadt die Erlebnisse des Ich-Erzählers als Phantasie aus Traumwelt und Wirklichkeit in Szene setzt.

W.: Erzählendes: Der heiße Soldat, 1903; Orchideen, 04; Das Wachsfigurenkabinett, 08; Des deutschen Spießers Wunderhorn, 3 Bde, 13; Der Golem, 15; Das grüne Gesicht, 16; Fledermäuse, 16; Walpurgisnacht, 17; Der weiße Dominikaner, 21; Goldmachergeschichten, 25; Der Engel vom westlichen Fenster, 27. – *Sonstiges:* An der Grenze des Jenseits, 23 (Okkultwissenschaftliches). – Gesammelte Werke, 6 Bde, 17.
Lit.: M.-E. Thierfelder: Das Weltbild in der Dichtung G. M.s, Diss. München 1953; E. Frank: G. M., 57; S. Schödel: Studien zu den phantastischen Erzählungen G. M.s, Diss. Erlangen – Nürnberg, 65. RLL

Michaëlis, Karin (eig. Katharina Marie M.-Stangeland), * 20. 3. 1872 Randers (Nordjütland), † 11. 1. 1950 Kopenhagen.
K. M. wurde auf Privatschulen erzogen und studierte Musik. Sie war in 1. Ehe mit dem Schriftsteller Sophus Michaëlis (* 14. 5. 1855, † 28. 1. 1932), in 2. Ehe mit dem amerikanischen Diplomaten C. Stangeland verheiratet. Während des Dritten Reichs gewährte sie politischen Flüchtlingen aus Deutschland, unter ihnen B. Brecht, Asyl auf ihrem Landsitz in Thurø, bevor sie angesichts der Besetzung Dänemarks durch deutsche Truppen in die USA emigrierte, von wo sie erst 1946 zurückkehrte. – K. M., schon vor dem Ersten Weltkrieg eine der populärsten skandinavischen Schriftstellerinnen, befaßt sich in ihren Romanen vorwiegend mit der Psyche und dem gesellschaftlichen Status der Frau. Ihr bekanntestes Buch, *Den farlige alder* (Das gefährliche Alter), schildert die Probleme einer Frau in mittlerem Alter, die sich aus einer sinn- und gefühlsleeren Ehe befreit, um zu sich selbst zu finden. *Barnet* ist der erste in einer langen Reihe sozialer Jugendromane.

W.: Romane: Höjt spil, 1898; Barnet, 1902 (dt. Das Kind); Lillemor, 02 (dt. Das Schicksal der Ursula Fangel); Den farlige alder, 10 (dt. Das gefährliche Alter); Bogen om Kaerlighed, 12 (dt. Buch von der Liebe); Grev Sylvains haevn, 13 (dt. Graf S.s Rache); Lille unge kone, 21 (dt. Kleine junge Frau); Syv søstre sad, 23 (dt. Sieben Schwestern); Pigen den smilede, 29 (dt. Herr und Mädchen); Hjertets vagabond, 30 (dt. Vagabundin des Herzens); Mor, 35 (dt. Nielsine, die Mutter). – *Autobiograph.:* Pentalogie: Pigen med glasskårene, 24 (dt. Das Mädchen mit den Scherben), Lille løgnerske, 25 (dt. Die kleine Lügnerin), Hemmeligheden, 26 (dt. Das Geheimnis), Synd og sorg og fare, 28 (dt. Sünden, Sorgen und Gefahren), Følgerne, 30 (dt. Eine Frau macht sich frei); Little Trold, 47 (dt. Der kleine Kobold); Vidunerlige Verden, 3 Bde, 1948–51; Fartige Fanten, 49 (beide zus. dt. Die wunderbare Welt); Lys og Skygge, 50. – *Kinderbücher:* Bibi-bøgerne, Roman-Serie, 1929–38 (dt. Bibi). DW

Michaux, Henri, * 24. 5. 1899 Namur.

M. stammt aus einer gutsituierten Bürgerfamilie. Er begann das Studium der Medizin in Brüssel, gab es aber 1920 infolge einer religiösen Krise wieder auf und wurde für einige Monate Matrose bei der Handelsmarine. Schließlich ließ er sich in Paris nieder, wo er zuerst von J. Paulhan zum Schreiben angeregt wurde. 1926 begann M. in der «Nouvelle Revue française», in «Commerce» und «Mesures» zu veröffentlichen. Zwischen 1927 und 1937 reiste er in Ecuador, Indien und China; diese Reisen hatten große Bedeutung für seine zukünftigen Werke. Seine Gedichte machten ihn nach Apollinaire und dem Surrealismus zu einem der wesentlichsten Erneuerer der französischen Lyrik. M. war derjenige, der nach 1945 der französischen Lyrik ein neues Problem stellte, nämlich das einer neuen «langage», d. h. einer neuen Art, die Sprache zu gebrauchen — ein Problem, welches das «automatische Schreiben» des Surrealismus nicht gestellt hatte. M. wirkte auch auf Beckett und Ionesco. — Bei seinem Werk kann nur schwer eine Grenze zwischen Vers- und Prosadichtung gezogen werden. In seiner poetischen Meditation war M. ursprünglich beeinflußt von Lautréamont und den Mystikern, aber sein Stil unterscheidet sich durch seine Nüchternheit fundamental von dem Lautréamonts, und das Mysterium, um das M. besorgt ist, ist das menschliche Sein («on a perdu le secret de l'homme»). Die Prosodie, die M. schafft, ist eine Prosodie des inneren Rhythmus, hervorgerufen durch das Gefühl des Protestes und der Angst gegenüber einer Welt, in der der Dichter sich fremd fühlt. M.' Lyrik ist Aufschrei, biblische Klage; aus dem Dunkel der Welt sieht er keinen Ausweg («La marche dans le tunnel»). In seiner Prosa gibt M. in persönlicher Weise die Wirklichkeit gesehener Orte wieder oder schafft, imaginäre Reisen beschreibend, phantastische Welten, «negative Utopien» völlig eigener Art, in denen etwa junge Mädchen alle Atembehinderten erwürgen (*Voyage en Grande Garabagne*), Magier durch bloße Gedanken töten (*Au pays de la magie*), Halbmenschen künstlich erzeugt werden (*Ici, Poddéma*); an allen Orten gibt es Menschenopfer. Durch die Magie seines einfachen und klaren Stils gelingt es M., dabei Reales in Phantastisches zu verkehren und Phantastisches in Reales. Davor schon schuf er die Figur des «Plume» (im gleichnamigen Buch), dessen absurde und blutige Abenteuer M. mit Gleichmut schildert, als handele es sich um Selbstverständliches. Von der Beschreibung der äußeren, realen oder imaginären Welt geht er weiter zur inneren Autobiographie, die der französischen Prosa Becketts um wenigstens 15 Jahre vorausging. In M.' Werken drückt sich Leiden an der Individuation, auch am Zwiespalt von Subjekt und Objekt aus (so etwa in *Passages*). — M. ist auch ein anerkannter Maler.

W.: Prosa: Ecuador, 1929; Un certain Plume, 30 (dt. Plume und andere Prosa); Voyage en Grande Garabagne, 36; Au pays de la magie, 41; Ici, Poddéma, 46; Passages, 50 (dt. Passagen); Misérable miracle, la mescaline, 56; L'infini turbulent, 57 (dt. Turbulenz im Unendlichen); Connaissance par les gouffres, 61; Façons d'endormi, façons d'éveillé, 69; Les grandes épreuves de l'esprit (dt. Die großen Zerreißproben). – *Lyrik:* Qui je fus, 27; Mes propriétés, 29; La nuit remue, 35; Peintures, 39; Épreuves, exorcismes, 1940–44, 45; La vie dans les plis, 49; Face aux verrous, 54. – Dt. ferner: Dichtungen; Wind und Staub.

Lit.: A. Gide: Découvrons H. M., 1941; R. Brechon: M., 59; A. Jouffroy: M., 61. H. S.

Michelsen, Hans Günter, * 21. 9. 1920 Hamburg.

Nach Soldatenzeit und Kriegsgefangenschaft war M. beim Theater und Rundfunk und leitete 1960–62 die Pressestelle des Schillertheaters Berlin. Er lebt in Frankfurt. — M. wurde 1963 mit seinem Schauspiel *Stienz* bekannt, in dem ein ehemaliger Major, von seinem alten Untergebenen Stienz von der Außenwelt abgeschirmt, vergeblich von seiner Vergangenheit loszukommen versucht. Vergangenheit, die die Gegenwart bestimmt und den Weg in die Zukunft verbaut, das ist auch das Thema der folgenden Stücke wie *Lappschiess* und *Frau L.* Das Festhalten der «Helden» an ihren Erinnerungen führt hier dazu, daß ihr Leben nur noch wie die Wiederholung von bereits Vorher-Gelebtem erscheint. Einzig in *Helm* ist die drückende «Endspiel»-Atmosphäre durch konkrete zeitgeschichtliche Bezüge aufgelockert: Der Gastwirt Helm rechnet mit ehemaligen Vorgesetzten aus dem Krieg ab, durch deren Schuld er zum Krüppel wurde.

W.: Dramen: Stienz, 1963; Feierabend 1 und 2, 63; Lappschiess, 64; Drei Akte, 65; Helm, 65; Frau L., 67; Planspiel, 69. E. H.

Michener, James Albert, * 3. 2. 1907 New York.
M. studierte in Amerika und Europa und war zeitweise Dozent, danach Mitarbeiter eines Verlages. Im Zweiten Weltkrieg diente er bei der Pazifik-Flotte. Die in Asien und in der Südsee gewonnenen Erfahrungen verarbeitete M. in vielgelesenen Romanen und Erzählungen, von denen *Tales of the South Pacific*, auch Vorlage für ein bekanntes Musical, 1948 mit dem Pulitzerpreis ausgezeichnet wurde. Besonders erfolgreich war der in Japan spielende Roman *Sayonara*, der die in Verzicht und Selbstmord endenden Liebesbeziehungen zweier amerikanischer Soldaten zu einheimischen Mädchen schildert. Nach einem Jahrhunderte umspannenden Roman *Hawaii* entwarf M. in *The Source* ein historisches Panorama des Heiligen Landes von der frühen Steinzeit bis zum Jahr 1964.

W.: Romane u. Erz.: Tales of the South Pacific, 1947 (dt. Im Korallenmeer); The Bridges of Toko-ri, 53 (dt. Die Brücken von T.); Sayonara, 54 (dt. ebs.); Hawaii, 60 (dt. ebs.); Caravans, 64 (dt. Karawanen der Nacht); The Source, 65 (dt. Die Quelle); The Drifters, 71 (dt. Die Kinder von Torremolinos). – *Sonstiges:* Iberia, 69 (dt. I., Reisen und Gedanken). RLL

Michiels, Ivo (eig. Rik Ceuppens), 8. 1. 1923 Mortsel/Antwerpen.
M. lebt als Journalist, Kritiker und Verlagslektor in Antwerpen und ist Dozent an der Hochschule für Theater und Film in Brüssel. M.' literarische Anfänge, Gedichte, Novellen, Romane, sind nur durch das Thema des Krieges mit dem späteren Werk verbunden. In dem existentialistischen Roman *Het afscheid*, unter Einfluß von Camus, vollzieht er die Abwendung vom psychologischen Realismus und gestaltet das Thema, die Situation der Unsicherheit, mit modernen Mitteln (Flash-back, Innerer Monolog). Zum Erneuerer der niederländischen Prosa wurde er mit den beiden ersten Teilen seines vierbändig geplanten Alfa-Zyklus: *Het Boek Alfa*, Buch des Zweifels, und *Orchis militaris*, Buch der absoluten Gleichschaltung. Die Subjektivität des Erlebens wird hier der Form untergeordnet, d. h. einer assoziativen Sprache, mit dem Rhythmus von Antithese und Litanei arbeitend.

W.: Gedichte: Daar tegenover, 1947. – *Erz.:* Zo gesaan, 48; Verhalen uit Journal brut, 58/59. – *Romane:* Het vonnis, 48; Kruistocht der jongelingen, 51; De ogenbank, 53; Het afscheid, 57 (dt. Der Abschied); Het boek alfa, 63 (dt. Das Buch Alpha); Orchis militaris, 68. – *Drehbuch:* Meeuwen sterven in de haven, 55 (auch Regie). A. Hü.

Mickel, Karl, * 12. 8. 1935 Dresden.
M. studierte 1953–59 Volkswirtschaft in Ostberlin, wo er heute als Dozent für Wirtschaftsgeschichte lebt. – Als dem Expressionismus, Brecht und Majakowski verpflichteter Lyriker wurde M. 1963 bekannt; für seinen zweiten Gedichtband wurde ihm 1968 der Hamburger Lessingpreis zugesprochen, den er aus politischen Gründen ablehnte. In seinen Gedichten, in denen er auf antike Mythologie («Odysseus in Ithaka») zurückgreift, nimmt er einerseits gegen den Vietnamkrieg und das westdeutsche Gesellschaftssystem Stellung und bekennt sich zur Berliner Mauer, bekämpft jedoch andererseits auch, fern von «dienstwilliger Geschicklichkeit» gegenüber Staat und Partei, wirklichkeitsfremde DDR-Dogmen. Sein naturmagisches Gedicht «Der See» wurde von der offiziellen Literaturkritik als Verfälschung des sozialistischen Menschenbildes angesehen.

W.: Gedichtbände: Lobverse und Beschimpfungen, 1963; Vita nova mea, 66. – Hg. (mit Adolf Endler): In diesem besseren Land. Lyrik der DDR, 66. J. B. B.

Miegel, Agnes, * 9. 3. 1879 Königsberg, † 26. 10. 1964 Bad Salzuflen.

A. M. besuchte 1894–96 ein Pensionat in Weimar, später ein englisches Internat und arbeitete seit 1917 als freie Schriftstellerin in Königsberg, wo sie 1920–26 auch Redakteurin an der «Ostpreußischen Zeitung» war. Nach der Flucht ließ sie sich 1948 in Bad Nenndorf nieder.

Das Werk der vielfach ausgezeichneten Lyrikerin und Erzählerin steht unter dem doppelten Einfluß ihrer ostpreußischen Heimat und des Christentums. Der volksliedhafte Ton ihrer Lyrik verdichtet sich in ihren Balladen zu dramatischer Spannung. In der Zeit des Dritten Reiches schrieb sie nationalistische Gedichte mit Rühmung des «Führers».

W.: Lyrik: Gedichte, 1901; Balladen und Lieder, 07; Gedichte und Spiele, 20; Gesammelte Gedichte, 27; Herbstgesang, 32; Ostland, 40; Du aber bleibst in mir. Flüchtlingsgedichte, 49. – *Erz. und Erinnerungen:* Geschichten aus Alt-Preußen, 26; Kinderland, 30; Dorothee, 31; Die Fahrt der sieben Ordensbrüder, 33; Gang in die Dämmerung, 34; Das Bernsteinherz, 37; Die Blume der Götter, 49; Die Meinen, 51; Truso, 58; Mein Weihnachtsbuch, 59; Heimkehr, 62. – Gesammelte Werke, 6 Bde, 52–55.
Lit.: Leben, was war ich dir gut. A. M. zum Gedächtnis, 1965; A. Piorreck: A. M., 67. RLL

Milev, Geo (eig. Georgi Kasabov), * 15. 1. 1895 Radnevo bei Stara Zagora, ab 15. 5. 1925 in der Haft verschollen.

M. studierte Philologie in Sofia, dann Literatur- und Theaterwissenschaft in Leipzig u. englische Literatur in London. 1917 erlitt er an der serbischen Front eine schwere Kopfverletzung; bei einem Genesungsurlaub in Berlin empfing er tiefe Eindrücke von der Revolution und vom deutschen Expressionismus. 1919 nach Bulgarien zurückgekehrt, begründete er die modernistische Zeitschrift «Vezni», übersetzte Werfel, inszenierte Tollers Drama «Masse Mensch» und geriet unter den Einfluß von Blok (dessen «Die Zwölf» er übersetzte), Majakowski und Jessenin. 1924 begann er sozialistisch-revolutionäre Lyrik zu schreiben. Höhepunkt dieser Entwicklung ist das Gedicht *Septemvri* zum bulgarischen Septemberaufstand von 1923, eruptiv wirkend, im Staccato-Stil von Majakowski geschrieben. M. hinterließ nur ein schmales lyrisches Werk neben Übersetzungen und ästhetisch-programmatischen Schriften, in denen er für den Symbolismus und später den Expressionismus und Futurismus in Bulgarien eintrat.

W.: Žestokijat prăsten, 1918; Ekspresionistično kalendarče, 21; Ikonite spjat, 22; Panichida no poeta P. K. Javorov, 22; Krăštenie s ogăn i duch, 23; Septemvri, 27 (in Paris gedruckt). – Izbrani proizvedenija, 50. DW

Millay, Edna St. Vincent, * 22. 2. 1892 Rockland (Maine), † 19. 10. 1950 Farm Steepletop (N.Y.).

E. M. studierte Musik und Literatur, führte dann bis zu ihrer Heirat 1923 ein Bohèmeleben in Greenwich Village, New York, schrieb Kurzgeschichten unter dem Pseudonym Nancy Boyd und war auch Schauspielerin. Später unternahm sie Reisen nach Europa und lebte auf ihrer Farm.

Als Lyrikerin wurde E. M. schon früh durch ihr 1912 in der Anthologie «The Lyric Year» erschienenes metaphysisches Gedicht *The Renascence* bekannt. Ihre Gedichte zeigen den Einfluß der englischen Lyriker des 17. Jhs. Hektische Liebe zum Diesseits, das Recht der Frau auf Liebe und Ungebundenheit, Tod und Wiedergeburt, sind die Themen ihrer Lyrik, die später auch politisch-rhetorischen Charakter gewann. Sie war eine Meisterin des Sonetts (*The Harp Weaver*).

W.: Lyrik: Renascence, 1917; A Few Figs from Thistles, 20; Second April, 21; The Harp Weaver, 23; The Buck in the Snow, 28; Fatal Interview, Sonnets, 31; Wine from these Grapes, 34; Conversation at Midnight, 37; Huntsman, What Quarry?, 39; Make Bright the Arrows, 40; Collected Sonnets, 41; Collected Lyrics, 43; Collected Poems, 56. – *Versdramen:* Aria da Capo, 20; Two Slatterns and a King, 21; The Lamp and the Bell, 21; The King's Henchman, 27; The Princess Marries the Page, 32. – *Kurzgeschichten:* Distressing Dialogues, 24. – Letters of E. M., 52.
Lit.: E. Wilson: The Shores of Light, 1952; T. Shafter: E. M., 57. DW

Miller, Arthur, * 17. 10. 1915 New York.
M., Sohn eines aus Österreich eingewan-

derten Fabrikanten, studierte an der Univ. von Michigan, war zeitweilig Arbeiter und Redakteur und ließ sich nach dem Krieg in Hollywood und New York nieder.

Gesellschaftskritik und psychologischer Realismus bestimmen M.s Werk; Bindung und Verantwortung des Menschen gegenüber Mitmensch und Gesellschaft sind seine Themen, so in dem ersten Erfolg *All My Sons:* Der Großindustrielle und Kriegsgewinnler Joe Keller handelt aus auf die Familie konzentriertem Eigensinn; Sohn Chris stellt dieser Konzeptionslosigkeit ein gesellschaftsbezogenes Verantwortungs- und Ordnungsbewußtsein gegenüber. Das analytische Drama *Death of a Salesman* zeichnet in Form von Rückblende und Bewußtseinsstrom eine Art amerikanisches Jedermannschicksal und kritisiert das Erfolgsstreben des «american way of life». Dieser Erfolgsillusion von Willy Lowman (kleiner Mann, «Jedermann») stellt M. die Realität des Versagens der ganzen Familie gegenüber; Vater und Söhne scheitern an der Unmöglichkeit der Lebenslüge. Gleichzeitig übt M. Kritik an der amerikanischen Erfolgsgesellschaft, die für die Alten, nunmehr Erfolglosen, keinen Platz hat. *The Crucible* untersucht die psychologischen und soziologischen Ursachen der Salemer Hexenjagd von 1692 und zeigt ihre ethischen Konsequenzen in der Gestalt des John Proctor, der vor der Wahl steht, entweder durch Aussage der Unwahrheit sein Leben zu retten oder den Hexenverfolgern die Wahrheit zu sagen und zu sterben, ohne sich des Märtyrertodes für würdig zu halten. Er findet seine Selbstachtung in der Wahl des Todes, der ihm die Erhaltung seiner menschlichen Würde bedeutet. Das Drama ist eine Absage an McCarthy und sein «Komitee gegen unamerikanische Umtriebe» (M. war selbst in den Verdacht des Kommunismus geraten), die auch in anderen Stücken deutlich wird, so in *After the Fall,* das daneben die Auseinandersetzung mit M.s gescheiterter Ehe mit der Filmschauspielerin Marilyn Monroe enthält. Formal ist das Stück ein dramatischer Monolog, die Beichte an ein imaginäres Gegenüber. Sein einziger klarer Charakter ist daher Quentin, der die Frage nach Schuld und Verantwortung des Einzelnen stellt. Das Drame *The Price* zeigt die Konfrontation zweier Brüder. Der Held, Victor, bejaht schließlich bewußt sein Leben, das für ihn Verzicht auf Erfolg und Akzeptieren der Verantwortung seinem alten Vater gegenüber bedeutet hatte.

W.: Roman: Focus, 1945 (dt. Brennpunkt). – *Dramen:* All My Sons, 47 (dt. Alle meine Söhne); Death of a Salesman, 49 (dt. Tod eines Handlungsreisenden); The Crucible, 53 (dt. Hexenjagd); A View from the Bridge, 55 (umgearbeitet 57; dt. Blick von der Brücke); The Misfits, 57 (Drehbuch u. Filmerz.; dt. Nicht gesellschaftsfähig); After the Fall, 64 (dt. Nach dem Sündenfall); Incident at Vichy, 64 (dt. Zwischenfall in V.); The Price, 68 (dt. Der Preis). – Collected Plays, 57. – Ferner dt.: Gesammelte Erzählungen; Dramen.

Lit.: D. Welland: A. M., 1961; W. Uhlmann, in: Praxis des neusprachlichen Unterrichts 4, 65; R. Lübbren: A. M., 66; L. Moss: A. M., New York 68. H. Bo.

Miller, Henry, * 26. 12. 1891 Yorkville (N.Y.).

M. ist Sohn amerikanischer Eltern deutscher Herkunft und wuchs in Brooklyn auf. Das City-College von New York verließ er nach zwei Monaten; er widmete sich jahrelang intensivem athletischem Training, geriet unter den Einfluß der eklektizistischen Mystik des Theosophen Challacombe, während Versuche, im Berufsleben Fuß zu fassen, scheiterten, ebenso wie die Bemühungen, das Schneideratelier seines Vaters zu übernehmen. 1920 wurde er Leiter der Botenzentrale der Western Union Telegraph Company, gab diese Stellung aber 1924 auf, um sich der Schriftstellerei zu widmen. 1930 blieb er auf einer Europa-Reise in Paris hängen, wo er Freundschaft mit Alfred Perlès schloß und Anaïs Nin kennenlernte, die maßgeblich an Entstehung und Erfolg der «Wendekreis»-Romane beteiligt ist. 1937 begegnete er auf einer England-Reise Lawrence Durrell, dem er 1939 nach Griechenland folgte. 1947 ließ er sich in Big Sur an der kalifornischen Küste nieder. M. ist in 5. Ehe mit einer Japanerin verheiratet.

Als M. mit *Tropic of Cancer* 1934 der große Durchbruch gelang, lagen immerhin schon 10 Jahre schriftstellerischer Bemühung hinter ihm, angefangen mit den

Mezzotintos genannten Prosagedichten, die er von Tür zu Tür verkaufte, bis zu den ungedruckten Romanen *Clipped Wings* und *This Gentile World.* Nun seines Handwerks und seiner selbst sicher, konnte er es wagen, in einem bisher nicht dagewesenen Ausmaß sein Leben in den Mittelpunkt seines schriftstellerischen Werkes zu rücken. M. hatte schon 1927 binnen 24 Stunden den Plan für den vollständigen autobiographischen Zyklus skizziert. Die Reihenfolge der Entstehung entspricht jedoch keineswegs der Chronologie des Lebensablaufes, die aber in allen wichtigen Phasen in seinen Werken belegt werden kann. Reminiszenzen an seine Jugend in New York finden sich in vielen seiner Werke. In diese Zeit gehören das Stimmungsbild *Brooklynbridge* (in *Nights of Love and Laughter*) sowie einige Kapitel aus *Black Spring*: «The 14th Ward» verklärt in der Erinnerung seine Jugendkameraden, «The Tailor Shop» beschreibt die Zeit, wo er im Schneiderladen seines Vaters arbeitete. Die dämonisierte Welt der «kosmokokkischen» Telegraphengesellschaft bildet den Hintergrund für *Tropic of Capricorn.* Die Trilogie *The Rosy Crucifixion* schildert die Werdejahre, in denen M. allmählich in die Existenz des freien Künstlers hineinwächst: *Sexus* bringt die Trennung von seiner ersten Frau und die Begegnung mit June (Mara, Mona), *Plexus* beginnt mit seiner Kündigung bei der Telegraphengesellschaft, *Nexus* führt bis zur Abreise nach Paris. *Tropic of Cancer* und *Quiet Days in Clichy* behandeln die Pariser Jahre. Der Reisebrief *Aller Retour New York* ist ein grimmiges Pamphlet gegen den «american way of life». *Via Dieppe – New Haven* (in *Nights of Love and Laughter*) sieht M. auf vergeblicher Flucht vor Mona nach England, wo ihm die Einreise verweigert wird. In Griechenland (*The Colossus of Maroussi*) verlebt er ein glückliches Jahr. *Reunion in Brooklyn* gilt dem beklemmenden Wiedersehen mit den Eltern. *The Air-Conditioned Nightmare* und *Remember to Remember* setzen die in *Aller Retour New York* begonnene Auseinandersetzung mit Amerika fort, in *Big Sur and the Oranges of Hieronymus Bosch* hat M. seinen Frieden mit Amerika gemacht und sieht in paradiesischer Umgebung sein Transzendenzverlangen befriedigt. *Reunion in Barcelona* rückt zeitlich am nächsten an die Gegenwart heran.

Von einer Entwicklung in M.s Werk kann man nur bedingt sprechen. Kennzeichnend für seinen Stil ist der Wechsel zwischen realistischer Schilderung und den von M. «Cadenzas» genannten Partien, in denen er sich nach dem Vorbild der Surrealisten und Dadaisten den Offenbarungen des Unbewußten aussetzt und mit dem Symbolrepertoire der Tiefenpsychologie und astrologischem Vokabular gedankliche Unschärfen durch musikalischen Wortklang und -rausch übertönt. Seine an Nietzsche und Spengler orientierte Kulturkritik steigert sich zu messianischer (Zivilisation als «Arteriosklerose der Kultur», Regression und Destruktion als Vorbedingung für die Heraufkunft einer besseren Menschheit). Die Merkmale des «automatischen Schreibens» zeigen sich besonders deutlich in *Tropic of Capricorn,* am vollkommensten in der Traumerzählung «Into the Night Life» (Nr. 7 von *Black Spring*). Völlig frei von jeder Überhöhung ist *Quiet Days in Clichy*, ein Bericht über eine lose Folge von sexuellen Abenteuern (auch verfilmt). M.s Kunst, Außenseiternaturen lebendig zu schildern, ist um so erstaunlicher, als alle Vorkommnisse immer auf seine Person hin orientiert sind. Berühmt wurde M. nicht zuletzt durch die Skandale und Prozesse, die das Erscheinen seiner Bücher begleiteten (die «Wendekreis»-Romane dürfen erst seit 1961 in Amerika verkauft werden). Anstoß erregte seine «dirty words» nicht scheuende Drastik in der Schilderung apersonalen Sexualvollzugs. (Joyce, dem M. auch stilistisch viel verdankt, hatte noch den Versuch gemacht, diese Tabusphäre zu literarisieren.) Das Obszöne hat für M. reinigende Kraft und die Funktion der Initiation. Die Auslöschung des Individuums im Geschlechtsakt ist Durchgang für seine Neugeburt. M. trifft noch die Unterscheidung zwischen Obszönität und Pornographie und sieht letztere in Verbindung mit der zunehmenden Brutalisierung des Sexus. Er will nur «den Lustprinzipien der Natur» gehorchen und stellt sich bebewußt jenseits von Gut und Böse («ich habe nichts mit der knarrenden Maschinerie der Humanität zu tun»). Zivilisationsfeindschaft, Glorifizierung des Sexus und Betonung der individuellen Freiheit («Ich war immer ein Wolf ohne Rudel») ließen M. zum Vater der Beat-Generation werden, die er in Jack Kerouac begrüßte.

M.s essayistisches Werk (Arbeiten über Blaise Cendrars, Dostojewski, Anaïs Nin, Rimbaud u. a.) sieht seinen Gegenstand ebenfalls im Brennspiegel der Egozentrizität. Ein großes geplantes Werk über D. H. Lawrence wollte sich nicht zum Ganzen fügen. Das bisher einzige Theaterstück *Just Wild about Harry* wurde 1961 in Berlin aufgeführt. Mit seiner Amateurmalerei brachte M. es auf zahlreiche Ausstellungen.

W.: Romane u. Erz.: Tropic of Cancer, 1919, 34 (dt. Wendekreis des Krebses); Black Spring, 36 (dt. Schwarzer Frühling); Max and the White Phagocytes, 39 (Essays und Erz.; daraus dt. M. u. d. weißen Phagocyten, in: Sämtl. Erz.); The Cosmological Eye, 39 (Essays u. Erz., die z. T. schon in «Black Spring» oder «Max and the White Phagocytes» ersch.); Tropic of Capricorn, 39 (dt. Wendekreis des Steinbocks); The Smile at the Foot of the Ladder, 48 (dt. Das Lächeln am Fuße der Leiter); The Rosy Crucifixion Trilogie: Sexus, 49 (dt. ebs.), Plexus, 53 (dt. ebs.), Nexus, 59 (dt. ebs.); Nights of Love and Laughter, 55 (dt. Lachen, Liebe, Nächte); Big Sur and the Oranges of Hieronymus Bosch, 56 (dt. Big Sur u. die Orangen des H. Bosch), daraus: A Devil in Paradise, 56 (dt. Ein Teufel im Paradies); Quiet Days in Clichy, 56 (dt. Stille Tage in Clichy); Reunion in Brooklyn, 59 (Wiedersehen in Brooklyn); Reunion in Barcelona, 59. – *Essays:* The World of Sex, 40 (dt. Die Welt des Sexus); The Wisdom of the Heart, 41; Obscenity and the Law of Reflection, 44 (dt. Obszönität u. d. Gesetz d. Reflexion); Blaise Cendrars, 47 (dt. ebs. in: H. M. Lesebuch); Rimbaud, 52 (dt. Vom Großen Aufstand); Stand Still Like the Hummingbird, 62. – *Reiseberichte:* Aller Retour New York, 35, 55 (dt. Reise nach N. Y.); The Colossus of Maroussi, 41 (Der Koloß von M.); Sunday After the War, 44; The Air Conditioned Nightmare, 45; Remember to Remember, 47 (dt. Land der Erinnerung). – *Drama:* Just Wild about Harry, 63 (dt. Ganz wild auf H.). – *Briefwechsel:* H. M. – Alfred Perlès – Lawrence Durrell, 59 (dt. Kunst u. Provokation); L. Durrell – H. M., 63 (dt. Briefe 1935–59); H. M.: Letters to Anaïs Nin, 65 (dt. Briefe an A. N.). – *Sonstiges:* Hamlet. A Philosophical Correspondence, 2 Bde., 39–43 (zus. mit M. Fraenkel); The Books in My Life, 52 (dt. Die Kunst des Lesens); The Red Notebook, 58; The Intimate Henry Miller, 59. – The H. M. Reader, ed. L. Durrell, 59 (dt. Ein H. M. Lesebuch). – Ferner dt.: Von der Unmoral der Moral; Sämtliche Erzählungen; Meine Jugend hat schon begonnen (Gespräche mit G. Belmont).

Lit.: A. Perlès: My Friend H. M., 1919, 55; A. Böhm, in: Wort und Wahrheit, 57; S. Omarr: H. M.: His World of Urania, 60; A. K. Baxter: H. M. Expatriate, 61; W. Schmiele: H. M. in Selbstzeugnissen und Bilddokumenten, 61; K. Widmer: H. M., N. Y. 63; J. den Haan: Milleriana, 63; H. M. and the Critics, ed. G. Wilkes, 63; G. Wickes: H. M., 66; W. A. Gordon: H. M., 67. S. H.

Millin, Sarah Gertrude (geb. S. G. Liebson), * 19. 3. 1889 Barkly (Kimberley), † 6. 7. 1968.

S. G. M., Tochter eines Diamantenschürfers, besuchte die Schule in Kimberley und lebte seit ihrer Heirat mit einem Rechtsanwalt in Johannesburg. Sie begann bereits mit 16 Jahren Kurzgeschichten und Rezensionen zu schreiben. S. G. M. zeichnet sich durch scharfe Beobachtungsgabe und Objektivität aus. Im Zentrum ihres erfolgreichsten Romans, *God's Stepchildren*, steht das Rassenproblem.

W.: Romane u. Erz.: The Dark River, 1919; Adam's Rest, 22; God's Stepchildren, 24 (dt. Gottes Stiefkinder); Mary Glenn, 25; The Coming of the Lord, 28; The Fiddler, 29; Three Men Die, 34; What Hath a Man?, 38; The Herr Witchdoctor, 41; King of the Bastards, 50; The Burning Man, 52; The Wizard Bird, 63; Goodbye, Dear England, 65. – *Essays:* The South Africans, 26; Rhodos, 33; General Smuts, 36; The People of South Africa, 51. – *Autobiogr.:* The Night is Long, 41; The Measures of my Days, 55. *Tagebuch:* World Blackout, 44; War Diaries, 4 Bde, 44–48. RLL

Miłosz, Czesław, * 30. 6. 1911 Seteiniai (Litauen).

M. gründete 1931 die Dichtergruppe «Zagary», studierte 1934–35 in Paris und arbeitete dann beim Rundfunk in Wilno, später in Warschau. 1945–50 war er Diplomat, emigrierte 1951 und lebt seit 1956 in den USA.

M.s Lyrik zeichnet sich durch kühne Kompositionen aus Einzelbildern von sinnenhaft intensiver Stofflichkeit aus. In seinen Gedichten aus der Emigration repräsentieren Motive aus der Heimatlandschaft das Bleibende, das Gewisse. Dorthin zurück kehrt M. auch mit seinem stark autobiographischen Roman *Dolina Issy* (Das Tal der Issa) über die Kindheit des wachen und sensiblen Tomasz Dilbin in einem litauischen Dorf. Bekannt wurde M. vor allem durch seine Untersuchung *Zniewolony umysł* (Verführtes Denken) über die Situation der polnischen Intellektuellen unter dem stalinistischen Systemdruck, eine brillante Studie über die psychologischen Mechanismen der Selbstkorrumpierung, des Angleichens an Umweltverhältnisse. Aus seinem gesamten Werk spricht eine humanistische Gesinnung, getragen von dem Bewußtsein der die Menschheit heute bedrohenden Gefahren. M. ist auch ein bedeutender Übersetzer englischer, amerikanischer und französischer Literatur, er übertrug außerdem polnische Lyrik ins Englische.

W.: Poesie: Poemat o czasie zastygłym, 1933; Trzy zimy, 36; Wiersze (Untergrund-Druck, Pseud. Jan Syruć), 40; Ocalenie, 45; Światło dzienne, 53; Traktat poetycki, 56; Król Popiel i inne wiersze, 52; Gucio zaczarowany, 65; Wiersze, 67. – *Romane:* Zdobycie władzy, 53 (dt. Das Gesicht der Zeit); Dolina Issy, 55 (dt. Tal der Issa). – *Sonstige Prosa:* Zniewolony umsył, 52 (dt. Verführtes Denken); Kontynenty, 58 (Skizzen u. Übersetzungen); Rodzinna Europa, 59 (dt. West- und östliches Gelände); Człowiek wśród skorpionów – studium o Stanisławie Brzozowskim, 62. – Ferner dt.: Lied vom Weltende (Gedichte).
Lit.: M. Reich-Ranicki, in: Die Zeit 8, 62; A. Czerniawski, in: Kultura 12, Paris 65.
DW

Milosz, Oscar (eig. O. Vladislas de Lubicz-Milasius), * 28. 5. 1877 Čeréja bei Kowno (Litauen), † 2. 3. 1939 Fontainebleau.
M., Sohn eines litauischen Adligen, studierte in Paris orientalische Sprachen. 1919–26 war M. litauischer Gesandter in Paris; er erwarb 1931 die französische Staatsbürgerschaft.
M.' frühe Lyrik schließt sich der symbolistischen Schule an. Reisen und Lektüre erweiterten sein Werk und orientierten es auf ein mystisch-esoterisches Christentum hin, das erstmals in *Les éléments* Ausdruck fand. In ihrer außerordentlichen Musikalität eine große Leistung der französischen Verskunst, verschließen sich seine Texte dem Verständnis immer mehr. M., der mit *Miguel Mañara* ein Mysteriendrama über die Konversion des historischen Don Juan verfaßt hatte, verstummte schließlich als Lyriker.

W.: Lyrik: Le poème des décadences, 1899; Les sept solitudes, 1904; Les éléments, 10; La confession de Lemuel, 22; Cantique de la connaissance, 27. – *Dramen:* Miguel Mañara, 12 (dt. ebs.; mit Gedichtausw.); Méphiboseth, 14. – *Roman:* L'amoureuse initiation, 10. – *Essay:* Ars magna, 25; La clef de l'Apocalypse, 38. – Werke, 57 ff.
Lit.: M., hommages et documents inédits, 1941; J. Bage: M., 63. RLL

Minder, Robert, * 23. 8. 1902 Wasselonne (Bas-Rhin).
M. studierte in Straßburg und Paris, besuchte die École Normale Supérieure, schloß mit germanistischen Examina ab und wurde 1936 Prof. in Nancy, später in Grenoble und Paris. Seit 1957 lehrt er am Collège de France (Paris). — M.s literarhistorische Arbeiten sind glänzend formuliert und aus aufklärerisch-fortschrittlicher Denkweise heraus geschrieben. Sie verbinden Textanalyse mit Historiographie und bieten so Literaturgeschichte als Kulturgeschichte.

W.: Erz.: Ludwig Tieck. Un poète romantique allemand, 1936; Allemagne et les Allemands, 47. Dt.: Die religiöse Entwicklung von Karl Philipp Moritz, 36; Das Bild des Pfarrhauses in der deutschen Literatur, 59; Kultur und Literatur in Deutschland und Frankreich, 62; Dichter in der Gesellschaft, 66; Wozu Literatur?, 71. RLL

Minulescu, Ion, * 7. 1. 1881 Bukarest, † 11. 4. 1944 ebd.
M. studierte in Paris und unternahm anschließend eine Studienreise durch Europa. Die Eindrücke in Frankreich waren für sein ganzes Leben entscheidend. Später war er zeitweilig Direktor des Nationaltheaters in Bukarest und hatte eine leitende Stellung im Kultusministerium. Als symbolistischer Dichter vermittelte M. Form und Geist moderner französischer Lyrik. Hauptthemen seiner Lyrik sind die Sehnsucht nach exotischen Ländern und dem Mittelmeer und das Liebes- und Todeserlebnis. Sein Roman *Roşu-galben-albastru* (die rumänischen

Nationalfarben) ist eine Chronik der Daheimgebliebenen aus dem Ersten Weltkrieg, phantastisch und voll kühner Ironie, jedoch von nationalistischer Seite als «Verherrlichung der Feigheit» angefeindet. M.s gut gebaute Theaterstücke sind voll burlesker Phantasie.

W.: Lyrik: Romanţe pentru mai târziu, 1908; De vorbă cu mine însumi, 14; Spovedanii, 27; Strofe pentru elementele naturii, o. J.; Citiţi-le noaptea, 30; Strofe pentru toată lumea, 30; Nu sunt ce par a fi, 36; Versuri (Sammlg.), 39. – *Romane:* Roşu-galben-albastru, 24; Bărbierul regelui Midas, 31. – *Erz.:* Casa cu geamurile portocalii, 09; Maşti de bronz . . ., 20. – *Dramen:* Lulu Popescu, 20; Pleacă berzele, 20; Manechinul sentimental, 27; Allegro ma non troppo, 27; Nevasta lui Moş Zaharia, 37. DW

Mirbeau, Octave, * 16. 2. 1850 Trévières (Calvados), † 16. 2. 1917 Paris.
M., Sohn eines Arztes, verbrachte eine unglückliche Kindheit und ging 1871 nach Paris, wo er ein freies Leben führte. Er wurde Journalist und polemisierte vehement gegen politische und künstlerische Reaktion, trat für Dreyfus und für die Impressionisten ein. — In M.s vom Naturalismus beeinflußten literarischen Werk dominieren zunächst antimilitaristische und antiklerikale Züge (*L'abbé Jules*). *Le journal d'une femme de chambre* gibt das fiktive Tagebuch der Kammerzofe Célestine, die alle Unmenschlichkeiten und Brutalitäten der Fin-de-siècle-Bourgeoisie geduldig erleidet und schließlich bei dem Hausknecht Joseph, einem brutalen Sexualmörder, das bescheidene Glück ehelicher Geborgenheit findet. M.s zynische Gesellschaftskritik, von der auch sein dramatisches Werk diktiert ist, nähert sich dem Anarchismus. *Le jardin des supplices* schildert die morbid-subtilen Genüsse der reichen Engländerin Clara Watson, die sich an den ausgesucht extremen Sadismen eines chinesischen Foltergartens vergnügt.

W.: Erz.: Lettres de ma chaumière, 1885; La pipe de cidre, 1918; La vache tachetée, 18; Chez l'illustre écrivain, 19. – *Romane:* Le calvaire, 1886 (dt. Ein Golgatha); L'abbé Jules, 88 (dt. Der Abbé); Sébastien Roch, 90 (dt. Sebastian Roch); Le jardin des supplices, 99 (dt. Der Garten der Qualen); Le journal d'une femme de chambre, 1900 (dt. Tagebuch einer Kammerzofe); Les vingt et un jours d'un neurasthénique, 02 (dt. Die Badereise eines Neurasthenikers); La 628-E 8, 08; Dingo, 13; Un gentilhomme (unvollendet), 20. – *Dramen:* Les mauvais bergers, 1898; Les affaires sont les affaires, 1903 (dt. Geschäft ist Geschäft); Farces et moralités, 04 (dt. Bauernmoral). – *Autobiographie:* Les grimaces et quelques autres chroniques, 28. – Œuvres complètes, 9 Bde, 34–36.
Lit.: M. Revon: O. M., son œuvre, 1934. RLL

Miró Ferrer, Gabriel, * 28. 7. 1879 Alicante, † 27. 5. 1930 Madrid.
M. studierte am Jesuitenkolleg von Orihuela, sodann Rechtswissenschaft in Valencia und Granada. Er arbeitete im Staatsdienst seiner Heimatstadt, schrieb nebenher und übersiedelte 1920 nach Madrid. — M. gehört literarhistorisch zwischen die gegensätzlichen Positionen der radikalen «Generation von 98» und der esoterisch-formalistischen «Modernisten». Seiner Kunst gelang besonders die Wiedergabe der Mittelmeerlandschaft in einer fein ziselierten Sprache. M., der ein genauer Beobachter und Beschreiber war, machte meist die heimatliche Provinz und ihre Kleinstädte zum Mittelpunkt seiner Prosawerke, die mehr Atmosphäre evozieren als Handlung geben wollen. Der Klerus erscheint als die Gruppe, die das Leben der Menschen lenkt.

W.: Romane u. Erz.: Nómada, 1908; La palma rota, 09; Las cerezas del cementerio, 10; El abuelo del Rey, 15; Nuestro padre San Daniel, 21; El obispo leproso, 26; Años y leguas, 28. – *Sonstige Prosa:* Del vivir, 04; Libro de Sigüenza, 17; El humo dormido, 19. – Obras completas, 12 Bde, 31–36.
Lit.: V. Ramos: Vida y obra de G. M., 1955; J. v. Praag-Chantraine: G. M., 59. DW – RLL

Mishima, Yukio (eig. Hiraoka Kimitake), * 14. 1. 1925 Tokio, † 25. 11. 1970 ebd. (Selbstmord).
M., Schüler der ehemaligen Adelsschule, studierte an der Univ. Tokio Rechtswissenschaft. 1949 erschien sein erster, halbautobiographischer Roman *Kamen no kokuhaku* (dt. Geständnis einer Maske), wo der Icherzähler, zunächst befremdet, seine Neigung zum gleichgeschlechtlichen Eros entdeckt. Der Roman *Kinjiki* (1951 [Verbotene Liebe]) erzählt von der Liebe eines alten Gelehrten zu einem schönen Knaben. Dem Roman *Kinkakuji* (1956; dt. Der Tempelbrand) liegt eine

tatsächlich (1950) erfolgte Brandstiftung zugrunde; ein häßlicher Novize zündet den von ihm über alles bewunderten schönen Tempel an, damit sich dieser nicht länger mehr zwischen ihn und die Welt stellt. In der Erzählung *Apollo no sakazuki* (1952 [Der Becher Apolls]) wendet sich M. dem Ideal griechischer Schönheit zu. Die Erzählung *Shiosai* (1954; dt. Die Brandung) berichtet von der romantischen Liebe eines Fischerjungen und eines Mädchens auf einer Insel. Der Roman *Utage no ato* (1960; dt. Nach dem Bankett) ist eine Gesellschaftssatire; er enthüllt Beziehungen zwischen hohen Politikern und der Halbwelt und trug M. eine Strafanzeige ein. *Utsukushii hoshi* (1962 [Schöne Sterne]) steht in der Nähe der Science-fiction. *Gogo no eikō* (1963; dt. Der Seemann, der die See verriet) erzählt von einer Gruppe von sechs Jungen, die einen Schiffsoffizier töten und zerschneiden, weil er das «heroische» Leben auf See aufgeben will, um zu heiraten und die Rolle eines Vaters zu übernehmen. Von der Tetralogie *Hōjō no umi* [Fruchtbares Meer] erschienen 1969: *Haru no yuki* [Frühlingsschnee] und *Homba* [Galoppierendes Pferd]: ein junger Adeliger stirbt an seiner unglücklichen Liebe, wird aber in einem neuen Leben kraftvoller wiedergeboren. Die beiden Romane enthalten scharfe Zeitkritik, die M. auch in zahlreichen Essays zum Ausdruck brachte; seine Wendung zum Nationalismus, seine Ablehnung der Nachkriegsdemokratie isolierte ihn immer mehr; sein Selbstmord durch Harakiri, der in Japan zu heftigen Diskussionen geführt hat, war Ausdruck seiner Protesthaltung. — Der dritte Band der Tetralogie, *Akatsuki no tera* [Tempel im Morgengrauen], kam wie der vierte, *Tennin gosūi* [Fünf Schwächen eines Himmelskörpers], postum heraus. — M. schrieb viele Theaterwerke, u. a. *Waga tomo Hittora* (1962; [Mein Freund Hitler]) über Episoden und Figuren (Strasser, Röhm) der NS-Parteigeschichte; er versuchte auch eine Erneuerung des Nō-Spiels. Sein Filmtext *Yukoku* (Patriotismus) behandelt einen Offiziersaufstand der 30er Jahre.

Weitere W.: Erz.: Hanakari no mori, 1942; Tabako, 46; Daijin, 59; Kyōko no ie, 59. – *Dramen:* Seijo, 51; Madame de Sade, 65 (dt. ebs.); Kindai-nōgakushū (dt. 6 moderne Nō-Spiele.) – *Autobiogr. Prosa:* Taiyō to tetsu, 58 (engl. Sun and Steel). – Zahlreiche Essays. – Dt. ferner: Gesammelte Erzählungen. O. B.

Mistral, Gabriela (eig. Lucila Godoy Alcayaga), * 7. 4. 1889 Vicuña/Coquimbo (Chile), † 10. 1. 1957 Hempstead/New York.

G. M. wurde auf autodidaktischem Wege Lehrerin und bemühte sich um die unterprivilegierten Indios Chiles. Ihre schulreformerische Arbeit setzte sie 1922 in Mexiko fort. Sie bereiste als Gastprofessorin die USA und vertrat ab 1932 ihr Land im diplomatischen Dienst. — G. M.s Lyrik ist wesentlich vom Erlebnis des Todes ihres Verlobten (1906) bestimmt; ihre Verse kreisen um die Themen des Schmerzes, der Sehnsucht nach Mutterschaft, der zu Mitgefühl sublimierten Liebe. In *Tala* wird die Sprache abstrakter; Mythen und Archaismen sind bewußt eingesetzt.

W.: Lyrik: Sonetos de la muerte, 1915; Desolación, 22 (dt. Auswahl: Spürst du meine Zärtlichkeit?); Ternura, 24; Tala, 38; Los mejores poemas líricos, 39; Poesías completas, 58. – Dt. ferner: Gedichte.
Lit.: H. Rheinfelder: G. M. Motive ihrer Lyrik, 1955; K. Wais: Zwei Dichter Südamerikas, 55; R. S. Castro: Producción de G. M. 1912–18, 57; S. de Madariaga: Homenaje a G. M., 58; M. Arce de Vásquez: G. M., 58; M. Pommes: G. M., 63. RLL

Mitchell, Margaret, * 8. 11. 1900 Atlanta (Georgia), † 16. 8. 1949 ebd.

M. M., Tochter eines Rechtsanwalts, war vor ihrer Heirat Journalistin. 1926–36 schrieb sie ihr einziges Buch, *Gone with the Wind* (1936; dt. Vom Winde verweht), das mit einer Gesamtauflage von bisher über 12 Millionen Exemplaren zu den erfolgreichsten Büchern des 20. Jhs. zählt. Der breitangelegte Roman (Pulitzerpreis 1937) schildert aus der Perspektive des Südens die Wirren des Sezessionskrieges und die nachfolgende «reconstruction»-Ära in Georgia zwischen 1861 und 1871. Im Mittelpunkt steht dabei das Schicksal der vitalen Scarlett O'Hara, einer anfangs verwöhnten «Southern Belle», die entschlossen gegen alle Widerstände um die Erhaltung der Familienplantage Tara kämpft. RLL

Mňačko, Ladislav, * 19. 1. 1919 Valasské Klobouky (Slowakei).
M., von Jugend an Kommunist, kämpfte während des Krieges mit den Partisanen, schrieb als Journalist und Chefredakteur der slowakischen Wochenzeitschrift «Kulturny život» vielbeachtete Reportagen, ging aus Protest gegen die tschechoslowakische Israel-Politik nach Israel, kehrte während des Prager Frühlings in seine Heimat zurück und emigrierte nach dem 21. 8. 68 endgültig. Er lebt in Wien und Italien.
M.s Stärke ist die politische Reportage. Seine *Oneskorené reportáže*, unter dem Titel «Der rote Foltergarten» illegal sofort ins Deutsche übertragen, hatte für Slowaken und Tschechen 1963 die gleiche Funktion, wie Solschenizyns «Ein Tag im Leben des Iwan Denissowitsch» für die Sowjetbürger. 300 000 Exemplare waren innerhalb von zwei Monaten ausverkauft. *Jak chutná moc* (Wie die Macht schmeckt), erst deutsch und danach slowakisch erschienen, ist eine Parabel auf das Regime Novotnys. *Agresori*, ebenfalls erst deutsch und im November (!) 1968 slowakisch erschienen, beschäftigt sich an den Beispielen Vietnams und Israels mit der «Schuld und Unschuld der Schwachen».

W.: Romane: Smrť sa volá Engelchen, 1959 (dt. Der Tod heißt Engelchen); Nočný rozhovor, 65 (dt. Die Nacht von Dresden); Wie die Macht schmeckt, 69 (Jak chutná moc, 68); Der Vorgang (dt. 70, aus dem Ms. übersetzt). – *Erz.:* Marxova ulica, 55. – *Reportagen:* Izrael, národ v boji, 49; Albánsko, 50; Daleko je do Whampoa, 57; Ja Adolf Eichmann, 61; Kde končia prašné cesty, 63 (dt. Wo die staubigen Wege enden); Oneskorené reportáže, 63 (dt. Verspätete Reportagen, vorher als: Der rote Foltergarten); Vody Oravy, 64, (tschechisch); Dlhá, biela, prerušovaná čiara, 66; Die Aggressoren, 67 (Agresori, 68); Die siebente Nacht, 68. – Ferner zahlreiche Zeitungsartikel und Reportagen. T. R.

Moberg (Carl Artur) Vilhelm, * 20. 8. 1898 Algutsboda (Småland).
M. war Arbeiter, bis er 1916 die Volkshochschule und 1917/18 eine private Oberschule besuchen konnte. 1920 wurde er Journalist, seit 1927 trat er als Erzähler hervor. Er schildert realistisch das kleinbäuerliche Leben seiner Heimatprovinz und dessen Probleme. Breit angelegt ist die *Knut Toring*-Trilogie: in der Jugendgeschichte des Helden, der als Bauernsohn in die Stadt kommt und sich hier fremd fühlt, steckt viel von M.s eigenem Erleben. Die Ehe Knuts scheitert, und er kehrt als Bauer auf das Land zurück, wo sich ihm Freiheit verwirklicht. Schon im letzten Band der Trilogie nahm M. gegen alle totalitäre Macht Stellung; er wurde später zum Widerstandskämpfer gegen den Nationalsozialismus.

W.: Romane: Raskens, 1927 (dt. Kamerad Wacker); Långt från landsvägen, 29 (dt. Fern von der Landstraße); De knutna händerna, 30 (dt. Die harten Hände); Mans kvinna, 33 (dt. Weib eines Mannes); Trilogie: Sänkt sedebetyg, 35 (dt. Knut Torings Verwandlung), Sömnlös, 37 (dt. Schlaflos), Giv oss jorden, 39; Rid i natt, 41 (dt. Reit heute nacht); Tetralogie: Utvandrarna, 49 (dt. Bauern ziehen übers Meer), Invandrarna, 52 (dt. Neue Heimat in fernem Land), Nybyggarna, 56, Sista brevet till sverige, 59. – *Dramen:* Hustrum, 29; Våld, 33; Änkeman Jarl, 40; Vår ofödde son, 45; Lea och Rakel, 54 (dt. Lea und Rahel); Domaren, 57 (dt. Der Richter). – Werke, 15 Bde, 46 f. DW

Mofolo, Thomas, * 1875 (?) Khojane (Basutoland), † 8. 9. 1948 Teyateyaneng.
M.s Hauptwerk *Chaka*, in der Sesuto-Sprache verfaßt und in seiner schlichten Erzählweise am biblischen Stil orientiert, gilt als der erste historische Roman in der Geschichte der neoafrikanischen Literatur. Er schildert den Aufstieg und Untergang des berüchtigten Zulufürsten im frühen 19. Jh., dessen Lebenswerk die Gründung eines großen Reiches in Südafrika war. M., der aus christlicher Perspektive den Weg Chakas von menschlicher Größe zu heidnischer Grausamkeit nachzeichnet, wurde selbst zu Unrecht eines Rückfalls ins Heidentum verdächtigt. Daher blieb das Manuskript des Romans zunächst 15 Jahre lang ungedruckt. Durch diese Erfahrung enttäuscht, gab M. das Schreiben auf, wurde Händler, später Farmer.

W.: Romane: Moeti oa bochaubela, 1906 (engl. The Traveller of the East); Chaka, 25 (dt. Chaka der Zulu). – *Erz.:* Pitseng, 10. RLL

Molinari, Ricardo, * 1898 Buenos Aires.
M. gehört zu den bedeutendsten argentinischen Lyrikern der Gegenwart und

beeinflußte die neue Generation sehr stark. Er ist Dichter der strengen Form, beeinflußt vom spanischen Barock, aber auch von Stefan George (dem er einen Gedichtband widmete). In einer diffizilen und gleichzeitig präzisen Sprache, der Sentimentalität und philosophische Einflüsse fremd sind, schreibt M. eine poésie pure.

W.: Lyrik: El imaginario, 1927; Panigeríco, 30; Hosteria de la rosa y del clavel, 33; Una rosa para Stefan George, 34 (dt. Eine Rose für Stefan George); Esta rosa oscura del aire, 40; El alejado, 43. H. S.

Molnár, Ferenc, * 12. 1. 1878 Budapest, † 1. 4. 1952 New York.
M., Sohn eines Arztes, studierte Jura in Budapest, Wien und Genf, wurde Journalist, war im Ersten Weltkrieg Kriegsberichterstatter. 1940 emigrierte er nach den USA. — M.s Erfolg als Schriftsteller begann mit der Komödie *Az ördög* (Der Teufel), die ausgehend von der Affäre um einen «Hausfreund» Schattenseiten des menschlichen Charakters spielerisch entlarvt. Außergewöhnliche Popularität erlangte M.s Tragikomödie *Liliom*, eine «Vorstadtlegende» um einen jungen Rummelplatz-Ausrufer, der versucht, den Weg aus seinem amourösen Vagabundendasein in eine bürgerliche Existenz zu finden und dabei scheitert; derb-realistische Elemente des Volksstücks sind mit romantisch-irrationalen Zügen verbunden. Mit *Játék a kastélyban* (Spiel im Schloß), einem Stück, das sich durch überraschende szenische Effekte und pointierte Dialogführung auszeichnet, zeigt M. sich wiederum als Virtuose der Boulevardkomödie. — M. schrieb außerdem Erzählungen und Romane, deren Stoffe aus volkstümlichem Milieu stammen.

W.: Dramen: Az ördög, 1907 (dt. Der Teufel); Liliom, 09 (dt. ebs.); A testör, 10 (dt. Der Leibgardist); A farkas, 12 (dt. Das Märchen vom Wolf); Farsang, 16 (dt. Fasching); A hattyú, 20 (dt. Der Schwan); Égi és földi szerelem, 22 (dt. Himmlische und irdische Liebe); A vörös malom, 22 (dt. Die rote Mühle); Az üvegcipö, 24 (dt. Der gläserne Pantoffel); Játék a kastélyban, 26 (dt. Spiel im Schloß); Olympia, 28 (dt. ebs.); Délila, 38 (dt. ebs.); Panoptikum, 44 (dt. ebs.). – *Romane:* Egy gazdátlan csónak története, 01 (dt. Ein herrenloser Kahn); Éva, 03 (dt. ebs.); A Pál utcaifiuk, 07 (dt. Die Jungen von der Paulstraße); Rabok, 07; A zenélö angyal, 33 (dt. Der musizierende Engel); A zöld huszár, 37 (dt. Der grüne Husar); Farewell My Heart, 45 (dt. Lebwohl, mein Herz). – *Tagebuch aus dem Kriege:* Haditudósító naplója, 16. – *Autobiographie:* Companion in Exile, 51 (dt. Gefährtin im Exil). – Gesamtausg., 20 Bde, 28.
Lit.: P. Halm: F. M., 1929. RLL

Molo, Walter von, * 14. 6. 1880 Sternberg (Mähren), † 27. 10. 1958 Hechendorf bei Murnau.
M., der aus altem schwäbischem Ritteradel stammte, studierte in Wien und München Maschinenbau und Elektrotechnik. Er arbeitete als Diplomingenieur, bevor er 1915 nach Berlin übersiedelte und freier Schriftsteller wurde. 1928–30 war er Präsident der Preußischen Dichterkammer und lebte seit 1933 auf seinem Hof in Oberbayern. M.s Hauptinteresse galt dem historischen Roman. In breiten Darstellungen zeichnet er Lebensbilder berühmter Persönlichkeiten der deutschen Vergangenheit. Seine Bücher über Luther, Friedrich den Großen, Schiller, Friedrich List, Prinz Eugen und Kleist zeigen pathetischen Stil und idealistische Tendenz.

W.: Romane u. Erz.: Wie sie das Leben zwangen, 1906; Klaus Tiedemann, der Kaufmann, 09; Schiller-Roman, 4 Teile, 12–16; Ein Volk wacht auf, Roman-Trilogie, 18–22; Bobenmatz-Trilogie, 23–26; Mensch Luther, 28; Ein Deutscher ohne Deutschland, 31 (F. List); Eugenio von Savoy, 36; Geschichte einer Seele, 38 (Kleist); Eine unglückliche Ehe, 51. – Auch Lyrik, Dramen. – *Autobiogr.:* So wunderbar ist das Leben, 57; Wo ich Frieden fand, 59. – W. v. M./Thomas Mann: Die große Kontroverse. Ein Briefwechsel um Deutschland, hg. v. J. F. G. Grosser, 63. – Ges. Werke, 3 Bde, 24.
Lit.: G. Ch. Rassy: W. v. M., 1936; W. v. M.: Erinnerungen, Würdigungen, Wünsche. Zum 70. Geburtstag, mit Bibliogr., 50. RLL

Mombert, Alfred, * 6. 2. 1872 Karlsruhe, † 8. 4. 1942 Winterthur (Schweiz).
M. wuchs in Karlsruhe auf; 1899 wählte er, nach einem Jurastudium in Berlin, Heidelberg, Leipzig und München, Heidelberg zum Wohnort. Bis 1906 war er als Rechtsanwalt tätig; späterhin widmete er sich ausschließlich seinen dichterischen Arbeiten, die weitreichende historische, philosophische, religions- und na-

turwissenschaftliche Studien einschlossen. Jährlich reiste M. ins Hochgebirge und ans Mittelmeer. Er war besonders eng mit Richard Dehmel befreundet, auch mit Hans Reinhart, Richard Benz, Martin Buber, Rudolf Pannwitz. 1914–18 war M. Soldat. 1928 wurde er in die Preußische Akademie der Künste gewählt, 1933 wieder ausgeschlossen. 1940 kam M. in das Konzentrationslager Gurs (Südfrankreich); 1941 erreichte Hans Reinhart M.s Befreiung ins schweizerische Exil, wo M. 1942 einem Krebsleiden erlag.

Im Einklang mit seinem Selbstverständnis als Autor intendierte M. mit seinen Dichtungen nicht Kunstwerke, vielmehr ein Œuvre, das, aus Manifestationen einer vieldimensionalen Welt- und Icherfahrung im Wort zusammenwachsend, einen autonomen Kosmos bildet. In fünf ersten «Gedicht-Werken» (1894–1905) schied er systematisch die Qualität eines Mediums der Mitteilung aus seiner Sprache aus, um aus Bildlichkeit, Klang und Rhythmus einen Sprachstoff zu gewinnen, dessen visionäre Gestaltung eine eigenständige Wirklichkeit setzte. Thematisch ist für die erste Phase die Selbstfindung des schöpferischen Ich in der Welt kennzeichnend; diese Icherfahrung wird dann, episch und dramatisch, objektiviert in Gestalten, die den Kosmos figurieren. Aus M.s Identifizierung mit einer von ihnen, «Sfaira», ergibt sich für die weiteren «Gedicht-Werke», Dramen und Epen ein mythisches Selbst- und Weltverständnis.

W.: Gedichte: Tag und Nacht, 1894; Der Glühende, 95; Die Schöpfung, 97; Der Denker, 1901; Die Blüte des Chaos, 05; Der Held der Erde, 19; Atair, 25. – *Drama:* Aeon der Weltgesuchte, 07; Aeon zwischen den Frauen, 10; Aeon vor Syrakus, 11; Aiglas Herabkunft, 28; Aiglas Tempel, 31. – *Epen:* Der Sonne-Geist, 05; Sfaira der Alte, 2 Tle, 36–42. – Briefe an Richard und Ida Dehmel, 56; Briefe 1893–1942, 61; Briefe an Vasante, 65. – Dichtungen, 3 Bde, Hg. E. Herberg, 63. *Lit.:* E. Herberg: Die Sprache A. M.s, Diss. Hamburg 1960; P. Michelsen, in: Neue Rundschau, 77, 66. E. H.-H.

Mon, Franz (eig. Franz Löffelholz), * 6. 5. 1926 Frankfurt/M.

M. studierte Germanistik, Geschichte und Philosophie; er ist Verlagslektor in Frankfurt/M. — M. entwickelt aus sprachphilosophisch-linguistischen Theorien den Ansatz seiner Poetik: Das Sprachsystem habe keinen unmittelbar benennenden Bezug zur Wirklichkeit mehr, sondern sei als fortwährender klischeehafter Redezusammenhang eine Bewußtseinswirklichkeit eigener Ordnung geworden. Die Literatur müsse sich folglich sprachlich auf die Sprache selbst richten. Sie kann sich dabei nicht der traditionellen Gattungen bedienen, sondern arbeitet mit Texten. Dabei ist M. besonders an dem Verhältnis des Wortes, das sich im Sprachgebrauch semantisch verfestigt hat, zu Lautkörper und Schreibfläche interessiert («konkrete Poesie»). M. präsentierte mit *herzzero*, einem offenen Gewebe aus Zitaten, lexikalischen Feldern und Redemustern, erstmals einen umfangreichen Text; er läßt hier Erzählung, Dialog und «konkrete Poesie» ineinanderfließen.

W.: Texte: artikulationen, 1959; sehgänge, 64; zur poesie der fläche, 66; Lesebuch, 67; prinzip collage (mit Heinz Neidel), 68; herzzero, 68. – *Essays:* Texte über Texte, 70. – Herausgabe (mit W. Höllerer, M. de la Motte): Movens, 60. RLL

Monnier, Thyde (eig. Mathilde M.), * 23. 6. 1887 Marseille, † 18. 1. 1967 bei Nizza.

T. M., Tochter eines Fabrikanten, verbrachte ihr Leben an der französischen Mittelmeerküste. — Die Provence ist auch bevorzugter Schauplatz fast all ihrer Romane, die sie nach einem frühen Erfolg mit *Mon bel été* meist zu Zyklen komponierte. Durch seinen Figurenreichtum und seine dokumentarisch grundierte Landschaftsdarstellung steht T. M.s Werk in der Nachfolge des Zolaschen Naturalismus, der sich auch im Verzicht auf moralische Tendenz sowie in der Verherrlichung elementar-heidnischer Kräfte offenbart. *Les Desmichels*, T. M.s zyklisches Hauptwerk, ist die Geschichte mehrerer Generationen einer südfranzösischen Bauernfamilie.

W.: Romane u. Erz.: Mon bel été, 1926; Zyklus: Les petites destinées: La rue courte, 37 (dt. Die kurze Straße), Annonciata, 39 (dt. ebs.), Cœur, 51 (dt. Frisette); Zyklus: Les Desmichels: Grand Cap, 37, Le pain des pauvres, 37 (beide zus. dt. Liebe – Brot der Armen), Nans le berger, 42 (dt. Nans, der

Schäfer, auch: Nans, der Hirt), La demoiselle, 44 (dt. Unser Fräulein Lehrerin), Travaux, 45 (dt. Die Familie Revest); Barrage d'Arvillard, 46 (dt. Die Talsperre); Le vin et le sang, 46 (dt. Wein und Blut); Le figuier stérile, 47 (dt. Der unfruchtbare Feigenbaum); Les forces vives, 48; Trilogie: L'huile vierge, 52, Le déjeuner sur l'herbe, 53, Rétour aux îles, 54 (dt. zus.: Der jungfräuliche Ölbaum); Les hommes sont des salauds, 54; Madame Roman, 57 (dt. ebs.); Les cinq doigts de la main, 59 (dt. Fünf Finger einer Hand). RLL

Montale, Eugenio, * 12. 10. 1896 Genua.

M. begann das Studium der Literaturwissenschaft in Genua, war Offizier im Ersten Weltkrieg, 1922 Mitbegründer der Zeitschrift «Primo tempo», später Redakteur der Zeitschrift «Solaria». 1948 ging M. nach Mailand zum «Corriere della sera». M. übersetzte aus dem Englischen, Spanischen und Französischen (Melville, Shakespeare, Marlowe, J. Steinbeck, J. Guillén, P. Corneille) und spielte eine Rolle bei der «Wiederentdeckung» I. Svevos.

Neben Ungaretti ist M. wohl der bedeutendste italienische «Hermetiker». Er debütierte 1925 mit der Gedichtsammlung *Ossi di seppia,* die schon seine charakteristischen Hauptzüge erscheinen läßt: ein Gefühl der Müdigkeit und Einsamkeit, das angsterfüllte Mißtrauen gegenüber dem Leben, das Bewußtsein der Leere hinter den Erscheinungen und verbunden damit ein tiefes Erbarmen für den anderen. Durch eine Art von antiliterarischem Verzicht auf Rhetorik erreicht M., daß das Wesentliche nackt und unmittelbar im Lichte steht. Die bescheidenen Dinge des Alltags verwandelt er in Symbole des «male di vivere». 1939 erschienen die *Occasioni,* «Gelegenheiten», «Anlässe», die im Gegensatz zum strengen Pessimismus der *Ossi di seppia* in ihren Evokationen die Hoffnung auf eine Rettung aus der Verzweiflung durchschimmern lassen. Gleichzeitig erkennt man eine reifere Erfahrung des Dichters und eine Technik, die sich mehr und mehr dem Symbolismus und der der «metaphysischen» Dichter annähert. In eine dritte Phase trat M. mit *La bufera e altro;* hier versucht er in ein breiteres Gespräch mit den Menschen einzutreten und dadurch die Isolierung in der Welt zu überwinden. Das gesamte Werk M.s durchzieht der Protest gegen unsere Zeit.

W.: Lyrik: Ossi di seppia, 1925; La casa dei doganieri e altri versi, 32; Le occasioni, 39; Finisterre, 43; Quaderno di traduzioni, 48; La bufera e altro, 56. – *Prosa:* Farfalla di Dinard, 56 (dt. Die Straußenfeder); E. M. – I. Svevo, Lettere, 66; Auto da fé, 66; Il colpevole, 66. – Dt. ferner: Glorie des Mittags. *Lit.:* G. Contini: Introduzione a E. M., 1940; R. Lunardi: M. e la nuova poesia, 48; G. Spagnoletti: Tre poeti del Novecento: Saba, Ungaretti e M., 56. M. S.-R.

Montherlant, Henry de, * 21. 4. 1896 Neuilly-sur-Seine.

M., adliger, väterlicherseits katalanischer Herkunft, wurde von Mutter und Großmutter erzogen, kam 1911 in das katholische Collège de Sainte-Croix von Neuilly, wurde dort aber wieder ausgestoßen. Er wurde im Ersten Weltkrieg und später beim Stierkampf verwundet. Nach 1925 lebte er längere Zeit in Spanien und Nordafrika.

M.s stark autobiographische Frühwerke zeigen den Einfluß Barrès', D'Annunzios und der Ideenwelt Nietzsches. *Les bestiaires,* sein erster bedeutender Roman, gilt dem Stierkampf (ein Stierkämpfer ist die Hauptfigur, Alban de Bricoule, der schon in *Le songe* auftritt), der mythologisch gedeutet wird. *Les célibataires* zeigt eine Wandlung zum objektiven Erzählen mit der an Balzac erinnernden genauen Zeichnung dreier adliger Junggesellen, von denen einer in Armut stirbt. Eine aristokratische Grundhaltung – elitäres Bewußtsein, Verachtung jeglicher «mediocrité», Stoizismus (dementsprechend der Wahlspruch «Es igual») – behielt M. jedoch immer bei, auch die Anschauung vom Leben als zentralem Wert, mag es auch ein Chaos sein. Ein anderes Leitmotiv ist die Spannung zwischen Sensualismus und Askese, Hedonismus und Heroismus. In den meisten Werken steht die psychologische Charakterdarstellung im Mittelpunkt, metaphysische oder soziale Thematik fehlt; Maximen in der Tradition der französischen Moralisten sind ebenso charakteristisch wie der ausgefeilte Prosastil.

In der 4bändigen Romanfolge *Les jeunes filles* entwirft M. eine zynische, einseitige

Psychologie der Geschlechter; der Schriftsteller Costals, der sich erfolgreich der Ehe zu entziehen weiß und sich egoistischer Glückssuche widmet, kann allenfalls einmal «Mitleid» für die Frauen empfinden, die er sonst sarkastisch abwertet. M. schrieb dann vorwiegend Dramen, z. T. unter Abwandlung historischer Stoffe: *La reine morte* (über Ines de Castro, mit der zentralen Gestalt des alternden, scharfsichtig-bösartigen Königs Ferrante, der Ines, die Frau seines Sohnes, töten läßt); *Le maître de Santiago* (über einen spanischen Ordensmeister des 16. Jhs., Don Alvaro, der, ein radikaler Asket, sich weigert, mit den weltlichen Mächten zu paktieren); *Port Royal* (Thema: der Jansenismus; die Nonnen im Konflikt mit dem Erzbischof); *Le cardinal d'Espagne* (dem Regenten Don Cisneros, einem Machtmenschen, wird die weltverachtende Johanna die Wahnsinnige entgegengestellt). *Le chaos et la nuit* ist der zugleich tragische und ironische Roman eines spanischen Emigranten, Celestino, der in Paris lebt und auf seinen Tod wartet.

W.: Lyrik: Encore un instant de bonheur, 1934. – *Romane u. Erz.:* Le songe, 22; Le paradis à l'ombre des épées, 24; Les bestiaires, 26 (dt. Tiermenschen); La petite Infante de Castille, 29; Les célibataires, 34 (dt. Die Junggesellen); Les jeunes filles, 4 Bde, 35–40: Les jeunes filles, 35, Pitié pour les femmes, 37, Le démon du bien, 37, Les lépreuses, 39 (dt. zus.: Erbarmen mit den Frauen); L'histoire d'amour de la rose de sable, 54 (dt. Blüte im Sand); Les Auligny, 56; Le chaos et la nuit, 63 (dt. Das Chaos und die Nacht); Les garçons, 69; Un assassin est mon maître, 71. – *Essays, Betrachtungen:* Les onze devant la porte dorée, 24; Les Olympiques, 27; Aux fontaines du désir, 27; Mors et vita, 32 (darin: Chant funèbre pour les morts de Verdun, zuerst 24); L'équinoxe de septembre, 39; Le solstice de juin, 41. – *Persönliche Prosa:* Textes sous une occupation, 1940–44, 53; Carnets Années 1930 à 1944, [17]57 (dt. Tagebücher 1930–44); Va jouer avec cette poussière. Carnets 1958 à 64, 65 (dt. Geh, spiel mit diesem Staub). – *Dramen:* L'exil, 29; La reine morte, 42 (dt. Die tote Königin); Fils de personne, 43; Pasiphaë, 46; Le maître de Santiago, 47 (dt. Der Ordensmeister); Malatesta, 46; Demain il fera jour, 49; Celles qu'on prend dans ses bras, 50 (dt. Frauen, die man umarmt); La ville dont le prince est un enfant, 51 (dt. Die Stadt, deren König ein Kind ist); Port Royal, 54 (dt. ebs.); Brocéliande, 56; Don Juan, 58; Le cardinal d'Espagne, 60 (dt. Der Kardinal von Spanien); La guerre civile, 64 (dt. Der Bürgerkrieg). – Dt. Auswahl: Theaterstücke (mit Vorreden).

Lit.: J. de Laprade: Le théâtre de M., 1950; P. Sipriot: M. par lui-même, 53; E. Gürster, in: Hochland 48, 55/56; G. Bordonove: M. 54; H. Perruchot: H. de M., [5]59; M. vue par des jeunes de 17 à 27 ans, ed. J.-J. Thierry, 59; J. de Beer: M. ou L'homme encombré de Dieu, 63; Ph. de Saint-Robert: M. le séparé, 69. RLL

Moore, George, * 24. 2. 1852 Moore Hall (Mayo, Irland), † 21. 1. 1933 London.

M., Sohn eines Parlamentsabgeordneten, studierte zuerst Malerei in Paris; nach Irland zurückgekehrt, begründete er mit W. B. Yeats das «Irish Literary Theatre» und schloß sich zeitweilig der keltischen Renaissancebewegung an. 1911 ging er wieder nach London.

In M.s Schaffen kreuzen sich die Einflüsse der Jahrhundertwende: L'art pour l'art-Gedanke und Ideen des Naturalismus. So wählte er zunächst unter der Einwirkung der Brüder Goncourt und Zolas, die schon in seinen rückhaltlos offenen *Confessions of a Young Man* (zuerst französisch geschrieben) über seine Pariser Erlebnisse deutlich ist, ausgesprochen naturalistische Themen (*Esther Waters*, die Lebensgeschichte einer von ihrem Liebhaber verlassenen unverheirateten Mutter). Nach M.s Konversion zum Protestantismus trat das religiöse Element stark in den Vordergrund, so in der Erzählung *The Lake*, über die seelischen Konflikte und die Liebe eines Geistlichen zu einer Lehrerin, und vor allem in dem Christusroman *The Brook Kerith* (einer freien Abwandlung des Bibelstoffs: Jesus stirbt nicht am Kreuz und gibt später seinen Anspruch als Messias auf), in dem jedoch der Geist der christlichen Lehre erhalten bleibt. Charakteristisch für diesen wie auch M.s spätere historische Romane ist der dialoglose epische Prosastil.

W.: Lyrik: Flowers of Passion, 1878; Pagan Poems, 81. – *Romane:* A Modern Lover, 83; A Mummer's Wife, 85; A Drama in Muslin, 86; Esther Waters, 94 (dt. Arbeite und bete); Evelyn Innes, 98; Sister Teresa, 1901 (beide zus. dt.: Himmlische u. irdische Liebe); The Brook Kerith, 14; Héloise and Abélard, 21; Aphrodite in Aulis, 30. – *Erz.:* The Untilled Field, 03 (daraus dt.: Die

Wildgans); The Lake, 05; A Story-Teller's Holiday, 18. – *Essays:* Impressions and Opinions, 1890; Modern Painting, 93; Avowals, 1919; Conversations in Ebury Street, 24. – *Autobiographisch:* Confessions of a Young Man, 1888; Memoirs of My Dead Life, 1906 (daraus dt.: Liebesleute in Orlay); Hail and Farewell: Ave, 11, Salve, 12, Vale, 14. – *Dramen:* The Bending of the Bough, 00; The Apostle, 11 (dt. Der Apostel); The Coming of Gabrielle, 20; The Making of an Immortal, 27; The Passing of the Essenes, 30. – Uniform Ed., 20 Bde, 24–33; Ebury Ed., 36 ff; Letters 1895–1933, 57. – Ferner dt.: Stadt u. Land (Erz.).
Lit.: Ch. Morgan: Epitaph on G. M., 1935; J. C. Noël: G. M., Paris, 66; H. Zirker: G. M., 68. DW

Moore, Marianne, * 15. 11. 1887 St. Louis.
M. M. studierte am Bryn Mawr College und war Lehrerin und Bibliothekarin, bevor sie die Zeitschrift «The Dial» redigierte (1925–29). Ihre *Complete Poems* (1967) sind kein umfangreicher Band, denn sie hat in 6 Jahrzehnten des Schreibens immer wieder Gedichte oder Strophen aus ihren Sammlungen entfernt. Diese Strenge entspricht ihrer minuziösen Arbeitsweise. Wie die Imagisten macht M. M. genaue Wahrnehmungen, doch ist bei ihr die klare Bildaussage stets auch ein ethisches Deuten. Nicht zufällig hat sie La Fontaine übersetzt: In den Fabeln weist ja augenfälliges Verhalten auf mögliche und wirkliche Motivierungen. Die im gesamten Werk M. M.s häufig auftretenden Tiere sind jedoch nicht stilisiert; es sind genau erfaßte Lebewesen, oft fremdartig, also von Assoziationen frei. Man begegnet solchen Tieren (oder Gegenständen, Informationen aller Art) unvoreingenommen; das wird auch durch die distanzierte, formal streng disziplinierte Gestaltungsweise M. M.s erleichtert. Sie variiert ihre Strophen von Gedicht zu Gedicht, die Verslänge von Zeile zu Zeile, wobei meist nicht der Versfuß, sondern die Silbenzahl diese Länge bestimmt. Die üblichen (englischen) Haupt- und Nebenbetonungen im Wort weichen einer gleichmäßigeren (amerikanischen) Akzentuierung, und Innenreime sowie verborgene Reime («light rhymes») treten aus sonst unbetonten Silben hervor.

W.: Lyrik: Poems, 1921; Observations, 24; Selected Poems, 35 (dt. Gedichte); The Pangolins and Other Verse, 36; What Are Years?, 41; Collected Poems, 51; O to Be a Dragon, 59; Tell Me, Tell Me, 66; The Complete Poems, 67. – *Übersetzung:* The Fables of La Fontaine, 54. – *Essay:* Predilections, 55 – A M. M. Reader, 51, 62.
Lit.: E. P. Sheehy and K. A. Lohf: The Achievement of M. M.: A Bibliography 1907–57, 1958, 69; B. Engel: M. M., 64; J. Garrigue: M. M., 65; G. W. Nitchie: M. M., 69. H. Pe.

Moraes, Vinícius de (eig. Marcus Vinícius de Mello Moraes), * 19. 10. 1913 Rio de Janeiro.
M. studierte Jura in Rio de Janeiro, war Stipendiat in Oxford und begann 1943 eine Laufbahn als Diplomat. — Nach M.' eigener Auffassung verläuft seine poetische Entwicklung in zwei Phasen, die in den *Cinco Elegias* ihren Übergang haben: Die erste ist durch Mystizismus und Religiosität charakterisiert, die zweite, formal vielgestaltiger, durch die Hinwendung zur materiellen Welt, in deren Darstellung das Thema der sinnlichen Liebe dominiert, aber zunehmend auch Raum ist für sozialkritische Töne. Popularität genießt M. seit dem Film *Orfeu Negro*, einer Adaptation seines Versdramas *Orfeu da Conceição*, und durch die Vertonung zahlreicher Gedichte, z. T. von ihm selber stammend.

W.: Gedichte: O Caminho para a distância, 1933; Forma e exegese, 35; Ariana, a mulher, 36; Novos Poemas, 38; Cinco Elegias, 43; Poemas, sonetos e baladas, 46; Pátria minha, 49; Livro de sonetos, 57; Novos Poemas (II), 59. – *Dramen:* Orfeu da Conceição, 56; Cordélia e o peregrino, 65. – *Crônicas:* Para viver um grande amor, 62; Para uma menina com uma flor, 66. – Obra poetica, 68. K. R.

Morales, Rafael, * 31. 7. 1919 Talavera de la Reina.
M. studierte Philosophie in Madrid. In seinen ersten Gedichtbänden spürt man den Einfluß von M. Hernández. Katholisch, erfüllt vom Glauben an die nationale Tradition, suchte der Lyriker M. nach einem neuen Humanismus und einem spezifisch bäuerlich-spanischen Stil.

W.: Poemas del toro, 1943; El corazón y la tierra, 46; Los desterrados, 47; Canción sobre el asfalto, 54; Antologia, 58. H. S.

Morand, Paul, * 13. 3. 1888 Paris.
M., Sohn eines Malers, studierte ab 1908 in Oxford und Paris. Er trat in den diplomatischen Dienst ein, wurde 1943 Gesandter, ging 1945 ins Exil. Heute lebt er wieder in Frankreich. – Nach lyrischen Anfängen wurde M. bekannt durch Erzählungen über die frühen 20er Jahre und ihre aus der Bahn geworfene Generation. Später wandte er sich für längere Zeit dem Reisebericht zu, kehrte jedoch nach dem Zweiten Weltkrieg zum Roman zurück, in dem er eindringliche psychologische und von bitterem Pessimismus gefärbte Schilderungen gab.

W.: Lyrik: Lampes à arc, 1919; Feuilles de température, 20. – *Romane und Erz.:* Ouvert la nuit, 22; Fermé la nuit, 23 (zusammen dt.: Nachtbetrieb); L'Europe galante, 26; Bouddha vivant, 27 (dt. Der lebende Buddha); Magie noire, 28; Champions du monde, 30; Les extravagants, 36; Le flagellant de Séville, 51 (dt. Der Flagellant von Sevilla); Hécate et ses chiens, 54; La folle amoureuse, 56; Le prisonnier de Cintra, 58; Tais-toi, 65; Ci-gît Sophie Dorothée de Celle, 68 (dt. Sophie-Dorothea von Celle). – *Reiseberichte:* Rien que la terre, 26 (dt. Weite wilde Welt), u. a. – *Essay:* France la doulce, 34 (dt. Das Konzentrationslager des lieben Gottes). – Ferner Literatenbiographien und autobiographische Schriften. – Nouvelles d'une vie, 2 Bde, 65.
Lit.: B. Delvaille: P. M., 1966. RLL

Morante, Elsa, * 18. 8. 1918 Rom.
E. M. begann schon in ihrer Jugend Gedichte und Märchen zu schreiben. Von der Erzählung ging sie zum breiter angelegten Roman über, blieb aber immer im Bereich des Märchenhaften und Magischen. Bekannt wurde sie durch die Romane *Menzogna e sortilegio* und besonders *L'isola di Arturo,* mit dem Thema der abgeschlossenen Kindheit und des Heranwachsens Arturos auf einer Insel vor Neapel. Der Roman ist reich an Symbolen und lyrischen Schilderungen, verbunden mit psychologischem Einfühlungsvermögen. — E. M. war zeitweise mit A. Moravia verheiratet.

W.: Prosa: Il gioco segreto, 1941 (dt. Das heimliche Spiel); Le bellissime avventure di Caterì dalla trecciolina, 41; Le straordinarie avventure di Caterina, 59; Menzogna e sortilegio, 48 (dt. Lüge und Zauberei); L'isola di Arturo, 57 (dt. Arturos Insel); Lo scialle andaluso, 63. – *Lyrik:* Alibi, 58. M. S.-R.

Moravia, Alberto (eig. A. Pincherle), * 28. 11. 1907 Rom.
M. stammte aus einer bürgerlichen, aus Mähren eingewanderten Familie. Nach dem Erfolg von *Gli indifferenti* reiste er für Zeitungen und Magazine durch Europa, nach Mexiko und den USA. Er war zeitweise mit Elsa Morante verheiratet. – Der Erzähler M. ist von den französischen Realisten, besonders Mauriac, und von Pirandello beeinflußt. Die Handlung von *Gli indifferenti,* die in drei Tagen abrollt und in die die Witwe Mariagrazia, ihre Tochter und ihr Liebhaber verwickelt sind, hat in dem Sohn der Witwe, Michele, den unbeteiligten Zuschauer: Er ist der Indifferente, der weder fühlen kann noch imstande ist, sich zum Handeln aufzuraffen. Alle Werke M.s zeigen Gemeinsamkeiten; so kehrt die Thematik von Gleichgültigkeit, Entfremdung und Langeweile in *La noia,* der Geschichte eines Malers, wieder. Die Kritik am Bürgertum verschärft sich in *Il conformista.* Positiver gesehen sind die Frauengestalten aus *La Romana* (das Straßenmädchen Adriana), *La Ciociara* (Cesira und ihre Tochter Rosetta, die gegen Kriegsende von Soldaten vergewaltigt wurde) und den *Racconti romani. L'amore coniugale* (ein Schriftsteller zwischen Frau und Werk) und *Il disprezzo* sind Romane um Eheprobleme. Das künstlerisch geschlossenste Werk M.s ist der kurze Roman *Agostino:* ein 13jähriger muß sich durch die Erfahrung der Sexualität von der Periode der Kindheit lösen.

W.: Romane: Gli indifferenti, 1929 (dt. Die Gleichgültigen); Le ambizioni sbagliate, 35 (dt. Gefährliches Spiel); I sogni del pigro, 41; La mascherata, 41; L'amante infelice, 43; Agostino, 44 (dt. ebs.); La Romana, 47 (dt. Adriana, ein römisches Mädchen, auch: Die Römerin); La disubbidienza, 48 (dt. Der Ungehorsam); L'amore coniugale, 49 (dt. Leda Baldoni und der Fremde, auch: Eheliche Liebe); Il conformista, 51 (dt. Der Konformist); Il disprezzo, 54 (dt. Die Verachtung); La Ciociara, 57 (dt. Cesira); La noia, 60 (dt. ebs.); L'attenzione, 65 (dt. Inzest); Io e lei, 71. – *Erz.:* La bella vita, 35; L'imbroglio, 37; L'epidemia, racconti surrealisti e satirici, 44; Racconti romani, 54 (dt. Die Mädchen vom Tiber); Nuovi racc. rom., 57 (dt. Römische Erzählungen; Ausw. aus beiden Sammlungen: dt. Die Lichter von Rom); L'automa, 65 (dt. Das schöne Leben); Una cosa è una

cosa, 67 (dt. Ein Ding ist ein Ding). – *Dramen:* Beatrice Cenci, 60; Il dio Kurt, 67 (dt. Gott K.); La vita è giuoco, 70. – *Reisebücher:* Un mese in URSS, 58 (dt. Eine russische Reise); Un' idea dell' India, 63 (dt. Indienreise). – *Essays:* La speranza, 47; L'uomo come fine, 64; La rivoluzione culturale in Cina, 68 (dt. Die Kulturrevolution in China). – Opere complete, auf 15 Bde berechnet, 56 ff; Teatro, 58.
Lit.: A. Limentani: A. M., 1962; G. Dego: M., London 66. RLL

Morcinek, Gustaw, * 25. 8. 1891 Karviná, † 20. 12. 1963 Krakau.
M. war Bergmann, dann Lehrer. 1939 bis 1945 war er im KZ, dann Leiter des Polnischen Schriftstellerverbandes für Schlesien und 1952–56 Abgeordneter zum Sejm. – M. schrieb fast 50 Bücher: Jugendliteratur, KZ-Erinnerungen, vor allem aber volkstümliche Romane aus dem Bergmannsleben, die trotz süßlicher Charakterzeichnung soziale Probleme und Wandlungen Schlesiens anschaulich machen.

W.: Romane: Wyrąbany chodnik, 1932; Pokład Joanny, 50 (dt. Schacht Johanna); Ondraszek, 53 (dt. Rächer, Räuber und Rebell); Czarna Julka, 59 (dt. Die schwarze Julka). – *Erz.:* Chleb na kamieniu, 1932; Dziewczyna z pól elizejskich, 46 (dt. Das Mädchen von den Champs-Elysées). Ferner dt.: Brand im wilden Schacht. I. Z.-G.

Moreno Villa, José, * 16. 2. 1887 Málaga, † 1955 Mexico City.
M. V. war zuerst im Jesuitenkolleg von Málaga, dann studierte er in Deutschland Chemie. Er hat in allen Gattungen geschrieben; am bedeutendsten ist seine Lyrik. M. V. war beeinflußt von J. R. Jiménez, auch von deutschen Autoren seiner Zeit. Nach der Meinung von Ortega y Gasset stand er den Konzeptionen der «poésie pure» sehr nahe. Schon vor García Lorca verband er Surrealismus mit Folklore.

W.: Lyrik: Garba, 1913; El pasajero, 14; Luchas de pena y alegría, 15; Jacinta la pelirroja, 29; Carambas, 31; Puerta severa, 41; La noche del verbo, 42; Noz en vuelo a su cuna, 61. H. S.

Moretti, Marino, * 18. 7. 1885 Cesenatico (Romagna).
M. besuchte die Schule in Ravenna und Bologna und ging nach Florenz, um Schauspieler zu werden, erkannte dann aber seine literarische Begabung. Als Lyriker steht M. in der Tradition der «Crepuscolari». Seine Romane und Erzählungen schildern mit genauer Beobachtung das kleinbürgerlich-provinzielle Milieu. Seine Frauengestalten, vom Leben geschunden, ertragen passiv die Macht der Verhältnisse; von hier aus gelangt M. zu einer Apologie der Erniedrigten.

W.: Lyrik: Fraternità, 1906; Poesie scritte col lapis, 10; Poesie di tutti i giorni, 11; Poesie, 19. – *Romane u. Erz.:* La voce di Dio, 20; L'isola dell'amore, 20; I puri di cuore, 23; Mia madre, 23; Il romanzo della mamma, 24; Il trono dei poveri, 28; Il tempo felice, 29; Pane in desco, 40; I coniugi Allori, 46 (dt. Das Ehepaar Allori). – *Autobiographien:* Scrivere non è necessario, 38; Il tempo migliore, 53; Il libro dei miei amici, 60. – Tutte le novelle, 59; Tutti i ricordi, 62; Romanzi dal primo all'ultimo, 65.
Lit.: A. Viviani: M. M., 1960; J. Cinti: M. M., 66. RLL

Morgan, Charles Langbridge, * 22. 1. 1894 Kent, † 6. 2. 1958 London.
M. war zuerst Marineoffizier (im Ersten Weltkrieg in Holland interniert), studierte ab 1919 in Oxford, war von 1921 bis 1939 Theaterkritiker der «Times» und gehörte 1939–44 zum Admiralstab. Später war er zeitweilig Dozent in Glasgow und Oxford und wurde 1953 Präsident des PEN-Clubs.
M. ist einer der wenigen Vertreter des Weltanschauungsromans in der modernen englischen Literatur; er verbindet den aus der Oxfordtradition stammenden Neuplatonismus mit der Technik des psychologischen Romans. Hauptwerke sind *The Fountain*, vordergründig eine in der holländischen Internierung spielende Dreiecksgeschichte, wobei es aber im Grunde um Überwindung des Zwiespalts zwischen tätigem und kontemplativem Leben geht, und der Künstlerroman *Sparkenbroke*, dessen Held auf der Suche nach dem kontemplativen Ideal der Stille ist. *The River Line*, ein Roman aus der französischen Resistance, behandelt das Thema der persönlichen Verantwortung in einem Zeitalter der Gewalt.

W.: Romane: The Gunroom, 1919; My Name Is Legion, 25; Portrait in a Mirror, 29 (dt. Das Bildnis); The Fountain, 32 (dt. Der

Quell); Sparkenbroke, 36 (dt. Die Flamme); The Voyage, 40 (dt. Die Lebensreise; auch: Die Reise); The Empty Room, 41 (dt. Das leere Zimmer); The Judge's Story, 47 (dt. Der Richter); The River Line, 49 (dt. Der Reiher; dramatisiert 52; dt. Die unsichtbare Kette); A Breeze of Morning, 51 (dt. Die Morgenbrise); Challenge to Venus, 57 (dt. Herausforderung an V.) – *Essays:* Epitaph on George Moore, 35; On Singleness of Mind, 38; Reflections in a Mirror, 44; Second Reflections in a Mirror, 45; Liberties of the Mind, 51 (dt. Von der Freiheit des Geistes). – *Dramen:* The Flashing Stream, 38 (dt. Der leuchtende Strom); The Burning Glass, 53 (dt. Das Brennglas).

Lit.: H. Ch. Duffin: The Novels and Plays of Ch. M., 1959; C. E. Magny: Les sandales d'Empédocle, Paris 60; V. de Ponge: Ch. M., Paris 62. DW

Morgenstern, Christian, * 6. 5. 1871 München, † 31. 3. 1914 Meran.

M., dessen Vater und Mutter aus Malerfamilien kamen, studierte Volkswirtschaft und Jura. 1894 kam er nach Berlin, wo er Mitarbeiter von Zeitschriften wurde. Ab 1903 war M. Lektor im Verlag Bruno Cassirer in Berlin. 1910 heiratete er Margareta Gosebruch von Liechtenstein, die nach seinem Tode seinen Nachlaß und mehrere Auswahlsammlungen herausgab. In seinen letzten Jahren war er häufig zu Kuren in Südtirol.

Zwei Hauptlinien durchziehen das dichterische Werk M.s. Einmal ist es die phantastisch-schalkhafte Welt seiner humoristischen Phantasie und grotesken Lyrik (*Galgenlieder; Palmström; Palma Kunkel; Der Gingganz*), mit der man heute vor allem seinen Namen verbindet. Mit schöpferischem Sprach- und Formsinn und exzentrisch-bizarren Einfällen schuf M. in leichthändigen Versen eine irreale, skurrile Gegenwelt zur «sinnlos gewordenen» Wirklichkeit. Mit ihrem gedanklichen Übermut, ihrer formalen Eleganz und witzigen Reimtechnik, ihren Wortspielereien und sprachlichen Umbildungen («Der Werwolf ... des Weswolfs ...») pendeln die Gedichte zwischen burlesker Komik und hintergründiger Ironie. – Neben seinen heiteren Werken, zu denen auch kleine satirische Szenen und parodistische Prosastücke gehören, schrieb M. ernste Versdichtungen – zarte Liebesgedichte und Gedankenlyrik, die von melancholischer Geisteshaltung, aber auch von kritischer Gesinnung zeugen. Die weltanschaulich-bekenntnishafte Lyrik spiegelt seinen Weg von schwärmerischer Erkenntnis- und Gottsuche (*Auf vielen Wegen; Ich und die Welt*) über eine Periode mystischer Frömmigkeit (*Einkehr*) zu theosophisch-anthroposophischer Gläubigkeit (*Wir fanden einen Pfad*) wider. – Schon früh beschäftigte sich M. mit philosophischen Problemen, vor allem mit Nietzsche, der sein «eigentlicher Bildner» wurde; der zweite «maßgebende» Einfluß kam von Paul de Lagarde; seit 1909 wandte er sich R. Steiner zu. Seine aphoristisch-epigrammatischen Aufzeichnungen — als «Tagebuch eines Mystikers» konzipiert – wurden postum zu dem Band *Stufen* zusammengestellt. – M. schrieb weiterhin mehrere Kinderliederbücher und übersetzte Werke von Strindberg, Ibsen, Hamsun u. a.

W.: Humoristische Lyrik und Prosa: In Phanta's Schloß, 1895; Horatius travestitus, 97; Galgenlieder, 1905; Palmström, 10; Palma Kunkel, 16; Der Gingganz, 19; Über die Galgenlieder, 21; Die Schallmühle, 28; Alle Galgenlieder, 38 u. ö.; Egon und Emilie, 50; Die Versammlung der Nägel, 69. – *Ernste Lyrik:* Auf vielen Wegen, 1897; Ich und die Welt, 98; Ein Sommer, 1900; Und aber ründet sich ein Kranz, 02; Melancholie, 06; Einkehr, 10; Ich und Du, 11; Wir fanden einen Pfad, 14; Mensch Wanderer, 27. – *Aphoristisches:* Stufen, 18; Epigramme und Sprüche, 19; Aphorismen und Sprüche, 60. – Ges. Werke, 65. – Zahlreiche Auswahlausgaben. – Ein Leben in Briefen, 52; Alles um des Menschen willen, Ges. Briefe, 62.

Lit.: M. Bauer: Ch. M.s Leben und Werk, 1933, ^{5}54; R. Steiner: Ch. M., 35; F. Hiebel: Ch. M., 57; M. Beheim-Schwarzbach: Ch. M., 64; J. Walter: Sprache und Stil in Ch. M.s Galgenliedern, 66. H. R.

Mori, Ōgai, * 19. 1. 1862 Shimane-Präfektur, † 9. 7. 1922 Tokio.

M., aus alter Samuraifamilie, beschäftigte sich schon früh mit Konfuzianismus, japanischer und chinesischer Literatur, studierte Medizin an der Univ. Tokio und reiste unmittelbar darauf, 1884, als Militärarzt nach Deutschland. Die Bedeutung dieses bis 1888 währenden Aufenthaltes für ihn wie für die japanische Kultur kann kaum überschätzt werden. Seine Übersetzungen nicht nur deutscher

Autoren (Goethe, Lessing), sondern auch von Shakespeare, Ibsen, Tschechow, Tolstoi gaben der sich langsam entwickelnden modernen japanischen Literatur einen gewaltigen Impetus. 1889 veröffentlichte er eine Anthologie europäischer Gedichte, die er zum großen Teil selbst übersetzt hatte. Seine frühe Schaffensepoche ist durch Hang zur Romantik und idealistischer Lebensanschauung gekennzeichnet. Die Romane *Vita sexualis* (1909) und *Seinen* (1910 [Ein junger Mann]) berichten – deutlich distanziert vom Naturalismus – von Liebeserfahrungen. Zu seinem erfolgreichsten Werk wurde der Roman *Gan* (1911 [Die Wildgans]), die Studie eines jungen Mädchens, dessen Glück sich überall Hindernisse entgegenstellen. In dem Roman *Okitsuya Goemon no isho* (1912 [Letzter Wille des Okitsuya Goemon)] pries M., von dem Treuetod des Generals Nogi erschüttert, die bedingungslose Hingabe an den Tenno; in dem Roman *Abe ichizoku* (1913; dt. Der Untergang des Hauses Abe, in: Die fünfstöckige Pagode) kritisierte er allerdings allzu blinden Gehorsam.

Weitere W.: Erz.: Maihime, 1890; Utakata no ki, 90; Hannichi, 1901; Kamen, 09; Chimmoku no tō, 10; Asobi, 10. – Ferner historische Biographien. O. B.

Móricz, Zsigmond, * 30. 6. 1879 Tiszacsécse, † 4. 9. 1942 Budapest.
M. studierte Theologie und Jura in Debrecen und war dann journalistisch tätig. – Unabhängig von Zola wurde M. Naturalist. Wirklichkeitstreu und voll Pessimismus schilderte er die düstere, von Haß, Egoismus und Sexualität beherrschte Welt des Dorfes: *Sárarany* (Gold im Kote), und der Kleinstadt: *Az Isten háta mögött* (Hinter Gottes Rücken). In der breit angelegten, historisch exakten Romantrilogie *Erdély* (Siebenbürgen) um den Fürsten Gábor Bethlen zeichnete M. die Geschichte des Staates Siebenbürgen im 17. Jh. nach. M.' Bühnenwerke sind z. T. Dramatisierungen eigener Erzählungen.

W.: Romane: Sárarany, 1910 (dt. Gold im Kote); Az Isten háta mögött, 11 (dt. Hinter Gottes Rücken); Árvalányok, 14 (dt. Waisenmädchen); A Fáklya, 17 (dt. Die Fackel); Légy jó mindhalálig, 22 (dt. Eines Kindes Herz); Erdély, 21–34 (auch dramatisiert, dt. Siebenbürgen); A boldog ember, 32 (dt. Der glückliche Mensch); Rab oroszlán, 36 (dt. Löwe im Käfig); Életem regénye, 39 (dt. Der Roman meines Lebens); Rósza Sándor, 2 Bde, 41–42. Ges. Werke, 54 ff. (ungar.).
Lit.: L. Németh: M. Zs., 1943; M. Móricz: M. Zs., 59, 66; P. Nagy: M. Zs., 62. DW

Morris, Wright, * 6. 1. 1910 Central City (Nebraska).
M., in den Ebenen von Nebraska aufgewachsen, studierte am Pomona College, lebte einige Zeit in Paris und später in Kalifornien; er arbeitete auch als Fotograf. In seinen Romanen übt er Kritik an der amerikanischen Lebensweise: so in *The Deep Sleep* – Bild einer Familie – an der amerikanischen Kleinstadt, in *The Huge Season* am Amerika der 40er und 50er Jahre durch die kontrastierende Darstellung der hoffnungsvollen 20er Jahre und der inneren Leere der nun älter gewordenen Gefährten von einst. Richtungslosigkeit und Passivität sind charakteristisch für alle Figuren. Desillusionierend wirken auch die zusammengehörigen Romane *The Field of Vision* und *Ceremony in Lone Tree,* mit der Gestalt des uralten Scanlon, der sich in der Gegenwart nicht mehr zurechtfindet, während die Jüngeren zur Gewalttätigkeit neigen.

W.: Romane: My Uncle Dudley, 1942; The Home Place, 48; Man and Boy, 51; The Deep Sleep, 53 (dt. Die gläserne Insel); The Huge Season, 54 (dt. Die maßlose Zeit); The Field of Vision, 56; Love Among the Cannibales, 57 (dt. Liebe unter Kannibalen); Ceremony in Lone Tree, 60 (dt. Unterwegs nach Lone Tree); Cause for Wonder, 63; One Day, 65; In Orbit, 67. – *Fotoband:* The Inhabitants, 46. – *Essays:* The Territory Ahead, 58. RLL

Mortimer, John Clifford, * 21. 4. 1923 London.
M. wurde in Harrow und Oxford erzogen, etablierte sich nach dem Kriege als Rechtsanwalt und wandte sich nach einigen Romanen ganz dem Theater als dem ihm gemäßen Medium zu. Alle seine Stücke spielen in einer schäbigen Mittelklassenwelt und gehören ihrer Struktur nach zum konventionellen englischen Drama, seiner Themenwahl nach jedoch ist M. deutlich der nach-osborneschen Periode zugehörig. Seine Werke beschäf-

tigen sich mit dem erfolglosen Versuch Gestrandeter und Lebensuntüchtiger zur zwischenmenschlichen Kommunikation und mit der Gefangenschaft in und zuweilen auch der Befreiung aus einer lebenslügnerischen privaten Traumwelt. Die beiden Hauptfiguren seines ersten Stückes, *The Dock Brief*, haben trotz ihres völligen Versagens am Ende genügend Illusionen übrig, um es weiterhin mit der Realität aufnehmen zu können. Auch in *What Shall We Tell Caroline?* wird gezeigt, wie wenig Realität der Mensch im Grunde vertragen kann und wie schnell sich die Betroffenen wieder in ihre Traumwelt zurückziehen müssen, um weiterleben zu können.

W.: The Dock Brief, 1958 (dt. Das Pflichtmandat); What Shall We Tell Caroline? 58 (dt. Wie sagen wir es Caroline?); The Wrong Side of the Park, 60; Lunch Hour, 60 (dt. Mittagspause); Two Stars for Comfort, 62 (dt. Regatta-Tag); The Judge, 67 (dt. Das Geständnis). – Zahlreiche Filmskripte, Zeitschriftenartikel und 6 Romane.
Lit.: J. R. Taylor: Zorniges Theater, 1965.
W.-D. W.

Mostar, Gerhart Herrmann (eig. G. Herrmann), * 8. 9. 1901 Gerbitz bei Bernburg.
M. war zuerst Lehrer, wechselte aber bald zum Journalismus über und wurde schließlich freier Schriftsteller. 1933 emigrierte M., dessen Bücher von den Nationalsozialisten verbrannt wurden, und hielt sich in Österreich, der Schweiz und auf dem Balkan auf. 1945 war er in Bayern Mitbegründer des politischen Kabaretts «Die Hinterbliebenen». – M. schrieb außer satirischen Theaterstücken Erzählungen, Romane, Essays, Feuilletons, heitere kulturgeschichtliche Betrachtungen, sozialkritische Berichte (besonders kritische Reportagen zur Strafrechtspflege).

W.: Romane: Der Aufruhr des schiefen Calm, 1929; Der schwarze Ritter, 33; Zu Fuß und ohne Geld, 48; Schicksal im Sand, 49; Und schenke uns allen ein fröhliches Herz, 54. – *Dramen:* Die Geburt, 47; Meier Helmbrecht, 47; Putsch in Paris, 47; Der Zimmerherr, 47. – *Satirisches und Anekdotisches:* Weltgeschichte höchst privat, 54; Aberglaube für Verluste, 55; In diesem Sinn dein Onkel Franz, 56; In diesem Sinn die Großmama, 58; Die Arche Mostar, 59; Das Wein- und Venusbuch vom Rhein, 60; In diesem Sinn wie Salomo, 65; Dreimal darfst du raten, 68. – *Berichte:* Im Namen des Gesetzes, 50; Prozesse von heute, 50; Verlassen, verloren, verdammt, 52; Nehmen Sie das Urteil an . . .?, 57.
RLL

Mounier, Emmanuel, * 1. 4. 1905 Grenoble, † 23. 3. 1950 Châtenay-Malabry.
M. studierte in Grenoble Philosophie und war Schüler von J. Chevalier, den er zunächst bewunderte, später aber heftig kritisierte. Er schloß das Studium in Paris ab, wo er sich mit J. Maritain befreundete. 1932 gründete er die Zeitschrift «Esprit», die 1941–45 von der Vichy-Regierung, die auch M. zu Gefängnis verurteilte, verboten wurde. — In «Esprit» wie in seinem essayistischen Werk vertritt M. vehement seine Philosophie des «personnalisme». Gegen Kapitalismus wie Kommunismus soll ein dritter Weg die christliche Revolution vorantreiben. Dieses heroisch konzipierte Christentum versagt sich die Ausflucht ins Transzendente und will den Kampf gegen die irdische Unzulänglichkeit im Rahmen der irdischen Welt aufnehmen.

W.: Essays: Révolution personnaliste et communautaire, 1935; Manifeste au service du personnalisme, 36; De la propriété capitaliste à la propriété humaine, 36; L'affrontement chrétien, 45; Traité du caractère, 46; Introduction aux existentialismes, 47; Qu'est-ce que le personnalisme?, 47; La petite peur du XXe siècle, 48; L'éveil de l'Afrique noire, 48; Carnets de route, 2 Bde, 51; L'espoir des désespérés, 53; Le personnalisme, 55. RLL

Moussy, Marcel Paul Jean, * 7. 5. 1924 Algier.
M. studierte in Paris und Harvard Anglistik, war zunächst Gymnasiallehrer, wandte sich dann aber der Literatur, dem Fernsehen und dem Film zu. – In *Arcole ou la terre promise* schildert M. die ersten Jahre der französischen Kolonialherrschaft in Algerien. Seine folgenden Romane befassen sich mit dem Schicksal des modernen Algeriens; Pessimismus und Haltlosigkeit bestimmen das Handeln der Romanfiguren. Ein impressionistischer, konziser, aber auch mit grellen Effekten arbeitender Stil paßt sich der angsterfüllten Atmosphäre der dargestellten Welt an.

W.: Romane: Le sang chaud, 1952; Arcole ou la terre promise, 53; Les mauvais sentiments, 55; Les 400 coups, 59; Babylonia, 60. – *Dramen:* Le dernier métro pour Cythère, 46; Mississippi, 55; Le scieur de long, 55. – Ferner Fernseh- und Filmdrehbücher; Filme. RLL

Mrożek, Sławomir, * 26. 6. 1930 Borzęcin (Bez. Brześć).

M. studierte in Krakau einige Semester Architektur und Orientalistik, publizierte ab 1951 in Zeitschriften und wurde 1957 in Polen und um 1960 im Ausland bekannt. Er reiste viel, ließ sich 1963 in Italien nieder und lebt seit 1968 in Paris. Von Zeitungshumoresken, Rundfunk- und Fernsehsketches kam der bald mit Ionesco verglichene M. zu einer eigenen Form absurder, makabrer Dramatik, die vielfach deutbare soziale und politische Satire einschließt. Oft löst eine plötzlich aufgestellte Forderung, Behauptung oder Beschuldigung den unaufhaltsamen Ablauf bis zur grotesken Konseqenz aus. Der Großvater in *Karol* «muß» schießen, braucht Brillen, um zu sehen, wer vernichtungswürdig ist; der von ihm überwältigte Augenarzt wieder nützt die letzte Chance und wird «idealistischer» Teilnehmer an weiteren Menschenjagden. Ein von seinen beiden Kameraden zum Verspeisen ausgewählter Schiffbrüchiger tröstet sich durch die Fiktion freiwilliger Aufopferung so perfekt, daß auch nach Auffindung etlicher Kalbfleischkonserven der gefaßte Beschluß nicht geändert wird (*Na pełnym morzu* – Auf hoher See). M. bevorzugt Kurzformen, auch originell gezeichnete Cartoons; abendfüllend sind *Policja* (der karikierte Polizeistaat) und *Tango,* eine Farce vom Suchen nach neuer Ordnung am Beispiel der Familie des jungen Artur; am Ende steht eine neue mörderische Diktatur. Stilparodien und polemische Motivverkehrungen zur polnischen Nationalliteratur kommen in M.s Werken häufig vor.

W.: Prosa: Półpancerze praktyczne, 1953; Słoń, 57 (dt. Der Elefant); Wesele w Atomowicach, 59 (dt. Hochzeit in Atomweiler); Postępowiec, 60, mit Zeichnungen; Ucieczka na południe, 61, mit Zeichnungen; Deszcz, 62. – *Stücke:* Policja, 58 (dt. Die Polizei); Meczeństwo Piotra Ohey'a, 59 (dt. Das Martyrium des Piotr O'Hey); Indyk, 60 (dt. Der Truthahn); Na pełnym morzu, 61 (dt. Auf hoher See); Karol, 61 (dt. ebs.); Striptease, 61 (dt. ebs.); Kynolog w rozterce, 62 (dt. Der Kynolog am Scheideweg); Racket Baby, 62 (dt. ebs.); Zabawa, 63 (dt. ebs.); Czarowna noc, 63; Śmierć porucznika, 63; Tango, 64 (dt. ebs.); Dom na granicy, 67; Poczwórka, 67; Testarium, 67 (dt. Die Propheten) u. a., alles in der Zeitschrift «Dialog»; Watzlaff, 70 (dt. ebs.). – *Cartoons:* Polska w obrazach, 57; Przez okulowy Sławomira Mrożka, 68. – Werkausgaben: Utwory sceniczne, 63; Opowiadania, 64. Dt. Sammlung: Stücke I–III; Was uns trägt (Erz.).

Lit.: J. Kelera, in: Dialog 8, 1964; J. Kott, ebd. 4, 65; M. Piwińska, ebd. 11, 67. DW

Mühsam, Erich, * 6. 4. 1878 Berlin, † 10./11. 7. 1934 KZ Oranienburg.

M., Sohn eines jüdischen Apothekers, besuchte in Lübeck das Gymnasium, von dem er wegen «sozialistischer Umtriebe» verwiesen wurde. Ab 1901 lebte er als freier Schriftsteller in Berlin, später in München, wo er «Kain – Zeitschrift für Menschlichkeit» herausgab. M. war an der Bildung der ersten Bayerischen Räterepublik beteiligt und wurde von einem Standgericht zu fünfzehn Jahren Festungshaft verurteilt, aber 1924 amnestiert. Nach dem Reichstagsbrand wurde M. von der SA verhaftet und im KZ Oranienburg ermordet.

M., der gleichzeitig das Leben eines exzentrischen Bohemiens und anarchistischen Revolutionärs zu führen versuchte, ist als Essayist, Dramatiker, Publizist, Memoirenautor und Verfasser revolutionärer Kampflieder hervorgetreten. Heute noch bekannt ist sein Spottlied auf die deutsche Sozialdemokratie «Der Revoluzzer».

W.: Dramen: Die Freivermählten, 1914; Judas, 21; Staatsräson. Ein Denkmal für Sacco und Vanzetti, 28. – *Essayistisches:* Die Homosexualität, 03; Die Jagd auf Harden, 08; Dem Andenken Gustav Landauers, 19; Von Eisner bis Leviné, 29; Die Befreiung der Gesellschaft vom Staat. Was ist kommunistischer Anarchismus?, 32. – *Lyrik:* Die Wüste, 04; Der Krater, 09; Brennende Erde. Verse eines Kämpfers, 20. – *Sonstiges:* Unpolitische Erinnerungen, 61. M. S.

Muir, Edwin, * 15. 5. 1887 Deerness, † 3. 1. 1959 Cambridge.

Als M. 14 Jahre alt war, zog die von Armut und Krankheit verfolgte Familie von den Orkney-Inseln nach Glasgow, und er trat eine kaufmännische Lehre an. 1919 ließ er sich als Journalist in London nieder. Nach dem Zweiten Weltkrieg war er Vertreter des British Council in Prag und Rom, später leitete er das Newbattle Abbey College für Erwachsenenbildung. – Jäh aus dem Kindheitsparadies vertrieben, erfuhr der sensible Autodidakt das Elend des schottischen Industrieproletariats aus dem kafkaesken Grenzgänger-Blickwinkel des kleinen Angestellten, zeitweilig in einer Knochenkocherei: als häßliche, zynische Groteske. Positionszeichen des intellektuellen Wegs, den seine gedankenreiche Autobiographie nachzeichnet, waren Pascal, Heine, Nietzsche und Freud. Im Spätwerk nähert er sich dem Existentialismus G. Marcels. – M.s Lyrik ist vorwiegend meditativ, zuweilen volkstümlich balladesk, oft von bildhafter Einfachheit und sprachlicher Leuchtkraft. Ihre Thematik speist sich aus der Analyse der Zeitunterworfenheit des Ichbewußtseins. Auch in seinen stark autobiographischen Romanen versucht M., die ethische Problematik des Zeiterlebnisses auszuloten. Als Übersetzer von Hauptmann, Kafka, Broch, Carossa, Feuchtwanger und Renn (in Zusammenarbeit mit seiner Frau) wurde er Wegbereiter neuer deutscher Literatur im angelsächsischen Raum.

W.: Lyrik: Collected Poems 1921–58, 1960. – *Romane:* The Three Brothers, 31; Poor Tom, 32. – *Kritisches:* Latitudes, 24; The Structure of the Novel, 28; Essays on Literature and Society, 49; The Estate of Poetry, 62. – An Autobiography, 54.
Lit.: J. C. Hall: E. M. 1956; P. H. Butter: E. M., 66. H. Me.

Mulisch, Harry, * 29. 7. 1927 Haarlem.
M., der als freier Schriftsteller und Journalist in Amsterdam lebt, eroberte sich schon mit seinem ersten Roman *Archibald Strohalm* eine zentrale Stellung in der niederländischen Gegenwartsliteratur. Früh an Okkultwissenschaften interessiert, mehr philosophisch als psychologisch orientiert, weniger aus dem Intellekt als aus der Intuition schreibend, ist er unerschöpflich im Gestalten seiner komplexen Vorstellungswelt. In seinen virtuos geschriebenen, gattungsmäßig kaum abzugrenzenden Romanen, Novellen, Essays bricht das Abgründige, Überrationale, Visonäre in die Alltäglichkeit erstarrter Konventionen und die Erfahrungswelt des Einzelnen ein. Seine Reportagen (u. a. über den Eichmannprozeß, Amsterdam der Jahre 1965/66, Kuba) bewahren Bedeutung über den aktuellen Anlaß hinaus.

W.: Romane: Archibald Strohalm, 1951; De diamant, 54 (dt. Der Diamant); Het mirakel, 55; Het zwarte licht, 56 (dt. Schwarzes Licht); Het stenen bruisbed, 59 (dt. Das steinerne Brautbett); De verteller of idioticon van een zegelbewaarder, 70. – *Erz., Essays:* Tussen hamer en aambeeld, 52; Chantage op het leven, 53; De sprong der paarden en de zoete zee, 55; De versierde mens, 57; Voer voor Psychologen, 61; Wenken voor de jongste dag, 67; Paralipomena orphica, 70. – Ferner Reportagen, Dramen. A. Hü.

Müller, Heiner, * 9. 1. 1929 Eppendorf/Sachsen.
M. war nach 1945 Angestellter in Mecklenburg und Journalist, ehe er nach Ostberlin ging, wo er seit 1959 als freier Schriftsteller lebt. – M., der seine ersten Stücke mit seiner Frau Inge M. (* 13. 3. 1925 Berlin, † 1. 6. 1966 Berlin) schrieb, wendet Brechtsche Mittel auf die DDR-Wirklichkeit an. Er begann mit chronikartigen Lehrstücken, die Stationen des Aufbaus aus der Arbeiterperspektive wiedergeben, reale Politik jedoch aussparen und die Wirklichkeit verklären, so daß dialektischer Witz leicht einzusetzen ist; die Szenenfolge *Die Korrektur* spielt im Kombinat «Schwarze Pumpe», als neue Form des Agitationsstücks im Gegensatz zu Brecht gilt *Der Lohndrücker.* Die beiden letzten DDR-Stücke M.s wurden verboten, worauf sich der Autor der Bearbeitung antiker Stoffe zuwandte.

W.: Dramen: Die Korrektur, 1957/58; Der Lohndrücker, 58; Klettwitzer Bericht, 59; Die Umsiedlerin oder Das Leben auf dem Lande, 61; Der Bau (nach E. Neutschs Roman «Spur der Steine», 64) 65; Weiberkomödie, 71. – Bearbeitungen: Philoktet, 65; Herakles 5, 66; Ödipus Tyrann, 67. J. B. B.

Münchhausen, Börries, Freiherr v., * 20. 3. 1874 Hildesheim, † 16. 3. 1945 Windischleuba/Thüringen (Selbstmord).
M., mit dem «Lügenbaron» verwandt, verbrachte seine Jugend auf den väterlichen Gütern bei Göttingen, Hannover und Altenburg, studierte 1895–99

Rechts- und Staatswissenschaften. Er nahm als Rittmeister am Ersten Weltkrieg teil, bereiste Europa und lebte ab 1920 auf seinem Familiensitz Windischleuba bei Altenburg als Gutsherr.
M. wurde vor allem bekannt als Erneuerer der Ballade und Vertreter reaktionären Gedankenguts. In seinem balladeskem Werk verherrlicht er einen ritterlich-feudalen und junkerhaft-polternden Lebensstil, dem er auch persönlich anhing. Gleichwohl zeichnen seine Verse sich durch ornamentalen Schmuck und genaue Lautmalerei aus. Stellte M. anfangs noch biblisch-jüdische Motive dar (*Juda*), so bekannte er sich nach 1933 bedingungslos zum Nationalsozialismus.

W.: Balladen u. Gedichte: Gedichte, 1897; Juda, 1900; Balladen, 01; Ritterliches Liederbuch, 03; Das Herz im Harnisch, 11; Die Standarte, 16; Schloß in Wiesen, 21; Das Balladenbuch, 24; Idyllen u. Lieder, 28; Das Liederbuch, 28; Lieder um Windischleuba, 29; Idyllen, 33. – *Prosa:* Fröhliche Woche mit Freunden, 22; Meisterballaden, 23; Die Garbe, 33; Geschichten aus der Geschichte, 34. – Werke, 2 Bde, 50–53; Ausgabe letzter Hand, 59 f. RLL

Munk, Kaj (eig. Harald Leininger, geb. Petersen), * 13. 1. 1898 Maribo, † 4. 1. 1944 bei Silkeborg.
M. studierte in Kopenhagen und war später Pfarrer in Vedersø (Jütland). Er trat bald als erfolgreicher Dramatiker, auch als Journalist hervor. Nach der Besetzung Dänemarks war M. einer der führenden Männer des Widerstandes. 1944 wurde er im Auftrag der Gestapo ermordet.
Philosophisch von Kierkegaard ausgehend, formal vom Expressionismus und Pirandello beeinflußt, beschäftigte sich M. zunächst mit Gestalten der Weltgeschichte, so in seinem Erstlingswerk *En idealist* [Ein Idealist] mit Herodes, mit Heinrich VIII. in *Cant* [Heuchelei]. *Ordet* [Das Wort], sein Hauptwerk, zugleich Volkskomödie und Mirakelspiel, hält einer skeptischen Zeit die Macht des Glaubens entgegen. M.s spätere Werke sind durch sein politisches Engagement bestimmt, so das Drama *Han sidder ved smeltediglen* [Er sitzt am Schmelztiegel] über einen alten deutschen Gelehrten, der sich der Judenverfolgung widersetzt.

W.: Dramen: En idealist, 1928; Cant, 31; Ordet, 32; Kaerlighed, 35; Sejren, 36; Pilatus, 37; Han sidder ved Smeltediglen, 38; Niels Ebbesen, 42 (dt. ebs.); Før Cannae, 43; Ewalds død, 43; Døden, 46; Alverdens-Urostifterne, 47. – *Prosa:* Vedersø-Jerusalem retur, 34; Liv og glade dage, 36 (dt. Glückhafte Tage); Himmel og jord, 38; Foraaret saa sagte kommer, 42 (Memoiren); Et livs fragment, 45 (dt. Fragment eines Lebens); Ansigter, 47. – Außerdem: Gedichte, Essays, Predigten, Novellen. – Ferner dt.: Dänische Predigten; Bekenntnis zur Wahrheit.
Lit.: M. Harcourt: Portraits of Destiny, 1966. DW

Munthe, Axel Martin Frederik, * 31. 10. 1857 Oskarshamm (Kalmar), † 11. 2. 1949 Stockholm.
M., Sohn eines Apothekers, studierte seit 1874 in Uppsala Medizin und ging dann nach Paris, wo er 1880 zum Dr. med. promovierte. In rascher Karriere avancierte der besonders an neurologischen Experimenten interessierte Mediziner dort zum Modearzt, ging dann nach Rom und wurde später zum Leibarzt des schwedischen Königshauses ernannt. Er baute auf Capri die weltberühmt gewordene Villa San Michele, wo er, in zunehmendem Maße erblindend, zuletzt ein einsiedlerisches Leben führte. Die letzten Jahre vor seinem Tode lebte er als Gast des schwedischen Königshauses in Stockholm. M. verdankt seinen Ruhm als Autor fast ausschließlich seinem *Boken om San Michele*, das zuerst in englischer Sprache veröffentlicht, seine Erlebnisse als Arzt, die Begegnungen mit den Berühmtheiten seiner Zeit Reisebilder und Anekdoten zu einem Mosaik der Lebenserfahrung verbindend, zu einem der erfolgreichsten Bücher der Weltliteratur wurde.

W.: Från Napoli, 1885; Små skizzer, 88; Memoires and Vagaries, 1908; Bref och skizzer, 09; Red Cross and Iron Cross, 16; The Story of San Michele, 29 (dt. Das Buch von San Michele); En gammal bok om människor och djur, 31 (dt. Ein altes Buch von Menschen und Tieren; auch u. d. T. Seltsame Freunde). RLL

Murciano, Carlos, * 21. 11. 1931 Arcos de la Frontera (Cádiz).
Mit seinem Bruder gab M. 1949 in seiner Heimatstadt eine Lyrikzeitschrift «Alarcón» heraus. 1950 ließ er sich in Madrid nieder. — M. setzt die andalusi-

sche Tradition fort, beeinflußt zunächst von A. Machado. Immer persönlicher werdend, ist das Grundthema der Lyrik M.s das erotische Gefühl; dazu tritt eine Melancholie, die durch das Bewußtsein der Vergänglichkeit des Lebens, durch das unentzifferbare Mysterium des Kosmos und die in der Geschichte bis heute immer wachsende Unmenschlichkeit hervorgerufen wird. In seiner Prosa evoziert M. in farbenreichem Stil Kindheit und Heimat.

W.: Lyrik: El alma repartida, 1954; Poemas tristes a Madia, 56; Tiempo de Ceniza, 61; El mar, 68. – *Erz.:* La calle nueva, 58; La aguja, 62. – *Essay:* Una monja poeta del XVI, 65. H. S.

Murdoch, (Jean) Iris, * 15. 7. 1919 Dublin.
I. M. wuchs in England auf und studierte in Oxford. Nach verschiedenen anderen Tätigkeiten lehrte sie bis 1968 am St. Anne's Coll. (Oxford) Philosophie.
Die Romane von I. M. sind fast alle von der Erfahrung geprägt, daß der moderne Mensch die ihm gegenüberstehende Wirklichkeit in ihrer Verschiedenheit von seinem Ich nicht ertragen kann; er sucht sie sich anzugleichen und zu beherrschen. Dabei verstrickt er sich in eine illusionäre alptraumartige Welt, aus der nur selten ein Weg zur «nonviolent apprehension of difference» führt. In *Under the Net* versucht der Erzähler Jake Donaghue eine in sich stimmige Welt, in der er im Mittelpunkt steht, aufzubauen. Während er über die anderen nur in seiner Einbildung verfügt, wird in *The Flight from the Enchanter* physische und vor allem psychische Gewalt – durch den Zeitungsbesitzer Mischa Fox – über andere ausgeübt. Das Problem von *The Sandcastle, The Bell, A Severed Head* und *An Unofficial Rose* ist, in einer Welt, in der sich die Menschen absolut setzen oder sich in ihrer Ohnmacht irrationalen Gewalten unterwerfen, den Anspruch des Individuums auf Glück mit der Freiheit des anderen zu versöhnen. In *The Unicorn* und *The Time of the Angels* wird enthüllt, wie der Mensch die Idee des Leidens und die Vorstellung des ontologisch begründeten Verhängnisses benutzt, um andere unter seine Herrschaft zu bringen.

W.: Under the Net, 1954 (dt. Unter dem Netz); The Flight from the Enchanter, 56 (dt. Flucht vor dem Zauberer); The Sandcastle, 57 (dt. Die Sandburg); The Bell, 58 (dt. Die Wasser der Sünde); A Severed Head, 61 (dt. Maskenspiel); An Unofficial Rose, 62; The Unicorn, 63; The Italian Girl, 64; The Red and the Green, 65; The Time of the Angels, 66; The Nice and the Good, 68 (dt. Lauter feine Leute); Bruno's Dream, 69. – Ferner: Sartre, Romantic Rationalist, 53; Essays.
Lit.: H. Viebrock, in: Der moderne engl. Roman, hg. v. H. Oppel, 1965; A. S. Byatt: Degrees of Freedom, 65; L. Bredella: Die entstellte Wirklichkeit. Eine Analyse der Romane und theoret. Schriften von I. M., (Diss.), 68; V. Rieger: I. M.s ‚philosophische' Romane (Diss.), 69. L. B.

Muschg, Adolf, * 13. 5. 1934 Zollikon.
M. studierte Germanistik und Anglistik, war Lehrer, 1962–64 Lektor in Tokio, 1968–70 an der Cornell University/Ithaca, 1970 wurde er Prof. für deutsche Sprache und Literatur an der TH Zürich. – Er schreibt Romane und Erzählungen in traditionellem, zunehmend auch ironisch-parodistischem Stil. *Im Sommer des Hasen,* eine mit Selbstreflexion durchsetzte Rahmenerzählung, schließt Erlebnisse von sechs schweizerischen Stipendiaten, gesehen durch den Erzähler, in sich ein; zentral steht eine Liebesgeschichte. Dem Schelmenroman *Gegenzauber* folgten die Erzählungen *Fremdkörper,* Darstellungen von Entfremdungsvorgängen in der Gesellschaft, und der Roman über die Jugendrevolte im Züricher Schulmilieu, *Mitgespielt.*

W.: Romane: Im Sommer des Hasen, 1965; Gegenzauber, 67; Mitgespielt, 69. – *Erz.:* Fremdkörper, 68. – *Drama:* Rumpelstilz, 68; Die Aufgeregten von Goethe, 70 (von M. vollendet). RLL

Musil, Robert (Edler von), * 6. 11. 1880 Klagenfurt, † 15. 4. 1942 Genf.
M. kam aus einer altösterreichischen Beamten-, Gelehrten-, Ingenieurs- und Offiziersfamilie. Er studierte an der Technischen Militärakademie Wien, brach seine Offiziersausbildung ab und wurde Maschinenbauingenieur. Nach einer Tätigkeit als Assistent an der TH Stuttgart studierte er 1903–08 in Berlin Philosophie, Psychologie, Mathematik und Physik und promovierte mit einer er-

kenntnistheoretischen Dissertation über E. Mach zum Dr. phil. Auf eine Universitätslaufbahn verzichtete er, um freier Schriftsteller zu werden. 1911–14 war er Bibliothekar, 1914 Redakteur der «Neuen Rundschau». Im Ersten Weltkrieg war er Landsturmhauptmann an der italienischen Front, Herausgeber der «Soldatenzeitung» und zuletzt im Kriegspressequartier. 1918–22 lebte er als Beamter in Wien, danach arbeitete er als freier Schriftsteller, Theaterkritiker und Essayist in Wien und Berlin. Nach dem «Anschluß» Österreichs emigrierte er nach Zürich. Die letzten Lebensjahre verbrachte er fast mittellos in Genf, bis zuletzt an seinem unvollendeten Lebenswerk arbeitend.

1906 erschien sein erster Roman *Die Verwirrungen des Zöglings Törleß*. An der von der Kritik bewunderten realistischen Psychologie dieser Pubertätsstudie, einer der ersten dieses Genres, war ihm nur wenig gelegen. Die seelischen Verwirrungen und sexuellen Perversionen, die hinter der Fassade eines exklusiven k. u. k. Internats sichtbar werden, dienen M. als Forschungsmaterial für die sein ganzes Lebenswerk bestimmende Erkenntnis, wie leicht überschreitbar die Grenze zwischen der nur scheinbar noch soliden rationalen Welt und einer geheimnisvollen irrationalen, gefährlichen und faszinierenden anderen Welt ist. In den verwirrenden Erfahrungen des Zöglings Törleß liegen beide so nahe beisammen wie die von Zucht und Ordnung geprägte Welt des Konvikts und dessen geheime rote Dachkammer, in der er sich mit den Diktatoren seiner Klasse zu grausamen Experimenten an einem Mitschüler trifft. Dieser Einbruch des Irrationalen deutet vor auf die kommenden Diktatoren und deren methodische Vergewaltigung des einzelnen. – Die 1911 unter dem Titel *Vereinigungen* zusammengefaßten zwei Erzählungen *Die Vollendung der Liebe* und *Die Versuchung der stillen Veronika* führen M.s frühe Grunderfahrung weiter, abgewandelt in der Problematik des Ehebruchs, mit der zugleich die des Selbstverrats gemeint ist. In einem Minimum an äußerem Geschehen entfaltet sich «ein Äußerstes an inneren Vorgängen». Im Ineinanderfließen von Treue und Ehebruch, Selbstfindung und Selbstverrat, erlebter Gegenwart und vergegenwärtigtem früherem Erleben vollzieht sich die Vereinigung des scheinbar Entferntesten. – Auch der Band *Drei Frauen* bewegt sich, allerdings erzählerischer, in diesem Zwischenbereich. In jeder der drei Novellen – *Grigia, Die Portugiesin, Tonka* – erfährt das selbstsichere Leben des Helden eine tiefgreifende Wendung durch die Begegnung mit einer Frau. – Die Handlung des Schauspiels *Die Schwärmer* entwikkelt sich zwar wie bisher im Spannungsfeld zwischen Verstandes- und Gefühlswirklichkeit; seit den Erfahrungen des Weltkrieges dient dieses jedoch einer neuen, M.s weiteres Schaffen bestimmenden Aufgabenstellung: Es wird zum Experimentierfeld seiner «Versuche einen anderen Menschen zu finden». In den *Schwärmern* werden lockende und extreme Möglichkeiten der Selbstverwirklichung und einer erweiterten Wirklichkeitserfahrung gestaltet, die auch als ironisches Echo auf den «Seelenlärm» der Expressionisten zu verstehen sind. – Die Posse *Vinzenz und die Freundin bedeutender Männer* ist eine Art Satyrspiel zu *Die Schwärmer*.

M.s Hauptwerk, der unvollendet gebliebene Roman *Der Mann ohne Eigenschaften* begründete seinen späteren Weltruhm. 1930 erschien der 1. Band mit den zwei Teilen «Eine Art Einleitung» und «Seinesgleichen geschieht», 1933 als 2. Band der 3. Teil «Ins Tausendjährige Reich. Die Verbrecher». Der letzte Teil liegt bis auf einige vollendete Kapitel nur in zahlreichen Entwürfen und Varianten vor, die der Herausgeber A. Frisé 1952 zu einer «Leseausgabe» zusammenstellte. – In der heutigen «Welt von Eigenschaften ohne Mann», von «Erlebnissen ohne den, der sie erlebt», geschieht nur noch «Seinesgleichen», d. h., das bloß äußerlich Wirkliche. Es ist nicht mehr darstellbar am Faden des epischen Nacheinander, alles breitet sich aus in einer «unendlich verwobenen Fläche». Die nur noch scheinbar genau fixierten Wirklichkeitselemente Zeit, Ort, Identität der Personen und kausaler Ablauf des Geschehens werden von Anfang an ironisch in ihrem Schwebezustand erfaßt. Als Mann ohne Eigenschaften hat auch Ulrich, die Zentralfigur, keine erzählbare

Geschichte mehr; auch er repräsentiert zunächst «dieses aufgelöste Wesen, das alle Erscheinungen heute haben». Entsprechend beschreibt M. die österreichische k. u. k. Monarchie, «Kakanien», als einen «Staat, der sich selbst irgendwie nur noch mitmachte, man war negativ frei darin, ständig im Gefühl der unzureichenden Gründe der eigenen Existenz». Eben deshalb ist das gespenstisch irreale «Kakanien» der Vorkriegszeit in doppeltem Sinne der «fortgeschrittenste Staat»: Weil hier, in einem «besonders deutlichem Fall der modernen Welt», die Auflösung der Wirklichkeit am weitesten fortgeschritten ist, kann sich hier auch am ehesten ein schöpferischer «Möglichkeitssinn» entfalten, der die Wirklichkeit «als Aufgabe und Erfindung behandelt».

Im Zentrum des 1. Buches steht die sog. «Parallelaktion». Unter diesem Decknamen verbergen sich die Vorbereitungen hochgestellter Persönlichkeiten, die das für 1918 zu erwartende 70jährige Regierungsjubiläum des «Friedenskaiser» Franz Josef gegenüber dem gleichzeitigen bloß 30jährigen Wilhelms II. zur Geltung bringen wollen. Ohne daß sie es selbst bemerkten, münden alle ihre scheinbar nur komischen Bemühungen um eine erlösende Idee in den begeistert begrüßten Ausbruch des Weltkrieges. Das geplante «Weltösterreichjahr» 1918 wird sich ironischerweise als das des Zusammenbruchs beider Monarchien erweisen. – Ein ironischer «Zusammenhang der Dinge» zeigt sich in der Parallelität der Bestrebungen aller Personen des Romans; sie verkörpern in verzerrten Spiegelungen die Versuche Ulrichs, eine sinnvolle Verwendung für seine Eigenschaften, d. h. «das Gesetz des rechten Lebens» zu finden. Nur unter diesem Aspekt sind die scheinbar disparaten Personengruppen miteinander verbunden. Die wichtigsten Figuren außer den Geschwistern Ulrich und Agathe sind Ulrichs Jugendfreunde Walter und dessen von der Erlösungsidee besessene Frau Clarisse, die sich magisch zu dem unzurechnungsfähigen Frauenmörder Moosbrugger und dem Propheten Meingast hingezogen fühlt; als Hauptfiguren der «Parallelaktion» Ulrichs Cousine, die Wiener Salondame Diotima, und Ulrichs «Freundfeind», der deutsche «Wirtschaftsheld» und Ästhet Arnheim, deren «Seelenroman» ironisch das mystische Liebesabenteuer der Geschwister spiegelt, sowie Graf Leinsdorf und General Stumm; der Personenkreis um Bankdirektor Fischel mit seiner Tochter Gerda und ihrem völkischen Freund Hans Sepp sowie die beiden Pädagogen Hagauer, Agathes ehemaliger Gatte, und der «Tugut» Lindner.

Als die «Pole der Zeit» erkennt M. «Rationalität und Mystik», ihr Dualismus durchzieht die ganze Geschichte der Menschheit. Beides ist in Ulrich angelegt. Während im 1. Buch die utopischen Entwürfe des «mathematischen Menschen» vorherrschen, dominiert im 2. Buch in systematischer Entsprechung die «Utopie des anderen Zustands», die in der Geschwisterliebe gipfelt. Indem Ulrich zu seiner Schwester Agathe, seinem weiblichen Spiegelbild, die einzige ihm noch mögliche personale Liebesbeziehung gewinnt, gelangen sie an den «Rand des Möglichen». Doch der abenteuerliche Versuch, durch einen Rückzug in ein mystisches «Tausendjähriges Reich» dem All-Einheitserlebnis Dauer zu verleihen, muß mißlingen; unter den Bedingungen dieser Welt bleibt er Utopie. Als eine «Teillösung» der Aufgabe, das «Gesetz des rechten Lebens» zu finden, bleibt diese Erfahrung unverlierbar; in der geschichtlichen Wirklichkeit ist die «Synthese Seele–Ratio» mißlungen. «Das führt in direkter Linie zum Kriege», in dessen Ausbruch der Roman münden sollte. Als «Ehrensekretär der Parallelaktion» fordert Ulrich mit selbstironischem Vorbehalt zwar ein «Generalsekretariat der Genauigkeit und Seele», doch die Synthese der beiden antithetischen Richtpunkte seiner Utopien muß selbst Utopie bleiben. Im Stil seiner Dichtung allein verwirklicht sich diese Synthese.

W.: Prosa: Die Verwirrungen des Zöglings Törleß, 1906; Vereinigungen, 11; Drei Frauen, 24; Rede zur Rilke-Feier, 27; Der Mann ohne Eigenschaften, I, 30, II, 33, III, 43; Nachlaß zu Lebzeiten, 36; Über die Dummheit, 37; Der deutsche Mensch als Symptom, 67. – Aufsätze in Zeitungen und Zeitschriften ab 1911. – *Dramen:* Die Schwärmer, 21; Vinzenz und die Freundin bedeutender Männer, 23. – Ges. Werke in Einzelausgaben, hg. von A. Frisé: (1) Der Mann ohne Eigenschaften, 52; (2) Tagebücher, Aphorismen, Essays

u. Reden, 55; (3) Prosa, Dramen, späte Briefe, 57. Theater – Kritisches und Theoretisches, hg. v. M.-L. Roth, 65; Sämtliche Erzählungen, 68; Briefe nach Prag, 71; Tagebücher, 72.
Lit.: H. Arntzen: Satirischer Stil – Zur Satire R. M.s im ‹MoE›, 60; K. Dinklage (Hg.): R. M. – Leben, Werk, Wirkung, 60, 71; E. Kaiser u. E. Wilkins: R. M., 62; W. Berghahn: R. M., 63; G. Jässl: Mathematik und Mystik in R. M.s Roman ‹Der MoE›, Diss. München 64; W. Bausinger: Studien zu einer historisch-kritischen Ausgabe von R. M.s Roman ‹Der MoE›, 64; R. Rieth: R.M.s frühe Prosa, Diss. Tübingen 64; M. Scharang: R. M. – Dramaturgie u. Bühnengeschichte, Diss. Wien 65; G. Baumann: R. M., 65; U. Karthaus: Der andere Zustand – Zeitstrukturen im Werke R.M.s, 65; D. Kühn: Analogie u. Variation, 65; R. v. Heydebrand: Die Reflexionen Ulrichs in R. M.s Roman ‹Der MoE›, 66; W. Rasch: Über R. M.s Roman ‹Der MoE›, 67; E. Albertsen: Ratio und ‹Mystik› im Werk R.M.s, 68; J. Thöming: R. M.-Bibliographie, 68; S. Reinhardt: Studien zur Antinomie von Intellekt u. Gefühl in M.s Roman ‹Der MoE›, 69; C. Hönig: Die Dialektik von Ironie u. Utopie und ihre Entwicklung in R. M.s Reflexionen, Diss. Berlin 70; K. Dinklage (Hg.): R. M. – Studien zu seinem Werk, 70; M.-L. Roth: R. M.: Ethik und Ästhetik, 71. Chr. H.

Myers, Leopold Hamilton, * 6. 9. 1881 Cambridge, † 8. 4. 1944 London (Selbstmord).
M., der in Eton erzogen wurde und die Univ. in Cambridge besuchte, gehörte für kurze Zeit dem dann von ihm kritisierten literarischen Zirkel der «Bloomsbury Group» an und war mit George Orwell befreundet. Als überzeugter Gegner des Kapitalismus und seiner sozialen Konsequenzen wurde er 1940 zum erklärten Kommunisten. Als sein bedeutendstes Werk gilt die breitangelegte Roman-Tetralogie unter dem Haupttitel *The Near and the Far,* in deren Zentrum die Auseinandersetzung mit dem Kulturbegriff steht. M. zeichnet sich durch einen sicheren Blick für die politischen und individuellen Probleme seiner Zeit aus sowie durch sein scharfes Gespür für charakterliche Motivationen.

W.: Romane: The Orissers, 1922; The Clio, 25; Strange Glory, 36; The Near and the Far, 4 Teile, 43 (enthält die Trilogie: The Root and the Flower, 35: dt. Das Haus im Sumpfland). – *Drama:* Arvat, 08.
Lit.: G. H. Bantock: L. H. M., 1956. RLL

Mykolaitis-Putinas, Vincas, * 5. 1. 1893 Pilotiškiai (Litauen).
M.-P. war zuerst katholischer Priester. Er lehrte an den Universitäten Kaunas und Vilnius. 1932 trat er aus der Kirche aus und heiratete.
M.-P.' dichterische Entwicklung als Lyriker ging über «nationale Romantik» und den Symbolismus zum Realismus und zu klassischer Einfachheit der Form. Mit seinem Hauptwerk *Altorių šešely* [Im Schatten der Altäre] schrieb er den ersten bedeutenden Roman der litauischen Literatur: In den Seelenkämpfen des jungen Priesters Liūdas Vasaris, der die Soutane ablegt, gibt M.-P. ein Bild eigenen seelischen Ringens.

W.: Lyrik: Raudoni žiedai, 1916; Tarp dvieju aušru, 27; Keliai ir Kryžkeliai, 36; Sveikinu žemę, 50. – *Romane u. Erz.:* Altoriu šešely, 33; Krizé, 36; 1863 metu sukilimas, 56. – *Dramen:* Nuvainikuotji vaidilute, 27; Valdovas, 30. DW

Myrivilis, Stratis (eig. Stratis Stamatopulos), * 30. 6. 1892 Sykamia (Lesbos), † 1969 Mytilene.
Nach dem Studium von Philosophie und Jura in Athen lebte M. als Schriftsteller und Journalist in Mytilene. – Im Ersten Weltkrieg, noch Student, meldete er sich als Freiwilliger und erlebte in dieser Zeit die Sinnlosigkeit und Grausamkeit des Krieges, die er in seinem Hauptwerk *I soi en tafo* [Das Leben im Grabe] beschreibt. Wie in den Anti-Kriegsromanen des Westens (Remarque, Barbusse) verbinden sich realistische Schilderung der Erlebnisse und Stimmungen einfacher Soldaten und harte Anklage. In seinem zweiten Roman *I daskala me ta chryssa matia* [Die Lehrerin mit den goldenen Augen] kehrt M. zu einer eher optimistisch-idyllischen Milieuschilderung zurück, ebenso in den Erzählungen *Kokkines istories* [Das rote Buch]. M.' Bedeutung für die griechische Literatur liegt in der Ausprägung einer ausdrucksstarken Sprache und einer lebendigen, bildhaften Erzählweise, die auch seinen letzten Roman *I Panajia i gorgona* (Die Madonna mit dem Fischleib) auszeichnen.

W.: Romane: I soi en tafo, 1923; I daskala me ta chryssa matia, 33; O Vassilis o Arvanitis, 43; I Panajia i gorgona, 49 (dt. Die

Madonna mit dem Fischleib); Ta pagana, 45. – *Erz.:* Kokkines istories, 15; Diijimata, 28; To prasino vivlio, 35; To galasio vivlio, 39; To kokkino vivlio, 52; Pan, 46. – Ferner Lyrik, Reisebücher, Essays, Kinderbücher.

S. L.

Nabl, Franz, * 16. 7. 1883 Lautschin (Böhmen).

N. studierte in Wien, war einige Jahre Redakteur in Graz und lebt dort seit 1934 als freier Schriftsteller. – Mit seinem erzählerischen Werk ist N. Nachfahre des österreichischen Realismus. Seine psychologischen Familien- und Gesellschaftsromane wie *Ödhof* (über einen willensstarken, seine Umgebung tyrannisierenden Gutsherr) sind häufig an Landschaft und Menschen des österreichischen Voralpenlandes gebunden. *Johannes Krantz* besteht aus Rahmenerzählungen über die Liebe eines alternden Mannes zu einer jungen Frau.

W.: Romane: Hans Jäckels erstes Liebesjahr, 1908; Ödhof, 11; Das Grab des Lebendigen, 17 (als: Die Ortliebschen Frauen, 36); Die Galgenfrist, 21; Ein Mann von gestern, 35; Das Rasenstück, 53 (autobiogr.). – *Erz.:* Narrentanz, 11; Der Tag der Erkenntnis, 19; Kindernovelle, 32; Das Meteor, 35 (beide zus. als: Johannes Krantz, 48, erweit. 58); Der Griff ins Dunkel, 36; Der Fund, 37; Mein Onkel Barnabas, 46. – *Autobiographisches:* Steirische Lebenswanderung, 39; Der erloschene Stern, 62; Die zweite Heimat, 63. – Auch Dramen, Hörspiele. – Ausgew. Werke, 4 Bde, 65.

DW

Nabokov, Vladimir, * 23. 4. 1899, St. Petersburg.

N., aus großbürgerlicher Juristenfamilie stammend (sein Vater, Liberaler, war Mitglied der Duma, er fiel 1922 in Berlin einem Attentat zum Opfer), besuchte 1913 bis 1916 das Tenishew Gymnasium, schon als Schüler lyrische Begabung zeigend. 1919 emigrierte er mit seinen Angehörigen und studierte bis 1923 am Trinity College in Cambridge Slawistik, Romanistik, Entomologie. 1923 bis 1937 lebte er vor allem in Berlin, 1937 bis 1940 in Paris. In dieser Spanne veröffentlichte er Romane, u. a. *Mašen'ka* (Sie kommt – kommt sie?), *Korol', dama, valet* (König, Dame, Bube), Gedichte und Kurzgeschichten, aber auch Schachaufgaben, Essays, Kritiken und Übersetzungen, bis 1940 unter dem Pseudonym Sirin schreibend und ab 1929 ein immer stärkeres Echo findend. Im Mai 1940 ging er in die USA, wo er zunächst 1941–48 als «poet in residence» am Wellesley College lebte und lehrte. Schon 1943 mit dem Guggenheim Award ausgezeichnet, assimilierte sich N. bald an den amerikanischen Sprach- und Kulturraum; 1945 wurde er amerikanischer Staatsbürger. An der Cornell Univ., wo N. 1948–58 eine Professur innehatte, entstanden die Werke, die ihn berühmt machten: *Speak, Memory* (auch als: *Conclusive Evidence*), *Lolita*, der Emigrantenroman *Pnin.* Ab 1942 arbeitete N. außerdem für den «New Yorker», der sich auch für ihn — wie für andere Schriftsteller — als literarische Schule und stilistisches Testfeld bewährte. 1951/52 wurde er als Gastprof. nach Harvard eingeladen, 1953 erneut mit dem Guggenheim Award ausgezeichnet. Der Sensationserfolg von *Lolita* erlaubte ihm, ab 1959 nur noch — den akademischen Lehrberuf aufgebend — schriftstellerisch zu arbeiten. 1962 brachte den Roman *Pale Fire*, 1964 den Abschluß einer 4bändigen «Eugen Onegin»-Übersetzung ins Englische. Die folgenden Jahre gehörten vor allem der Arbeit an dem Roman *Ada;* 1967 übersetzte N. *Lolita* ins Russische. Nun vorwiegend in der Schweiz lebend, trat er überdies mit Interviews, Briefen, polemischen Essays (gegen Edmund Wilson), einer Pasternak-Parodie (1961) und dem Filmskript zu *Lolita* hervor, dem Regisseur Kubrick später vorwerfend, er habe sich weder an dieses Skript noch an N.s Entwürfe gehalten.

N. ist in erster Linie Romancier, zugleich aber einer der vielseitigsten Schriftsteller der Gegenwart. In *Lolita, Pnin, Pale Fire* und *Speak, Memory* erreicht seine englische, in den früheren Werken *Zaščita Lūžina* (Lushins Verteidigung), *Kamera Obscura* und *Dar* (*The Gift*) seine russische Prosa Höhepunkte. Vor allem in dem zunächst auch in Frankreich verbotenen, dann zum Bestseller gewordenen Roman *Lolita* zeigt sich N. als Meister in einem Medium, das nicht seine Muttersprache ist, das er aber — allerdings eher im britischen als im amerikanischen Englisch versiert — glänzend beherrscht und mit distanzierter Sicherheit verwendet, leichter und eleganter als Joseph Conrad. *Lolita* ist eine fast zu brillant formulierte Marienbader Elegie in Prosa, in der N. die Liebe eines alternden Mannes zu einem fast noch kindlichen, aber schon zur Raffinesse erwachten Mädchen, dem «nymphet» Lolita schildert. Impressionistisch entworfen, ironisch getönt und im fiktiven Vorwort satirisch eingestimmt, gestaltet das Werk zugleich das peregrinisch-pikareske Thema der rastlosen Reise auf Amerikas Straßen, das Motiv der «Gefangenschaft in Freiheit» und den melancholisch formulierten Verzicht des Alternden auf den Besitz der Jugend, die in der schillernden Figur Lolitas in einer Weise verkörpert erscheint, die einerseits an Ronsards «nymphettes», andererseits an allegorisch unterlegte Variationen des «luxuria»-Motivs erinnert und in der Umkehrung des Verführungsthemas eine nuancen- und geistreiche Pikanterie entfaltet. Auch in der autobiographischen Erzählfolge *Speak, Memory* begegnen wir dem Impressionisten N., der Berliner Lichteffekte als «. . . the tangerine tinge of premature shoplights . . .» andeutet, mit der Sprache spielt («Apostolski-Priapostolski») und subtil schattierte Bilder von Cambridge entwirft. N., selbst glänzender Schachspieler und Autor eines Romans über einen Schachspieler (*Zaščita Lužina*), löst auch die Handlungen seiner Geschichten nicht selten Zug um Zug wie auf dem Schachbrett. Der Dichter hat vom Übersetzer gelernt: N. hat nicht nur «Alice in Wonderland», Tennyson, Yeats, den «Hamlet»-Monolog, Rimbaud («Le bâteau ivre»), Verlaine, den «Faust»-Prolog ins Russische, sondern auch seine eigenen Werke und Puschkin ins Englische übertragen — «poeta doctus» und «international writer» in seiner Vertrautheit mit zahlreichen Originalwerken der Weltliteratur, Literaturwissenschaftler vor allem in der Auseinandersetzung mit den «Klassikern» seiner Heimat (Gogol, Dostojewski, Blok). Als Lyriker ist N. in seiner frühen und mittleren Phase stark von der zeitgenössischen englischen Dichtung («‹Georgian› English verse patterns») abhängig; als Dramatiker hat er kaum Bedeutung. In Erzählperspektive und Stilwollen eher konventionell, bleibt er fast in allen Werken konservativ mit impressionistischen Effekten und satirischen Aufhellungen. Freud lehnt er ab; literarische Moden überlebt er dank seiner Bildung und dichterischen Kraft, die ihn unabhängiger als manche «Moderne» erscheinen lassen. Bemerkenswert ist, daß sich bei N. dichterische Potenz und literarische Bildung mit starken zoologisch-entomologischen Interessen verbinden: nicht nur durch die Zeilen seiner Romane und Gedichte taumeln seltene Schmetterlinge; er hat auch einschlägige Spezialstudien (etwa *The Nearctic Members of the Genus Lycaeides Hübner*) veröffentlicht. N. schreibt an einem neuen Roman (Titel wahrscheinlich: *Transparent Things*).

W.: Romane: Mašen'ka, 1926 (dt. Sie kommt – kommt sie? englische Neubearbeitung: Mary, 71); Korol', dama, valet, 28 (dt. König, Dame, Bube); Zaščita Lužina, 30 (dt. Lushins Verteidigung); Sogljadataj, 30; Podvig, 32; Kamera obscura, 32 (veränderte engl. Fassg.: Laughter in the Dark, 38; dt. Gelächter im Dunkel); Otčajanie, 36; Priglašenie na kazn', 38 (engl. Invitation to a Beheading, 59; dt. Einladung zur Enthauptung); Dar, 37/38, 52; Solus Rex, 40 (Fragment); The Real Life of Sebastian Knight, 41 (dt. Das wahre Leben des S. K.); Bend Sinister, 47 (dt. Das Bastardzeichen); Lolita, 55 Paris, 58 USA (dt. ebs.); Pnin, 57 (dt. ebs.); Pale Fire, 62 (dt. Fahles Feuer); Ada or Ardor, 69. – *Erz.:* Vozvraščenie Čorba, 31 (mit Gedichten); Nine Stories, 47; Vesna v Fial'te, 56; Nabokov's Dozen, 58 (dt. Ausw. aus diesen 5 Sammlungen: Frühling in Fialta, neu als: Gesammelte Erzählungen). – *Dramen:* Izobretenie val'sa, 38; Sobytie, 38. – *Lyrik:* Gornij put', 22; Grozd', 23; Stichotvorenija 1929–51, 52; Poems, 59. – *Biographie:* Nikolaj Gogol', 44. – *Memoiren:* Conclusive Evidence, 51 (verändert als: Speak, Memory, 60; russ. Drugie berega, 54; dt. Andere Ufer).

Lit.: P. Stegner: Escape into Aesthetics, 1966; A Field: N. His Life in Art, 67; Sonder-Nr. «Wisconsin Studies in Contemporary Literature», 67; C. R. Proffer: Keys to «Lolita», 68. R. Ha.

Nadel, Arno, * 5. 10. 1878 Wilna, † nach März 1943 KZ Auschwitz.

N., Sohn eines Mechanikers, kam 1895 nach Berlin und besuchte die jüdische Lehrerbildungsanstalt. Er war dann Lehrer und Musiker, seit 1916 Chordirigent an einer Berliner Synagoge. Im März 1943 wurde er nach Auschwitz deportiert und dort mit seiner Frau ermordet. – N. war ein vielseitig begabter Künstler, Musiker, Maler, Schriftsteller und religiöser Philosoph. Er schrieb Lyrik und Sprüche (Hauptwerk *Der Ton*), in denen die dionysisch-musikalische Feier des Diesseits gegen eine nihilistische und gottferne Zeit gerichtet ist und einer mystisch begriffenen Göttlichkeit entgegenstrebt.

W.: Lyrik: Um dieses alles, 1914; Das Jahr des Juden, 20 (mit J. Budko); Rot und glühend ist das Auge des Juden, 20; Heiliges Proletariat, 24; Der weissagende Dionysos, 59. – *Dramen:* Cagliostro, 14; Adam, 17; Siegfried und Brunhilde, 18. – *Roman:* Für Brigitte und alle Welt, 32. – *Aphorismen und Essays:* Aus vorletzten und letzten Gründen, 09; Der Ton, 21. – Ferner Übersetzung und Edition jüdischer Lieder. RLL

Naipaul, Vidiadhar Surajprasad, * 17. 8. 1932 in Trinidad.
Nach seiner Ausbildung auf dem Queen's College in Trinidad studierte N. in Oxford. Er lebt in England. – Seine Romanwelt sind die Karibischen Inseln. Deren Menschen sind, wie er selbst, Abkömmlinge der indischen Kontraktarbeiter, die 1893–1913 nach Trinidad gebracht wurden. Diese Entwurzelung und die Ziellosigkeit in der nachkolonialen, vielrassigen Umwelt sind die Hauptthemen der Romane. In den drei ersten umspielt N. das Exzentrische, zugleich aber auch Nutzlose des Lebens in Trinidad in farcenhafter Überzeichnung. In seinem Hauptwerk, *A House for Mr Biswas,* legt er dann das Streben nach Würde und Selbstachtung in einer traditionslosen, abergläubischen und nur dem Gelde nachjagenden Gesellschaft als zugleich schwierig und letzten Endes vergeblich bloß. Mr Biswas erwirbt zwar nach einem Leben voller Erniedrigungen und Fehlschlägen ein Haus, das Symbol seiner Unabhängigkeit, aber er wird dabei betrogen und muß sich schließlich mit der eigenen Bedeutungslosigkeit abfinden. Der Roman ist ein mitleidloses Bild eines entkolonialisierten Entwicklungslandes, aber auch durch seine Figurendarstellung in zahlreichen, treffsicheren Dialogszenen die Biographie eines von einer ziellosen Gesellschaft gequälten Menschen. – In zwei Reiseberichten, *The Middle Passage* und *An Area of Darkness*, hat N. seine Reaktionen während Besuchen in Trinidad und Indien, den zwei Ländern seiner Herkunft, dokumentiert.

W.: The Mystic Masseur, 1957; The Suffrage of Elvira, 58; Miguel Street, 59 (dt. Blaue Karren im Calypsoland); A House for Mr Biswas, 61; Mr Stone and the Knight's Companion, 63; The Mimic Men, 67. – The Middle Passage, 62; An Area of Darkness, 64. P. G.

Nałkowska, Zofia, * 10. 11. 1885 Warschau, † 17. 12. 1954 ebd.
Z. N. war die Tochter des polnischen Geographen Wacław N. Neben ihrer literarischen entfaltete sie eine rege öffentliche Tätigkeit als Mitglied der Polnischen Literaturakademie, als Delegierte des polnischen PEN-Clubs und als Abgeordnete im Sejm.
Z. N.s erste Romane stellen emanzipierte, intellektuelle Frauen der großen Gesellschaft in den Mittelpunkt. Bald aber wandte sie sich, von den Leiden und Entbehrungen des einfachen Menschen ausgehend, gegen die Sinnlosigkeit des Krieges, wobei die frühere artistische Perfektion der Sprache einer bewußt geübten Einfachheit wich. Ihr bedeutendster Roman ist *Granica* (Die Schranke), in der Fabel an Tolstois «Auferstehung» erinnernd: Ziembiewicz, ein junger Mann aus bürgerlichen Kreisen, steht zwischen zwei Frauen, dem Dienstmädchen Justyna und der aus seinem Milieu stammenden Elżbieta, die er dem einfachen Mädchen vorzieht – die «Schranke» zwischen den Klassen bleibt für Justyna unüberwindlich. Die Erzählungen *Medaliony* legen Zeugnis ab von den Leiden in den nationalsozialistischen Konzentrationslagern in Polen.

W.: Romane u. a. Prosa: Kobiety, 1906; Książę, 07 (dt. Der Prinz); Koteczka czyli białe tulipany, 09; Narcyza, 11; Węże i róże, 14; Tajemnice krwi, 17; Hrabia Emil, 20; Charaktery, 22; Romans Teresy Hennert, 23; Dom nad łąkami, 25 (Erinnerungen); Choucas, 27; Niedobra miłość, 28 (dt. Verhängnisvolle Liebe); Ściany świata, 31; Granica, 35 (dt. Die Schranke); Węzły życia, 45; Medaliony, 46 (dt. Medaillons); Charaktery dawne i ostatnie, 48; Węzły życia, 48–54; Widzenie bliskie i dalekie, 57. – *Dramen:* Dom kobiet, 30; Dzień jego powrotu, 31. – Werke, 2 Bde, 54 u. 56 (poln.). DW

Namora, Fernando, * 15. 4. 1919 Condeixa.
N., anfangs Landarzt, setzte sich gleich mit seinem ersten Roman durch, der im Hochschulmilieu von Coimbra spielt. Seine Berufserfahrungen verwertete N. in *Retalhos de vida de um médico* (Landarzt in Portugal). Seine Entwicklung führt zu einem immer stärker ausgeprägten Realismus mit sozialer Note.

W.: Lyrik: Mar de sargaços, 1939; Terra, novo cancioneiro, 41; As frias madrugadas, 59. – *Romane u. a. Prosa:* As sete partidas do mundo, 38; Mar alto, 39; O outro, 39; Fogo na noite escura, 43; Casa da Malta, 45; Minas de S. Francisco, 46; Retalhos da vida de um médico, 49 (dt. Landarzt in Portugal); A noite e a madrugada, 50; O trigo e o joio, 54; O homen disfarçado, 55; La llanura de fuego, 58; A cidade solitária, 59; Domingo a tarde, 60 (dt. Sonntagnachmittag). DW

Nápravník, Milan, * 1931 Prag.
N. studierte an der Filmakademie Prag und war Redakteur beim Prager Fernsehen. Als Mitglied der Gruppe «Tvař» veröffentlichte er in der gleichnamigen Zeitschrift der Gruppe und in deren Almanachen. Gedichte brachte N. in Prag als Privatdruck heraus. Seit 1968 lebt er in der BRD. – Von *Kassiber,* seit 1957 entstanden, sind nur Einzelstücke in Prag erschienen. Wörter und Sätze sammeln sich zu meist kurzer Prosa mit neuen Bedeutungen, in denen ein Ich auf den massiven Druck der Umwelt reagiert. In dem vorwiegend lyrischen, streng experimentellen Text *Beobachtungen des stehenden Läufers* führen paradox-humorvolle Sprachspiele N.s die Logik eines konkreten Hintergrundes ad absurdum.

W.: Básně návěsti a pohyby, 1967 (dt. Gedichte, Signale, Bewegungen); Kassiber, dt. 69; Beobachtungen des stehenden Läufers, Gedichte, dt. 70. G. P. M.

Narayan, Rasipuram Krishnaswami, * 10. 10. 1906 in Madras.
N. studierte an der Universität von Mysore, arbeitete zunächst als Journalist und lebt als freier Schriftsteller. In mehr als einem Dutzend Romanen in englischer Sprache – Narayans Muttersprache ist Tamil – bildet die fiktive südindische Kleinstadt Malgudi für Einzelschicksale ihrer Bewohner den Hintergrund. Die meisten leiden unter den Lebensumständen der indischen Mittelklasse, deren Hoffnungen an der Realität der 30er und 40er Jahre zunichte wurden. Schon die Schule macht Klassenunterschiede deutlich, auf der Univ. frustriert das englische Erziehungsideal. Die Unterdrückung der Frau in der Hindufamilie, Schwierigkeiten mit der nationalen Politik, Anmaßungen und Betrügereien stellt N. nicht als Sozialkritiker dar, sondern mit Humor und Ironie dem Einzelnen zugewendet. Seine Sympathie mit den Erfolglosen und den Unbedeutenden macht N. zum authentischen Biographen des englisch gebildeten Durchschnittinders.

W.: The Bachelor of Arts, 1936; The Dark Room, 38; The English Teacher, 45; The Financial Expert, 53 (dt. Gold vom Himmel); Waiting for Mahatma, 55; The Guide, 58 (dt. Der Fremdenführer); The Man-Eater of Malgudi, 61 (dt. Der Menschenfresser von Malgudi) u. a.
Lit.: K. R. Srinivasa Iyengar: Indian Writing in English, Bombay 1962; W. Ruben: Indische Romane II u. III, 67. P. G.

Narcejac s. u. Boileau

Nash, (Frederic) Ogden, * 19. 8. 1902 Rye (New York).
N. studierte kurze Zeit in Harvard, war dann im Verlagsgeschäft tätig und arbeitete schließlich als Zeitschriftenredakteur. Er wurde durch seine humoristischen Gedichte bekannt: skurril in ihren Einfällen, gesellschaftssatirisch und parodistisch in ihrer Intention. Durch die absichtlich ungenau gesetzten Reime erzielte er mit seinen oft im heiteren Nonsens gipfelnden Versen spezifische Überraschungseffekte.

W.: Lyrik: Hard Lines, 1931; Free Wheeling, 31; Happy Days, 33; The Bad Parent's Garden of Verse, 36; I'm a Stranger Here Myself, 38 (dt. Ich bin leider hier auch fremd, zweispr.); The Face is Familiar, 40; Good Intentions, 42; Musical Zoo, 47; Versus, 49; Family Reunion, 50; Parents Keep Out, 51; The Private Dining Room, 53; You Can't Get There from Here, 57; Verses from 1929 on, 59; Everyone but Thee and Me, 62.
RLL

Nash, N. Richard (eig. Nathan Richard Nusbaum), * 7. 6. 1916 Philadelphia.
N. studierte an der Univ. von Pennsyl-

vania, lehrte Theaterwissenschaft, war Regisseur an Studentenbühnen und verfaßte Filmdrehbücher. Er wurde besonders bekannt durch seine Komödie *The Rainmaker,* ein Familienstück mit stark romantischen Zügen: Auf einer kleinen Farm im amerikanischen Westen vollbringt der sympathische Scharlatan Starbuck das Wunder, ein spätes Mädchen für die Liebe empfänglich zu machen und außerdem für den ersehnten Wetterumschwung zu sorgen.

W.: Dramen: Incognito, 1941; The Young and Fair, 49; See the Jaguar, 53; The Rainmaker, 55 (dt. Der Regenmacher); Rouge atomique, 55; Girls of Summer, 57; Handful of Fire, 59; 110 in the Shade, 64. – Musical: Wildcat, 60. RLL

Natsume, Sōseki, * 5. 1. 1867 Tokio, † 9. 12. 1916 ebd.

N. studierte englische Literatur an der Univ. Tokio, war zeitweise Englischlehrer und Lektor. – N. malte, dichtete Haikus, schrieb gern haiku-artige Prosa. Er gilt als der große Klassiker des japanischen Romans, als der bedeutendste Romanautor seit dem Beginn des kulturellen Kontakts mit dem Westen. Seine zumeist sehr umfangreichen Romane zeigen den Einfluß von L. Sterne, J. Swift, J. Austen, G. Meredith. Die Welt und die Menschen betrachtete er mit wachsendem Pessimismus, Rettung könne, so glaubte er, nur durch eine Aufgabe des Egoismus kommen. Die frühen Romane *Wagahai wa neko de aru* (1905 [Ich bin eine Katze]) und *Botchan* (1906; dt. Ein reiner Tor) sind Geschichten von Lehrern. Eine Trilogie um Liebe und Ehe bilden *Sanshirō* (1908), *Sore kara* (1910 [Von da an]) und *Mon* (1910 [Das Tor]). Das Thema seines bedeutendsten Werkes, *Koroko* (1914 [Das Herz]), sind die menschliche Einsamkeit und die Komplikationen der Liebe; Hauptfiguren sind ein junger Student und ein egozentrischer Gelehrter, der ihm kurz vor seinem Selbstmord die Tragödie seines Lebens beichtet.

Weitere W.: Romane u. Erz.: Kusamakura, 1906; Gubijinsō, 07; Kōfū Kōjin, 13; Michikusa, 15; Meian, 16; Higan sugi made, 11–12. O. B.

Nazor, Vladimir, * 30. 5. 1876 Postire (Insel Brač), * 19. 6. 1949 Zagreb.

N., der einer alten kroatischen Bauernfamilie entstammt, verbrachte seine Jugend auf dem väterlichen Gut auf der Insel Brač, studierte Naturwissenschaften in Graz und Zagreb, war Lehrer. 1942 ging er zu den Partisanen Titos. N. war nach dem Krieg Mitglied der Jugoslawischen Akademie der Wissenschaften und Ehrenvorsitzender des Verbandes jugoslawischer Schriftsteller. — N.s lyrische und epische Frühwerke, die Themen aus dem Bereich der slawischen und griechischen Mythologie mit dialektischer (čakavischer) Färbung behandeln, stehen unter dem Einfluß von Carducci, D'Annunzio und Nietzsche. Sie stellen in ihrer natürlichen Vitalität eine Reaktion auf die Dekadenz des Fin de siècle dar. Mit dem Gedichtband *Lirika* wies sich N. als der bedeutendste lebende kroatische Lyriker aus. Die Werke aus der Zwischenkriegszeit zeigen ihn als mystischen Symbolisten romanischer Prägung, dessen Vorbilder Maeterlinck und Pascoli waren. Gefühlslyrik weicht einer durch Formstrenge und klassischen Versbau geprägten Gedankenlyrik; die štokavische Schriftsprache verdrängt die Mundart. Als bedeutendste Spätwerke N.s gelten das Epos *Ahasver* und der Roman *Pastir Loda* (Der Hirte Loda). Ahasver als der Sucher nach Erkenntnis wird für N. zum Symbol seiner eigenen Weltanschauung. In dem phantastischen Roman um den Hirten Loda — der ursprünglich ein griechischer Satyr ist — schildert er in Einzelszenen die Geschichte seiner Heimat vom Untergang der Antike bis zur Gegenwart. Zu den eigenen Dichtungen treten formvollendete Übersetzungen aus der Weltliteratur (Dante, Shakespeare, Goethe, Heine, Hugo, Baudelaire, Leopardi u. a.).

W.: Lyrisches, Mythen, Legenden: Slavenske legende, 1900; Lirika, 10; Hrvatski kraljevi, 12; Nove pjesme, 13; Intima, 15; Pjesne ljuvene, 15. – *Episches:* Medvjed Brundo, 15; Utva zlatokrila, 16; Ahasver, 45. – *Erzählende Prosa:* Krvava košulja, 05; Krvavi dani, 08 (Roman); Veli Jože, 08 (umgearb. 24); Istarske priče, 13; Priče iz djetinjstva, 24; Svjetionik-crveni tank, 24; Pastir Loda, 2 Bde, 38/39 (dt. Der Hirte Loda), 3. Teil: Kurir Loda, 46. – Ferner Dramen, Essays, Übersetzungen u. a. – Werke, 16 Bde, hg. v. A. Barac, 44–50.

Lit.: M. Marjanović: V. N. kao nacioalni pjesnik, 1924; J. Čelar: Umetnost V. N., 28;

B. I. A. Balota: V. N. scriitor croat., 36; J. Čelar, in «Republika», 11–12, 54; V. Popović, ebd. 55; M. Žeželj: V. N. 60; Bibliographie in «Ljetopis Jazu», 52. DW

Nebel, Gerhard, * 26. 9. 1903 Dessau. N. studierte Altphilologie und Philosophie bei Jaspers und Heidegger, wurde Studienrat, unternahm Reisen nach Äypten und Ostafrika, später auch nach Griechenland. Im Zweiten Weltkrieg war er Soldat in Italien; seit 1955 ist er freier Schriftsteller. — N., anfangs stark von E. Jünger beeinflußt, dem auch seine Schrift *Abenteuer des Geistes* gilt, schreibt kulturkritische, philosophische Essays und Reisetagebücher. Von einer nihilistischen, ästhetischen Betrachtungsweise ausgehend, kam er zu einer das Christliche betonenden Haltung, wie sie sich im letzten Band seiner dokumentarischen Kriegstagebücher, einer radikalen Abrechnung mit dem Militarismus, ankündigte und in den folgenden Schriften — besonders über griechische Mythologie, Philosophie und Dichtung — allmählich durchsetzte.

W.: Essays u. Reisebücher: Feuer und Wasser, 1939; Von den Elementen, 47; Tyrannis und Freiheit, 48; Griechischer Ursprung, 48; Abenteuer des Geistes, 49; Weltangst und Götterzorn, 51; Die Reise nach Tuggurt, 52; Das Ereignis des Schönen, 53; Phäakische Inseln, 54; An den Säulen des Herakles, 57; Die Not der Götter, 57; Homer, 59; Pindar und die Delphik, 61; Orte und Feste, 62; Zeit und Zeiten, 65; Portugiesische Tage, 66; Die Geburt der Philosophie, 67; Meergeborenes Land, 68; Sprung von des Tigers Rücken, 70. – *Kriegstagebücher:* Bei den nördlichen Hesperiden, 48; Auf ausonischer Erde, 49; Unter Partisanen und Kreuzfahrern, 50. RLL

rowohlts monographien

BEDEUTENDE PERSÖNLICHKEITEN
DARGESTELLT IN SELBSTZEUGNISSEN UND BILDDOKUMENTEN
HERAUSGEGEBEN VON KURT KUSENBERG

LITERATUR

ANDERSEN / Erling Nielsen [5]

APOLLINAIRE / Pascal Pia [54]

BAUDELAIRE / Pascal Pia [7]

BECKETT / Klaus Birkenhauer [176]

BENN / Walter Lennig [71]

BERNANOS / Albert Béguin [10]

WOLFGANG BORCHERT / Peter Rühmkorf [58]

BRECHT / Marianne Kesting [37]

BÜCHNER / Ernst Johann [18]

WILHELM BUSCH / Joseph Kraus [163]

CAMUS / Morvan Lebesque [50]

CLAUDEL / Paul-André Lesort [95]

COLETTE / Germaine Beaumont und André Parinaud [11]

DANTE / Kurt Leonhard [167]

DOSTOJEVSKIJ / Janko Lavrin [88]

DROSTE-HÜLSHOFF / Peter Berglar [130]

EICHENDORFF / Paul Stöcklein [84]

THOMAS STEARNS ELIOT / Johannes Kleinstück [119]

FONTANE / Helmuth Nürnberger [145]

GIDE / Claude Martin [89]

GOETHE / Peter Boerner [100]

HAUPTMANN / Kurt Lothar Tank [27]

HEBBEL / Hayo Matthiesen [160]

HEINE / Ludwig Marcuse [41]

HEMINGWAY / G.-A. Astre [73]

HERMANN HESSE / Bernhard Zeller [85]

HÖLDERLIN / Ulrich Häussermann [53]

E. T. A. HOFFMANN / Gabrielle Wittkop-Ménardeau [113]

HOFMANNSTHAL / Werner Volke [127]

JOYCE / Jean Paris [40]

ERICH KÄSTNER / Luiselotte Enderle [120]

KAFKA / Klaus Wagenbach [91]

KELLER / Bernd Breitenbruch [136]

KLEIST / Curt Hohoff [1]

LESSING / Wolfgang Drews [75]

MAJAKOWSKI / Hugo Huppert [102]

HEINRICH MANN / Klaus Schröter [125]

THOMAS MANN / Klaus Schröter [93]

HENRY MILLER / Walter Schmiele [61]

CHRISTIAN MORGENSTERN / Martin Beheim-Schwarzbach [97]

MÖRIKE / Hans Egon Holthusen [175]

ROBERT MUSIL / Wilfried Berghahn [81]

NESTROY / Otto Basil [132]

NOVALIS / Gerhard Schulz [154]

POE / Walter Lennig [32]

PROUST / Claude Mauriac [15]

RAABE / Hans Oppermann [165]

RILKE / Hans Egon Holthusen [22]

ERNST ROWOHLT / Paul Mayer [139]

SAINT-EXUPERY / Luc Estang [4]

SARTRE / Walter Biemel [87]

SCHILLER / Friedrich Burschell [14]

FRIEDRICH SCHLEGEL / Ernst Behler [123]

SHAKESPEARE / Jean Paris [2]

G. B. SHAW / Hermann Stresau [59]

STIFTER / Urban Roedl [86]

DYLAN THOMAS / Bill Read [143]

TRAKL / Otto Basil [106]

TUCHOLSKY / Klaus-Peter Schulz [31]

KARL VALENTIN / Michael Schulte [144]

OSCAR WILDE / Peter Funke [148]

rororo klassiker

Klassiker

der Literatur und der Wissenschaft
mit Biographie · Bibliographie · Essays
Herausgegeben von Prof. Ernesto Grassi
unter Mitarbeit von Walter Hess

Verzeichnis aller lieferbaren Werke:

Amerikanische Literatur

COOPER, J. F. Die Ansiedler an den Quellen des Susquehanna [91–93]

HARTE, BRET Der gelbe Hund / Goldgräber-Stories [170]

MELVILLE, HERMAN Piazza-Erzählungen [106/07]

POE, EDGAR ALLAN Der Mord in der Rue Morgue [53]

WHITMAN, WALT Grashalme [231/32]

Deutsche Literatur

BORCHARDT, RUDOLF Der unwürdige Liebhaber [13]

BRENTANO, CLEMENS Gedichte [229/30]

GOETHE, JOHANN WOLFGANG VON Römische Elegien / Venetianische Epigramme / Tagebuch der italienischen Reise [98/99]

KLEIST, HEINRICH VON Über das Marionettentheater / Zur Poetik / Der Findling / Die Marquise von O. [163/64]

LESSING, GOTTHOLD EPHRAIM Minna von Barnhelm / Emilia Galotti / Nathan der Weise [118/19]

MUSIL, ROBERT Theater. Kritisches und Theoretisches [182/83]

NOVALIS Monolog / Die Lehrlinge zu Sais / Die Christenheit oder Europa – Hymnen an die Nacht / Geistliche Lieder / Heinrich von Ofterdingen / Ludwig Tieck: Novalis' Lebensumstände [130/31]

PINTHUS, KURT Menschheitsdämmerung. Ein Dokument des Expressionismus [55–56a]

SCHILLER, FRIEDRICH Wallensteins Lager / Die Piccolomini / Wallensteins Tod. Dokumente [84/85] – Die Räuber. Vorreden / Selbstbesprechung / Textvarianten / Dokumente [177/78] – Kabale und Liebe. Ein bürgerliches Trauerspiel. Textvarianten / Dokumente [211] / Wilhelm Tell. Quellen / Dokumente / Rezensionen [224/25]

Englische Literatur

DICKENS, CHARLES Oliver Twist [157–59]

SHAKESPEARE, WILLIAM Werke / Englisch und Deutsch: Romeo und Julia [4] – Hamlet, Prinz von Dänemark [19/19a] – Ein Sommernachtstraum [48] – Julius Caesar [57] – Antonius und Cleopatra [177] – Der Widerspenstigen Zähmung [133] – Maß für Maß [160] – Das Wintermärchen [174] – Troilus und Cressida [192/93] – König Heinrich IV. 1. und 2. Teil [198–200] – Was ihr wollt [212] – Coriolanus [222/23] – Viel Lärmen um nichts [228] – Die Komödie der Irrungen [233]

Französische Literatur

FRANCE, ANATOLE Die rote Lilie [153/54]

LAFAYETTE, MADAME DE Die Prinzessin von Cleve – Die Prinzessin von Montpensier [28]

LE SAGE Die Geschichte des Gil Blas von Santillana [127–29]

PRÉVOST, ABBÉ Geschichte des Chevalier des Grieux und der Manon Lescaut [86]

RIMBAUD, ARTHUR Briefe / Dokumente [155/56]

TOCQUEVILLE, ALEXIS DE Der alte Staat und die Revolution [234/35]

VIGNY, ALFRED DE Glanz und Elend des Militärs [3]

Griechische Literatur und Philosophie

AISCHYLOS Tragödien und Fragmente [213–15]

ARISTOTELES Texte zur Logik / Griechisch und Deutsch. Elemente der Aristotelischen Logik [220–22] – Über die Seele [226/27]

HELIODOR Aithiopika – Die Abenteuer der schönen Chariklea. Ein griechischer Liebesroman [120/21]

HIPPOKRATES Schriften / Die Anfänge der abendländischen Medizin [108/09]

HOMER Die Odyssee / Übersetzt in deutsche Prosa von Wolfgang Schadewaldt [29/30]

PLATON Sämtliche Werke / Herausgegeben von Walter F. Otto, Ernesto Grassi, Gert Plamböck – Band I: Apologie, Kriton, Protagoras, Ion, Hippias II, Charmides, Laches, Euthyphron, Gorgias, Briefe [1/1a] – Band II: Menon, Hippias I, Euthydemos, Menexenos, Kratylos, Lysis, Symposion [14/14a] – Band III: Phaidon, Politeia [27/27a] – Band IV: Phaidros, Parmenides, Theaitetos, Sophistes [39/39a] – Band V: Politikos, Philebos, Timaios, Kritias [47/47a] – Band VI: Nomoi [54/54a]

XENOPHON Das Gastmahl [7]

Italienische Literatur und Philosophie

BRUNO, GIORDANO Heroische Leidenschaften und individuelles Leben [16]

CASANOVA, GIACOMO Memoiren [59/60, 65/66]

CELLINI, BENVENUTO – sein Leben von ihm selbst geschrieben / Übersetzt und herausgegeben von Goethe [22/23]

GOLDONI, CARLO Herren im Haus / Viel Lärm in Chiozza. Zwei Komödien [132]

Östliche Literatur und Philosophie

WU CH'ÊNG-ÊN Der rebellische Affe. Die Reise nach dem Westen [82/83]

Römische Literatur

CAESAR, C. JULIUS Der Gallische Krieg [175/76]

CICERO Der Staat [162]

HORAZ Episteln / Lateinisch und Deutsch [144–46]

MARC AUREL Wege zu sich selbst [181]

SALLUST Die Verschwörung des Catilina / Lateinisch und Deutsch [165]

SENECA – Briefe an Lucilius / Gesamtausgabe – II: Stoische Lebenskunst [190/91]

TACITUS – Germania / Lateinisch und Deutsch [217]

Russische Literatur

ANDREJEV, LEONID N. Die sieben Gehenkten / Lazarus / Judas Ischariot [15]

DOSTOJEVSKIJ, F. M. Der ewige Gatte [216]

GORKIJ, MAXIM Volk vor der Revolution / Erzählungen [134]

LESKOV, NIKOLAJ Der verzauberte Pilger [95]

TOLSTOJ, LEO N. Dramen: Macht der Finsternis / Der lebende Leichnam / Und das Licht scheinet in der Finsternis / Er ist an allem schuld / Bäcker Petrus / Der erste Branntweinbrenner [203/04]

Skandinavische Literatur

SKANDINAVISCHE BALLADEN DES MITTELALTERS [143]

Spanische Literatur

GRACIAN, BALTASAR Criticón oder Über die allgemeinen Laster des Menschen [2]

Philosophie des Humanismus und der Renaissance

DER UTOPISCHE STAAT – THOMAS MORUS, Utopia / **TOMMASO CAMPANELLA,** Sonnenstaat / **FRANCIS BACON,** Neu-Atlantis / Herausgegeben von Klaus J. Heinisch [68/69]

Philosophie der Neuzeit

HOBBES, THOMAS Leviathan oder Wesen, Form und Gewalt des kirchlichen und bürgerlichen Staates [187–89]

KIERKEGAARD, SÖREN Werke / In neuer Übertragung von Liselotte Richter – Band I: Der Begriff Angst [71] – Band II: Die Wiederholung / Die Krise und eine Krise im Leben einer Schauspielerin / Mit Erinnerungen an Kierkegaard von Hans Bröchner [81] – Band III: Furcht und Zittern / Mit Erinnerungen an Kierkegaard von Hans Bröchner [89]

MARX, KARL Texte zu Methode und Praxis I: Jugendschriften 1835–1841 [194/95] – II: Pariser Manuskripte 1844 [209/10] – III: Der Mensch in Arbeit und Kooperation. Aus den Grundrissen der Kritik der politischen Ökonomie 1857/58 [218–19]

VICO, GIAMBATTISTA Die neue Wissenschaft über die gemeinschaftliche Natur der Völker [196/97]

lagen [221/22] – Bd. II: Der Aufbau [223/24] – Bd. III: Die Vollendung [225/26] – Bd. IV: Die Krönung [227/28] – Bd. V: Der Einsturz [229/30]
Joachim Matthes, Einführung in die Religionssoziologie I: Religion und Gesellschaft [279/80] – II: Kirche und Gesellschaft [312/13]

Physik, Naturwissenschaft und Technik

Albert Einstein / Leopold Infeld, Die Evolution der Physik / Von Newton bis zur Quantentheorie [12]
Werner Heisenberg, Das Naturbild der heutigen Physik [8]
Albert Ducrocq, Der Mensch im Weltall / Die zweite Entwicklungsstufe der Raumflugkörper [175/76]
Norbert Wiener, Kybernetik / Regelung und Nachrichtenübertragung in Lebewesen und Maschine [294/95]
Mortimer Taube, Der Mythos der Denkmaschine / Kritische Betrachtungen zur Kybernetik [245]

Biologie

Thure von Uexküll, Grundfragen der psychosomatischen Medizin [179/80]
Charles Oberling, Krebs, das Rätsel seiner Entstehung [93]
Hans Marquardt / Gerhard Schubert, Die Strahlengefährdung des Menschen durch die Atomenergie [91]
Agnes Arber, Sehen und Denken in der biologischen Forschung [110]
August Thienemann, Leben und Umwelt / Vom Gesamthaushalt der Natur [22]
Maurice Burton, Die Kindheit der Tiere [57]
Hugh Nicol, Der Mensch und die Mikroben [32]

Psychologie

Hans Jürgen Eysenck, Wege und Abwege der Psychologie [17/18]
F. J. J. Buytendijk, Mensch und Tier / Ein Beitrag zur vergleichenden Psychologie [74]
Gustav Bally, Einführung in die Psychoanalyse Sigmund Freuds / Mit Originaltexten Freuds [131/32]
Peter R. Hofstätter, Gruppendynamik. Durchgesehene und erweiterte Neuauflage [38/39]
Hans Strotzka, Einführung in die Sozialpsychiatrie [214]
● **Joachim Israel,** Der Begriff Entfremdung / Makrosoziologische Untersuchung von Marx bis zur Soziologie der Gegenwart [359]
Geoffrey Gorer, Die Amerikaner / Eine völkerpsychologische Studie [9]
Christian Kellerer, Objet trouvé und Surrealismus / Zur Psychologie der modernen Kunst [289]
Eric Hoffer, Der Fanatiker / Eine Pathologie des Parteigängers [220]
Günter Schmölders, Psychologie des Geldes [263–65]

Soziologie

Karl-Dieter Opp, Methodologie der Sozialwissenschaften. Einführung in Probleme ihrer Theorienbildung [339–41]
● **H. J. Krysmanski,** Soziologie des Konflikts / Materialien und Modelle [362]
● **Joachim Israel,** Der Begriff Entfremdung / Makrosoziologische Untersuchung von Marx bis zur Soziologie der Gegenwart [359]
Friedrich Jonas, Geschichte der Soziologie. Mit Quellentexten I: Aufklärung – Liberalismus – Idealismus [302/03] – II: Sozialismus – Positivismus – Historismus [304/05] – III: Französische und italienische Soziologie [306/07]

● **Gabor Kiss,** Marxismus als Soziologie / Theorie und Empirie in den Sozialwissenschaften der DDR, UdSSR, Polens, der CSSR, Ungarns, Bulgariens und Rumäniens [329]
Zvi Rudy, Soziologie des jüdischen Volkes [217/18]
David Riesman / Reuel Denney / Nathan Glazer, Die einsame Masse / Eine Untersuchung der Wandlungen des amerikanischen Charakters [72/73]
José Ortega y Gasset, Der Aufstand der Massen [10]
Arnold Gehlen, Die Seele im technischen Zeitalter / Sozialpsychologische Probleme in der industriellen Gesellschaft [53]
Eric Hoffer, Die Angst vor dem Neuen / Freiheit als Herausforderung und Aufgabe [288]
Helmut Schelsky, Soziologie der Sexualität [2]
Eugen Lemberg, Nationalismus I: Psychologie und Geschichte [197/98] – Nationalismus II: Soziologie und politische Pädagogik [199]
Oskar Klug, Katholizismus und Protestantismus zur Eigentumsfrage / Eine gesellschaftliche Analyse [153/54]
Renate Mayntz, Soziologie der Organisation [166]
Elisabeth Noelle, Umfragen in der Massengesellschaft / Einführung in die Methoden der Demoskopie [177/78]
Günter Hillmann, Die Befreiung der Arbeit. Die Entwicklung kooperativer Selbstorganisation und die Auflösung bürokratisch-hierarchischer Herrschaft [342/43]
Philippe Muller, Berufswahl in der rationalisierten Arbeitswelt [133]

Staats- und Wirtschaftswissenschaften

Hans Apel, Der deutsche Parlamentarismus / Unreflektierte Bejahung der Demokratie? [298/99]
Walter Eucken, Grundsätze der Wirtschaftspolitik [81]
J. R. Hicks, Einführung in die Volkswirtschaftslehre [155/56]
Günter Schmölders, Konjunkturen und Krisen [3] – Finanz- und Steuerpsychologie. Erweiterte Neuauflage von Das Irrationale in der öffentlichen Finanzwirtschaft [100/01] – Geschichte der Volkswirtschaftslehre [163/64]
Börje Kragh, Konjunkturforschung in der Praxis / Prognosen und ihre Anwendung in der Konjunkturpolitik [321]
Hans Raupach, Geschichte der Sowjetwirtschaft [203/04] – System der Sowjetwirtschaft / Theorie und Praxis [296/97]
Andreas Predöhl, Das Ende der Weltwirtschaftskrise / Eine Einführung in die Probleme der Weltwirtschaft [161]
Erich Kosiol, Die Unternehmung als wirtschaftliches Aktionszentrum / Einführung in die Betriebswirtschaftslehre [256/57]
Ralf-Bodo Schmidt unter Mitwirkung von **Jürgen Berthel,** Unternehmungsinvestitionen / Strukturen – Entscheidungen – Kalküle [338]
Hans Kellerer, Statistik im modernen Wirtschafts- u. Sozialleben [103/04]
Elisabeth Noelle, Umfragen in der Massengesellschaft / Einführung in die Methoden der Demoskopie [177/78]
Clemens A. Andreae, Ökonomie der Freizeit / Zur Wirtschaftstheorie der modernen Arbeitswelt [330/31]
Oskar Klug, Katholizismus und Protestantismus zur Eigentumsfrage / Eine gesellschaftspolitische Analyse [153/54]

Anthropologie

Arnold Gehlen, Anthropologische Forschung / Zur Selbstbegegnung und Selbstentdeckung des Menschen [138]
Bronislaw Malinowski, Geschlecht und Verdrängung in primitiven Gesellschaften [139/40]

Margaret Mead, Mann und Weib / Das Verhältnis der Geschlechter in einer sich wandelnden Welt [69/70]

Geschichte, Kulturgeschichte und Zeitgeschichte

Johan Huizinga, Homo Ludens / Vom Ursprung der Kultur im Spiel [21]
T. S. Eliot, Zum Begriff der Kultur [136]
Vilhelm Grønbech, Hellas / Griechische Geistesgeschichte I: Die Adelszeit [215/16] – Griechische Geistesgeschichte II: Götter und Menschen [274/75]
Franz Altheim, Entwicklungshilfe im Altertum / Die großen Reiche und ihre Nachbarn [162]
Basil Davidson, Vom Sklavenhandel zur Kolonialisierung / Afrikanisch-europäische Beziehungen zwischen 1500 und 1900 [266/67]
Erwin Hölzle, Geschichte der zweigeteilten Welt: Amerika und Rußland [135] – Die Revolution der zweigeteilten Welt – Eine Geschichte der Mächte 1905–1929 [169]
Joel Carmichael, Die russische Revolution / Von der Volkserhebung zum bolschewistischen Sieg. Februar–Oktober 1917 [283/84]
Günter Hillmann, Selbstkritik des Kommunismus / Texte der Opposition [272/73]
Pietro Gerbore, Formen und Stile der Diplomatie [211/12]
Eugen Lemberg, Nationalismus I: Psychologie und Geschichte [197/98] – Nationalismus II: Soziologie und politische Pädagogik [199]
Margret Boveri, Der Verrat im 20. Jahrhundert. IV: Verrat als Epidemie: Amerika / Fazit [105/06]
Hildegard Brenner, Die Kunstpolitik des Nationalsozialismus [167/68]
Ingeborg Y. Wendt, Geht Japan nach links? [202]
Edvard Kardelj, Vermeidbarkeit oder Unvermeidbarkeit des Krieges / Die jugoslawische und die chinesische These [128]
Georg Lukács, Marxismus und Stalinismus / Politische Aufsätze. Ausgewählte Schriften IV [327/28]

Kunstwissenschaft und Kunstgeschichte

Karl Schefold, Römische Kunst als religiöses Phänomen [200]
Guido Kaschnitz von Weinberg, Römische Kunst I: Das Schöpferische in der römischen Kunst [134] – II: Zwischen Republik und Kaiserreich [137] – III: Die Grundlagen der republikanischen Baukunst [150] – IV: Die Baukunst im Kaiserreich [165]
Hans Jantzen, Kunst der Gotik / Klassische Kathedralen Frankreichs [Chartres – Reims – Amiens] [48/49]
Gustav René Hocke, Die Welt als Labyrinth / Manier und Manie in der europäischen Kunst [50–52]
Christa Baumgarth, Geschichte des Futurismus / Balla · Boccioni · Carrà · Marinetti · Palazzeschi · Prampolini · Russolo · Sant'Elia · Severini [248/49]
Christian Kellerer, Objet trouvé und Surrealismus / Zur Psychologie der modernen Kunst [289]
Walter Hess, Dokumente zum Verständnis der modernen Malerei [19]
Jürgen Claus, Theorien zeitgenössischer Malerei in Selbstzeugnissen von Pollock · Hartung · Tàpies · Nay · Baumeister · Michaux · Vedova · Mathieu · Wols [182] – Kunst heute / Personen, Analysen, Dokumente [238/39]
Jürgen Claus, Expansion der Kunst / Action–Environment–Kybernetik–Technik–Urbanistik [334/35]
Reyner Banham, Die Revolution der Architektur / Theorie und Gestaltung im Ersten Maschinenzeitalter [209/10]

Literaturwissenschaft und Sprachwissenschaft

Karl Otto Conrady, Einführung in die Neuere deutsche Literaturwissenschaft [252/53]
Jean-Paul Sartre, Was ist Literatur? [65]
Werner Krauss, Grundprobleme der Literaturwissenschaft / Zur Interpretation literarischer Werke. Mit Textanhang [290/91]
Friedrich-W. und Erika Wentzlaff-Eggebert, Deutsche Literatur im späten Mittelalter 1250–1450. Mit Lesestücken. I: Rittertum – Bürgertum [350/52] – II: Kirche [353–55] – III: Neue Sprache aus neuer Welterfahrung [356–58]
Marian Szyrocki, Die deutsche Literatur des Barock / Opitz – Fleming – Zesen – Gryphius – Lohenstein – Grimmelshausen – Beer [300–01]
Georg Lukács, Ausgewählte Schriften I: Die Grablegung des alten Deutschland / Essays zur deutschen Literatur des 19. Jahrhunderts [276] – Ausgewählte Schriften II: Faust und Faustus / Vom Drama der Menschengattung zur Tragödie der modernen Kunst [285–87]
Hugo Friedrich, Die Struktur der modernen Lyrik / Von der Mitte des neunzehnten bis zur Mitte des zwanzigsten Jahrhunderts [25–26a]
Walter Höllerer, Theorie der modernen Lyrik / Dokumente zur Poetik I [231–33]
Christa Baumgarth, Geschichte des Futurismus: Balla – Boccioni – Carrà – Marinetti – Palazzeschi – Prampolini – Russolo – Sant/Elia – Severini / Mit Dokumenten und Texten [248/49]
Gerda Zeltner-Neukomm, Das Wagnis des französischen Gegenwartromans / Butor – Robbe-Grillet – Sarraute – Beckett – Queneau – Camus – Malraux – Sartre [109]
Georg Lukács, Ausgewählte Schriften III: Russische Literatur – Russische Revolution. Puschkin – Tolstoi – Dostojewskij – Fadejew – Makarenko – Scholochow – Solschenizyn [314/16]
Gustav René Hocke, Manierismus in der Literatur / Sprach-Alchimie und esoterische Kombinationskunst [82/83]
Rudolf Pfeiffer, Geschichte der klassischen Philologie. Von den Anfängen bis zum Ende des Hellenismus [344/46]
Hans Eggers, Deutsche Sprachgeschichte I: Das Althochdeutsche [185/86] – II: Das Mittelhochdeutsche [191/92] – III: Das Frühneuhochdeutsche [270/71]
Mario Wandruszka, Der Geist der französischen Sprache [85]
Benjamin Lee Whorf, Sprache – Denken – Wirklichkeit / Beiträge zur Metalinguistik und Sprachphilosophie [174]
Max Bense, Einführung in die informationstheoretische Ästhetik. Grundlegung und Anwendung in der Texttheorie [320]

Musikwissenschaft und Musikgeschichte

Theodor W. Adorno, Einleitung in die Musiksoziologie / Zwölf theoretische Vorlesungen [292/93] – Nervenpunkte der Neuen Musik / Ausgewählt aus «Klangfiguren» [333]

Theaterwissenschaft und Film

Hans Heinrich Borcherdt, Das europäische Theater im Mittelalter und in der Renaissance [322–24]
Martin Esslin, Das Theater des Absurden [234–36]